Qualitätsentwicklung in der postgradualen Weiterbildung

Werner Fröhlich, Wolfgang Jütte (Hrsg.)

Qualitätsentwicklung in der postgradualen Weiterbildung

Internationale Entwicklungen und Perspektiven

Waxmann Münster / New York
München / Berlin

Bibliografische Informationen Der Deutschen Bibliothek
Die Deutsche Bibliothek verzeichnet diese Publikation in
der Deutschen Nationalbibliografie; detaillierte bibliografische
Daten sind im Internet über http://dnb.ddb.de abrufbar.

ISBN 3-8309-1344-3

© Waxmann Verlag GmbH, 2004
Postfach 8603, D-48046 Münster

www.waxmann.com
info@waxmann.com

Umschlaggestaltung: Christian Averbeck, Münster
Druck: Krips, Meppel (Niederlande)
Gedruckt auf alterungsbeständigem Papier, DIN 6738

Alle Rechte vorbehalten
Printed in Germany

Inhalt

Werner Fröhlich/Wolfgang Jütte
Qualitätsentwicklung in der wissenschaftlichen Weiterbildung 9

Qualitätssicherung im Europäischen Hochschulbereich

Hans-Uwe Erichsen
Weiterbildung – Evaluation – Akkreditierung.
Herausforderungen von Wissenschaft und Gesellschaft 21

Don F. Westerheijden
Accreditation between Bologna and Berlin. Recent Developments
around Quality Assurance in the European Higher Education Area 29

Akkreditierung und Evaluation

Therese Steffen Gerber
Akkreditierung und Qualitätssicherung im universitären Hochschulbereich
der Schweiz 47

Angelika Schade
Zur Akkreditierung von Masterstudiengängen in Deutschland 51

Kurt Sohm
Akkreditierung und Evaluierung im österreichischen Fachhochschul-Sektor 56

Gero Federkeil
Benchmarking und Ranking als Instrumente des Leistungsvergleichs 62

Alfred Töpper
Institutionalisierung von Bildungstests 73

Lebenslanges Lernen, Hochschulen und Weiterbildung

Hans Georg Schuetze
Universities, Continuing Education, and Lifelong Learning..................................... 93

Dieter Timmermann
Lebenslanges Lernen – ein gesellschaftliches Investitionsprojekt............................. 104

Lorenz Lassnigg
Qualitätsindikatoren in der europäischen Bildungspolitik – Zielkonflikte
und Implementationsprobleme 125

Werner Lenz
Qualität – Ein weites Feld widersprüchlicher Erwartungen 156

Peter Krug
Qualität wissenschaftlicher Weiterbildung in Deutschland 162

Tamás Jakab/Balázs Németh
Making a Strong Commitment Towards Standardization.
Quality Assurance in European Lifelong Learning Models and Major
Rules of Quality Assurance in the Hungarian Adult Education. 169

Wolfgang Jütte
Der Beitrag der Teilnehmerforschung zur Qualitätsentwicklung –
ein Forschungsprogramm 179

Ulrike Kastler
Weiterbildung und Familie – Qualitative Dimensionen eines
spannungsreichen Wechselverhältnisses 186

Qualitätsmanagement in der Erwachsenenbildung/Weiterbildung

Rainer Zech
Über die Qualität des Lernens entscheidet der Lernende!
Zur lernorientierten Qualitätsentwicklung in der Weiterbildung......................... 207

André Schläfli
eduQua: Das Label für Qualität in der Weiterbildung 225

Stefanie Hartz
Qualität in der Weiterbildung:
Die Perspektivengebundenheit von Qualitätsanforderungen am Beispiel
der Differenz von Organisation und Profession 231

Qualitätsmanagement in der Wissenschaftlichen Weiterbildung

Ursula Bade-Becker
Konzept für ein Qualitätsmanagement der wissenschaftlichen Weiterbildung der
Universität Bielefeld und des Zentrums für wissenschaftliche Weiterbildung an
der Universität Bielefeld e.V. 249

Hans-Rudolf Frey
In Search of Excellence: Wissenstransfer, Strategie und Organisation in der
universitären Weiterbildung 272

Patricio Montesinos
Experiencias en el uso del modelo de la EFQM en la Gestión Universitaria.
El caso del Centro de Formación de Postgrado de la Universidad Politécnica
de Valencia 281

Matthias Wesseler
Promoviendo la Calidad. El Programa Internacional de Gestión de
Calidad de la Educación Superior en América Latina................................. 305

Qualität und selbstgesteuertes Lernen

Jörg Knoll
Selbstgesteuertes Lernen und Qualität 319

Klaus Götz/Julia Marie Reiner
Selbstorganisation und Chaostheorie.
Einige Vermutungen über das Qualitätsverständnis der Natur 335

Katrin Jutzi
Qualität innerhalb sozialer Netzwerke 353

Gerhard E. Ortner
Qualität und Selbststeuerung im E-Learning 360

Bettina Pfleging
E-Learning in den Kulturwissenschaften.
Didaktik und Evaluation im Projekt prometheus 367

Christiane Spiel/Dagmar Strohmeier/Saam Faradji/Barbara Schober/
Petra Gradinger/Birgit Zens/Alice Aichinger/Ralph Reimann
Selbstreguliertes Lernen durch Vienna E-Lecturing (VEL).
Konzept, Umsetzung und Evaluation... 377

Quality in Postgraduate Management Education

Adolf Stepan/Sabina Ertl
Design Factors for Quality in Postgraduate Management Education 391

Kenneth Smith
Making Management Education Worth The Money 402

Van R. Wood
The Challenges in Higher Education at the Beginning of the 21st Century.
An International Response – Opportunities in the Global Education Arena 408

Günter Lehmann
Qualitätsmanagement von Master-Programmen 421

Weiterbildungsbezogene Qualität im Gesundheitswesen und psychosozialen Feld

Michael Märtens
Chancen und Paradoxa der Qualitätssicherung im psychosozialen Feld 431

Brigitte Schigl
Qualitätskriterien supervisorischen Handelns.
Ausgewählte Ergebnisse einer Evaluation der internationalen Forschungsliteratur 440

Anton Rupert Laireiter
Welche Qualitätssicherung für die ambulante Psychotherapie?
Einige Überlegungen zur Diskussion 450

Anton Leitner
Qualitätssicherung in der Weiterbildung „Psychotherapeutische Medizin"
in Lehre und therapeutischer Praxis 462

Nora Kaiser
Qualitätssicherung für die Postgraduale Weiterbildung in Psychotherapie
mit kognitiv-verhaltenstherapeutischem und verhaltensmedizinischem
Schwerpunkt 485

Wolfgang Fichten
Wissensverwendung und Praxistransfer in der beruflichen Weiterbildung
am Beispiel des Kurses „Psychologische Gesundheitsförderung für
Pflegepersonal".. 498

Verzeichnis der Autorinnen und Autoren.. 519

Qualitätsentwicklung in der wissenschaftlichen Weiterbildung

Werner Fröhlich/Wolfgang Jütte

Was Qualität ist, wie sie gemessen und wie sie verbessert werden kann, ist spätestens im letzten Jahrzehnt zu einer viel und breit diskutierten Frage in vielen Bildungsbereichen geworden. Die hohe Aktualität des Themas spiegelt sich in zahlreichen Veröffentlichungen wider. Wenngleich die Qualitätsdebatte in der Hochschule schon länger anhält, ist ihre Relevanz ungebrochen.

Relativ neu ist jedoch die Fokussierung der Qualitätsdiskussion auf Fragen der Hochschulweiterbildung. Mit dem allgemeinen Bedeutungszuwachs, den die wissenschaftliche Weiterbildung erfährt, und der gleichzeitigen Veränderung der Studienstrukturen und -formen wird die Auseinandersetzung mit Qualitätsfragen in diesem Bereich drängender und verlangt eine grundsätzliche Klärung. Hier setzt dieser Band an.

1. Bedeutungszuwachs postgradualer Weiterbildung

Wissenschaftliche Weiterbildung als Aufgabe der Hochschulen hat in den letzten drei Jahrzehnten einen programmatischen Bedeutungsgewinn erfahren. Der Wandel im Weiterbildungsverhalten und bildungspolitisch induzierte Veränderungen der Hochschulstrukturen der letzten Jahren führen zu einem steigenden Stellenwert – ungeachtet zahlreicher Umsetzungsprobleme.

Zunächst muss eine begriffliche Klärung vorgenommen werden. Bei der Definition wissenschaftlicher Weiterbildung kann auf die Empfehlung der deutschen Kultusministerkonferenz vom 21.09.2001 zurückgegriffen werden: „Wissenschaftliche Weiterbildung ist die Fortsetzung oder Wiederaufnahme organisierten Lernens nach Abschluss einer ersten Bildungsphase und in der Regel nach Aufnahme einer Erwerbs- oder Familientätigkeit, wobei das wahrgenommene Weiterbildungsangebot dem fachlichen und didaktischen Niveau der Hochschule entspricht." Aber die Konturen des Begriffes sind unscharf und somit interpretationsbedürftig. Als Merkmal zur Charakterisierung wird zumeist die wissenschaftliche Fundierung der Angebote angeführt. Des Weiteren wird sie mit bestimmten Zielgruppen in Verbindung gebracht; danach richtet sie sich vornehmlich an diejenigen, die bereits über einen ersten berufsqualifizierenden Abschluss verfügen (vgl. auch §12 des deutschen Hochschulrahmengesetzes). Dabei kommt es häufig zu einer unausgesprochenen Gleichsetzung von „wissenschaftlicher Weiterbildung" mit Weiterbildungsangeboten der Institution Hochschule.

Dieser Band rekurriert auf den Begriff der postgradualen Weiterbildung im Titel. Damit wird eine spezifische Form der wissenschaftlichen Weiterbildung verstanden, die jedoch dominierende Züge trägt. Es handelt sich dabei um Studiengänge, die in der Regel auf einem ersten Hochschulabschluss aufbauen (Aufbau-, Zusatz- oder Ergänzungsstudien) und mit einem Zertifikat oder einem weiteren Hochschulgrad (Diplom, Magister, Master) abschließen. Sie stehen zumeist in einem zeitlichen Zusammenhang mit dem grundständigen Studium und dienen der Vertiefung, Spezialisierung oder dem Erwerb einer weiteren Berufsqualifikation.

Von der wissenschaftlichen Weiterbildung muss der Wissens- und Technologietransfer abgegrenzt werden. Diese Unterscheidung fällt in der hochschulpolitischen Diskussion nicht immer trennscharf aus. Während Wissenschaftstransfer „auf den möglichst schnellen und unproblematischen sowie eindeutigen Transfer wissenschaftlicher Ergebnisse in außeruniversitäre Zusammenhänge" zielt, geht es der wissenschaftlichen Weiterbildung nicht um eine bloße Vermittlung wissenschaftlicher Ergebnisse, sondern auch um „die Vermittlung erkenntnisorientierter Vorgehensweisen, die diese Ergebnisse erst ermöglicht haben." (Kuhlenkamp 2002, 113f.).

Ein kurzes Schlaglicht auf die Entwicklung wissenschaftlicher Weiterbildung macht den Wandel deutlich. Als 1897 an der Humboldt-Universität zu Berlin eine Reihe von Dozenten, zu denen auch Dilthey zählte, einen Antrag auf Kurse im Sinne der Universitätsausdehnung stellte, wurde dieser vom Senat mit dem Argument zurückgewiesen, dass die Universität nach § 1 ihrer Satzung „auf den Unterricht gehörig vorbereiteter Jünglinge zum Zwecke des Eintritts in den höheren Staats- und Kirchendienst beschränkt sei" (zit. nach Schäfer 2000, 14).

Der historische Rückblick verdeutlicht, wie sehr Begründungen für wissenschaftliche Weiterbildung aus der Veränderung gesellschaftlicher Strukturen abgeleitet werden. An die Stelle der einstigen Eliten-Einrichtungen sind heute Massenuniversitäten getreten. Zu den vordringlichen Argumentationsmustern zählen die Entwicklung zu einer globalisierten Wissensgesellschaft, die rapide Veränderung der Arbeits- und Berufswelt durch den wissenschaftlichen und technologischen Fortschritt und die Notwendigkeit lebenslanger Lernbemühungen. Es geht sowohl um die Anpassung an gesellschaftliche Qualifikationsbedarfe als auch um die individuelle Kompetenzentwicklung. In der „Weiterbildungsgesellschaft" (vgl. Arnold/Gieseke 1999) wird wissenschaftliche Ausbildung durch Weiterbildung fortgeführt: „Mehr denn je ist ein Studium nicht eine für die gesamte berufliche Karriere ausreichende und in sich geschlossene Ausbildung; vielmehr müssen das gesamte Berufsleben hindurch fortführende wissenschaftliche Weiterbildungsangebote genutzt werden" (HRK/BDA/DIHK 2003, 5)

Dieser strukturelle Wandel fordert die gesamte europäische Hochschullandschaft heraus. Es gehört zu den erklärten Zielen der EU, „die Union zum wettbewerbsfähigsten und dynamischsten wissensbasierten Wirtschaftsraum der Welt zu machen." In diesem „Europa des Wissens" kommt den Universitäten eine zentrale Rolle zu (vgl. Europäische Kommission 2003, 1). Die Zahl der Hochschulabsolventinnen und Hochschulabsolventen wird weiter zunehmen und in Folge ein wachsender Weiterbildungsbedarf für hochqualifizierte Arbeitnehmer/-innen entstehen. Der Umstand, dass bereits ein Drittel aller Europäer in wissensintensiven Branchen beschäftigt ist (vgl. Europäische Kommission 2003, 5), zeigt die Chancen, aber auch die Herausforderungen akademischer Weiterbildung auf.

Der wachsenden Nachfrage nach wissenschaftlichen Weiterbildungsangeboten steht ein wachsender Weiterbildungsmarkt gegenüber. Die Hochschulen sind dabei längst nicht mehr alleiniger Anbieter. Im Gegenteil, ihr prozentualer Markanteil fällt nach Schätzungen mit 5 bis 10% (vgl. Schäfer 2000, 15) eher gering aus. Neben den Universitäten als klassische Angebotsform haben sich weitere Anbieter etabliert. Dazu zählen neu gegründete Hochschulformen wie Fachhochschulen, private Business Schools, „Corporate Universities", Kammern, Berufsverbände und Akademien. Bei aller Konkurrenz steigt aber auch der Bedarf an Kooperation und strategischen Allianzen. So führen Hochschulen gemeinsame Studiengänge und wissenschaftliche Veranstaltungen mit externen Partnern durch, zu denen auch außerwissenschaftliche Einrichtungen zählen.

Die zunehmende Überschreitung national-territorialer Grenzen (Stichwort „Globalisierung") führt zu einer neuen Wettbewerbssituation. Internationale Anbieter versuchen am wachsenden nationalen Markt zu partizipieren. Hier kommt Fernstudienangeboten eine bedeutende Rolle zu.

Wissenschaftliche Weiterbildung ist nicht länger ein privilegierter Bereich der Universitäten. Dennoch haben diese gegenüber ihren Mitbewerbern einen Statusvorteil. Solange sie im Bereich der Studienabschlüsse ein Monopol innehaben, verfügen sie im stark expandierenden Weiterbildungsmarkt der Zukunft über eine Exklusivität. Im Verteilen von Berechtigungen und Titeln, von denen die Weiterbildungsteilnehmer/-innen sich Positionsverbesserungen auf dem Arbeitsmarkt versprechen, drückt sich ihre Statushoheit aus (vgl. Herm u.a. 2003, 33; Weber 2000, 5). Die Verleihung anerkannter akademischer Abschlüsse stärkt ihre Verhandlungsmacht und ihre Marktposition.

2. Qualität in der wissenschaftlichen Weiterbildung – eine nicht abgeschlossene Debatte

Es gibt kaum Zweifel, dass die Sicherung und die Verbesserung der Qualität postgradualer Weiterbildung in absehbarer Zeit auf der Agenda von Praxis und Wissenschaft bleiben werden. Nach einer ersten Phase der Einführung formalisierter Verfahren, die zumeist geprägt war von einem hektischen Aktionismus, bleibt die Präzisierung von Qualitätsstandards wissenschaftlicher Weiterbildung eine offene Aufgabe.

Die innovative Funktion prozessorientierter Qualitätsmodelle lag darin, den Blick auf die organisationalen Prozesse des Weiterbildungsgeschehens zu legen. Im Folgenden sollen jedoch nicht konkrete Projekte des Qualitätsmanagements in der Hochschulweiterbildung vorgestellt werden (vgl. dazu die zahlreichen Beispiele in dem vorliegenden Buch), vielmehr soll die Bestimmung pädagogischer Qualität und die Entwicklung einer angemessenen Evaluationskultur als Gesichtspunkte beispielhaft herausgehoben werden.

Qualitätsfragen in der wissenschaftlichen Weiterbildung können nur im Kontext der Hochschulentwicklung angemessen beantwortet werden. Einige dieser qualitativen Herausforderungen werden im Folgenden skizziert:

Didaktische Herausforderung

Wissenschaftliche Weiterbildung richtet sich an Teilzeit-, zumeist berufstätige Studierende. Dies stellt besondere Anforderungen an die Flexibilität von Kursen und die infrastrukturellen Rahmenbedingungen und an innovative Lernarrangements.

Zugleich zeichnen sich Angebote der Hochschulweiterbildung durch ein besonderes Verhältnis zwischen Praxisbezug und Wissenschaftsorientierung aus. Die unterschiedlichen Handlungslogiken werden inhaltlich-didaktisch relevant: „In der Weiterbildung geht es nicht nur um die Bewältigung der Spannungen Wissenschaft/Theorie versus Praxis, sondern auch um einen besonderen Umgang mit den im Vergleich mit den Studierenden unterschiedlichen Erwartungen, Ressourcen und Verhaltensmustern der Teilnehmenden sowie um eine andere Lehr-Lernkultur." (Weber 2002, 230f.) Dies führt zu besonderen didaktisch-methodischen Ansprüchen an wissenschaftliche Weiterbildung. In Konsequenz gewinnt die didaktische Fortbildung des Hochschulpersonals an Bedeutung.

Neubestimmung des Verhältnisses zwischen Erstausbildung und Weiterbildung

Aus dem Konzept des Lebenslangen Lernens entspringt die Notwendigkeit, das Verhältnis zwischen grundständigem Studium und wissenschaftlicher Weiterbildung grundlegend neu zu bestimmen. Als „radikale" Konsequenz „steht damit die traditionelle Differenzierung zwischen Erstausbildung und Weiterbildung selbst zur Disposition, insofern die Bedeutung – und die ‚Schneidung' – von Erstausbildung und Weiterbildung als aufeinander abgestimmte Sequenzen innerhalb eines lebensübergreifenden Lernprozesses neu reflektiert wird und beide als Bestandteile eines übergreifenden Konzeptes von wissenschaftlicher Qualifizierung neu gestaltet werden müssen." (Herm u.a. 2003, 15).

Die Neuorganisation im Zuge des Bologna-Prozesses sieht die Untergliederung in einen Bachelor und einen (konsekutiven) Master vor. Letzterer kann von einem weiterbildenden/postgradualen Master unterschieden werden, der zumeist auf einem Diplom- oder Magisterabschluss aufbaut. Vereinzelt gibt es bereits Überlegungen an Hochschulen, den konsekutiven Master, bisher Bestandteil der universitären Erstausbildung, als weiterbildendes Studium anzubieten (Herm u.a. 2003, 45). Zugleich gibt es Forderungen (HRK/BDA/DIHT 2003), dass das Akkreditierungsverfahren von Master-Studiengängen um den Aspekt der Weiterbildungstauglichkeit, wie z.B. Zeitstruktur oder Praxisnähe, erweitert werden soll.

Die Einführung gestufter Studiengänge eröffnet dem Feld universitärer Weiterbildung neue Möglichkeiten, verlangt aber eine grundsätzliche Vergewisserung der zeitlichen und inhaltlichen Verknüpfung der verschiedenen Bildungsphasen.

Förderung der Qualitäts- und Evaluationskultur und die Klärung von Zielen und Werten

Häufig kann eine eher resignative Haltung in der Evaluationsfrage beobachtet werden: Evaluation stellt eine Antwort auf erfahrene Legitimierungszwänge dar, aber das Vertrauen in ihre Leistung ist eher begrenzt. Dies kontrastiert mit der Machbarkeitseuphorie in praxishandreichenden Darstellungen.

Daher kommt in der Hochschulpraxis den Aspekten der Praktikabilität und Akzeptanz eine besondere Bedeutung zu: „Eine Qualitätssicherung hat hohe Erwartungen zu erfüllen, muss komplexe Beziehungen aufarbeiten und dennoch mit realistisch vertretbarem Aufwand durchführbar sein. Eine Qualitätssicherung, die anderweitig benötigte Energien bindet und deren Wert für die Beteiligten nicht einsehbar ist, kann im ungünstigen Fall die Erfüllung der eigentlichen Aufgaben empfindlich stören" (Ditton 2002, 785f.). Die Entwicklung von handhabbaren Verfahren und Instrumentarien und eine generell stärkere empirische Absicherung können als Entwicklungslinien beschrieben werden.

So unbefriedigend die Diskussion um das Qualitätsmanagement in der wissenschaftlichen Weiterbildung auch geführt werden mag, so werden doch die damit verbundenen Chancen betont, Sensibilisierungsprozesse zu initiieren und innovative Perspektiven zur Verbesserung der Qualität zu entwickeln. Die eher formalen Verfahren wie Qualitätsmanagementansätze und Zertifizierung bilden den Auftakt einer grundlegenden Auseinandersetzung um die Qualität wissenschaftlicher Weiterbildung – Qualität bestimmen sie jedoch noch nicht.

Wenngleich das Postulat nach mehr Qualität unbestritten sein dürfte, stößt der Weg dahin in der Praxis jedoch auf die unterschiedlichsten Hindernisse. Die Anwendbarkeit und Praxistauglichkeit verschiedener Konzepte erfährt unterschiedliche Bewertungen. Die Vielfalt und Unübersichtlichkeit der Konzepte kann vereinzelt vom eigentlichen Anliegen ablenken. „Mit Sicherheit werden vor allen Dingen nicht nur Modelle und Konzepte benötigt, sondern auch *klare Zielvorstellungen* und *inhaltliche Konkretisierungen* für hochwertige Bildung" (Ditton 2002, 787). Insofern ist sowohl die Verständigung über Ziele, Inhalte, Strategien und Methoden als auch ihre Transparenz ein wichtiger Beitrag zur Entwicklung einer veränderten Evaluationskultur in der wissenschaftlichen Weiterbildung.

3. Internationaler Erfahrungstransfer

Die folgenden Beiträge sind Ergebnisse der Ersten und Zweiten Internationalen Konferenz zur Qualitätsentwicklung in der postgradualen Weiterbildung an der Donau-Universität Krems.[1] Ihr Zustandekommen und ihre Konzeption erklären sich vor der besonderen Ausgangssituation der Donau-Universität Krems: In der schon recht dicht besiedelten Hochschullandschaft Österreichs wurde 1995 die Donau-Universität Krems als erste staatliche Weiterbildungs-Universität in Europa gegründet. Damit zählt die Weiterbildung nicht mehr nur zu den *zusätzlichen*, sondern zu den *Kernaufgaben* der Universität.

Im Kontext der Diskussion um das lebenslange Lernen und um die Neuorganisation des Lernens über die Lebensphase will die Donau-Universität Krems als eine eigenständige Weiterbildungs-Universität nicht nur in quantitativer, sondern auch in konzeptionell-

---

[1] Die 1. Konferenz fand statt vom 23. bis 25. Mai 2002 unter dem Thema „Internationale Qualitätsbenchmarks in der postgradualen Weiterbildung" und die 2. Konferenz vom 8. bis 10. Mai 2003 unter dem Thema „Hochschule, Weiterbildung und Lebenslanges Lernen."

qualitativer Hinsicht einen nachhaltigen Beitrag im europäischen Hochschulraum in der universitären Weiterbildung leisten. Dazu zählen der Ausbau und die Stärkung der Weiterbildungsforschung. Im Rahmen von Projekten, Veranstaltungen und Publikationen setzt sich die 2002 gegründete „Plattform Weiterbildungsforschung" mit der Entwicklung und Reform wissenschaftlicher Weiterbildung auseinander. Sie arbeitet wissenschaftliche Befunde über Entwicklungsprozesse und Reformansätze im Feld wissenschaftlicher Weiterbildung im Sinne eines „Clearing-House" auf und beteiligt sich an der Konzeption zukunftsorientierter Weiterbildung, an der Entwicklung qualitativer Standards und am Aufbau fachlicher communities (vgl. Jütte 2003).

Im Bemühen um adäquate Qualitätssicherungsstrategien in der wissenschaftlichen Weiterbildung möchte die Donau-Universität Krems den internationalen Erfahrungstransfer fördern und ein Forum für nationale und internationale Kooperation bilden. Entsprechend geprägt war und ist die Konzeption der Internationalen Qualitätskonferenzen, nämlich Expertinnen und Experten und die in der Hochschulweiterbildung Tätigen in einen Erfahrungsaustausch zu bringen. Dabei wurden enge Kooperationsbezüge mit nationalen und internationalen Verbänden wissenschaftlicher Weiterbildung wie AUCEN (Austrian University Continuing Education Network), DGWF (Deutsche Gesellschaft für wissenschaftliche Weiterbildung und Fernstudium)[2], EUCEN (European University Continuing Education Network), und RECLA (Universitaria de Educación Continuada de América Latina y el Caribe) hergestellt. Die internationalen Qualitäts-Konferenzen unterstreichen, dass Themen nicht mehr auf nationaler Ebene zu diskutieren und zu lösen sind, sondern eine grenzübergreifende Herausforderung darstellen. Bei dem Bemühen, Erkenntnisse grenzüberschreitend auszutauschen, werden regionale Schwerpunktsetzungen vorgenommen. Bis her liegt ein Schwerpunkt auf den deutschsprachigen Ländern Schweiz, Deutschland und Österreich, wenngleich punktuell auch Lateinamerika in den Blick genommen wurde. Zukünftig wird die Zusammenarbeit mit mittel- und osteuropäischen Ländern verstärkt werden.

4. Die Beiträge

Die hier veröffentlichten Beiträge spiegeln den aktuellen Diskussionsstand wider und laden zur weiteren Reflexion und Selbstvergewisserung ein. Sie sind in fünf Kapitel gegliedert.

Zunächst erfolgt durch die Beiträge von *Hans-Uwe Erichsen* und *Don Westerheijden* eine grundlegende Betrachtung des Themas vor dem Hintergrund der zu beobachtenden Entwicklung eines europäischen Hochschulraums, bei der die Qualitätssicherung eine wichtige Rolle spielt. Ungeachtet der Vielfalt nationaler Konzepte werden Bemühungen sichtbar, ein europäisches System der Qualitätssicherung zu entwickeln.

Akkreditierung soll Qualität transparent machen und Orientierung leisten; zugleich dient sie als Marketinginstrument in einem sich entwickelnden Markt wissenschaftlicher Wei-

---

[2] Ehemals AUE (Arbeitskreis Universitäre Erwachsenenbildung, Deutschland).

terbildung. Ansätze in der Schweiz *(Therese Steffen Gerber)*, in Deutschland *(Angelika Schade)* und in Österreich*(Kurt Sohm)*, hier mit einem Fokus auf den recht jungen Fachhochschulsektor, werden vorgestellt. Darüber hinaus gewinnen Fragen des Leistungsvergleichs an Bedeutung. *Gero Federkeil* stellt die Konzepte des Benchmarkings, Rankings und anderer Leistungsvergleiche in einer systematisierenden Weise vor und *Alfred Töpper* widmet sich den Bildungstests, so wie sie beispielsweise von der neu eingerichteten Abteilung Weiterbildungstest in Deutschland verfolgt werden.

Programmatisch in das Verhältnis „Hochschulen, Weiterbildung und Lebenslanges Lernen" führt *Hans Georg Schuetze* mit seinem Beitrag ein. Auf lebenslanges Lernen als ein gesellschaftliches Investitionsprojekt verweist *Dieter Timmermann*. Die Qualitätsindikatoren der Europäischen Bildungspolitik bringt *Lorenz Lassnigg* in die Diskussion ein. *Werner Lenz* unternimmt eine prinzipielle Würdigung von pädagogischer Qualität. *Peter Krug* zeigt Initiativen zur Qualitätsentwicklung wissenschaftlicher Weiterbildung in Deutschland auf und *Tamás Jakab* und *Balázs Németh* befragen Initiativen lebenslangen Lernens in Ungarn zu ihrem Verhältnis zur Qualitätssicherung. Abschließend werden Teilnehmerforschungsprojekte als Beitrag zur Qualitätsentwicklung in der wissenschaftlichen Weiterbildung vorgestellt (*Wolfgang Jütte*) und exemplarisch Ergebnisse aus einer Studie zur Familiensituation von Teilnehmern in der wissenschaftlichen Weiterbildung angeführt (*Ulrike Kastler)*.

Für die wissenschaftliche Weiterbildung gilt es auch, Erfahrungen und Ergebnisse aus der Erwachsenenbildung zur Kenntnis zu nehmen. Dies gilt beispielsweise für das von *Rainer Zech* vorgestellte lernorientierte Qualitätsmodell für Weiterbildungsorganisationen, das in Deutschland mittlerweile eine breite Verbreitung erfahren hat; *André Schläfli* stellt die schweizerischen Erfahrungen am Beispiel des Modells und Labels eduQua vor und *Stefanie Hartz* sensibilisiert in ihrem grundlegenden Beitrag für die bedeutsame Differenz zwischen Organisation und Profession.

Ein umfassendes Konzept eines Qualitätsmanagementsystems für die wissenschaftliche Weiterbildung skizziert *Ursula Bade-Becker* am Beispiel der Universität Bielefeld und des dortigen Zentrums für wissenschaftliche Weiterbildung. *Hans-Rudolf Frey* wirft vor dem Hintergrund der Schweizerischen Hochschullandschaft am Beispiel der ETH Zürich die Frage der Minimalstandards und der Exzellenz auf. Die Erfahrungen mit einem auf dem Modell des EFQM basierten Qualitätsmanagementsystems an der Polytechnischen Universität Valencia reflektiert *Patricio Montesinos*. Einblick in ein internationales Projekt zur Qualitätsentwicklung an lateinamerikanischen Hochschulen vermittelt der Beitrag von *Matthias Wesseler*.

Das Feld „selbstgesteuertes Lernen und Qualität" eröffnet der Beitrag von *Jörg Knoll*. In seiner Zusammenschau von selbstgesteuertem Lernen mit der Qualitätsdimension leuchtet er sowohl konzeptionell-systematische als auch handlungspraktische Koppelungsstellen aus. *Klaus Götz* und *Julia Marie Reiner* laden ein zur Reflexion über den Umgang der wissenschaftlichen Weiterbildung mit Ordnung und Chaos. *Katrin Jutzi* verknüpft Netzwerkspezifika und -prozesse mit Fragen der Qualitätsentwicklung. Einen systematisierenden Überblick über die mittlerweile sehr eigenständig geführte Diskussion um

Qualität des E-Learnings und des Fernunterrichts[3] liefert der Beitrag von *Gerhard E. Ortner,* der insbesondere das Verhältnis von Qualität und Selbststeuerung ausleuchtet. Es folgt eine wissenschaftliche Evaluierung eines E-Lecturing-Projektes, der Anwendung von E-Learning-Methoden auf Vorlesungen, an der Universität Wien *(Christiane Spiel, Dagmar Strohmeier, Saam Faradji, Barbara Schober, Petra Gradinger, Birgit Zens, Alice Aichinger* und *Ralph Reimann*) und eines Projektes zum Einsatz neuer Medien in den Kulturwissenschaften (*Bettina Pfleging*).

Das Thema „Quality in Postgraduate Management Education" wendet sich dem wachsenden MBA-Bereich zu; dabei erfolgt eine Annäherung aus unterschiedlichen Perspektiven. Neben einer Identifizierung von Qualitätsfaktoren (*Adolf Stepan* und *Sabina Ertl*), wird die Frage nach dem Nutzen und der Finanzierung aufgeworfen (*Kenneth Smith*) und die internationale Positionierung in der globalen Bildungsarena am Beispiel der Virgina Commonwealth University School of Business (*Van R. Wood*) beleuchtet. Des Weiteren werden relevante Aspekte des Qualitätsmanagements am Beispiel des Europäischen Instituts für postgraduale Bildung (EIPOS) an der Technischen Universität Dresden (*Günter Lehmann*) aufgezeigt.

Besondere Herausforderungen an die Qualität postgradualer Weiterbildung stellen sich auch im Feld des Gesundheitswesens und der Psychotherapie. Chancen und Paradoxa der Qualitätssicherung im psychosozialen Feld thematisiert *Michael Märtens.* Des weiteren werden Qualitätskriterien und -aspekte für das supervisorische Handeln (*Brigitte Schigl*) und die ambulante Psychotherapie aufgeworfen (*Anton-Rupert Laireiter*). Der Qualitätsentwicklung durch Evaluation kommt in der postgradualen Weiterbildung im psychosozialen Feld eine besondere Bedeutung zu. Hier präsentiert *Anton Leitner* Ergebnisse aus einer Evaluations- und Wirksamkeitsstudie am Zentrum für Psychosoziale Medizin der Donau-Universität Krems und *Nora Kaiser* stellt die Evaluation für die Weiterbildung in Psychotherapie mit kognitiv-verhaltenstherapeutischem und verhaltensmedizinischem Schwerpunkt an der Universität Zürich vor. Die Unterscheidung zwischen Lernfeld und Funktionsfeld bildet den Ausgangspunkt des Beitrages von *Wolfgang Fichten;* am Beispiel der berufsbegleitenden Weiterbildung „Psychologische Gesundheitsförderung für Krankenhauspflegepersonal" werden Evaluationsergebnisse zum Wissens- und Praxistransfer diskutiert.

Wir möchten uns bei den Autorinnen und Autoren für Ihre Zusammenarbeit bedanken. Wir sind überzeugt, dass diese Kooperation auch in Zukunft weitere Früchte tragen wird.

---

[3] Das Thema „Quality Assurance in Distance-Learning and E-Learning" wurde auf der 1. Konferenz zur Qualitätsentwicklung in der postgradualen Weiterbildung im Mai 2002 in einem eigenen Forum behandelt. Beiträge waren u.a. Quality and Evaluation in the Czech Open and Distance Learning (*Jan Lojda*); Net-Coaching (*Clemens Heidack*); Learning in Europe with New Technologies: Successful Examples (*Kaj Björk*); The Content Production Problem Area of E-Learning (*Lauri Kurkela*); Net4net. Web Based Training requires Network Organisations (*Karin Waefler*); European Education Systems Indicators – Strategic Element of Policy Supporting (*Walter F. Kugemann*); Some Theoretical Perspectives on the Pedagogy of the Master of Teaching (*Norbert, Pachler*); CREST – effective Feedback, Evaluation and Course Planning Tool for E-Learning (*Pekka Silven*).

Nicht zuletzt gilt unser Dank auch Dr. Ulrike Kastler für ihren redaktionellen Beitrag und Barbara Auer für ihre organisatorische und technische Unterstützung.

Literatur

Arnold, R./Gieseke, W. (1999): Weiterbildungsgesellschaft. 2 Bde. Neuwied u.a.
Ditton, H. (2002): Evaluation und Qualitätssicherung. In: R. Tippelt (Hrsg.): Handbuch Bildungsforschung. Opladen, S. 775–790.
Europäische Kommission (2003): Die Rolle der Universitäten im Europa des Wissens. Brüssel.
Fröhlich, W./Jütte, W. (2002): Die Weiterbildungs-Universität als neuer Typus: Das europäische Modellprojekt der Donau-Universität Krems. In: Grundlagen der Weiterbildung, S. 244–247.
Herm, B./Koepernik, C./Leuterer, V./Richter, K./Wolter, A. (2003): Lebenslanges Lernen und Weiterbildung im deutschen Hochschulsystem. Eine explorative Studie zu den Implementierungsstrategien deutscher Hochschulen – Untersuchungsbericht im Auftrag des Stifterverbandes für die Deutsche Wissenschaft. Dresden.
HRK/BDA/DIHK (2003): Weiterbildung durch Hochschulen. Gemeinsame Empfehlungen. Berlin.
Jütte, W. (2003): Lebensbegleitendes wissenschaftliches Lernen fördern. Das Forschungsprogramm der Interdisziplinären Plattform Weiterbildungsforschung. In: Weiterbildungsforschung. Krems (Studies in Lifelong Learning, 2), S. 21–35.
Kuhlenkamp, D. (2002): Diffusion als Gewinn und Verlust. Zu den Veränderungen universitärer Weiterbildung. In: Cordes, M./Dikau, J./Schäfer, E. (Hrsg.): Hochschule als Raum lebensumspannender Bildung. Auf dem Weg zu einer neuen Lernkultur. Festschrift für Ernst Prokop. Regensburg: AUE e.V, S. 110–120.
Schäfer, E. (2000): Strukturen wissenschaftlicher Weiterbildung. In: AUE – Informationsdienst Hochschule und Weiterbildung, S. 14–27.
Weber, K. (2000): Universitäre Weiterbildung und gesellschaftlicher Wandel. In: Horváth, F./ Weber, K.: Mit Weiterbildung zu neuen Ufern. 10 Jahre Koordinationsstelle für Weiterbildung der Universität Bern. Bern, Stuttgart, Wien, S. 56–61.
Weber, K. (2002): Auch eine Aufgabe der Universitäten: Wissenschaftliche Weiterbildung. In: Grundlagen der Weiterbildung, Nr. 5, S. 229–232.

Qualitätssicherung im europäischen Hochschulbereich

Weiterbildung – Evaluation – Akkreditierung.
Herausforderungen von Wissenschaft und Gesellschaft

Hans-Uwe Erichsen

I.

Das Hochschulsystem in Europa hat im 20. Jahrhundert einen grundlegenden Wandel erlebt, der zumal in den letzten Jahrzehnten eine dramatische Beschleunigung erfahren hat. Bildungspolitik ist nicht länger eine nationale Agenda, wie insbesondere der Bologna-Prozess zeigt. Die sich weiter verstärkende Internationalisierung der Wissenschaft, die Globalisierung von Absatz- und Arbeitsmärkten führt zu einem Verlust an nationaler Definitionsmacht. Im Zusammenhang damit hat der tertiäre Bereich sich ausdifferenziert. So ist etwa mit den allerdings unterschiedlich organisierten Fachhochschulangeboten ein stärker anwendungsbezogener Hochschultyp entstanden, der sich etabliert und bewährt hat. Neben die staatlich finanzierten Einrichtungen treten – allerdings in regional unterschiedlicher Verdichtung – private Anbieter.

Zu den treibenden Kräften dieses Wandels zählt auch die erheblich gestiegene Bedeutung von Wissenschaft, Forschung und Qualifikation für die wirtschaftliche Leistungskraft einer Gesellschaft, wovon letztlich auch die Stabilität der sozialen Sicherungssysteme abhängt. Die zunehmend global stattfindende Konkurrenz verlangt immer rascher nach neuem, vor allem anwendungsorientiertem Wissen. Infolge dessen werden die Innovationszyklen in vielen Bereichen der Gesellschaft stetig kürzer.

Die Qualifikationsanforderungen an die Beschäftigten steigen nicht nur ständig, sie verändern sich auch in ihren Inhalten. Ein mehrfacher Wechsel der beruflichen Position und der ausgeübten Tätigkeit im Laufe eines Lebens muss zunehmend in Betracht gezogen werden, so dass ein abgeschlossenes Studium nicht mehr eine für das ganze Berufsleben ausreichende Qualifikation bietet.

II.

Dieser Entwicklung Rechnung tragend haben seit den 60er Jahren die Regierungen – beginnend in Westeuropa – ihre Politik zunächst auf die Erschließung von Bildungsreserven ausgerichtet. Die Hochschulen haben ihren Beitrag zur Qualifikation einer immer größer werdenden Zahl junger Menschen zu leisten. Sie werden dabei dem Gebot gerecht werden müssen, mit der durch eine besondere Lernfähigkeit geprägten Lebenszeit junger Menschen so sorgsam wie möglich umzugehen. Daraus und aus der sich nachhaltig verkürzenden Halbwertzeit des Wissens folgt, dass die Hochschulen der Notwendigkeit lebenslangen Lernens Rechnung tragen müssen. Das kann nicht ohne Auswirkungen auf die Struktur und die Funktion des grundständigen Studiums (der ordentlichen Studien) und damit auf die Hochschulen bleiben.

III.

Angesichts der quantitativen Steigerungsraten und der damit einhergehenden Veränderung der Rolle der Hochschulen ist, gefördert durch den sog. Bologna-Prozess, künftig stärker als bisher zu unterscheiden zwischen Studienangeboten, die

a) zu einem ersten berufsqualifizierenden Abschluss und damit zur Berufsfähigkeit führen (grundständiges Studium – ordentliche Studien),
b) konsekutiv auf einen erweiterten oder vertieften Qualifizierungsbedarf abstellen,
c) der Weiterbildung und damit der notwendigen Qualifikationsanpassung an die sich beständig wandelnden Anforderungen des Berufslebens dienen.

Dieser Ansatz trägt u.a. der Tatsache Rechnung, dass nur ein relativ geringer Teil der Absolventinnen und Absolventen in der Forschung verbleibt, während die große Mehrheit von ihnen einen Beruf außerhalb der Wissenschaft anstrebt und auch tatsächlich ausüben wird. Er berücksichtigt, dass die spezielleren Wissensbestände besonders rasch veralten, so dass sie bereits bei Abschluss eines Studiums teilweise überholt sein können. Ein Studium kann deshalb nur zur Berufsfähigkeit führen, die Berufsfertigkeit muss durch training on the job vermittelt werden.

Im Hinblick auf „Wissenschaft als Beruf" bleibt es allerdings Aufgabe der Hochschulen, auch die Berufsfertigkeit zu vermitteln. Erforderlich ist daher eine eigenständige Ausbildungsstruktur in Form eines Doktorandenstudiums.

Da die Halbwertzeit des Wissens ständig sinkt – kaum irgendwo ist das besser bekannt als an den Hochschulen, die ein wesentlicher Faktor bei der Produktion neuen Wissens sind –, gilt für Hochschulabsolventinnen und -absolventen, dass sie sich durch regelmäßige Weiterbildung auf neue berufliche Anforderungen einstellen müssen.

IV.

Die Bedeutung der Weiterbildung wird nicht nur dadurch deutlich, dass die Wirtschaft im Jahr Milliarden Euro für Weiterbildung aufwendet; ihre Notwendigkeit wird auch seit vielen Jahren beständig, u. a. von der Kommission der EU, aber auch durch von den Regierungen und Berufsständen und auch sonst in der Öffentlichkeit hervorgehoben.

V.

Als wissenschaftliche Weiterbildung lassen sich diejenigen Angebote zusammenzufassen, die

- nach einem ersten berufsqualifizierenden Abschluss (in der Regel Hochschulstudium, aber auch qualifizierte berufliche Ausbildung) und
- nach einer Phase beruflicher Tätigkeit einen Wiedereinstieg in organisiertes Lernen ermöglichen und als solche in Anspruch genommen werden und

- im Hinblick auf die berufserfahrenen Adressatengruppen inhaltlich und didaktisch-methodisch entsprechend aufbereitet sind und das spezielle Zeitbudget Berufstätiger berücksichtigen.

VI.

In der Weiterbildung liegt eine Herausforderung und Chance der Hochschulen zugleich. Mit ihrer Hilfe wird die Interaktion zwischen den bisher recht weitgehend geschlossenen Systemen der Ausbildung und Berufswelt initiiert oder gefördert. Der Lehrkörper der Hochschule sieht sich mit einer Klientel konfrontiert, die vor dem Hintergrund ihrer beruflichen und sozialen Erfahrungen andere Fragen stellt und Beiträge leistet, als Studierende, die von der Schulbank auf die Hörsaalbank wechseln. Sie verlangt und kontrolliert damit zugleich die Aktualität wissenschaftlichen Fragens und Wissens. Schon auf diese Weise, aber auch durch die Einbeziehung wissenschaftlich ausgerichteter berufserfahrener Praktiker als Lehrbeauftragte kann Weiterbildung durch Herausforderung des ständigen Lehrkörpers auch zur Aktualisierung und inhaltlichen Erneuerung des grundständigen Studiums (der ordentlichen Studien) beitragen.

Hinzu kommt, insbesondere in „wirtschaftsnahen" Fächern, dass durch Weiterbildung eine Brücke entstehen kann, um die Innovationszyklen „von der Idee zum Produkt" zu verkürzen. Wenn Technologietransfer zwischen Hochschule und Wirtschaft gelingen soll, ist die entsprechende Weiterqualifizierung Berufstätiger ein unverzichtbares Element im Zusammenspiel bei der Modernisierung von Wirtschaft und Gesellschaft. Dass dieser Prozess gelingen muss, ist angesichts der technologischen und weltwirtschaftlichen Dynamik unabweisbar.

VII.

Die Hochschulen haben inzwischen durchwegs den gesetzlichen Auftrag, wissenschaftliche Weiterbildung anzubieten. Indes, klafft zwischen Rechtslage und sie umsetzender Realität eine beträchtliche Lücke. Wenn Hochschulen sich auf dem Weiterbildungsmarkt unter wettbewerblichen Bedingungen behaupten sollen, müssen ihnen wettbewerbsgerechte Handlungsmöglichkeiten bei der Einwerbung und Honorierung von Dozentenleistungen eröffnet und ein wettbewerbsorientierter Einsatz der eingenommenen Mittel ermöglicht werden.

Die Vollrechtsfähigkeit ermöglicht es den Hochschulen in Österreich, Weiterbildungseinrichtungen in privater Trägerschaft zu gründen. Ob die Hochschulen die Weiterbildung im Rahmen der Vollrechtsfähigkeit oder mit Hilfe von ihnen gegründeter privatrechtlicher Organisation anbieten, in jedem Fall müssen die Hochschulen einerseits für die Inhalte und die Qualität ihrer Weiterbildungsangebote als angesehene öffentliche Institution einstehen, und andererseits die vereinnahmten Mittel nach betriebswirtschaftlichen Grundsätzen und marktgerechten Bedingungen verwenden.

Die Hochschulen sind grundsätzlich gehalten, für Weiterbildung Gebühren bzw. Entgelte zu erheben, die ganz oder weitgehend kostendeckend sein müssen, um nicht die Wettbewerbsfähigkeit privater Anbieter zu beeinträchtigen oder gar zu beseitigen. Die dergestalt erwirtschafteten Mittel sind nach vielfach gemachter Erfahrung indes in der Regel nicht ausreichend, um unmittelbar eine zweckgebundene Refinanzierung verbrauchter Ressourcen zu sichern.

Die Hochschulen müssen im Weiterbildungsmarkt, um sich als Konkurrenten behaupten zu können, den tradierten Handlungsrahmen überwinden. Sie müssen ein modernes Marketing und Management entwickeln, welches bisher an den staatlich finanzierten, auf ordentliche Studien ausgerichteten Universitäten weitgehend fehlt. Die Hochschulen müssen vielfach innerhalb der Hochschule oder im Rahmen einer von der Hochschule getragenen externen Einrichtung die für Weiterbildung erforderliche Infrastruktur, Verfahren und Instrumente noch aufbauen. Dazu gehören u.a. die Ermittlung des Bedarfs, die Kontaktpflege zu externen Partnern, die Vermarktung der Weiterbildungsangebote sowie die Koordinierung nach innen.

VIII.

Es besteht weitgehend Konsens, dass sich wie schon heute auch in Zukunft die Nachfrage nach wissenschaftlicher Weiterbildung weit überwiegend auf berufsbezogene Inhalte erstrecken wird. Für die Entwicklung entsprechender Angebote ist es wichtig, die inhaltliche und zeitliche Gestaltung in eine den Zielgruppen adäquate Form zu bringen und insbesondere den beruflichen Erfahrungshintergrund der Teilnehmer zu berücksichtigen. Dies erfordert

- eine entsprechende Zeiteinteilung (z.B. berufsbegleitende Teilzeitangebote),
- die Berücksichtigung der Bedürfnisse der Zielgruppen (Anwendungsorientierung, Problemlösungsbezug),
- entsprechende Darbietungsformen (didaktische Aufbereitung, Einsatz moderner auch interaktiver Kommunikationsmittel, i.d.R. jedoch nicht: Vorlesung bzw. typischer akademischer Lehrvortrag).

Unerlässlich ist die Kooperation zwischen Hochschulen und der „Abnehmerseite" im weitesten Sinne, d.h. mit Wirtschaftsunternehmen, Kammern, Berufsverbänden und anderen Organisationen. Sie erleichtert u.a. ein an den Zielgruppen orientiertes bedarfsgerechtes Angebot, ermöglicht eine bessere organisatorische Abstimmung und kann auch die Gewährung von Freistellungen befördern. Es ist in diesem Zusammenhang darauf hinzuweisen, dass wissenschaftliche Weiterbildung keine Miniaturausgabe grundständigen Hochschulstudiums (ordentlicher Studien) ist. Weiterbildung muss flexibler und kann daher kurzfristiger angelegt sein. Sie muss rasch neue Entwicklungen aufgreifen und stofflich umsetzen. Unabdingbare Voraussetzung für ein Weiterbildungsangebot ist die inhaltliche Offenheit und organisatorische Beweglichkeit.

IX.

Die bisherige Praxis der Zertifizierung und Testierung in der wissenschaftlichen Weiterbildung ist unterschiedlich. Es dominieren Teilnahmebescheinigungen und Zertifikate, daneben werden Zeugnisse und Urkunden vergeben, und gelegentlich werden auch einzelne Module oder Bausteine separat bescheinigt. Die im Rahmen des Bologna Prozesses erfolgende Einführung gestufter Studiengänge und -abschlüsse hat die Tendenz verstärkt, die Weiterbildung durch das Angebot weiterbildender Studiengänge (Universitätslehrgänge) und durch die Vergabe zusätzlicher berufsqualifizierender, besonders karrierefördernder Abschlüsse (Weiterbildungs-MA) aufzuwerten. Dem korrespondiert ein Bedürfnis der Interessenten und des Arbeitsmarktes, Klarheit über die Wertigkeit der Zertifikate, Zeugnisse und Abschlüsse zu erhalten, die in der Weiterbildung vergeben werden.

X.

Quality assurance ist ein zentraler Richtwert des Bologna Prozesses. Im Prager Kommuniqué ist die Bedeutung von Qualitätssicherung für die künftige Entwicklung des europäischen Hochschulraums noch einmal besonders betont worden. Im letzten Jahrzehnt haben dementsprechend Evaluation und Akkreditierung als Mittel der Qualitätsentwicklung und -sicherung im Hochschulbereich zunehmend an Bedeutung gewonnen. Dazu einige Stichworte:

XI.

Gegenstand der Evaluation können Institutionen, die von ihnen angebotenen Studiengänge, die in ihnen stattfindende Forschung und Lehre, können ihr Management und ihre Dienstleistungen sein. Die Evaluation zielt prototypisch darauf, die Qualität eines Programms in Forschung und Lehre oder einer Einrichtung zu verbessern. Sie misst die Qualität der Leistung im Hinblick auf selbstdefinierte oder zumindest unter Beteiligung der evaluierten Einrichtung – Bsp.: Leistungsvereinbarung – Ziele und Zwecke, die allerdings durchweg an internationalen Standards ausgerichtet sind. Es handelt sich hierbei also prototypisch um einen den Maßstab selbst bestimmenden, selbstreferenziellen Prozess. Die Maßstäbe zur Messung des Ausmaßes der Erreichung der gesetzten Ziele und Zwecke können quantitativ und/oder qualitativ, sie können national und/oder international sein.

Evaluation ist also ein Mittel der Binnen- bzw. der Selbssteuerung. Sie dient allerdings auch der Rechenschaftslegung. Insoweit ist sie nicht nur nach innen gerichtet, sondern sie kann auch – etwa bei der Bilanzierung der Erfüllung von Leitsungsvereinbarungen entspr. §13 UniG 2002 – Bedeutung im Außenverhältnis etwa zum Erhalter haben.

XII.

Evaluation ist als Mittel der Selbssteuerung eingeschlossen in das Selbstverständnis einer autonomen Hochschule. Dementsprechend haben sich Universitäten und andere Einrichtungen der höheren Bildung und der Forschung in Europa immer schon der Herausforderung gestellt, die Frage zu beantworten, ob und in welchem Umfang sie die mit ihrem Auftrag und ihrer Mission verbundenen Ziele und Zwecke erreicht haben. Daraus ergibt sich zugleich, dass die Legitimation für hochschulübergreifende Evaluation zumindest auch auf die Hochschulen zurückgeführt werden muss.

Es besteht in den am Bologna-Prozess beteiligten Ländern Übereinstimmung, dass – entsprechend den Ergebnissen eines von der Kommission der EU geförderten Pilotprojekts – das Verfahren der Evaluation in aller Regel mit einer Selbsteinschätzung beginnt, d.h. mit einer Beurteilung ob und in welchem Ausmaß die Einrichtung die gesetzten Ziele erreicht hat. Diese Selbsteinschätzung bildet die Grundlage für eine Beurteilung durch externe Experten (Peer-Review), die auch institutionsübergreifende Standards im Hinblick auf die Festlegung der Ziele und ihrer Erreichung einbringen und die in der Regel in Abstimmung mit der zu evaluierenden Einrichtung bestellt werden. Das Ergebnis dieser Begutachtung informiert über Stärken und Schwächen der evaluierten Institution, des evaluierten Programms. Es wird der evaluierten Einrichtung als Information für den Prozess der Selbststeuerung und damit als Grundlage für Maßnahmen zur Entwicklung und Verbesserung der Qualität der Leistung übermittelt und kann dergestalt die strategische Planung einer Hochschule auslösen oder befördern und die Verteilung von Personal und Sachmittel innerhalb einer Einrichtung beeinflussen.

Es kann darüber hinaus, wenn die Einrichtung Teil eines Gesamtsystems ist, Gegenstand von Konsequenzen dieses Gesamtsystems, etwa im Zusammenhang des Abschlusses neuer Leistungsvereinbarungen, sein.

XIII.

Die Akkreditierung befasst sich mit der Qualität von Konzepten zur Einrichtung eines Studienprogramms, eines Studienabschlusses oder zur Errichtung einer Institution ebenso wie mit der Qualität von existierenden Institutionen, Programmen und Abschlüssen. Die Akkreditierung zielt auf die Anerkennung oder Zertifizierung im Bereich der höheren Bildung. Sie bezieht sich auf Ziele und Zwecke, die nicht von der Institution selbst oder von einem Antragsteller definiert sind. Es geht hier vielmehr um die Messung an heteronomen Vorgaben. Diese heteronomen Vorgaben können unterschiedlich ausgerichtet sein: Es kann einmal darum gehen, Minimumstandards zu garantieren, es kann aber auch darum gehen, Topstandards der Qualität zu zertifizieren.

Bei der Akkreditierung geht es prototypisch um den Schutz des Verbrauchers, d.h. der Studierenden und des Arbeitsmarktes, und geht es darum, durch Qualitätszertifikate die Anerkennung und den Transfer von Leistungspunkten und Abschlüssen und damit die Mobilität in der bis 2010 zu verwirklichenden European Higher Education Area und darüber hinaus zu befördern. Es geht auch hier zugleich um Rechenschaft gegenüber dem Erhalter und gegenüber der Öffentlichkeit. Im Falle der Garantie von qualitativen Minimumstandards geht es darum, die Legitimation eines Programms, eines Abschlusses oder einer Institution in einem Systemzusammenhang zu bewirken, und es kann darum gehen, Zugang zu bestimmten Berufen zu eröffnen. Das Ergebnis der Akkreditierung ist „ja", „ja aber" oder „nein".

XIV.

Akkreditierung wurde bisher in Europa mit Hilfe von Genehmigungen der Studiengänge oder der Anerkennung von Institutionen durchwegs vom Staat durchgeführt (licensing).

Im Zusammenhang des Bologna-Prozesses gibt es indes eine zunehmende Tendenz, dem Staat die Qualitätsverantwortung zu nehmen und sie Organen zu übertragen, die vom Staat aber auch von den Hochschulen unabhängig sind. Die Systeme, mit deren Hilfe in Europa dieses Ziel verfolgt wird, sind im Einzelnen sehr unterschiedlich.

XV.

Die Akkreditierung ist die notwendige Kehrseite eines Zuwachses an Autonomie für die Hochschulen, ihrer Einordnung in ein auf die Befriedigung von Nachfrage ausgerichtetes und einer bestimmten Qualität verpflichtetes Gesamtsystem. Sie ist notwendig in einer schon jetzt zunehmend durch transnationale Studienangebote zunehmend komplexer und unübersichtlicher werdenden Bildungslandschaft.

XVI.

Entsprechend der Bologna-Erklärung, des Kommuniqués von Prag und einer Forderung der Vereinigung der Europäischen Rektorenkonferenzen muss es zu einer europäischen Zusammenarbeit bei der Qualitätssicherung durch Erarbeitung vergleichbarer Kriterien und Methoden kommen.

XVII.

Akkreditierung und Evaluation sind im Zusammenhang der Beförderung von Mobilität – allerdings nicht nur – der Studierenden von ganz erheblicher Bedeutung. Insbesondere die Anerkennung von Credits und Abschlüssen kann in diesem Zusammenhang nicht mehr allein – wie in der Sorbonne-Erklärung vorgesehen – Vereinbarungen zwischen den Hochschulen überlassen bleiben. Auf der anderen Seite ist die Erfahrung aus den letzten Jahren, dass die Staaten sich in diesem Bereich nachhaltig auf ihre staatliche Souveränität versteifen. Im Hinblick auf die Akkreditierung von Institutionen, Programmen und Abschlüssen könnte es ein die Mobilität beförderndes zukunftsweisender Weg sein, durch Rahmenvereinbarungen zwischen den Staaten oder ihren für die Akkreditierung verantwortlichen Einrichtungen die wechselseitige Anerkennung der jeweils auf nationaler Ebene akkreditierten Programme, Abschlüsse und Institutionen zu gewährleisten.

XVIII.

Qualitätssicherung ist gerade im Bereich der Weiterbildung von erheblicher Bedeutung. Zum einen, um zu gewährleisten, dass der- oder diejenige, der oder die sich dieser häufig zu seiner sonstigen beruflichen Beanspruchung hinzutretenden Belastung stellt einen Mehrwert an Erkenntnissen, Einsichten, Fähig- und Fertigkeiten erhält. Die von ihr/ihm oder der Firma aufzuwendenden Kosten müssen einen adäquaten Gegenwert erhalten. Wie auch bei Zertifizierungen oder Graduierungen im Rahmen grundständiger/ordentlicher Studien muss die qualitative Belastbarkeit von Weiterbildungszeugnissen im Interesse des Arbeitsmarktes gesichert sein, denn gerade im Bereich der zunehmenden, auch transnationalen Weiterbildungsangebote ist im Spannungsverhältnis von Gewinnerzielung und Qualität die Gefahr des „Verkaufs" von Zertifikaten und Graden besonders groß.

XIX.

Die Anbieter von Weiterbildung müssen daher ein Qualitätssicherungs- und -entwicklungssystem einrichten, dass unterschiedlichen Aspekten Rechnung trägt. Es geht zum einen darum, die Erheblichkeit des Inhalts eines Angebots im Hinblick auf den Bedarf sicher zu stellen. Dazu ist es erforderlich, Kompetenz, Organisation und Verfahren für nachfrageorientierte Marktstudien zu schaffen. Es muss darüber hinaus die Systemadäquanz, d.h. das die anbietende Institution prägende Anspruchsniveau sicher gestellt werden (keine Universitätslehrgänge für Arzthelferinnen).

Da Weiterbildung aus mehreren, sich aus der Sache ergebenden Gründen der Einbeziehung von erfahrenen und wissenschaftlich ausgerichteten Praktikern und ggfs. auch von Spezialisten aus anderen Hochschulen bedarf, ist es notwendig, ein „Berufungsverfahren" zu entwickeln, welches Fehlberufungen vermeidet. Angesichts der kompositorischen Zusammenstellung von nicht nur hausintern entstandenen und abgestimmten Studiengangsmodulen besteht eine besondere Verantwortlichkeit für die Qualität und Stimmigkeit des Gesamtkonzepts und seine Umsetzung. Schließlich muss die „Kundenzufriedenheit" regelmäßig abgefragt werden.

XX.

Zu dieser auf Selbssteuerung ausgerichteten Evaluation sollte die externe Kontrolle durch Akkreditierung der Studiengänge (Universitätslehrgänge) hinzutreten. Es mag im Hinblick auf die zu bewältigende Quantität und Kosten diskutierbar sein, bei staatlich finanzierten Universitäten im Bereich der ordentlichen Studien und der Forschung die Akkreditierung der Institution als hinreichend zu erachten, im Bereich der Weiterbildung scheint mir die Programmakkreditierung unerlässlich. Sie trägt zur Transparenz in einem unübersichtlichen Markt bei. Sie muss in jedem Fall die Funktionsfähigkeit und Effektivität des institutionsinternen Qualitätssicherungssystems beurteilen und könnte davon abhängig in Zeitrahmen und Intensität variabel sein.

Accreditation between Bologna and Berlin.
Recent Developments around Quality Assurance in the European Higher Education Area

Don F. Westerheijden

1. Bologna and Some Consequences for Quality Assurance

The current paper is intended to indicate the context in which current European initiatives regarding quality assessment in higher education are operating and how effective they are. In this way, I aim to show some of the conceptual coherence and consistency in what may seem to be a tremendously fast-moving target. Since the publication of the Sorbonne Declaration in 1998 and especially of the Bologna Declaration in 1999, the previously rather sedate area of quality assessment seems to have entered a series of rapids, jolting it in different directions but within a general current of increasing European harmonisation.

This current towards European harmonisation did not start spontaneously. On the contrary, the basic policy axiom in European education – and higher education in particular – for decades had been that Europe's richness is its very diversity. Another axiom was that higher education is the prerogative of national politics, not of the European level, neither inter-governmental nor supra-governmental. While these axioms are still voiced, they are no longer the self-evident mainstream. Disadvantages of diversity are becoming ever more apparent, and they were directly addressed publicly for the first time in the Sorbonne and Bologna declarations. After all the publicity, it will hardly be necessary to explain the Bologna Declaration. Let me just remind the readers of the two main *rationales* for the Bologna Declaration (van Vught/van der Wende/Westerheijden 2002, van der Wende 2000):

- To increase 'the international competitiveness of the European system of higher education' (*Bologna Declaration* 1999) in the world market, after losing the leading position to the United States and seeing e.g. Australia and the United Kingdom[1] becoming main higher education 'exporters' as well.
- To promote mobility within Europe 'by overcoming obstacles' both for the graduate labour market and for students during their studies.[2]

---

[1] Interestingly, the UK is at the same time a 'founding member' of the Sorbonne and Bologna Declarations.
[2] That the petty obstacles of national regulations are among the most persistent problems in cross-border co-operation, was shown *inter alia* in a recent study involving the Netherlands, Flanders and parts of Germany (Westerheijden/Klemperer 2002).

The main mechanism to realise these objectives is a large-scale harmonisation of higher education systems across Europe to introduce 'a system essentially based on two main cycles, undergraduate and graduate'. In popular parlance, a 'bachelor'-'master' model.[3]

In about half of the 30-odd countries, we observe that the signing of the Sorbonne and Bologna declarations has led to large-scale restructuring of the higher education system (Schwarz/Westerheijden 2003). Among the signatories of the Sorbonne Declaration, France and the United Kingdom already had a higher education system based on two cycles (with the necessary complications), while the other two, Germany and Italy, saw international pressure as a major opportunity to restructure their higher education systems that were ridden with problems of long time to degree for students, high drop-out rates, and diminishing international attractiveness.[4] This points to the main pattern visible: each country uses these international declarations for its own, internal higher education policy problems. Accordingly, they use them in different ways. One might even say that there are as many declarations as there are countries signing them. In a way, that is typical of diplomatic compromise decisions.

A second pattern arises if we look at large as against small countries. Broadly stated, large countries follow their internal agenda, while in small countries the issue of international compatibility is more important. Thus, as I pointed out just now, the lack of structural change because of the Bologna Declaration in a large country like the United Kingdom. Similarly, Germany and Italy initiated change mainly for internal reasons. On the other hand, the restructuring of basically a single-cycle system in a small country like the Netherlands to two cycles is argued on grounds of compatibility and 'readability', even though within the country decision-makers agreed that there was not much reason for such a radical change.

Third, the East-West continuum seems to be relevant here. On the whole, Western European higher education appears to be more self-assured, while in Central and Eastern Europe, the fall of the Wall in 1989 has led to a long period of transition and insecurity. Old-time, communist standards were abandoned, and new fixed points were sought as models for transformation. It was difficult for Western advisors to have to explain throughout the 1990s and throughout the region that, at least until now, '*the* European standard' for higher education did not exist. The Central and Eastern European countries, however had an advantage over the West, in that, since they were transforming anyway, they could also relatively easily transform their structure of higher education, so that 'bachelor' and 'master' level degrees were introduced in many of these countries *before*

---

[3] As the Bologna Declaration puts it, 'The second cycle should lead to the master and/or doctorate degree as in many European countries.' In quite a few European countries, however, the doctorate degree is the third cycle, which seems to be unaffected – indeed, largely undiscussed – by the Bologna Process.

[4] In France too, the Sorbonne Declaration was used for restructuring, but in a less overt way (Chevaillier 2003).

the Bologna Declaration.[5] Also, practically all Central and Eastern European countries in the 1990s introduced quality assessment and accreditation systems in the framework of their transition (Westerheijden 2001).

The first main aim to be reached by this reform to mainly a two-cycle structure is to arrive at 'comparable degrees' across the European area of higher education. But what does 'comparable' mean? In a 'maximum interpretation', it could mean 'similar degrees', i.e. leading to graduates who are exchangeable on the labour market. In a 'minimum interpretation', it could mean no more than that degrees can be compared, e.g. by defining a number of dimensions or continua that can be used for their analysis. Perhaps there were diplomatic reasons, i.e. a degree of ambiguity, needed to attain the compromise of the Bologna Declaration. Yet it seems to me that to reach mobility without (too many) barriers, some degree of similarity must be aimed at in order to make the competencies of foreign graduates at least a partial substitute at any country's labour market, or in the selection process for admission to graduate studies.

Whatever the interpretation of 'comparable', a dramatic increase of international transparency is needed as a result of this aim in the Bologna Declaration. The role for quality assessment in this framework could well be defined as being the mechanism that could provide this much-needed transparency.[6] However, the Bologna Declaration is conspicuously vague about quality assurance. All it says is: 'Promotion of European co-operation in quality assurance with a view to develop comparable criteria and methodologies'. Diplomatic ambiguity abounds in this statement, in almost every word if one looks for it.

With its stress on attracting students, and on mobility for students and degree holders, the Bologna Declaration implies at least two design requirements for quality assessment systems that could fulfil their role in this process (for a longer list, cf. Westerheijden/van der Wende, 2001).

1. The object of evaluation has to be the *degree*. While recognising that the quality assurance by the higher education *institution* may be the most important factor in ascertaining quality education, the focus in the Bologna process – and the prime responsibility of governments as protectors of the citizens' (including students') interests – is on what students get out of the higher education system, i.e. on the degree.

2. Europe-wide *transparency*. The results of quality assessment processes need to be understood across the 'Bologna Area'. While this already seems to be a challenge for the professionals involved in quality assessment or in recognition of degrees across

---

[5] To my impression, countries in Central and Eastern Europe found that their degree structures, changed after the fall of the Iron Curtain in 1989, did not need major adaptation as there were 'bachelor'-type and 'master'-type degrees, even if these were parallel tracks (often in separate higher education institutions), not consecutive cycles as suggested in the Bologna Declaration.

[6] By way of quick definitions, I use 'quality assessment' to denote the (internal and/or external) judgement of quality. 'Quality assurance' is used then as the function of ascertaining to other actors that there is quality. The activities that higher education institutions perform for this assurance, I call 'quality management' (or 'quality work').

Europe, transparency is even more difficult to attain in the eyes of the external stakeholders in education, such as employers of graduates and especially the (potential) students. As mentioned before, academic distinctions may be too esoteric for external stakeholders; robust knowledge, economical to acquire, must be aimed at.

The first place to look for clarification is the follow-up conference held in Prague, May 2001. With regard to quality assessment, the phrase is much longer than the one in Bologna:

> Ministers recognized the vital role that quality assurance systems play in ensuring high quality standards and in facilitating the comparability of qualifications throughout Europe. They also encouraged closer cooperation between recognition and quality assurance networks. They emphasized the necessity of close European cooperation and mutual trust in and acceptance of national quality assurance systems. Further they encouraged universities and other higher education institutions to disseminate examples of best practice and to design scenarios for mutual acceptance of evaluation and accreditation/certification mechanisms. Ministers called upon the universities and other higher educations institutions, national agencies and the European Network of Quality Assurance in Higher Education (ENQA), in cooperation with corresponding bodies from countries which are not members of ENQA, to collaborate in establishing a common framework of reference and to disseminate best practice.

The link between recognition issues and quality issues on the international scene was recognised by the Ministers of Education – I shall come back to it later, and they imported from the recognition discussion the notions of mutual trust and acceptance. However, these terms were by this fact transposed from the individual degree holder level (as in degree recognition) to the level of quality assurance systems. Which implied making a number of (heroic) assumptions, especially:

- Quality assurance systems inform about the quality of degrees;
- Graduates with a similar degree are comparable with each other;
- The information delivered by quality assurance systems is relevant to the labour market or to higher education institutions considering accepting candidates for further studies, e.g. bachelor's degree-holders applying for master's studies.

Next, the Ministers twice invited the higher education institutions (once together with ENQA and others) to disseminate best practices, apparently adding a 'bottom-up' approach to the governmental, 'top-down' reforms. Yet the main initiative seemed to be the 'top-down' approach of co-operation to be co-ordinated by ENQA to establish 'a common framework of reference'. In fact, the designation of ENQA as the 'champion' of the further process, or the 'spider in the web' to the Berlin follow-up conference of 2003 may have been the most important consequence of this statement. For ENQA subsequently engaged in negotiations with representatives of the higher education institutions (European University Association, EUA) and students (the National Unions of Students in Europe, ESIB).

2. Is European Quality Assurance Needed?

The other important element implied by making ENQA the 'champion' of the quality assurance developments in the Bologna process was that the necessity of action at the European level, in addition to national-level activities, was emphasised. In the spirit of subsidiarity, i.e. the principle that European-level action is only warranted if it is necessary to overcome shortcomings of (independent or voluntarily co-ordinated) national-level action, we may pose the question if this Europeanisation of quality assurance has added value? We may look at this in two ways: from the side of quality assurance 'supply', and from the point of view of the presumed 'customers' of quality assurance information in the European higher education area, i.e. students. Let us start with the latter.

2.1 Is It Needed for Students and Employers?

Let us focus on adolescents who just graduated from secondary school and who consider entering higher education. Will they take into consideration all programmes offered throughout Europe? I guess not. Common wisdom seems to be that the choice of the place where students first enter higher education in countries like the Netherlands can be explained from quality factors to a limited extent only (van Walsum 2000). Most students opt for a convenient location within their own country. And probably, in the traditionally rather homogeneous Continental European higher education systems this is a rational choice. First of all, it still is somewhat complicated to take up studies in another country: what about study grants, living expenses, social security, etc.? And within each country, in our relatively well-regulated, public European higher education systems, quality differences for undergraduate programmes are not very large. At least, quality assessment mechanisms have not been able to show significant quality differences to the prospective students. Moreover, students right out of secondary education come to the colleges and universities for an 'initiation' into higher education. I venture to state that one of the roles of 'initiation' is to become aware of the different characteristics ('qualities') of study programmes. The distinctions that are so important to academe are simply too esoteric to be understood by 'outsiders'. Consequently, my expectation is that the student catch basin for undergraduate studies is mainly regional.

After acquiring their bachelor's degree, part of the students will enter the labour market. Others will continue their studies by entering a master's level programme. After their 'initiation' in undergraduate studies, they will now be 'informed consumers', with much more articulated ideas about the qualities they want in their studies: preparing them for the labour market or for a research career. At this level, then, I can see a higher degree of competition emerge at all geographical levels, from within the single institution to regional, national, European and world-wide. Competition, which may be coming form both sides: students competing for places in popular programmes, and programmes competing for the students who best fit their profiles.

At the end of the master's phase, again a proportion of graduates – probably a quite large proportion – will enter the labour market. Others may continue to the doctoral level. The situation at the doctoral level will be similar to that at the master's level, I expect, so lie much of the discussion in Europe nowadays, I shall ignore this third level of degree programmes further on.

Something I certainly do not want to ignore is that students who enter the labour market are not lost to higher education forever. On the contrary, ideas of life-long learning increasingly seem to be taking root, and the adolescents right out of secondary education are a diminishing proportion of all students in higher education. The life-long learners can be typified as 'informed consumers' to an even higher degree than those students who continue from undergraduate to graduate programmes. Indeed, the Bologna framework of two multi-year cycles may not be adequate for the needs of life-long learners, who often have a very specific demand for training in certain knowledge or skills. The British qualifications framework shows how a higher education system may struggle with this new market structure (Quality Assurance Agency for Higher Education 2001).

I use the market metaphor on purpose here, because life-long learners are willing to shop around in order to find a programme or module suiting their needs and tastes. And their employers often are willing to pay for such higher education provision. Another factor of importance when the labour market and life-long learning come into view is that well-educated people are increasingly willing to be internationally mobile for their careers. Accordingly, even if a higher education programme intended to cater for regional job training needs, still it would have to handle students entering the regional labour market with degrees and qualifications from different countries.

At this point, I should like to repeat my statement that the fine distinctions that are so important to academe may be too esoteric to be understood by 'outsiders', even if these outsiders are informed consumers, such as recurring learners and their employers. This implies that I plead for relatively robust quality assessment and accreditation systems, focusing on transparency and economy of information for outsiders, rather than on fine-grained gradations. But this point may be taken even further. In Von Humboldt's time, around 1800, the labour market for graduates from higher education was mainly the state apparatus: higher education institutions themselves, the judiciary, and the government bureaucracy. Then, a neat correlation existed between degrees, titles and careers. Nowadays, in contrast, higher education graduates find employment mainly in the private economy. Now, therefore, we should be interested much more in the *effectus civilis* of a higher education degree than on governmental regulations stating that such-and-such a post can only be occupied by someone carrying such-and-such a degree. This would imply that official accreditation and recognition regulations are less important than a good answer to the question how to achieve trust in degrees from different study programmes. In short: what we are discussing today may be of limited interest to the employers of companies and the students preparing for work with them, unless we attach official accreditation to establishment of trust, credibility, in the eyes of labour market parties.

2.2 Can Quality Assurance be Europeanised Credibly?

The challenge of how to establish credibility of quality of higher education at the European level was taken up in different contexts (van der Wende/Westerheijden 2001). In particular, a working group organised by EUA's precursor, the CRE, conceptualised various possible approaches (Sursock 2001). Sursock et al. spanned the whole range from doing nothing to obligatory accreditation by a European agency (cf. Table 1).

European level options
0. Do nothing
1. European clearing house
2. Mutual recognition between national quality assurance agencies
3. European meta-agency to validate national quality assessment agencies
4. Previous + ability to accredit directly
5. European accreditation agency

Table 1: Possible approaches towards European quality assurance (Sursock 2001)

The option more or less preferred by Sursock's working group would be to create a platform at the European level (Europe understood as the 'Bologna area', not just the EU) including all stakeholders, at first to exchange information about quality assurance systems applying to higher education institutions in this area. This option could be interpreted to lead to an almost inherent further development. For by virtue of its (unique?) collection of information, over time this platform might develop into a repository for trustworthy information on quality assurance and on its application to higher education institutions. In a third stage of development, this could be formalised into two registers: one of 'registered' quality assurance systems, and one of 'registered' programmes and/or higher education institutions, somewhat like the recognition and information functions of the US Council for Higher Education Accreditation (CHEA). The expert group did not go into the mechanisms underlying registration – those would have to be established in due course by the platform itself.

This option was an example of what Van Vught called a Multiple Accreditation System at the international level, and what we now prefer to call an 'Open Accreditation System' (OAS) (cf. van Vught 1994, Westerheijden/van der Wende 2001):[7]

- *Higher education programmes or higher education providers are free to choose one or more accreditation(s) that fit(s) their quality profile.* Academic programmes aiming to compete on the European or global market for research training, may

---

[7] We prefer the term 'Open Accreditation System', to emphasise the fact that there is open access for accreditation agencies. The term 'multiple accreditation' often seems to be understood as meaning that higher education programmes or higher education institutions collect a number of accreditation 'kite marks' from different agencies. This is possible only in an Open Accreditation System, but it is not a *necessary* part of the definition.

want a different type of accreditation than those aiming for close co-operation with the regional labour market.
- *Accreditors are free to offer accreditations.*
- *Governments promise to attach consequences to accreditations* in their country, such as official status of degrees or use of titles protected by law. In this view, governments' main roles as the primary source of funds of higher education in much of the world would include a desire for accountability on how tax money is being spent (legality, effectiveness and efficiency). Broader, governments are guardians of the general interest and in that function need to provide 'consumer protection' to users of higher education (students as well as employers).

Advantages of an Open Accreditation System over one with a single monopolist offering accreditation are especially found in its accommodation of diversity (also discussed in Westerheijden 2001), which is seen as a main requirement on higher education systems with a 'mass' or 'universal' character due to the diverse backgrounds and aims of the student body in the evolving knowledge societies of the twenty-first century. For one thing, 'vertical' diversity would be enabled: not just accreditation against the minimum threshold quality standards and the consequent fears for a 'race to the bottom', but also-optional for ambitious programmes and higher education institutions-against a 'top level'.[8]

The openness of an OAS in the first place applies to 'accreditors': any agency fulfilling requirements of credibility (independence of judgements, due procedures, etc.) would be allowed entry, from whatever country or stakeholder they originate. In particular, an OAS would open the higher education system to accommodate the need for (international) recognition in and by the professions, such as accountancy, engineering, medicine or management. But organisations representing mainly the academic disciplines such as Physics or Chemistry could organise evaluation and accreditation agencies as well. This could be called the horizontal aspects of diversity, for no one can say generally if 'academic' is 'better' than 'professional', because they judge fitness for *different*, worthy, purposes. At the same time, an OAS would be open to any provider of higher education (including foreign, private, for-profit and non-traditional providers); the accreditation should be a sufficient guarantee. Of course, this does not immediately imply an extreme *laissez-faire* higher education system. Governments may set additional requirements on the operation of an Open Accreditation System, such as on the credibility of accreditation, inclusion of national education goals in accreditation criteria, etc.

No policy option comes without drawbacks. Those of an OAS include the fear that the current 'jungle of degrees' (Haug 1999) in Europe will be replaced by a 'jungle of accreditations' (Haug/Tauch 2001). True, a single accreditation would provide more efficient information, as there can be no doubt about its credibility: it is this one or none. Multiple sources of accreditations would invite the classical *quis custodiet ipsos custodies* issue: Who accredits (or recognizes) the accreditors? Sursock's working group

---

[8] For instance, the EFMD's EQUIS label positions itself as a top-level quality kite mark for business schools.

offered a way out at the European level, which apparently was 'a bridge too far' for the collected ministers of education at the Prague conference, but a way out may also be sought at the national level.

3. Open Accreditation Systems at National Level

European countries underwent many changes regarding quality assurance and accreditation. The results of the Schwarz/Westerheijden (2003) study demonstrate that, with external quality assurance being introduced first in France and the UK around 1984, in the beginning of the 90s less than half of the European countries had external quality assurance, but by 2003 practically all European countries used such a policy instrument (see tables 2 and 3). The general procedures of quality assurance in all countries largely followed the 'general model of quality assessment' (van Vught/Westerheijden 1994).

No Focus on Evaluation Activities	Focus on Evaluation Activities
NO, SE, FI, ES, PT, IT, GR, DE, CH, AT, FR, BE(FL),	NL, DK, UK, IR, HU, PL, CR, LT, LI

Table 2: Focus on 'Supra-Institutional Evaluation Activities'. Year: 1992

No Focus on Evaluation Activities	Focus on Evaluation Activities
—	NO, SE, FI, DK, HU, PL, CR, LT, LI, ES, PT, IT, GR, UK, IR, DE, CH, AT, FR, BE(FL), NL

Table 3: Focus on 'Supra-Institutional Evaluation Activities'. Year: 2003

'Granting the right to exist' for institutions and programs is traditionally a task performed by the state government. Only recently has this task shifted from state ministries to newly established organisations (e.g. accreditation agencies, quality assurance agencies, etc.). This development went rapid. Whereas in 1989 hardly any European country accredited higher education (the exceptions were found in some professional areas in the UK, Ireland and Portugal), and in 1998 less than half of the European countries in our study had implemented accreditation schemes for (parts of) higher education, in 2003 all European countries, with the exception of Denmark and Greece, defined their system as including some type of accreditation scheme (see tables 4 and 5). Denmark is the only country in Europe that does not see any value in shifting from its well-functioning evaluation scheme in combination with state approval to an accreditation scheme in combination with evaluation activities.

State Approval	Accreditation scheme with evaluation activities
NO, SE, FI, DK, ES, PT, IT, GR, DE, AT, FR, BE(FL), NL, CH	HU, PL, CR, LV, LT, GB, IR

Table 4: State approval versus accreditation scheme with evaluation activities. Year 1998

State Approval	Accreditation scheme with evaluation activities
DK, (GR)	NO, SE, FI, HU, PL, CR, LT, LI, ES, PT, IT, GB, IR, DE, CH, AT, FR, BE(FL), NL

Table 5: State approval versus accreditation scheme with evaluation activities. Year 2003

Whereas evaluation activities follow a common general approach in all European countries, accreditation currently is not following any type of common general approach in Europe. The main differences of the accreditation schemes across Europe can be defined as follows:

(1) There are currently no patterns of common institutional arrangements for accreditation. For example, the accreditation activities range from approval procedures of 'degree programs at one type of higher education institution' (e.g. AT) to 'all institutions and all programs' (e.g. HU). The key players are quite different in the European countries, some countries have started agencies at the country level (e.g. DE, ES), others have accreditation only for professional fields by professional bodies (e.g. ES before 2003), other countries regard the state ministry as 'accreditation agency' in co-operation with the respective quality assurance agencies (e.g. FI).

(2) There are currently no patters that demonstrate comparable methods for accreditation schemes. Even more so, a number of country reports imply that there is no direct connection between the different types of accreditation organisations connected to public authorities (e.g. accreditation agencies), and private sector agencies (e.g. professional bodies) (e.g. ES, PT, UK).

(3) The types of evaluation processes underlying the approval decision in accreditation schemes vary widely. Although the self-evaluation *cum* site visit model that forms the core of the external quality assurance seems to be a major model for accreditation too, it is not applied universally; a more bureaucratic approach relying on vetting of (self-reported) information seems to be the major alternative model.

Until now, as mentioned before, accreditation remains a policy instrument located at the national level. Among the countries that introduced accreditation for reasons associated with the Bologna process, Germany stands out. Therefore, I turn to this country briefly.

3.1 Germany

Germany was the first country to start an accreditation council (*Akkreditierungsrat*) after the Sorbonne Declaration. This Council, the first quality assurance agency at the level of the federation in Germany, is independent operationally but linked organisationally to the umbrella organisation of the higher education institutions (HRK). Its main function is to recognise agencies that do the actual accreditation of study programmes, either on a regional or on a professional or disciplinary basis. Let me highlight briefly that I think that this Council is interesting for an international audience particularly for three reasons:

- The Accreditation Council is not (so much) accrediting programmes by itself, but is limited mostly to recognising accreditation agencies. This shows a rather modest approach at the higher education system level: the Council does not try to do everything itself, but *trusts the experts*.
- The system is *open*: accreditation agencies are free to ask for recognition, without any limitation. The only limitations are, in principle, in assuring the credibility and independence of accreditation processes.
- The Accreditation Council focuses on *programme accreditation*.

Admittedly, things are not all just rosy and simple,[9] but here I should like to focus just on the principles that could be seen internationally as good practice in the light of the design requirements set out above.

3.2 The Netherlands

The Netherlands introduced a Netherlands Accreditation Organisation (NAO) at the turn of the year along the same principles as those in Germany (Commissie Accreditatie Hoger Onderwijs 2001; cf. also www.nao-ho.nl). Differences with Germany stem from the fact that *all* of Dutch higher education is going to be organised along the bachelor–master model shortly, and the reform plans include that accreditation will be mandatory for programmes:
- to award recognised bachelor's and master's degrees;
- to make their students eligible for study grants and loans;
- to get state funding (for public higher education institutions only).

Implicit in the above is that private higher education institutions will be included in this procedure on an equal footing with public ones, apart from the government funding. Another interesting addition in the Dutch case to the OAS principles of as applied in Germany is that the NAO framework for accreditation will be based on the so-called 'Dublin Descriptors', a recent initiative towards development of common level descriptors for bachelor's and master's at the European level (see below).

---

[9] Thus, e.g., introduction of study programmes along the new bachelor's and master's structure is voluntary and not very wide-spread until now. At the same time, there seems to be a backlog of accreditation applications.

A potential problem that comes out more clearly in the Dutch than in the German case is the question to what extent the official openness of the Netherlands Accreditation Organisation for foreign accreditation agencies will be realised. Will, for instance, American accreditation agencies be willing to bend their processes and standards to comply with rules and criteria of such a small country as the Netherlands?

3.3 Flanders: Too Small for Own Accreditation?

Finally in this short list, which I selected to highlight some options without making even the slightest attempt at completeness, follows Flanders. This is the only higher education system that has had the courage to claim that is too small to maintain its own accreditation system. Rather, the Flemish decision-makers opted for co-operation with the Netherlands Accreditation Organisation. Simultaneously, this will mean that the NAO will not be a national organ, but an international one.

Considering that the Flemish community counts 6 to 7 million inhabitants, that it has 8 universities and close to 30 colleges, I wonder what would be the implications of the smallness argument for e.g. Norway or Slovenia? Anyway, the Flemish case is mentioned here to show that a national approach is not the only option.

4. Some Recent Initiatives at the European Level

The Flemish case brings us back to the European level. As mentioned before, ENQA here has been designated as sort of a co-ordinating organisation. Its talks with EUA and ESIB were mentioned there. However, other initiatives are going on as well. I should like to mention two of them. First is the *Joint Quality Initiative* (JQI). Led by the Dutch and Flemish governments, this is an informal (and ever-growing) group of countries who want to take the harmonisation of quality of higher education further – or at a faster pace – than the Bologna process including all 30+ countries (Westerheijden/Leegwater 2003). Its first result was the identification of comparable outcomes of degree levels across all disciplines in the so-called *Dublin descriptors* (Harris 2003). The second initiative is the SOCRATES project *Tuning Educational Structures in Europe* (*Tuning* for short), aimed at identifying outcome levels in terms of competencies at the levels of disciplines (Gonzales Ferreras/Wagenaar 2003).

In both initiatives, focusing on outcomes defined in terms of competences expected from graduates proved to be a fruitful approach. It helped evade the time-consuming discussions about sufficient levels of inputs (staff quality, facilities for education, etc.) and about curriculum content that stifled European developments ever since the development of the EU Directives for protected professions and the General Directive for all higher education of at least three years' duration, in the 1980s (Pertek, 1992).

Follow-up projects, supported by the EU, are underway in 2003 in which 'the *Dublin Descriptors* are *Tuned'*, i.e. in which both levels of descriptors are brought together for further tests and developments. One such project is TEEP, the *Transnational European Evaluation Project*, co-ordinated by the Danish Evaluation Agency (whose director also chairs ENQA). It consists of applying a single set of outcome-oriented criteria to external evaluations of study programmes in several European countries; agronomy was the first of these pilots. Participants report positively about the progress made in TEEP, which might instil some confidence in the possibility of developing quality assurance or accreditation transgressing national borders. In that way, a major step towards transparency at the European level would be set, which would contribute much to the credibility of the single European Higher Education Area in the eyes of the 'users', i.e. students and employers.

5. Limitations of Quality Assurance, and Recognition of Degrees

Yet there are some limitations to the effectiveness of quality assurance and accreditation in establishing credibility in the eyes of 'users'. The main problem is that quality assurance and accreditation make statements about study programmes or higher education institutions (faculties), rather than about individual graduates or students.[10] The open labour market and the mobility in the European Higher Education Area imply movement of individuals; study programme admission officers or personnel recruitment staff need to make decisions about individual persons, and for them the knowledge that someone has studied in an accredited programme is highly relevant (especially in view of the growing number of non-public higher education institutions arising in Europe), but may not be sufficient information. In other words: recognition requires knowledge about the quality of a particular programme and institution, and on how this quality is determined in the national context and by whom. At the same time, the most important objective of quality assurance in the international context is the recognition of credentials across borders. And it is this quality statement about a minimal standard (or an accreditation) that is the first concern for international recognition in assessing a credential, both for academic and professional purposes.

Following the Prague conference in the Bologna process, therefore, ENQA and the network of degree recognition offices (ENIC/NARIC) have started working on a common agenda, on the latter's initiative. This joint agenda should focus in particular on shared challenges, which were seen to exist in particular in the area of globalisation, privatisation, diversification and virtualisation of higher education (e.g. the quality assurance of transnational education), in the area of lifelong learning, the shift from teaching to learning, and the consequent new emphasis on the assessment of competencies. A joint task force was established, which actions included the channelling of information, the development of a joint format for programme description, address transnational education, and

---

[10] Moreover, developments like introduction of credits, giving more options to students, modularisation or recognition of previous work experience (e.g. in life-long learning) 'deconstruct' the idea of a coherent study programme as a recognisable unit for evaluation, making quality assurance less easily applicable as well.

the shift from education to learning. Furthermore initiatives were taken to look in particular at the recognition of non-degree program and of joint degrees and to join European wide initiatives regarding degree standards and outcome levels (e.g. The Tuning project and the Joint Quality Initiative). Recommendations were to be made to the Berlin ministerial follow-up meeting in Berlin 2003 (ENIC/NARIC 2001, 2002).

Reflecting on these developments, it strikes us that they bring together two disparate approaches to international comparison of quality. On the one hand, quality assurance is 'supply-oriented'. It is focused on teaching rather than learning, and involves the programme or unit (faculty, university) level. It is also a systematic approach in continental Europe, as government regulations all seem to apply to *all* programmes of units.[11] The regulatory frameworks for quality assurance are mainly national. Interestingly, the Bologna process is in stark contrast to this, as it is 'only' a declaration, not an international treaty or a national law. The lack of a legal basis has pros and cons. It makes the process more flexible, but also more fluid (what belongs to the process, what not?) and rights or obligations of parties and other stakeholders in the higher education systems are not clearly defined.

On the other hand, international degree recognition can be characterised as 'demand oriented'. It only applies to those students and graduates who need it because of (intra-European or worldwide) mobility. It can also be more demand oriented in that recognition decisions can be made in the light of the purposes for which recognition is asked (mainly: academic vs. professional). By definition, it is an international approach, not one of national regulation in isolation. And basically, the legal framework for it is in place. Implementation is the crux now. Yet this issue of implementation is complicated by the Bologna process developments – at least in the short run.

This shows that the two areas have different 'mind sets' (supply vs. demand oriented), moreover they are in different stages of development. Exploring quality assurance and degree recognition *together* is new for all parties involved. To what kind of results this new co-operation of the two, in my opinion increasingly interdependent, areas can come before the Berlin follow-up conference in the Bologna process (September 2003), is to be awaited.

6. Concluding Remark

A paper like this one, aiming to give a *tour d'horizon* of current developments, necessarily fails to lead to a neat conclusion. Moreover, in the Bologna process developments are too rapid – not to say frantic – for any author not intimately involved in the decision-making to expect to make summary statements of lasting value. I feel I have done all I could, if I have shown that, in the British bard's famous words, 'Though this be madness, yet there is method in 't'. And the 'method' seems to be that there is a tendency in

---

[11] This contrasts with the US accreditation, which only applies to certain *programmes* (viz. in the professions), although it covers almost all serious higher education *institutions*.

Europe towards more openness of higher education systems into the single European Higher Education Area, especially at the level of continuing education, and that accreditation may be an instrument called in to provide transparency in this European Higher Education Area.

References

Chevaillier, T. (2003): Accreditation in the Framework of Evaluation Activities: Report For France. Dijon.
Commissie Accreditatie Hoger Onderwijs (2001): Prikkelen presteren profileren: Eindrapport. Amsterdam.
Gonzales F.J./Wagenaar, R. (2003): Tuning Educational Structures in Europe: Opportunities, Possibilities and Obstacles. In: Westerheijden D.F./ Leegwater M. (Eds.): Working on the European Dimension of Quality: Report of the conference on quality assurance in higher education as part of the Bologna process. Amsterdam, 12–13 March 2002. Zoetermeer.
Harris, N. (2003): Towards Shared Descriptors for Bachelor's and Master's. In: Westerheijden D.F./Leegwater, M. (Eds.): Working on the European Dimension of Quality: Report of the conference on quality assurance in higher education as part of the Bologna process. Amsterdam, 12–13 March 2002. Zoetermeer.
Haug, G. (1999): Trends and issues in learning structures in higher education in Europe. Paper presented at the Confederation of European Rectors' Conferences and European Association of Universities CRE, Genève.
Haug, G./Tauch, C. (2001): Trends in Learning Structures in Higher Education (II): Follow-up Report prepared for the Salamanca and Prague Conferences of March/May 2001. Helsinki.
Joint declaration of the European Ministers of Education Convened in Bologna on the 19th of June 1999. Bologna.
Pertek, J. (1992): The Europe of Diplomas. In: Pertek, J./Soverovski, M. (Eds.), EC Competences and Programmes within the Field of Education/Compétences et programmes communautaires en matière d'éducation (pp. 71–83). Maastricht.
Quality Assurance Agency for Higher Education. (2001): The framework for higher education qualifications in England, Wales and Northern Ireland. Gloucester.
Schwarz, S./Westerheijden, D.F. (Eds.) (2003): Accreditation in the Framework of Evaluation Activities: A Comparative Study in the European Higher Education Area [working title].
Sursock, A. (2001): Towards Accreditation Schemes for Higher Education in Europe? Final project report. Geneva, Switzerland.
van Vught, F.A. (1994): Intrinsic and Extrinsic Aspects of Quality Assessment in Higher Education. In: Westerheijden, D.F./Brennan, J./Maassen,P.A.M. (Eds.): Changing Contexts of Quality Assessment: Recent Trends in West European Higher Education (pp. 31–50). Utrecht.
van Vught, F.A./van der Wende, M.C./Westerheijden, D.F. (2002): Globalization and Internationalization: Policy Agendas Compared. In: Fulton, O./Enders, J. (Eds.), Higher Educa-

tion in a Globalizing World. International Trends and Mutual Observations (pp. 103–120). Dordrecht.
van Vught, F.A./Westerheijden, D.F. (1994): Towards a general model of quality assessment in higher education. Higher Education, 28, 355–371.
van Walsum, S. (2000): Student in spe verdiept zich nauwelijks in opleiding. Volkskrant, 27.9.2000
van der Wende, M.C. (2000): The Bologna Declaration: Enhancing the Transparency and Competitiveness of European Higher Education. Higher education in Europe, 25(3), 305–310.
van der Wende, M.C./Westerheijden, D.F. (2001): International aspects of quality assurance with a special focus on European higher education. Quality in Higher Education, 7(3), 233–245.
Westerheijden, D.F. (2001): Ex oriente lux? National and Multiple Accreditation in Europe after the fall of the Wall and after Bologna. Quality in Higher Education, 7(1), 65–75.
Westerheijden, D.F./Klemperer, A. (2002): Sta niet met je rug naar de grens: Eindrapport evaluatie Regeling stimulering grensoverschrijdende samenwerking hoger onderwijs 1997–2000. Zoetermeer.
Westerheijden, D.F./Leegwater, M. (Eds.). (2003): Working on the European Dimension of Quality: Report of the conference on quality assurance in higher education as part of the Bologna process, Amsterdam, 12–13 March 2002. Zoetermeer.
Westerheijden, D.F./van der Wende, M. (2001): Who says B also has to say A? From Bologna to Accreditation: Design Requirements for Quality Assurance in Europe. Paper presented at the INQAAHE Conference, Bangalore, 19.–22.3.2001

Akkreditierung und Evaluation

Akkreditierung und Qualitätssicherung im universitären Hochschulbereich der Schweiz

Therese Steffen Gerber

1. Akkreditierung

Grundlage für die Schaffung eines nationalen Organs für Akkreditierung und Qualitätssicherung (OAQ) bildet das Bundesgesetz über die Förderung der Universitäten und über die Zusammenarbeit im Hochschulbereich vom 8. Oktober 1999 (UFG), die Vereinbarung zwischen dem Bund und den Universitätskantonen über die Zusammenarbeit im universitären Hochschulbereich vom 14. Dezember 2000 sowie das interkantonale Konkordat über die universitäre Koordination vom 9. Dezember 1999.

Basierend auf diesem gesetzlichen Regelwerk einigten sich Bund und Hochschulkantone darauf, eine gemeinsame Trägerschaft für den Bereich Akkreditierung und Qualitätssicherung zu errichten. Als strategisches Organ der Wissenschaftspolitik des Bundes und der Hochschulkantone wurde einerseits die Schweizerische Universitätskonferenz (SUK), andererseits das OAQ gegründet.

Gemäß dem UFG ist die SUK für die gesamtschweizerische Koordination der Tätigkeiten von Bund und Kantonen im universitären Hochschulbereich zuständig. Die SUK gewährleistet die Oberaufsicht über das OAQ und nimmt die Akkreditierung von öffentlichen und privaten universitären Institutionen, Studienrichtungen und Studiengängen auf Vorschlag des OAQ vor.

Das Organ setzt sich aus einer Geschäftsstelle mit einem Direktor und wissenschaftlichen Mitarbeitern/-innen sowie einem wissenschaftlichen Beirat zusammen. Dieser besteht aus fünf nationalen und internationalen Experten/-innen aus dem Gebiet der Qualitätssicherung, welche von der Rektorenkonferenz der Schweizer Universitäten (CRUS) nominiert und von der SUK ernannt wurden.

Gemäß seiner gesetzlichen Grundlage hat das OAQ folgende Aufgaben:
- Umschreibung der Anforderungen an die Qualitätssicherung und regelmäßige Prüfung, ob diese erfüllt werden.
- Erarbeitung eines gesamtschweizerischen Verfahrens der Akkreditierung von universitären Institutionen, Fächern und Studiengängen.
- Durchführung von Akkreditierungsverfahren für staatliche und private universitäre Institutionen, Studienrichtungen oder Studiengänge, welche eine Akkreditierung beantragen.
- Erarbeitung von Empfehlungen für Evaluationen, welche die Universitäten in ihrer eigenen Verantwortung durchführen.
- Durchführung von disziplinenspezifischen Evaluationen in Absprache mit der CRUS.

- Erbringen weiterer Leistungen im Bereich Qualitätssicherung für die Vereinbarungspartner oder für Dritte gegen Entgelt (bspw. Aufbau einer Qualitätssicherungsstelle).
- Information der Öffentlichkeit über erfolgte Akkreditierungen und in Abstimmung mit der CRUS über die Anerkennung schweizerischer/ausländischer Studienabschlüsse.

Das OAQ orientiert sich in seiner Arbeit an den internationalen Akkreditierungs- und Evaluationspraktiken und arbeitet eng mit CRUS und den einzelnen Hochschulen zusammen.

Aufgabe des OAQ ist die Durchführung von Akkreditierungen im universitären Hochschulbereich der Schweiz. Akkreditierungen erhöhen die nationale sowie die internationale Sichtbarkeit universitärer Leistungen und können Studierenden, Hochschulvertretern, Politikern, Arbeitgebern und der Gesellschaft insgesamt als Orientierungs- und Entscheidungshilfe dienen. Das Akkreditierungsverfahren soll dazu beitragen, die internationale Anerkennung und die Vergleichbarkeit von Studienabschlüssen sowie die internationale Wettbewerbsfähigkeit der schweizerischen Hochschulen zu verbessern.

Anhand festgelegter Qualitätsstandards überprüft das OAQ, ob die zu akkreditierenden (staatlichen oder privaten) Institutionen, Studienrichtungen oder Studiengänge die Mindestanforderungen an die Qualität erfüllen. Die beiden Haupttätigkeitsfelder sind Lehre und Forschung. Die Lehre umfasst die Aus- und Weiterbildung auf universitärer Stufe. Forschung wird bei der Akkreditierung nur insofern einbezogen, als sie mit der Lehre direkt verknüpft und mit dem institutionellen Leitbild verbunden ist. Im Sinne einer Dienstleistung können auch andere Tätigkeitsfelder und Aktivitäten, welche im Leitbild der Institution verankert sind, durch das OAQ evaluiert werden.

Wie bereits weiter oben dargelegt, orientiert sich das schweizerische Akkreditierungssystem an internationalen Praktiken. Die zu überprüfenden Qualitätsstandards werden durch das OAQ periodisch dem neuesten Stand der internationalen Praxis angepasst.

Bei der Akkreditierung von Institutionen werden folgende Bereiche geprüft:
- Strategie, Organisation und Qualitätsmanagement der Institution
- Studienangebot
- Forschung
- Wissenschaftliches Personal
- Administratives und technisches Personal
- Studierende
- Infrastrukturen
- Kooperation

Bei der Akkreditierung von Studienrichtungen und Studiengängen werden folgende Bereiche geprüft:
- Leitbild und Ausrichtung
- Interne Organisation und Qualitätssicherungsmaßnahmen
- Curriculum und Ausbildungsmethoden
- Lehrkörper
- Studierende

Akkreditierung und Qualitätssicherung im universitären Hochschulbereich der Schweiz   49

- Sachliche und räumliche Ausstattung

Die schweizerischen Akkreditierungsverfahren sind derart zu gestalten, dass der Aufwand und die Belastung für die entsprechende Hochschule möglichst gering bleiben. Aus diesem Grund sollen universitätseigene Evaluationen und Akkreditierungen soweit als möglich aufeinander abgestimmt werden. So können Doppelspurigkeiten vermieden und Ressourcen gespart werden.

Entsprechend den gesetzlichen Grundlagen erfolgen die Akkreditierungen freiwillig und auf Antrag der entsprechenden Universitäten oder ihrer Untereinheiten. Die Bestimmung der zu akkreditierenden Einheit erfolgt hochschulintern und wird von Fall zu Fall festgelegt; grundsätzlich sollen klar umschriebene akademische Einheiten akkreditiert werden. Zusätzlich sieht das UFG im Rahmen der Subventionsüberprüfungen eine Qualitätsprüfung durch das Eidgenössische Departement des Innern vor, welche an das OAQ in Auftrag gegeben werden soll. Die Modalitäten dieses Akkreditierungs- resp. beitragsrechtlichen Anerkennungsverfahrens sind jedoch noch nicht bestimmt und Gegenstand von Diskussionen zwischen den betroffenen Kreisen.

Das schweizerische Akkreditierungsverfahren ist dreistufig aufgebaut. In einer ersten Stufe evaluiert sich die zu akkreditierende Einheit anhand eines detaillierten Leitfadens selbst (Selbstevaluation). Die Ergebnisse werden in einem schriftlichen Bericht zuhanden des OAQ zusammengestellt. Dieser dient als Grundlage für die zweite Stufe, die externe Evaluation. Hier wird die Einhaltung der Qualitätsstandards vor Ort durch eine unabhängige Expertengruppe geprüft. Eine angemessen große Gruppe qualifizierter, unabhängiger Experten (i.d.R. 3 bis 5 Personen) wird vom OAQ in Zusammenarbeit mit der zu akkreditierenden Hochschuleinheit zusammengestellt. Letztere hat bei der definitiven Auswahl der Experten ein Vetorecht bezüglich Einzelpersonen. Die externe Evaluation wird von einem Mitglied des OAQ begleitet, welches jedoch lediglich über eine beratende Stimme verfügt. Nach dem zweitägigen Besuch erarbeiten die Experten einen Bericht, welcher sich ausführlich auf Prüfbereiche und dazugehörige Standards bezieht. Er schließt mit einer Empfehlung zur Akkreditierung und zur Verbesserung der Qualität. Besondere Qualitätsmerkmale der zu akkreditierenden Einheit werden separat aufgeführt. Das OAQ erarbeitet anschließend anhand des Berichts zur Selbstevaluation sowie des Berichts der Expertengruppe eine Akkreditierungsempfehlung, welche der SUK zum Entscheid vorgelegt wird. In der dritten Stufe erfolgt der Akkreditierungsentscheid. Dabei sind folgende Szenarien möglich: Akkreditierung ohne Auflagen (für sieben Jahre gültig), Akkreditierung mit Auflagen (diese müssen innerhalb einer festzulegenden Frist erfüllt werden), Ablehnung der Akkreditierung.

Im Sinne der Qualitätssicherung und -verbesserung wird jeder Entscheid von Empfehlungen der extern begutachtenden Experten begleitet. Bei einem positiven Akkreditierungsentscheid stellen das OAQ und die SUK eine Urkunde aus, welche das Erreichen der Qualitätsmindeststandards bescheinigt. Alle Akkreditierungsentscheide können bei einer unabhängigen Schiedsinstanz angefochten werden.

Alle Ergebnisse der Akkreditierungsverfahren werden unter Berücksichtigung des Datenschutzes in Berichtsform und auf der OAQ-Website (www.oaq.ch) publiziert, d.h. sowohl die Listen der akkreditierten, als auch jene der nicht akkreditierten Institutionen,

Studienrichtungen oder Studiengänge. Eine Einstufung der schweizerischen Hochschulen im Sinne eines Rankings soll jedoch vermieden werden.

2. Qualitätssicherung

Seit Mitte der neunziger Jahre kam es im schweizerischen Hochschulbereich zu einer – seitens der Universitäten wie der Politik unterstützten – verstärkten Auseinandersetzung mit der institutionalisierten Qualitätssicherung. Die Position der Schweizer Universitäten im internationalen Wettbewerb sollte so nachhaltig gestärkt werden.

Auf der institutionellen, der Universitätsebene, wird die strategische Steuerung der Qualitätssicherung von den einzelnen Hochschulleitungen wahrgenommen. Die operative Steuerung erfolgt in den meisten Fällen über die Rektorate sowie die verschiedenen Evaluationsstellen oder Kommissionen, welche zu diesem Zweck geschaffen wurden.[1] Die meisten Universitäten begannen, regelmäßige Bewertungen der Lehre und der Forschung einzuführen und ihre akademischen Einheiten einer systematischen Selbst- und Fremdevaluation zu unterziehen. Dies mit dem primären Ziel der Qualitätsverbesserung. In der schweizerischen Hochschullandschaft unterscheiden sich die angewandten Evaluationsmethoden und -instrumente stark – bei den einzelnen Maßnahmen steht zwar jeweils der unterstützende und partizipative Charakter im Vordergrund, doch wurden sie bis anhin innerschweizerisch nicht koordiniert.

Als Beispiele seien die Qualitätssicherungssysteme der Eidgenössischen Technischen Hochschule Zürich (ETHZ), der Universität Zürich sowie der Universität Freiburg erwähnt. An der ETHZ existiert bereits seit zehn Jahren ein Evaluationssystem unter der Leitung des Rektorats. Dieses System besteht aus unterschiedlichen Modulen (departementale Evaluation, Lehrbewertung, internationales Benchmarking, Graduiertenbefragungen etc.). Im Jahre 2000 wurde an der Universität Zürich eine operativ unabhängige, dem Universitätsrat unterstellte Evaluationsstelle mit wissenschaftlicher Leitung geschaffen. Sie organisiert und begleitet Evaluationen sowohl im akademischen, als auch im Leitungsbereich. An der Universität Freiburg wird seit 1997 die Qualitätssicherung als eine hochschulpolitische Priorität behandelt. Die Evaluationsrichtlinien sehen Qualitätssicherung durch Reporting, Lehrbewertung und Evaluationen akademischer Einheiten vor.

Das neugeschaffene OAQ wurde nun per Gesetz mit dem Auftrag versehen, bei den von den Universitäten in eigener Verantwortung durchgeführten Evaluationen auf unterstützende und koordinierende Art und Weise zu wirken. Ziel ist eine verstärkte Harmonisierung der unterschiedlichen Evaluationssysteme.

Eines der Hilfsmittel soll dabei eine kontinuierliche Zusammenarbeit mit den Verantwortlichen für Qualitätssicherung und Evaluation an den universitären Hochschulen der Schweiz sein. Regelmäßige Treffen sollen dem Erfahrungsaustausch sowie der Vernetzung dienen.

---

[1] Schenker-Wicki, Andrea (2001): Akkreditierung und Qualitätssicherung. Das Schweizerische Modell. In: Das Hochschulwesen, 4.

Zur Akkreditierung von Masterstudiengängen in Deutschland

Angelika Schade

1. Weiterbildung im Kontext neuer Studiengänge

Die Novellierung des Hochschulrahmengesetzes (HRG) vom 20. August 1998 hat deutschen Hochschulen die Möglichkeit eröffnet, Studiengänge mit den international bekannten und anerkannten Hochschulgraden Bachelor/Bakkalaureus (BA) und Master/Magister (MA) einzuführen. Seit dieser Zeit werden zunehmend *innovative Studienprogramme* entworfen: Berufsqualifizierende Abschlüsse, internationale Kompatibilität, Modularisierung, lebenslanges Lernen und wissenschaftliche Weiterbildung sind wesentliche Stichworte in dieser Debatte.

Die Novelle des HRG zählt die *Weiterbildung* zu den Kernaufgaben der Hochschulen und führt im Rahmen eines weitgefassten Weiterbildungsbegriffs Zusatz-, Ergänzungs- und Aufbaustudien (postgraduale Studien) an. Weiterbildungsstudiengänge richten sich an Absolventen eines Hochschulstudiums zur Vermittlung weiterer wissenschaftlicher oder beruflicher Qualifikationen oder zur Vertiefung eines Studiums, insbesondere zur Heranbildung des wissenschaftlichen und künstlerischen Nachwuchses. Mit der Einführung der Bachelor- und Masterstudiengänge kann die wissenschaftliche Weiterbildung ein *neues Profil* gewinnen. Die mit den BA-/MA-Studiengängen verbundene Modularisierung des Lernstoffes ermöglicht nämlich die Entwicklung und den Zuschnitt ganz unterschiedlicher Weiterbildungsangebote: Denkbar ist, dass ein Bachelorabsolvent nach einigen Jahren der Berufstätigkeit einen Masterabschluss anstrebt. Dabei kann es sich um den „konsekutiven Teil" seines grundständigen Studiums handeln, der gewählte Masterstudiengang kann aber gleichermaßen ein Studienangebot aus einem anderen Fach sein, d.h. einer bestehenden fachlichen Grundlage wird eine weitere fachliche Perspektive hinzugefügt.

Die *Masterstudiengänge* bieten somit einen Spielraum, der auch der wissenschaftlichen Weiterbildung einen neuen Stellenwert geben wird. *Wissenschaftliche Weiterbildung* muss dabei die speziellen Voraussetzungen für den Wiedereinstieg eines Berufs-„praktikers" in das Hochschulstudium berücksichtigen: Hinsichtlich der didaktischen Aufbereitung, sinnvoller Vermittlungsformen, die auch berufsbegleitenden Charakter haben und beispielsweise multimediale Lehr- und Lerneinheiten vorsehen sollten, müssen wissenschaftliche Weiterbildungsangebote die besonderen Bedürfnisse ihrer Klientel beachten. Diese Kriterien spielen auch bei der Akkreditierung eine Rolle.

Um die Sicherung der Qualität der neuen Bachelor- und Masterstudiengänge zu garantieren und um den Studierenden, den Arbeitgebern und den Hochschulen eine verlässliche Orientierung bei verbesserter Transparenz zu bieten, wurde durch Beschlüsse von Hochschulrektorenkonferenz (HRK) und Kultusministerkonferenz (KMK) der *Akkreditie-*

rungsrat eingerichtet, der die Verantwortung für die Durchsetzung vergleichbarer Qualitätsstandards in einem wesentlich dezentral organisierten System hat, in dem Verfahren der Akkreditierung von BA-/MA-Studiengängen grundsätzlich durch Akkreditierungsagenturen durchgeführt werden. Der Akkreditierungsrat nimmt diese Verantwortung durch Akkreditierung der Agenturen sowie durch ihre Koordination und Kontrolle wahr. Unter den Prämissen *Vielfalt zu ermöglichen, Qualität zu sichern und Transparenz zu schaffen*, hat der Akkreditierungsrat sowohl ein *Akkreditierungsverfahren für Studiengänge* als auch für Agenturen entwickelt. Da die Agenturen durch ihre Akkreditierung ermächtigt werden, das *Gütesiegel des Akkreditierungsrates* zu vergeben, war zur Gewährleistung der Transparenz, Berechenbarkeit und Qualitätsorientierung der dezentralen Akkreditierung durch Agenturen eine gewisse Einheitlichkeit der Organisation und ein einheitliches Verfahren erforderlich.

2. Akkreditierungsverfahren für neue Studiengänge

Akkreditierung hat zum Ziel, die *nationale und internationale Anerkennung* der Studienabschlüsse zu verbessern und zu gewährleisten und gleichzeitig Hochschulen, Studierenden und Arbeitgebern verlässliche Orientierungen hinsichtlich der Qualität von Studienprogrammen und -abschlüssen zu geben. Zentrale Frage im Akkreditierungsverfahren ist, ob das Konzept des Studiengangs Mindestanforderungen an die Qualität und die internationale Kompatibilität der Curricula unter Berücksichtigung von Studieninhalten, Studienablauf und Studienorganisation, Leistungsnachweisen Prüfungsstruktur und Prüfungsfächern erfüllt.

Im Gegensatz zu dem auf die Einhaltung von eher quantitativen Rahmenvorgaben orientierten staatlichen Genehmigungsverfahren und im Gegensatz zu einer Evaluation, die vorrangig eine Stärken-Schwächen-Analyse darstellt, ist es die Aufgabe der Akkreditierung, eine *fachlich-inhaltliche Prüfung des vorgelegten Studiengangkonzepts* durchzuführen. Die Begutachtung eines Studiengangs im Rahmen des Akkreditierungsverfahrens zielt auf die Frage ab, ob der zu akkreditierende Studiengang ein *schlüssiges und kohärentes Bild im Hinblick auf gesetzte und zu erreichende Ziele* ergibt. Die Aufgabe der Peers besteht daher vor allem darin, in dem durch die Kriterien vorgegebenen Rahmen die Zielsetzung des Studiengangkonzeptes und die Plausibilität der vorgesehenen Umsetzung zu beurteilen.

Die besondere *Bedeutung der Peers* erfordert deren sorgfältige und gewissenhafte Auswahl. Kriterien für die Auswahl sind vor allem Unabhängigkeit, fachliche Kompetenz, ausgewiesene Kenntnis ausländischer Hochschulstrukturen, Erfahrungen mit neuen BA-/MA-Studiengängen und mit Evaluations- bzw. Akkreditierungsverfahren. Die Gutachtergruppe wird fallbezogen zusammengestellt. Sie soll gewährleisten, dass die Akkreditierung hinsichtlich der wissenschaftlich-fachlichen, studienorganisatorischen als auch berufsqualifizierenden Aspekte angemessen durchgeführt wird.

Auf der Grundlage der vom Akkreditierungsrat verabschiedeten Kriterien[1] bezieht sich die Beurteilung eines Studiengangkonzeptes im Kern auf die folgenden vier Aspekte:
- die Qualität des Curriculums,
- die Berufsqualifizierung,
- das personelle Potenzial,
- die materielle Ausstattung.[2]

3. Akteure der Akkreditierungsverfahren

Im dezentralen Akkreditierungssystem organisieren die Agenturen die Verfahren. Akkreditierungsagenturen können vom Akkreditierungsrat akkreditiert werden, wenn sie den folgenden Grundsätzen und Mindeststandards genügen:

- Akkreditierungsagenturen müssen *institutionell unabhängig von Hochschulen und Wirtschafts- und Berufsverbänden sein* und in diesem Sinn Akkreditierungsverfahren durchführen. Sie müssen bei Entscheidungen zur Akkreditierung die *Beteiligung von Hochschulen und Berufspraxis* angemessen gewährleisten[3].
- Akkreditierungsagenturen benötigen eine ausreichende, mittelfristig verlässliche personelle, räumliche und finanzielle *Infrastruktur*. Sie arbeiten nach den Grundsätzen von Wirtschaftlichkeit und Sparsamkeit und *nicht gewinnorientiert*.
- Akkreditierungsagenturen müssen *hochschulartenübergreifend* akkreditieren.
- Akkreditierungsagenturen müssen *nationale und internationale Kompetenz* hochschulübergreifend zusammenführen und sollten *studiengang- und fächerübergreifend* akkreditieren.
- Akkreditierungsagenturen müssen ein *nachvollziehbares und durch Transparenz gekennzeichnetes Verfahren* zur Akkreditierung von Studiengängen nachweisen.
- Akkreditierungsagenturen sind auch nach ihrer Akkreditierung dem Akkreditierungsrat *berichtspflichtig*.

Zwischenzeitlich sind die folgenden *fachspezifischen und fächerübergreifenden Agenturen* akkreditiert und damit berechtigt, das Qualitätssiegel des Akkreditierungsrates an von ihnen akkreditierte Studiengänge mit den Abschlüssen BA und MA zu vergeben:
- Akkreditierungsagentur für die Studiengänge Chemie, Biochemie und Chemieingenieurwesen an Universitäten und Fachhochschulen (A-CBC)
- Akkreditierungs-, Zertifizierungs- und Qualitätssicherungs-Institut (ACQUIN)
- Akkreditierungsagentur für Studiengänge im Bereich Heilpädagogik, Pflege, Gesundheit und Soziale Arbeit (AHPGS)

---

[1] Ausführlich dazu „Mindeststandards zur Akkreditierung von Akkreditierungsagenturen und Kriterien zur Akkreditierung von Studiengängen mit den Abschlüssen Bachelor/Bakkalaureus und Master/Magister", siehe Homepage www.akkreditierungsrat.de.
[2] Ausführlich dazu der Leitfaden des Akkreditierungsrates für Gutachter/-innen im Akkreditierungsverfahren.
[3] Unter Beteiligung der Hochschulen versteht der Akkreditierungsrat die der scientific community, insbesondere die der Lehrenden und Studierenden; unter Berufspraxis die am Wirtschaftsleben Beteiligten.

- Agentur für Qualitätssicherung durch Akkreditierung von Studiengängen (AQAS)
- Akkreditierungsagentur für Studiengänge der Ingenieurwissenschaften und der Informatik (ASII)
- Foundation for International Business Administration Accreditation (FIBAA)
- Zentrale Evaluations- und Akkreditierungsagentur Hannover (ZEvA).[4]

4. Dokumentation der Akkreditierungsergebnisse

Der Akkreditierungsrat fungiert als *zentrale Dokumentationsstelle*, die Transparenz hinsichtlich Kompatibilität und Gleichwertigkeit der neuen Studienangebote gewährleistet. Die Ergebnisse eines Begutachtungsverfahrens werden in einem Bericht zusammengefasst, der in gekürzter Form als *„Vorlage für die Zentrale Liste"* im Internet auf der Homepage des Akkreditierungsrates veröffentlicht wird. Dieser Bericht enthält Angaben zum Profil und zur Qualität eines Studiengangs.

Das *Gütesiegel des Akkreditierungsrates* hat überdies mehrere Funktionen. Zum einen ist es in den meisten Bundesländern Voraussetzung für die Genehmigung des Studiengangs. Aber es ist mehr, Akkreditierung
- macht Qualität transparent,
- bietet Orientierung für potenzielle Kunden und schafft Vertrauen
- und kann als Marketinginstrument eingesetzt werden.

Bisher haben die Hochschulen, deren Studiengänge akkreditiert wurden, diese Information jedoch noch in geringem Maße zu Werbezwecken genutzt. Hier ist allerdings ein Umdenken erforderlich: Mehr noch als inländische sind ausländische Interessenten darauf angewiesen, *verlässliche Informationen* über die Qualität der Studienangebote in Deutschland zu erhalten.

5. Zukunft der Akkreditierung

Das deutsche Akkreditierungssystem wird sich in den kommenden Jahren sicherlich weiter festigen, wenngleich noch nicht abzusehen ist, wie viele Akkreditierungsagenturen es mittel- bis langfristig geben wird. Es gibt weitere Anträge und Anfragen, auch aus dem Ausland. Hinsichtlich der *Kriterienentwicklung* in der wissenschaftlichen Weiterbildung ist der Akkreditierungsrat mit den zentralen Akteuren im Gespräch darüber, ob wir ein *einheitliches Qualitätssicherungsverfahren* für alle Formen der wissenschaftlichen Weiterbildung oder aber ein Qualitätssicherungssystem, d.h. verschiedene Verfahren in einem einheitlichen Referenzsystem, benötigen.

Der *Informationsaustausch und die Abstimmung in Europa* sollte es in Zukunft ermöglichen, dass Akkreditierungen mit dem Siegel des Akkreditierungsrates im Ausland akzeptiert werden. Damit nicht Mehrfach-Akkreditierungen erforderlich werden, müssen Absprachen, zunächst einmal in Europa, getroffen werden. Im Ausland erworbene Akkredi-

---

[4] Informationen zu den Agenturen sind auf der homepage www.akkreditierungsrat.de zu finden.

tierungen sollten hier anerkannt werden und umgekehrt. Deutsche Agenturen kooperieren bereits mit ausländischen Agenturen und es gibt erste grenzüberschreitende Akkreditierungsverfahren. Darüber hinaus ist der Akkreditierungsrat einer der zentralen deutschen Akteure in der international geführten Diskussion über Studienabschlüsse, Transparenz, gegenseitige Akzeptanz der Qualitätssicherungsverfahren und Standards der Hochschulbildung.

Akkreditierung und Evaluierung im österreichischen Fachhochschul-Sektor

Kurt Sohm

Der Sicherung der Qualität des fachhochschulischen Bildungsangebotes kommt im österreichischen Fachhochschul-Sektor eine hohe Bedeutung zu. Diese hohe Bedeutung der Qualitätssicherung ist auch Resultat der modernen ordnungspolitischen Rahmenbedingungen, die sich mit dem Schlagwort „New Public Management" auf den Punkt bringen lassen. Im Sinne der Dezentralisierung und Deregulierung der Entscheidungsbefugnisse wurden einerseits privatrechtlich organisierte, aber überwiegend öffentlich finanzierte Bildungsanbieter mit einem hohen Ausmaß an Selbststeuerungskompetenzen geschaffen. Andererseits gibt es eine öffentliche Einrichtung, den Fachhochschulrat, der für die Qualitätssicherung zuständig ist. Die zentralen Aufgaben des Fachhochschulrates bestehen in der Akkreditierung als einer Form der Ex-ante-Qualitätssicherung und der Evaluierung als einer Form der Ex-post-Qualitätssicherung.

1. Der österreichische Fachhochschulsektor im Überblick

Die ersten zehn Fachhochschul-Studiengänge haben im Studienjahr 1994/95 ihren Studienbetrieb aufgenommen, wobei die Einrichtung fachhochschulischer Bildungsangebote richtigerweise nicht durch die Umwandlung bestehender Bildungseinrichtungen, sondern durch die Akkreditierung neuer Studienangebote erfolgte. Mittlerweile gibt es österreichweit 124 Fachhochschul-Studiengänge, die von 19 Erhaltern angeboten werden. Diese Erhalter sind – bis auf zwei Ausnahmen – als juristische Personen des privaten Rechts als Gesellschaft mit beschränkter Haftung, Verein oder gemeinnützige Privatstiftung organisiert und ersetzen den Staat als Träger der Fachhochschul-Studiengänge.

Die Zahl der Studierenden beträgt im Studienjahr 2002/03 ca. 18.300; ca. 7.100 Studierende haben ihr FH-Studium bisher erfolgreich abgeschlossen. Neben der weiteren Entwicklung des Bildungsangebotes besteht die Zielsetzung des Fachhochschulrates in den nächsten Jahren in der Konsolidierung und Internationalisierung der fachhochschulischen Einrichtungen. Dabei werden der Ausbau der angewandten Forschung und Entwicklung und die Forcierung des Know-how-Transfers zwischen Hochschule und Wirtschaft eine wichtige Rolle spielen. Die österreichischen Fachhochschul-Studiengänge und Fachhochschulen müssen – im Sinne von „Centers of Excellence" – zu erfolgreichen Akteuren in der europäischen Bildungslandschaft werden.

Am 1. Mai 2002 ist die Novelle des Fachhochschul-Studiengesetzes in Kraft getreten, die u.a. die Einrichtung von sechssemestrigen Bakkalaureats- und zwei- bis viersemestrigen Magister-Studiengängen ermöglicht. Diese bildungspolitische Maßnahme stellt einen wichtigen Schritt zur Internationalisierung der Bildungsangebote und zur Integration des gesamten Fachhochschulsektors in den europäischen Hochschulraum dar. Mit der gemeinsamen Erklärung der europäischen Bildungsminister/-innen vom 19. Juni 1999 („Bologna-Deklaration") wurde die Schaffung eines solchen europäischen Hochschulraumes bis zum Jahr 2010 betont. Damit stellt der Bologna-Prozess, der im Mai 1998 mit der Sorbonne-Erklärung begonnen hat und mit der Zusammenkunft der europäischen Bildungsminister/-innen in Berlin im Jahr 2003 fortgesetzt wurde, auch eine wichtige Grundlage für die Stärkung der internationalen Wettbewerbsfähigkeit der österreichischen Fachhochschulen und seiner Absolventinnen und Absolventen dar.

Mit der Einführung von Bakkalaureats- und Magisterstudiengängen wird das in der deutschsprachigen Bildungstradition verwurzelte, auf fachliche Breite und wissenschaftliche Tiefe angelegte einphasige Studienkonzept durch das System einer gestuften Hochschulbildung mit unterschiedlichen Qualifikationsniveaus ersetzt bzw. ergänzt. Die Vorteile des gestuften Studiensystems lassen sich folgendermaßen zusammenfassen: Flexibilisierung des Studienangebotes, Verbesserung der internationalen Vergleichbarkeit der Studienabschlüsse sowie Steigerung der Mobilität der Studierenden und der Attraktivität der Bildungsangebote für ausländische Studierende. Ein wesentlicher Vorteil besteht auch darin, dass mit diesem neuen Studiensystem die Schnittstelle zwischen Studienabschluss und Weiterqualifizierung neu gestaltet und damit der Wechsel zwischen Berufs- und Studierphasen flexibilisiert werden kann.

Eine stärker gestuft angelegte Organisation des Studiums verbessert zudem die Möglichkeit, die Hochschulausbildung an die Veränderungen des Arbeitsmarktes und die Erfordernisse lebenslangen Lernens anzupassen. Die damit verbundene Diversifizierung des Bildungsangebots entspricht eher der Heterogenität der studentischen Nachfrage und dem gesellschaftlichen Bedarf. Sowohl für Diplomstudiengänge als auch für Bakkalaureats- und Magisterstudiengänge gilt der Bildungsauftrag einer praxisbezogenen Berufsausbildung auf Hochschulniveau. Es handelt sich also bei den drei Studiengangsarten um Ausbildungen, die einen berufsqualifizierenden Abschluss vermitteln; das Ziel besteht in der Hervorbringung einer berufs- und hochschuladäquaten Handlungskompetenz.

2. Die ordnungspolitischen Rahmenbedingungen

Mit dem Inkrafttreten des Fachhochschul-Studiengesetzes (FHStG) am 1. Oktober 1993 wurde ein für den österreichischen Hochschulbereich innovatives ordnungspolitisches Steuerungsmodell geschaffen, das sehr gute Rahmenbedingungen für den Aufbau des österreichischen Fachhochschul-Sektors bietet. Im Sinne der Schaffung einer institutionellen Autonomie der Hochschulen gegenüber dem Staat wurde dabei auch das Verhältnis Staat – Hochschule vollkommen neu gestaltet. Die Selbststeuerungskompetenzen der Hochschulen wurden umfassend erweitert.

Der erste Schritt in die Richtung der Zurückdrängung der staatlichen Aufgaben im Kontext der hochschulischen Bildungsorganisation wurde im Rahmen der Verhandlungen um die Regierungsbildung 1990 gesetzt. Damals wurde der Beschluss zum Aufbau eines nichtuniversitären postsekundären Bildungssektors gefasst und in das Arbeitsprogramm der Bundesregierung für die XXII. Legislaturperiode aufgenommen. Dieses Regierungsprogramm von 1990 enthält einige wichtige Grundsätze zur Neugestaltung der Bildungspolitik, die eine Abkehr von den staatlich-zentralistischen Steuerungs- und Regelungsmechanismen im Hochschulbereich darstellen.

Mit dieser Abkehr, die sich durch eine Dezentralisierung und Deregulierung der Entscheidungsbefugnisse auszeichnet, sind zwei wichtige Zielsetzungen verbunden. Durch die Stärkung der Eigenständigkeit und Verantwortlichkeit der fachhochschulischen Institutionen soll *erstens* deren Effizienz und die Qualität der Angebote gesteigert werden. Der Abbau der hohen Regelungsdichte im Organisations- und Studienrecht auf Gesetzes- und Verordnungsebene soll *zweitens* die Steigerung der Innovationsfähigkeit des Bildungssystems und eine größere Flexibilität gegenüber dem Beschäftigungssystem sowie allgemeinen gesellschaftlichen Anforderungen ermöglichen.

Die dem FHStG zugrunde liegenden ordnungspolitischen Rahmenbedingungen zeichnen sich insofern durch die folgenden Merkmale aus:
- Abschied vom Monopol des Staates als Anbieter von Hochschulstudien und Erweiterung der Selbststeuerungskompetenzen der fachhochschulischen Institutionen
- Neuverteilung der Verfügungsrechte durch die privatrechtliche Organisationsform der Erhalter sowie damit verbunden: Stärkung der Souveränität, Verantwortung und Flexibilität der Bildungsanbieter
- Dezentralisierung und Deregulierung der Entscheidungsbefugnisse, d.h. relevante Entscheidungen können dort getroffen werden, wo das Ausmaß an Wissen und Informationen am höchsten ist
- Reduzierung staatlich-behördlicher Kompetenzen auf die Qualitätssicherung sowie Finanzierung

Innerhalb dieser Rahmenbedingungen erfolgt der Auf- und Ausbau des österreichischen Fachhochschul-Sektors im Zusammenspiel von staatlich-behördlicher top-down Steuerung und privater bottom-up Initiative. Die Einrichtung fachhochschulischer Bildungsangebote findet nicht durch die Umwandlung bestehender Bildungseinrichtungen, sondern durch die Akkreditierung neuer Studienangebote statt.

Die Finanzierung der Fachhochschul-Studiengänge unterscheidet sich von der üblichen Form der Hochschulfinanzierung. Eine stärkere Betonung betriebswirtschaftlicher Aspekte soll dadurch erreicht werden, dass auf jener Ebene, auf der die wichtigsten sachlichen Entscheidungen getroffen werden, Anreize zu einem effizienten Umgang mit knappen Ressourcen geboten werden. Der Bund hat sich daher nicht dazu verpflichtet, für bestimmte Bereiche pauschal die Gesamtkosten zu übernehmen, sondern übernimmt nur die Kosten einer vereinbarten Zahl von Studienplätzen. Es handelt sich also um das Finanzierungskonzept der Studienplatzbewirtschaftung. Die für die Finanzierung von Fachhochschul-Studiengängen zentrale Kennzahl sind die Kosten eines Studienplatzes. Zur Berechnung dieser Kosten wurden im Rahmen eines Background-Berichts an die OECD Vorarbeiten geleistet. Darin wurde errechnet, dass die jährlichen Kosten für einen Studienplatz im technischen Bereich etwa 7.600 EURO, im kaufmännischen Bereich rund 6.400 EURO betragen. Um Anreize für Mischfinanzierungssysteme zu schaffen, übernimmt der Bund nur 90 % der jährlichen Normkosten eines Studienplatzes (das sind ca. 6.900 EURO bei technischen bzw. ca. 5.800 EURO bei wirtschaftlichen Studiengängen).

3. Qualitätssicherung: Zusammenhang zwischen Erst-Akkreditierung, Evaluierung und Re-Akkreditierung

Der Fachhochschulrat ist für die Akkreditierung und Evaluierung von FH-Studiengängen zuständig. Der Fachhochschulrat besteht aus 16 Mitgliedern, wobei die Hälfte der Mitglieder wissenschaftlich durch eine Habilitation ausgewiesen sein muss; die andere Hälfte muss über den Nachweis einer mehrjährigen Tätigkeit in den für FH-Studiengänge relevanten Berufsfeldern verfügen. Die Mitglieder werden vom Bundesminister für Bildung, Wissenschaft und Kultur ernannt und sind in der Ausübung Ihrer Tätigkeit an keine ministeriellen Weisungen gebunden.

Den für die Akkreditierung relevanten Referenzrahmen hat der FHR in den „Richtlinien für die Akkreditierung von Bakkalaureats-, Magister- und Diplomstudiengängen" formuliert (vgl. www.fhr.ac.at). Während sich die Erst-Akkreditierung und Re-Akkreditierung immer auf FH-Studiengänge beziehen, werden ab dem Jahr 2003 zwei Evaluierungsverfahren durchgeführt: institutionelle und studiengangsbezogene Evaluierung (vgl. Dokument „Evaluierung im österreichischen FH-Sektor", www.fhr.ac.at). Jeder Re-Akkreditierung geht ein Evaluierungsverfahren voraus.

Die Fachhochschul-Studiengänge werden im Auftrag des zukünftigen Anbieters von Entwicklungsteams konzipiert, die sich durch wissenschaftliche und berufspraktische Qualifikation auszeichnen. Mindestens zwei Personen des Entwicklungsteams müssen durch Habilitation ausgewiesen sein; zwei Personen müssen über den Nachweis einer Tätigkeit in einem relevanten Berufsfeld verfügen. Im Falle der Akkreditierung müssen mindestens 4 Personen des Entwicklungsteams mit den geforderten wissenschaftlichen und berufspraktischen Qualifikationen im FH-Studiengang lehren.

Diese entwickelten Konzepte werden dem Fachhochschulrat zur Akkreditierung vorgelegt. Unter Akkreditierung versteht der FHR ein Verfahren zur Überprüfung der Einhaltung von vorgegebenen Anforderungen, das mit einer Ja- oder Nein-Entscheidung endet, wobei qualitätssteigernde Vorgaben des FHR substantieller Teil des Verfahrens sind. Das insofern in qualitätssteigernder Absicht durchgeführte (Erst-)Akkreditierungsverfahren endet also – im positiven Fall – mit einer bescheidmäßigen Anerkennung durch den FHR und soll gegenüber Studierenden, Geldgebern, der Wirtschaft und Gesellschaft garantieren, dass das Bildungsangebot vor der Genehmigung ein (ex-ante-)Qualitätssicherungsverfahren mit positivem Ergebnis durchlaufen hat.

Auf die Akkreditierungsverfahren ist das Allgemeine Verwaltungsverfahrengesetz (AVG) zur Anwendung zu bringen. Der Fachhochschulrat hat über den Antrag ohne unnötigen Aufschub, spätestens jedoch nach einer Frist von neun Monaten nach dessen Einlangen zu entscheiden. In Bezug auf das Ergebnis der Akkreditierungsverfahren besteht ein Genehmigungsvorbehalt des BMBWK (vgl. § 6 Abs 5 FHStG idgF). Dem antragstellenden Erhalter steht ein subjektives Recht auf bescheidmäßige Erledigung seines Antrages durch den FHR zu. Die die Akkreditierungspraxis des FHR handlungsanleitende Fragestellung lautet, ob das vorgelegte Konzept auf verlässliche, nachvollziehbare und begründete Art und Weise die Gewährleistung der Umsetzung des Bildungsauftrages darzulegen vermag. Sofern Mängel vorliegen, hat die Behörde einen Verbesserungsauftrag mit

Vorgabe einer Frist an den Antragsteller zu erteilen. Wird ein unvollständiger Antrag nicht innerhalb der vorgegebenen Frist verbessert, so ist dieser zurückzuweisen; fehlt eines der in § 12 FHStG idgF normierten Anerkennungserfordernisse, so ist der Antrag abzuweisen. Bei Vorliegen der gesetzlichen Voraussetzungen und Erfüllung der geforderten qualitativen Anforderungen wird ein FH-Studiengang befristet – für einen fünf Jahre nicht überschreitenden Zeitraum – mit Bescheid akkreditiert. Jede Re-Akkreditierung setzt einen neuerlichen Antrag und die Vorlage eines Evaluierungsberichtes voraus; d.h. jede Entscheidung des FHR über die Re-Akkreditierung erfolgt auf der Basis eines vorher durchgeführten Evaluierungsverfahrens sowie der Abnahme und Bewertung des vorgelegten Evaluierungsberichts durch den Fachhochschulrat.

Die Evaluierung im österreichischen Fachhochschul-Sektor entspricht internationalen Standards und setzt sich aus den folgenden Elementen zusammen:
- Interne Evaluierung durch die fachhochschulische Einrichtung,
- Externe Evaluierung durch ein Review-Team,
- Stellungnahme der evaluierten fachhochschulischen Einrichtung zum Evaluierungsbericht des Review-Teams,
- Follow-up-Verfahren,
- Veröffentlichung der Ergebnisse der Evaluierung.

Um der Verantwortung gegenüber den Studierenden sowie Wirtschaft und Gesellschaft entsprechen zu können, bedarf es fachhochschulischer Bildungseinrichtungen mit einer entsprechenden Qualität in den Bereichen Lehre, angewandte Forschung & Entwicklung und Verwaltung bzw. Management. Evaluierung ist immer der Versuch, durch Beurteilen, Analysieren, Einschätzen, Kritisieren, Bewerten etc. den Vorzug, Wert bzw. Nutzen von etwas im Hinblick auf die geforderte Qualität zu bestimmen. Im Fachhochschul-Sektor ist dieses Erheben und Bewerten auf die Beurteilung der Qualität der fachhochschulischen Institutionen bzw. FH-Studiengänge bezogen, wobei die fachhochschulspezifischen Ziele, Aufgaben und Verantwortlichkeiten den Beurteilungsmaßstab darstellen.

Der Zweck der Evaluierung besteht also letztendlich darin, festzustellen, in welchem Ausmaß die fachhochschulischen Bildungseinrichtungen ihre Verantwortung für die Gewährleistung der Erfüllung des Bildungsauftrages sowie für die Qualität des Bildungsangebotes, die es den Studierenden ermöglicht, die Ausbildungsziele erreichen zu können, erfolgreich wahrnehmen. Im Zentrum der Evaluierung steht die Sicherung und Verbesserung der Qualität der fachhochschulischen Bildungseinrichtungen.

Das Evaluierungsverfahren beruht auf dem Qualitätskonzept „Fitness for Purpose", d.h. die Qualität einer fachhochschulischen Bildungseinrichtung wird im Grad der Erfüllung der vorgegebenen und selbstgesteckten Zielsetzungen gesehen. Dabei steht die Erhebung und Bewertung der Unterschiede zwischen der anzustrebenden Qualität und der tatsächlichen Beschaffenheit im Mittelpunkt der Evaluierung. Aus den Ergebnissen dieser Erhebung und Bewertung werden verbindliche qualitätssteigernde Maßnahmen abgeleitet, die in den Antrag auf Re-Akkreditierung aufzunehmen sind und deren Erfüllung vom FHR geprüft wird. Die Grundintention des Follow-up-Verfahrens besteht darin, die Ergebnisse der Evaluierung umzusetzen, um eine Qualitätssteigerung sicherzustellen. Die Verantwortung für die Umsetzung von Verbesserungsmaßnahmen auf der Basis der Evaluierungsberichte bzw. der Vorgaben des FHR liegt primär bei den fachhochschulischen Institutionen, wobei eine Überprüfung durch den FHR erfolgen kann. Unter Evaluierung verstehen wir also einerseits ein Verfahren zur Erhebung, Bewertung und Steigerung der professionellen Selbstorganisation der fachhochschulischen Institution sowie andererseits ein Verfahren zur Erhebung, Bewertung und Steigerung der Qualität der Bildungsangebote.

Mit der zeitlich befristeten Akkreditierung von FH-Studiengängen, der der Re-Akkreditierung vorausgesetzten Evaluierung, einem formalisierten Follow-up-Verfahren und der Re-Akkreditierung verfügt der österreichische FH-Sektor über ein integrales Konzept der Qualitätssicherung.

Benchmarking und Ranking als Instrumente des Leistungsvergleichs

Gero Federkeil

Eine Einschätzung der Leistungsfähigkeit einer Hochschule ist kaum möglich ohne einen Vergleich mit anderen. In allen EU-Ländern hat sich mittlerweile eine Reihe von Verfahren etabliert, die die Qualität bzw. die Leistungen der Hochschulen messen und bewerten sollen. Nachdem in Deutschland lange Zeit die Fiktion regierte, alle Universitäten seien gleich gut, hat sich auch hier die Situation seit Mitte der 90er Jahre grundlegend verändert. In kaum einem öffentlichen Bereich werden Leistungsvergleiche heute so groß geschrieben wie bei den Hochschulen. Dabei wird jedoch häufig übersehen, dass sich die einzelnen Verfahren wie Evaluation, Rankings, Benchmarking oder Akkreditierung in ihren Zielgruppen, Adressaten, Ansätzen, Möglichkeiten und Grenzen deutlich unterscheiden.

Der Beitrag versucht, vor dem Hintergrund einer Verortung verschiedener Verfahren der Leistungsbewertung von Hochschulen Rankings und Benchmarking-Verfahren gegeneinander abzugrenzen und die jeweiligen Möglichkeiten und Grenzen der Verfahren aufzuzeigen.

1. Verfahren der Leistungsbewertung im Hochschulbereich

Die unterschiedlichen Verfahren der Leistungsbewertung lassen sich anhand mehrerer Kriterien klassifizieren. Zunächst kann unterschieden werden, ob es sich primär um (hochschul-)interne Verfahren der Bewertung handelt, die von Angehörigen der Organisation selbst durchgeführt werden oder ob es sich um externe Verfahren unter Beteiligung externer Gutachter/Evaluatoren handelt. Selbstverständlich gibt es auch Zwischenstufen, die die interne und externe Perspektive verknüpfen. Zum zweiten lassen sich Verfahren, die mehrere Einrichtungen vergleichend bewerten, von Verfahren unterscheiden, die sich auf eine einzelne Hochschule beschränken. Die verschiedenen Verfahren können entlang dieser beiden Achsen „Grad der Externalität" und „Grad der Komparatibilität" angeordnet werden (vgl. Abb. 1).

Mitte der 90er Jahre hat sich in Deutschland ein Standardmodell der *Evaluation* von Studium und Lehre etabliert, das sich stark an niederländischen Vorbildern orientierte. Im Jahr 1995 veröffentlichte der Wissenschaftsrat „Empfehlungen zur Stärkung der Lehre durch Evaluation", in denen ein zweistufiges Modell aus Selbstbericht/Selbstevaluation und Peer Review entwickelt wurde. Die *Selbstevaluation* markiert dabei einen Extrempunkt, da sie vollständig intern, d.h. innerhalb der Organisation, durchgeführt wird und eben nur eine Einrichtung betrifft. Mit dem peer review kommt dann schon eine externe Komponente in Form von externen Gutachtern ins Spiel. In der Evaluation im Verbund, wie sie in Deutschland beispielsweise im „Nordverbund" von sieben norddeutschen Universitäten oder im Evaluationsverfahren der Zentralen Evaluations- und Akkreditierungsagentur in Niedersachsen praktiziert wird, werden (meist auf der Grundlage regionaler Zugehörigkeit) ausgewählte Einheiten vergleichend evaluiert. Die Gutachter sind Außenstehende und die Ergebnisse werden in der Regel allgemein zugänglich publiziert.

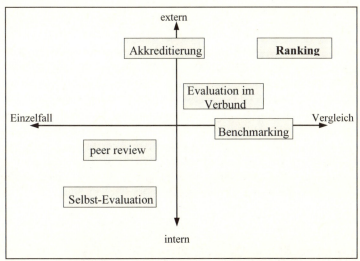

Abbildung 1: Verfahren der Leistungsbewertung

Demgegenüber können *Benchmarking*-Verfahren sowohl intern, wenn eine Einrichtung versucht, sich anhand vorliegender Daten mit anderen zu vergleichen, als auch extern (so z.B. im Benchmarking-Club der Technischen Fakultäten) konzipiert sein – vergleichend sind sie per Definition. Vollständig extern ist – schon von ihrem Auftrag her – die *Akkreditierung*, die die Einhaltung von Mindeststandards von Studiengängen (Programmakkreditierung) oder Hochschulen (institutionelle Akkreditierung) überprüft. Vergleichend sind Akkreditierungsverfahren nur indirekt, da verschiedene Hochschulen das gleiche Akkreditierungsverfahren durchlaufen und die Ergebnisse dann verglichen werden können. Hinsichtlich des Grads der Externalität wie der Komparatibilität bilden *Rankings* den Gegenpol zur Selbstevaluation: sie streben einen flächendeckenden Vergleich aller in einem definierten Feld agierenden Hochschulen an. Benchmarking und Ranking markieren so die beiden Verfahren, die am stärksten auf einen Vergleich verschiedener Hochschulen zielen. Beide Verfahren werden im Folgenden näher charakterisiert und hinsichtlich ihrer Zielsetzungen und Zielgruppen verglichen.

2. Hochschulrankings: Zielsetzung, Verfahren

Die ersten Hochschulrankings sind in den USA veröffentlicht worden. In einem wettbewerblich organisierten Hochschulsystem mit – sehr unterschiedlichen – Studiengebühren und einer klaren Reputationshierarchie der Hochschulen (siehe die sog. „ivy league" der

Spitzenhochschulen) kommt der Wahl der Hochschule eine große Bedeutung zu. Demgegenüber war in Deutschland lange Zeit die Vorstellung vorherrschend, die Universitäten seien alle gleich (gut); entsprechend war die regionale Mobilität der Abiturienten nicht sehr hoch. Ein Studium in der Nähe des Heimatortes war und ist immer noch die Regel; in den Verteilungsverfahren der Zentralstelle für Studienplatzvergabe (ZVS) wurde dieses System institutionalisiert.

Hochschulrankings entstanden als ein Instrument der Verbraucherinformation, durchgeführt in der Regel von kommerziellen Zeitschriften/Magazinen wie U.S. News & World Report, Business Week oder Guardian, Times in Großbritannien (s. Übersicht 1).[1] Einige Magazine führen die Rankings komplett in Eigenregie durch (z.B. Times), andere leisten sich wissenschaftliche Berater (z.B. Der Spiegel). Das CHE-Ranking stellt eine Ausnahme dar, da die Verantwortung für die Konzeption und Durchführung des Rankings ausschließlich beim CHE, einer unabhängigen Non-Profit-Organisation, liegt und der Medienpartner „Stern" nur für Distribution und Marketing verantwortlich ist, aber keinerlei inhaltliches Mitspracherecht am Ranking-Konzept hat. Eine Besonderheit stellt auch das Ranking der Schweizer Universitäten von swissUp dar, einer privaten Initiative, die sich aus Sponsorengeldern der Wirtschaft finanziert.

Land	Ranking	Quelle
Australien	The Good Universities Guide	www.thegoodguides.com.au
Canada	The Maclean's Guide To Canadian Universities	http://www.macleans.ca/universities/index.jsp
Deutschland	CHE Hochschulranking	www.dashochschulranking.de
	Der Fokus Hochschulführer	
Großbritannien	The Times Good University Guide	www.thes.co.uk/statistics/main.asp
	The Guardian University Guide	http://www.education.guardian.co.uk/guides/
Österreich	Format Hochschulranking	http://www.businessweek.com/bschools/01/full_time_rank.htm
Schweiz	swissUp Ranking	www.swissup.com
USA	US News & World Report: America's Best Colleges	http://www.usnews.com/usnews/edu/college/rankings/rankindex_brief.php
	Business Week: Business School Ranking	http://www.businessweek.com/bschools/01/full_time_rank.htm

Übersicht 1: Rankings

---

[1] Ein Überblick findet sich in der Studie von Dill und Soo (2003).

Zielgruppe von Rankings sind in erster Linie Studieninteressierte, die Informationen und Entscheidungshilfen zur Wahl der Hochschule suchen. *Dies bedeutet, Rankings richten sich primär an eine Zielgruppe außerhalb der Hochschulen, die zudem als die am wenigste informierte Gruppe gelten kann.* Gleichzeitig finden Rankings natürlich auch innerhalb der Hochschulen hohe Aufmerksamkeit, da sie die Hochschulen in eine Rangfolge stellen und somit „bessere" und „schlechtere" Hochschulen identifizieren. Rankings müssen daher eine Balance finden zwischen der – mit Blick auf die primäre Zielgruppe – erforderlichen Reduktion von Komplexität der Information und einer differenzierten Analyse und Aufbereitung der Informationen für die Hochschulen, die notwendig ist für die Schaffung von Akzeptanz von Rankings innerhalb der Hochschulen. Insbesondere, wenn Rankings in der Verantwortung von kommerziellen Magazinen entstanden sind, wurde von den Hochschulen immer wieder die Seriosität des Vorhabens angezweifelt.

In Deutschland erschien das erste Ranking im Jahr 1989, als der Spiegel mit der Frage „Welche Uni ist die beste" eine der höchsten Auflagen in seiner Geschichte erzielte.[2] In den Folgejahren folgten andere Magazine wie Capital, Forbes, Handelsblatt, Stern und Focus mit eigenen Rankings. Die Tatsache, dass diese Rankings, da sie alle unterschiedlich angelegt waren (mal wurden Professoren, mal Studierende, mal Arbeitgeber befragt), immer unterschiedliche Ergebnisse hervorbrachten, verstärkte die Kritik an dem Instrument als solchem. Das erste Ranking des CHE erschien nach einer zweijährigen Vorbereitungszeit 1998 in Zusammenarbeit mit der Stiftung Warentest; seit 1999 erscheint das CHE-Ranking in einer jährlichen Neuausgabe, in der jeweils eine Fächergruppe aktualisiert wird, in Kooperation mit dem *stern*.

2.1 Vergleichsdimensionen von Rankings

Ein erstes Unterscheidungsmerkmal betrifft die *Aggregationsebene*: Einige Rankings ranken ganze Hochschulen ohne Differenzierung nach einzelnen Fächern (z.B. US News), andere ranken Einzelfächer und aggregieren diese Ergebnisse dann auch auf der Ebene der ganzen Hochschule (z.B. Spiegel), während wiederum andere ausschließlich Vergleiche auf der Ebene des Fachs anstellen. Das CHE-Ranking ist strikt fachbezogen. Ein Ranking ganzer Hochschulen ist nicht angemessen, da Hochschulen sich intern in ihrer Leistungsfähigkeit nach Fächern, Fakultäten/Fachbereichen unterscheiden. Dies belegen die Ergebnisse des CHE-Rankings immer wieder. Ein Gesamtranking für ganze Hochschulen würde diese Unterschiede, die zum Teil auch auf bewussten Profilstrategien der Hochschulen beruhen, hingegen verwischen. Hinzu kommt, dass nicht zuletzt die Orientierung an der Zielgruppe der Studieninteressenten ein Ranking auf der Ebene von Fächern nahe legt, da Studieninteressenten an einem bestimmten Fach interessiert sind und nicht so sehr an aggregierten Informationen über alle Fächer einer Hochschule. Für einen an einem Anglistik-Studium Interessierten könnte ein gutes Ranking-Ergebnis einer Hochschule komplett irreführend seien, wenn ein schlechter Wert des (in der Regel kleinen) Anglistik-Fachbereichs/Instituts einen positiven Gesamtwert einer großen Universität rechnerisch kaum beeinflusst.

---

[2] Der Spiegel, Heft 15/1989.

Weiter unterscheiden sich Rankings danach, ob sie für die gerankte Einheit (ob Hochschule oder Fachbereich) einen *Gesamtwert* ermitteln (wie z.B. US News) oder die einzelnen Indikatoren nebeneinander stehen bleiben (wie im CHE-Ranking). Die Berechnung eines Gesamtwertes aus dann notwendigerweise gewichteten Einzelindikatoren unterstellt einen monoperspektivischen Leistungs- bzw. Qualitätsbegriff und ignoriert die Heterogenität der Entscheidungspräferenzen innerhalb der Zielgruppe der Studieninteressenten. Die Debatte um die Qualität der Lehre hat gezeigt, dass Qualität im Hochschul-, vielleicht auch im Bildungsbereich insgesamt, nur multiperspektivisch konzipiert werden kann.[3] Sie stellt sich aus der Perspektive von Studierenden, Professoren, Arbeitgebern und anderen jeweils unterschiedlich dar. Aber auch innerhalb der Zielgruppe der Studienanfänger muss man davon ausgehen, dass bei der Wahl der Hochschule unterschiedliche Entscheidungskriterien zugrunde liegen und einzelnen Indikatoren unterschiedliches Gewicht zugerechnet wird. Auch dieser Tatsache wird ein Gesamtwert nicht gerecht. Ein zweiter Aspekt der Multiperspektivität von Rankings betrifft die *Datenquellen*. Rankings, die nur auf einer einzelnen Datenquelle, z.B. einer Befragung nur von Studierenden oder nur von Professoren, basieren, werden dem muliperspektivischen Charakter des Leistungsgeschehens an Hochschulen nicht gerecht.

Und schließlich unterscheiden sich Rankings in den *Indikatoren*.[4] Allgemein kann gefordert werden, dass Rankings Indikatoren aus verschiedenen Leistungsbereichen von Hochschulen ausweisen, wenn sie eine umfassende Informationsgrundlage sein wollen. Die Indikatoren sollten insbesondere nicht ausschließlich Input-Größen (wie z.B. Ressourcen) umfassen, sondern möglichst auch Output-Dimensionen (wie Studienerfolg, Forschungsleistungen) abdecken. Allerdings bleibt festzustellen, dass dieser Bereich am schwierigsten zu operationalisieren und zu erheben ist.

3. Benchmarking: Ziele und Verfahren

Benchmarking-Verfahren sind in der Industrie entstanden. Obwohl der Vergleich von Daten verschiedener Unternehmen in einigen Industrien bereits länger eingeführt war, wurde der Begriff zuerst in den 1980er Jahren von der Firma Xerox im Rahmen einer Selbstevaluation und eines Verbesserungsprozesses benutzt. Das organisatorische Lernen von Mitkonkurrenten führte zu einer deutlichen Reduktion der Kosten und zu einem höheren Marktanteil (vgl. Jackson/Lund 2000: 4). In den frühen 1990er Jahren fand das Konzept dann Eingang in den Hochschulbereich, zuerst wiederum in den Vereinigten Staaten (Alstete 1995).

Benchmarking zielt auf das Lernen von besten Lösungen durch systematische Vergleiche von Ergebnissen und Prozessen der Leistungserstellung sowie der Stärken, Schwächen und Strategien von „Konkurrenten". Insbesondere durch den Einbezug von Organisationsprozessen geht Benchmarking über klassische Kennzahlen-Vergleiche hinaus. Für

---

[3] Vgl. Webler 1993, 17.
[4] Ein Überblick über die verwendeten Indikatoren einer Reihe von Rankings findet sich bei Küppers/Ott (2003).

Hochschulen (wie auch für andere Organisationen) können Benchmarking-Verfahren auf drei strategischen Ebenen eingesetzt werden:

Ebene	Frage
Bestandsaufnahme	Wie gut sind wir? Wo stehen wir?
Potenzialabschätzung	Wie gut könnten wir sein?
Verbesserungsstrategie	Wie können wir das erreichen?

Üblicherweise werden vier Verfahrensansätze unterschieden: intern, vergleichend, funktional/industriell oder generisch (Alstete 1995). *Interne* Verfahren können beispielsweise in großen Organisationen zum Vergleich von Ergebnissen bzw. Prozessen von Teileinrichtungen eingesetzt werden. *Externe* Verfahren können sowohl wettbewerblich – ein Marktteilnehmer vergleicht seine Leistung mit der von Konkurrenten – als auch gemeinschaftlich – mehrere Organisationen vergleichen ihre Leistungen – organisiert sein. *Funktionales* Benchmarking bezeichnet den Vergleich der Leistungen der eigenen Organisation mit anderen Organisationen, die im gleichen Feld (z. B. Tertiäre Bildung) operieren. Demgegenüber wird beim *generischen* Benchmarking eine Organisation mit einer Organisation/Organisationen aus anderen Arbeitsfeldern verglichen, von denen man annimmt, dass sie (in bestimmten Aspekten) in ihrem Feld führend sind.

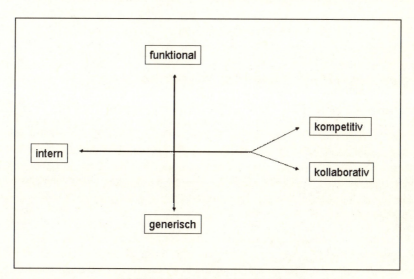

Abbildung 2: Benchmarking-Strategien

Die externen Verfahren lassen sich hinsichtlich der Akteurskonstellation in folgender Weise darstellen: Während bei den kompetitiven Verfahren ein Akteur Informationen über andere, dann passive Informanten zu gewinnen versucht, sind im kollaborativen

Modell alle Akteure in einem Netzwerk zugleich Akteure und Informanten (vgl. Abb. 2). Zu diesem Typ gehören beispielsweise in Deutschland die Benchmarking Clubs der Technischen Universitäten und der Fachhochschulen, die vom CHE betreut werden.

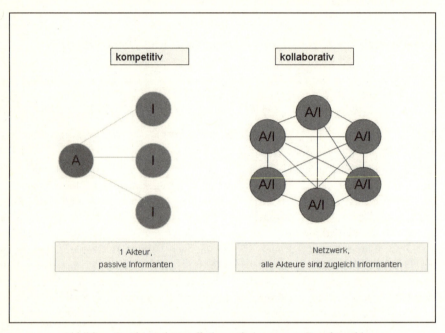

Abbildung 3: Akteurskonstellationen bei externem Benchmarking

Gegenstandsbereiche von Benchmarking-Verfahren sind neben dem klassischen Aspekt der Kosten die Prozesse innerhalb einer Organisation (von zentralen Geschäftsprozessen bis zu eher randständigen Teilprozessen), die Leistungserbringung und die Organisationsstrategie(n). Beispiele aus dem Hochschulbereich listet die folgende Übersicht auf.

Kosten	Prozesse	Leistungen	Strategie
Absolute Höhe, Kostentreiber, Einsparungspotenziale	Strukturen, Abläufe, Qualität primärer und nachgeordneter Leistungserstellungsprozesse	Ergebnisse der Aufgabenerfüllung	Verfahren der Entscheidungsfindung und -umsetzung
z.B. Kosten des Immatrikulationsverfahrens	z.B. Interne Mittelverteilungssysteme (BMC)	z.B. „Hochschu-PISA"	z.B. Internationalisierungsaktivitäten; Strategische Ziele und deren Umsetzung (BMC)

Übersicht 2: Gegenstandsbereiche von Benchmarking

3.1 Beispiele für Benchmarking Netzwerke im Hochschulbereich

Im Hochschulbereich existiert mittlerweile eine Reihe von kollaborativen Benchmarking-Netzwerken von Hochschulen, sowohl national wie international.

3.1.1 European Centre for Strategic Management of Universities (ESMU)

Das Zentrum ist eine internationale Einrichtung, die Expertise über Managementpraxis generiert. Neben der Etablierung von Netzwerken für Dekane und Hochschulmagagern gibt es am ESMU ein Benchmarking-Programm, das in einem ersten Zyklus von 1999–2000 die Themen Personalentwicklung, Management von Informationstechnologien, Forschungsmanagement und Vermarktung akademischer Aktivitäten behandelt hat. In den Jahren 2000/2001 standen strategische Planung, Finanzmanagement, Management von Lehren und Lernen, Marketing, im Jahr 2002 interne Qualitätssicherung, Studentenservices und Liegenschaftsmanagement auf der Agenda.

3.1.2 European Consortium of Innovative Universities (ECIU)

1990 schlossen sich zehn europäische Universitäten[5] zu einem Konsortium zusammen, das ein europäisches Netzwerk schaffen sollte, um in ausgewählten Themenfeldern von best-pratice-Lösungen der Mitgliedshochschulen zu lernen.

Die Themenfelder sind die Verbesserung der Studenten- und Wissenschaftler-Mobilität, eine Intensivierung der Beziehungen zwischen den Hochschulen und der Wirtschaft sowie die Schaffung einer gemeinsamen Europäischen Graduate School.

3.1.3 Benchmarking Club Technischer Universitäten (BMC)

Im Benchmarking Club haben sich 1996 sieben Technische Hochschulen zusammengeschlossen, später ist eine weitere hinzugekommen.[6] Das CHE koordiniert und moderiert den Club und übernimmt die Datenaufbereitung. Der BMC will einen kohärenten Vergleichsmaßstab entwickeln, die Ursachen für Unterschiede in Leistungen, Prozessen und Gestaltungsoptionen sichtbar machen. Direkte Leistungsvergleiche der beteiligten Hochschulen werden hingegen vermieden. Die Grundsätze des Benchmarking-Clubs, die in einem Codex festgeschrieben wurden, sind:
- Vertraulichkeit: geschlossener Zirkel mit offenem Datenaustausch intern
- Einstimmigkeit: bei Themenwahl und Entscheidungen über mögliche Veröffentlichungen
- Gegenseitigkeit: es dürfen von den anderen Mitgliedern nur Informationen eingefordert werden, die man selbst zu geben bereit ist
- Freiwilligkeit der Mitgliedschaft und der Umsetzung von Ergebnissen

---

[5] Es sind die Universitäten Aalborg (DK), Aveiro (P), Warwick (GB), Twente (NL), Strathclyde (GB), Dortmund (D), Joensuu (FIN), die TU Hamburg-Harburg (D), die Technische Universität Compiegne (F) sowie die Autonome Universität Barcelona (E).
[6] RWTH Aachen, TU Berlin, TU Darmstadt, Uni Dortmund, TU Dresden, TU Hamburg-Harburg, Uni Kaiserslautern, Uni Stuttgart.

Bislang hat der Benchmarking-Club sich u.a. mit folgenden Themen beschäftigt: Interne Mittelverteilungssysteme, Internationalisierungsaktivitäten, Controllingkonzepte und deren Umsetzung, Kosten für die Wiederbesetzung vakanter Professuren, Raumbewirtschaftung sowie Strukturdaten und Kennzahlenvergleiche von zwölf Fächern.

3.1.4 Benchmarking-Initiative G21

Im Juli 2003 haben sich zunächst für einen Probezeitraum von zwei Jahren 15 große deutsche Universitäten zu einem Club „Benchmarking G21 – Qualitäts-Initiative großer Universitäten" zusammengeschlossen. Ihr Ziel ist es „voneinander zu lernen, Lösungen für ähnlich gelagerte Probleme gemeinsam zu suchen und schließlich einer breiten Öffentlichkeit ihre Leistungen national wie international zu präsentieren". Bislang wurden drei Arbeitskreise eingesetzt. Im Arbeitskreis Studium und Lehre sollen Modelle des Übergangs von der Schule zur Hochschule verglichen und Probleme der Studienstrukturreform im Hinblick auf Bachelor- und Masterstudiengänge behandelt werden. Ein Arbeitskreis Forschung soll sich mit Fragen der Nachwuchsförderung und -gewinnung beschäftigen; in einem dritten Arbeitskreis Management soll nach „optimalen Steuerungsinstrumenten für die Hochschulleitungen"[7] gesucht werden.

Zusammenfassend kann folgender *Nutzen* von Benchmarking-Verfahren im Hochschulbereich festgehalten werden:
- Vertraulicher, informeller (Informations-)Austausch
- Systematisierung von Prozessen und Vergleichsdimensionen
- Strukturierte Deskriptionen, Transparenz von Prozessen und Leistungen
- Anregungen durch andere Problemlösungsformen

Dem stehen einige *Probleme* gegenüber:
- Die Datenbasis für strukturierte Vergleiche von Prozessen und Kosten ist häufig unzulänglich. Dies gilt für die Abgrenzung/Vergleichbarkeit ebenso wie für die Qualität der Daten.
- Unterschiedliche Randbedingungen, Kulturen und Terminologien in einzelnen Hochschulen
- Aufbau einer Vertrauensbasis: langwierig und schwierig

4. Zusammenfassung

Mittlerweile hat sich im Hochschulbereich eine Reihe von Verfahren der Leistungsbewertung etabliert, von denen einige auch vergleichend sind. Nach wie vor herrscht aber Verwirrung über die Zielsetzung und Anwendbarkeit der einzelnen Verfahren. Ranking und Benchmarking sind zwei Verfahren, die per definitionem auf den Vergleich von Hochschulen zielen. Sie unterscheiden sich in einer Reihe von Punkten aber grundsätzlich (vgl. Übersicht 3):

---

[7] Pressemitteilung vom 15.7.2003.

	Rankings	Benchmarking
Zielsetzung	Markttransparenz & Entscheidungshilfe	Qualitätsverbesserung
Zielgruppe	Studienanfänger, d.h. hochschulextern	beteiligte Hochschulen
Methoden	quantitativ: Kennziffern	quantitativ & qualitativ: Maßstäbe und Prozesse
Reichweite	flächendeckend	selektiv
Wirkung	Marktregulation	hochschulinterne Veränderung

Übersicht 3: Ranking und Benchmarking im Vergleich

Die *Zielsetzung* von Rankings liegt in der Schaffung von Markttransparenz und dem Angebot von Entscheidungshilfen für die *Zielgruppe* der Abiturienten/Studieninteressenten, d.h. einer – wenig informierten – Zielgruppe außerhalb des Hochschulsystems. Demgegenüber sollen Benchmarking-Verfahren den Hochschulen selbst zur Qualitätsverbesserung dienen. Entsprechend unterscheiden sich auch die *Methoden* beider Instrumente: Rankings beschränken sich auf quantitative Kennzahlen.[8] Beim Benchmarking kommen hingegen quantitative und qualitative Verfahren zum Einsatz, die sowohl Vergleichsmaßstäbe festlegen als auch Prozesse beschreiben. Aufgrund der damit einhergehenden Komplexität und Tiefe sind Benchmarking-Verfahren in der Regel selektiv, d.h. sie umfassen nur eine kleine Auswahl von Hochschulen (im Beispiel des Benchmarking-Clubs der Fachhochschulen neun von insgesamt mehr als 150 Fachhochschulen in Deutschland). Demgegenüber soll die *Reichweite* von Rankings möglichst flächendeckend sein, d.h. alle Hochschulen, die in einem bestimmten Fach oder Bildungssegment tätig sind, sollten berücksichtigt werden.

Literatur

Alstete, W.J. (1995): Benchmarking in Higher Education: Adapting Best Practices to Improve Quality. ASHE-ERIC, Higher Education Report No. 5, Washington, DC.

Dill, D./Soo, M. (2003): A League Table of League Tables: A Cross-National Analysis of University Ranking Systems. Paper presented at the International Network of Quality Assurance Agencies in Higher Education (INQAAHE) Conference, 17. April 2003 Chapel Hill, North Carolina. www.unc.edu/ppaq/docs/league_tables.pdf

Jackson, N./Lund, H. (Hrsg.) (2000): Benchmarking for Higher Education. Ballmoor.

---

[8] In einigen Fällen (so auch beim CHE-Ranking) ergänzt um qualitative Angaben z.B. zu Studienschwerpunkten, Besonderheiten in der Betreuung der Studierenden, die allerdings nicht in dem Sinne in das Ranking integriert sind, als sie nicht in Ranglisten einsortiert werden.

Jackson, N./Lund, H. (2000a): Introduction to Benchmarking. In: Benchmarking for Higher Education, hrsg. v. N. Jackson/H. Lund. Ballmoor.

Küpper, H.-U./Ott, R. (2002): Objektivierung von Hochschulrankings – Analyse ihrer Meß- und Bewertungsprobleme auf der Grundlage eines Vergleichs deutscher und US-amerikanischer Ranglisten. In: Betriebswirtschaftliche Forschung und Praxis 6, S. 614–630.

Webler, W.-D./Domeyer, V./Schiebel, B. (1993): Lehrberichte. Empirische Grundlagen, Indikatorenauswahl und Empfehlungen zur Darstellung der Situation der Lehre in Lehrberichten. Bonn.

Institutionalisierung von Bildungstests

Alfred Töpper

1. Einführung

Wo sich der Unterschied in der Qualität eines Produkts kaum mehr über die Produktionsmittel herstellt, weil die im internationalen Wettbewerb jeder überall vorhalten kann, gewinnt das so genannte Humankapital an Bedeutung. Das Schlagwort vom „Wettbewerb um die besten Köpfe" ist nicht erst seit den Greencard-Debatten im Umlauf. Nur die Arbeitskraft, die auf dem Stand von Wissen und Technik ist, ist für die Arbeitgeber interessant. Auf nationaler, auf EU- und auf OECD-Ebene erfährt der Ruf nach der Förderung der „employability" ein immer lauteres Echo aus der Politik. Auf diesem Feld ist der moderne Standortwettbewerb entbrannt.

Da die Menschen jetzt und in der Zukunft mehr Freizeit und Geld in ihre Fortbildung investieren müssen, haben sie Anspruch auf die bestmögliche Qualität dieser Dienstleistungen.

Durch vergleichende Untersuchungen sollen Weiterbildungsangebote verglichen und Qualität gefördert werden.

2. Bildungstests

Die Idee einer festen Institution für Bildungstests ist noch jung. So wurde Ende 1998 in einem Expertenpapier der Hans-Böckler-Stiftung über ein neues Leitbild des Bildungssystems ein Konzept für eine solche Testeinrichtung für Weiterbildungsangebote formuliert und im darauf folgenden Frühjahr forderte die Bertelsmann-Stiftung ebenfalls unabhängige Bildungstests.

Im März 2001 wurde eine Bündnisinitiative „Qualitätssicherung, Transparenz, Information und Beratung in der beruflichen Weiterbildung" vereinbart. Diese Initiative umfasst u.a.:
- Informations- und Beratungsoffensive (qualitative Weiterentwicklung der Beratungsangebote unter Einbeziehung von Weiterbildungsdatenbanken),
- Dokumentation, Entwicklung, Evaluation und Verbreitung von good-practice regionaler und branchenbezogener Qualitätssicherungsmodelle/Verfahren,
- Weiterentwicklung der Weiterbildungsstatistik, Förderung der Weiterbildungsforschung,
- breite Erprobung von „Weiterbildungstests".

Daneben existieren bzw. existierten diverse weitere Initiativen zur Durchführung von Bildungs- bzw. Weiterbildungstests mit dem Ziel der höheren Transparenz und Verbesserung der Qualität der Angebote.

Bei einer Institutionalisierung von Bildungs- bzw. Weiterbildungstests werden häufig zwei Kernthesen aufgestellt: Eine solche Testinstitution solle unabhängig sein, ohne dass die Unabhängigkeit zwingend durch den Staat hergestellt werden müsse. Auch die Beteiligung gesellschaftlicher Gruppen könne diese gewährleisten. Zweitens sollten die Testverfahren Transparenz vor allem für die Teilnehmer von Bildungsangeboten herstellen und nicht etwa nur für die ohnehin informierten Bildungsexperten.

Für die Kunden der Bildungsanbieter gehören Informationen über die Qualität der Weiterbildung zu den wichtigsten Grundlagen bei Bildungsentscheidungen. Pluralität und Wettbewerb in der Weiterbildung erstrecken sich auch auf die Qualitätsvorstellungen und -ansprüche. Wie die Hersteller normaler Verbrauchsgüter müssen auch die Anbieter von Weiterbildung die Qualität ihrer Angebote deshalb laufend sichern und transparent machen.

2.1 Bedarf an Tests in der beruflichen Weiterbildung

Die Arbeitswelt stellt höhere Anforderungen als jemals zuvor an die Flexibilität und Lernbereitschaft der Arbeitnehmer. An den beschleunigten Umschlag des Wissens müssen sich alle am Wirtschaftsleben beteiligten Menschen anpassen, sonst gerät ihre Teilhabe am Wirtschaftsleben in Gefahr.

Wenn die Menschen jetzt und in der Zukunft mehr Freizeit und Geld in ihre Fortbildung investieren müssen, um ihre Chancen auf den Arbeitsmärkten zu erhalten, dann haben sie Anspruch auf die bestmögliche Qualität dieser Dienstleistungen. Der Nachfrager sollte idealerweise wissen: Was ist auf dem Markt; in welchen Qualitäten ist das von mir gewünschte Produkt auf dem Markt und welches Preis-Leistungs-Verhältnis ist für meinen Bedarf angemessen. Die Angebotsqualität muss deshalb nicht nur laufend entwickelt, sondern auch gesichert, dokumentiert und durchschaubar gemacht werden. Diesen Anspruch lösen die Anbieter nur teilweise und zu zögerlich ein. Die bisherigen Schritte, die Qualität zu sichern und zu verbessern, reichen nicht aus. Für die Kunden der Bildungsanbieter gehören Informationen über die Qualität der Weiterbildung zu den wichtigsten Grundlagen bei Bildungsentscheidungen. Pluralität und Wettbewerb in der Weiterbildung erstrecken sich auch auf die Qualitätsvorstellungen und -ansprüche. Wie die Hersteller normaler Verbrauchsgüter auch, müssen die Anbieter von Weiterbildung die Qualität ihrer Angebote deshalb laufend sichern und dokumentieren.

Prangt auf dem Angebot eines Weiterbildungsträgers eines der zahlreichen Gütesiegel, ist damit aber noch nicht gesagt, dass dies eine nützliche Information für den privaten Kunden ist. Zu unübersichtlich ist der deutsche Markt, auf dem sich über 20.000 Anbieter tummeln, die mehr als 400.000 unterschiedliche Produkte feilhalten, als dass die bisherigen Gütesiegelsysteme noch eine besondere Aussagekraft entfalten könnten. Zweistellige Milliardenbeträge stecken die Deutschen aus privaten, gewerblichen und öffentlichen Kassen jährlich in die Weiterbildung. Dennoch klagt die Wirtschaft immer lauter über den Fachkräftemangel. Dies ist ein weiteres Indiz dafür, dass zumindest ein Teil der beruflich ausgerichteten Weiterbildung an den Bedürfnissen des Marktes vorbei geht. Und es darf vorausgesetzt werden, dass sich niemand absichtlich fehlbildet.

Bildungstests sollen Angebote vergleichend beurteilen und damit Qualitätsverbesserungen nach sich ziehen und zur Übersichtlichkeit beitragen, indem sie das Qualitätsbewusstsein der Verbraucher ganz allgemein schärfen. Dies haben die Bildungstests der STIFTUNG WARENTEST in den vergangenen Jahren deutlich aufgezeigt. Bundesregierung und Sozialpartner haben sich daher darauf verständigt zu prüfen, ob und wie Bildungstests durch unabhängige Einrichtungen geeignet sein können, die Qualität beruflicher Weiterbildung im Sinne der Kunden voran zu bringen.

2.2 Machbarkeit von Bildungstests

Die methodische Anlage einer Dienstleistungsuntersuchung hängt von vielen Faktoren ab, insbesondere von den Untersuchungszielen und den Ausprägungen verschiedenster Merkmale wie Immaterialität, Regionalität, Variabilität, Komplexität und Individualität der Dienstleistung. Hinzu kommt das besondere Problem, dass das Ergebnis der Dienstleistung (des Bildungsprozesses) aus dem Zusammenwirken von Anbieter und Lernendem entsteht. Die Beeinflussung des Prozesses durch den Teilnehmer ist bei einer Bildungsdienstleistung besonders hoch.

Dennoch sind die Probleme lösbar. Die STIFTUNG WARENTEST hat in der Vergangenheit schon verschiedenste Untersuchungen im Bildungsbereich realisiert. Hierzu zählen u.a. mehrere Untersuchungen von Sprachreiseveranstaltern (test 02/80, test 02/85, test 02/89, test 02/97) und von Lernsoftwareprodukten (test 07/96, test 11/98), die Untersuchungsreihe „Weiterbildungsqualität: Märkte und Akteure in den neuen Bundesländern" aus den Jahren 1992 bis 1994 (test 08/92, test 01/93, test 05/93, test 12/93, test 01/95), die vergleichende Bewertung der Studienangebote an deutschen Hochschulen in den Fächern Chemie und Wirtschaftswissenschaften (test-spezial 1998) und die aktuelle Untersuchung zu Weiterbildungskursen im Internet (test 11/01).

Die Untersuchungen haben gezeigt, dass es möglich ist,
- Anbieter und Angebote vergleichend zu untersuchen und
- Kriterien für eine qualitätsorientierte Auswahl zu entwickeln.

2.3 Wirkungen von Bildungstests

Die Verbreitung der Untersuchungsergebnisse hat nachweisbar zu einer „Unruhe" im Markt geführt. Dieses lässt sich durch die erhebliche Resonanz seitens der Medien, Experten und Anbieter belegen. So hat beispielsweise die letzte Veröffentlichung zu Weiterbildungskursen im Internet (test 11/01) vielfältige Wirkungen erzielt. Der test-Bericht wurde von vielen Print- und Internetmedien, vom Hörfunk und vom Fernsehen aufgegriffen. Die positiv bewerteten Anbieter versandten eigene Pressemitteilungen. Die mit „gut" bewerteten Anbieter werben auf ihren Internet-Seiten mit dem Logo der STIFTUNG WARENTEST. Der Testverlierer bestätigte schriftlich die Testergebnisse und informierte über Veränderungen seines Produktes. Eine Reihe der Anbieter hat zudem im Zuge der Untersuchung – die zeigte, dass eine Vielzahl der Kurse nach dem Fernunterrichtsschutzgesetz zertifiziert werden muss – mit der Staatlichen Zentralstelle für Fernunterricht Kontakt aufgenommen. Auch die Mitwirkung an der neu einberufenen DIN-

Arbeitsgruppe zum Thema E-Learning: „Qualitätssicherung – Qualitätsmanagement – methodenbezogene Standards" im Februar dieses Jahres und diverse durch die Veröffentlichung ausgelöste Fachvorträge und Diskussionen belegen die Wirkung. Bildungstests können erhebliche Ergebniswirkungen auslösen und vielfältige Nutzeneffekte erzielen.

Die STIFTUNG WARENTEST kann eine entscheidende Rolle bei der Institutionalisierung von Bildungstests spielen. Sie hat durch ihre Arbeit und die journalistisch ansprechende Darstellung der Ergebnisse in ihren Publikationen ein kritisches und aufgeklärtes Verbraucherbewusstsein geschaffen. Jeder dritte Kunde orientiert sich bei wichtigen Kaufentscheidungen an den Testnoten der Stiftung und übt damit Druck auf den Markt aus.

Zwei Drittel der noch nie getesteten Anbieter berücksichtigen die Prüfkriterien in der Konzeption ihres Angebotes und der Qualitätssicherung. Dies hat eine Befragung der Stiftung ergeben. Rund 90 Prozent der Händler, Produzenten und Dienstleistungsbetriebe sind demnach der Meinung, dass die Testveröffentlichungen Nutzen für ihr Unternehmen haben.

Bildungsanbieter würden – falls sie in Zukunft getestet würden – auf negative Testergebnisse mit konzeptionellen Änderungen ihres Angebotes und Intensivierung der Qualitätssicherung reagieren und positive Ergebnisse werbewirksam nutzen.

3. Machbarkeitsstudie „Bildungstests"

Die schon ausgeführten Punkte hinsichtlich der Notwendigkeit, Machbarkeit und Wirkung von vergleichenden Bildungstests sind einige der festgestellten Ergebnisse einer von Mai bis November 2001 erstellten, vom Bundesministerium für Bildung und Forschung (BMBF) sowie aus Mitteln des Europäischen Sozialfonds (ESF) geförderten „Machbarkeitsstudie Bildungstests".

Die Betrachtung konzentrierte sich zwar auf die berufliche Weiterbildung für den Privatverbraucher, blendete aber Schule und Hochschule, das Duale System und die betriebliche Weiterbildung nicht aus. In die Studie sind die Einschätzungen wichtiger Bildungssachverständiger aus Politik, Wirtschaft, Wissenschaft und Verbänden eingeflossen. Die Einschätzung der größten deutschen Unternehmen als Nutznießer eines höherqualifizierten Arbeitskräfteangebotes war uns ebenso wichtig wie die Meinung der Weiterbildungsträger als „Betroffene" von Tests. Und natürlich haben wir auch den privaten Kunden von Weiterbildungsangeboten befragt, wie er sich auf dem Markt zurechtfindet.

Was Bildungstests und ihre Institutionalisierung als „Stiftung Bildungstest" angeht, stützt sich die Studie vor allem auf die Erfahrungen der STIFTUNG WARENTEST. Sie hat die Ergebniswirkungen untersucht, die die bisherigen Bildungstests, Dienstleistungsuntersuchungen allgemein und Produkttests hervorgerufen haben. Würden breiter angelegte Bildungstests ähnlichen Widerhall finden wie die Arbeit der Stiftung überhaupt, ist von erheblichem Nutzen für die öffentlichen und privaten Haushalte auszugehen, der sich auch in Euro und Cent auszahlen dürfte. Im Anschluss daran sind die wesentlichen methodischen Schritte erläutert, mit denen die STIFTUNG WARENTEST üblicherweise vorgeht.

Die verschiedenen Modelle, Bildungstests zu institutionalisieren, sind in einem weiteren Teil mit ihren jeweiligen Vor- und Nachteilen erörtert. Der beigeschlossene Anhangsband der Studie bietet die Möglichkeit, tiefer in den Hintergrund dieser Studie einzudringen. Darin finden sich ausführliche Zusammenfassungen von Experten-Interviews und verschiedenen Umfragen, die sozialwissenschaftlichen Instrumente wie Fragebogen und weitere detaillierte Beschreibungen von Projekten der STIFTUNG WARENTEST.

3.1 Methodisches Vorgehen der Machbarkeitsstudie

3.1.1 Gegenstand

Die Machbarkeitsstudie „Bildungstests" stellt die berufliche Weiterbildung für die Privatverbraucher in den Mittelpunkt, blendet aber andere Felder der Bildung nicht aus. Sie stellt unterschiedliche Szenarien für eine mögliche Institutionalisierung von Bildungstests vor, vergleicht sie und bewertet die jeweiligen Vor- und Nachteile.

3.1.2 Methodische Verfahren

Außer Literaturrecherchen und Hintergrundgesprächen haben die Autorinnen und Autoren der Studie folgende Methoden eingesetzt:
- Interviews
- Repräsentativbefragung von Verbrauchern
- Schriftliche Befragung von Weiterbildungsträgern
- Telefoninterviews bei Unternehmen
- Befragungen für die Bestimmung der Ergebniswirkungen von Testveröffentlichungen bei
  - Dienstleistern
  - Händlern
  - Herstellern
  - Mitarbeitern der STIFTUNG WARENTEST
- Expertenrunde

3.1.2.1 Interviews

Ziel dieses Untersuchungsteiles war es, die bisherigen Erfahrungen von Marktakteuren und Wissenschaftlern und ihre Einschätzungen zukünftiger Entwicklungen in die Studie einzubringen. In der Zeit vom 4. September bis 10. Oktober 2001 haben wir Interviews mit 15 Sachverständigen u.a. aus den Bereichen Wirtschaft und Wissenschaft gestellt. In offenen, leitfadengestützten Interviews von jeweils etwa einer Stunde Dauer haben wir unter anderem folgende Punkte angesprochen:
- Aufgaben des Interviewpartners und der von ihm vertretenen Organisation im Bereich der beruflichen Weiterbildung,
- Bedeutung der Weiterbildung für den Bürger, die Wirtschaft und die Gesellschaft heute und in Zukunft,
- Organisationsformen der Weiterbildung,

- Erwartungen an das Qualifikationsverhalten des Einzelnen,
- derzeitige Angebotslandschaft und ihre zukünftige Entwicklung,
- Auswirkungen der Globalisierung auf den Weiterbildungsmarkt,
- Auswirkungen der Neuen Medien auf den Weiterbildungsmarkt,
- Transparenz und Qualitätssicherung,
- Vor- und Nachteile anbieterübergreifender oder unabhängiger Qualitätssicherungssysteme,
- Stellungnahme zu einer Institutionalisierung von Bildungstests.

Darüber hinaus haben die Interviewten eigene Schwerpunkte gesetzt. Die in den Interviews formulierten Argumente haben wir in einem eigenen Artikel zusammengefasst.

3.1.2.2 Repräsentativbefragung von Verbrauchern
(Befragung der Kunden von Weiterbildung)

Die STIFTUNG WARENTEST hat im Juli 2001 den Auftrag für eine Repräsentativbefragung zum Thema „Berufliche Weiterbildung 2001" an Helmut Kuwan, Sozialwissenschaftliche Forschung und Beratung, vergeben. Die Befragung nahm Infratest Sozialforschung im Unterauftrag vor. Infratest befragte 931 Personen im Alter von 18 bis 65 Jahren im ganzen Bundesgebiet. Die Fragen zur beruflichen Weiterbildung waren Teil einer Infratest-Mehrthemenumfrage. STIFTUNG WARENTEST und Infratest entwickelten den Fragebogen zur Weiterbildung gemeinsam.

3.1.2.3 Schriftliche Befragung von Weiterbildungsträgern
(Befragung der Anbieter von Weiterbildung)

Im Zuge einer Marktrecherche im Juli 2001 befragten wir die überregionalen Weiterbildungsträger, die an mehreren Standorten in einem Bundesland oder an mindestens zwei Standorten in Deutschland ihr Bildungsangebot bereithalten. Auf der Grundlage dieser Marktauswahl nahm das Institut für Bildung in der Informationsgesellschaft (IBI) im Auftrag und in Zusammenarbeit mit der STIFTUNG WARENTEST die Befragung vor und wertete die Ergebnisse aus. Die 125 recherchierten Anbieter erhielten schriftlich einen Fragebogen (s.a. Anhangsband, 7: Erhebungsinstrumente) und ein Anschreiben der STIFTUNG WARENTEST, das die Untersuchungsziele der Befragung aufführte. Eine Runde von Sachverständigen hatte den Wortlaut der Fragen ausgearbeitet. Die Befragung diente dem Ziel, Einschätzungen der Träger zur Entwicklung ihrer Einrichtungen, zu der des Weiterbildungsmarktes allgemein und zur Entwicklung der Qualität der beruflichen Weiterbildung zu gewinnen. 58 Weiterbildungsträger antworteten, was einer Rücklaufquote von 46 Prozent entspricht. 50 von ihnen füllten den Fragebogen aus. Sechs lehnten eine Teilnahme an der Untersuchung aus verschiedenen Gründen ab. Der 16-seitige, teilstandardisierte Fragebogen enthält 42 Fragen. Die Antworten stellen die Grundlage des Berichts (s.a. Anhangsband, 2 und 3: Weiterbildung in Deutschland aus der Sicht von Großunternehmen und Weiterbildungsträgern).

3.1.2.4 Telefoninterviews von großen Unternehmen (Top 100)

Um die Erfahrungen und Einschätzungen zukünftiger Entwicklungen von Weiterbildungsverantwortlichen in Unternehmen einzubringen, haben wir die nach der Beschäftigtenzahl 100 größten deutschen Unternehmen befragt. Im Auftrag von und in Zusammenarbeit mit der STIFTUNG WARENTEST unternahm dies das Institut für Bildung in der Informationsgesellschaft (IBI). Die Unternehmen erhielten ein Schreiben, in dem wir die Ziele und die Themenschwerpunkte der Studie erläuterten. Entsprechend den Rückmeldungen haben wir die Unternehmen zwischen September und November angerufen. Die Interviews mit dem jeweiligen Weiterbildungsverantwortlichen dauerten zwischen 45 und 120 Minuten. Mit 20 Unternehmen, die ihre Bereitschaft zum Interview erklärt hatten, kamen aus Termingründen keine Gespräche zustande.

Nach 47 Telefoninterviews haben wir die Erhebung abgeschlossen. Zwischenanalysen hatten gezeigt, dass sich kaum mehr neue Erkenntnisse für eine Trendanalyse ergaben.

Die Interviews haben wir entlang eines Gesprächsleitfadens geführt. Den Leitfaden hatte ein Kreis von Sachverständigen entwickelt. Sie berücksichtigten dafür die aktuellen Fachdiskussionen, politische Forderungen und erwachsenenpädagogische Überlegungen. Der Leitfaden diente gleichzeitig als Antwortbogen. Er besteht aus 44 Hauptfragen. Der größte Teil der Fragen und Gesprächsanreize ist offen formuliert, um eine qualitative Erfassung von Trends zu ermöglichen. Das Grundgerüst des Gesprächsleitfadens bilden einige geschlossene Fragen, um damit das Fundament einer quantitativen Analyse zu schaffen. Der Einsatz qualitativer Methoden ermöglichte eine in die Tiefe gehende Analyse. Die quantitativ erfassten Daten haben wir mittels deskriptiv statistischen Methoden verarbeitet.

3.1.2.5 Befragungen zur Bestimmung der Ergebniswirkungen
Befragung von Handels-, Produktions- und Dienstleistungsunternehmen

Von August bis Oktober 2001 führten wir eine standardisierte, schriftliche Anbieterbefragung durch. Dazu haben wir Fragebogen (s.a. Anhangsband, 7 Erhebungsinstrumente) an 240 Produktionsunternehmen, 365 Handelsunternehmen und 662 Dienstleistungsunternehmen versandt. Diejenigen, die nicht bis Mitte September geantwortet hatten, haben wir noch einmal angeschrieben, um auch ihnen die Möglichkeit zu geben, sich an der Umfrage zu beteiligen.

Die Auswahl der Unternehmen erfolgte nach einer stiftungseigenen Datenbank. Zusätzlich haben wir Anbieter aus der Liste der 100 umsatzstärksten Unternehmen in Deutschland einbezogen. Aufgrund der Stichprobenziehung kann die Befragung keinen Anspruch auf Repräsentativität erheben. Die Auswertung ist daher deskriptiv.

3.1.2.6 Expertenrunde mit wichtigen Akteuren des deutschen Weiterbildungssektors

Ziel des Fachgespräches war es, im Zusammenhang mit den sich abzeichnenden Zukunftsentwicklungen in der beruflichen Weiterbildung Szenarien zu diskutieren, wie Markttransparenz und eine Verbesserung der Angebotsqualität erreicht werden können.

3.2 Ergebnisse und Empfehlungen

3.2.1 Schlagzeilen

- Es gibt einen Bedarf für Bildungstests und Bedarf für eine Einrichtung für Bildungstests.
- Bildungstests sind machbar.
- Bildungstests erzielen Wirkungen und erzeugen Nutzen.

Unsere Empfehlung in Kürze:

Es sollte mehr Bildungstests geben als heute. Als Organisationsform angemessen ist eine Tochter „Stiftung Bildungstest" der STIFTUNG WARENTEST, eventuell auch eine gemeinsame Gründung mit Partnern. Denkbar ist auch, eine Abteilung der STIFTUNG WARENTEST zunächst so auszulegen, dass sie nach einem vorgegebenen Zeitplan in eine eigenständigere Organisationseinhheit unter dem Einfluss der STIFTUNG WARENTEST überführt werden kann.

3.2.2 Ergebnisse

3.2.2.1 Es besteht ein Bedarf an Bildungstests

Die Arbeitswelt stellt höhere Anforderungen als jemals zuvor an die Flexibilität und Lernbereitschaft der Arbeitnehmer. Das lebensbegleitende Lernen löst die traditionelle Abfolge „Schule, Ausbildung, Arbeitsleben" ab. Die Bildungssysteme müssen auf die Alterung der Gesellschaft reagieren. Auch wenn Lernprozesse künftig schon in den Kindertagesstätten beginnen sollen, sind von den Veränderungen vor allem die privaten Nachfrager von beruflicher Weiterbildung betroffen.

> Viele Menschen müssen künftig – auch privat – mehr Zeit und Geld in Weiterbildung investieren. Das Bewusstsein der Verbraucher dafür ist derzeit nur schwach ausgeprägt.

Die Akteure auf den Bildungsmärkten teilen die Ansicht, dass die Märkte unübersichtlich sind und dass die Qualität der Angebote nicht ausreicht. Dies gilt besonders für die Angebote der beruflichen Weiterbildung.

Souveräne Entscheidungen der privaten Nachfrager setzen überschaubare Märkte voraus. Der Nachfrager sollte idealerweise wissen: Was ist auf dem Markt; in welchen Qualitäten ist das von mir gewünschte Produkt auf dem Markt; und welches Preis-Leistungs-Verhältnis ist für meinen Bedarf angemessen. Die Angebotsqualität muss deshalb nicht nur laufend entwickelt, sondern auch gesichert, dokumentiert und durchschaubar gemacht werden. Diesen Anspruch lösen die Anbieter nur teilweise und zu zögerlich ein.

> Die bisherigen Schritte, die Qualität zu sichern und zu verbessern, reichen nicht aus.

Erklärtes Ziel des Bundesbildungsministeriums ist es, die Qualifikationschancen allgemein zu verbessern und dabei besonderen Wert auf die Transparenz und Qualität des Weiterbildungssektors zu legen. Übergeordnete Bildungsinstitutionen und das Bündnis für Arbeit, Ausbildung und Wettbewerbsfähigkeit erkennen die wachsende Eigenständigkeit und Selbstverantwortung für den Qualifikationsprozess des Einzelnen an. Sie soll zur Grundlage einer neuen Qualitätspolitik in der Weiterbildung werden. Geplant ist, das Arrangement der Evaluation um einen Baustein zu erweitern.

Vergleichende Bildungstests ergänzen die bestehenden und weiter zu entwickelnden Systeme der Qualitätssicherung. Sie erweitern und befruchten die Qualitätsdebatte. Sie stärken die Rechte des Verbrauchers. Eine öffentlichkeitswirksame Verbreitung der Testergebnisse schärft das Bewusstsein vor allem der privaten Nachfragenden für Qualität.

3.2.2.2 Bildungstests sind machbar

Die Ergebnisse der vorliegenden Studie belegen:
- Bildungstests sind machbar;
- Bildungstests und deren Institutionalisierung stoßen bei den Akteuren mehrheitlich auf Zustimmung;
- Bildungstests stellen eine wichtige Ergänzung zu anderen Systemen der Qualitätssicherung dar.

Befragungen von Weiterbildungsträgern und Unternehmen sowie Interviews mit Marktakteuren und Wissenschaftlern haben ergeben, dass jede Gruppe mehrheitlich institutionalisierte Bildungstests befürwortet. So haben sich mehr als zwei Drittel der befragten Personalentwickler großer deutscher Unternehmen und mehr als die Hälfte der Weiterbildungsträger für ein bundesweit tätiges Institut zur Qualitätssicherung in der beruflichen Weiterbildung ausgesprochen. Die Mehrheit befürwortet ausdrücklich eine „Stiftung Bildungstest". Insgesamt gibt es vehemente Befürworter, ausgesprochene Gegner und eine große Gruppe, die sich inhaltlich überzeugen lassen will. Die Mitglieder der letzten Gruppe haben vor allem methodische und organisatorische Fragen aufgeworfen.

Diese sind:
- Können die Testmethoden soweit verfeinert werden, dass sie den komplexen Weiterbildungsdienstleistungen gerecht werden?
- Wie können die Akteure des Sektors in geeigneter Weise in die Tests eingebunden werden?

Mit der ersten Frage haben die Sachverständigen *die* forschungsmethodische Herausforderung an Bildungstests formuliert. So ist die Multidimensionalität ein wichtiger Prüfstein. Wie sind interindividuell unterschiedliche Erwartungen an den Kurs, intraindividuelle Unterschiede der Zufriedenheit mit dem Kurs im Zeitverlauf und gruppendynamische Effekte sinnvoll zu vergleichen? Die Hauptforderung der Sachverständigen an Bildungstests ist, dass sie die verschiedenen Merkmale der Struktur- und Prozessqualität berücksichtigen, insbesondere aber die Ergebnisqualität ins Zentrum der Betrachtung stellen. Mit der Arbeitsweise der STIFTUNG WARENTEST gibt es seit über 35 Jahren ein Modell, wie der Sachverstand einer Branche im Sinne der Verbraucheraufklärung sachgerecht eingebracht werden kann.

Die bisherigen Untersuchungen der STIFTUNG WARENTEST haben gezeigt, dass
- es möglich ist, Anbieter und Angebote vergleichend zu untersuchen und

- Kriterien für eine qualitätsorientierte Auswahl zu entwickeln.

3.2.2.3 Bildungstests erzielen Wirkungen

Bildungstests lohnen!

Bildungstests verursachen erhebliche Ergebniswirkungen und lösen vielfältige Nutzeneffekte aus:
- Sie erleichtern den Nachfragern (Privatverbrauchern, privaten und öffentlichen Unternehmen) eine zielgenaue Suche nach einem Angebot und die Einschätzung seines Preis-Leistungs-Verhältnisses.
- Sie erhöhen die Mündigkeit der Verbraucherinnen und Verbraucher.
- Sie erhöhen den Wettbewerb und können durch Einhaltung der durch Tests gesetzten Standards die Wettbewerbsfähigkeit erhöhen.
- Sie bieten getesteten Anbietern von Weiterbildung die Möglichkeit, positive Ergebnisse zu vermarkten und die Ergebnisse zur Verbesserung ihres Angebotes zu nutzen.
- Sie bieten auch nicht getesteten Anbietern durch die Veröffentlichungen und Diskussion der Verfahren Informationen zur Verbesserung ihrer Produkte.
- Sie unterstützen die Bemühungen der Bundesanstalt für Arbeit (BA) um die Steigerung der Effizienz und Effektivität der Weiterbildungsberatung und -förderung.
- Sie erhöhen die Chancen für Markttransparenz durch Qualitätsverbesserungen beim Aufbau und der Vernetzung von Weiterbildungsdatenbanken.
- Sie senden Impulse in die Gesetzgebung aus.
- Sie nutzen bei der Analyse von Qualitätssicherungssystemen, der fortlaufenden Ermittlung von Weiterbildungsbedarfen, der Verbreitung neuer Bildungsformen und der Entwicklung von Forschungsfragen.

Bildungstests sind machbar und wirken positiv auf den Markt!

3.2.3 Empfehlungen

Da die Qualität der Weiterbildung zu den wichtigsten Grundlagen bei Bildungsentscheidungen gehört, ein erheblicher Handlungsbedarf besteht, Bildungstests machbar sind, sie eine wichtige Ergänzung anderer Systeme der Qualitätssicherung darstellen und hinsichtlich Nutzen und Wirkung eindeutig belegbar sind, sollten Bildungstests verstärkt eingesetzt werden. In einer Institution, zum Beispiel einer „Stiftung Bildungstest", entfalten sie u.E. die größte Wirkkraft.

Eine Testeinrichtung, die Weiterbildungsangebote vergleichend untersucht, muss unseres Erachtens folgende Kriterien unbedingt erfüllen, um die gewünschten Wirkungen zu erzielen:
- Unabhängigkeit der Institution,
- Neutralität der Institution und
- Transparenz sowohl hinsichtlich der Organisation als auch der Arbeitsverfahren bzw. Untersuchungen.

Diese drei Kriterien in Verbindung mit einer entsprechenden Verbreitung der Untersuchungsergebnisse führen zur Akzeptanz bei den Nachfragern und Anbietern.

Die Kriterien gelten unabhängig von denkbaren Modellen, die sich hinsichtlich Aufwand, Ergebnisdarstellung, Nutzen und Organisationsstrukturen unterscheiden.

Die bisherigen sporadischen Bildungstests der STIFTUNG WARENTEST und anderer Testveranstalter reichen nicht aus, um die Forderung nach mehr Transparenz und Qualität auf dem Markt zu erfüllen. Die geringfügig ausgeweiteten Testaktivitäten der STIFTUNG WARENTEST im Bildungssektor seit Dezember 2000 durch vom Bundesministerium für Bildung und Forschung geförderte Projekte sind bei dem nachgewiesenen Bedarf nicht ausreichend. Bis zur möglichen Entscheidung über die Institutionalisierung einer „Stiftung Bildungstest" sollten weitere Bildungstests realisiert werden. Aus deren Ergebniswirkungen lassen sich weitere Schlüsse auf den Nutzen solcher Tests ziehen. Außerdem dienen die Tests dazu, Erfahrungen zu sammeln und die Evaluationsbasis zu verbreitern.

Geeignete Lösungsmodelle für institutionalisierte Bildungstests sind

- eine Abteilung der STIFTUNG WARENTEST: Eine personell und finanziell ausreichend ausgestattete Abteilung. Die Ergebnisse veröffentlicht die Stiftung in ihren Zeitschriften, in nach Bedarf erscheinenden Sonderheften sowie im Internet. Wir haben dieses Modell mit 12 Stellen kalkuliert. In diesem Fall ist von einem jährlichen Aufwand von ca. 2,25 Millionen Euro (4,4 Millionen Mark) auszugehen. Für die Erstinvestition wurde ein Betrag in Höhe 124.000 Euro (243.000 Mark) kalkuliert. Die Einnahmen liegen geschätzt bei 10 Prozent dieser Summe. Denkbar und je nach Erfolg notwendig ist eine Ausweitung. Dies würde neue Berechnungen erfordern.

- ein Tochterinstitut der STIFTUNG WARENTEST oder ein Tochterinstitut der STIFTUNG WARENTEST und Dritter. Laut Satzung kann die Stiftung Tochterunternehmen gründen, wenn dies dem Stiftungszweck dient. Eine „Stiftung Bildungstest" müsste personell und finanziell angemessen ausgestattet sein. Die Ergebnisse ihrer Untersuchungen veröffentlicht die „Stiftung Bildungstest" in einer vierteljährlich erscheinenden Zeitschrift sowie jeweils aktuell im Internet. Die „Stiftung Bildungstest" beginnt mit etwa 24 Tests im Jahr und zusätzlichen redaktionellen Beiträgen. Dieses Modell ist zweistufig aufgebaut. Die Kosten für die erste Ausbaustufe sind mit ca. 4,73 Millionen Euro (9,26 Millionen Mark) jährlich und 27 Stellen kalkuliert. Hinzu kommt ein einmaliger Betrag in Höhe von 0,54 Millionen Euro (1,06 Millionen Mark). Die Einnahmen liegen geschätzt bei 10 Prozent dieser Summe.

- eine neue Institution („Stiftung Bildungstest") in Analogie zur STIFTUNG WARENTEST. Sie müsste personell und finanziell angemessen ausgestattet sein. Die Ergebnisse ihrer Untersuchungen müsste das neue Institut öffentlichkeitswirksam verbreiten. Geld- und Stellenbedarf dieser Lösung sind deutlich höher als im voranstehenden Modell, da kaum abzuschätzende Beträge für die Markteinführung und -
- etablierung hinzukommen.

So wie das derzeit noch andauernde Projekt als Übergangslösung bis zum Aufbau einer Abteilung dienen kann, kann auch die Abteilung als Testlauf für die Gründung eines An-

Institutes angelegt sein, sei es als Tochter der STIFTUNG WARENTEST oder in Zusammenarbeit mit einem Partner.

Unsere Empfehlung lautet:
Eine Abteilung der STIFTUNG WARENTEST sollte die bisherigen Aktivitäten der Stiftung im Bildungssektor bündeln sowie auf ein quantitativ und, wo nötig, qualitativ höheres Niveau heben. Möglichst bald sollte die STIFTUNG WARENTEST diese Abteilung, d.h. das neue Produkt, mit einem eigenen Profil versehen. Dazu gehört u. a. die Entwicklung entsprechender Publikationsformen. Eine Alternative dazu ist die Ausgründung einer wirtschaftlich selbständigen „Stiftung Bildungstest". Es ist denkbar, dafür einen Partner „ins Boot zu holen".

Die größere Organisationseinheit kann auch sofort als „Stiftung Bildungstest" starten.

Von einer „Stiftung Bildungstest" völlig außerhalb der Erfahrungen und Strukturen der STIFTUNG WARENTEST raten wir ab. Ein solches Institut könnte alle Anforderungen erfüllen, benötigte dafür aber mehr Zeit und wahrscheinlich auch Geld als die vorhergehenden Varianten. Es müsste sich als Neuling gegen die Konkurrenz der STIFTUNG WARENTEST behaupten und dabei das Vertrauen der Öffentlichkeit gewinnen.

Eine Testeinrichtung sollte nicht Bildungstests vornehmen und gleichzeitig als Zertifizierungsinstanz oder Akkreditiererin auftreten. Dies schafft ein Glaubwürdigkeitsproblem.

Eine Institution für Bildungstests sollte politisch und wirtschaftlich unabhängig sowie anerkanntermaßen neutral sein. Einnahmen aus Anzeigenverkäufen sind somit ausgeschlossen. Kostendeckung über den Kiosk- und Abonnementverkauf von Publikationen zu erreichen ist unrealistisch.

Aus diesen Randbedingungen folgt:
Bildungstests lassen sich nicht bzw. nur in geringem Umfang über den Markt refinanzieren.

Eine Testeinrichtung bedarf also einer langfristig gesicherten Vollfinanzierung durch Dritte. Dies könnte eine über mehrere Jahre geltende Finanzierungszusage oder ein Stiftungskapital sein.

Eine Testeinrichtung sollte in ständigem Austausch mit allen Akteuren der Bildungsmärkte stehen. Die Marktteilnehmer, staatliche Institute und unabhängige Wissenschaftler, sollten diese Einrichtung in geeigneter Weise beraten.

Die von PISA II Anfang Dezember 2001 aufgezeigten Defizite im deutschen Schulwesen, der von der Wirtschaft beklagte Fachkräftemangel, die zunehmende Bedeutung gut ausgebildeter Fachkräfte als Standortfaktor und die von nicht vorhandener bis fehlgesteuerter Ausbildung verursachten Kosten zeugen von dringendem Handlungsbedarf. Dieser Handlungsbedarf ist akut.

Das deutsche Bildungswesen braucht dringend vergleichende Bildungstests als Element der Qualitätssicherung. Bildungstests sorgen für Transparenz der Märkte und heben die Qualität der Angebote. Sie sind damit angewandter Verbraucherschutz und Wettbewerbsförderung gleichermaßen.

3.3 Zusammenfassung

Die vielfältigen Ergebnisse der Studie lassen sich in diesem Rahmen nur unzulänglich beschreiben. Dreierlei lässt sich aber eindeutig feststellen: Erstens ist der Weiterbildungsmarkt, auf den die Studie ihr Augenmerk hauptsächlich gerichtet hat, völlig unübersichtlich; zweitens gibt es auf diesem Markt Qualitätsdefizite und drittens helfen Bildungstests den Nachfragern bei rationalen Entscheidungen. Die Lösungsansätze und die verschiedenen Organisationsmodelle institutionalisierter Bildungstests in dieser Studie berücksichtigen diese Ergebnisse. Je präsenter eine Testeinrichtung im Markt ist, desto nachhaltiger sorgt sie für mehr Angebotstransparenz, wachsende Qualität der Angebote und Qualitätsbewusstsein der Kunden. Institutionalisierte Bildungstests stärken den Markt und erzeugen einen volkswirtschaftlichen Nutzen.

Damit eine Testeinrichtung, die Weiterbildungsangebote vergleichend untersucht, die gewünschten Wirkungen erzielt, sind folgende Kriterien unbedingt zu erfüllen:
- Unabhängigkeit und Neutralität der Institution;
- Transparenz sowohl hinsichtlich der Organisation als auch der Arbeitsverfahren bzw. Untersuchungen.

Diese beiden Kriterien in Verbindung mit einer entsprechenden Verbreitung der Untersuchungsergebnisse führen zur Akzeptanz bei den Nachfragern und Anbietern.

4. Weiterbildungstests durch die STIFTUNG WARENTEST

Die Aufgabe der Stiftung ist es, Markttransparenz herzustellen, indem sie die „Öffentlichkeit über objektivierbare Merkmale des Nutz- und Gebrauchswertes sowie der Umweltverträglichkeit" von Waren und Dienstleistungen unterrichtet. Außerdem gehört es zu ihren Aufgaben, die Verbraucher über die Möglichkeiten einer optimalen Haushaltsführung, über eine rationale Einkommensverwendung und über gesundheits- und umweltbewusstes Verhalten aufzuklären. Die Stiftung prüft Produkte und Dienstleistungen mit von ihr als wissenschaftlich erkannten Methoden. In Zeitschriften, Büchern, Broschüren und über das Internet informiert die Stiftung die Öffentlichkeit über die Ergebnisse der Untersuchungen.

Auf Basis der Machbarkeitsstudie Bildungstests wurde eine Abteilung Weiterbildungstests in der STIFTUNG WARENTEST aufgebaut. Bei Bildungstests geht die STIFTUNG WARENTEST genau so vor wie bei allen Dienstleistungstests. Die Stiftung wird unter finanzieller Förderung des BMBF und des ESF in den kommenden Jahren (gefördert bis Ende 2005) in einem Umfang von bis zu 20 Tests im Weiterbildungsbereich durchführen und deren Ergebnisse öffentlichkeitswirksam verbreiten.

Durch die Implementierung eines Expertenkreises - bestehend aus Marktteilnehmern, staatlichen Instituten, Verbrauchervertretern und unabhängigen Wissenschaftlern - erfolgt ein ständiger Austausch mit wichtigen Akteuren der Bildungsmärkte. Deren Kenntnisse und Erfahrungen werden in die Arbeit eingebunden.

Zu den Aufgaben gehören u.a.:
- Marktrecherchen

- Planen und Durchführen der Untersuchungen
- Verbreitung der Untersuchungsergebnisse
- Bearbeiten von Anfragen von Anbietern, Lesern etc.
- Interviews für Hörfunk- und Fernsehanstalten sowie Zeitungen und Zeitschriften
- Vorstellen der Projektergebnisse auf Veranstaltungen und bei Verbänden
- Mitwirkung bei der Normungsarbeit (DIN, CEN, ISO)
- Teilnahme an Fachtagungen und Kongressen
- Zusammenarbeit mit anderen Institutionen im Bildungssektor
- Dokumentation der Ergebniswirkungen
- Austausch über sich ergebende Forschungsfragen mit Vertretern wissenschaftlicher Einrichtungen.

Eine effiziente und wirksame Ergebnisverbreitung ist eine wesentliche Voraussetzung für die gewünschten positiven Ergebniswirkungen. Hierzu zählen u.a. die

- Veröffentlichung in den Printmedien:
  - Sonderpublikationen in Form von Sonderheften, Broschüren und Ratgebern
  - Veröffentlichungen einiger Untersuchungen und Kurzfassungen in den Zeitschriften *test* und *FINANZtest*
- Veröffentlichung im Internet
- Presse- und Öffentlichkeitsarbeit
- Vorstellen der Projektergebnisse und der Arbeit auf Tagungen, Kongressen, bei Verbänden etc.

5. Messung und Bewertung von Dienstleistungsuntersuchungen

Wie lassen sich Dienstleistungen vergleichen? Was ist der gemeinsame Nenner von Bahnreisen, von Leistungen der Arbeitsämter, von Geldanlagen, Reparaturen von Videorecordern, von Volkshochschulkursen oder von nach SGB III geförderten Weiterbildungsangeboten?

Die Klammer bilden verschiedene Untersuchungsdimensionen, von denen die folgenden fünf Merkmale wesentlich sind:

Immaterialität
Das Problem, Dienstleistungen zu untersuchen und zu bewerten, liegt in ihrer fehlenden Stofflichkeit. Eine Bewertung erfolgt meist über Operationalisierungen. Dafür setzen die Tester die Dienstleistung in beobachtbare und messbare Variablen um.

Komplexität
Häufig sind „Dienstleistungen" an andere Leistungen gekoppelt, zum Beispiel an Produkte oder Rechte. Die Gesamtdienstleistung ist in ihre verschiedenen Bestandteile zu zerlegen und angemessen gewichtet zu bewerten.

Variabilität
Weil Dienstleistungen von Menschen erbracht werden, unterscheiden sich ihre Leistungen stark hinsichtlich der Qualität. Dieses erschwert mögliche Standardisierungen.

Individualität
Jeder knüpft an eine Dienstleistung bestimmte Erwartungen und Meinungen. Es ist also gleichgültig, ob eine Dienstleistung großartig oder lausig ist. Nutzerbeurteilungen können dennoch erheblich voneinander abweichen. Darum ist es so schwer, verbindliche, allgemein akzeptierte und überprüfbare Normen zu entwickeln, die eine gute (Kunden-)Dienstleistung kennzeichnen. Häufig sind zielgruppenspezifische Beurteilungen nötig.

Regionalität
Dienstleistungen werden üblicherweise regional begrenzt angeboten.

Bevor die Stiftung die Untersuchungsmethode in Abhängigkeit vom Untersuchungsziel erarbeitet, schätzt sie die Bedeutung der Untersuchungsdimensionen für den Untersuchungsgegenstand grundsätzlich ein. Bei einem defekten Fernseher steht die Reparatur im Vordergrund, so dass Immaterialität, Variabilität und Individualität kaum ins Gewicht fallen, die Regionalität dafür um so mehr. Im Unterschied dazu sind bei der Untersuchung eines Bildungsangebotes alle Untersuchungsdimensionen stark ausgeprägt. Hinzu kommt das besondere Problem, dass das Ergebnis der Dienstleistung (des Bildungsprozesses) aus dem Zusammenwirken von Anbieter und Lernendem entsteht. Die Beeinflussung des Prozesses durch den Teilnehmer ist bei einer Bildungsdienstleistung besonders hoch.

Bei Untersuchungen von Bildungsangeboten hat sich die Multidimensionalität als weiterer wichtiger Prüfstein herausgestellt. Interindividuell unterschiedliche Erwartungen an den Kurs, intraindividuelle Unterschiede der Zufriedenheit mit dem Kurs im Zeitverlauf und gruppendynamische Effekte sind forschungsmethodisch besondere Herausforderungen. Bildungstests müssen die verschiedenen Merkmale der Struktur- und Prozessqualität berücksichtigen, insbesondere aber die Ergebnisqualität ins Zentrum der Betrachtung stellen.

6. Verfahren und Vorgehensweise bei der STIFTUNG WARENTEST

Grundlage für die Arbeit ist die Themenplanung. Den Informationsbedarf der Verbraucherinnen und Verbraucher ermittelt die STIFTUNG WARENTEST, indem sie einem Teil der Zeitschriften *test* und *FINANZtest* Fragebogen beilegt. Außerdem leiten der Leserservice der Stiftung und die Beratungsstellen der Verbraucherzentralen die Wünsche der Konsumenten weiter. Die Mitarbeiterinnen und Mitarbeiter der Stiftung informieren sich ständig über die neuesten Entwicklungen und schlagen eigene Untersuchungsthemen vor. Bei der Auswahl der Untersuchungen von Bildungsangeboten ist der Stiftung besonders wichtig, ob ein Angebot neu ist, ob es für eine größere Zahl von Verbrauchern interessant sein könnte, ob ein Informationsbedarf aus Sicht der Nachfrager vorhanden ist oder ob möglicherweise besonderer Handlungsbedarf zum Schutz der Verbraucher besteht.

Die verschiedenen Arbeitsschritte stellen sicher, dass die vergleichende Dienstleistungsuntersuchung und deren Ergebnisdarstellung letztendlich das Verbraucherproblem und die Leistungsunterschiede zwischen den Anbietern angemessen widerspiegeln.

Im Folgenden sind zwei Beispiele solcher Arbeitsschritte genannt:

Vor einer Untersuchung erörtern Sachverständige aus der anbietenden Wirtschaft, der Wissenschaft (in unserer Sprachregelung: die Neutralen) sowie die Nutzer und Verbraucher Fragen der Methodik, Bewertung, Ergebnisdarstellung etc. in einer Fachbeiratssitzung.

Bestimmte anbieter- bzw. dienstleistungsbezogene Daten gleicht die STIFTUNG WARENTEST im Vorfeld der Veröffentlichung einer Untersuchung mit den getesteten Herstellern oder Dienstleistern ab. Dabei erfährt das getestete Unternehmen allerdings niemals das Ergebnis des Tests.

Untersuchungsplanung und Ausführung
Um eine Dienstleistung beurteilen zu können, erstellen die Tester ein Konzept. Darin sind die Planung sowie Methoden zur Messung und Bewertung enthalten. Die Untersuchungsplanung setzt Vorarbeiten und Recherchen voraus. Hierzu gehört, die Anbieter- und Marktsituation sowie die konkreten Verbrauchererfahrungen zu recherchieren.

Auswahl des Untersuchungsgegenstandes
Wegen des vielfältigen Angebotes muss für nahezu jede Dienstleistungsuntersuchung eine geeignete Marktauswahl getroffen werden. Die Auswahl erfolgt nach objektiven Gesichtspunkten wie beispielsweise Marktbedeutung, technische Merkmale, Preisklasse oder Lernform bei Bildungstests.

Struktur des Untersuchungsprogramms
Die STIFTUNG WARENTEST erstellt zu jeder Untersuchung ein Untersuchungsprogramm. Dies gliedert sich in der Regel wie folgt:

I. Marktsituation und Verbraucherproblem erkennen

II. Untersuchungsproblem
    1. Festlegen des Untersuchungsgegenstandes
    2. Ziele der Untersuchung definieren

III. Untersuchungsmethodik
    1. Befragen von Lesern und Verbrauchern
    2. Befragen von Anbietern
    3. Teilnehmende Beobachtung
    4. Weitere Verfahren (Expertengespräche, Inhaltsanalysen)

IV. Bewerten und Darstellen der Ergebnisse.

Untersuchung und Instrumente

Um die Untersuchungsziele zu erreichen, setzt die Stiftung die unterschiedlichsten methodischen Instrumente ein. Sie nutzt anerkannte Methoden der Sozialforschung wie
- Erfassen und Bewerten von Verbrauchererwartungen und -erfahrungen
- Befragen von Anbietern
- Analysieren von Inhalten
- Beobachten, offen
- Beobachten, verdeckt durch Testinspektoren, die als „normale" Kunden beziehungsweise Teilnehmer ein Angebot prüfen.

Grundsätzlich setzt die Stiftung das gesamte Instrumentarium der empirischen Sozialforschung und weiterer Messverfahren ein. Es gilt, in Abhängigkeit vom Untersuchungsziel die geeigneten Instrumente und die für die Untersuchung wichtigen zu messenden Indikatoren zu bestimmen. Die gemessenen Indikatoren sind für die Beurteilung der Dienstleistungsqualität zu gewichten und zu bewerten.

Bewerten und Darstellen der Ergebnisse von Bildungstests

Die Informationen sind sinnvoll zu verdichten. Belegbare Qualitätsunterschiede der gesamten Dienstleistung und wesentlicher Bestandteile hat die Stiftung dennoch deutlich aufzuzeigen. Sie darf sie nicht unzulässig verkürzen.

Eine allgemeine Beurteilung des Weiterbildungsmarktes ist angesichts einer immer feiner ausdifferenzierten Palette von Angebotstypen nicht angemessen. Dies müssen die Tester im Auge behalten, wenn sie Prüfkriterien für Bildungstests entwickeln. Vielmehr müssen sie an die einzelnen Segmente mit ihren ganz speziellen Inhalten, Lehrmethoden, Zielen und Teilnehmerprofilen auf unterschiedliche Weisen herangehen. In Anbetracht des Umfangs des Angebotes müssen sie sinnvolle Marktauswahlkriterien erarbeiten. Um ausgewählte Einheiten fair bewerten zu können, benötigen sie Regeln. Die legen fest, wann die Beurteilung eines Details Aussagekraft für die gesamte Einrichtung besitzt und wann nicht.

Bei Beurteilungen können die Tester nur selten auf allgemein akzeptierte Qualitätsnormen zurückgreifen. Häufig stehen mehrere Wege offen, wie zum Beispiel
- Befragen der Verbraucher, welche „Qualität" sie erwarten. Die ermittelte Erwartung wird dann Maßstab;
- Ermitteln der Leistung von verschiedenen Anbietern der Branche und Bewertung der Abweichungen;
- Festlegen eines Qualitätsmaßstabes durch Experten.

Eine wesentliche Grundlage für die Entwicklung eines Bewertungsmaßstabes ist stets die Frage, was der Verbraucher mit Fug und Recht erwarten darf.

Untersuchungsbericht

Der Untersuchungsbericht fasst die Ergebnisse zusammen und enthält immer dann Qualitätsurteile, wenn es möglich und sinnvoll ist. Dabei handelt es sich um eine bewertende Benotung des geprüften Angebotes.

7. Fazit

Unstrittig ist: Die Menschen werden jetzt und in der Zukunft mehr Freizeit und Geld in ihre Weiterbildung investieren müssen, um ihre Chancen auf den Arbeitsmärkten zu erhalten. Das Wissen von heute ist nicht mehr das Wissen von morgen.

Für die Kunden der Bildungsanbieter gehören Informationen über die Qualität der Weiterbildung zu den wichtigsten Grundlagen bei Bildungsentscheidungen. Pluralität und Wettbewerb in der Weiterbildung erstrecken sich auch auf die Qualitätsvorstellungen und -ansprüche.

Das deutsche Bildungswesen braucht vergleichende Bildungstests als Element der Qualitätssicherung. Bildungstests sorgen für Transparenz der Märkte und heben die Qualität der Angebote. Sie sind damit angewandter Verbraucherschutz und Wettbewerbsförderung gleichermaßen.

Lebenslanges Lernen, Hochschulen und Weiterbildung

Universities, Continuing Education, and Lifelong Learning

Hans Georg Schuetze

1. Introduction: Lifelong learning

Lifelong learning means different things to different people and there is a danger to put old wine (or more appropriately, old beer) into new bottles, or just to re-label old bottles. In fact, many proponents of specific forms of education have just done that by substituting the new term lifelong learning for adult education or continuing education, without however changing much, if any, of the substance.

The conception of lifelong learning is thus very vague; in fact, it resembles a chameleon that changes its colour depending on the context in which it finds itself. This is the reason why it is embraced and propagated by many different people and organizations. Politicians of all sorts – not just the Ministers of Education – tout its virtues, and so do corporate leaders and proponents of the globalization of trade and markets. Teachers and school principals, university presidents and administrators, adult educators and industrial trainers – all support the basic idea that learning is a lifelong process and is not confined to a person's 'formative', is younger years of life. International organizations, especially the Organization for Economic Co-operation and Development (OECD 1973 and 1996) and the United Nations Educational, Scientific and Cultural Organization (Faure et al. 1972 and UNESCO 1996), but also the European Union (European Commission 1996) have endorsed and propagated the idea of lifelong learning for a long time. More recently, many national governments have issued policy statements or reports in which the principle of lifelong learning is espoused and endorsed as a corner stone of the country's educational and training policy.

While earlier policy documents and statements stressed the principles of equality of opportunity and social justice which a system of lifelong learning was supposed to enhance, newer ones tend to stress primarily the role of lifelong learning in providing the mechanism for preparing a competent workforce and constantly adapting workers' skills to changing technologies and production processes in order for national economies to be competitive in the global economy, and for individuals to find jobs. This economic imperative as a rationale for lifelong learning has led some analysts to allege that 'lifelong education' (which was the earlier label for the idea of 'lifelong learning') has been hijacked and transformed from an emancipatory and democratic concept to one that is dictated by the 'corporatist' agenda (see for example Boshier 2001).

As 'lifelong learning' is amorphous and vague, it is useful to distinguish different models with different purpose and scope which pose different challenges for the learning system as a whole, and for higher education in particular. I propose that all of the various conceptions can be subsumed under three basic models which, while all sailing under the flag of lifelong learning, follow different courses advancing different models of education and learning, of work, and ultimately of society:

- An emancipatory and social justice model which is committed to the notion of equality of opportunity and life chances through education ('lifelong learning for all'), which is seen as a fundamental element of realizing both democratic society and the 'knowledge society' (or 'learning society'). To bring such a system about, the state has the principal role in providing education, enabling everybody to participate in educational activities, and organizing the various component parts of a system of lifelong learning.
- A post-modern world model which sees lifelong learning as an adequate learning system for a post-industrialist, open, pluralistic, and 'ludic' society. In this model, the state has responsibility for providing the foundations and laying down some basic principles while leaving both the bulk of leaning opportunities after initial education to the private sector and to market mechanisms of demand and supply.
- A more narrowly defined 'human capital' model where lifelong learning connotes continuous training and skill development to meet the needs of employers for a qualified, flexible and adaptable workforce. The state's role is, again, limited to providing initial education and training, and some labour market training for the unemployed, whereas the main responsibility of organizing and paying for advanced education and training is left to the employers and the individuals.

Common to all three models is the recognition that in a 'knowledge-based' society and economy continuing education is the normal extension of initial education. As new knowledge is produced at a far greater rate than formerly and old knowledge is becoming obsolete, new technologies are consequently introduced at a rapid pace, and the world in general and the world of work in particular, are continuously changing. Continuous learning, both in educational institutions and in places of non-formal learning, is no longer just an option but is becoming a necessity. It follows that continuing education of various types is becoming a central activity.

It is fairly obvious that the first model – lifelong learning for all – poses by far the greatest challenge to the current organization learning and the distribution of learning opportunities, one that will affect all sectors of organized learning, formal and non-formal alike. Some of theses challenges concern higher education in particular – for example the question of access, flexible forms of delivery, and prior learning assessment and recognition, and the integration of 'continuing education' into a lifelong learning cycle.

The second model entails some changes of higher education as we know it, but these are for their most part adjustments of the delivery systems. The recognition of part-time studies, the scheduling of courses in the evenings, over weekends, delivered at a distance (web-based courses) are examples, as are modular curricula and portable credit system. Continuing education is seen as increasing in importance, mainly as 'just-in-time'-professional updating or training for changing job requirements. The possibilities of the Internet are seen as the extension of traditional sources of information and knowledge, widening access to such sources for many that had been excluded from the advanced part of the formal education system.

The 'human capital' model also means some adjustment of content in response to increased demand for vocationally oriented programs, short courses, self-learning modules, and courses which are sponsored by, and sometimes developed in conjunction with, employers. Many of these will not be in the form of full programs leading to a final diploma or degree, but so-called non-credit courses.

Of the three models, the human capital model is the most concrete in its objectives yet the narrowest in scope, focusing on learning only that is related to skill formation or adaptation and job competencies more generally. The 'post-modern' model reflects the system as it exists in modern industrialized countries. It does comprise the human capital model but is much wider including many non-job-related pursuits of learning. It can be described as an archipelago of islands, some of which are connected by bridges, rather than a coherent and inter-connected system of learning that is open and accessible to all. Like the human capital system it is mainly driven by the rationale of demand and supply. Even where it is growing overall, resulting in more and larger islands and a few more bridges, the post-modern model will leave many – to stay within the metaphor – in the cold waters of semi-literacy, economic disadvantage and social exclusion. While that is hard on these individuals and their families, it also comes at a high cost to society as "future economic prosperity, social and political cohesion, and the achievement of genuinely democratic societies with full participation – all depend on a well-educated population" (OECD 1996, 24).

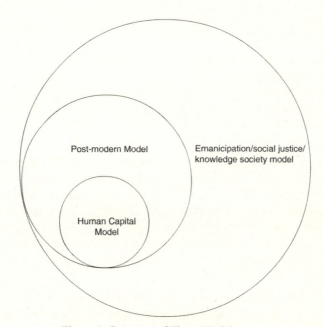

Figure 1: Coverage of Three Models

From the viewpoint of the human capital and the post-modern models, the lifelong-learning-for-all model seems clearly 'utopian' as market forces and some stop gap intervention on the part of the state will not be sufficient to bring it about. That it may be 'utopian' should however not be interpreted as meaning that it is unrealistic to aim at it. After all, as Ernst Bloch convincingly argues (Bloch 1959), 'utopia' is the place where we are presently not, yet we can get there if we are determined enough.

For reasons of realizing a more egalitarian, democratic, prosperous and 'learning' society it is necessaryto reach beyond the confines of strictly utilitarian and economic objectives and a market mechanism based laissez-faire society by aiming to progress on the way to a society where 'lifelong learning for all' is a reality. It helps that such a system does not need to be built from scratch as important parts of it are in place already. In fact, the two other models cover some of the terrain (see Figure 1); therefore the task will be to integrate them into a coherent overall system.

In the next section of this paper, I shall examine further what lifelong learning is meant to be, and discuss its relationship with universities, or 'higher education' more generally. I shall then discuss university level 'continuing education' as one of the mechanisms by which institutions are expanding their traditional learning opportunities for lifelong learners. I conclude with a brief discussion of 'non-traditional' students and 'lifelong learners'.

2. Elements of lifelong learning

The concept of lifelong learning consist of three main elements:
- Learning is life-long
- Learning is life-wide
- The focus is on 'learning' instead of 'education'

That learning should be life-long rather than concentrated in the person's youth seems rather obvious from its name. This part can therefore be assumed to be best understood. That does not mean that this idea is now being implemented: By far the largest attention is still devoted to youth education, and so are the bulk of public resources spent on education. The great expansion of education in the 1960s and 70s and again the 1990s was an expansion of 'front-end' education, especially the extension of secondary schooling, and of post-secondary education and training. To be sure, there has also been an increase of learning opportunities for people later in their lives, but these have been negligible in comparison with the extension of the formal system of education and training aimed at young people.

The second element, that learning is 'life-wide', requires more explanation. Even teachers and professors, the stalwarts of the formal education system, recognize that organized learning does not take place solely in institutions of formal learning, such as schools, colleges, or universities. Learning takes place also, and probably to a greater extent, in non-formal settings – for example, in voluntary and community organizations of all kinds such as churches, trade unions, museums, public libraries, and sports clubs. Most important among the non-formal places of learning is the workplace, not only because people who are employed spend the bulk of their time there, because learning at and through the workplace is directly related to their job, career, and income. Thus the recognition that formal education is not the only part of the lifelong learning system and that other modes of learning outside the formal sector play an important part, entails major challenges. If both learning modes and places, formal and non-formal, are part of the same system, rather than, as in the past, clearly separated from each other, a major issue is how 'knowledge', which is acquired outside the formal system, is defined, assessed, and recognized by the formal system. Therefore, an important part of lifelong learning is a system of prior learning assessment and recognition (PLAR) with which the results of learning outside the formal system are validated and recognized as being at par with knowledge and skills acquired in the formal system. Life-wide learning means also that learning activities that have been outside, or at the fringes of the formal education system, such as workplace and labour market training, literacy education, adult education, and continuing education and training are becoming a central part of a lifelong learning system.

The third element, that the focus in a lifelong learning system is not primary on education and training but on learning, changes the perspectives that has for long dominated education and learning systems in modern societies. The shift in perspective from an institutional and formal one to a learner-centered one has a number of important consequences that change fundamentally the role of institutions and individuals and recognize the importance of both the motivation of individuals to learn and their capacity of engaging in learning activities. This is especially significant with respect to those individuals that lack motivation or learning skills. Such an understanding emphasizes the necessity for activities such as outreach, motivation, and the recognition that many learners do not learn well without the contexts in which knowledge is being created and applied. For formal institutions this shift means also that they have to become more learner-centered, outcome-oriented, and recognize that learners, especially older ones, bring prior knowledge and skills to the classroom.

If the decision about what to learn and by which means is left to individuals rather than to educational institution with prescribed curricula and programs, learners are required to make informed choices. This means that the overall 'system' must provide both transparent and reliable information about leaning opportunities, their content, cost, and 'value', both in the educational system and the labour market, and about the various pathways as well as the multiple access and exit points. This 'learning à la carte' puts a considerable onus on institutions in terms of planning and budgeting, and on the overall system which needs to put into place articulation and coordination mechanisms for transforming the existing patchwork of post-secondary education and training into a 'seamless web' of learning opportunities. It must also eliminate dead-end routes or detours as learners frequently encounter them in the present 'system'.

All surveys on participation in formal education show that those individuals that have already a solid base and background in education are most likely to continue learning. That is true not only with respect to the formal system, but also to the workplace where employers invest training dollars much more in people already well educated and trained than in those who would need additional education or training the most.

However as pointed out already, lifelong learning, if it is to realize its potential in a democratic and egalitarian society, must be available for and accessible to *all* rather than the already better qualified. Looking at the advanced societies, we do see a polarization of well-educated and under-educated people, a polarization that continues and reinforces itself as those people get older. This emphasizes the need of not only outreaching and motivating so-called under-educated or marginal groups, but also of designing programs that are relevant for them. That marginalized groups are not negligible is emphasized by recent surveys, especially the International Adult Literacy Survey which shows that in several OECD countries, in spite of increasing discourses about the knowledge society or the knowledge economy, almost half of the adult population is either fully or 'functionally' illiterate. Especially this half of the population, often referred to as the 'forgotten half' must be encouraged and enabled to participate in lifelong learning, if the promise of 'lifelong learning for all' is to become a reality (Rubenson/Schuetze, 2000).

It is obvious that such an understanding of lifelong learning is a real challenge. But it must be made clear that the participation of the 'forgotten half' in learning activities over the life cycle is not just a matter of social justice and a requirement for social cohesion in society. As the workforce is aging and demographic development in most industrialized countries means that there are fewer younger people entering the workforce, lifelong learning for all is also becoming an economic necessity.

lifelong learning has thus become an economic imperative and in fact, much of the recent attention to lifelong learning has been fueled by leaders and analysts, both from government and the private sector, who are concerned with economic development and international competitiveness. That is the reason ministers of finance or economic development now advocate lifelong learning as much as ministers of education did some 30 years ago. More insightful ministers of economic affairs and industrialists emphasize that, in the future economy, all jobs will require more knowledge and skills compared to 20 or 30 years ago, and that lifelong learning should not be reserved for managers and engineers, but must become a normal activity for all employees, including shop floor workers, janitors, and secretaries who. in the past, would not have been seen as needing additional know-how in order to perform their jobs satisfactorily. Thus ministers and industrialists underline and emphasize the changes in the economy, which, while there might be 'deskilling' involved for some workers, requires most workers to update or increase their level of skills and knowledge. The advocates of lifelong learning from the perspectives of economic development also emphasize that as capital has become 'footloose' and technical systems and equipment are now moving easily around the globe, skilled workers have become the main element of international competitiveness, both on the firm level and on the level of entire regions and countries.

While this economic imperative has become much more prominent in the recent past, it must not be forgotten that greater productivity in the workplace is not the only objective of education and learning. Learning and reaching advanced levels of competency are also required for participating in society and in civic life. This 'civic literacy' and participation in social, cultural, and political life, is one of the prerequisites of an active 'learning society' which gives all members the opportunity, and in fact, requires all citizens to participate in civic and cultural activities.

3. Lifelong learning for all: Can it be made to work?

If lifelong learning is a framework affecting the entire realm of formal and non-formal learning places and modes, far-reaching changes are required in the way things have been done from practically all parties involved in the teaching and learning process.

For individuals, there are two prerequisites to make lifelong learning a reality: The motivation and the ability to learn. Both this willingness and ability to learn translate into demand for and participation in learning activities, be they formal or non-formal in nature. The willingness to learn, motivation, is of course determined by a number of factors, in particular the social capital a person is endowed with, and, often, a situation that triggers the motivation to learn. For adult people, such 'triggers' are often changes in working or personal life: for example, the loss of employment and the need to find another job or meaningful work. The ability to learn will depend, to a great extend, on the foundations, in particular literacy, numeracy, and a basic understanding of computer-based technologies (computer literacy).

Schools will have to cater more than in the past to different interests and demands from both the academically gifted and the practically-minded. At present, most high-school curriculum and programs are mainly oriented towards the academically-inclined and college-bound students. Since in most countries no more than 30 to 40 percent of high school students go on to academic programs in universities or colleges, high schools need to develop more 'applied' curricula that are directed to the need of the other half of the student population. For this group, the 'forgotten half', various forms of 'alternation' education and training may be more relevant and stimulating than purely theory- and classroom-based curricula. Also schools will need to improve their counseling services to better inform students about the non-academic programs and careers.

Post-secondary institutions will need to continue design relevant programs and courses for a more heterogeneous population of learners. They will have to adopt more flexible methods of delivering their programs and device mechanisms for better supporting adult and other 'non-traditional' learners. Between different programs, there is a need for greater transparency, permeability, and transfer routes to make all post-secondary and training, including that from private providers, a 'seamless web'. Most important for lifelong learning are clearly defined and consistent standards and mechanisms for the assessment and recognition of prior learning.

Employers need to provide more learning opportunity for all their employees at and through the workplace. They need to reorganize the workplace in order to enable workers to systematically learn on the job, and to use the skills and knowledge they have acquired. As many of the companies in practically all industrialized countries are still organized according to Fordist principles (high division of labour, segmentation of the work process, and the reduction of workers to being a cog in a machine). They need to introduce other management techniques and workplace practices in order to foster a 'learning culture'. This is not only important in order to provide more learning opportunities to workers; it is also the prerequisite for 'organizational learning'.

For communities, there is also a substantial role, to provide a framework for the various specialized learning opportunities and to take an active role in making all public institutions such as museums, public libraries, hospitals and sports facilities part of an active learning environment. Such active participation and assumption of a rule in coordinating some of the formal and especially the non-formal learning places, and the outreach to the under-educated and little motivated citizens make communities 'learning cities' or learning communities which foster continuous learning.

Governments, both federal and states (provincial) must, like communities, coordinate existing programs and infrastructures, with regard to the provision of, and the support for learning opportunities. Examples are:

- The introduction of financing incentives and mechanisms that apply to more than just one institutions or program, and of learning-enhancing tax rules;
- Taking responsibility and action for creating and reinforcing a vibrant, sustainable adult education system, including outreach programs and literacy education;
- Forming sustainable partnerships with non-profit, non-governmental organization (e.g. voluntary sector, community groups, non-education institutions) to offer learning opportunities for the least qualified, hard-to-reach, difficult-to-motivate individuals; and
- Building more institutionalized bridges between the various parts of the formal and non-formal places of learning, and in particular between school and the world of work.

Governments must also realize, and act accordingly, that the transformation of an industrial society to a knowledge society needs active support and concrete policy objectives and measures and cannot be left to private initiative alone. Therefore, to organize and finance a system of lifelong learning, it is important for governments to realize that, although partnerships with the private and the voluntary sector are a prerequisites for creating a 'seamless web' of learning opportunities, there is an active role for them without which such a system will not be created and function. 'Market forces' do have an important role, but creating and sustaining a system of lifelong learning can not be left to the market alone.

Meanwhile, companies will have to realize that lifelong learning is more than simply 'just-in-time' training that is provided when people change their workplace or when a new technology is introduced. (Betcherman et al. 1998)

However, even just-in-time training requires a workforce that has the foundations on which further learning can be built. This observation applies both to private companies and to publicly financed or provided labour market training. There is evidence that such programs, often no more than stop-gap training measures, are largely unsuccessful, because they are not only too narrowly defined and too short-termed, but also too little targeted towards learners' needs and their ability to learn.

For the individuals, lifelong learning means that everybody has to take active interest in, and assume responsibility for their own learning. This is easier said than done. It can be reasonably expected that well educated and highly motivated people will be able to assume this responsibility by making informed choices, organize their own learning, and contribute financially to it. However, many people, probably the majority of the population in many countries, cannot since they lack both the motivation and foundations for further learning. Unless they are actively encouraged through different kinds of incentives and support from various sources, lifelong learning will be a reality for a few and an illusion for many, an empty promise of advanced life chances and career perspectives.

4. Lifelong learning, universities and continuing education

In a system of lifelong learning, universities have an important role to play. As part of the formal system, they will continue to provide high quality, advanced education leading to valued and prestigious qualifications, namely academic degrees. The change from an elite to a mass system of higher education in many industrialized countries in the last quarter of the 20th century has fundamentally transformed the nature of higher education in terms of purpose, structures, social and economic roles. As a result of this development, institutions must now meet the educational needs of an ever more diverse group of learners. University students today are more heterogeneous in terms of their motivation and expectations, previous education, social and family background, gender, age, and life situation. By virtue of their differences in certain key characteristics from the majority of 'traditional' students many of the new students would have been called formerly 'non-traditional' students, yet this label does no longer apply today. In fact, in some universities and some fields of study, such 'non-traditional' learners are now forming the majority (Schuetze/Slowey 2000). While this does not mean that social selection is obsolete and inequality of access is an issue of the past, the increases in participation rates have brought more of these non-traditional' students into university classrooms and laboratories. This is due mainly to more flexible rules of access in some institutions and programs and more flexible modes of participation such as part-time study, modular courses, credit transfer, and, increasingly significant, information technologies distance and self learning (Schuetze/Slowey 2002).

The traditional life cycle – school – post-secondary education and training – work – retirement – is changing for many people and the assignment of learning roles and learning subjects to specific life sequences is disappearing. Whether or not a particular course or program is part of a learner's initial education or continuing education is no longer determined by age and that traditional sequence of life phases but by the individual's biography and purpose of study. Many of today's university students are thus in fact 'lifelong learners' (Schuetze 2001).

Table 1 summarizes how the traditional mode of university study is different from the present one.

Traditional Mode	Lifelong Learning Mode
Restricted access	Open access
Admission based on academic credentials	Recognition of former learning
For the young only	For the young and adults
Selection for excellence	Learning opportunities for all
Undergraduate-centered	Wide range of options
Full-time studies	Full-time and part-time learning
Campus/classroom based, on-site studies	Also off-campus/distance studies, self-learning
Linear studies with final examination	Module-based curriculum, credit system
Discipline-oriented, curriculum-centered organization of studies	Problem(-solving) and competence-oriented, student-centered organization
Initial higher education (degree studies)	Initial and continuing higher education (degree and non-degree studies)
Question: What university did you attend?	Question: What did you learn at your university?

Table 1: Traditional Higher Education and Lifelong Learning Mode
Source: Based on Schuetze/Slowey (2002)

As part of this development of opening up to lifelong learners, universities are increasingly embracing (although to a varying degree in different countries) continuing education. For universities, most of which in the past have not been more that marginally involved in continuing education, this is becoming a new mission, a mission that is no longer marginal but of equal importance to traditional initial education (OECD 1987; Schuetze 1991; Wolter/Schuetze 1997). As knowledge is generated at an ever greater speed and scientists and professionals need to keep up with the developments and changes in their own field (and maybe other fields as well), continuing education is the necessary extension of 'initial' education. Like academic research and teaching were linked together in Humboldt's concept of the 'research university', today university-level continuing education (and learning) is the flip side of initial university education, one belonging to the other as a Siamese twin to his or her sibling.

Whether or not this responsibility is assumed by the mainstream units – academic departments, institutes, or faculties – or by special units, is a question primarily of the university's organization, and of convenience and practicality. In whichever organizational form it is offered, it is clear, however, that providing continuing learning opportunities is becoming not less of a mission for universities than traditionally conceived initial education. This means that university continuing education is not a 'second flush' of initial education, or 'second rate' education, but must obey, and be measured, by similar standards of quality as initial education.

References

Betcherman, G./McMullen, K./Davidman, K. (1998): Training for the new economy – A synthesis report. Ottawa.
Bloch, E.(1959): Das Prinzip Hoffnung. Frankfurt am Main.
Boshier, R.W. (2001): Running to Win: The Contest Between Lifelong Learning and Lifelong Education in Canada. New Zealand Journal of Adult Learning, 28(2), 6–29.
European Commission (1996): Teaching and learning. Towards the learning society. Luxemburg.
Faure, E. et al. (1972): Learning to be. Paris: UNESCO Organization for Economic Cooperation and Development (1996). Lifelong learning for all – Meeting of the Education Committee at ministerial level. Paris.
Organization for Economic Cooperation and Development (1987): Adults in higher education. Paris.
Organization for Economic Cooperation and Development (1973): Recurrent education: a strategy for lifelong learning. Paris.
Organization for Economic Cooperation and Development (1996): Lifelong Learning for All. Paris.
Rubenson, K./Schuetze, H.G. (2000): Lifelong learning for the knowledge society: Demand, supply, and policy dilemmas. In: Rubenson, K./Schuetze, H.G. (Eds.): Transition to the knowledge society: Policies and strategies for individual participation and learning, (pp. 355–76). Vancouver.
Schuetze, H.G. (2001): Tumbling walls, changing landscapes – 'Non-traditional students' and lifelong learners in higher education. In: Schuetze, H.G. (Ed.): 'And the walls came tumbling down' – Higher Education and non-traditional students, (pp. 17–31). Vancouver.
Schuetze, H.G. (1991): Neue Grenzen – alte Barrieren: Ältere Studierende an der Hochschule. In: Wolter, A. (Ed.): Die Öffnung des Hochschulzugangs für Berufstätige, (pp. 13–33). Oldenburg.
Schuetze, H.G./Slowey, M. (2002): Participation and exclusion: A comparative analysis of non-traditional students and lifelong learners in higher education. Higher Education, 44, 309–327.
Schuetze, H.G./Slowey, M. (2000): Traditions and new directions in higher education: A comparative perspective on non-traditional students and lifelong learners. In: Schuetze, H.G./ M. Slowey (Eds.): Higher education and lifelong learners: International perspectives on change, (pp. 3–24). London and New York.
UNESCO Commission on Education for the Twenty-first Century. (1996): Learning: The treasure from within. Paris.
Wolter, A./Schuetze, H.G. (1997): Lebenslanges Lernen und Weiterbildung als Aufgaben der Hochschule – Über den Funktionswandel wissenschaftlicher Weiterbildung (Lifelong learning and continuing education at the university – Changing tasks and responsibilities). In: Busch, F.B. (Ed.): Programme – Prospekte – Projekte: Festschrift für H.D. Raapke, (pp. 229–266). Oldenburg.

Lebenslanges Lernen – ein gesellschaftliches Investitionsprojekt

Dieter Timmermann

Ich habe den Vortrag um zwei Metaphern herum konstruiert.[1] Die erste Metapher ist die der Bildungswanderschaft. Damit soll gesagt sein, dass lebenslanges Lernen als eine zumindest das Arbeitsleben begleitende Wanderung durch wechselnde Bildungslandschaften beschrieben werden kann, in der es immer wieder Weggabelungen gibt, die auf alternativen Pfaden in unterschiedliche Bildungswelten führen.

Die zweite Metapher ist das dem Ökonomen sehr vertraute Bild des Investitionsprojektes, sowohl für das einzelne Individuum wie für die Organisationen als auch für die Gesellschaft insgesamt. Damit soll ausgedrückt werden, dass das lebenslange Lernen in Deutschland (und nicht nur dort) noch ein Projekt ist in dem Sinne, dass sich die Bildungswege, -gabelungen und -stationen noch im Stadium der Planung bzw. Entwicklung befinden, dass es zugleich Investitionscharakter hat, da der Aufwand, der zu betreiben ist, um die Wege, Gabelungen und Stationen zu bauen, zu pflegen und zu hegen sowie sie zu begehen, erst in späteren Phasen zu Erträgen, Nutzen oder monetären Rückflüssen führen wird. Ich beginne mit der Metapher der Bildungswanderschaft, werde im Anschluss daran ein paar einfache und grundsätzliche Probleme diskutieren, die immer auftreten, wenn es darum geht, Aktivitäten zu finanzieren und werde im dritten Teil den Investitionsgedanken entfalten.

1. Einleitung: Lebenslanges Lernen als lebenslange Bildungswanderschaft

Das Verhältnis zwischen Bildung und Zeit bzw. der Lebensspanne eines Menschen scheint gegenwärtig dramatischen und verwickelten Veränderungen zu unterliegen. Es müssen drei unterschiedliche Dimensionen dieses Verhältnisses unterschieden werden: erstens die Beziehung zwischen „Bildung" und Zeit, zweitens das Verhältnis zwischen beruflicher einschließlich akademischer Bildung und Zeit, und drittens die theoretische Wahrnehmung dieser beiden Verhältnisse im Kontrast zu ihrer praktischen Ausgestaltung.

Während die Idee der „Bildung" ihrem Wesen nach und von Beginn des Lebens eines Menschen an einen lebenslangen Prozess der Herausbildung und Entwicklung des Selbst an sich impliziert, gilt diese Sichtweise von lebenslangen Prozessen nicht notwendigerweise für die Lernaktivitäten, die wir berufliche Bildung einschließlich Hochschulbildung nennen und die auf das Arbeits- bzw. Berufsleben vorbereiten sollen. Für alle Gesellschaften gilt, dass die persönliche Entwicklung spätestens mit der Geburt beginnt und

---

[1] Der vorliegende Beitrag ist zunächst in Timmermann (2003) veröffentlicht worden.

mit dem Tod jeder Person endet. Differenzen dieser persönlichen Entwicklungsprozesse innerhalb von und zwischen Gesellschaften resultieren aus unterschiedlichen und unterschiedlich verfügbaren Ressourcen, Fähigkeiten und Anregungen, die persönlicher Entwicklung gewidmet werden, aber auch aus unterschiedlichen individuellen Entwicklungszielen, -anstrengungen und unterschiedlichem Wissen und Bewusstsein dieser Prozesse. „Bildung" unterstellt Lernaktivitäten, die durch bewusst gesetzte Absichten und Ziele für die persönliche Entwicklung gesteuert werden. Fehlen diese Absichten und Ziele, so werden die Prozesse und Interaktionen zu Sozialisationsereignissen. Für beide Prozesse, „Bildung" und Sozialisation, gilt allerdings, dass sie grundsätzlich ein Leben lang geschehen. Ob berufliche oder akademische Bildung aus der Sicht einer einzelnen Person ebenfalls als eine (arbeits-)lebenslange Lernaktivität verstanden werden kann, ist abhängig von dem Gesellschaftstyp, über den wir sprechen. Es sollte deutlich sein, dass die individuelle Perspektive hier von vorrangigem Interesse ist, da aus der Sicht einer Organisation bzw. eines Betriebes und der Gesellschaft als ganzer berufliche Bildung allein des Überlebens und der Bestandserhaltung wegen stattfinden muss, solange sie existieren. Dabei ist mit beruflicher Bildung nicht das „learning by doing" gemeint, das bekanntlich täglich en passant geschieht, sondern die Teilnahme an systematischen Lernprozessen in Weiterbildungseinrichtungen, Betrieben und Hochschulen, die auf veränderte Qualifikationsanforderungen vorbereiten sollen, entweder innerhalb des gelernten und ausgeübten Berufes oder auch im Übergang auf neue Berufstätigkeiten.

Stellen wir uns einmal aus didaktischen Gründen eine geschlossene stationäre Gesellschaft vor, die existiert haben mag, bevor sich die moderne kapitalistische Gesellschaft entwickelte, und die hier nur als „idealtypische" kontrastierende Argumentationsfolie dient. Sie kann durch die Abwesenheit von technischem Fortschritt und von wissenschaftlichem Erkenntniszuwachs charakterisiert werden, was im idealtypischen Fall bedeutet, dass Vergangenheit, Gegenwart und Zukunft im Hinblick auf Wissen, Lebensbedingungen, Sozialstruktur, Arbeitsinhalten, Arbeitsbedingungen und Arbeits- bzw. Qualifikationsanforderungen etc. identisch sind. Unter diesen vorstellbaren Bedingungen ist ein bestimmter Bestand an Wissen und Können, d.h. eine berufliche Erstausbildung, notwendig und hinreichend, um jede Generation zu befähigen, die gesellschaftlichen und beruflichen Herausforderungen zu bewältigen. Bildungswanderschaft ist in dieser Gesellschaft nicht erforderlich, aber auch nicht ausgeschlossen, insofern als sie üblich sein kann, um den einen Lebensberuf zu erlernen. Es scheint indessen, dass das traditionelle Modell der Lebensspanne, welches das Leben eines Menschen in fünf unterschiedliche aufeinander folgende Phasen zerlegt, nämlich Kindheit, Schulzeit, Berufsausbildung (einschließlich Studium), Arbeitsleben und Ruhestand, diesem stationären Gesellschaftsmodell (einer feudalen Gesellschaft) entlehnt ist.

Stellen wir uns demgegenüber das alternative Modell einer offenen, dynamischen kapitalistischen Gesellschaft vor, deren Realgestalt im Laufe des 18. und 19. Jahrhunderts die Feudalgesellschaft abgelöst hat. Sie trägt ganz andere Züge. Wachsendes und sich veränderndes Wissen, technischer Fortschritt, fortschreitende Arbeitsteilung und organisatorischer Wandel, laufende Veränderung der Arbeits- und Qualifikationsanforderungen, ökonomischer Wettbewerb in einem System mehr oder weniger funktionierender Märkte und wachsender internationaler Konkurrenz, die Veränderung der Arbeitsbeziehungen, der sozialen Beziehungen und der gesellschaftlichen Werte haben zunehmend die oben behauptete Identität von vergangenem, gegenwärtigem und zukünftigem Wissen zerstört, und die Differenzen zwischen vergangenen, gegenwärtigen und zukünftigen Anforderungen an Wissen, Einstellungen, Orientierungen, Fähigkeiten und Verhalten, die aus den verschiedenen gesellschaftlichen Rollen und insbesondere aus dem Wandel der Arbeitswelt erwachsen, scheinen stetig größer zu werden. Dieser Typus von Gesellschaft, der mit Etiketten wie „moderne Gesellschaft", „Industrie-", „Dienstleistungs-" und neuerdings „Informations- oder Wissensgesellschaft" belegt wird, könnte auch angesichts jener Herausforderungen an die Lernbereitschaft und Lernfähigkeit der Gesellschaftsmitglieder, kurz an die Humanressourcen, als „lernende Gesellschaft" bezeichnet werden. Sie zeichnet sich dadurch aus, dass formalisierte Bildungs- und Ausbildungsprozesse für ein Individuum, das lernfähig ist, nicht mehr nach Empfang schulischer, beruflicher und hochschulischer Erstausbildung beendet sind, sondern sich während des gesamten Lebens, zumindest des Arbeitslebens, fortsetzen müssen. Hinzu kommen immer stärker informelle Lernaktivitäten, die sich zunehmend virtueller Lernwelten bedienen. Diese immer mehr die gesellschaftliche Realität beschreibende These generiert eine neue Bedeutung des Bildes von der Bildungswanderschaft, die nun zu verstehen ist als arbeitslebenslange Wanderschaft des Individuums durch die Welt beruflicher, akademischer und allgemeiner (Weiter-)Bildungsangebote sowie durch eine Welt wechselnder Berufstätigkeit. Diese grundlegende Idee der Bildungswanderschaft erweitert das Konzept des lebenslangen Lernens über Bildung und Sozialisation hinaus, die ihrem Wesen nach longitudinal angelegt sind, um den Aspekt des beruflichen Lernens über die Spanne des gesamten Arbeitslebens hinweg.

An diesem Stand der Argumentation kommt die notwendige Unterscheidung zwischen theoretischer Betrachtung bzw. normativer Schlussfolgerung einerseits und praktischer Politik bzw. faktischer Lösungen andererseits ins Spiel. Während es leicht ist, von einem theoretischen Standpunkt aus die gesellschaftliche Notwendigkeit lebenslanger Bildungswanderschaft zu postulieren und zu begründen, wie es seit 1970 unter wechselnden Etiketten und Begründungen geschehen ist, scheinen die gesellschaftliche Realität und das praktische Bildungshandeln hinter der Idee herzuhinken. Die bis Ende der 90er Jahre gesichtete empirische Evidenz ergibt in den meisten betrachteten Ländern ein heterogenes Bild nachpflichtschulischer (allgemeiner, beruflicher, tertiärer und quartärer) Bildung (vgl. CERI/OECD 1986, Atchoarena 1992). Die verfügbaren statistischen Informationen sind spärlich und höchst unvollkommen. Längsschnittuntersuchungen gibt es so gut wie keine (als Ausnahme s. Tuijnman 1989).

Dies bedeutet nun nicht, dass es keine Bildungsaktivitäten jenseits der Pflichtschulbildung und beruflicher Erstausbildung gegeben hätte. Im Gegenteil, allgemeine und politische Erwachsenenbildung wie auch berufliche Weiterbildung entwickelten sich bereits während des 19. Jahrhunderts, z.T. als Reaktion auf technologischen Wandel und Arbeitslosigkeit, z.T. um die ungleiche Teilhabe an allgemeiner Bildung und beruflicher Erstausbildung zu korrigieren. Aufbau-, Ergänzungs- und Weiterbildungsstudien an den Hochschulen wurden erst seit den 80er Jahren des 20. Jahrhunderts entwickelt. Obwohl umfassende Daten nicht verfügbar sind, besteht kein Zweifel daran, dass die meisten Industrieländer bis heute bemüht waren, den gesellschaftlichen Bedarf an wachsendem

Wissenstransfer und sich verändernden Qualifikationen auf dreierlei Weise zu decken: erstens durch die Verlängerung der Pflicht- und Nachpflichtschulzeit wie auch der beruflichen Erstausbildung einschließlich Hochschulbildung, indem das Stundenvolumen wie auch die Zahl der Lernjahre pro Lernenden ausgedehnt wurden, zweitens durch eine verbreitete Partizipation an nachpflichtschulischer Bildung und drittens, indem eine wachsende Zahl von Lernangeboten für Erwachsene geschaffen und genutzt wurde (Indikatoren hierfür sind gestiegene Teilnahmeraten, Teilnehmerzahlen und Zeitumfang der Maßnahmen). Jedoch blieben und bleiben Ungleichheiten entlang der traditionellen Dimensionen (Geschlecht, schulischer Abschluss, sozialer Status, Einkommen, ethnische und soziale Herkunft, Rasse, berufliche Position) – wie uns das Berichtssystem Weiterbildung lehrt – bis heute wirksam.

Freilich scheint dieses traditionelle Muster, den Herausforderungen an Aus- und Weiterbildung zu begegnen, einem Ad-hoc- und inkrementalistischen Handlungspfad zu folgen. Während die OECD das Plädoyer für ein verallgemeinertes Prinzip lebenslangen Lernens stützt (vgl. erstmals CERI/OECD 1973), hat sie allerdings die Fähigkeit des Bildungssystems angezweifelt, in seinen gegebenen Strukturen und Arrangements den Herausforderungen, welche die Idee des lebenslangen Lernens bzw. der Bildungswanderschaft formuliert, effizient und gleichheitsfördernd begegnen zu können. Die tradierte Zeitstruktur der organisierten Bildungsprozesse vor allem wird als inadäquat betrachtet und ist – zumindest in der theoretischen Reflexion – durch das Konzept „Recurrent Education" (rekurrente Bildung) ersetzt worden, welches seinerseits 1996 vom „lifelong learning" abgelöst wurde. Recurrent Education verbindet die Idee lebenslangen Lernens mit dem Konzept einer neuen systemischen und systematischen Struktur aller Bildungsaktivitäten. Herzstück dieser Reformstruktur ist eine verkürzte, auf allgemeine, berufliche und hochschulische Grundbildung beschränkte Phase der ersten schulischen, beruflichen und hochschulischen Lernpassage, und zwar zugunsten der Verteilung eines gewissen Lernkontingents über das gesamte Leben hinweg, wodurch das Verhältnis von Bildung und Arbeit im Lebenslauf einer Person flexibilisiert und Arbeit und Bildung als Statuspassagen in ein Verhältnis des Alternierens transformiert würden. Das starre Verhältnis von zunächst (Aus-)Bildung und danach Arbeit soll aufgelöst werden, so dass sich die Individuen beständig auf einem Wanderpfad befinden, der sie in zeitlichen Abständen abwechselnd durch neue Bildungs- und Arbeitswelten führt. Friedrich Edding war ein ganz früher, vermutlich der erste und einer der energischsten Verfechter dieser Idee. In einer Publikation aus dem Jahre 1987 verweist er auf seine frühen Äußerungen über lebenslanges Lernen bzw. Recurrent Education: „Der geschlossene Block langer praxisferner Schul- und Studienzeiten sollte ebenso wie die folgende geschlossene Periode bildungsferner Erwerbstätigkeit aufgelöst werden. Die Verteilung von Bildungs- und Berufsarbeit über die Lebenszeit war neu zu strukturieren." (Edding 1987, 35).

Dieses spezifische Organisationskonzept einer alternierenden Wanderschaft durch Bildungs- und Berufsarbeitswelten erfordert nicht nur spezifische institutionelle Arrangements und Regelungen, sondern ebenso ein Mehr an gesellschaftlichen Ressourcen, um die Bedürfnisse nach lebenslangem Lernen zu befriedigen, und somit neue Finanzierungskonzepte. Im Folgenden sollen als grundlegende Finanzierungsprobleme diskutiert werden, 1. welche ökonomischen Entitäten sich als Finanzierungsquellen eignen, 2. wer die Nutznießer lebenslangen Lernens sein und 3. in welcher Weise die Nutznießer zur Finanzierung herangezogen werden könnten bzw. sollten.

2. Die Finanzierungsproblematik

Diese Problematik beschränkt sich nicht auf die Frage, welches Finanzierungssystem die Ziele und Kriterien lebenslangen Lernens erfüllt, sondern sie wirft ebenso die Frage auf, welche Ressourcen als Finanzierungsquellen dienen können bzw. sollen, wer Nutznießer lebenslanger Bildung sein wird bzw. sein soll und wie die Erträge bzw. Vorteile, die aus dieser Art von Bildungswanderschaft entstehen, mit denjenigen Personen relationiert sind, welche die Kosten tragen (müssen). Jeder Finanzierungsvorschlag gibt darauf eine andere Antwort.

2.1 Problem Nummer eins: die Quellen zu finden

Die Finanzierung von Bildungsaktivitäten hat in einer Geldgesellschaft eine zweifache Bedeutung: Geldbeträge zu erhalten (um Güter oder Leistungen zu kaufen) ist eine, die Herstellung der Verfügbarkeit über physische Ressourcen, um Bildungsleistungen bereitzustellen, ist die zweite Bedeutung. Mit anderen Worten: Finanzierung als Beschaffung von Geldsummen ist lediglich ein Mittel der Verfügung über physische und immaterielle Güter (z.B. auch über Zeit) und kann daher auch als Prozess der Steuerung der gesellschaftlichen Allokation der Ressourcen verstanden werden. Während also der Finanzierungszweck in der Verfügbarkeit über Ressourcen für lebenslanges Lernen besteht, stellt die Geldbeschaffung lediglich ein Mittel dafür dar, ist allerdings ein notwendiger Schritt. Unabhängig von alternativen Organisations- und Regelungsmodi lebenslangen Lernens kann die Frage nach den Finanzierungsquellen aus unterschiedlichen Perspektiven angedacht werden.

Die *erste Perspektive* ergibt sich aus der Frage „wer zahlt" bzw. „wer könnte zahlen". Grundsätzlich kommen in modernen Gesellschaften vier Gruppen von Wirtschaftssubjekten als Finanziers für lebenslanges Lernen in Frage, die entweder alleine (sog. reine Finanzierungssysteme) oder gemeinsam mit anderen Gruppen (sog. Mischfinanzierungssysteme) die Kosten tragen (vgl. Timmermann 1982). Jene vier Gruppen sind: a) die Wandernden, d.h. die Teilnehmer/innen an lebenslanger Bildung selbst (d.h. die Schüler, Studierenden, Auszubildenden, Erwachsenen bzw. ihre Familien), b) die Erwerbstätigen (d.h. Arbeiter, Angestellte, Beamte, Selbständige), c) private Organisationen (Unternehmen, Stiftungen, Korporationen, Bildungsträger), d) der Staat (Bundesregierung, Länder, regionale Staatseinheiten oder Kommunen).

Die *zweite Perspektive* bezieht sich auf den Typ der Geldtransaktion, der den Zahlern auferlegt werden kann, um Geld zu beschaffen. Hier bestehen die Alternativen a) in Marktpreisen für die Bildungsleistungen, b) in Gebühren, c) in Beiträgen d) in Steuern (generellen Steuern oder spezifischen Bildungssteuern) und e) in Umlagen, die von den Arbeitnehmern und/oder den Organisationen (Arbeitgebern) erhoben werden können.

Die *dritte Perspektive* ergibt sich aus der Frage, woher die Wirtschaftssubjekte ihre Finanzierungsbeiträge nehmen. Es kommen prinzipiell nur drei Alternativen in Frage: a) vergangenes Einkommen (in Form von Gespartem, Geld- oder Sachvermögen, das teilweise oder ganz „geopfert" werden müsste), b) laufendes Einkommen (Löhne, Gehälter, Zinseinkommen, Gewinne, Miet-, Pacht- und Steuereinnahmen, Einnahmen aus laufenden Umlagen) und c) zukünftiges Einkommen (Kredite, Darlehen).

Die Frage, ob lebenslange Bildungswanderschaft und ihre Organisierung neue und zusätzliche Arten von Bildung, Aus- und Weiterbildung stimulieren und folglich höheren Finanzierungsbedarf im Vergleich zum Status quo erzeugen wird, ist offen, leitet aber zur *vierten Perspektive* über (vgl. CERI/OECD 1986, 89–90; Blaug/Mace 1977, 277). Eine Position, welche die Kostenneutralität lebenslangen Lernens im Vergleich mit dem heutigen Kostenniveau postuliert, würde den Bedarf an zusätzlichen Ressourcen für das Bildungswesen leugnen, würde allerdings stillschweigend die Verschiebung von Ressourcen innerhalb des Bildungswesens von der Jugendbildung auf die Bildung Erwachsener dulden müssen, d.h. die Umschichtung des gesamten Bildungsbudgets zugunsten der Kohorten der erwachsenen bzw. älteren Lerner/innen, eine Lösung, die auch Friedrich Edding ernsthaft erwogen hat.

Die *fünfte Perspektive* ergibt sich aus dem Umstand, dass unter bestimmten Umständen Wirtschaftssubjekte, die für lebenslange Bildung zahlen, in der Lage sein könnten, die Kosten- bzw. Finanzierungslast auf andere zu überwälzen. Diese Überwälzungsfähigkeit der Finanzierungslast auf andere hängt ab von Marktkonstellationen, Preiselastizitäten wie auch von ökonomischer und politischer Macht, und sie ist zwischen den Wirtschaftssubjekten ungleich verteilt. Obwohl endgültige Aussagen kaum begründet und empirische Unterfütterung nicht möglich ist, können einige vorsichtige Argumente über die Entwicklungstendenzen präsentiert werden, die offen legen, wer zahlt und wer mit einiger Wahrscheinlichkeit die Kostenlast auch tragen wird. Teilnehmer/innen an lebenslangem Lernen (bzw. ihre Familien) scheinen generell ökonomisch wie politisch machtlos zu sein. Ihnen wird es daher wahrscheinlich sehr schwer fallen, ihre Kostenlast auf andere Wirtschaftssubjekte zu verschieben. Nur wenn die privaten Bildungsausgaben von den Steuern abgezogen werden können, können die Teilnehmer/ innen einen Teil ihrer Kostenlast auf die Allgemeinheit der Steuerzahler überwälzen, wobei der Umfang des Überwälzungsvorgangs von der Höhe des Einkommens der Subjekte sowie der Ausgestaltung des Steuersystems (Steuerarten, Steuersätze usw.) abhängt.

Im Falle einer ihnen auferlegten Bildungsabgabe könnten Arbeiter und Angestellte versuchen, zumindest einen Teil dieser Belastung im Zuge von (individuellen oder kollektiven) Lohnverhandlungen auf die Arbeitgeber zu überwälzen, obwohl solche Versuche aus zwei Gründen nicht allzu erfolgreich sein dürften: *erstens* ist anzunehmen, dass die wirtschaftliche Macht für die Durchsetzung der Überwälzung nicht ausreichen wird, und *zweitens* werden die Arbeitgeber versuchen, die zusätzliche Abgabenlast ihrerseits auf die Preise ihrer Güter und Dienstleistungen zu verlagern, so dass am Ende die Käufer bzw. Konsumenten die Finanzierungslast zu tragen hätten. Dabei sollte nicht vergessen werden, dass Arbeiter und Angestellte zugleich auch Konsumenten sind.

Wenn – allgemein gesprochen – Wirtschaftsorganisationen lebenslanges Lernen finanzieren sollten, wäre es folglich wahrscheinlich, dass sie diese Last über die Preise ihrer Güter und Dienstleistungen letztlich an die Verbraucher weitergeben würden. Ob dies gelingen kann oder nicht, hängt ganz wesentlich von zwei Bedingungen ab: erstens von den Marktkonstellationen und -bedingungen und den Preiselastizitäten der Nachfrage: je unelastischer die Nachfrage wäre, umso wahrscheinlicher würde die Überwälzung. Die zweite Bedingung ist durch den Modus der Abgabe bestimmt. Sofern nur ein Teil der Organisationen Bildungsaktivitäten einer Gesellschaft freiwillig und individuell finanziert, dürfte die Wahrscheinlichkeit der Überwälzung dieser individuellen und freiwillig übernommenen Zahlungslast geringer sein als im Falle einer allgemeinen Bildungsumlage (auf die Lohn- und Gehaltssumme oder auf die Wertschöpfung) für alle Organisationen. Langfristig jedoch ist die Wahrscheinlichkeit sehr hoch, dass in beiden Fällen die Kosten der lebenslangen Bildungswanderschaft den Konsumenten aufgeladen werden.

Schließlich ist auch der Staat selbst nicht die allerletzte Finanzierungsquelle für Bildung, da er seine Einkünfte von seinen Kunden (über Gebühren) oder von den Steuerzahlern erhält, sei es durch allgemeine oder bildungsspezifische Steuern. Unabhängig von den Modalitäten der Steuererhebung kann indessen behauptet werden, dass von den beiden großen Steuerzahlergruppen, den Individuen und den Organisationen, die Organisationen die weitaus größeren Chancen haben, ihre Steuer- und Abgabenlast ganz oder zu einem hohen Anteil auf andere Wirtschaftssubjekte (die Konsumenten) zu überwälzen. Wenn wir also im Hinblick auf eine lebenslange Bildungswanderschaft die Unterscheidung zwischen denjenigen einführen, die dafür zahlen, und denjenigen, die letztlich die Kosten dieser Wanderschaft tragen, so scheint folgende Hypothese zutreffend: während eine Vielzahl von unterschiedlichen Gruppen von Wirtschaftssubjekten für lebenslanges Lernen zahlen mag, tragen mit hoher Wahrscheinlichkeit nur zwei Gruppen die Finanzierungslast: die Steuerzahlerhaushalte und die Konsumentenhaushalte, aus denen sich im übrigen die Bildungswanderer rekrutieren. Aus einer letzten Perspektive lässt sich sagen: aufgrund der komplexen Überwälzungsprozesse von Steuern und Abgaben werden die Kosten einer lebenslangen Bildungswanderschaft letztlich aus den Arbeitseinkommen, nicht aber aus Kapitaleinkommen bestritten. Dieses Resultat stimmt freilich mit der Kernthese der Humankapitaltheorie überein, dass Bildung grundsätzlich als Investition anzusehen und daher über Konsumverzicht zu finanzieren sei.

2.2 Problem Nummer zwei: Wer sind die Nutznießer?

Die Frage danach, wer die Kosten der Bildungswanderschaft über die Lebensspanne hinweg trägt (die Frage nach der sog. Kostenindizenz), legt die komplementäre Frage nahe, wer denn diejenigen sind, die einen Nutzen aus dem lebenslangen Lernen ziehen können. Drei grundsätzliche Probleme sind von Interesse:

a) Welches sind die Gruppen von Wirtschaftssubjekten, die im Prinzip von einer lebenslangen Wanderschaft durch Bildungsgelegenheiten profitieren können?
b) Wie viele Mitglieder dieser jeweiligen Gruppen gehören zu den Nutznießern?
c) Wie groß sind die Vorteile der verschiedenen Gruppen?

Lebenslanges Lernen – ein gesellschaftliches Investitionsprojekt

ad a) Im Grundsatz können sehr unterschiedliche gesellschaftliche Gruppen Nutzen aus lebenslangem Lernen ziehen. Einige mögen direkte und indirekte (monetäre oder nichtmonetäre) Vorteile haben, andere lediglich indirekte Erträge. In jedem Fall muss Teilnahme von Personen vorausgesetzt werden, d.h. von Personen, welche die ihnen garantierten Partizipationsrechte in Anspruch nehmen oder für die empfangenen Bildungsleistungen Gebühren zahlen. Folglich sind diejenigen, die sich auf die lebenslange Bildungswanderschaft begeben, die erste Gruppe, die direkten Nutzen und Ertrag aus dieser Wanderschaft ziehen kann. Eine zweite Gruppe direkter Nutznießer bilden die Arbeitgeber der Wanderer, indem sie von höherer Produktivität, verbesserter Arbeitsmotivation, besserem Arbeitsklima etc. profitieren. Darüber hinaus haben andere Gruppen von Personen indirekte Vorteile: die Familienangehörigen der Teilnehmer/innen auf Wanderschaft (Eltern, Kinder, Partner/innen), Freunde, Bekannte, Nachbarn (sog. wohnortbezogene und sozial-ökologische Nutzen), die Arbeitskollegen, der Staat (über höhere Steuereinnahmen oder vermiedene soziale Kosten) und schließlich die Gesellschaft als Ganzes (durch höheres Wirtschaftswachstum, höhere Lebensqualität oder auch durch das Vermeiden von ökonomischer Kontraktion und sinkendem Lebensstandard).

ad b) Die Frage nach der Zahl der Nutznießer in den verschiedenen Gruppen verlangt empirisches Wissen und ist insbesondere im Hinblick auf die sog. Dritten (das sind diejenigen, die nicht selber auf Bildungswanderschaft sind, aber trotzdem indirekt begünstigt sind) sehr schwer zu beantworten. Allgemein kann daher nur festgestellt werden, dass die Anzahl der direkt und indirekt von lebenslangen Bildungswanderschaften profitierenden Personen und Organisationen um so größer sein wird, je mehr Personen auf Wanderschaft gehen. Die Teilnahme am lebenslangen Lernen hängt ihrerseits davon ab, wie die Wanderpfade organisiert, ihr Betreten reguliert und finanziert ist und natürlich von der Zahl, Länge, Verzweigung und Verkoppelung der Wanderwege.

ad c) Der Umfang der Nutzen und Erträge, die den verschiedenen individuellen Teilnehmern und Gruppen von Bildungswanderern zufließen, ist außerordentlich schwer empirisch zu bestimmen. Während einerseits die Überzeugung weit verbreitet ist, dass lebenslanges Lernen Nutzen und Erträge – wie unter a) diskutiert – erzeugt, hat es sich andererseits als nahezu unmöglich erwiesen, die Größe der Vorteile für die Nutznießer zu identifizieren. Die einzige Ausnahme bilden dabei die Subjekte, die sich auf Bildungswanderschaft begeben haben, insofern als sie i.d.R. in der Lage sind, zu bestimmen, welche direkten oder indirekten, monetären oder nichtmonetären Erträge ihnen ihrer Wahrnehmung nach zuzurechnen sind (s. Tuijnman 1989). Insbesondere die monetären Erträge können zumindest annäherungsweise durch Lebenseinkommensdifferenzen bzw. „Wanderschaftsrenditen" gemessen werden (vgl. Stoikov 1975).

2.3 Problem Nummer drei: die Verknüpfung von Finanzierungsquellen und Nutznießern

Die Betrachtung der Kosten und Erträge, die im Laufe des Bildungswanderns anfallen, führt notwendigerweise zu der Frage, erstens, ob all diejenigen, die für diese Wanderwege Ressourcen bereitstellen, selbst auch von der Wanderschaft auf diesen Wegen profitieren oder profitieren sollten, und zweitens, ob all diejenigen, die Nutznießer dieser Wanderschaften sind, auch zur Unterhaltung der Wanderwege (d.h. zu den Kosten lebenslangen Lernens) beitragen bzw. beitragen sollten. Da das empirische Wissen um die Kosten- und Ertragsinzidenz (d.h. um die Frage, wer trägt die Kosten und wer die Erträge bzw. den Nutzen genießt) ausgesprochen mager ist, besteht die weit verbreitete Neigung zu einer normativen Diskussion dieser Frage. Zwei unterschiedliche Gerechtigkeitsprinzipien stehen einander gegenüber: zum ersten das Prinzip ökonomischer Gerechtigkeit, das der Idee ökonomischer Effizienz verpflichtet ist und die Ausgestaltung des Finanzierungssystems von lebenslanger Bildungswanderschaft gemäß dem sog. Äquivalenzprinzip postuliert. Dieses Prinzip, das dem mittelalterlichen „do ut des" entspricht, verlangt, dass diejenigen, die von lebenslangem Lernen profitieren, auch für diese Bildungsaktivitäten zahlen sollen. Die Effizienz- und Gleichheitsperspektive wird durch die Forderung eingeführt, dass entweder durchschnittlicher Nutzen und durchschnittliche Kostenbelastung oder Grenznutzen und Grenzkosten sich entsprechen sollen. Die vorhergehende Diskussion unter 2.1 hat allerdings gezeigt, dass die Unterscheidung zwischen „wer zahlt" und „wer trägt die Kosten" Sinn macht. Daher kommt es bei diesem Prinzip nicht auf die Äquivalenz von Nutzen und Zahlung an, sondern auf die Äquivalenz von Nutzen und letztlich getragener Kostenlast.

Das zweite Gerechtigkeitsprinzip, das Nutzen und Kosten lebenslangen Lernens relationiert, ist das sog. Leistungsfähigkeitsprinzip. Es stellt nicht den Gedanken von Leistungsgerechtigkeit im Sinne der Äquivalenz von Leistung und Gegenleistung in den Vordergrund, sondern es folgt der Idee der Zahlungsfähigkeit bzw. sozialen Gerechtigkeit und besagt: „Was immer dein Nutzen sei, zahle für die lebenslange Bildungsleistung (bzw. trage deren Kosten), soweit du zahlen (bzw. sie tragen) kannst." Die Zahlungs- bzw. Belastungsfähigkeit wird dabei in erster Linie an der Höhe des laufenden Einkommens gemessen. Das Leistungsfähigkeitsprinzip enthält einen Umverteilungsaspekt von Einkommen insofern, als es Wirtschaftssubjekte unterstellt, die deutlich mehr Kosten tragen als sie Nutzen ziehen können, sowie eine andere Gruppe von Personen, bei denen die Nutznießung die getragene Kostenlast bei weitem überschreiten kann. Alternative Finanzierungsmodelle können sich im Hinblick auf die beiden Prinzipien erheblich unterscheiden.

3. Lebenslanges Lernen als gesellschaftliches Investitionsprojekt

3.1 Die Renaissance der Idee des lebenslangen Lernens

Meine Erfahrungen mit der Thematik des lebenslangen Lernens resultieren aus einer etwa 20-jährigen, unregelmäßigen Befassung mit dem Konzept „recurrent education" im Kontext der OECD/CERI Aktivitäten. Es begann mit zwei Konferenzen im Jahre 1980, die von der OECD gemeinsam mit dem Bildungsministerium und anderen Organisationen in Stanford und Bremen durchgeführt wurden. An der Konzeption der Bremer Tagung war Friedrich Edding übrigens maßgeblich beteiligt. In den 80er Jahren kam die mehrfache Mitwirkung in internationalen Expertengruppen im CERI zu „Adults in Higher Education", „Mature age students in Higher Education" und „Recurrent Education Revisited" hinzu. Meine vorläufig letzte Mitarbeitstation bei CERI war 1995 die Vorbereitung der OECD Position für das UNESCO Jahr des lebenslangen Lernens 1996. Mein Gesamteindruck lässt sich wie folgt zusammen fassen: obwohl im OECD Kontext die nationalen Bildungsministerien immer involviert waren, fanden die dort erarbeiteten Positionen und Modellüberlegungen, die sich gerade in der Hauptsache auf die Kosten- und Finanzierungsproblematik konzentrierten (ich erinnere z.B. an die beiden Tagungsbände von Levin/Schuetze 1983 sowie von Kuhlenkamp/Schuetze 1982), in der offiziellen Bildungspolitik zumindest der Bundesrepublik so gut wie keine Resonanz. Auch die Dissertation von S. Bergner aus dem Jahre 1988, in der er versucht hatte, die Implikationen der Debatten über recurrent education für die Bundesrepublik aufzudecken, fand keine Aufmerksamkeit. Dieses bis vor kurzem registrierte politische Desinteresse sowohl auf Seiten der Politik, der Arbeitgeber und Gewerkschaften als im übrigen auch der Erziehungswissenschaft führte zu dem resignativen Fazit: es wurde viel geredet und geschrieben, aber passiert ist wenig bis nichts. Selbst der Bildungsökonomische Ausschuss im Verein für Sozialpolitik hat sich ein einziges Mal mit der Thematik befasst, und das war bereits 1979 (Clement/Edding 1979). Noch 1995 war in der CERI Expertengruppe die Beobachtung dominant, dass die Bildungs- und Bildungsfinanzierungspolitik in den meisten EU-Ländern (als mögliche Ausnahmen wurden damals lediglich Frankreich und Schweden gehandelt) und auch außerhalb der EU Staaten in einzelne Bildungsbereiche segmentiert war.

Fragt man nach dem Entwicklungsstand eines Systems lebenslangen Lernens in Deutschland, so kann man die international gemachten Beobachtungen auch auf Deutschland beziehen, nämlich dass unter dem Etikett lebenslangen Lernens in der Regel einzelne Programme diskutiert werden, welche z.B. Jugendarbeitslosigkeit bekämpfen oder den Übergang von Jugendlichen im Allgemeinen oder von spezifischen jugendlichen Problemgruppen (z.B. Mädchen, ausländische Jugendliche, Jugendliche ohne Schul- oder Berufsbildungsabschluss) in das Beschäftigungssystem erleichtern oder den Übergang von Arbeitslosen in Arbeit ermöglichen oder sog. Problemgruppen in berufliche Lernerfahrungen integrieren sollen. Von einer umfassenden bildungspolitischen Strategie zur Entwicklung eines Systems lebenslangen Lernens, wie etwa in der internationalen Literatur als wünschenswert herausgestellt, kann (noch) nicht die Rede sein. Das dort formulierte, sehr ehrgeizige Ziel ist es z.B., die verschiedenen Subsysteme nachpflichtschulischer akademischer und beruflicher Bildung und ihre Verkoppelung mit dem Arbeitssystem (z.B. über Sabatjahre, Bildungsurlaub, Erziehungsurlaub u.ä.) in ein umfassendes alternierendes System von Bildung und Arbeit zu integrieren, in welchem die Subsysteme systematisch miteinander verkoppelt sind und das Angebot auf der Basis eines „rationalen" Finanzierungssystems bereit gestellt wird. Es scheint, als sei ein solcher Integrationsprozess nicht am Werk oder falls doch, dann in einem sehr langsamen Tempo. Als Indikator für dieses Tempo mag der Bildungsurlaub herhalten, der zwar von Friedrich Edding früh gefordert und diskutiert und der bereits Anfang der 70er Jahre eingeführt wurde, empirisch bislang aus unterschiedlichen Gründen aber kaum Bedeutung erlangt hat und dessen Abschaffung daher von Arbeitgeberseite vehement gefordert wird. Als anderer Indikator mag gelten, dass die oben erwähnten Programme in der Regel in traditionellen Modalitäten finanziert werden, d.h. für jedes Programm bzw. für jede Programmgruppe besteht ein spezifischer „Finanzierungstopf", der aus je spezifischen nationalen, regionalen oder lokalen Quellen gespeist wird, wobei die Transparenz der Finanzierungsströme häufig auf der Strecke bleibt.

Die traditionellen Planungs-, Regulations- und Administrationsstrukturen dominieren die Kompetenzstrukturen im bildungspolitischen Entscheidungsfeld. Diese Strukturen lassen sich mehr oder weniger charakterisieren als Segmentationen von bildungspolitischer Verantwortlichkeiten und Macht zwischen verschiedenen öffentlichen, privaten sowie korporatistischen Autoritäten. Es scheint, dass an Stelle von Integrationsversuchen in den einzelnen Subsystemen das Bestreben vorherrscht, sich selbst und sein eigenes Profil im Rahmen eines sich intensivierenden Wettbewerbs um Ressourcen und Klientel zu stärken, während die Politik zugleich bemüht ist, die Durchlässigkeit zwischen bestimmten Teilsystemen zu stärken (vgl. Meister-Bafög, Einstufungsprüfungen in manchen Bundesländern). Bildungspolitische Innovationen geschehen meist innerhalb der Subsysteme als zwischen ihnen und sie folgen der inneren Logik des jeweiligen Systems. Der revitalisierte Versuch (der Gewerkschaften), Erwachsenen- und Weiterbildung als vierte Säule des deutschen Bildungssystems zu etablieren (neben den anderen drei Säulen) kann als Ausdruck dieser Politik gelten. Auch die Finanzierungsdiskussion findet eher segregiert statt wie übrigens auch die Qualitätsdebatte. Wenn über Bildungsfinanzierung gesprochen wird, dann über Schulfinanzierung oder Berufsbildungsfinanzierung oder über Hochschulfinanzierung oder über Weiterbildungsfinanzierung, selten über ein umfassendes "rationales" Finanzierungssystem des gesamten Bildungssystems, eine Diskussion, die der Sachverständigenrat Bildung der Böckler-Stiftung angestoßen hat und welche diese Problematik recht transparent gemacht hat.

Seit Mitte der 90er Jahre scheint nun neue Bewegung nicht nur in die Debatte um lebenslanges Lernen, sondern auch in die Diskussion um die Finanzierung lebenslangen Lernens als dem letztlich dominanten Kernproblem gekommen zu sein. Die von Bundesregierung und Bundestag im Oktober 2001 eingesetzte Expertenkommission „Finanzierung lebenslangen Lernens" hat sich auf einen sehr allgemeinen Begriff des lebenslangen Lernens geeinigt: Wir verstehen unter lebenslangem Lernen die Gesamtheit allen formellen und informellen Lernens über den gesamten Lebenszyklus eines Menschen hinweg. Ein System lebenslangen Lernens muss unserem Verständnis zufolge dreierlei leisten: a) Es muss den Individuen die entsprechenden Lerngelegenheiten bieten, b) es muss die Individuen zur Nutzung dieser Lerngelegenheiten in Eigenverantwortung motivieren und c) es hat dafür zu sorgen, dass niemand aus ökonomischen Gründen, d.h. aus Gründen mangelnder Finanzierungsfähigkeit, von der Nutzungsmöglichkeit ausgeschlossen wird.

In ihrem im Juni 2002 übergebenen Zwischenbericht hat die Kommission den Schwerpunkt auf eine Bestandsaufnahme von Aspekten gelegt, welche wir als Rahmenbedingungen für die Entwicklung von Finanzierungsalternativen und letztlich von Finanzierungsvorschlägen für besonders relevant halten. Dazu gehören gesellschaftliche Rahmenbedingungen, in die Lernen schon bisher eingebettet war und die auch in Zukunft, vermutlich in anderer Weise und mit veränderten Gewichten, Lernen, eben lebenslanges Lernen, nachhaltig beeinflussen werden. Zu diesen Rahmenbedingungen gehört der gesellschaftliche Wandel hin zu dem, was Wissensgesellschaft genannt wird und was diese

Wissensgesellschaft an Qualifikationsbedarfen erzeugen wird. Dazu gehört die erst seit Ende der 80er Jahre des vergangenen Jahrhunderts neu gewachsene Erkenntnis, dass die wirtschaftliche Entwicklung, insbesondere auch ein nachhaltiges, umwelt- und ressourcenschonendes Wachstum in ganz entscheidender Weise von lernenden Menschen und ihrer Innovativität und Kreativität, oder – ökonomisch gesprochen – vom Humankapital einer Gesellschaft getragen wird. Ferner gehören zu diesen Rahmenbedingungen die absehbaren Veränderungen der und in der Arbeitswelt, der Wandel der sektoralen und branchenmäßigen Wertschöpfungs- und Beschäftigungsstrukturen, die stetigen Veränderungen der Arbeitsorganisationen, die dadurch ausgelösten Veränderungen der Qualifikationsanforderungen innerhalb der Arbeitsorganisationen und an den Arbeitsplätzen, die Flexibilisierung der Arbeitsformen und Arbeitszeiten. Erinnert sei in diesem Kontext an die dringliche und dringlicher werdende Notwendigkeit, Exklusionen aus dem Beschäftigungssystem, die vielfach auf Lerndefizite zurück geführt werden können, aufzubrechen und den sog. Problemgruppen den Zugang und den Verbleib im Beschäftigungssystem zu ermöglichen. Es geht aber auch darum, den Wandel der privaten Lebenswelten und Lebensführung mit in den Blick zu nehmen, da veränderte Lebensentwürfe bzw. Lebensplanungen und -orientierungen, zivilgesellschaftliche Herausforderungen und individualisierungstheoretisch begründete Ansprüche an wachsende Eigenverantwortung neue Kompetenzen zur Bewältigung des beruflichen und privaten Lebensalltags entstehen lassen, die über stetiges Lernen entwickelt werden müssen. Schon der britische Komponist Benjamin Britten (1913–1976) erkannte: „Lernen ist wie Rudern gegen den Strom. Sobald man aufhört, treibt man zurück".

3.2 Lebenslanges Lernen als gesellschaftliche Investition

Ich komme nun auf den Aspekt der gesellschaftlichen Investition in lebenslanges Lernen zu sprechen. Ich gehe von vier Prämissen aus:

1. Die Notwendigkeit, ein System des lebenslangen Lernens zu etablieren, scheint mir unbestritten und unbestreitbar.

2. Dass die dauerhafte Etablierung von lebenslangem Lernen mehr Ressourcen als bisher verlangt, ist für mich ebenso unabweisbar.

3. Dass sowohl die Individuen wie die Organisationen (die ich nicht auf Unternehmen beschränkt wissen möchte, sondern auch öffentliche Institutionen einschließen sollen) wie auch die Gesellschaft Nutzen bzw. Vorteile von lebenslangem Lernen haben (Gesellschaft: externe Effekte, Spillovers), scheint nicht bestreitbar, die entscheidende Frage ist „in welchem Verhältnis?" (Gegenposition zu Friedman); Äquivalenz- oder Leistungsfähigkeitsprinzip?

4. Angesichts des gesellschaftlichen Wandels, der u.a. durch die Begriffe Individualisierung und Zivilgesellschaft beschrieben wird, fokussiert der Auftrag der Kommission auf die Stärkung des Individuums und seiner Verantwortung für sein eigenes Berufs- und Lebensschicksal. *Das Individuum* steht folglich im Brennpunkt der konzeptionellen Überlegungen, soziologisch gesprochen geht es um „empowerment" der

Individuen durch Finanzierungsarrangements, ökonomisch gesprochen geht es um die Herstellung bzw. Stärkung der Nachfragesouveränität.

Ich gehe inzwischen – und das ist möglicherweise eine ganz entscheidende Veränderung der Sichtweise gegenüber den Diskussionen in den 70er, 8oer und 90er Jahren – von einem erweiterten *Finanzierungsbegriff* aus, der zugleich einen weiten Ressourcenbegriff und ein erweitertes Investitionskonzept impliziert. Im Alltagsverständnis wird Finanzierung in aller Regel mit der Beschaffung von Geld gleichgesetzt. Dass Finanzierung auch mit der Beschaffung von Geld zu tun hat, ist nicht zu bestreiten. Allerdings erweitert eine modernere und wissenschaftliche Sichtweise den Finanzierungsbegriff über die bloße Geldbeschaffung hinaus auf die „Herstellung der Verfügbarkeit (Macht) über Ressourcen".

Im Kontext von lebenslangem Lernen schlage ich ein weites Verständnis von Ressourcen vor. Ich möchte darunter alle Güter, Dienstleistungen und Institutionen (im Sinne der von Bruno Frey eingeführten Definition als gesellschaftliche Arrangements) verstehen, auf die ein lernendes Subjekt direkt oder indirekt zurückgreifen kann und welche Einfluss auf sein Lernen haben. Dazu gehören:

1) psychische Ressourcen (von Subjekten und Organisationen)
- Motivation
- Anstrengungsbereitschaft
- Entscheidungsfähigkeit

2) institutionelle Ressourcen
- Zertifizierung
- Qualitätsstandards und Qualitätssicherung
- Informationssysteme und Transparenz
- Kinderbetreuung und Pflegearrangements
- Kündigungsschutz
- Produkthaftungsnormen
- Lernträchtigkeit des Arbeitsplatzes, lernförderliche und innovative Arbeitsumgebung
- Personalentwicklungskonzept der Organisationen
- Rotationsstrategien (z.B. Job-Aqtiv)

3) Zeitliche Ressourcen
- Lernzeitkonten auf gesetzlicher, tarifvertraglicher oder betriebsvertraglicher Basis
- individuelle Lernzeitkonten auf Betriebsebene
- Lernzeitkonten bei der Bundesanstalt für Arbeit (oder einer anderen Agentur) $\Rightarrow$ verlangt die Kombination bzw. Integration von Lernzeitkonten (LZK) und monetären Bildungskonten (MBK)

4) Geldressourcen
- Selbstfinanzierung seitens der Erwerbstätigen aus
  - laufendem Einkommen
  - Bildungssparen (vergangenes Einkommen, monetäre Bildungskonten) $\Rightarrow$ Entsparen bzw. individuelle Ziehungsrechte

- Darlehen (Zinszahlungen und Tilgung) ⇒ Vorgriff auf zukünftiges Einkommen
- Anreize: Kosten-Nutzen-Relation und deren „Manipulation"

• Fonds / Umlagen
- gesetzlich oder tarifvertraglich
- zentral (z.B. Bundesanstalt für Arbeit oder Berufsgenossenschaftsdachverband) oder dezentral (branchenbezogen, z.B. soziale Ausgleichskasse)
- Erhebung: %-Satz vom Umsatz oder von der Wertschöpfung oder von der Lohn- und Gehaltssumme
- Vergabealternative I: Kostenerstattungspauschale oder Erstattung nachgewiesener Brutto- oder Nettokosten (Vollkosten oder Teilkosten) bei Organisationen (angebots- bzw. institutionenbezogen)
- Vergabealternative II: Voucher an Organisationen
- Vergabealternative III: Voucher an Subjekte / Teilnehmer/-innen (nachfrage- bzw. subjektbezogen)

• Einzelbetriebliche Finanzierung
- aus Erlösen / Umsätzen / Einnahmen
- aus Darlehen (Tilgung und Zinsen)

• Staatsfinanzierung
- *Nachfragebezogen*
  o Voucher, einheitlich oder einkommensabhängig (ob und wie hoch) (direkt)
  o Sparprämien, einmalig oder permanent, ebenfalls einkommensabhängig (direkt)
  o Darlehen (direkt)
  o Zinssubventionen (bei Darlehen) (direkt)
  o einkommensabhängige Tilgungssubvention (direkt)
  o steuerliche Entlastungen / Ermäßigungen (Sonderausgaben, Werbungskosten) (indirekt)
  o steuerliche Befreiungen (indirekt)

- *Angebotsbezogen*
  o Voucher an KMUs bzw. Organisationen (direkt)
  o Darlehen an KMUs bzw. an Organisationen (direkt)
  o Zinszuschüsse an KMUs bzw. an Organisationen (direkt)
  o Anreizprämien an KMUs bzw. an Organisationen (direkt)
  o Zuschüsse zu den Weiterbildungskosten von KMUs bzw. von Organisationen (pauschal oder %-Satz oder nachgewiesen) (direkt)
  o einmalige Weiterbildungsprämien oder dauerhafte Zuschüsse (pauschal oder pro Teilnehmer/-in) bei Weiterbildungsangeboten für bestimmte Zielgruppen (direkt)
  o steuerliche Entlastung durch anerkannte Betriebsausgaben, welche den Gewinn und damit die Gewinnsteuern senken (indirekt)
  o Rückstellungen für Weiterbildung (steuersenkend, indirekt)

- Steuerschuldabzüge (der anerkannten Weiterbildungskosten oder einer Pauschale) (indirekt)
- Investitionsrücklage für betriebliche Humankapitalbildung (gewinnsteuermindernd) (indirekt)

5) Regelungsebenen
- gesetzliche Ebene
- tarifvertragliche Ebene
- Ebene der Betriebsvereinbarungen

Hierzu möchte ich noch einige wenige Erläuterungen geben.

ad 1: Psychische Ressourcen
Wesentlich für die Entwicklung eines Systems lebenslangen Lernens, das auch die bisher unterrepräsentierten Bevölkerungsgruppen einschließt, ist die Bereitschaft der Individuen, sich auf die Lernanstrengungen einzulassen. Diese Bereitschaft verlangt die Erzeugung und den Erhalt einer dauerhaften Lernmotivation, für die einerseits bereits Familien, Kindergarten und Schule mitverantwortlich zeichnen, andererseits aber auch die Arbeitsorganisationen und Arbeitgeber durch Schaffung einer lernförderlichen Arbeitsumgebung. Öffentliche Verantwortung würde sich insbesondere darauf richten müssen, für bildungsferne Personen und Personengruppen Beratungs-, u.U. auch Coachingangebote bereit zu halten, um Veränderungen der Einstellung zu Bildung generell und zum lebenslangen Lernen im Besonderen bewirken zu können. Ziel ist die Stärkung der individuellen Entscheidungskompetenz und auch die Förderung von Arbeitsstolz und Betriebsstolz, welche wiederum die Lernmotivation fördern können. Ich fasse die vorstehenden Überlegungen zu folgender Aussage zusammen: *Investitionen in lebenslanges Lernen heißt Investitionen in Motivation, Anreize, Anstrengungsbereitschaft und Entscheidungsfähigkeit der Individuen.*

Es geht aber nicht nur darum, die Individuen zu lebenslangem Lernen zu ermuntern, es muss auch darum gehen, die Unternehmen bzw. Organisationen zu motivieren, ihrerseits in lebenslanges Lernen ihrer Belegschaften zu investieren. Mein **zweites** Zwischenfazit lautet: *In lebenslanges Lernen investieren heißt in die Motivation der Erwerbsorganisationen für lebenslanges Lernen zu investieren.*

ad 2: Materielle und institutionelle Ressourcen
Zu dieser Gruppe von Ressourcen gehören als Anreize wirkende Informationen für das Individuum durch verbesserte Informationssysteme über Kompetenzprofile von Arbeit suchenden Personen und über Qualifikationsbedarfe der Organisationen, wodurch zugleich eine bessere Abstimmung von Angebot an und Nachfrage nach Qualifikationen und somit Effizienzgewinne in der Funktionsweise des Arbeitsmarktes erwartet werden können. Insofern kann man *Transparenz als eine Ressource* betrachten, welche lebenslanges Lernen fördert und mitträgt. Denkt man an die Rolle, welche die Tarifpartner in einem System lebenslangen Lernens spielen könnten und sollten, dann ist die Herstellung und der Erhalt von Transparenz im Hinblick auf Qualifikationsbedarfe und Kompetenz-

profile eine Aufgabe, die der Mitwirkung auch der Gewerkschaften bedarf. Dazu gehört ebenfalls mehr *Transparenz* der Bildungsangebote im Bildungsmarkt, d.h. ein Angebot an Informationen für die Individuen über Bildungsanbieter, deren Programme und Qualität, über Inhalt und Wert der Zertifikate, über Formen der Qualitätssicherung, über Beratungsangebote und Beratungszeiten, was ich auch als implizite Ermutigung zur Teilnahme an lebenslangen Lernmöglichkeiten interpretieren möchte. Hier eröffnet sich den Gewerkschaften ebenfalls eine wichtige Aufgabe, aber auch den Kommunen und Bildungseinrichtungen sowie ihren Trägern. Anders ausgedrückt: Herstellung und Bewahrung von Transparenz obliegt einerseits der privaten Verantwortung der Bildungsanbieter, andererseits ebenso ergänzend im Sinnes des Subsidiaritätsprinzips der öffentlichen Verantwortung, die durch die Gewerkschaften und durch staatliche Einrichtungen wahrgenommen werden könnte bzw. sollte.

Auch für die Arbeitgeberseite bilden Informationen (z.B. über die organisationsinternen Qualifikationsbedarfe und Kompetenzprofile) und Transparenz eine Ressource, in die es via Personalentwicklungsstrategien zu investieren lohnt. Dazu gehört es seitens der Politik, der Gewerkschaften und der Wissenschaft, lebenslanges Lernen als Investition für die Erwerbsorganisationen darzustellen, ein Investitionsbewusstsein zu schaffen, das nicht nur die Organisationskosten, sondern auch die Organisationserträge lebenslangen Lernens zur Kenntnis nimmt. Selbstverständlich setzt die Ertragsinternalisierung voraus, dass die Bindung der lernenden Beschäftigten an die Organisation zumindest bis an das Ende der pay-off Periode gelingt. Da zumindest bei überwiegend betriebs- oder arbeitsplatzspezifischem Lernen eine beiderseitiges Interesse am Verbleib im Betrieb besteht, ist ein monetärer Anreiz eingebaut, falls dieser nicht ausreichen sollte, kann über höhere Lohn- und oder Aufstiegsangebote, ggfs. über Bindungs- oder Rückzahlungsklauseln, eine die Ertragsinternalisierung garantierende Verbleibsphase realisiert werden. Moderierende Funktionen von Gewerkschaften und Betriebsräten scheinen in diesen Fällen hilfreich zu sein. Ein transparentes Personalentwicklungskonzept der Organisation, ggfs. gepaart mit Kinderbetreuungsangeboten für lernende Arbeitnehmerinnen, sollte die Bindungsbereitschaft festigen. Theoretisch denkbar ist, die Motivation von Erwerbsorganisationen für Investitionen in lebenslanges Lernen durch die Einführung von Abschreibungsmöglichkeiten auf intern gebildetes Humankapital oder durch Steuererleichterungen für Organisationen zu fördern, die sich für lebenslanges Lernen offen zeigen. Mein *drittes* Zwischenfazit lautet: *In lebenslanges Lernen investieren heißt in Informationen und in Transparenz investieren.*

Ein im Kontext von lebenslangem Lernen für die psychischen Ressourcen Anerkennung sowie Transparenz äußerst bedeutsame institutionelle Ressource kann in der *Zertifizierung* der in lebenslangen Lernaktivitäten erworbenen Kompetenzen, vor allem der informell oder non-formal erworbenen Kompetenzen, gesehen werden. Employability von Individuen und Marktgängigkeit von Qualifikationen hängen in starkem Maße davon ab. Ich ziehe ein *viertes* Zwischenfazit: *Investitionen in lebenslanges Lernen heißt in Bildungszertifikate investieren.*

Die empirische Evidenz zeigt, dass Frauen nicht nur von der Aufnahme einer Erwerbstätigkeit, sondern auch von der Teilnahme an Bildungsveranstaltungen abgehalten werden, weil es an einer an ihre Bedürfnisse angepassten Infrastruktur fehlt, die ihnen die Aufgabe der Betreuung von Kindern und der Pflege von Bedürftigen erlaubt oder abnimmt. Über die Bedeutung der Ressource Kinderbetreuung und der Pflegeinfrastruktur besteht Einigkeit. *In lebenslanges Lernen investieren heißt daher auch, in Kinderbetreuung und Pflegeinfrastruktur investieren.*

Neben Lernresultaten bzw. Qualifikationen wird zunehmend die Qualität von Inputs, Prozessen, Verfahren, Strukturen, Outputs und Outcome von Bildungsleistungen, darüber hinaus die Qualität von Geschäftsprozessen der Erstellung von Gütern und Dienstleistungen zertifiziert. Qualität von Produkten und Dienstleistungen impliziert – so meine These – eine bestimmte Qualität des Humankapitals, welches zur Erstellung der Produkte und Dienstleistungen eingesetzt wird. Insofern lässt sich ein enger qualitativer Zusammenhang zwischen Produkten und Humankapital behaupten. Daraus lässt sich ein weiteres (*fünftes*) Zwischenfazit ziehen: *In lebenslanges Lernen investieren heißt implizit in die Qualität von Produkten und Dienstleistungen investieren.*

Für die Wirkungen und Wirksamkeit lebenslangen Lernens sowohl für das Individuum als auch für die Organisation ist das Lernen zwar eine notwendige, aber keine hinreichende Bedingung, da die Wirksamkeit sich erst in der *Nutzung* des gebildeten Humankapitals erweisen kann.

Kann man sagen, dass bereits für die *Humankapitalbildung*, also für das informelle Lernen am Arbeitsplatz, die Arbeitsorganisation, das Arbeitsklima und die Arbeitsplatzgestaltung als entscheidende Ressourcen fungieren, insofern als Lernintensität und Lernresultat nicht nur von der individuellen Motivation, sondern ebenso gewichtig von der Lernträchtigkeit bzw. vom Lerngehalt des Arbeitsplatzes und des Arbeitskontextes abhängen, so gilt gleiches für die *Humankapitalnutzung* und damit sowohl für den individuellen wie Organisationsnutzen. Schaffung und Erhalt eines fruchtbaren Lernklimas, Schaffung lernträchtiger Arbeitsplätze und einer lernträchtigen sowie innovativen Arbeitsorganisation und Arbeitsumgebung (z.B. in Form von Teamarbeit, von Qualitätszirkeln, von job enlargement, job enrichment oder job rotation), Förderung des Lernens am Arbeitsplatz oder in seiner Nähe oder in der Orientierung an ihm, fördern lebenslanges Lernen und seine Wirksamkeit. Daher lässt sich ein *sechstes* Zwischenfazit formulieren: *Investitionen in lebenslanges Lernen heißt in ein lernförderliches Lernklima, in die Lernträchtigkeit der Arbeitsplätze und in innovative Arbeitsumgebungen und Arbeitsplätze zu investieren.*

Freilich dürfen wir nicht übersehen, dass sich aus der Arbeitsorganisation durchaus Restriktionen für Investitionen in lebenslanges Lernen und deren Wirksamkeit ergeben können. Diese Restriktionen sind z.B. dann zu erwarten, wenn bestimmte Arbeitsfunktionen durch Outsourcing Entscheidungen ausgelagert werden, wenn Organisationen ihre Arbeitsorganisation so gestalten, dass neben Kernbelegschaften, auf die sich betriebliche Lerninvestitionen i.d.R. konzentrieren, Randbelegschaften bestehen, die dem Schicksal der Exklusion ausgesetzt sind. Ferner beschneidet die Just-in-time-Philosophie Lerngelegenheiten am Arbeitsplatz, da die damit verbundene Arbeitsintensivierung die möglichen Lernzeiten am Arbeitsplatz minimiert. Ebenso bedeutet die Null-Fehler-Toleranz-Philosophie im Rahmen des TQM eine Lernbeschränkung, da Lernen und Fehler machen (aus Fehlern lernen) zusammen gehören. Ein *siebtes* Zwischenfazit lautet: *Die Organisations-*

philosophie des Outsourcing, der Belegschaftssegmentation, der just-in-time-Produktion und der Null-Fehler-Toleranz beschränken Investitionen in lebenslanges Lernen.

ad 3: Zeit als Ressource
Es ist trivial festzustellen, dass Lernen Zeit beansprucht. Nicht trivial sind allerdings eine Reihe an dieses Statement anknüpfender Fragen. Vier der m.E. wichtigsten Fragen sollen gestellt werden.

1. Wann ist Lernzeit?

Prinzipiell bieten sich drei Möglichkeiten an:
- Lernen in der Freizeit, was die Individuen mit indirekten Kosten (dem Wert der entgangenen Freizeit) belastet.
- Lernen während der Arbeitszeit, was die Betriebe mit indirekten Kosten (dem Wert des Arbeitszeit- bzw. Produktionsausfalls) belastet.
- Lernen während der Arbeitszeit durch Arbeit, d.h. Lernen und Arbeiten finden uno actu statt, Kuppelprozess von Lernen und Arbeiten, so dass weder dem Betrieb noch dem Individuum Kosten entstehen.

Ich möchte dazu eine Hypothese vortragen, die auf das sechste Zwischenfazit zurückgreift: Je höher das Lernpotenzial des Arbeitsplatzes ist, umso höher dürfte die Wahrscheinlichkeit sein, dass Arbeitnehmer/-innen lernen, umso weniger kostenintensiv dürfte das Lernen für die Arbeitnehmer und die Arbeitgeber sein, d.h. Produktionsphilosophie, Arbeitsplatztechnologie, Arbeitsorganisation, Arbeitsplatzinhalte und Arbeitsplatzgestaltung sind strategisch Variable und Parameter in einem weit verstandenen Finanzierungskonzept von lebenslangem Lernen.

2. Welche Dauer der Lernzeiten pro Jahr während der Arbeitszeit sind avisiert? (d.h. wie lange soll pro Jahr gelernt werden?) (die Wie-lange-Frage)
3. Welche zeitliche Lage der Lernzeiten (im Jahr, im Monat, in der Woche, am Tag) ist intendiert? (die Wann-Frage)
4. Welche Häufigkeit der Lernphasen ist beabsichtigt? (die Wie-oft-Frage)

Es ist evident, dass diese Fragen z.B. über individuelle Arbeitszeit- und Lernzeitkonten gelöst werden können, was natürlich verlangt, dass sich die Tarifparteien erstens über das Prinzip der Konten einigen und zweitens Antworten auf die genannten Fragen aushandeln. Denkbar sind ebenso Vereinbarungen zwischen Individuen und Organisationen auf der Basis von tarifvertraglichen oder betrieblichen Vereinbarungen. Bei der möglichen Kumulation von Lernzeiten ist eine Verknüpfung mit job rotation Modellen (für Arbeitslose) denkbar, und ebenso leicht wären Bildungsurlaubsansprüche hier integrierbar. Ich komme zu meinem *achten* Zwischenfazit: *Investition in lebenslanges Lernen heißt Investition in Zeit.*

ad 5: Geld als Ressource
Es besteht kein Zweifel, dass neben den bisher genannten Ressourcen Geld als die vielleicht wichtigste Ressource in den Blick zu nehmen ist. Die zentrale Frage lautet: woher es nehmen und wohin geben und welche Ziele damit verfolgen?

Im Rahmen der OECD-Tagungen und Expertengruppendiskussionen wurden stets sechs alternative Modelle diskutiert unter folgenden Zielsetzungen:
- Ermutigung zu lebenslangem Lernen (Individuen, Anbieter und Betriebe)
- Erhöhung der internen und externen Effizienz
- Förderung von Innovationen
- Findung der Integration von allgemeinen und beruflichen Bildungsangeboten
- Stärkung der individuellen Entscheidungskraft und persönlichen Entwicklung
- Förderung der Chancengleichheit und Abbau sozialer Ungleichheit
- Stärkung des demokratischen Bewusstseins und gesellschaftlichen Zusammenhalts

Die diskutierten Finanzierungsmodelle bezogen sich auf:
- Selbstfinanzierung
- Ziehungsrechte
- Entitlements / Vouchers
- Arbeitgeberfinanzierung
- Parafiskalische Fonds
- Staatliche Finanzierung

Dies waren sozusagen Grundmodelle, die jeweils in verschiedene Varianten ausdifferenziert werden konnten und die wir z.T. in heute implementierten Finanzierungsmodi in verschiedenen Ländern wieder finden, meist als Teilaspekt in größeren Mischfinanzierungskontexten. Ein vorläufiges Fazit der Diskussionen bis in die Mitte der 90er Jahre war gewesen, dass es kein ideales (nicht zu verwechseln mit idealtypisches) bzw. kein optimales Finanzierungsmodell gibt und die Gesellschaften mit second best Lösungen leben müssen. Ob diese Feststellung auch heute noch Bestand hat, ist im Rahmen unserer weiteren Kommissionsarbeit zu prüfen, die nach Abgabe des Zwischenberichts im wesentlichen darin bestehen wird, sich mit realisierbaren Finanzierungsalternativen auseinander zu setzen. Mein *letztes* Zwischenfazit lautet: *Investition in lebenslanges Lernen heißt Geld beschaffen und es für lebenslanges Lernen nutzen.*

Die Kommission hat sich allerdings ein etwas abgewandeltes Zielbündel gewählt, welches um Kriterien für die Überprüfung der Zielerfolge ergänzt wird. Auch die bisher diskutierten Finanzierungsmodelle unterscheiden sich z.T. von denen im OECD Kontext erörterten Modellen:

Das Zielbündel der Kommission lautet:
- Erhöhung der Bildungsbeteiligung
- Employability
- Förderung der wirtschaftlichen Entwicklung
- Förderung des gesellschaftlichen Zusammenhalts in einer demokratischen Gesellschaft
- Entwicklung und Ausschöpfung individuellen Potenzials

Die Kriterien zur Überprüfung der Zielerfolge sind die folgenden:
- Effizienz und Effektivität
- Transparenz
- Gerechtigkeit der Teilhabe und der Finanzierungsbelastungen
- Stärkung der Verantwortung der Individuen
- Stärkung der Verantwortung der Betriebe
- Nachhaltigkeit lebenslangen Lernens
- Beteiligung der KMUs am lebenslangen Lernen

3.3 Das weitere Procedere der Kommission

Die Kommission hat derzeit einen Raum der Finanzierungsmöglichkeiten formuliert, der durch eine Matrix beschrieben werden kann, welche bestimmte Zielgruppen, deren relevante Merkmale, das Ressourcenfeld sowie die interessanten Finanzierungsinstrumente miteinander konfrontieren. Mit Hilfe der Matrix sollen die bestehenden bzw. etablierten Finanzierungsinstrumente sowie derzeit praktizierte Modellversuche, Insellösungen und punktuelle Lösungen verorten bzw. identifiziert werden. In einem weiteren Schritt sollen weitere interessante Instrumente-Kombinationen identifiziert werden, die für bestimmte Zielgruppen relevant erscheinen. Dabei wird die wichtige Frage zu entscheiden sein, ob es neben den Finanzierungsvorschlägen, welche inkrementalistisch an die bestehenden Instrumente anschließen, Ansätze für eine „große" Lösung der Finanzierung lebenslangen Lernens aus einem Guss gibt. Es gilt sodann abzuschätzen, inwieweit die Instrumente geeignet erscheinen, die vorgegebenen Ziele zu realisieren. Die Kommission ist sich des Umstandes bewusst, dass ihre bisherigen Überlegungen einen Bias zugunsten beruflicher Inhalte des lebenslangen Lernens haben und dass über die Einbettung allgemeiner Weiterbildungsinhalte in die Finanzierungsvorschläge noch intensiv nachzudenken ist.

Wenn es uns in der geschilderten Art und Weise, vielleicht aber auch mit ganz anderen Überlegungen in etwa gelingt, ein System des lebenslangen Lernens aufzubauen und die lernungewohnten Bürger unserer Gesellschaft, aber auch die bisher zurück haltenden KMUs motivieren können, die bereit stehenden Lerngelegenheiten zu nutzen, dann besteht die Chance, das einzulösen, was André Heller einst als Wunsch geäußert hat: „Ich möchte mich lernend verändern. Ich möchte gerne etwas weniger blöd sterben, als ich geboren bin".

Literatur

Atchoarena, D. (Hrsg.) (1992): Lifelong education in selected industrialized countries. Paris.
Bengtsson, J./Schuetze, H.G. (1979): Developments in Recurrent Education and Recent Economic and Social Trends. In: Clement/Edding, S. 11–41.
Bergner, S. (1988): Bildungsökonomische Implikationen der Organisation und Finanzierung eines Recurrent-Education-Konzepts für die Bundesrepublik Deutschland, Bochum.
Blaug, M./Mace, J. (1977): Recurrent Education - The New Jerusalem. In: Higher Education, 6, 277-299.

CERI/OECD (1973): Recurrent Education: A strategy for lifeling education. Paris.
CERI/OECD (1975): Recurrent Education - Trends and Issues. Paris.
CERI/OECD (1977): Conference on ‚Development in Recurrent Education', Secretariate Synthesis (Dolk. CERI/RE 7717). Paris.
CERI/OECD (1979): Recurrent Education for the 1980s - Trends and Policies (Dok, CERI/CD 791 12, ED 791 16), Paris.
CERI/OECD (1980a): Participation in Recurrent Education and a Changing Mixture of Work and Non-Work-Time (Dok. CERI/RE 80.06). Paris.
CERI/OECD (1980b): The Costs and Financing of Recurrent Education (Dok. CERI/ED 80 08). Paris.
CERI/OECD (1986): Recurrent Education Revisited, Paris.
Clement W./Edding, F. (Hrsg.) (1979): Recurrent Education und berufliche Flexibilitätsforschung. Berlin.
Edding, F. (1976): Ökonomische Probleme des Recurrent-Education-Konzepts, In: Zeitschrift für Wirtschafts- und Sozialwissenschaften. Heft 4, S. 287-301.
Edding, F. (1987): Recurrent Education Revisited. Weiterbildungsforschung aus der Sicht des Bildungsökonomen, In: Edding (Hrsg.) (1987): Zwanzig Jahre Bildungsforschung – zwanzig Jahre Bildungsreform. Bad Heilbrunn, S. 34–49.
Frey, B. (1990): Ökonomie ist Sozialwissenschaft : die Anwendung der Ökonomie auf neue Gebiete. München.
Kuhlenkamp, D./Schuetze, H.G. (Hrsg.) (1982): Kosten und Finanzierung der beruflichen und nichtberuflichen Weiterbildung. Frankfurt a. M.
Levin, H. M./Schuetze, H.G. (Hrsg.) (1983): Financing Recurrent Education. Strategies for Increasing Employment, Job Opportunities, and Productivity. Beverly Hills/London/ New Dehli.
Stoikov, V. (1975): The Economics of Recurrent Education and Training, ILO, Geneva.
Timmermann, D. (1982): Mischfinanzierung der Berufsausbildung. In: Berufsbildung in Wissenschaft und Praxis, Finanzielle Förderung der beruflichen Bildung. 11. Jahrgang, Sonderheft.
Timmermann, D. (2003): Lebenslanges Lernen – ein gesellschaftliches Investitionsprojekt, In: Max-Planck-Institut für Bildungsforschung (Hrsg.): Abschied von Friedrich Edding. Reden auf der akademischen Trauerfeier am 24. Januar 2003, Berlin.
Tuijnman, A. (1989): Recurrent Education, Earnings, and Well-being. A Fifty-Year Longitudinal Study of a Cohort of Swedish Men. Stockholm.

Qualitätsindikatoren in der europäischen Bildungspolitik – Zielkonflikte und Implementationsprobleme

Lorenz Lassnigg

Dieser Beitrag beschäftigt sich mit der Frage, inwieweit die Methoden der Qualitätsentwicklung auch im Prozess der Politikentwicklung und -implementation im Bereich des lebenslangen Lernens eine Rolle spielen bzw. spielen können. Damit wird die Fragestellung, die im Zusammenhang mit Qualitätsentwicklung meistens im Vordergrund steht, gewissermaßen umgedreht bzw. an die üblicherweise Fragenden zurückgeschickt: Gewöhnlich verlangt die Politik Nachweise für Qualität und Qualitätsentwicklung, von den Institutionen im Bildungswesen (wie auch in vielen anderen Bereichen), und meistens geschieht das nicht im eigenen Namen, sondern im Namen der Öffentlichkeit, der Steuerzahler/-innen, des Publikums, der Lernenden im Bildungswesen, usw. – Man kann aber auch ebenso berechtigt umgekehrt nach der Qualität der Politik fragen, sowohl im Namen der Öffentlichkeit, als auch im Namen der Institutionen des Bildungswesens, oder auch schlicht im Namen von Rationalität, Reziprozität sowie von intellektueller Konsistenz und Redlichkeit.

Diese Gegenseitigkeit von Qualitätsanforderungen wird im Zusammenhang der bildungspolitischen und bildungswissenschaftlichen Diskussionen wenig thematisiert und ist keineswegs selbstverständlich. Am ehesten sind es noch die Ökonomen und Ökonominnen, die nach der Qualität der Politik fragen – in den vergangenen Jahrzehnten meistens jedoch mit dem Hintergedanken, die mögliche Überlegenheit ihrer Kerndomäne, der Marktgesetzlichkeit, gegenüber der mangelnden Qualität der Politik, oder härter: gegenüber dem Politikversagen, zu demonstrieren. Man kann dies aber durchaus auch pragmatischer angehen, und versuchen, bestimmte Qualitätsmaßstäbe an die Politik zu formulieren bzw. ihre Aktivitäten zumindest an den Maßstäben zu messen, die sie anderen anlegt.

Dies wird im Folgenden anhand der europäischen Ansätze zur Entwicklung der Bildungspolitik versucht. Erstens wird ein Überblick über die wichtigsten bildungspolitischen Ansätze und Aktivitäten auf EU-Ebene in den letzten Jahren gegeben, die in den Vorschlägen zur Entwicklung von Strategien des lebensbegleitenden Lernens zusammenlaufen, zweitens wird die Frage der Qualitätspolitik in Form eines Modells der Politikimplementation abgegrenzt und im Zusammenhang mit der Weiterbildungsforschung diskutiert, drittens werden verfügbare Indikatoren für die Erfassung und Beobachtung der Qualitätsentwicklung im Bildungswesen präsentiert und anhand von drei Anwendungsbeispielen diskutiert, um viertens einige resümierend einige Probleme der Anwendung des Qualitätsmodells auf die Politik herauszuarbeiten.

1. Europäische Bildungspolitik – „Lifelong Learning"

Noch vor einigen Jahren wurde man gemaßregelt, wenn man den Ausdruck „Europäische Bildungspolitik" in den Mund nahm. „Es gibt keine Europäische Bildungspolitik, dieser Bereich liegt in der Kompetenz der Länder", war die Antwort. Besonders seit dem Gipfel von Lissabon,[1] wo die Regierungschefs im Einklang mit den Bildungsministern/-innen übereingekommen sind, für die Systeme der allgemeinen und beruflichen Bildung in den EU-Ländern mittelfristig Schritte der Koordinierung zu setzen, hat sich ein neuer Politikansatz entwickelt. Demzufolge soll durch Qualitätsindikatoren und Methoden systematischen Erfahrungsaustausches die Entwicklung von Strategien des Lebenslangen Lernens in den Mitgliedsstaaten vorangetrieben werden. Dies wird als Methode der „offenen Koordinierung" bezeichnet, wo die Zuständigkeit nach wie vor bei den Mitgliedsstaaten liegt, diese sich aber mehr oder weniger freiwillig und mehr oder weniger aktiv an den koordinierenden Aktivitäten beteiligen.

1.1 Ansätze und Initiativen auf EU-Ebene seit den 1990er Jahren

Bereits seit einigen Jahren wird die große Bedeutung des Bildungswesens für die wirtschaftliche und gesellschaftliche Entwicklung stark betont, und es haben sich von verschiedenen Ansatzpunkten her bildungspolitisch relevante Initiativen und Aktivitäten entwickelt, die gewissermaßen in der Lissabon-Strategie zusammengeführt werden. Das Schlagwort des „lifelong learning", das auch von anderen internationalen Organisationen wie der OECD stark forciert wird, spielt hier eine zentrale Rolle. Oft wird kritisiert, dass diese bildungspolitischen Aktivitäten zu stark auf Aspekte der Beschäftigung bezogen wären und sich Wirtschaftsinteressen unterordnen würden (vgl. Lassnigg 2002).

Wenn man jedoch die Bildungspolitik in einen breiteren Rahmen stellt, so kann man auch institutionelle Faktoren sehen, die zunächst dazu geführt haben, dass operativ wirksame bildungspolitische Strategien und Aktivitäten zur Verstärkung von „lifelong learning" von der Beschäftigungspolitik her entwickelt und teilweise umgesetzt wurden. Während eben keine (bzw. nur eine auf bestimmte Bereiche wie Berufs- und Hochschulbildung begrenzte) direkte bildungspolitische Zuständigkeit auf EU-Ebene bestand bzw. besteht, gab es in den Bereichen der Strukturpolitik (v.a. im Bereich des Europäischen Sozialfonds – ESF; vgl. European Commission 1999) bereits seit langem, und im Rahmen der Europäischen Beschäftigungsstrategie, die seit dem Gipfel von Luxemburg 1997 durch die nationalen Aktionspläne für Beschäftigung vorangetrieben wird, konkrete Ansatzpunkte für bildungspolitische Vorschläge und Maßnahmen (vgl. EU 1997, European Commission 1997, Europäische Kommission 2002a).

---

[1] "At the Lisbon European Council in March 2000, government leaders set the EU a 10-year mission to become the most competitive and dynamic knowledge-based economy in the world, capable of sustained economic growth with more and better jobs and greater social cohesion. Lifelong learning is a core element of this strategy, central not only to competitiveness and employability but also to social inclusion, active citizenship and personal development." (http://europa.eu.int/comm/education/policies/lll/lll_en.html)

Diese Ansatzpunkte sind notwendigerweise auf Beschäftigung bezogen (in den bereits sehr weit verbreiteten Begrifflichkeiten von Produktivität, Humanressourcen und Humankapital), wurden aber auch von der Europäischen Kommission von Anfang an breit ausgelegt, in Richtung auf die Entwicklung von Strategien für die Verbindung von Bildungs- und Beschäftigungssystem. Das Konzept des lebensbegleitenden Lernens bietet dazu in verschiedener Hinsicht einen geeigneten Ansatz, indem einerseits die (individualisierten) *Lernprozesse* gegenüber den institutionellen Aspekten der Bildungssysteme betont werden (Delors et al. 1996, Faure 1972)[2] und indem andererseits eben auch der Bereich der *Weiter- und Erwachsenenbildung* zentral in den Blick kommt, der in den meisten Ländern eher außerhalb oder am Rande der institutionalisierten Bildungspolitik lag bzw. liegt.

Durch die Integration der Märkte im europäischen Wirtschaftsraum stellte sich verstärkt die Frage der *Mobilität der Arbeitskräfte* (EU Task Force 2001, European Commission 2002) und der gegenseitigen Anerkennung der Berufsbildung (Europäische Kommission 2002b, EU Council Secretariat 2002). Durch die Konzepte der Informations- und Wissensgesellschaft, die in Lissabon in den Mittelpunkt gerückt wurden, wurden die Fragen *der Wissensproduktion und des Zuganges zum Wissen* und somit auch die Zusammenhänge zwischen dem Bildungssystem und dem Innovationssystem verstärkt thematisiert (European Commission 2003).

Auch das zentrale Dokument von der bildungspolitischen Seite, das Weißbuch über „Lehren und Lernen" von 1995 (Europäische Kommission 1995) hat neben der Betonung der allgemeinen und umfassenden Aspekte von Bildung auch den Bezug des Bildungswesens zur Beschäftigung hervorgehoben, indem jeder Abschluss auch eine berufsbildende Komponente haben soll und die Bedeutung von Lernen in außerschulischen Kontexten – auch in den Unternehmen und in der Arbeitswelt – unterstrichen wurde.[3]

---

[2] Der Delors-Bericht hat in den Diskussionen um die Ziele der Bildungspolitik eine wichtige Rolle gespielt, indem als Weiterentwicklung des berühmten Faure-Berichtes (Faure 1972) aus den siebziger Jahren, wo ein frühes Konzept des lebenslangen Lernens entwickelt und propagiert wurde, nun das Lernen in seinen verschiedenen Aspekten (Learning to know, Learning to do, Learning to live together, Learning to be) in den Mittelpunkt gerückt wurde.

[3] Die Interpretation von Elke Gruber (2002, 7) im Weißbuch der EU-Kommission zum Bildungswesen würde die europäische Politik in Form einer „Pädagogisierung" des Beschäftigungsproblems einem neo-liberalen Weg folgen, lässt sich in der tatsächlich verfolgten Politik nicht ohne weiteres nachvollziehen. Erstens ist die Beschäftigungspolitik stärker institutionalisiert als die Bildungspolitik. Zweitens wird dem Bildungswesen in diesem Rahmen zwar ein Stellenwert zugeschrieben, der jedoch alles andere als dominierend ist; vgl. z.B. den Bericht über Beschäftigung in Europa, der die Entwicklungen und Überlegungen im Zusammenhang mit der Beschäftigungspolitik umfassend dokumentiert: http://europa.eu.int/comm/emplment_ social/publications/2002/keah02001_en.pdf; bzw. die Informationen zur Beschäftigungsstrategie: http://europa.eu.int/comm/employment_socal/employment_strategy/index_ en.htm.

Abbildung 1: Ansätze und Initiativen zur EU-Bildungspolitik

Man kann also zeigen, dass bildungspolitisch relevante Aktivitäten auf EU-Ebene vor allem seit der Mitte der 1990er Jahre von verschiedenen Ansatzpunkten her entwickelt wurden, die im Programm zur Entwicklung konkreter Ziele für die Bildungssysteme der Mitgliedstaaten (EC – DG Education and Culture 2002) einerseits und in der Mitteilung zum Europäischen Raum des lebensbegleitenden Lernens (EC – DG Education and Culture, DG Employment and Social Affairs 2002) im Anschluss an den breiten Konsultationsprozess zum Memorandum für das lebensbegleitende Lernen[4] andererseits zusammengeführt und systematisiert wurden.

1.2 Systematisierung der „lifelong learning"-Strategie

Wenn das lebensbegleitende Lernen mehr als ein einleuchtendes Schlagwort sein soll, bedarf dieser Begriff einer bildungspolitischen Konkretisierung, die umschreibt, was die Verwirklichung dieses Konzepts in den Bildungssystemen bedeutet und wie sie zu erreichen ist.

Es gibt verschiedene Versuche in dieser Richtung, sowohl auf der politischen und praktischen Ebene als auch auf der wissenschaftlichen Ebene (Vgl. Lassnigg 2002, Tuijnman/ van der Kamp 1992, OECD 1996). Als wesentliche Elemente kann man vor allem zwei Akzentverschiebungen hervorheben: Erstens verschiebt sich der Fokus in inhaltlicher Hinsicht auf das *Lernen und die Lernergebnisse*, d.h. es erfolgt eine Verschiebung von Input-Faktoren zu Prozess- und Ergebnis-Faktoren, wie auch von (formalen) Abschlüssen zu (messbaren) Kompetenzen und von Institutionen zu Prozessen; darüber hinaus werden die verschiedenen Lernformen (Lernen in formalisierten Bildungsgängen, nicht-formalisiertes Lernen und informelle Lernprozesse) im Zusammenspiel betrachtet. Zwei-

---

[4] Das Memorandum ist abrufbar auf: http://www.lebenslangeslernen.at/ > Memorandum; zum Konsultationsprozess für Österreich siehe den österreichischen Länderbericht, den Hintergrundbericht (http://www.lebenslangeslernen.at/ > Ergebnisse), sowie die Protokolle und Berichte zur gesamtösterreichischen ExpertInnentagung und zu den Koordinationsworkshops (http://www.lebenslangeslernen.at/ > Forum & Workshops).

tens tritt eine *Gesamtsicht des Bildungswesens* in den Vordergrund, um das Zusammenspiel von Erstausbildung und Weiterbildung herzustellen bzw. zu verbessern, d.h. die Aspekte von Integration, Koordination, Durchlässigkeit und Zugänglichkeit im Bildungswesen werden betont.[5]

Die Europäische Kommission hat das Augenmerk vor allem auf die Entwicklung und Systematisierung von *politischen Strategien* zur Verwirklichung des lebensbegleitenden Lernens gelegt. Wesentliche Beiträge und Anstöße zur Entwicklung des lebensbegleitenden Lernens wurden in der Europäischen Beschäftigungsstrategie gegeben. Bereits im Gemeinsamen Beschäftigungsbericht 2001 wurde die Entwicklung umfassender und kohärenter Strategien für das lebensbegleitende Lernen als Querschnittsziel formuliert, und es wurden einige wichtige Elemente in der Entwicklung von Strategien des lebensbegleitenden Lernens hervorgehoben, im Gemeinsamen Beschäftigungsbericht 2002 wurden diese Vorschläge evaluiert und weiterentwickelt (JER 2001, 2002).

- Der *umfassende Charakter* der Strategien soll sicherstellen, dass die verschiedenen Bereiche des Lernens (formales, nicht formales und informelles Lernen) sowie die dafür erforderlichen Ressourcen und der Gesichtspunkt kompensatorischer Maßnahmen für benachteiligte Gruppen berücksichtigt werden.

- Die *Kohärenz* der Strategien bezieht sich auf die ergebnisorientierte und partnerschaftliche Gestaltung der Mechanismen der Umsetzung.

Strategie für das lebensbegleitende Lernen

Prioritäten

Auf europäischer Ebene: Bewertung von Qualifikationen, Information-Beratung, ausreichende Investitionen (Zeit, Geld)

Auf nationaler Ebene: ausreichender Zugang, Grundkompetenzen sichern, innovative Pädagogik (ICT)

Baublöcke

KOHÄRENTE STRATEGIE: Partnerschaft, Lernkultur, Excellence

UMFASSENDE STRATEGIE: Nachfrage nach Lernen erfassen, Ressourcen bereitstellen, Zugang ermöglichen

---

Abbildung 2: Europäischer Vorschlag für Elemente der „Lifelong-Learning"-Strategie (lt. Mitteilung „Raum für Lifelong Learning")

---

[5] Im BLK-Programm zum Lebenslangen Lernen werden die Aspekte „Eigenverantwortung und Selbststeuerung der Lernenden" („Lebenslanges Lernen ist nicht die Verlängerung des Lernens im Sinne einer Fortsetzung dieses Lernens über die Erstausbildung hinaus in die Weiterbildung bis zum Ende des Lebens ... Beim lebenslangen Lernen liegt der Schwerpunkt auf der lernenden Person, auf dem subjektiven Vorgang des eigenen Lernens"; BLK 2001, 8, 12) und „Kooperation zur Entwicklung strategischer Ansatzpunkte lebenslangen Lernens (Vernetzung von Angebot und Nachfrage, Verzahnung der Bildungsbereiche, Verknüpfung mit anderen Lebensbereichen)" als übergeordnete Leitgedanken formuliert (BLK 2001, 11-15).

In den strategischen Aussagen zum lebenslangen Lernen auf europäischer Ebene wird vor allem betont, dass dadurch das Arbeitskräfteangebot erweitert und soziale Benachteiligung bekämpft werden soll. Die Verringerung der bestehenden Kluft in der Nutzung von Lernmöglichkeiten zwischen mehr und weniger Qualifizierten sowie zwischen Jüngeren und Älteren und die Verbesserung des Zuganges und der Beteiligungsquoten für die Zielgruppe der „Erwachsenen mit der geringsten Lernneigung bzw. mit den schlechtesten Lernmöglichkeiten" werden als wichtigste Priorität betont.

Die Verbesserung der Kohärenz der Strategien, die Formulierung von Zielvorgaben für die Investitionen, die effiziente Umverteilung der Ressourcen, die Schaffung von Lernanreizen und die Bewertung der Wirksamkeit werden als wichtige strategische Aspekte betont. „Auch künftig kommt es darauf an, die Kohärenz von Politiken zu verbessern und dafür Sorge zu tragen, dass benachteiligten Personen gebührende Aufmerksamkeit gewidmet wird." (Europäische Kommission 2002c, 6). Die Kohärenz der Strategien bezieht sich auf Maßnahmen der Systementwicklung im Implementationszyklus (Bedarfsfeststellung, Planung, Zielvorgaben, Durchführung, Überprüfung), auf die Entwicklung von Partnerschaften (Sozialpartner, Behörden, Bildungsanbieter, Zivilgesellschaft) und auf weitere systemübergreifende Aspekte, vor allem Beratung und Orientierung, sowie Förderung von Mobilität.

1.3 Europäische Koordination über Ziele, Indikatoren und Erfahrungsaustausch

Der Rat der Bildungsminister/-innen der EU-Mitgliedstaaten hat einen umfassenden Katalog von *Zielsetzungen* entwickelt, die sich unter dem Ziel der *Qualität und Wirksamkeit* auf die Entwicklung der Infrastruktur konzentrieren, wobei eher die effiziente Nutzung der Ressourcen als ihre Ausweitung betont wird. Weitere Zielsetzungen beziehen sich auf *die Zugänglichkeit, die politische Beteiligung der Bürger/-innen und den sozialen Ausgleich,* sowie auf die *Öffnung gegenüber der Gesellschaft und der Welt* (vgl. die Darstellung).

In diesem Programm für die „offene Koordination" der europäischen Bildungssysteme wurde eine allgemeine Systematik für die Bildungspolitik entwickelt. In der schematischen Darstellung kann man drei große Ebenen unterscheiden:

Erstens das Dreieck zwischen der Formulierung von *Zielen* und der Festlegung von messbaren *Ergebnissen*, die mit einem *Monitoring-System*, also mit einer systematischen Beobachtung, verknüpft sein sollen.

Als zweite Ebene kann die *Art und Weise der Bereitstellung von Bildungsangeboten* gesehen werden, die Steuerungs- und Regulierungs- und Finanzierungsstrukturen im engeren Sinne.

Drittens werden die Themenbereiche der Bildungspolitik auf den drei Zieldimensionen (Zugang; Qualität und Wirksamkeit; Öffnung) in eine Vielzahl von konkreten Zielbereichen gegliedert, die im Laufe der nächsten zehn Jahre im Rahmen der europäischen Politik entwickelt und unter den Mitgliedsstaaten koordiniert werden sollen.[6] Die vorgeschlagenen Zielbereiche umfassen die wesentlichen Aspekte der Bildungspolitik, und geben einen Referenzrahmen, der die Verwirklichung fortschrittlicher und innovativer Orientierungen ermöglicht.

Im Laufe der Umsetzung dieses Programms, die sich am Beginn befindet und bis 2010 konzipiert ist, wird sich in den nächsten Jahren eine neue „Konfiguration" europäischer Bildungspolitik herausbilden. Deren konkrete Ausgestaltung und Gewichtung wird v.a. von der Kommission in den komplexen Prozessen europäischer Entscheidungsfindung und Politikentwicklung, und wesentlich bestimmt auch durch die Mitwirkung der Mitgliedsstaaten, vorangetrieben.

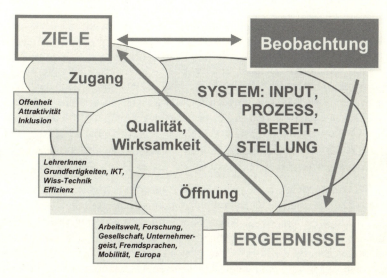

Abbildung 3: Modell der europäischen Koordinierung der Bildungspolitik

Zum gegenwärtigen Zeitpunkt ist nicht abzusehen, wie diese Konfiguration sich entwickeln wird, ob sich beispielsweise letztlich ein „kleinster gemeinsamer Nenner" unter den Ländern, gemessen durch einige wenige einfache Indikatoren, ergeben wird, oder ob sich ambitioniertere Entwicklungen – eben in Richtung eines „europäischen Wohlfahrtstaates" – durchsetzen werden. Ebenso ist noch nicht abzusehen, wie sich die Gewichtung der verschiedenen Interessen, also etwa zwischen sozialen, politischen und wirtschaftlichen Prioritäten, entwickeln wird.[7]

---

[6] Die Vorschläge von 2001 für die Entwicklung konkreter Ziele enthalten ein differenziertes Programm von 13 Zielbereichen, die in Form von quantitativen Indikatoren und qualitativen Formen des Erfahrungsaustausches konkretisiert und in den Mitgliedsstaaten umgesetzt werden sollen.

[7] Der Prozess wurde mit der Auswahl von drei Zielbereichen begonnen: Grundfertigkeiten; Einsatz von Informations- und Kommunikationstechnologien; Verbesserung im Bereich Ma-

2. Qualitätspolitik und Weiterbildungsforschung: Politik der Qualität – Qualität der Politik?

2.1 Facetten der Qualität in der Weiterbildungsforschung

In der Weiterbildungsforschung[8] wird davon ausgegangen, dass die Überprüfung und Erfassung von „Qualität" in den letzten Jahren zu einem wichtigen Thema geworden ist und dies auch bleiben wird. Viele Argumente werden dafür angeführt, von der Bedeutung der Weiterbildung für Wirtschaft und Gesellschaft, über die neuen deregulierten Steuerungsmechanismen der Bereitstellung von öffentlichen Angeboten, bis zu den neuen Wettbewerbskonstellationen der Anbieter und den Auswahlproblemen der Nachfragenden.

Die Sicherung von und das Bemühen um Qualität wird einerseits als „Kernaufgabe der Bildungspolitik" (BLK 2000, 1) bzw. als „Kern pädagogischer Professionalität" (Schiersmann 2002) hervorgehoben. Andererseits werden aber auch seitens der Akteure im Bildungswesen und in der Weiterbildung viele „Integrationsprobleme" für den aus dem Bereich der Wirtschaft kommenden Qualitätsdiskurs festgestellt: neben Aspekten der Komplexität der Materie und der „Spezifität des Produktes Bildung/Lernen" wird auch auf die „Interessenvielfalt und -divergenz" in diesem Feld und auf die „Schwierigkeit der Profession zur Integration traditionell im pädagogischen Kontext geführter, an die Qualitätsdebatte anschließender Diskurse" verwiesen (Hartz 2003, 7).

Es werden die verschiedenen gesellschaftlichen Aggregationsebenen unterschieden, etwa Mikro-, Meso-, Makroebene, oder Interaktion, Organisation, System. Der Fokus liegt auf der Ebene der Organisation, und gewissermaßen auf dem Zusammenspiel zwischen der Mikro- und der Mesoebene. Die Systemebene kommt sozusagen „von außen" ins Spiel, indem sich beispielsweise die Politik oder Verwaltung der Einrichtung von Qualitätsmanagementsystemen zur stärkeren oder schwächeren Unterstützung von Steuerungsentscheidungen bedient. Vor einigen Jahren wurde in der deutschen Diskussion noch festgestellt: „Die Frage einer Systemqualität wird in der Qualitätsdebatte weitgehend ausgespart."(Meisel 2000, 14) Tatsächlich ist der Übergang von der Qualität der Bereitstellung der Leistungen durch die Bildungsanbieter zur „Systemqualität" keine triviale Frage, da sich auch aus der optimalen Qualität (wie immer gemessen) der Leistungen aller einzelnen Anbieter nicht notwendigerweise auch eine optimale Qualität des Gesamtsystems ergibt.

Diese Problematik kommt in den Debatten über Marktversagen und Staatsversagen zum Ausdruck, die von der Ökonomie her eingebracht werden und für die es keine allgemeinen Lösungen gibt. Der von manchen Richtungen behaupteten Utopie, das freie Funktio-

---

thematik, Naturwissenschaft und Technologie. Aktuell (Anfang 2002) wird über die Festlegung weiterer Prioritäten diskutiert, Fragen des Zuganges und der Öffnung liegen auf dem Tisch.

[8] Die Diskussion bezieht sich schwerpunktmäßig auf die Dokumente und Diskussionsprozesse in der deutschen Weiterbildungsforschung – in anderen Ländern werden teilweise andere Schwerpunkte gesetzt, eine stärkere „Universalisierung" wäre wünschenswert.

nieren des Marktmechanismus würde letztlich zur optimal erreichbaren Qualität des Systems führen (wenn man ihn nur wirken ließe), stehen theoretische Argumente auf verschiedenen Ebenen, empirische Befunde, und auch die „Realverfassung" der Bildungssysteme entgegen.[9] Es gibt prinzipielle Gründe, warum die Allokation von Bildungsleistungen nicht allein der zahlungskräftigen Nachfrage überlassen werden kann (z.B. ihre Bedeutung für Demokratie und sozialen Zusammenhalt) und es gibt „technische" Gründe aus der Art von Bildungsleistungen (z.B. Informationsprobleme und -asymmetrien, Komplexität der Beurteilungskriterien), die auch das Funktionieren von Quasi-Märkten in diesem Bereich beschränken. Andererseits gibt es viele Argumente dafür, dass auch die öffentliche Bereitstellung und politische Eingriffe nicht notwendigerweise und bedingungslos dazu angetan sind, optimale Qualität zu sichern. Man geht heute daher davon aus, dass gemischte Systeme entwickelt werden müssen, die geeignet sind, die Bereitstellung von Bildungsleistungen für die verschiedenen Ansprüche und Interessen in angemessener Weise zu organisieren, also letztlich die Systemqualität zu sichern.

Damit entsteht die Aufgabe, dass die entsprechenden Instanzen zur Erfassung und Beurteilung dieser Qualität vorhanden sein müssen, wobei hier im Prinzip die Öffentlichkeit im Sinne der politischen Souveränität und Rechenschaftspflicht, die professionelle Selbstorganisation im Bildungswesen und die Forschung zur Erfüllung dieser Funktionen (arbeitsteilig) zur Verfügung stehen bzw. in Frage kommen. Fokussiert man auf die Weiterbildung als „spät gekommenen" Teilbereich der Bildungsbereitstellung, so sind aufgrund der Gestaltung der Weiterbildungssysteme die ersten beiden genannten Instanzen wenig entwickelt (die gesetzlichen Festlegungen und damit die öffentliche Rechenschaftspflicht ist meistens sehr lose geregelt, und auch die Professionalität ist wegen der Komplexität und Vielfältigkeit der Systeme schwach ausgeprägt) – daher könnte der Forschung hier (zumindest temporär) eine Schlüsselrolle zugeschrieben werden.

De facto nimmt die Weiterbildungsforschung diese Rolle der Erfassung der Systemqualität aber bisher ebenfalls nur schwach wahr. Hier ist die nähere Betrachtung der Beziehung von Forschung und Politik wichtig. Man kann in dieser Beziehung zwei Ebenen unterscheiden, auf denen die Forschung zur Qualität tätig wird:

- erstens die *Reflexion von Qualität im Bildungswesen im Auftrag der Politik zur Bereitstellung von Steuerungsinformation für die Politik* (wobei die Leistungen und Funktionsweise der Politik selbst nicht oder nur teilweise in den Blick genommen werden),
- zweitens *die Reflexion von Qualität der Politik im Sinne der Qualität der Steuerungsleistungen* selbst, wobei hier der Auftraggeber weniger selbstverständlich ist.

Die Qualität der Politik kann im Sinne der Rückmeldung an die Politik, bzw. der Reflexion zwischen verschiedenen Ebenen der Politik (lokal, regional, national, übernational) betrachtet werden, oder sie kann im Sinne der wissenschaftlichen Grundlagenforschung sozusagen selbstinduziert untersucht werden, oder diese Aufgabe kann im Prinzip auch im Auftrag von Akteuren aus dem Bildungswesen sozusagen reziprok zur ersten Ebene

---

[9] Dieses Thema kann hier nicht weiter vertieft werden, vgl. Booth/Snower 1996, OECD 1996, Lassnigg in Vorbereitung.

(also: die *Beobachtung der Politik im Auftrag der Akteure* anstelle der Beobachtung der Akteure im Auftrag der Politik) angegangen werden.

Erwachsenen-bildung u. Gesellschaft (5. 1)	biografische Aspekte (1. 1)	situative Aspekte (1. 2)	kontextuelle Aspekte (1. 3)	virtuelle Aspekte (1. 4)	institutionelle Aspekte (1. 5)	Wissens-strukturen u. -verteilung (2. 1)	Kompetenz-Entwicklung (2. 2)
Markt-öffentl. Verantwortung (5. 2)			**1. Lernen Erwachsener**			**2. Wissens-strukturen, Kompetenz-bedarfe**	Bedarfs-erschließung (2. 3)
Politikformen u. Beratung (5. 3)			**QUALITÄT** LehrerInnen Grundfertigkeiten, IKT, Wiss-Technik Effizienz				Themen u. Programme (2. 4)
Finanzierungs-Sicherung (5. 4)	**5. System und Politik**		Excellence, Innovative Pädagogik, Lernkultur, Basic skills, Nachfrage nach Lernen, Zugang ermöglichen, Bewertung, Information-Guidance-Counseling Investitionen (time, money), Ressourcen, Partnerschaft	*e-Learning (Ausstattung, Qualität, Industrie, Lernzentren)*		**3. Professionelles Handeln**	Lehrtätigkeit (3.1)
Zugang-Recht (5. 5)							Medien-Umgang u. Gestaltung (3. 2)
Regionale Kooperation (5. 6)		**ZUGANG** Offenheit, Attraktivität, Inklusion					
Information u. Support (5. 7)							Bildungs-planung u. Beratung (3. 3)
Allgemeine – berufliche Bildung (5. 8)							Bildungs-management (3. 4)
			ÖFFNUNG Arbeitswelt, Forschung, Gesellschaft, Unternehmer-geist, Fremdsprachen, Mobilität, Europa				
			4. Institutionalisierung				
Erstausbildung-Weiterbildung (5. 9)	Austausch-prozess (4. 1)	Angebote u. Anbieter (4. 2)	Leistung u. Dienstleistung (4. 3)	Organisation - Management (4. 4)	lernende Organisation (4. 5)	Vernetzung-Konkurrenz-Steuerungs-dynamik (4. 6)	Fort- u. Ausbildung (3. 5)

Quelle: Forschungsmemorandum 2000 (Zusammenstellung Lassnigg)

Abbildung 4: Thematische Struktur der Weiterbildungsforschung lt. Forschungsmemorandum 2000 und europäische Programmatik

Ohne hier nun über nähere formelle Analysen der Auftrags- und Finanzierungssituation in der Weiterbildungsforschung zu verfügen, kann aus Erfahrungswerten von europäischen Netzwerken und von nationaler Ebene (z.B. in Österreich) die These abgeleitet werden, dass die Forschung schwerpunktmäßig auf der ersten oben angesprochenen Ebene (Reflexion über das Geschehen im Bildungssystem vorwiegend unterhalb der Systemebene) angesiedelt ist, und dass die zweite Ebene (Reflexion über Politik auf Systemebene) wenig entwickelt ist, und – soweit vorhanden – vor allem selbstinduziert im Forschungssystem getragen wird. Mit den dargestellten neuen Europäischen Aktivitäten kommt jedoch eine neue Qualität hinzu, indem *die Reflexion über die Politik gegenüber den nationalen Systemen von der EU-Ebene her verstärkt vorangetrieben wird* (mit mehr oder weniger Skepsis bzw. Unterstützung seitens der nationalen Ebene). Die Systembetrachtung und Politikreflexion aus der Perspektive (oder im Auftrag) der Akteure im Bildungswesen scheint nur eine geringe Rolle zu spielen, und diese scheinen tendenziell eher die jeweilige Position der nationalen Ebene zu stützen als die Position der System- und Politikreflexion (insbesondere wenn sie von der Europäischen Ebene kommt).

Eine wichtige Unterscheidung um der Komplexität des Qualitätsbegriffes gerecht zu werden, wird auf der Dimension der Phasen oder Stufen der Bereitstellung von Bildungsleistungen vorgenommen: zwischen Input-, Prozess- und Ergebnismerkmalen.[10] Dieser Unterscheidung kann man eine doppelte Funktion zuschreiben, erstens ermöglicht sie die gesonderte Betrachtung und Analyse der verschiedenen Teilbereiche, zweitens ermöglicht sie aber auch gerade im Hinblick auf die Politikreflexion auch die systematische Analyse der Bereitstellung auf Systemebene, indem der gesamte Politikzyklus damit systematisiert und erfasst werden kann. Mit den neuen Steuerungskonzepten für das Bildungswesen wird meistens von einer Gewichtsverlagerung vom Input zum Ergebnis ausgegangen, und zunehmend werden auch Prozessmerkmale der Bereitstellung in den Blick genommen.

Betrachtet man als Beispiel die thematische Struktur des deutschen Forschungsmemorandums für die Erwachsenen- und Weiterbildung (Forschungsmemorandum 2000) und daran anschließende Expertisen im Hinblick auf die angesprochenen Unterscheidungen, so kann man die Themen der Europäischen Programmatik sehr deutlich wieder finden, wenn auch die Struktur des Forschungsmemorandums selbstverständlich viel differenzierter ist. Es werden auch die verschiedenen Aggregationsebenen detailliert angesprochen, vom Lernen auf der Mikroebene über Professionalisierung und Institutionalisierung, bis zu den Wissensstrukturen und der Ebene von System und Politik. Die Aufgabe der Politikevaluierung wird aber explizit nicht thematisiert, und vor allem in den stärker konkretisierten Vorschlägen für Forschungsschwerpunkte zur Weiterbildung von Arnold u.a. (2000) wird dieser Aspekt nicht verfolgt. Auf der Makroebene werden Aspekte thematisiert wie die Beteiligung verstehen; die Bedeutungszuschreibungen für Weiterbildung in lebensweltlichen, beruflichen und betrieblichen Kontexten; Medien der WB und die Rolle von Geschlecht/Gender in der Erwachsenen- und Weiterbildung – zweifellos wesentliche Aspekte im Vorfeld der Politikreflexion. Als expliziter Forschungsschwerpunkt wird eine weitere Erforschung der im Memorandum thematisierten Fragen zum im Bereich System und Politik nicht vorgeschlagen – beispielsweise wird zur Thematik der Veränderung der Dienstleistung Weiterbildung explizit der Forschungsgegenstand „Bildungsorganisations-Forschung" betont und die „Klärung der mittleren Ebene" (oder Mesoebene) als vorrangig eingeschätzt (Arnold u.a. 2002, 18).

2.2 Qualität der Politik – Forschung für Policy learning?

Um die Qualität der Politik erfassen und analysieren zu können wird im Folgenden ein Modell beschrieben, das die wesentlichen Elemente dafür explizit macht. Vieles davon ist in der einschlägigen Forschung allgemein eingeführt, vor allem die Begrifflichkeit im Qualitätsmodell wird aber in dieser Schärfe und Detaillierung nicht immer vorgetragen. Gerade dies erscheint aber erforderlich zu sein, da wie so oft auch hier gerade bei den Anforderungen an die Politik „der Teufel im Detail steckt".

---

[10] Wofür wiederum verschiedene Begrifflichkeiten und Differenzierungen gewählt werden können.

In einem ersten Teil des Modells werden die verschiedenen politikrelevanten Elemente des Bildungssystems dargestellt. Einerseits wird das Bildungswesen in den *Kontext* eingebunden, und andererseits werden die *Stadien des Bereitstellungsprozesses* differenziert.

Im folgenden Schema werden am Beispiel des Berufsbildungssystems die Teilbereiche des Kontextes für die Bildungspolitik auf gesellschaftlicher Ebene (soziokulturell, politisch, ökonomisch) und auf der Ebene von relevanten Teilsystemen differenziert, wobei aus der Perspektive der Bildungspolitik auch das bestehende Bildungswesen selbst als Kontext anzusehen ist (da im Sinne der Pfadabhängigkeit die Gegebenheiten zu jedem Zeitpunkt die Vorgaben für weitere politische Schritte darstellen; selbst wenn es sich um eine radikale Abkehr von den Gegebenheiten handelt, wirken diese weiter, z.B. indem sie die Reaktionen der Akteure beeinflussen). Die gesellschaftliche Berücksichtigung des Kontextes ist wesentlich, um soziokulturelle, politische oder ökonomische Faktoren identifizieren zu können, die nicht in der Reichweite der Bildungspolitik liegen, die diese aber beeinflussen, und auch um die gesellschaftlichen Teilsysteme im Blick zu behalten, die mit dem Bildungssystem interagieren (wo beispielsweise auch unterstützende Maßnahmen ansetzen können), v.a. den Arbeitsmarkt und das Produktionssystem.

Für die Stadien des Bereitstellungsprozesses wird eine Differenzierung in vier Stufen (*Input, Prozess, Output, Outcome*) vorgeschlagen, wobei die beiden letzteren eine Unterscheidung zwischen den unmittelbaren (sozusagen automatisch anfallenden) Effekten und den mittel- bis längerfristigen Wirkungen treffen. Diese Unterscheidung ist konventioneller Weise noch nicht so eingeführt wie die drei Stadien Input-Prozess-Ergebnis.

In einem weiteren Teil des Modells werden als Qualitätsmodell im engeren Sinne die *Elemente des Policy-Zyklus* explizit gemacht, nämlich

- Ziele: die Formulierung von übergreifenden Zielen, in operationeller (messbarer) Form
- Ergebnisse: die Formulierung von geeigneten Ergebnissen der Politik (also von Teilzielen-Schritten-Maßnahmen zur Erreichung der übergreifenden Ziele) in einer operationellen Form, so dass ihre Erfüllung gemessen werden kann,
- Messung: die Formulierung/Definition von geeigneten Messsystemen/Indikatoren für die relevanten Elemente des Bildungswesens und seines Kontextes wie auch für die Stadien des Bereitstellungsprozesses, die die Zielerreichung und Umsetzung zeitgerecht erfassen können,
- Informationsproduktion: die Errichtung von Systemen der Beobachtung (Monitoring, Evaluierung, Benchmarking) der Umsetzung
- Informationsverteilung: die Errichtung von Informationssystemen, die die Rückkoppelung zu den Zielen und *policy learning* ermöglichen sollen.

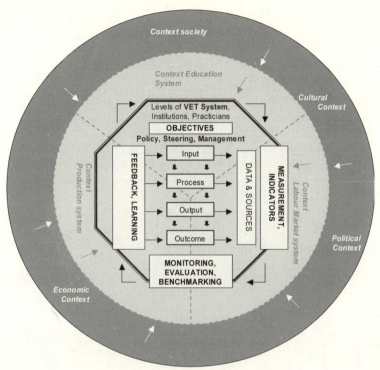

Abbildung 5: Politikrelevante Elemente des Bildungswesens in seinem Kontext am Beispiel des Berufsbildungssystems (vgl. Lassnigg in Vorbereitung)

Das Qualitätsmodell erfordert also die folgenden wesentlichen Elemente: Erstens die Formulierung von Zielen (wobei dies schon einer der kritischen Prozesse im Policy-Zyklus ist), zweitens die Übersetzung der Ziele in überprüfbare (messbare) Leistungen und/oder Maßnahmen zu ihrer Erfüllung, die für die einzelnen Stadien des Bereitstellungsprozesses formuliert werden sollten, drittens die Messung in vernünftigen Zeiträumen, und viertens die Informationsproduktion und -verteilung über diese Messergebnisse.

Konzeptionell ist dieses Modell in seinen Grundzügen bereits gut eingeführt und es wird auch im Prinzip in Forschung, Politik und Praxis weithin geteilt. Beispielsweise wird der Frage der Zieldefinition als Basisvoraussetzung für Qualitätsentwicklung und -sicherung in den Empfehlungen und Expertenberichten des „Forums Bildung" große Bedeutung beigemessen, und es werden die Probleme, Konflikte und Widersprüchlichkeiten dabei herausgearbeitet (Vgl. BLK 2001b, 2; BLK 2002, 119-121).

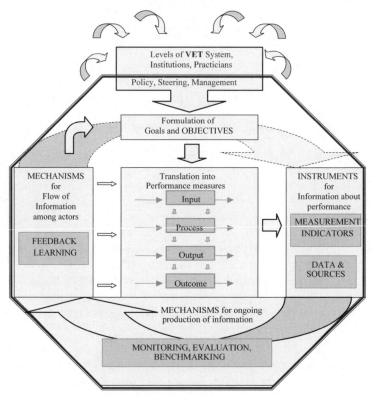

Abbildung 6: Elemente des Policy-Zyklus am Beispiel des Qualitätsmodells für das Berufsbildungssystem (vgl. Lassnigg in Vorbereitung)

In der Praxis ist man jedoch von einer Umsetzung dieses Modells noch sehr weit entfernt, und es scheint dazu vor allem notwendig zu sein, die Erfordernisse einer erfolgreichen Qualitätspolitik im Hinblick auf den Detaillierungsgrad oder Differenzierungsgrad zu erforschen und auszudiskutieren, der benötigt wird, um ein gefordertes Qualitätsniveau zu erreichen.

Es ist klar, dass es in diesem Modell vielfältigste Zuordnungsprobleme gibt, wobei die Zuordnung von empirischen Entitäten zu den verschiedenen Elementen des Modells meistens nicht in eindeutiger und unmittelbar evidenter Weise möglich ist – vielmehr hängt diese Zuordnung von der Betrachtungsweise und Fragerichtung ab. Dies kann man mehr relativistisch und fallabhängig sehen, man kann aber auch für eine mehr systematische Sicht plädieren, indem man eben von einem stärker definierten Policy-Modell ausgeht und seine verschiedenen Dimensionen in einen systematischen Zusammenhang stellt. Es ergeben sich dann einige Erweiterungen und auch „kritische" Schnittstellen in dieser Modellbetrachtung.

Die Erweiterungen beziehen sich auf die Systematik des Bereitstellungszyklus (input-prozess-output-outcome im Kontext) und seine Verknüpfung zur Zeitdimension. Im

Prinzip kann für Evaluierungszwecke jedes Stadium für sich betrachtet und in der Zeitdimension beobachtet werden, oder es können die Zusammenhänge zwischen den Stadien des Zyklus teilweise oder in einem vollständigen Modell analysiert werden. Beispielsweise besteht in den aktuellen politischen Diskussionen die Tendenz, sich auf die Ergebnisse zu konzentrieren (wobei wiederum diskutierbar ist, inwieweit output- oder outcome-Aspekte betont werden sollen) und die anderen Stadien (input-, prozess-Aspekte) implizit zu lassen. Da diese jedoch die Vorleistungen für die Ergebnisse abbilden, wäre eher darauf zu achten, dass eben alle Stadien des Prozesses entsprechend berücksichtigt werden.

Als „kritische" Schnittstellen sind die folgenden zu sehen: Erstens die Verbindung von Politik und Bereitstellung mit der Formulierung der Ziele, Maßnahmen und Ergebnisse als wesentlichem Element, zweitens die Verbindung von Kontext und Bereitstellung im Sinne der Erfassung von fördernden und hemmenden Faktoren vom Kontext her (z.B. wirtschaftliche Entwicklung, öffentliche Finanzen, soziale Verwerfungen in der Gesellschaft) und auch von der Spezifität und Zielgerichtetheit der Qualitätsbetrachtung, indem hier die Schnittstelle zwischen gegebenen und beeinflussbaren Faktoren zu definieren ist (von der wiederum die „Reichweite" der Politik abhängt)[11], drittens die Verbindung von Policy-Zyklus und Beobachtungs- bzw. Rückkoppelungssystem, von deren Gestaltung die gesamte Funktionsweise des Qualitätsmodells abhängt, und viertens die Schnittstellen zwischen den Elementen des Beobachtungssystems, die einen mehr oder weniger reibungsfreien Informationsfluss ergeben können.

Für die Forschung ist dabei die Behandlung der Ziele und Zielstrukturen selbst, sowie ihrer Verwirklichungsbedingungen eine zentrale strategische Frage, die wir auch aus der Evaluationsforschung kennen: Dabei geht es darum, inwieweit sich die Forschung darauf beschränkt, Effekte oder Wirkungen im Rahmen einer gegebenen Kausaltheorie zwischen Zielen und Maßnahmen zu erfassen bzw. inwieweit auch die Maßnahmentheorie selbst Gegenstand der Erforschung wird.[12] Diese Frage betrifft de facto die Beziehung zwischen Grundlagenforschung und Anwendungsforschung, indem das Hinterfragen der Maßnahmentheorie meistens in die Grundlagenforschung hineinreicht – damit aber meistens auch die pragmatischen Hintergründe von Forschungsaufträgen aus der Praxis überschreitet.

---

[11] Eine wesentliche Frage hier besteht darin, inwieweit strukturelle Aspekte des Bildungswesens als beeinflussbare Faktoren zur Disposition stehen oder eher als gegebener Kontext zu modellieren sind.

[12] Bei den kausalorientierten Fragestellungen kann zwischen zwei Fragerichtungen unterschieden werden: In Evaluationen wird typischerweise danach gefragt, *ob* die Wirkung auf eine festgelegte Zielvariable kausal auf die Maßnahme (Stimulus) zurückzuführen und *wie groß* diese Wirkung ist (stimulusorientierte Fragerichtung). Es wird also nach empirisch nachweisbaren Wirkungen *innerhalb der Maßnahmentheorie* gefragt. Die zweite Fragerichtung bezieht sich auf die *Richtigkeit der Maßnahmentheorie* selbst. Es wird nach dem Wirkungszusammenhang gefragt, also einerseits wie und auf welche ursächlichen Faktoren die Maßnahme wirkt und andererseits wie diese ursächlichen Faktoren wiederum auf die Zielvariable wirken (verursachungsorientierte Fragerichtung). Diese zweite Fragerichtung überschneidet sich mit allgemeineren Forschungsfragen und wird auch oft aus der Evaluationsforschung ausgeklammert (vgl. zu dieser Unterscheidung v.a. Chen 1990).

3. Indikatoren – Qualität und Quantität

Im nächsten Schritt wird nun betrachtet, inwieweit international vergleichbare Indikatoren bereits verfügbar sind, die im Prinzip für das skizzierte Policy- und Qualitäts-Modell verwendet werden können, und es wird daran anschließend anhand einiger ausgewählter bildungspolitischer Indikatoren (die für die EU-Politik von zentraler Bedeutung sind) die Anwendbarkeit auf die österreichische Situation diskutiert.

3.1 Verfügbarkeit von Indikatoren

Die wichtigsten internationalen und Europäischen Indikatorensysteme wurden einem Screening unterzogen, inwieweit die verschiedenen Dimensionen des skizzierten Policy- und Qualitätsmodells dadurch abgedeckt sind (Lassnigg in Vorbereitung). Die folgende Darstellung gibt einen Überblick über die betrachteten Indikatorensysteme und ordnet sie auch tentativ den Bereichen des Modells zu.

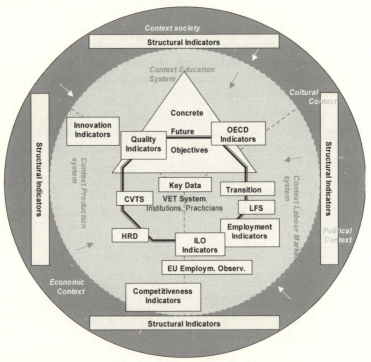

Abbildung 7: Verfügbare internationale vergleichbare Indikatorensysteme mit bildungspolitischem Bezug (vgl. Lassnigg in Vorbereitung)

Es wurden sechs allgemeine Indikatorensysteme betrachtet, die Bildungsindikatoren enthalten, aber sich von ihren Zielsetzungen her schwerpunktmäßig auf verschiedene Dimensionen von Kontextfaktoren beziehen, und es wurden 11 bildungspolitische Indikatorensysteme betrachtet, die thematisch zu sechs Kategorien zusammengefasst wurden. Die bildungspolitischen Indikatorensysteme sind unterschiedlicher Ausprägung formalisiert, die Reichweite liegt zwischen dem vergleichsweise hohen Formalisierungsgrad der OECD-Indikatoren und vorläufigen Vorschlägen und eher forschungsorientierten Plattformen.

Die Botschaft liegt nicht darin, dass hier ein unmittelbar verwendbares Instrumentarium verfügbar wäre, sondern dass man sich dieser Systeme von der Forschung her stärker annehmen sollte, um ihre Anwendbarkeit auszuloten. Es soll auch der Graben zwischen dem qualitativen und dem quantitativen Paradigma weder vertieft noch zugeschüttet werden, sondern es wird dafür plädiert, dass von einem Standpunkt des Navigierens zwischen diesen beiden Ufern (auch) die Potentiale des Quantitativen ausgelotet werden sollen, um den doch im Pädagogischen stark verankerten Glauben, dass Qualität eben durch Quantität mehr oder weniger per definitionem nicht ausgedrückt werden könne, zu hinterfragen.

Wenn man die Repräsentation von Bildungsindikatoren in den allgemeinen Indikatorensystemen vergleicht, so ist diese am stärksten in den EU-Innovationsindikatoren, auch die NAP-Indikatoren der europäischen Beschäftigungsstrategie und die Europäischen Strukturindikatoren geben dem Bildungswesen ein beträchtliches Gewicht.

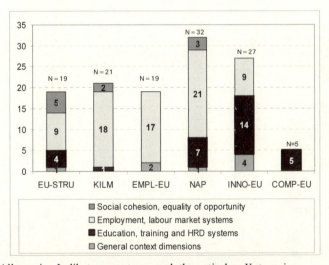

Abbildung 8: Allgemeine Indikatorensysteme nach thematischen Kategorien

Der Vergleich der Repräsentation der Stufen des Policy-Zyklus in den bildungsspezifischen Indikatoren der allgemeinen Indikatorensysteme (N=31) und in der Summenbetrachtung der Bildungsindikatoren (N=251)[13] ergibt unterschiedliche Schwerpunkte: In den Bildungsindikatoren sind durchaus alle Stufen des Policy-Zyklus nennenswert repräsentiert, mit einem sichtbaren Schwerpunkt auf den Input-Indikatoren und den Kon-

---

[13] Die Zahl der Indikatoren ist „brutto" gerechnet, d.h. ohne Bereinigung von Doppelzählungen für gleiche oder sehr ähnliche Indikatoren, die in mehreren oder allen Systemen vorkommen.

text-Indikatoren.[14] In den Bildungsindikatoren der allgemeinen Indikatorensysteme sind v.a. die beiden traditionellen Stadien von Input und Output repräsentiert, Prozess-Indikatoren sind nicht enthalten.

Die verschiedenen Systeme von Bildungsindikatoren zeigen unterschiedliche Schwerpunkte. Die OECD-Indikatoren berücksichtigen outcomes fast nicht, sind aber ansonsten ziemlich ausgewogen, die EURYDICE-Indikatoren sind stark auf (strukturelle) Kontext- und Input-Faktoren konzentriert, und die VET-Berufsbildungs-Indikatoren des CEDEFOP berücksichtigen die ansonsten eher vernachlässigten prozess- und outcome-Faktoren. Von den spezifischen Indikatorensystemen ergeben sich Beiträge zu allen Stadien (am wenigsten sind in diesen Systemen Output-Faktoren erfasst).

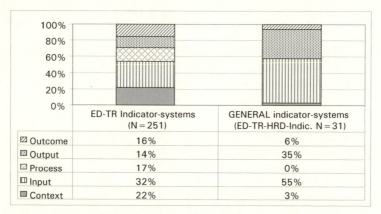

Abbildung 9: Stufen des Policy-Zyklus in den bildungsspezifischen Indikatoren

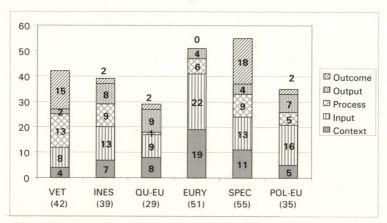

Abbildung 10: Bildungsindikatoren nach Stufen des Policy-Zyklus

---

[14] Bei der Zuordnung der Indikatoren wurden strukturelle (nicht kurzfristig veränderbare) Aspekte des Bildungswesens dem Kontext zugerechnet.

Als „gemeinsamer Kern" von Bildungsindikatoren, die in mindestens drei Systemen enthalten sind, ergeben sich aus dieser Analyse die folgenden Indikatoren, die nur drei der fünf Stadien des Bereitstellungsprozesses zugeordnet wurden (prozess und outcome-Indikatoren sind nicht dabei):

Kontext
- Bildungsabschlüsse in der Bevölkerung nach Bildungsebenen
- Bildungsausgaben bezogen auf das BIP

Input
- Bildungsausgaben pro Schüler/-in/Studierende/-r
- Verfügbarkeit von Computern für Bildungszwecke
- Bildungsbeteiligung auf der oberen Sekundarstufe nach Allgemein- und Berufsbildung
- Beteiligung in tertiärer Bildung
- *Beteiligungsquote in lebenslangem Lernen* (auch in allgemeinen Indikatoren)

Output
- Abschlussrate in Sekundarbildung an gleichaltriger Bevölkerung
- Abschlussrate in Tertiärbildung an gleichaltriger Bevölkerung
- Tertiärabsolventen/Tertiärabsolventinnen nach Fachrichtungen, *Absolventen/Absolventinnen von wissenschaftlichen und technischen Studien in der (jungen) Bevölkerung* (auch in allgemeinen Indikatoren)
- Lesekenntnisse von 15-Jährigen
- Mathematikkenntnisse von 15-Jährigen

Abbildung 11: Gemeinsamer Kern von Bildungsindikatoren

Offensichtlich ist dieser bisher etablierte gemeinsame Kern von verfügbaren Indikatoren im Hinblick auf Fragen der Qualitätsentwicklung von sehr beschränkter Aussagekraft. Die Aufgabe besteht also in der Erweiterung dieses Kerns durch die Exploration der Verwendbarkeit von Indikatoren aus dem verfügbaren breiten Spektrum von (noch) weniger etablierten Indikatoren.

3.2 Anwendung von Indikatoren in der Politikanalyse – drei Beispiele

In diesem Abschnitt werden drei Anwendungsbeispiele von Indikatoren aus dem Europäischen Politikprozess in etwas erweiterter Form präsentiert, um die Anwendbarkeit und Aussagekraft auszuloten: Erstens eine qualitative Bewertung der Lifelong-Learning-Strategien der EU-Länder aus dem gemeinsamen Beschäftigungsbericht 2001, zweitens die auf Europäischer Ebene vorgeschlagenen Indikatoren, die als „Benchmarks" für den Prozess der Koordination der Bildungspolitik verwendet werden sollen, und drittens eine Auswahl von Wirkungsindikatoren aus den Europäischen Indikatorensystemen in der Anwendung auf die Bewertung des österreichischen Bildungswesens im europäischen Vergleich.

3.2.1 Beispiel 1: EU-Bewertung der Lifelong-Learning-Strategien der Mitgliedstaaten

Im Rahmen der europäischen Beschäftigungsstrategie, die nun auf veränderte Grundlagen gestellt wird, erfolgte eine jährliche Bewertung der Politik der Mitgliedstaaten (Umsetzung der Nationalen Aktionspläne für Beschäftigung) durch die Kommission und den Rat in Konsultation mit den Mitgliedstaaten, die dann letztlich im Gemeinsamen Beschäftigungsbericht (Joint Employment Report – JER) veröffentlicht wurde.

In diesem Rahmen wurden die bereits in Abschnitt 1.2 diskutierten Elemente der Lifelong-Learning-Strategie entwickelt und formuliert. Der Gemeinsame Beschäftigungsbericht von 2001 enthält eine qualitative Bewertung der Politik der Mitgliedstaaten in diesem Bereich, der Operationalisierungen der Elemente von umfassenden und kohärenten Strategien zugrunde gelegt wurden.

Wenn man diese Bewertung, die verbal erfolgte (ob jedes der Politikelemente als erfüllt, teilweise erfüllt, oder nicht erfüllt eingeschätzt wurde), in einem weiteren Schritt auf einfache Weise quantifiziert (erfüllt ~ 1; teilweise erfüllt ~ 0,5; nicht erfüllt ~ 0), ergibt sich eine Rangreihung der Mitgliedstaaten auf einer Skala zwischen 0 und 8. Diese Reihung, die aus einem teilweise durch Anwendungsforschung und Expertise gestützten Monitoring- und Evaluierungsprozess stammt, kann in der Forschung in doppelter Weise weiterverarbeitet werden: Erstens kann die vergleichende Bewertung der Länder näher analysiert und mit vorhandenen Analysen konfrontiert werden; zweitens kann aber auch der Europäische Politikprozess im Hinblick auf seine Qualität analysiert werden (beispielsweise indem man die Operationalisierungen hinterfragt oder das Ergebnis der Strategiebewertung mit anderen vergleichenden Indikatoren aus dem Europäischen Politikprozess, etwa den Strukturindikatoren, konfrontiert und damit die Konsistenz hinterfragt).

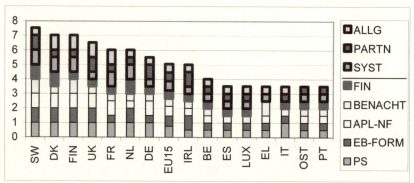

Legende: **Kohärente Strategie**: ALLG = Allgemeine Aspekte (Beratung, Lenkung, Mobilität); PARTN = Partnerschaft Akteure); SYST = Systementwicklung (Implementationszyklus); **Umfassende Strategie**: FIN = Investitionen, Finanzierungspläne; BENACHT = Benachteiligte Gruppen; APL-NF = Lernen am Arbeitsplatz, nicht formales Lernen, Anerkennung; EB-FORM = Formale Erwachsenenbildung, -ausbildung; PS = Pflichtschulbildung.

Abbildung 12: Quantifizierung der Bewertung der Lifelong-Learning-Strategien

3.2.2 Beispiel 2: Europäische Benchmarks für die Koordination der Bildungspolitik

Eine wichtige Diskussion im Prozess der Koordination der Bildungspolitik auf europäischer Ebene bezieht sich darauf, welche Rolle quantifizierte Zielwerte dabei spielen können und sollen. Hier besteht ein Wechselspiel zwischen der Kommission und den Ländern, die durch den Rat repräsentiert sind, wobei die Kommission diesen Prozess der Zielsteuerung stärker voranzutreiben versucht, als dies in manchen Ländern erwünscht ist.

Dies lässt sich sowohl an den prozeduralen Vorstellungen als auch an den vorgeschlagenen Indikatoren zeigen. Der zeitliche Rahmen im Prozess der angestrebten Koordination erstreckt sich bis 2010. In diesem Jahr sollten bestimmte angestrebte Zielwerte erreicht werden. Der Vorschlag der Kommission enthält Zielwerte für 2010 und auch Vorstellungen über den Umsetzungsprozess (Beobachtung der Fortschritte 2004, eventuell Zielvorgaben; Europäische Kommission 2002d). Die Zielwerte orientieren sich am Vergleich zu den drei „besten" Ländern auf den jeweiligen Indikatoren und die Umsetzung orientiert sich nicht nur an den europäischen Durchschnittswerten im Jahr 2010 sondern auch an den dynamischen Veränderungen in den Mitgliedsländern (etwa Halbierung von Problemindikatoren, oder auch Mindestwerte pro Land). Auch sind die Ziele teilweise umfassender und anspruchsvoller definiert. Der Rat hat die Vorschläge der Kommission teilweise deutlich abgeschwächt, z.B. prozedural, bei einzelnen Indikatoren und insbesondere auch beim Aspekt der Steigerung der Investitionen.

Kommission (Nov. 2002)	Rat (Mai 2003; alle Zielwerte für 2010)
Investitionen (% BIP)	KEIN VORSCHLAG
Schulabbrecher (pro Land mind. halbieren, EU max. 10%)	Frühe Schulabgänger (max. 10% der 18-24-Jährigen)
Hochschulabsolvent(inn)en Mathematik-Naturwissenschaft-Technik (Differenz zwischen Geschlechtern halbieren, Zahl steigern)	Mathematik-Naturwissenschaft-Technik (Steigerung der Zahl um mindestens 15%)
Abschluss der Sekundarstufe (mind. 80% der 18-24-Jähr.)	Abschluss Sekundarstufe II (mindestens 85% der 22-Jährigen)
Schlüsselkompetenzen (PISA schlechte Leistungen in Lesen, Mathematik, Naturwissenschaft mind. halbieren)	Grundlegende Fertigkeiten PISA (Reduzierung des Anteils der 15-Jähr. schlecht Lesenden um mindestens 20%)
Beteiligung Lifelong Learning (pro Land mind. 10%, EU 15%)	Lebenslanges Lernen (Beteiligung der 25-64-Jährigen mind. 12,5%)

Abbildung 13: Vorschläge für Benchmarks von Kommission und Rat

Die Benchmarks beziehen sich auf den oben herausgearbeiteten „gemeinsamen Kern" von Indikatoren.

3.2.3 Beispiel 3: Bewertung Österreichs im EU-Vergleich mittels ausgewählter Wirkungsindikatoren

Als drittes Beispiel wird nun die Position Österreichs anhand von 20 ausgewählten Indikatoren aus verschiedenen Quellen (JER 2002, Benchmarks der Kommission, Innovation-Trendchart) beschrieben. Damit können in der Logik der Europäischen Bildungspolitik Signale für Stärken und Schwächen Österreichs im Vergleich zu den anderen Ländern erfasst werden. Es handelt sich dabei um ein Anwendungsbeispiel für die Verwendbarkeit der oben beschriebenen Indikatorensysteme auf einer sehr einfachen methodischen Basis.

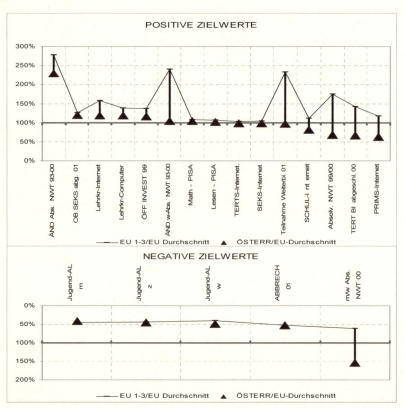

Abbildung 14: Position Österreichs im Vergleich zum EU-Durchschnitt nach ausgewählten Wirkungsindikatoren (Reihung nach relativem Abstand zum EU-Durchschnitt)

Bei der Hälfte der Indikatoren liegt Österreich in der Nähe des EU-Durchschnittes, bei fünf Indikatoren werden Stärken signalisiert (sie betreffen die Steigerung der Zahl der Naturwissenschaft-Technik-Absolventen/-Absolventinnen, den Anteil der frühen Schulabbrecher/-innen und drei liegen im Bereich der geringen Jugendarbeitslosigkeit), bei vier bis fünf Indikatoren werden Schwächen signalisiert (davon betreffen drei die tertiäre Bildung und den Bereich Naturwissenschaft-Technich, insbesondere den Geschlechterunterschied in Naturwissenschaft-Technik-Studien, und zwei den Internet-Anschluss von Schulen). Dabei muss berücksichtigt werden, dass sich die Indikatoren meist bereits auf einen Zeitraum bis 2000 beziehen, was für die Bewertung einen Unterschied macht, je nachdem ob es sich um mehr oder weniger reagible bzw. persistente (strukturelle) Indikatoren handelt. Außerdem ist zu berücksichtigen, dass in der Zwischenzeit durch politische Maßnahmen bereits Verbesserungen herbeigeführt worden sein können (wofür es bei den Internetanschlüssen der Schulen Hinweise gibt).

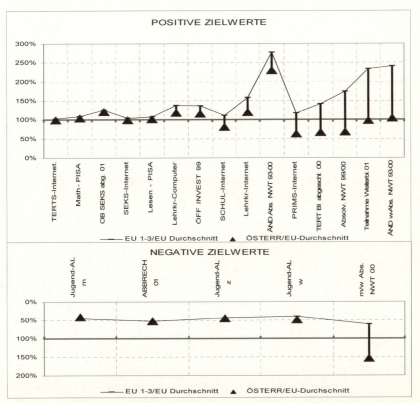

Abbildung 15: Position Österreichs im Vergleich zum EU-Durchschnitt nach ausgewählten Wirkungsindikatoren (Reihung nach dem Abstand Österreichs zum Durchschnitt der jeweils drei „besten" EU-Länder)

Der Vergleich zum Durchschnitt der drei „besten" EU-Länder berücksichtigt die zusätzliche Information über die Größe der Unterschiede im EU-Raum (bzw. eben ob die drei „besten" Länder im Vergleich zu den anderen eine größere oder kleinere „Dynamik" aufweisen). Manche Indikatoren verbessern den Rangplatz beim Vergleich mit den drei

„besten" Ländern gegenüber der Position zum Durchschnitt (v.a. die Ausstattung der Schulen mit Internet und die PISA-Indikatoren), andere verschlechtern den Rangplatz (v.a. die Veränderung der Zahl der NWT-Absolventen/-Absolventinnen insgesamt und weiblich, die Internetqualifikation der Lehrkräfte, die weibliche Jugendarbeitslosigkeit und die Teilnahmequote an Weiterbildung). Es hat den Anschein, dass Österreich gerade bei den am meisten dynamischen Indikatoren gegenüber den drei „besten" Ländern weiter zurückbleibt als gegenüber dem Durchschnitt, während Österreich bei den weniger dynamischen Indikatoren eher Spitzenwerte aufweist.

4. Resümee

Dieser Beitrag versucht, eine Brücke zwischen den aktuellen bildungspolitischen Ansätzen auf der europäischen Ebene und den Perspektiven und Diskussionen in der (deutschen) Weiterbildungsforschung zu schlagen. Dabei wird davon ausgegangen, dass die Bewertung der Qualität der Politik eine zumindest ebenso wichtige Aufgabe für die Weiterbildungsforschung darstellt wie umgekehrt die Bewertung der Qualität der Institutionen im Bildungswesen im Auftrag der Politik. In vorhandenen Prioritätensetzungen für die Agenda der Weiterbildungsforschung wird diese Aufgabe jedoch eher vernachlässigt.

In mehreren Schritten wurde ein Bogen von den programmatischen Entwicklungen der Europäischen Bildungspolitik über die Formulierung eines Qualitätsmodells für die Politikevaluierung bis zu konkreten Bewertungsansätzen in Form von Indikatoren und ihrer Anwendung gespannt.

Im Rahmen der Programmatik der europäischen Bildungspolitik kristallisiert sich ein differenzierter Ansatz heraus, der einerseits eine Gliederung in thematische Felder für Prioritätensetzungen und andererseits ein ergebnisorientiertes Implementationsmodell vorschlägt. Der Ansatz legt zentrales Gewicht auf die Entwicklung von politischen Strategien zur Entwicklung und Förderung des lebensbegleitenden Lernens und soll einen Rahmen abgeben, um die nationalen Systeme und Politiken zu vergleichen und im Sinne einer offenen Koordination weiterzuentwickeln. Dieser Ansatz kann in Konfrontation mit dem Stand der einschlägigen Forschung durchaus bestehen, indem einerseits die zentralen Aspekte thematisiert werden und andererseits auch innovative und fortgeschrittene pädagogische Ansätze gefördert werden.

Auch wird von der Europäischen Ebene ein Politikmodell forciert, das gegenüber der nationalen Ebene starke evaluative und entwicklungsorientierte Ansatzpunkte enthält. Für die Forschung kann aus diesem Ansatz u.a. die Aufgabenstellung der Evaluierung der Qualität der Politik im Zusammenspiel zwischen europäischer und nationaler Ebene abgeleitet werden. Diese Herausforderungen und Aufgaben in diesem Bereich werden jedoch nur wenig thematisiert und wahrgenommen. Teilweise hängt dies damit zusammen, dass sich die Bildungsforschung immer noch zu sehr auf die Mikroebene der genuin pädagogischen Prozesse konzentriert und eine hohe Distanz zu mehr aggregierten sozialen Prozessen und insbesondere ein gewisses Misstrauen zu den Fragen der politischen Steuerung des Bildungswesens besteht.

In der Weiterbildungsforschung ist eine eher begrenzte Betrachtung der Qualitätsproblematik zu konstatieren, die sich darauf konzentriert, die Qualität der Bildungsleistungen im Auftrag der übergeordneten Instanzen zu analysieren. Die Aufgabenstellung der Analyse der Qualität der Politik im Hinblick auf die gedeihliche Förderung der pädagogischen Prozesse stellt eine Forschungslücke dar. In dieser Richtung wurden im vorliegenden Beitrag einige Überlegungen angestellt und Ansatzpunkte herausgearbeitet.

Es wurde ein Modell skizziert, das den Politikprozess mit Mechanismen der Qualitätssicherung verbindet, und es wurden wichtige Bedingungen für die Funktionsweise dieses Modells herausgearbeitet. Neben der operationellen Definition von Zielsetzungen und ihrer Übersetzung in überprüfbare Ergebnisse und Maßnahmen zur Zielerreichung auf allen Dimensionen des Bereitstellungszyklus besteht eine der wesentlichen Bedingungen auch darin, dass die Qualität der Politik durch entsprechende Instrumente beobachtbar gemacht und kommuniziert werden muss. Der Entwicklung von geeigneten Indikatoren kommt dabei eine zentrale Rolle zu.

Unter mehreren Blickwinkeln wurde die Verfügbarkeit und Verwendung von Indikatoren zur Politikevaluierung beleuchtet. Erstens wurde eine Bestandsaufnahme von Bildungsindikatoren präsentiert und auf die Kategorien des Politik- und Qualitätsmodells bezogen, die in international vergleichbaren Indikatorensystemen verfügbar sind (und zumeist auch im Internet kommuniziert werden). Dabei zeigt sich einerseits, dass eine große Vielfalt von international vergleichbaren Indikatoren bereits verfügbar ist. Andererseits ist der gemeinsame Kern von etablierten und in mehreren Systemen genutzten Indikatoren noch ziemlich klein und dieser bezieht sich auf sehr allgemeine Merkmale der Bildungssysteme.

Zweitens wurden drei Beispiele für Anwendungen von Indikatoren präsentiert, die auf den europäischen bildungspolitischen Ansatz bezogen sind: (1) eine quantifizierte Darstellung der Evaluierung der Lifelong-Learning-Strategien der EU-Mitgliedsländer, wie sie im Rahmen der Umsetzung der Beschäftigungsstrategie auf der politischen Ebene durchgeführt wurde; (2) die Vorschläge für quantitative Benchmarks zum Vergleich der Bildungssysteme der EU-Mitgliedsländer im Prozess der Koordinierung und für deren Anwendung; (3) ein Ansatz zur Verwendung ausgewählter Europäischer Indikatoren zur Bewertung der Position Österreichs im EU-Vergleich.

Was zeigen diese Anwendungsbeispiele?

- Die Quantifizierung der Bewertung der Lifelong-Learning-Strategien auf politischer Ebene demonstriert, dass eine Operationalisierung der komplexen Kategorien des Europäischen Politikansatzes auf dem Wege ist, die auch als Ausgangsmaterial für die vertiefende Erforschung der Qualität der Politik verwendet werden kann. Potenziale sind sowohl auf Europäischer Ebene gegeben, wo beispielsweise die Konsistenz dieser Strategiebewertung mit weiteren Indikatoren geprüft werden kann, als auch auf nationaler Ebene, wo die Haltbarkeit und Tragfähigkeit der Politikbewertung überprüft werden kann sowie bei den jeweils indizierten Stärken und Schwächen weiter in die Tiefe gegangen werden kann.

- Die präsentierten Vorschläge für Europäische Benchmarks, an denen sich die EU-Mitgliedsländer bei der Weiterentwicklung ihrer Bildungssysteme vergleichen sollen, beziehen sich auf zentrale Aspekte der Bildungspolitik, geben aber nur eine Art minimales Gerüst für die Politikbewertung, wobei insbesondere die Frage der erforderlichen Investitionen offen gelassen wird. Ebenso sind die Dimensionen der Zugänglichkeit und der Öffnung der Bildungssysteme nicht abgedeckt. Für die Forschung ergeben sich hier Fragen der sinnvollen Erweiterung des Grundgerüstes auf Europäischer Ebene, bzw. insbesondere auch der Vertiefung und Unterfütterung auf nationaler Ebene.

- Die Positionierung Österreichs im Rahmen einer breiteren Auswahl von Indikatoren ergibt ein konturiertes Bild der Stärken und Schwächen des österreichischen Bildungswesens im EU-Vergleich auf Basis von Merkmalen, die in der europäischen Politik im Vordergrund stehen. Eine Einschränkung der Aussagekraft für die Politikevaluierung besteht darin, dass die Indikatoren zum Zeitpunkt der Verfügbarkeit nicht den aktuellen Stand ausdrücken, und dass es sich teilweise um strukturelle Indikatoren handelt, die kurzfristig wenig beeinflussbar sind.

Wichtige Implementationsprobleme für die Etablierung von tragfähigen Systemen der Politikevaluierung bestehen in folgenden Bereichen: Erstens bei der Übersetzung allgemeiner Zieldimensionen in aussagekräftige und überprüfbare Ergebnisziele, die zur Verwirklichung dieser Zieldimensionen nachweisbar beitragen (können); zweitens bei der Etablierung von Beobachtungssystemen als Kombination von quantitativen und qualitativen Methoden, die inhaltlich die wesentlichen Dimensionen der Bereitstellung von Bildungsleistungen erfassen und zeitgerecht eine Rückkoppelung an die politische Steuerung ermöglichen sowie Transparenz fördern; drittens bei der Weiterentwicklung des Austausches zwischen national etablierten und international vergleichbaren Indikatoren und Indikatorensystemen, wo durch den Vergleich nicht nur der Systemwettbewerb, sondern auch das Verständnis der Funktionsweise der jeweiligen nationalen Systeme gefördert werden kann und soll.

Literatur

Arnold, R. u.a. (2002): Forschungsschwerpunkte zur Weiterbildung. Online im Internet – URL: http://www.die-frankfurt.de/esprid/dokumente/doc-2002/arnold02_01.pdf, Dokument aus dem Internet-Service Texte Online des Deutschen Instituts für Erwachsenenbildung e. V. Frankfurt/Main: DIE.

Bund-Länder-Kommission für Bildungsplanung und Forschungsförderung – BLK (2000): Qualitätssicherung im internationalen Wettbewerb. Arbeitsstab Forum Bildung. Einstiegsdiskussion des Forum Bildung am 15. Juli 2000. Arbeitspapier Nr. 5. (http://www.forumbildung.de/bib/material/arbeitspapier5.pdf).

Bund-Länder-Kommission für Bildungsplanung und Forschungsförderung – BLK (2001a): Lebenslanges Lernen. Programmbeschreibung und Darstellung der Länderprojekte. DIE.

Materialien zur Bildungsplanung und Forschungsförderung H. 88. Bonn: BLK (http://www.blk-bonn.de/papers/heft88.pdf).

Bund-Länder-Kommission für Bildungsplanung und Forschungsförderung – BLK (2001b): Qualitätsentwicklung und Qualitätssicherung im internationalen Wettbewerb. Arbeitsstab Forum Bildung. Vorläufige Empfehlungen des Forum Bildung (http://leb.bildung-rp.de/info/aktuell/qualitaet/allgemein/fb_2001-06-05.pdf).

Bund-Länder-Kommission für Bildungsplanung und Forschungsförderung – BLK (2002): Expertenberichte des Forum Bildung. Arbeitsstab Forum Bildung. Ergebnisse des Forum Bildung III. Bonn: Internet Bibliothek (http://bildungplus.forum-bildung.de/files/eb_III.pdf)

Booth, A.L./Snower, D.J. (Hrsg.) (1996): Acquiring skills. Market failures, their symptoms and policy responses. Cambridge.

Chen H.-T. (1990): Theory-driven evaluations, Newbury Park.

Delors, J. et al. (1996): Learning: The treasure within. Report to UNESCO by the International Commission on Education for the 21st Century. Paris.

EC – DG Education and Culture (2002): Education and training in Europe: diverse systems, shared goals for 2010. The work programme on the future objectives of education and training systems. Luxembourg: Office for Official Publications of the European Communities (http://europa.eu.int/comm/dgs/education_culture/publ/pdf/educ-training/en.pdf).

EC – DG Education and Culture, DG Employment and Social Affairs (2002): A European Area of Lifelong Learning. Luxembourg: Office for Official Publications of the European Communities (http://europa.eu.int/comm/dgs/education_culture/publ/pdf/lll/area_en.pdf).

EU (1997): Extraordinary European Council Meeting on Employment. Luxembourg, 20 and 21 November 1997. Presidency conclusions (http://europa.eu.int/comm/employment_social/elm/summit/en/papers/concl.htm).

EU Council Secretariat (2002): Draft Council Resolution on the Promotion of Enhanced European Cooperation in Vocational Education and Training 13137/02 (previous doc: 12658/02 EDUC 114 SOC 412). Brussels (http://europa.eu.int/comm/educaton/copenhagen/resolution_en.pdf).

EU Task Force (2001): High level task force on skills and mobility. Final report. 14.12.2001. (http://europa.eu.int/comm/employment_social/news/2001/dec/taskforce2001_en.pdf).

Europäische Kommission (1995): Lehren und Lernen auf dem Weg zur kognitiven Gesellschaft. Weißbuch zur allgemeinen und beruflichen Bildung. KOM(95) 590, 29.11.1995. Brüssel.

Europäische Kommission (2002a): Beurteilung der Umsetzung der beschäftigungspolitischen Leitlinien 2002, Arbeitsdokument der Kommissionsdienststellen, Brüssel. (http://europa.eu.int/comm/employment_social/employment_strategy/report_2002/supp/supp_de.pdf).

Europäische Kommission (2002b): Brügge-Prozess: Die Zusammenarbeit in der europäischen Berufsbildung verstärken. Pressemitteilung, 17.6.2002. Brüssel (http://www.europa.eu.int/rapid/start/cgi/guesten.ksh?p_action.gettxt=gt&doc=IP/02/868|0|RAPID&lg=DE&display).

Europäische Kommission (2002c): Beurteilung der Umsetzung der beschäftigungspolitischen Leitlinien 2002. Arbeitsdokument der Kommissionsdienststellen. Brüssel. (http://europa.eu.int/comm/employment_social/employment_strategy/report_2002/supp/supp_de.pdf).

Europäische Kommission (2002d): Europäische Benchmarks für die allgemeine und berufliche Bildung: Follow-up der Tagung des Europäischen Rates von Lissabon. Mitteilung KOM

(2002) 629 endgültig, 20.11.2002. Brüssel (http://europa.eu.int/eur-lex/de/com/cnc/ 2002/com2002_0629de01.pdf).

European Commission (1997): Proposal for Guidelines for Member States. Employment Policies 1998. Communication from the Commission (http://europa.eu.int/comm/employment_social/elm/summit/en/papers/guide.htm).

European Commission (1999): Commission communication concerning the Structural Funds and their coordination with the Cohesion Fund. Guidelines for programmes in the period 2000 to 2006 (1999/C 267/02). (http://europa.eu.int/comm/employment_social/esf2000/guidelines/programmes/en.pdf).

European Commission (2002): Commission's Action Plan for skills and mobility. Communication from the Commission, 13.2.2002, COM(2002)72. Brussels (http://europa.eu.int/comm/employment_social/news/2002/feb/ap_en.pdf).

European Commission (2003): The role of universities in the Europe of Knowledge' Communication from the Commission COM 2003 58 final of 5.2.2003 (http://europa.eu.int/eur-lex/en/com/cnc/2003/com2003_0058en01.pdf).

Faure, E. (1972): Learning to Be: The World of Education Today and Tomorrow, UNESCO.

Forschungsmemorandum für die Erwachsenen- und Weiterbildung (2000): Im Auftrag der Sektion Erwachsenenbildung der DGfE verfasst von Rolf Arnold, Peter Faulstich, Wilhelm Mader, Ekkehard Nuissl von Rein, Erhard Schlutz (Redaktion). Frankfurt/Main (http://www.die-bonn.de/oear/forschungsmemorandum/forschungsmemorandum.htm).

Gruber, E. (2002): Von den Bildungsidealen der Aufklärung zur „Bildung zur Brauchbarkeit". Erziehung Heute e.h. 4, 4–11.

Hartz, S. (2003): Qualität in der Weiterbildung. Dokument aus dem Internet Service Texte online des Deutschen Instituts für Erwachsenenbildung (http://www.die-bonn.de/esprid/dokumente/doc-2003/hartz03_01.pdf).

JER (Joint Employment Report – Gemeinsamer Beschäftigungsbericht) 2001 (http://europa.eu.int/comm/employment_social/employment_strategy/report_2001/jer2001_de.pdf).

JER (Joint Employment Report – Gemeinsamer Beschäftigungsbericht) 2002 (http://europa.eu.int/comm/employment_social/employment_strategy/report_2002/jer2002_final_de.pdf).

Lassnigg, L. (2002): „Dritter Weg" zwischen links und rechts – emanzipatorische Potentiale einer kooperativen Bildungspolitik oder neoliberale Hegemonie? In: Zilian, H. G. / Flecker, J. (Hrsg.): Steuerungsebenen der Arbeitsmarktpolitik. München, S. 176–208.

Lassnigg, L. (2003, im Erscheinen): Bildungspolitik in der „Doppelmühle" zwischen Geschäft und öffentlichem Gut: Fakten, Widersprüche, Kontroversen. In: Achs, O./Gruber, K.H./Tesar, E./Weidinger, W. (Hrsg.): Bildung: Konsumgut oder Bürgerrecht. (Vorträge des 5. Europäischen Bildungsgespräches 2002). Wien.

Lassnigg, L. (2000): „Lifelong learning": Österreich im Kontext internationaler Strategien und Forschungen. IHS Reihe Soziologie 45. Wien: IHS (http://www.ihs.ac.at/ > Sociology >> Publications).

Meisel, K. (2000): Qualitätssicherung und Qualitätsentwicklung in der Weiterbildung – konkret. In: von Küchler, F./Meisel, K. (Hrsg.): Herausforderung Qualität. Dokumentation der Fachtagung ‚Qualitätssicherung in der Weiterbildung', 2.11.1999. Frankfurt/Main: DIE (http://www.die-frankfurt.de/esprid/dokumente/doc-2001/kuechler_meisel01_01.pdf).

OECD (1996): Lifelong Learning for All. Paris.

Schiersmann, C. (2002): Die Wissenschaft von der Weiterbildung angesichts der Qualitätsdebatte. DIE Zeitschrift für Erwachsenenbildung, III/2002, online-Ausgabe (http://www.die-frankfurt.de/zeitschrift/32002/positionen1.htm).

Tuijnman, A./van der Kamp, M. (Hrsg.) (1992): Learning across the lifespan. Oxford.

Anhang-Darstellung 1: Quellennachweise für Indikatorensysteme

Allgmeine Indikatorensysteme
EU-Structural indicators (EU-STRU): http://europa.eu.int/comm/eurostat/Public/datashop/print-product/EN?catalogue=Eurostat&product=1-structur-EN&mode=download
ILO-Indicators (KILM): http://www.ilo.org/public/english/employment/strat/kilm/index.htm
Employment Indicators (EMPL-EU): Employment in Europe
(http://europa.eu.int/comm/employment_social/news/2002/sep/employment_in_europe2002.pdf);
Joint Employment Report **(NAP)**
(http://europa.eu.int/comm/employment_social/news/2002/nov/jer2002_draft_en.pdf)
Innovation Indicators (INNO-EU): Trendchart:
(http://trendchart.cordis.lu/Scoreboard/scoreboard.htm), EIS 2002 - Technical Paper No 5 Life Long Learning for Innovation (http://trendchart.cordis.lu/Reports/index.cfm)
Competitiveness Indicators (COMP-EU): Scoreboard
(http://europa.eu.int/comm/enterprise/enterprise_policy/better_environment/doc/sec_2002_1213_en.pdf)
Bildungsindikatorensysteme
Key data (VET): CEDEFOP, Ed. Young peoples' training. Key data on vocational training in the European Union (second edition of key data;
http://europa.eu.int/comm/education/leonardo/leonardoold/stat/trainingstatis/publications/publicat.html); CEDEFOP, Ed. The transition from education to working life. Key data on vocational training in the European Union (third edition of key data;
http://www2.trainingvillage.gr/download/publication/keydata/kdt3/2202/2202EN.html);
OECD Indicators (INES): OECD (versch. Jahrgänge) Education at a Glance, Paris (2001: http://www1.oecd.org/els/education/ei/eag/; 2002: http://www.oecd.org/EN/links_abstract/0,,EN-links_abstract-604-5-no-no-1239-604,00,00.html.
Quality indicators (QU-EU): Initial education
(http://europa.eu.int/comm/education/indic/rapinen.pdf); Lifelong learning
(http://europa.eu.int/comm/education/life/15indicators_en.pdf)
Key data (EURYDICE) http://www.eurydice.org/Site_map/en/FrameSet.htm > Indicators and Statistics: Key data on education in Europe - 1999/2000 edition (online:
http://www.eurydice.org/Documents/Key_Data/EN/FrameSet.htm); Key data on education in the European Union – 1997, 1995, 1994 editions; ICT-data
http://www.eurydice.org/Site_map/en/FrameSet.htm > Indicators and Statistics: Basic indicators on the incorporation of ICT into European Education Systems - Facts and Figures - 2000/01 Annual Report
CVTS (SPEC): Grünewald U./Moraal D./Schönfeld G. (2002), Betriebliche Weiterbildung in Deutschland und Europa. Schriftenreihe des BIBB (Draft-Version; indicated by CVTS2).
HRD (SPEC): OECD/CERI (1998) Human capital investment. An international comparison. Paris: OECD
Transition (SPEC): OECD 2000, From Initial Education to Working Life: Making Transitions Work. Paris: OECD; Sweet R (2000) A Comprehensive Framework for Indicators of the Transition from Initial Education to Working Life: Perspectives from the OECD Thematic Review. International Workshop on Comparative Data on Education-to-Work Transitions. Paris, 21-23 June 2000. Paris (Download: http://www.mzes.uni-mannheim.de/projekte/catewe/workshop/papers.html > Sweet-paper
Concrete Future Objectives, EU-Benchmarks (POL-EU): European Commission (2001a) The concrete future objectives of education systems. Report from the Commission. COM (2001) 59 final, Jan 31st 2001, Brussels (http://europa.eu.int/comm/education/objet_en.pdf); Benchmarks, Vorschlag der Kommission (http://europa.eu.int/eur-lex/de/com/cnc/2002/com2002_0629de01.pdf); Benchmarks, Ratsdokument (http://europa.eu.int/comm/education/doc/official/keydoc/2003/benchmark.pdf)

Anhang-Darstellung 2: Beschreibung der ausgewählten Wirkungsindikatoren lt. Darstellung 14 und 15

	Erklärung	Quelle
ÖFF INVEST 99	Öffentliche Ausgaben für die allgemeine und berufliche Bildung in Prozent des BIP	Benchmarks
Lehrkr-Computer	Anteil der Lehrkräfte mit IT-Kompetenz – Computer-Schulung	JER 2002
Lehrkr-Internet	Anteil der Lehrkräfte mit IT-Kompetenz – Internet-Schulung	JER 2002
SCHUL-Internet	Internet-Zugang in Schulen – GESAMT	JER 2002
dar. PRIMS.	Internet-Zugang in Schulen – Primarstufe	JER 2002
dar. SEKS.	Internet-Zugang in Schulen – Sekundarstufe	JER 2002
dar. TERTS.	Internet-Zugang in Schulen – Tertiärstufe	JER 2002
OB SEKS abg. 01	Anteil der Personen im Alter zwischen 25 und 64 Jahren, die mindestens die Sekundarstufe II abgeschlossen haben, an der Gesamtbevölkerung	Benchmarks
Lesen – PISA	Lesekompetenz PISA	Benchmarks
Math – PISA	Mathematikkompetenz PISA	Benchmarks
TERT BI abgeschl. 00	Population with a tertiary education	Trendchart
Absolv. NWT 99/00	Zahl der Hochschulabsolventen in den Bereichen Naturwissenschaften und Technik pro 1000 Einwohner im Alter von 20 bis 29 Jahren: insgesamt, Männer und Frauen	Benchmarks, Trendchart
ÄND Abs. NWT 93-00	Anstieg der Zahl der Hochschulabsolventen in den Bereichen Mathematik, Naturwissenschaften und Technik zwischen 1993 und 2000 (Zahlen gerundet)	Benchmarks
ÄND w-Abs. NWT 93-00	Anstieg der Zahl der weiblichen Hochschulabsolventen in den Bereichen Mathematik, Naturwissenschaften und Technik zwischen 1993 und 2000 (Zahlen gerundet)	Benchmarks
Teilnahme Weiterbi. 01	Prozentsatz der Bevölkerung im Alter von 25 bis 64 Jahren, der in den vier Wochen, die dem Erhebungszeitraum vorangingen, an Aus- und Weiterbildungsmaßnahmen teilgenommen hat	JER 2002 Benchmarks Trendchart
ABBRECH 01	Anteil der Personen, die lediglich über Vorschul-/Grundschulbildung oder einen Abschluss der Sekundarstufe I verfügen (ISCED-Bereiche 0-2) und keine weiterführende Schul- oder Berufsausbildung durchlaufen, an der Bevölkerung im Alter von 18 bis 24 Jahren in Prozent	Benchmarks, JER 2002
Jugend-AL z	Jugendarbeitslosenquote (Arbeitslose im Alter 15-24 bezogen auf die Gesamtbevölkerung gleichen Alters und Geschlechts) – GESAMT	JER 2002
Jugend-AL m	Jugendarbeitslosenquote – männlich	JER 2002
Jugend-AL w	Jugendarbeitslosenquote – weiblich	JER 2002
m/w Abs. NWT 00	Verhältnis Männer/Frauen bei den Hochschulabsolventen im Bereich Mathematik, Naturwissenschaften und Technik (2000)	Benchmarks

Qualität – Ein weites Feld widersprüchlicher Erwartungen

Werner Lenz

Qualität für alle und alles!

Qualität wünschen wir alle – im Restaurant, beim Einkaufen, im Urlaub, in allen beruflichen Angelegenheiten. Doch wir wissen, Qualität hat ihren Preis, gute Leistungen erhalten wir nicht umsonst. Deshalb fordern wir: Das Preis-Leistungsverhältnis muss stimmen! Die Qualitätsdiskussion durchzieht inzwischen alle Gesellschaftsbereiche. Aber auch für die ökonomisch genutzte Natur gelten Qualitätsregeln. Das neueste Beispiel: Qualität für Wanderwege und Qualität von Seen. Österreich braucht dies, um den Tourismus zu fördern.

Unter ökonomischen Gesichtspunkten beurteilen wir auch Abläufe und Ergebnisse im Bildungs-, Wissenschafts- und Forschungsbereich. Dies beruht auf der vor sich gehenden Ökonomisierung des Bildungswesens. Sie ist durch drei Merkmale charakterisiert: Vermarktlichung, Entwicklung von Bildungsunternehmen, Vermittlung von Beschäftigungsfähigkeit. Dazu kommt noch der Anspruch, durch Forschungsleistungen „der Gesellschaft" nützlich sein und den jeweiligen aktuellen Maßstäben der „scientific community" entsprechen zu wollen.

Das Thema Qualität führt somit in ein weites Feld von Erwartungen, die wegen ihrer Vielfalt nicht widerspruchsfrei sein können. Zumindest für die Weiterbildungsforschung wird es notwendig, die divergierenden Interessen offen zu legen und zu erörtern.

Scientific Community und Politikberatung

Soll Qualität, einer gebräuchlichen Definition folgend, an der Erfüllung der Ziele gemessen werden, so zeigt sich der Weiterbildungsbereich mit seinen Zielsetzungen sehr differenziert. Von der Problemlage her betrachtet, ist er ein Beispiel für Multidisziplinarität. Einheitliche Forschungsziele festzulegen würde der Problemorientierung und Pluralität schaden.

Zwei Vorschläge zur thematischen Orientierung liegen durch die Benennung von Schwerpunkten vor (vgl. Arnold u.a. 2000; Ciupke u.a. 2002). Entstanden ist ein „Forschungsmemorandum für die Erwachsenen- und Weiterbildung", das besonders die Bedeutung empirischer Forschung betont: „Die Konzentration auf empirische Forschung in diesem Memorandum ergab sich aus Gründen der besonderen Dringlichkeit, aber auch der Konsistenz und Zielgerichtetheit eines solchen Vorschlags. Als ‚empirisch' wird dabei eine Forschungspraxis verstanden, die sich neben quantitativer auch qualitativer sowie hermeneutischer Forschungsmethoden bedient, deren Datenerhebung, -verarbeitung und -interpretation allerdings gleichermaßen einer intersubjektiven Nachprüfbarkeit zugänglich sind." (Arnold u.a. 2000, 5). Ergänzend liegt ein „Memorandum zur historischen Erwachsenenbildungsforschung" vor, das die historische Dimension als integralen Bestandteil der Erwachsenenbildungsforschung betonen und entsprechende Studien anregen will. „Historische Forschung artikuliert sich hiermit als eigenständiger und beschreibbarer Teil von Erwachsenenbildungsforschung. Das Ziel, historische Forschungsaktivitäten zur Erwachsenenbildung weiter zu vernetzen, die notwendigen Grundlagen der Sicherung von Daten, der Ordnung von Quellen, des Zugangs zu Materialien werden auf dieser Grundlage besser gelingen können. Historische Forschungen lassen sich anhand des hier vorliegenden Memorandums systematischer in einen gemeinsamen Kontext einordnen." (Ciupke u.a. 2002, 6).

Eine sehr pragmatische Zielsetzung verfolgt die in der OECD gebündelte Bildungsforschung, die sich zu einem guten Teil mit Problemen der Weiterbildung und des lebenslangen Lernens beschäftigt (vgl. Lenz 2002, www.oecd.org). Die von der OECD angeregte Bildungsforschung will Grundlagen und Erkenntnisse für internationale Vergleichbarkeit und politische Steuerungsaufgaben im Bildungswesen bieten. Die Ergebnisse sollen über das Reglement wissenschaftlichen Urteils hinaus, für politische Entscheidungsträger/-innen „brauchbar" sein und Entscheidungen legitimieren. Die Qualität misst sich daher am „Gebrauchswert" für politische Strategien und Entscheidungen.

Die unterschiedlichen Verwendungskontexte wissenschaftlicher Forschung bringen verschiedene Zielsetzungen mit sich, was die Qualität betrifft:
- Orientierung an den Anforderungen der scientific community,
- Betonung des innovativen Charakters, wobei inhaltlich und methodisch unkonventionelle Wege entstehen,
- Politikberatung und Steuerungsaufgabe als Zielsetzung einer ergebnis- und anwendungsorientierten Forschung,
- ressourcenabhängige Forschung mit Nachwuchspflege und Lehraufgaben.

Zu ergänzen ist, dass sich in den letzten Jahren, vor allem durch den europäischen Einigungsprozess, die internationale Komponente stärker durchgesetzt hat. Sie fördert Bereicherung um und Rücksichtnahme auf interkulturelle Zusammenhänge, internationale Standards und die Beachtung der jeweiligen Rahmenbedingungen gesellschaftlicher und historischer Art.

Will man den Erwachsenen in seiner Lebens- und Arbeitswelt erforschen, wächst die Thematik um etliche Dimensionen. Interdisziplinarität und problemorientierte Forschung gewinnen dann an Bedeutung. Als Beispiele können genannt werden die Hirnforschung (OECD 2002) sowie Forschungen der Gerontologie, die sich mit Lernbedingungen im Alter auseinandersetzen.

Wissenschaft verfolgt den Anspruch, für eine abgegrenzte Fragestellung, für einen festgelegten Themenbereich, der sich auf einen systematischen Aufbau beruft, durch Forschung den bestehenden Kenntnisstand zu erweitern. Parallel dazu geht die Erwartung nach neuen, originellen Erkenntnissen einher. Die Forschung gibt zwar vor zielgerichtet vorzugehen, doch besonders aus den Naturwissenschaften ist bekannt, dass dabei anderes als das Gesuchte entdeckt wurde (z.B. Röntgenstrahlen). Der Fachausdruck für diese „zufälligen" Erkenntnisse heißt Serendipity – verkürzt ausgedrückt: zur rechten Zeit am rechten Ort sein, um eine unerwartete Gegebenheit wahrzunehmen und unerwartete Funde zu machen (vgl. dazu Lenz 1995, 205 ff.).

Für Weiterbildung, die sich auf individuelles Lernen, gesellschaftliche Zusammenhänge und bildungspolitische Entscheidungen bezieht, gibt es meiner Meinung kein „entweder" (für die scientific community) – „oder" (für die Politikberatung). Im Zusammenhang mit erziehungswissenschaftlicher Forschung zur Erwachsenenbildung hat Jan Weisser (2002, 110) in seiner „Einführung in die Weiterbildung" vorgeschlagen, die bestehenden Forschungslinien auszubauen: „In der Zukunft wird es vor allem darum gehen, die in Bearbeitung genommenen Themen fortzuführen und sie nahe an den öffentlichen Problemdefinitionen der Weiterbildung abzuarbeiten." Als eine kommunikative Herausforderung sieht es der Autor, mit wissenschaftlicher Forschung im interessengebundenen Raum der Weiterbildung hilfreich zu sein ohne sich missbrauchen zu lassen.

Vielleicht für diejenigen eine zu anschmiegsame Position, die Sozialforschung als kritisches Ereignis mit Aufklärungsethos und Widerspruchsgeist verstehen?

Rekrutierung als Selbstreferenz

Der Anspruch auf Qualität stößt auf praktische Grenzen. Er unterliegt in den wissenschaftlichen Institutionen der dort bestehenden Selbstregulierung. Diese wiederum basiert auf, sprechen wir es trocken aus, den gegebenen Machtverhältnissen. Wer organisiert, finanziert, verantwortet Forschung in einer Organisationseinheit, in einem Institut? In Universitäten und Forschungseinrichtungen geht die Rekrutierung der Nachwuchsforscher/-innen über Vorgesetzte vor sich, die in mehr oder weniger direkter Weise versuchen, für ihre Vorstellungen adäquate Personen zu gewinnen. Diese Vorgangsweise hat verschiedene Gesichter:

- Ein mutiger Vorgesetzter sucht bessere Mitarbeiter. Ein schwacher Vorgesetzter sucht schlechtere, aus Angst, junge Mitarbeiter/-innen seien ihm überlegen.
- Fleißige Vorgesetzte wollen ihre eigene Arbeit fortgesetzt wissen ohne Veränderungen anzustreben, im negativen Fall werden diese sogar unterdrückt.
- Offene Diskurse finden eher im interdisziplinären Raum statt und unter einer Konstellation, bei der gegenseitige Konkurrenz, vor allem hinsichtlich nächsthöherer Positionen, nicht zu befürchten ist.
- Internationalität bringt einen neuen Aspekt, da die Kooperation über den unmittelbaren lokalen Bereich hinausgeht und mit Personen stattfindet, die nicht nur das ausländische Flair haben, sondern keine direkten Konkurrenten/Konkurrentinnen darstellen. Sie gelten als „critical friends" oder sogar als Partner/-innen für Kooperation.

Akzeptiert man Wettbewerb als wichtigste bewegende Kraft, so muss man sich der Frage stellen, wie unser Forschungssystem wettbewerbsfähig wird. Der Präsident der Leibniz Gesellschaft, Hans-Olaf Henkel, hat sie auf folgende Weise beantwortet (2002, 6): „If there is anyone here looking for a real key message to take home, here it is: ‚How can our research system become competitive? Through competition!' Competition must remain the major organisational principle of research. Benchmarking, contests, evaluations, prizes, we must use all possible methods to get the best out of our researchers."

Dies wird, zumindest bei den nächsten Generationen von Wissenschaftlern/Wissenschaftlerinnen, neue Mentalitäten hervorbringen. Begleitet von einem Dienstrecht, das Fluktuation befördert, und von größeren organisatorischen Einheiten, die die persönlichen Abhängigkeiten verringern, werden sich auch die Rahmenbedingungen für Personalauswahl und die Karrieremuster verändern.

Lehre und Forschung

In unserem Universitätssystem sind Lehre und Forschung aufeinander angewiesen. Die Schwierigkeit ist, dass Forschung immer spezialisierter wird und die Lehre immer berufsbezogener und praxisorientierter angeboten werden soll. Die vielbeschworene historische Einheit von Forschung und Lehre, die nach Wilhelm von Humboldt die Universität als „universitas" auszeichnet, bietet eigentlich kein realistisches Modell mehr. Sie wird auch universitätsorganisatorisch aufgeweicht – Drittmittel statt Lehre!

Andererseits erwartet die wissenschaftliche Zivilisation Orientierung und Vorgaben durch Wissenschaftlern/Wissenschaftlerinnen und durch Forschungsergebnisse. Nicht nur das Alltagsverständnis, sondern auch die Argumentation von Entscheidungsträgern geht in folgende Richtung: Forschung soll klären, welche Entscheidungen zu treffen und soll legitimieren, welche Entscheidungen sinnvoll sind. Daraus ergeben sich einige Fragen:
- Wie wird Wissen erzeugt und wie lange kann man sich auf die Ergebnisse von Studien berufen? Die Aktualität von Aussagen in Sachbüchern liegt heute bei etwa einem Jahr.
- In welchem Ausmaß werden wissenschaftliche Erkenntnisse und Urteile, bei denen ja auch ständig das Gegenteil kolportiert wird, für wahr gehalten?
- Der Vergänglichkeitsgrad des Wissens ist gewachsen – explizites Wissen wird laufend durch das Internet oder durch Sachbücher überholt, implizites Wissen wird kostbarer und als Wissenskapital behütet.

Auf die Lehre bezogen stellt sich über didaktische Planung hinausgehend ein Grundsatzproblem. Unter Ansehung der Unsicherheit und der Kurzfristigkeit von Forschungsergebnissen, wird es notwendig, die Begrenztheit wissenschaftlicher Aussagen auch in der Lehre zu vermitteln. Die zu messende Qualität heißt Bescheidenheit.

Orientierung nach außen?

Forschung kann heute auch als Training in Selbstbestimmung gesehen werden. Sie hilft den eigenen Weg zu gehen. Natürlich kann sie auch in Abhängigkeit erfolgen, indem vorgegebene Forschungskonzepte in ihrer Umsetzung fragmentiert und verschiedenen Personen zur Erfüllung aufgetragen werden. In diesem Sinn scheint es wichtig, Diplomstudierenden, aber vor allem Dissertanten/Dissertantinnen, mehr Achtung und Anerkennung als Forschende entgegenzubringen. Forschendes Lernen, lernendes Forschen ergibt sich als Aufgabe für individualisiertes Studium und für zu vermittelnde Selbstsicherheit.

Erfolge in der Forschung beruhen letztlich darauf, von der Gemeinschaft der Forschenden (scientific community) anerkannt zu werden. Wie weit kann und soll man sich von Äußerungen dieser Gemeinschaft beirren lassen? Ab welchem Zeitpunkt wird die Kritik zu einer angeleiteten Gängelung? Von Maria Montessori ist überliefert, dass sie sich in ihrer Arbeit von Einwänden nicht abhalten ließ. Lassen wir uns einfach nicht stören und arbeiten wir weiter, soll sie gesagt haben, als die Skeptiker ihre Erziehungsversuche allzu laut in Zweifel zogen. Gibt ihr die heute noch immer wachsende Anerkennung ihrer Pädagogik nicht Recht?

Für Forscher/-innen stellt sich die Frage, mit welcher Intensität sie ihre Erkenntnisse einer interessierten Öffentlichkeit vermitteln sollen. Dies geschieht zum einen aus ökonomischen Gründen. Es wird so viel in Forschungs- und wissenschaftliche Einrichtungen investiert, dass es notwendig ist die Geldgeber zu überzeugen, ihre Finanzmittel gut anzulegen. Zum zweiten ist damit auch ein demokratischer Aspekt verbunden. Die wissenschaftliche Zivilisation orientiert sich an den Erkenntnissen von Forschung und gestaltet in radikaler Weise auf der Basis erforschter Erkenntnisse ihre Lebensgrundlagen um: Atomstrom, Computerkommunikation, Waffensysteme, genmanipulierte Nahrung, Beeinflussung der Fortpflanzung, es ist heute eigentlich schwer zu sagen, welche Lebensbereiche nicht von wissenschaftlichen Erkenntnissen betroffen sind! Wissenschaftliche Zivilisation, Verwissenschaftlichung gesellschaftlicher Praxis oder Wissensgesellschaft lauten deshalb Bezeichnungen für unsere Gegenwart (vgl. Bammé 2003, Höhne 2003).

Widersprüche

Forschung war und ist mit einer wenig schmeichelhaften Konnotation verbunden. Sie wurde und werde von Personen betrieben, die sich als Sonderlinge ihr Leben lang ihrem Hobby hingeben. Die Realität zeigt ein anderes Bild. Abgesehen von der ökonomischen Notwendigkeit ist Forschung zu einem institutionalisierten und industrialisierten Betrieb geworden, von dem die ökonomische Entwicklung und Wettbewerbsfähigkeit, die Anerkennung als Wirtschaftsstandort sowie die Lebensqualität abhängen.

Es trifft noch für viele Forschende zu: ihr Interesse, lebenslang ein Forschungsgebiet zu betreuen, ist geblieben. Verschwunden allerdings ist, dass Forschung als individuelles Anliegen betrieben werden kann. Adorno stellte schon Mitte des 20. Jahrhunderts fest: „Es gibt nichts Harmloses mehr." (Adorno 1969, 21). Was sich sehr wesentlich verändert hat: wir betreiben Forschung in Abhängigkeit von den gesellschaftlichen Verhältnissen als Beruf und Auftragsforschung. Dazu noch einmal Adorno: „Die Unterwerfung des Lebens unter den Produktionsprozess zwingt erniedrigend einem jeglichen etwas von der Isolierung und Einsamkeit auf, die wir für die Sache unserer überlegenen Wahl zu halten versucht sind." (ebd., 24).

Mit der Tätigkeit als Forscher unterliegen wir Bedingungen des Produktionsprozesses. Er beeinflusst unseren Freiheitsrahmen und bestimmt die Qualitätskriterien. Ich erlebe das als Widersprüche zwischen Tendenzen unserer Gesellschaft und den Ansprüchen und Zielen der Universität.

Gesellschaft		**Universität**
Erfolg	-	Kritische Reflexion
Ökonomischer Wettbewerb	-	Distanz zu Verwertung
Brauchbarkeit	-	Innehalten und Nachdenken

Mit Blick auf diese Widersprüche zeigt sich die Komplexität, aus welcher unterschiedlichen Sicht Qualität beurteilt werden kann. Die jeweilige Interessenslage bestimmt das Qualitätsurteil.

Diese Widersprüche sind selbst zum Forschungsgegenstand zu machen. Gerade im Bereich Weiterbildung, der geprägt ist von der Forderung nach Nutzen und Brauchbarkeit aber auch von der Suche nach optimaler Lebensform und persönlicher Entwicklung, stellt sich bezogen auf das Bildungsziel die Frage neu, was Qualität ausmacht. Unterwerfen wir unsere Lebensformen den Bedingungen der Profitmaximierung? Gelingt es uns Bildungs- und Lebensformen zu fördern, die Individuen stärken, Produktionsformen human zu gestalten, um Mitbestimmung und -entscheidung über Arbeit und Leben, über Lernen und Bildung zu ermöglichen?

Ist es nicht eine interessante und herausfordernde Aufgabe, sich für das Erreichen der zuletzt genannten Ansprüche entsprechende Qualitätskriterien zu überlegen?

Literatur

Adorno, T.W. (1951): Minima Moralia. Reflexionen aus dem beschädigten Leben. Frankfurt am Main.
Arnold, R. u.a. (2000): Forschungsmemorandum für die Erwachsenen- und Weiterbildung. Sonderbeilage zum REPORT. Frankfurt am Main.
Bammé, A. (2003): Wissenschaftskrieg. Kontroversen im Übergang von akademischer zu postakademischer Wissenschaft. Klagenfurt (Manuskript).
Ciupke, P. u.a. (2002): Memorandum zur historischen Erwachsenenbildungsforschung. Sonderbeilage zum REPORT. Bielefeld.
Henkel, H.-O. (2002): The Challenges of Research in the 21st Century. Keynote speech "European Research 2002". (Typoskript).
Höhne, T. (2003): Pädagogik der Wissensgesellschaft. Bielefeld.
Lenz, W. (2002): Wege der Forschung – Reflexionen und Praxis der Bildungsforschung. In: Prisching, M./Lenz, W./Hauser, W. (Hrsg.): Die wissenschaftliche Forschung in Österreich. Grundlagen, Reflexion und Praxisbezug. Wien, S. 115–131.
Lenz, W. (1995): Zwischenrufe. Bildung im Wandel. Wien.
OECD (Ed.) (2002): Understanding the Brain. Towards a New Learning Science. Paris.
Weisser, J. (2002): Einführung in die Weiterbildung. Weinheim und Basel.

Qualität wissenschaftlicher Weiterbildung in Deutschland

Peter Krug

1. Aktualität

Im Kontext des lebenslangen Lernens gewinnt die Entwicklung, Sicherung und Testierung von Qualität als Indikator für die Umsetzung des lebenslangen Lernens in allen Bildungsbereichen erhöhte Bedeutung (vgl. Krug 2003).

In der vorschulischen Erziehung richtet sich die Qualitätssicherung vorrangig auf die verbesserte Ausbildung der Erzieherinnen/Erzieher sowie auf die Durchführungsprozesse in den vorschulischen Erziehungseinrichtungen und auf die damit verbundene Elternarbeit.

In der Schule wurde über die traditionelle Qualitätssicherung des Inputs, also der Ausbildung an den Hochschulen (1. Phase) und der Ausbildung der Lehrkräfte an den Studienseminaren (2. Phase) sowie der Lehrerfort- und -weiterbildung (3. Phase) hinaus stärker auf Durchführungs- und Output-Qualität durch Qualitätsmanagement in den Schulen im Sinne einer Verbindung von Organisationsentwicklung, Personalentwicklung und Unterrichtsentwicklung hin orientiert. Gegenwärtig finden in allen Ländern entsprechende Schulentwicklungs- und Unterrichtsentwicklungsprogramme statt. Diese Entwicklungen wurden durch die von der OECD initiierten internationalen Vergleiche der Leistungsmessungen in den Schulen (TIMSS, PISA, IGLU) verstärkt. Die Kultusministerkonferenz hat eine Reihe von Beschlüssen zur Qualitätssicherung einschließlich zu Qualitätsstandards in den Schulen sowie Handlungsfeldern der Qualitätsverbesserung gefasst (vgl. www.kmk-bonn.org)

In der Weiterbildung werden seit Ende der 80er Jahre Diskussionen und Aktivitäten zum Qualitätsmanagement forciert, nicht zuletzt wegen der „Wildart" der Weiterbildung in den „neuen Ländern". Dabei geht es noch immer um unterschiedliche Systeme wie ISO 9000, EFQM und lernerorientierter Qualitätsentwicklung (LQW) sowie um spezifische Testierungen über Gütesiegel (vgl. Krug 2002).

Auch an den deutschen Hochschulen entwickelte sich die Diskussion um Qualitätsmanagement seit Ende der 80er Jahre umfassender. Zunächst stand die Evaluation von Studium und Lehre im Mittelpunkt des Interesses. Die Qualitätsdiskussion wurde auch hier verstärkt durch Benchmarks im internationalen Vergleich über lange Studienzeiten und die damit verbundene Notwendigkeit einer Studienreform. Qualitätsannahmen wurden den Hochschulen nicht mehr von vornherein als höhere Bildung ungeprüft zugestanden. Neben den über Evaluation gewonnenen Bewertungssystemen entwickelte sich insbesondere ein durch die Medien verbreitetes Ranking. In den 90er Jahren erfolgten Empfehlungen und wissenschaftlich begleitete Evaluationen, insbesondere über die KMK, die

Hochschulrektorenkonferenz und über den Wissenschaftsrat. Es folgten eine Reihe von Projekten zur Qualitätssicherung, durchgeführt auch im Rahmen der Bund-Länder-Kommission und unterstützt durch die Bertelsmann-Stiftung, das Zentrum für Hochschulentwicklung und das Hochschulinformationssystem (HIS). Seit Ende der 90er Jahre wird auch über die Hochschulrektorenkonferenz ein Qualitätssicherungsprogramm umgesetzt. Das Programm hat Schnittstellen mit dem europäischen Qualitätsnetzwerk „ENQUA". Als Ziel der Qualitätssicherung gelten: Transparenz, interne Qualitätsentwicklung, Selbstvergewisserung, Verbraucherschutz, Rechenschaftslegung und Hochschulmarketing.

Im novellierten Hochschulrahmengesetz von 1998 wurde die Qualitätssicherung neben Lehre, Forschung, Förderung des wissenschaftlichen Nachwuchses und der Gleichstellung der Geschlechter ausdrücklich als Hochschulaufgabe festgeschrieben. Diese Aufgabenstellungen haben sich auch in den jeweiligen Hochschulländergesetzen niedergeschlagen.

Ein wichtiger Baustein im Rahmen der Qualitätssicherung wurde das Akkreditierungssystem für Bachelor- und Masterstudiengänge. Dieser Baustein wurde im Bologna-Prozess verstärkt und fokussiert, um die internationale Kompatibilität der deutschen Studienabschlüsse zu verbessern und damit die Flexibilisierung des Studienangebotes und die Mobilität der Studierenden und deren Berufsfähigkeit sowie die Nachfrage ausländischer Studierender zu erhöhen. Die dabei entwickelten Grundsätze der Qualitätssicherung gelten nicht nur für das Erststudium, sondern in besonderem Maße für die wissenschaftliche Weiterbildung im Kontext des Lebenslangen Lernens (vgl. HRK 2001).

2. Begründungen und Zielsetzungen der Qualitätssicherung in der wissenschaftlichen Weiterbildung

Im Kontext des lebenslangen Lernens kommt der wissenschaftlichen Weiterbildung eine besondere Bedeutung zu. Diese Bedeutung resultiert aus dem wachsenden Tempo des ökonomischen, technologischen und sozialen Wandels und der damit in weiten Bereichen steigenden Halbwertzeit des bereits erworbenen Wissens. Wegen dieser Veränderungsprozesse, wegen
- der verstärkten Globalisierung der Wissenschafts-, Wirtschafts- und Lebensverhältnisse,
- des demographischen Wandels mit der Notwendigkeit, auch die älter werdenden Generationen ständig weiterzubilden,
- der wachsenden internationalen Marketing-Notwendigkeiten,
- sich wandelnder Auffassungen über innovative Lernkulturen und Lernprozesse,
- der wachsenden Flexibilität, Durchlässigkeit und Mobilität im Berufsleben sowie
- der sich ändernden Verhältnisse von Arbeits- und Bildungszeiten im Lebensprozess

gewinnt die wissenschaftliche Weiterbildung sowohl zur Optimierung von Humankapital als auch von Sozialkapital einen erhöhten Stellenwert.

In diesem Zusammenhang musste sich wie in den Hochschulen insgesamt auch die wissenschaftliche Weiterbildung ihrer Wirkungs- und Erfolgsparameter umfassend bewusst werden, diese entwickeln, sichern und dokumentieren. In den Ländern ging es dabei systematisch um die Qualitätsbereiche des Inputs, der Durchführung und des Outputs. Damit verbunden war die Qualitätssicherung des Marketings im Wettbewerb.

3. Qualitätsvoraussetzungen für wissenschaftliche Weiterbildung

Neben der Notwendigkeit ordnungspolitischer Parameter für die wissenschaftliche Weiterbildung, wie sie im Hochschulrahmengesetz und den Ländergesetzen normiert worden sind, mussten die realen Voraussetzungen zur Umsetzung der wissenschaftlichen Weiterbildung geschaffen werden. Dabei ging es insbesondere um die Lösung von
- Problemstellungen der Kapazitäten und des Dienstrechtes,
- Fragestellungen zum Zugang, zum Status und zur Zertifizierung,
- Fragestellungen zur Finanzierung und
- Fragestellungen zur Bedarfsermittlung für wissenschaftliche Weiterbildung, zur Kooperation und zum Transfer.

Diese Aufgabenstellungen wurden in den Ländern in den 90er Jahren intensiv diskutiert, insbesondere auch in Rheinland-Pfalz, wo nach einer ersten Problemerörterung und allen Beteiligten im Jahre 1994 über einen Workshop zur wissenschaftlichen Weiterbildung danach Schritt für Schritt bestehende Blockierungen abgebaut und Ermöglichungen wissenschaftlicher Weiterbildung über strukturelle Vorgaben und materielle Incentives geschaffen wurden (vgl. MBWW 1995).

Wichtige Beiträge zu dieser Diskussion wurden im Arbeitskreis Universitäre Weiterbildung[1] (AUE) entwickelt (vgl. AUE 2001). Inzwischen kann für Deutschland festgestellt werden, dass über eine KMK-Vereinbarung zur wissenschaftlichen Weiterbildung und die entsprechenden damit verbundenen Regelungen in den Ländern die aufgeführten Fragestellungen weitgehend zufriedenstellend im Sinne einer Qualitätssicherung gelöst worden sind (vgl. KMK 2003).

3.1 Kapazitäten, Dienstrecht

Es ist gelungen, die Motivation für wissenschaftliche Weiterbildung über verschiedene Strukturveränderungen und Anreizsysteme zu erhöhen. Inzwischen ist es möglich, Hochschullehrenden Aktivitäten in der wissenschaftlichen Weiterbildung bei den Lehrdeputaten für die Erstausbildung in Anrechnung zu bringen oder ihnen auch bei wissenschaftlichen Weiterbildungsaktivitäten an der eigenen Hochschule entsprechende Nebenvergütungen zu gewähren. Die Hochschullehrenden sind damit nicht mehr gezwungen, ihre Weiterbildungsaktivitäten in außeruniversitären Einrichtungen oder anderen Hochschulen durchzuführen.

---

[1] Inzwischen Deutsche Gesellschaft für wissenschaftliche Weiterbildung und Fernstudien.

Sie können auch die Weiterbildungseinnahmen zur Verstärkung der Erfüllung der Deputatleistungen einsetzen.

3.2 Zugang, Zertifizierung, Status

Zugang zur wissenschaftlichen Weiterbildung haben Absolventen der Hochschulen, aber auch berufsbegleitend und berufsunterbrechend andere Personengruppen. Sie können entweder als Studierende oder als Gasthörer fungieren. Es ist möglich, unter bestimmten curricularen und persönlichen Bedingungen in den Weiterbildungsstudiengängen Hochschulgrade zu erlangen oder auch spezifische Weiterbildungszertifikate. Im Rahmen der Bachelor-/Masterstrukturen sind auch entsprechende Weiterbildungsabschlüsse mit Diploma supplements möglich.

3.3 Finanzierung

Für wissenschaftliche Weiterbildung im Sinne von allgemeinen Maßnahmen bzw. Studiengängen sind Gebühren zu entrichten. Diese Gebühren kommen budgetmäßig den veranstaltenden Fachbereichen selbst zu und müssen nicht an übergeordnete Universitätsstellen oder gar dem Wissenschaftsressort bzw. Finanzressort zugeführt werden. Die Gebührenerhebung selbst soll nach dem Vollkostenprinzip erfolgen, auch um Dumpingpreise gegenüber anderen Weiterbildungsanbietern zu vermeiden. In den Gebührenordnungen bestehen Sonderregelungsmöglichkeiten für innovative, gesellschaftlich relevante aber noch nicht marktfähige Angebote sowie für soziale Tatbestände.

In Rheinland-Pfalz werden darüber hinaus die Aktivitäten der wissenschaftlichen Weiterbildung bei den allgemeinen Budgetzuweisungen an die Hochschulen in besonderer Weise über die Gebühreneinnahmen hinaus positiv sanktioniert. Im Sinne von leistungs- und belastungsorientierten Parametern wird der Umfang sowohl der Personalmittel- als auch der Sachmittelausstattung u.a. an den Leistungen in der wissenschaftlichen Weiterbildung orientiert.

3.4 Bedarfsermittlung, Kooperation, Transfer

Neben den Hochschullehrenden und Fachbereichen der einzelnen Hochschulen haben sich insbesondere Zentralstellen für wissenschaftliche Weiterbildung in den Hochschulen als spezifische weiterbildungsorientierte wissenschaftliche Einrichtungen der Hochschulen konstituiert. Diese Einrichtungen dienen als institutionalisierte Supports für die jeweiligen wissenschaftlichen Weiterbildungsangebote sowohl bei der Planung nach Bedarfsparametern als auch bei der organisatorischen Durchführung und Administration selbst sowie bei Fragestellungen der Kooperation mit außerhochschulmäßigen Einrichtungen und Institutionen und beim Transfer der wissenschaftlichen Weiterbildungsergebnisse. Sie fungieren darüber hinaus auch als Marketing-Support. Über die Fernuniversität Hagen hinaus bietet eine Reihe von Hochschulen inzwischen auch vermehrt Fernstudiengänge und Angebote im Bereich des E-Learning bzw. Blended Learning an und hält einen Virtuellen Campus vor.

Die Zentralstellen institutionalisieren die Bedarfsermittlung und die Transparenz von Angeboten über Kooperationsbeziehungen und Feldanalysen sowie über transparente Weiterbildungsdatenbanken.

Insgesamt dienen diese Institutionen dem Verbraucherschutz und der Kundenorientierung, auch über Evaluationsverfahren der wissenschaftlichen Weiterbildung und über die Mitarbeit bei Portfolio-Ansätzen, wo die modularisierten Studienleistungen systematisch erfasst werden. Eine besondere Transferleistung erfolgt über Kooperationsbeziehungen mit Wirtschaft und Verwaltung, innerhalb derer zunehmend auch dualisierte Studiengänge angeboten werden.

4. Perspektiven

Die Perspektiven der Qualität der wissenschaftlichen Weiterbildung im Rahmen des zunehmenden Abbaus von staatlicher Detailsteuerung und Regelungstiefe staatlicher Eingriffe im Rahmen verstärkter Autonomisierung der Hochschulen weisen diesen stärkere Verantwortung für die Qualitätssicherung zu. Einen wichtigen Perspektiv-Rahmen bietet dabei der Bologna-Prozess. Hierbei geht es insbesondere um

- die Transparenz der Abschlüsse (Diploma supplements),
- konsekutiv-zyklische Studiengänge (Bachelor/Master),
- Modularisierung und Leistungspunktesystem (ECTS),
- Mobilität und Marketing,
- Qualitätssicherung und Akkreditierung,
- Europäische Dimension eines europäischen Hochschulrahmens.

In diesem Zusammenhang kommt der Akkreditierung auch von weiterbildenden Studiengängen eine besondere Bedeutung zu. Nach dem deutschen System werden die Bachelor- und Masterstudiengänge und zukünftig grundsätzlich alle Studiengänge (wobei davon ausgegangen wird, dass es in Zukunft fast nur noch bzw. vorrangig BA/MA-Studiengänge gibt) über ein vom Akkreditierungsrat normiertes Referenzsystem durch unterschiedliche, vom Akkreditierungsrat bestätigte Akkreditierungsagenturen überprüft und akkreditiert. Ein wesentlicher Bestandteil des Akkreditierungsverfahrens ist die Überprüfung von Qualitätsparametern der Ressourcen, Strukturen, Durchführungsprozesse und Outputs der entsprechenden Studiengänge.

Die Qualitätsentwicklung wird darüber hinaus über die Weiterentwicklung des Rankingsystems und über entsprechende EU-weite Benchmarks verstärkt.

In Deutschland werden auch innerorganisatorische Reformprozesse wie die stärkere Einbeziehung auch nicht universitärer Gruppen in die Hochschulordnung (z.B. Hochschulräte), die stärkere Autonomie der Hochschulen bei der Auswahl der Studierenden, die stärker betriebswirtschaftliche als kameralistische Budgetadministrierung sowie schließlich die Veränderungen in der Besoldungsstruktur der Hochschullehrenden (stärkere leistungs- und belastungsorientierte Besoldungsanteile) eine wichtige Rolle spielen.

Auch um der wissenschaftlichen Weiterbildung noch höhere Gewichtung zu verleihen, werden in einigen Ländern Modelle des Bildungssparens über Studienkonten umgesetzt.

So bestehen z.B. in Rheinland-Pfalz und Nordrhein-Westfalen spezifische, auch weiterbildungsorientierte Studienkontenmodelle. Bei diesen Studienkontenmodellen erhalten Studierende ein quantitativ in Semesterwochenstunden ausgerichtetes Studienkonto, welches sich an der Regelstudienzeit plus vertretbarer Überschreitung orientiert. Dieses Studienkonto kann durchgängig, aber auch mit Unterbrechungen verbraucht werden. Soweit der erste Hochschulabschluss vor Verbrauch des Studienkontos erfolgt, können die Restbestandteile des Studienkontos für die wissenschaftliche Weiterbildung verbraucht werden. Nur bei Verbrauch des Studienkontos vor Abschluss einer ersten Hochschulprüfung müssen für die weitere Hochschulzugehörigkeit, für das weitere Studium, Studiengebühren entrichtet werden. Den Hochschulen werden für den Verbrauch der Studienkonten im Erststudium und in der wissenschaftlichen Weiterbildung in unterschiedlicher Höhe materielle Äquivalente aus der Hochschulfinanzierung des Landes zugewiesen (vgl. www.mwwfk.de).

Im Kontext der Bedarfsermittlung und im Rahmen der verstärkten Kooperation von Hochschule, Wirtschaft und Verwaltung werden zunehmend dualisierte Studiengänge im Rahmen der wissenschaftlichen Weiterbildung angeboten. Interessant ist in diesem Zusammenhang auch die in Rheinland-Pfalz geplante duale Studien- und Ausbildungskonzeption für die Lehrerausbildung. Hier werden verstärkt Praktika schon in das Hochschulstudium eingeführt und über die Ausbildungsschulen und Studienseminare der 2. Phase betreut. Es kommt somit zu einer Verzahnung von Erstausbildung und Schulpraxis mit der Tendenz, dass die duale Kooperation auch in der Fort- und Weiterbildung der Lehrkräfte beibehalten werden soll. Von dieser Dualisierung wird ein entsprechender berufsfeldbezogener Qualitätssprung erwartet. Im Rahmen der Bildungsinnovation hat die BLK ein spezifisches Modellprogramm zur Qualitätssicherung der wissenschaftlichen Weiterbildung aufgelegt (vgl. www.blk-bonn.de).

Neben der ständigen Optimierung der ordnungspolitischen, organisatorischen und materiellen Bedingungen für die Qualität der wissenschaftlichen Weiterbildung wird es allerdings in Zukunft auch darauf ankommen, noch stärker die Bildungsforschung über Lernvoraussetzungen, Lernprozesse und Lernergebnisse von Erwachsenen in der wissenschaftlichen Weiterbildung zu erforschen und die Lehrenden selbst stärker mit einer erwachsenengemäßen, an neuen Lernkulturen orientierten Hochschuldidaktik vertraut zu machen.

Hier kann die Weiterbildungsuniversität Krems einen wichtigen Beitrag auch für die Entwicklung der wissenschaftlichen Weiterbildung im internationalen Raum leisten.

Literatur

AUE – Arbeitskreis Universitäre Erwachsenenbildung (Hrsg.) (2001): InfoDienst Hochschule und Weiterbildung 2.

HRK – Hochschulrektorenkonferenz (Hrsg.) (2001): Qualitätssicherung in der wissenschaftlichen Weiterbildung, Bonn.

Krug, P. (2002): Ansätze und Perspektiven der Länder zur Weiterbildungsqualität. In: Heinold-Krug, E. (Hrsg.): Qualität entwickeln, Weiterbildung gestalten, Bielefeld.

Krug, P. (2003): Qualität in der Weiterbildung. In: Krug, P./Nuissl v. Rein (Hrsg.): E-Rechtshandbuch Weiterbildung, Bonn.

KMK – Kultusministerkonferenz (Hrsg.) (2003): Rahmenempfehlungen zur wissenschaftlichen Weiterbildung, Bonn.

MBWW – Ministerium für Wissenschaft, Weiterbildung, Forschung und Kultur (Hrsg.) (1995): Workshop Wissenschaftliche Weiterbildung, Mainz.

Making a Strong Commitment Towards Standardization. Quality Assurance in European Lifelong Learning Models and Major Rules of Quality Assurance in Hungarian Adult Education

Tamás Jakab/Balázs Németh

1. Introduction: The impact of the latest EU document on quality to be used in education and training

Part A

In order to strengthen the frames and content of the learning processes of the individuals, Hungarian educational systems, both in public education and in adult education, have introduced quality standards to develop human resources effectively.

However, quality assurance in each phase of lifelong learning has different elements and impacts. This precondition was clearly indicated in one of the latest EU documents on the quality indicators of lifelong learning within which quality assurance has been regarded as part of a certain group under the title: *Strategies and System Development*. Quality Assurance was put together with the following quality indicators: (European Commission 2002, p. 2)

Area D: Strategies and System Development
- Strategies for Lifelong Learning (11.);
- Coherence of Supply (12.);
- Guidance and Counselling (13.);
- Accreditation and Certification (14.);
- Quality Assurance (15.);

This document states that, apart from the issues of access of all to education and training systems and the opening-up of education and training systems, the improvement of the quality and effectiveness will influence the development of education and training systems in Europe over the course of the next decade (ibid, p. 4).

Of all the 14 quality indicators, quality assurance has been directly understood, since June 2000, as a strong tool for the development of the quality of education (ibid, p. 5).

This thinking had also been emphasized in the former Communication on Lifelong Learning[1] and especially by Article 149 of the EC Treaty that *"the Community shall con-*

---

[1] COM (2001) 678 final

tribute to the development of quality education by encouraging co-operation between Member States..."

The roles of those indicators were also stated to help to describe the present situation; to quantify the objectives which have been set; to provide continuous updates on progress toward certain objectives; and finally, to provide insights into which factors might have caused achievement (European Commission 2002, p. 8).

This latest document is a clear indication that the EU, and particularly the Commission, takes the indicators' role seriously in the policy field influencing political decisions on education and training.

Four major areas were defined in the document and divided the 15 quality indicators into four groups:
- AREA A: Skills, Competencies and Attitudes;
- AREA B: Access and Participation;
- AREA C: Resources for Lifelong Learning;
- AREA D: Strategies and System Development (ibid, p. 8).

The detailed description of *Quality Assurance* (QA) gives no definition (it does not want to!) and does not indicate any joint reference on QA, yet it refers to the importance of QA in making education and training effective (ibid, p. 68).

The document makes the users of Quality Assurance Systems realise that not all countries have the same experience in the use of QA in education and training. It also emphasizes investment in the training of those who want to increase quality in delivering education and training together with the development of quality of the LE (learning experience) provided (ibid, p. 68).

The Commission stated in the documents that some attributes of the concept of the quality of lifelong learning are widely accepted.

We share the view of the document that quality relates to values and standards that have been elaborated and agreed upon by partners who have shared a concern in the quality of lifelong learning. It also seems to be a logical approach to differentiate between QA at the product level (indicators of QA could be literacy, numeracy, new skills for the learning society, learning-to-learn skills, active citizenship, cultural and social skills) and at the process level (indicators of QA could be: coherence of supply, access to lifelong learning, investment in lifelong learning) (ibid, p. 69). It is obvious that QA must be closely connected to official accreditation, certification and recognition systems.

However, this approach is still rather theory-based and has not yet been brought into a concensus-level on QA. Moreover, the whole document leaves out special issues of quality assurance of AE regarding formal, non-formal and informal frames.

And finally, this document has not been brought into the debate on the development of lifelong learning in many of EU member states and those to become member states. Furthermore, the EU document does not indicate some major references on QA and accreditation such as ENQA.² The conclusive part of the document reflects that the Commission has not put too much energy into collecting data on QA (European Commission 2002, pp. 70).

It is, therefore, no surprise that we would like to bring our experience into the debate to support the EU in collecting and sharing experiences on QA in some European countries and to promote research in many aspects of lifelong learning. Hence UNESCO stated that it is a legitimate research area.³

Part B

In Hungary, according to the level of public education, the Act on Public Education (LXXIX/1993) defines that relevant institutions (e.g. nurseries, primary schools, secondary schools, schools of primary and secondary vocational education) must develop the quality of their services, but it does not make more concrete recommendations. The Hungarian Quality Development Model on Public Education, namely Comenius 2000, states that educational staff of institutions must follow documentation on the development of education by being particularly committed to supporting consumer needs, more precisely, the needs of partners. Therefore, it focuses on monitoring and following the process of change and development of needs and the satisfaction of consumers.

At the level of higher education, legal frames state a compulsory process of accreditation. This process mainly refers to the conditions of personnel and staff, infrastructural background, and to curriculum development. Its rules define the frames of QA process and its institutions. Its rules do not follow international models of quality management, such as ISO, therefore it does not apply any of those models. However, it can be implemented, embedded into those QA Systems. When comparing ISO 9001 QA Standard to that of the requirements of Accreditation in Hungarian higher education, it becomes obvious that some areas and approaches are framed and outlined in a parallel manner. The following areas do not coincide with each other completely:
- Consumer-centeredness;
- Measuring Consumer Satisfaction;
- Production, Services of Education and Research;
- Working Environment;
- Analyses of Processes Attached to Education and to Research;

The following requirements cannot be found in the accreditation of higher education:
- Quality Aims and Planning;
- Internal Audits;
- Settings of Planning Processes/Actions;
- Consumer-related Processes/Actions;
- Acquisitions;
- Handling of Non-sufficient Services;

---

² ENQA Secretariat (enqa@minedu.fi)
³ The Cape Town Statement on Characteristic Elements of a Lifelong Learning Higher Education Institution, UNESCO (January 2001), p. 6.

- Process/Action of Correction and Change;
- Process/Action of Prevention.[4]

The next step is to scrutinize quality issues in adult education and training! Let us consider the current situation, major tools of ruling, influencing quality in AE in order to sustain and develop the value of its formal, non-formal and informal structures.

2. Reasoning Quality Standards and Requirements in Adult Education

In order to understand the meaning of quality in adult education, let us turn to Deming's definition and his four dimensions of description:
- Low level of production costs ("make good cheaply");
- The real outcome of production is fulfilling the claims/needs of consumers (Consumer's Satisfaction);
- Usefulness/Effectiveness (Safety);
- Perfect functioning during application and use (Reliability).

The effective use of state-owned funds is a clear claim: the state wishes to act as a "good merchant" by using its financial resources based on its budget; it wants to influence and control the use of funds in education. However, the "make good cheaply" concept gets widened in that context while participants in AE, being direct consumers, demand a low-cost service for their input.

Consumer's satisfaction, we take to mean in this context that the student of adult education received education almost fully covering all needs: the student becomes a potential participant in the labour market in getting a job related to his/her competencies or in keeping his/her current position. The job-satisfaction issue cannot be directly connected to the need-orientation of adult education.

The understanding of effectiveness and usefulness can be put realized through the incorporation of a third body. An external/independent actor or expert certifies that a concrete educational training form or activity is in line with labour market needs/demands articulated by the adult learner when entering education.

The demand and requirement on reliability means a complete capability of the educational system of running on a complex process-basis. This implies accurate teaching, access to learning and teaching tools and resources (e.g. books!) through to following the rules of examination and certification. This is the exact field according to which quality refers to the maintenance and development of the administration and the organizational sector of the system of education.

---

[4] Please find more details at Jakab (2002)

3. Legal Ruling of Hungarian Adult Education and Training

According to Hungarian adult education activities, two acts, namely the Act on Vocational Education and Training (LXXVI/1993.) and the Act on Adult Training (CI/2001) and their decrees refer directly or indirectly to dealing with certain phases of QA of lifelong learning. The Act of Vocational Education and Training sets up the interest-dimensions of major employers when it defines the compulsory rate of financial contribution to vocational education and training for them. What is known as the "Contribution to Vocational Education" as a taxation form makes most forms of business engaged in various sectors of the economy support vocational education and training.

It is more than clear that these "investors" demand quality, and, one way of expressing this approach is that they can choose which education or training institution they support with their resources.

The Act on Adult Training frames the operation and functioning of many kind of AE institutions and it has introduced the notion and institutions of accreditation in AE. However this act deals only with non-formal AE and refers to formal AE in the context of their non-formal educational activities.

Moreover, the accreditation in AE, according to law, considers the business-oriented Quality Assurance Systems, the ISO 9001 Standard: those legal entities which have ISO 9001:2000 certification CAN follow a "Simplified Process of Accreditation".

It is rather peculiar that *accreditation in AE is not compulsory*, however; only accredited AE institutions and enterprises can help adult learners get their income tax reduced by issuing special certification proving participation in AE.

In the following chapter, we describe the system, the criteria-format of accreditation of AE and we try to compare it to ISO 9001:2000 Quality standard. We aim to do the latest in order to prove why "Simplified Process of Accreditation" has a right to function.

4. Accreditation of Legal Entities of Adult Education

Hungarian accreditation of adult education follows both major accreditation forms: Institutional and programme accreditation.
A special institution, namely the Board of AE Accreditation (Felnőttképzési Akkreditáló Testület – FAT), has been entitled, according to law, to do both kinds of accreditation and to allow or prohibit the functioning/operation of AE activities of legal entities.

This body of national accreditation is legally controlled by the Minister of Employment and Labour. Only well-experienced adult educators, i.e. experts, can be members of that body who are invited to that Board by the minister.

The aims of institutional accreditation are to ensure that institutions of AE
- Educate and train properly;
- Run their services openly;

- Manage their education according to the rules and frames of the Act of AE.[5]

FAT applies the following methodology during institutional accreditation:
- Examination of individual self-evaluation based upon preset formula;
- Control of expert based upon visiting the institution and report;
- FAT statement based upon report on visit and overall assessment.

Institutional self-evaluation plays a significant and dominant role in the accreditation. The basic criteria of that evaluation refer to:
- Description of the institution's AE activity, detailed description of:
  - AE up to current process;
  - Declaration of users (consumers) referring to individual learning needs, necessity of the
  - Access and running of AE service;
  - Financial guarantees of functioning;
  - Presentation of curricula;
  - Presentation of process of curriculum development;
  - Presentation on international relations;
  - Personnel conditions (head of education, training, introduction of educational and admin. staff);
  - Introduction of infrastructural conditions;
  - Relations with consumers (services for clients, information services, handling complaints);
  - Presentation on consumer satisfaction, effectiveness measures.
- Services related to Adult Education activities.
  Adult Education services can be broadly the following:
  - Measuring former level of knowledge;
  - Career guidance and counselling;
  - Measuring learning needs;
  - Counselling on labour market and job-related issues.
- Ruling of institutional management processes with details on:
  - Description of organizational matrix of management referring to duties;
  - Annual evaluation;
  - Planning, recruitment, education, assessment of human resources;
  - Means of communication;
  - Maintenance of infrastructural and financial resources;

Having made the institutional self-evaluation, the formerly entitled experts of FAT compare the self-evaluation to real conditions through a control visit to the institution undergoing the process of accreditation. Having evaluated the documentation, FAT makes its decision, which can be either positive or negative. If FAT makes a negative decision, only the submission of a protest based upon legal grounds can be accepted.

A legal entity working in adult education can be accredited in a more simple way. If a certain AE institution has a QA system based upon ISO 9001: 2000 referring to adult

---

[5] Communication – Közlemény (2002a) 10

education, it only has to define where those above mentioned parameters can be found in its Manual of Quality Management. This process is called "Simplified Process of Accreditation" and implies the approach that an institution having ISO certification for AE activities must define and follow all those parameter we have listed as preconditions according to the institutional accreditation.

Institutions having received the certification of accreditation can get each of their educational and training programmes accredited. The stake of programme accreditation is that each programme can only start after being accredited by FAT.

Programme accreditation must demonstrate during the process:
- Competence that can be gained during education and training;
- Conditions of application, access and continuous learning;
- Duration of Education;
- Methodology of education and training;
- Units, modules of curriculum referring to length, contents;
- Evaluation of participants in the educational programme;
- Content of the certificate of the programmes;
- Personnel and infrastructural conditions of the educational/training programme.[6]

The institutional accreditation and the programme accreditation are based upon each other, however institutional accreditation is more complex and is taken more seriously as it decides whether the legal entity can run and organize accredited educational and training activity and programmes. Accreditation can also influence participation referring to taxation as we have already described beforehand and it means that being accredited also means having a stronger position in the AE market. Students can identify 30% of their educational costs as reducing factor in their personal income tax rate when receiving a certificate of approval of joining an accredited AE programme.

Non-accredited institutions cannot certify such legal connection between the educator and the adult student.

5. Comparison of Requirements of Institutional Accreditation to that of ISO 9001:2000 Standards

In our further elaboration, we compare the requirements of institutional accreditation to those of the ISO 9001:2001 as the simplified accreditation means that only an AE institution having ISO QA Certificate fulfils the detailed requirements of institutional accreditation. This statement implies the hypothesis that requirements/demands of institutional accreditation and that of ISO 9001 almost fully adequate to each other. In order to prove that hypothesis, we have made the following table within which we indicated each requirement and its pair.

---

[6] Communication – Közlemény (2002b) 20

Requirements of Institutional Accreditation	Level of Adequacy	Requirements of ISO 9001:2000 Standard
Description of function and activities	=	Background of company, description
Users' (consumers') declaration on the importance and necessity of the exact education and training	≈	Defining consumers' needs
Financial guarantees of functionnig	≈	Responsibility of management, supply of resources, general requirements.
Presentation of curricula and teaching materials	=	Production of services
Presentation of process of curriculum development	=	Planning and development
Description of international relations	≈	Production of services
Description of personnel conditions (head of education, educational and admin. staff)	=	Supply of human resources, training
Description of infrastructural conditions (means of education, buildings)	=	Supply of infrastructure and working conditions
Presentation on the public relations policy (service for clients, information services, handling complaints, publications, etc.)	=	Connections with consumers
Description of AE activity related consumer satisfaction/effectiveness examination.	=	Measuring consumer satisfaction. data analysis, development
Description of organisational structure, internal authorities	=	Organisation, responsibilities circles
Annual evaluation	=	Monitoring of management
Planning, selection, education and assessment of human resources	=	Supply of human resources, education and training
Forms of communication	=	Internal communication
Supply of infrastructural financial resources	=	Supply of human Resources, training

Meaning of Signs: =: complete adequacy, ≈: near adequacy, yet not with a 100%.
Figure 1: Table of Comparison

The Table of Comparison clearly reflects that two chapters of the ISO standard, namely "Responsibility of Management" and "Managing Resources", together with their requirements are completely covered by the requirement row of accreditation of AE.

The chapter entitled "Process of Production" lack the areas of acquisitions and measuring, monitoring tools. It is also true that the latest tools are not significant in the service sector. Furthermore, the requirements of programme accreditation imply direct requirements referring to the description of assessing participants' performance.

Elements of the chapter on "Measurement, Analysis, Development are detailed enough as well, only the chapter on "Handling of non-compliant products" and on "Internal Audit" are the ones which cannot to be found in the system of accreditation, every other significant points is to be found.

Programme Accreditation, on the other hand, implies a general requirement according to tasks on QA of programmes, and there, each relevant area can be put under rules.

Finally, we would like to underline that the Hungarian accreditation system in adult education, especially in the case of institutional accreditation, relies on the requirement systems of the QAS (Quality Assurance Standard) of ISO 9001:2000, therefore it is not illogical that institutions holding certification on that QAS may choose a "lighter", almost automatic version of accreditation.

6. Summary

We have examined the above mentioned analysed notion of quality referring to its use in AE (adult education) and we conclude the following according to the quality-centred disciplines of the Hungarian AE system:

The accreditation process in AE strongly, almost dominantly emphasizes its commitment towards ISO-based quality management; therefore it can fulfil claims on reliability in case of safety and practical operation.

The requirements of accreditation and the differences between the accredited and the non-accredited organizations influence the adult learners' level of satisfaction at a higher and higher level. The low cost of production, reflected in the "make good cheaply" philosophy, is truly reflected in the reduction of personal income tax of learners.

Finally, we can conclude, according to the requirements of the national system of accreditation of AE, that it supports a quality-centred management in AE, thereby creating a chance of developing Hungarian adult education both in quality and content within a European context.

References

Communicatoin – Közlemény (2002a): Communication of the Minister of Employment and Labour on Requirements of Temporary Accreditation of Institutions of Adult Education Accreditation Board (A foglalkoztatáspolitikai és munkaügyi miniszter közleménye a Felnőttképzési Akkreditáló Testület ideiglenes intézményi akkreditációs követelményrendszeréről.) Hungarian Ministry of Employment and Labour – FMM, Budapest.

Communication – Közlemény (2002b): Communication of the Minister of Employment and Labour on Requirements of Temporary Programme-Accrediton of Adult Education Accreditation Board (A foglalkoztatáspolitikai és munkaügyi miniszter közleménye a Felnőttképzési Akkreditáló Testület ideiglenes program-akkreditációs követelményrendszeréről.) Hungarian Ministry of Employment and Labour – FMM, Budapest.

European Commission (2002): European Report on Quality Indicators of Lifelong Learning. Fifteen Quality Indicators. (Please find complete document at: www.europa.eu.int/education/life)

Jakab, T. (2002): Comparison of Standards of ISO 9001:2000 to that of Hungarian Accreditation. Conference Paper., 1. Internationale Konferenz für Qualitätsbenchmarks in der postgradualen Weiterbildung. Krems

UNESCO (2001): The Cape Town Statement on Characteristic Elements of a Lifelong Learning Higher Education Institution.

Der Beitrag der Teilnehmerforschung zur Qualitätsentwicklung – ein Forschungsprogramm[1]

Wolfgang Jütte

1. „Weiterbildungs-Studierende" und lebenslanges Lernen

Bei einer ersten Annäherung an den Begriff des „Weiterbildungs-Studierenden" stößt man auf die Kategorie der „non-traditional students" in den angelsächsischen Ländern. Wolter (2002, 143f.) unterscheidet in seiner Studie zu „nicht-traditionellen Studierenden" im deutschen Hochschulsystem sechs Kategorien:

„1. diejenigen, die das Reifezeugnis nach einer beruflichen Ausbildung und berufspraktischen Erfahrung in einer Institution des *Zweiten Bildungswegs* (Abendgymnasium, Kolleg) erwerben und danach ein Studium aufnehmen;

2. diejenigen, die nach dem regulären Abitur eine berufliche Ausbildung abschließen und erst dann mit einer zeitlichen Verzögerung in das Hochschulsystem überwechseln, ein Weg, der im allgemeinen als *Doppelqualifizierung* bezeichnet wird (...);

3. diejenigen, die nach einer beruflichen Ausbildung und zumeist einer mehrjährigen Tätigkeit ohne herkömmliche schulische Studienberechtigung in der Regel über ein spezielles Zulassungsverfahren (...) zum Studium zugelassen werden, ein Weg, für den sich inzwischen der Begriff des *Dritten Bildungsweges* eingebürgert hat (...);

4. diejenigen, die – unabhängig von ihren formalen Zulassungsvoraussetzungen – nicht in einer der konventionellen, sondern in alternativen Formen ihr Studium durchführen *(Teilzeit- und Fernstudium)*(...);

5. diejenigen, die mit einem, teilweise aber auch ohne einen vorangegangenen Hochschulabschluss, in jedem Fall aber mit berufspraktischen Erfahrungen, in einer der verschiedenen Formen weiterbildender Studienangebote bzw. Studiengänge studieren *(Weiterbildungsstudierende);*

6. diejenigen Studierenden, die nach ihrem Ausscheiden aus der aktiven Erwerbsarbeit ein Studium zumeist ohne eine berufliche Verwertungsabsicht aufnehmen *(Seniorenstudierende).*"

„Weiterbildungs-Studierende" lassen sich von „traditionellen" (Erst-)Studierenden abgrenzen, insofern

- sie weiterbildende Studienangebote oder Studiengänge häufig berufsbegleitend und in Form von Teilzeit besuchen,

---

[1] Bei diesem Beitrag handelt es sich um eine gekürzte Fassung von Jütte/Kastler (2004a).

- sie zumeist über eine längere Berufserfahrung verfügen,
- sie eine große Heterogenität hinsichtlich eines vorangegangen bzw. nicht vorhandenen Hochschulabschlusses und der ausgewiesenen Studienberechtigung aufweisen,
- ihr Weg zur Hochschule biographisch stufenreicher und weit weniger linear verläuft als bei „Normalstudierenden".

Diese Zielgruppe weist eine hohe Weiterbildungsaktivität auf und verkörpert vorbildlich das Konzept lebenslanger Lernbestrebungen. Sie versteht diese Bildungsphase zumeist selbst als Weiterbildung.

Teilnehmerforschung in der wissenschaftlichen Weiterbildung, die sich an der Schnittstelle zwischen tertiärem und quartärem Sektor befindet, stellt ein Desiderat dar. Ungeachtet der bildungspolitischen Bedeutung, die der Weiterbildung in der Wissensgesellschaft zugeschrieben wird, wird der empirischen Erforschung von Sichtweisen und Bildungsauffassungen der „Hauptakteure", der Bildungsteilnehmenden, bisher wenig Beachtung in diesem Feld geschenkt.

Dies ist u.a. darin begründet, dass die Universität in ihrem Selbstverständnis eine angebotsorientierte Institution ist. Dagegen ist die Weiterbildung weit stärker nachfrage- und bedarfsorientiert ausgerichtet. In den angelsächsischen Ländern kann dagegen in der Hochschulweiterbildung eine stärker nachfrageorientierte Strategie beobachtet werden, die „der zunehmend heterogeneren Zusammensetzung der Studierenden – hinsichtlich des Lebensalters, der Vorbildung, der beruflichen Vorerfahrungen, der Lebenssituation und der Studienmotive – besser Rechnung (...) tragen" (Schuetze 1998, 25) kann.

Die Notwendigkeit, Bildungs- und Lernprozesse von Weiterbildungs-Studierenden zu differenzieren, führte zu dem hier vorgestellten Forschungsprojekt der Teilnehmerforschung an der Donau-Universität Krems.

Das Ziel der auf mehrere Jahre angelegten Forschung zu Studierenden an der Weiterbildungsuniversität Donau-Universität-Krems ist es, ein umfassendes und differenziertes Bild des neuen Typus des Weiterbildungs-Studierenden zu zeichnen. Die Realität dieser Form der institutionalisierten Weiterbildung ist noch wenig erforscht. Die Teilnehmerforschung gibt Hinweise zur Lebens- und Arbeitssituation und der subjektiv erfahrenen Studiensituation dieser Zielgruppe, z.B.: Wie erfahren sie die Weiterbildungsuniversität im Kontext ihres privaten und beruflichen Alltags? Wie beurteilen sie ihre Ergebnisse? Zugleich eröffnet die Studie qualitative Hinweise zur weiteren Gestaltung von Bildungsangeboten (z.B. wie der Zugang erleichtert werden kann) und zur Konzeption zukunftsorientierter Formen der Weiterbildung.

Empirische Befunde über weiterbildungsinduzierte Erwartungen, Motivationsstrukturen und Belastungen sollen zur theoretischen Grundlegung wissenschaftlicher Weiterbildung beitragen. Die Ergebnisse bleiben nicht folgenlos für die zielgerichtete Auswahl von Inhalten, didaktischen Instrumentarien sowie die Gestaltung zeitlich-infrastruktureller Rahmenbedingungen. Sie sollen auch als Instrumente institutioneller Planung und der Entwicklung von Bildungsprogrammen dienen.

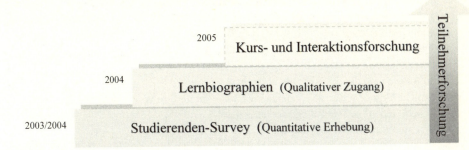

Abbildung 1: Mehrstufige Teilnehmerforschung

Dabei wird auf ein mehrstufiges Verfahren gesetzt (vgl. Abb. 1). Zunächst erfolgt eine quantitative Erhebung. Sie bildet den Gegenstand dieses Beitrages. Ziel der Befragung ist es, mehr über Motive, Bildungserfahrungen und Weiterbildungsorientierungen, über Barrieren, Hinderungsgründe und Unterstützungsformen, über die Arbeits- und Lebenssituation der Teilnehmenden während der Weiterbildung (Doppelbelastung mit Beruf, Familie, Umgang mit Zeit ...) und über ihre Bewertung der Lehr-Lernprozesse zu erfahren.

Lernen ist immer auch Bestandteil des Lebenslaufs und der eigenen Karriereentwicklung. Dieser lebensgeschichtlichen Verankerung wird in einem nächsten Schritt durch Forschungen zu Lernbiographien und biographischen Lernstrategien in verschiedenen Arbeits- und Berufsfeldern Rechnung getragen. Damit soll die Veränderung der Berufsbiographien, wie ihre zunehmende Fragmentarisierung, berücksichtigt werden. Die Ergebnisse dieser biographiebezogenen Teilnehmerforschung sollen in die Konzeption zukunftsorientierter Formen der Weiterbildung einfließen.

2. Die Studie: Ansatz und Durchführung

Bei der Erhebung zu den „Weiterbildungs-Studierenden" wurde auf das Instrumentarium der standardisierten, schriftlichen Befragung mittels Fragebogen zurückgegriffen. Die Vorzüge dieser quantitativen Erhebungsform bei der Charakterisierung des „typischen" Weiterbildungsteilnehmers liegen auf der Hand: Schriftliche Befragungen und daraus gewonnene Datenaggregate erlauben die Einbeziehung einer größeren Anzahl von Untersuchungssubjekten und die Generierung repräsentativer Aussagen. Als positiver Nebeneffekt der standardisierten Antworten stellt sich überdies die Möglichkeit zur statistischen Auswertung ein. Interessante Zusammenhänge (z.B. Schulausbildung und Weiterbildungsmotive) können mittels Korrelationen errechnet und einer fundierten Interpretation zugeführt werden. Die damit einhergehenden Nachteile oder Begrenzungen werden durch ein mehrschichtiges Untersuchungsdesign (zusätzliche qualitative Verfahren und Triangulation) aufgefangen.

1. Wie wichtig waren folgende Beweggründe für Sie, um an der Veranstaltung der Donau-Universität Krems teilzunehmen?
2. Bitte geben Sie an,
   * ob Sie Ihr Weiterbildungsvorhaben mit folgenden Personen besprochen haben,
   * und welche Reaktionen Ihnen entgegengebracht wurden.
3. Von wem ging die Initiative zur Weiterbildung aus?
4. Welche Gründe waren im Vorfeld eher hinderlich für Ihre Weiterbildungsteilnahme?
5. Wie bewerten Sie Ihre Bildungserfahrungen?
6. Wie wichtig sind folgende Lebensbereiche für Sie?
7. In wie weit stimmen Sie folgenden Meinungen [zu Ihrer Karrierepositionierung] zu?
8. Welcher der folgenden Aussagen zum Thema Weiterbildungsverhalten stimmen Sie zu?
9. Wie schätzen Sie Ihre Weiterbildungsaktivität im Vergleich zu der Ihrer Berufskolleginnen und -kollegen ein?
10. Welche Weiterbildungen haben Sie bereits absolviert?
11. Welche Formen der Weiterbildung nutzen Sie im Alltag?
12. Welchen Bezug besitzt Ihr derzeitiges Studium zu Ihrem Beruf?
13. In wie weit stimmen Sie folgenden Meinungen [über Ihren gewählten Bildungsweg] zu?
14. Wie viele Tage pro Monat verwenden Sie für den Kursbesuch?
15. Zulasten welcher Bereiche geht Ihre Weiterbildungsbetätigung?
16. Wie viele Stunden pro Tag entfallen an einem durchschnittlichen Werktag/Samstag/Sonntag auf folgende Tätigkeiten?
17. In wie weit stimmen Sie folgenden Aussagen [zum bevorstehenden Kursende] zu?
18. Welche der folgenden Aussagen trifft auf Ihr berufliches Umfeld zu?
19. Welche Personen unterstützen Sie bei Ihrer Weiterbildung?
20. Wie zufrieden sind Sie zurzeit mit folgenden Lebensbereichen?
21. Welche Aspekte empfinden Sie im Zusammenhang mit der Weiterbildung als belastend?
22. In wie weit treffen folgende Aussagen über Lernen und Studieren auf Sie persönlich zu?
23. Was hat Ihnen Ihre Weiterbildungsteilnahme hinsichtlich der folgenden Aspekte bislang gebracht?
24. Wie bewerten Sie den Kurs aus heutiger Sicht?
    * Würden Sie den Lehrgang wieder machen?
    * Werden Sie den derzeitigen Kurs weiterempfehlen?
25. Werden Sie auch in Zukunft ein Weiterbildungsangebot nutzen?
26. In welchem Bereich werden Sie künftig eine Fortbildung anstreben?
27. Welche Art von Weiterbildung werden Sie anstreben, wenn Sie an die zeitliche Komponente denken?
28. Beeinflusst die Möglichkeit eines formalen Abschlusses (Diplom, Zertifikat) Ihre Weiterbildungsentscheidung?
29. Wann werden Sie vermutlich die nächste Weiterbildung absolvieren?

Abbildung 2: Fragebogenbatterien (gesamt)

Die einzelnen Fragebogenitems wurden in mehreren Expertenrunden getestet. Einzelne Fragebatterien wurden aus bereits vorliegenden Untersuchungen aus dem deutschsprachigen Raum übernommen, um eine Vergleichbarkeit der Ergebnisse mit jenen anderer Bildungsbereiche herzustellen. Um eine facettenreiche Darstellung der angeführten Themenkomplexe zu ermöglichen, wurde ein recht umfassender Fragebogen erarbeitet. Neben Fragen zur soziodemographischen Ausprägung (Alter, Beruf, Geschlecht ...) wurden 29 weitere Sachverhalte zur Diskussion gestellt (vgl. Abb. 2).

Als Stichprobe wurden alle Studierenden der Donau-Universität Krems herangezogen, die sich zum Zeitpunkt der Befragung (Sommersemester 2003) eingeschrieben hatten. Insgesamt wurde der Fragebogen an 1771 Teilnehmende ausgeschickt. Mit 459 retournierten Fragebögen konnte die beachtliche Rücklaufquote von 26 % erreicht werden.

Inhaltliche Dimensionen

Die differenzierte Wahrnehmung des Weiterbildungsweges aus Sicht der Teilnehmenden ist das vorrangige Ziel des Forschungsprojektes. Der Bogen spannt sich vom Bildungsvorfeld (Bildungs- und Berufsbiographie, Motivationsstruktur) über das Bildungserlebnis (Lehr-Lern-Arrangements, Doppelbelastung) bis zur rückblickenden Bewertung des Kurserlebnisses (Weiterbildungseffekte, Einfluss auf zukünftige Weiterbildungshaltung) (siehe Abb. 3).

Im Forschungsprojekt wird das Spannungsfeld zwischen gesellschaftlichen Entwicklungsprozessen und den subjektiven Handlungshorizonten ausgeleuchtet. Insbesondere werden dabei die Felder „Erwerbsarbeit" und „Familie" auf ihre Implikationen für die Weiterbildung befragt.[2] So werden als entscheidende Überlegungen vor der Teilnahme an einem Bildungsprogramm neben endogenen Faktoren (Motivationsprozesse, Berufs- und Bildungsbiographien ...) auch Einflüsse aus dem beruflichen und privaten Umfeld erhoben. Den Genderfragen wird ebenfalls eine besondere Bedeutung eingeräumt.

Mit der Analyse des „Einflusses auf zukünftige Weiterbildungsentscheidungen" (vgl. Abb. 3, Frage 3d) schließt sich der Kreis zum Ausgangspunkt der Erhebung (siehe Frage 1c), und gleichzeitig stellt sie ein Fundament für Nachfolgeerhebungen bereit. Diese sollen forthin in einem Rhythmus von 3–5 Jahren durchgeführt werden und die Möglichkeit bieten, Verschiebungen der Weiterbildungsteilnahme seismografisch zu erfassen.

Das Forschungsprojekt befindet sich derzeit in der Phase der computergestützten Datenauswertung und roulierenden Ergebnisinterpretation. Die Ergebnisse werden 2004 veröffentlicht (Jütte/Kastler 2004b).

---

[2] Die Analyse des Mikrofeldes „Familie" und dessen Interaktion mit der Weiterbildungsteilnahme bauen auf der Arbeit von Kastler (2003) auf. Siehe dazu auch der Beitrag in diesem Band.

1. **Weiterbildungsvorfeld**
    a. Antezedenzen
        - Bildungsbiographie
        - Berufsbiographie
    b. Erwartungen an Weiterbildung
        - Weiterbildungsbewusstsein
        - Karriereorientierung
        - Gesellschaftliche Erwartungen
        - Motivationslagen
    c. Entscheidungsbildung
        - Barrieren für den Weiterbildungsentschluss
        - Rolle des beruflichen Umfeldes
        - Rolle des privaten Umfeldes

2. **Weiterbildungsverlauf**
    a. Inhaltliche Dimension
        - Lehrinhalte
        - Referenten
        - Lehr-Lern-Arrangements (Gruppe ...)
    b. Zeitliche Dimension
        - Zeitliche Auslastung und Umverteilung
        - Zeitrhythmus im privaten Umfeld
        - Zeitrhythmus im beruflichen Umfeld (Doppelbelastung)
    c. Soziale Dimension
        - Unterstützung/Behinderung – privates Umfeld
        - Unterstützung/Behinderung – berufliches Umfeld
        - Unterstützung/Behinderung – Lernumfeld
    d. Emotional-psychische Dimension
        - Ängste, Sorgen aus Weiterbildungsbesuch
        - Bereicherungen für Persönlichkeit

VOR / WÄHREND / NACH WEITERBILDUNG

3. **Weiterbildungsbewertung**
    a. Fachlich/Professionell
        - Allgemeinwissen
        - Fachwissen
        - Beruflicher Transfer
        - Berufliche „Rückmeldung" (Einkommen, Karrieresprung…)
    b. Personal/Individuell
        - Fachübergreifende Fähigkeiten
        - Persönlichkeitsbildung
        - Soziale Kontakte
    c. Organisationskommittment
    d. Einfluss auf zukünftige Weiterbildungsentscheidungen
        - Inhaltliche Dimension
        - Zeitliche Dimension
        - Formale Dimension (Abschluss, Titel)

Literatur

Jütte, W. (2003): Lebensbegleitendes wissenschaftliches Lernen fördern. Das Forschungsprogramm der Interdisziplinären Plattform Weiterbildungsforschung. In: Weiterbildungsforschung. Krems (Studies in Lifelong Learning, 2), S. 21–35.

Jütte, W./Kastler, U. (2004a): „Weiterbildungs-Studierende" als Gegenstand der Teilnehmerforschung. Ein Werkstattbericht. In: Dewe, B./Wiesner, G./Zeuner, Ch. (Hrsg.): Literatur- und Forschungsreport Weiterbildung. Dokumentation der Jahrestagung 2003 der Sektion Erwachsenenbildung der Deutschen Gesellschaft für Erziehungswissenschaft, 1, 76–83.

Jütte, W./Kastler, U.: (2004b): Weiterbildungs-Studierende. Eine empirische Studie zur Teilnehmerforschung in der wissenschaftlichen Weiterbildung (Arbeitstitel, in Vorbereitung).

Kastler, U. (2003): Einflüsse auf Bildungseinstellung und Bildungsverhalten in der Erwachsenenbildung unter besonderer Berücksichtigung des sozialen Kontextes. Eine empirische Studie an der Donau-Universität Krems. Wien.

Schuetze, H.G. (1998): Hochschule und Weiterbildung – Internationale Entwicklungen und Erfahrungen. In: AUE – Informationsdienst Hochschule und Weiterbildung, S. 23–31.

Wolter, A. (2002): Lebenslanges Lernen und „non-traditional students" In: Strate, U./Sosna, M.: Lernen ein Leben lang – Beiträge der wissenschaftlichen Weiterbildung. Regensburg, S. 138–152.

Weiterbildung und Familie – Qualitative Dimensionen eines spannungsreichen Wechselverhältnisses[1]

Ulrike Kastler

1. Einführung

Im Kontext moderner Gesellschaftssysteme bildet „lebenslanges Lernen" die Antwort auf die fortschreitenden Innovationszyklen auf mikro- und markoökonomischer Ebene. Der Begriff steht weiters für einen veränderten Stellenwertes des Lernens, nämlich für die Verschiebung der Erstausbildung zugunsten der Weiterbildung und damit eine Neuverteilung der Bildungszeiten über das Berufsleben: Der konzentrierte Bildungsanfall während der ersten Lebenshälfte wird zunehmend von einem gleichförmigen Bildungskonsum über die gesamte Lebenszeit abgelöst.

Angesichts dieser – während der letzten Jahrzehnte immer rapideren – Entwicklung stellt sich freilich die Frage nach der Verarbeitung des (Weiter-)Bildungsbesuches durch den direkt betroffenen Personenkreis. Genau dabei gilt es auf ein Manko in der existierenden Weiterbildungsliteratur hinzuweisen: Nur wenige Forschungsbeiträge beschäftigen sich mit den sozialen Interaktionen, die dem Weiterbildungsbesuch anhaften bzw. durch diesen positiv oder negativ beeinflusst werden.

Die Familie als eines dieser sozialen Gefüge versteht sich als ein Bindeglied zwischen dem Leben des Einzelnen und globalen Prozessen – oder bildlich gesprochen: sie verkörpert eine „Bühne", auf der sich übergreifende Ereignisse abspielen. Die diesem Artikel zugrunde liegende Arbeit versucht daher, den Bildungsweg des erwachsenen Studierenden, insbesondere die Relation von Weiterbildung und Familie, zu beleuchten.

Ausgehend von einer empirischen Erhebung unter Weiterbildungsstudierenden der Donau-Universität Krems wurde versucht, deren Reflexionen sowohl vor dem Bildungskonsum als auch im Studienverlauf zu erfassen und gleichzeitig die Haltungen der nicht studierenden Partner zu enthüllen. Dadurch gelang eine zwei-perspektivische Darstellung der familiären Interaktionen und eine Beantwortung der Frage, ob und in wie fern das Verhältnis zu Partner und/oder Kind/-ern eine Schädigung oder – vice versa – einen Auftrieb erfuhr.

---

[1] Der Beitrag basiert auf Kastler, Ulrike: *Einflüsse auf Bildungseinstellung und Bildungsverhalten in der Erwachsenenbildung, unter besonderer Berücksichtigung des sozialen Kontextes. Eine empirische Studie an der Donau-Universität Krems.* (Dissertation), Wien 2003

2. Untersuchungsdesign

Die Arbeit hat sich dem Paradigma der qualitativen Sozialforschung verschrieben hat: Einer Theorie*entwicklung* wird gegenüber einer Hypothesen*prüfung* der Vorzug eingeräumt. Zur Datengewinnung kamen im Wesentlichen zwei Instrumente (Fragebogen, qualitatives Interview) zur Anwendung. Da die erhobenen Kriterien nur zum Teil quantifizierbare Tatbestände beinhalten oder sich aufgrund fehlender Skaleneigenschaften überhaupt einer Auswertung mittels Inferenzstatistik entziehen, wurde primär mit qualitativen Methoden der empirischen Sozialforschung gearbeitet.

Die Datenauswertung erfolgte zum einen computergestützt, zum anderen mittels qualitativer Inhaltsanalyse nach *Mayring*, die besonders bei sensiblen Themenbereichen eine bessere Abbildung des Forschungsgegenstandes erlaubte.

Als Auskunftspersonen wurden ausschließlich Studierende der Lehrgänge „Finanzdienstleistungen" an der Donau-Universität herangezogen. Diese Stichprobe zeichnet sich durch zwei Wesenszüge aus, die bei der Interpretation der Befunde berücksichtigt werden müssen:
1. Der Berufsalltag ist durch hohen zeitlichen Einsatz charakterisiert.
2. Die Berufssparte ist eine Männerdomäne.[2]

Insgesamt gingen 113 Studierende in die Fragebogenerhebung ein; 23 Teilnehmer und 14 Partner konnten für ein qualitatives Interview gewonnen werden.

Der enge Kontakt mit den Studierenden erwies sich vor allem in der Interviewsituation als unersetzliche Hilfestellung bei der Datenerhebung und dem Einsatz des Forschungsinstrumentariums. Durch das persönliche Verhältnis mit den Lehrgangsteilnehmern konnte der Themenkomplex „Familie" nicht nur fundiert aufgearbeitet, sondern angesichts der bereitwilligen Auskünfte in seinem Facettenreichtum dargestellt werden.

3. Ergebnisse

3.1 Weiterbildungsvorfeld

Das inhaltsanalytisch gewonnene Kategorienschema zum Themenkomplex „Haltung der Familie im Bildungsvorfeld" präsentiert sich wie folgt[3]:

---

[2] Ein überdurchschnittlich hoher Männeranteil kennzeichnet daher auch die zugrunde liegende Stichprobe; vice versa sind die befragten Partner fast ausschließlich weiblich. Gerade dieser Umstand bietet aber die Möglichkeit, die Einstellungen von Mann und Frau in einem traditionellen Rollenmuster (das – wie sich gezeigt hat – die Gesellschaft noch immer dominiert und das primär auch den Mann als Träger eines Weiterbildungsvorhabens vorsieht) gegenüberzustellen.

[3] Den weiteren Ausführungen werden jeweils die aus der zusammenfassenden Inhaltsanalyse gewonnenen Kategorien vorangestellt.

> ***Die Haltung der Familie im Bildungsvorfeld***
> 1. *Es erfolgte keine Mitwirkung des Partners/der Partnerin an der Entscheidungsfindung, jedoch ein informativer Austausch.*
> 2. *Seitens des Partners / der Partnerin wurde der Weiterbildungsbeschluss positiv aufgenommen.*
> 3. *Die Weiterbildungsentscheidung wäre auch gegen den Willen des Partners / der Partnerin gefallen.*
> 4. *In der Entscheidungsphase erfolgte keine Mitwirkung durch das Kind/die Kinder.*
> 5. *Seitens des Kindes / der Kinder wurde der Weiterbildungsbeschluss neutral bis positiv aufgenommen.*

Zwar enthielten besonders die Interviewbefunde teils berührende Schilderungen über das Familienleben und brachten unverkennbar die Bedeutung der Familie sowohl für die Teilnehmer als auch deren Partner zum Ausdruck. Und dennoch zeigte sich, dass die Entscheidungsfindung bezüglich Weiterbildung fast immer ohne Mitwirkung der Partner und Kinder erfolgte.

Wie ist dieses paradoxe Gedankenmuster zu erklären? Aus den Gesprächen wurde deutlich, dass Weiterbildung einen Schritt vorwärts im beruflichen Werdegang bedeutet. Als solcher verkörpert der Kursbesuch einen Teil des Arbeitslebens, zu dem sich hauptsächlich die betreffende Person selbst entschließen muss und eben *nicht* das Umfeld. Zwar steht außer Frage, dass die Familie durch die kursbedingten Belastungen in Mitleidenschaft gezogen wird, jedoch sind diese vorab nicht das Thema. Sie werden bestenfalls dann geklärt und besprochen, *nachdem* die eigentliche Bildungsentscheidung bereits gefallen ist. Erstaunlich ist in diesem Zusammenhang, dass diese Vorgangsweise für alle Beteiligten (also auch für die Partner!) als selbstverständlich betrachtet wurde und keine (negativen) Konsequenzen für die anschließende Kursbewältigung nach sich zog (z.B. dass eine Partnerin sich derart übergangen fühlte, dass sie den studierenden Mann bei seinem Bemühen, den Kurs zu bestehen, bewusst nicht unterstützte).

Festzuhalten gilt es demnach ein m. E. überraschendes Resultat:
- Die Familie wird in die Bildungsentscheidung nicht einbezogen.
- Dieser „Ausschluss" wird seitens der Familie akzeptiert und die Bildungsentscheidung voll mitgetragen.
- Auf den familiären Support bei der Kursbewältigung ist trotz alleiniger Entscheidungsfindung zu zählen.

3.2 Weiterbildungsverlauf

3.2.1 Zeitliche Verarbeitung

3.2.1.1 Partnerschaft

Zeitliche Verarbeitung (Partnerschaft)

1. Die zeitliche Absenz des Kursteilnehmers / der Kursteilnehmerin stellt keine unbekannte Situation für den Partner / die Partnerin dar, sondern ist ihm / ihr vom Beruf bekannt.
2. Die Verknappung der zeitlichen Ressourcen
   a. führt auch in der Partnerschaft zu weniger gemeinsamer Freizeit,
   b. pendelt sich ein und wird zum Alltag,
   c. bewirkt eine intensivere Nutzung der verbleibenden Zeit,
   d. wird durch die Aussicht erleichtert, dass es sich um einen begrenzten Zeitraum handelt,
   a. ermöglicht, dass die freien Zeitreserven für eigene Hobbys und Interessen des Partners/der Partnerin genutzt werden.
3. Grundsätzlich ist die Verknappung der zeitlichen Ressourcen des Teilnehmers/der Teilnehmerin kein Problem für die Partnerschaft.
4. Nur wenn die eigene Doppelbelastung (Beruf und Familie) durch die Absenz des Teilnehmers/der Teilnehmerin massiv verstärkt wird, ist das Kursende eine Erleichterung.

Eintracht herrscht zunächst darüber, dass die räumliche und/oder zeitliche Distanz des Teilnehmers auch im Normalfall – ohne Weiterbildungsteilnahme – das Alltagsleben der Familie bestimmt. Die häufige Abwesenheit ist, wie erwähnt, ein weit verbreitetes Übel, mit dem der Partner (und auch das Kind, vgl. unten) zu leben gelernt hat.

Dass sich durch den Weiterbildungsbesuch die Zeitknappheit nun wesentlich erhöht, ist selbstredend und für alle Beteiligten spürbar. Neben vielen anderen Lebensbereichen, die durch die neue Situation in Mitleidenschaft gezogen werden (z.B. Kollision mit beruflichen Terminen, Verkürzung sportlicher Aktivitäten, Vernachlässigung des Freundeskreises), berührt diese insbesondere auch die gemeinsame Freizeit der beiden Lebenspartner. In diesem Punkt sind sich die meisten Partner und Teilnehmer (je knapp zwei Drittel) recht einig.

Mit Erstaunen ist allerdings eine Diskrepanz beim *subjektiven Empfinden* dieser Zeitreduktion durch Teilnehmer und Partner zu vernehmen (vgl. Abb. 1):

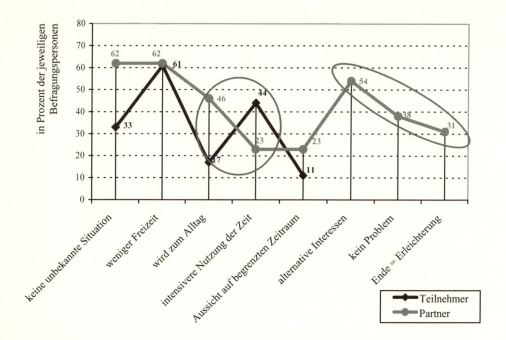

Abbildung 1: Zeitliche Verarbeitung in der Partnerschaft

Etwa die Hälfte der studierenden Männer erlebt den – nach Abzug der Weiterbildung verbleibenden – Rest an Familienzeit umso intensiver; eine quantitative Reduktion geht gleichzeitig mit einer qualitativen Aufwertung der verbleibenden Zeitressourcen einher. Nur selten (3 von 18 Befragungspersonen = 17 %) wird der neue Tagesablauf als Gewohnheit erlebt. Wie aufgezeigt werden konnte, steht dieser Sinneseindruck im Kontrast zur intrapersonalen Kursverarbeitung (= Weiterbildung per se). Während diese nämlich durch gekonntes Zeitmanagement, effizientes Arbeits- und Lernverhalten etc. mehr und mehr zum Alltag wird, bleibt die Beschneidung der (ohnehin spärlichen) Stunden an Zweisamkeit ein bitterer Ausnahmezustand, der im Bewusstsein – und das ist die Kehrseite der Medaille – aber intensiver erlebt wird.

Diese Wahrnehmung teilt nicht einmal ein Viertel der nicht studierenden Frauen. Die Hälfte lässt uns wissen, dass der Kurs und damit auch das Zeitproblem im Familienverband sehr wohl in den normalen Alltag integriert und als solcher recht anstandslos akzeptiert wird: *„Ich glaube, das ist Einstellungssache. Wenn man es (den Kurs, Anm.) zum Problem macht, dann ist es auch eines. Wenn man es offen betrachtet, kommt man auch leicht damit zurecht und empfindet es nicht als Belastung und problematisch."* Beinahe ebenso viele Partnerinnen geben außerdem explizit an, mit der Abwesenheit des Teilnehmers definitiv kein Problem zu haben. Von einer Intensitätssteigerung wollen überhaupt nur drei Partnerinnen (d.h. nicht einmal ein Viertel der Auskunftspersonen) etwas bemerkt haben.

Worin liegt diese differenzierte Betrachtung nun begründet? Leiden die „Daheimgebliebenen" etwa nicht unter dem Freizeitentzug mit ihren bildungswilligen Männern? Die Antwort findet sich im Zusammenwirken dreier Elemente:

1. **Affinität gegenüber Weiterbildung:** Es konnte aufgezeigt werden, dass sowohl die Teilnehmer, als auch deren Partner durch ein hohes Weiterbildungsbewusstsein geprägt sind. Aus dieser grundsätzlichen Befürwortung und in dem Bestreben, den gewählten Bildungsweg des Studierenden mitzutragen, ergibt sich konsequenterweise auch die Duldung der Zeitknappheit. Oder mit den Worten einer Partnerin: *„Ich glaube, wenn eine Beziehung belastet wird, zeitlich, dann ist es sicher am positivsten, wenn sie von so was belastet wird. Als zum Beispiel für irgendein Hobby, das man überhaupt nicht teilen kann (...) dann würden sicher gröbere Konflikte entstehen."*

2. **Abgrenzung Kurs ↔ Familie:** Zwar wurde seitens der Teilnehmer des öfteren die aktive und passive Unterstützung des Partners bei der Lehrgangsbewältigung gelobt. Seitens der Partner wurden allerdings auch Klagen über eine regelrechte Durchdringung des Familienlebens durch das Kursgeschehen geäußert, vor allem, wenn Themen rund um die Universität den Gesprächsstoff beherrschten. Verständlich ist daher der Wunsch so manchen Partners, zumindest während der Unterrichtstage nicht ständig mit dem Studium befasst zu sein und dafür sogar die Absenz des Teilnehmers in Kauf zu nehmen: *„Und mir war's eigentlich sehr recht, dass er überhaupt über Nacht bleibt, weil das so für ihn abgeschlossen ist. Also wenn er heimgekommen ist, was es natürlich auch gegeben hat, hab ich am Abend nur irgendwelche Geschichten von der Universität gehört, was ich natürlich verstehen kann, aber das ist dann irgendwo auch nicht das, was man sich vorstellt und mir ist dann lieber, er bleibt gleich dort, weil dann kann er's dort besprechen und aufarbeiten oder was immer."*

3. **Alternative Betätigung:** Den Hauptverdienst an der gelassenen Haltung der Partner zur Zeitverknappung trägt m. E. aber ein anderer Sachverhalt: Frei gewordene Zeitreserven können ohne schlechtes Gewissen für eigene Interessen genutzt werden. Ganz gleich, ob es sich nun um die Aufnahme längst vergessener Hobbys oder die vermehrte Nutzung von Unterhaltungsangeboten handelt, Tatsache ist, dass die Entfernung ermöglicht (oder sogar erfordert!), die eigene Freizeit wieder ein wenig selbstständiger und mit Bedacht auf die eigene Person zu gestalten. Dass so eine Konzentration auf das Selbst – zumindest vorübergehend – in jedem Fall eine rechte Wohltat sein kann, sollte für jedermann nachvollziehbar sein. Und in der Tat wurde von jeder zweiten Frau explizit angeführt, die Entbehrung des studierenden Lebensgefährten würde durch alternative Beschäftigungen quasi kompensiert: *„Also ich hab's als Abwechslung gefunden. Ich hab das nicht so negativ empfunden. Ich glaub eher, dass es negativ ist, wenn ich jetzt weiß, er fährt nicht mehr weg. (...) Weil man konnte sich einfach mit ruhigem Gewissen was ausmachen und weiß, er ist eh nicht da ..."* Interessant ist nur, dass keiner der befragten *Teilnehmer* diesen positiven Effekt für seinen Partner erkannte. In einer Konfrontation mit den obigen Ergebnissen zeigten sich diese daher einigermaßen überrascht, mussten aber schlussendlich bekennen, dass tatsächlich und trotz der Bürden, die den Partnern durch den Weiterbildungsbesuch auferlegt wurden, eine Steigerung der Selbstzufriedenheit bemerkt wurde. Fazit: Durch den Weiterbildungsbesuch des einen Partners wird auch die Per-

sönlichkeit des anderen positiv beeinflusst, indem dieser den Freiraum erhält, seinen eigenen Vorlieben nachzugehen. Für eine gewisse Zeitdauer kann dieser Zustand für das Seelenleben der beiden (und damit auch für die Partnerschaft) durchaus von Vorteil sein.

3.2.1.2 Kind/-er

> ***Zeitliche Verarbeitung (Verhältnis zu Kind/ern)***
> *1. Die zeitliche Absenz des sich weiterbildenden Elternteils ist nichts Ungewohntes und wird vom Kind als Berufsalltag empfunden.*
> *2. Die Verknappung zeitlicher Ressourcen*
>   *a. führt auch im Verhältnis zum Kind zu weniger gemeinsamer Freizeit,*
>   *b. führt zu einer intensiveren Nutzung der gemeinsamen Zeit,*
>   *c. pendelt sich ein, das Kind gewöhnt sich daran,*
>   *d. wird seitens des Teilnehmers so gering wie möglich gehalten, indem die Zeiteinteilung auf das Kind ausgerichtet wird.*

Wie eingangs dargestellt, ist die Abwesenheit des Teilnehmers eine vertraute Situation, auch für dessen Sohn/Tochter. Dass aufgrund des Weiterbildungsbesuches nun noch weniger Zeit für die Familie zur Verfügung steht, wird relativ schnell – nach einer gewissen Eingewöhnungsphase – zum Alltag: „*... am Anfang haben sie (die Kinder, Anm.) sicher nicht gewusst, wie sie damit umgehen sollen. (...) Die ältere Tochter hat sich einmal gekränkt, da hat sie nicht gewusst, warum er jetzt nicht mit ihr spielt, wieso der Papi eine Ruhe haben wollte, weil er lernen hat müssen, wieso er jetzt keine Zeit hat für sie. Aber ich sag jetzt, durch dieses Jahr, wo er jetzt geht, wissen sie, okay, das ist so, da muss er eben lernen, da ist er nervös, jetzt will er seine Ruhe haben...*"

Auch die Mütter bestätigen uns also, dass die Kinder wenige Probleme damit haben, wenn der Vater häufiger als gewöhnlich im Familienverband fehlt. In den kindlichen Augen scheint die Weiterbildung nichts anderes zu sein als „Arbeiten gehen", mit dem Unterschied, dass es öfters am Wochenende passiert als üblich. Die vorliegenden Erfahrungen zeigen, dass sich die Kinder rasch auf die neue Situation einstellen konnten: „*Wir haben gesagt, so, der Papa macht jetzt das (...) Die haben gewusst, so, jetzt ist der Papa in Krems, und dann telefonieren wir am Abend vor dem Schlafengehen mit ihm und schicken ihm die Bussis und so weiter (lacht) und dann funktioniert das halt so, die können sich da relativ flott umstellen, so Kleine, die schaffen das ganz gut. Die sind da recht cool.*"

Weiterbildung und Familie – Chance oder Widerspruch?

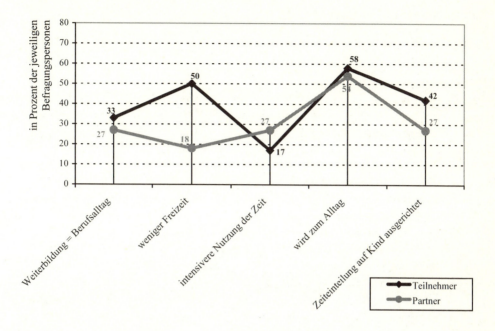

Abbildung 2: Zeitliche Verarbeitung im Verhältnis zu Kind/-ern

Eine Differenz zwischen Teilnehmer- und Partneraussagen fällt in o. a. Grafik besonders ins Auge und verdient nähere Betrachtung: Jeder zweite Vater befindet, durch den Weiterbildungsbesuch weniger Freizeit mit seinen Kindern verbringen zu können, jedoch wird dies nicht einmal von jeder fünften Mutter bestätigt. Worin liegt die Ursache für die unterschiedliche Wahrnehmung eines so trivialen Sachverhaltes? *„Die Betreuungs- und Erziehungsfunktion erfüllte vor, während und nach der Weiterbildung überwiegend die Frau."* Aus der Sicht der Partnerin ist völlig klar, dass sie – ob mit oder ohne Weiterbildung – den Hauptanteil der Freizeit mit ihren Kindern verbringt. Ein Fehlen des Partners, der ohnehin des öfteren nicht zu Hause weilt bzw. wenn, dann abgespannt und oftmals unvermögend, sich den Kindern zu widmen, fällt so gesehen nicht übermäßig ins Gewicht. Ganz anders betrachtet das allerdings der betroffene Vater, dem sehr stark ins Auge fällt, dass er seine Kinder durch die Kursteilnahme noch weniger zu Gesicht bekommt (von aktiver Beschäftigung mit ihnen ganz zu schweigen!) als im Normalfall. Genau aus dieser Ecke kommt auch sein Bestreben, die Zeitreserven, wenn möglich, an Sohn/Tochter auszurichten. Und ebenfalls diesem subjektiven Empfinden ist es zuzuschreiben, wenn Väter von der Sorge berichten, einen wichtigen Zeitabschnitt im Leben ihrer Kinder zu verpassen.

Zusammenfassend kann man sagen, dass der allgemeine Tenor unter den Müttern ein beschwichtigender ist: Zumindest die zeitliche Verknappung verursacht keine Probleme und ist durch das Kind mit Leichtigkeit zu bewältigen.

3.2.2 Emotionale Verarbeitung

3.2.2.1 Partnerschaft

> **Emotionale Verarbeitung (Partnerschaft)**
> 1. Der Kursbesuch kann die Partnerschaft emotional belasten, wenn
>   a. der psychische Stress des Teilnehmers / der Teilnehmerin sich kurzfristig auf die Stimmungslage niederschlägt,
>   b. zu viele und / oder zu komplizierte Kursthemen den Gesprächsstoff beherrschen,
>   c. die Partnerschaft schon belastet ist,
>   d. der Partner/die Partnerin eifersüchtig auf Kurskollegen/-kolleginnen ist.
> 2. Die Partnerschaft wird durch den Kursbesuch zumeist gefestigt und intensiver, weil
>   a. eine aktive Unterstützung (Abprüfen etc.) bei der Kursbewältigung gegeben ist,
>   b. eine passive Unterstützung (Rücksichtnahme beim Lernen etc.) gegeben ist,
>   c. eine laufende Motivation bei Durchhängern erfolg,
>   d. die Kommunikation durch Kurserlebnisse angeregt und facettenreicher wird,
>   e. der Partner/die Partnerin stolz auf die Leistung ist,
>   f. man sich durch die zeitliche / räumliche Distanz wieder mehr zu schätzen lernt,
>   g. der Partner / die Partnerin von der positiven Persönlichkeitsentwicklung des Teilnehmers / der Teilnehmerin profitiert.

Zunächst fühlt sich beinahe die Hälfte der Frauen den Stimmungsschwankungen ihrer studierenden Männer ausgesetzt. Ebenfalls als störendes Moment wird die übermäßige Kommunikation über – für den Partner oft unverständliche – Kursthemen kritisiert. Während jede 3. befragte Frau sich dadurch gelangweilt oder überfordert fühlt, deutet nur jeder 17. Mann die Sachlage ähnlich. Wir können davon ausgehen, dass der Rest sich – eben *weil* er so sehr mit seiner Weiterbildung befasst ist, dass er es auch zu Hause nicht schafft „abzuschalten" – dieses Problems nicht einmal bewusst ist, geschweige denn es als stimmungsverschlechterndes Element identifizieren würde. Nichtsdestotrotz kann man sich als Leser anhand des folgenden Zitates gut in die Situation der Partner hineinversetzen: „Er hat mir... so Tests oder Aufgaben gezeigt und gesagt ‚Schau dir das an', da sag ich, ‚Was soll ich denn anschauen, ich kenn mich eh nicht au". Und das ist immer so gegangen."

Die weiteren Befunde zu emotionalen Bürden sind wenig aufregend. Dass eine Eifersucht aus Sicht der Teilnehmer manchmal zum Problem wurde, ist einsichtig, genauso wie der Umstand, dass eine schon gestörte Beziehung ungleich mehr unter einer zusätzlichen Belastung zu leiden hat als eine gesunde Partnerschaft.

Weiterbildung und Familie – Chance oder Widerspruch?

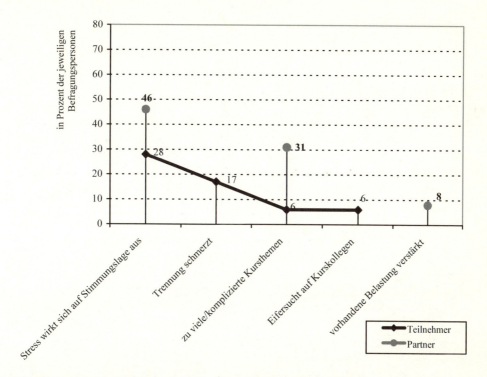

Abbildung 3: Emotionale Verarbeitung in der Partnerschaft (Belastungen)

Der springende Punkt bei den aufgegriffenen emotionalen Stolpersteinen ist m.E. folgender: Generell sind diese für beide Betroffenen nicht so schlimm wie im Vorfeld vielleicht befürchtet. Dies lässt sich allein schon aus der Quantifizierung der Aussagen ableiten – lediglich gezählte 11 Partner- und 10 Teilnehmeraussagen (von 13 bzw. 18 befragten Personen) zeugten von einer Stimmungsbeeinträchtigung.

Wenn wir uns den „Gewinnen" der Weiterbildungsteilnahme zuwenden, können wir der nachfolgenden Grafik entnehmen, dass Teilnehmer und Partner Einigkeit demonstrieren – sowohl was die einzelnen Pluspunkte als auch deren Bewertung betrifft.

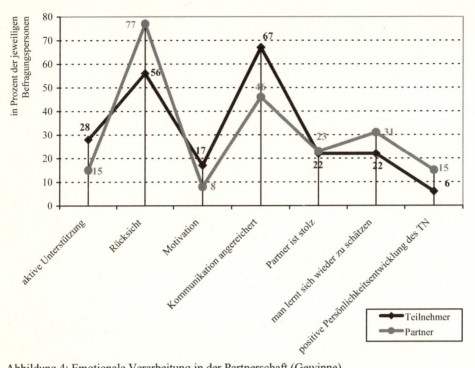

Abbildung 4: Emotionale Verarbeitung in der Partnerschaft (Gewinne)

Hervorzustreichen sind zunächst jene zwei Punkte, die unter Teilnehmern und Partnern nicht generell nur die höchste Zustimmung, sondern gleichzeitig auch die größte Differenz der Zustimmungsraten (nämlich je 21 Prozentpunkte) erfuhren.

„Rücksichtnahme" einerseits bezeichnet eine passive Unterstützung, die ausschließlich darauf beruht, den Teilnehmer in seinen Weiterbildungsaktivitäten uneingeschränkt „gewähren zu lassen". Trotz aller Unannehmlichkeiten bekennen drei Viertel der befragten Frauen, dieses Entgegenkommen nicht nur gerne zu zeigen, sondern empfinden es – und da liegen sie mit ihren Männern auf einer Linie – als Bereicherung für die Beziehung. *„Unterstützung geben"* wird zwar für gewöhnlich eher negativ, weil anstrengend, bewertet, hier wird diese Handlung aber als Gewinn verstanden, da insgesamt die Partnerschaft (trotz Mühen beider Beteiligten) profitiert.

Auch die vermehrte Kommunikation wurde lobend erwähnt. *„Ich glaub ... es hat sich zeitlich sicher verschoben, aber ich glaube sogar, dass es teilweise intensiver geworden ist. Weil wenn man dann zusammensitzt, dann redet man einfach ganz anders miteinander und über andere Themen auch. Also ich könnte mir absolut nicht vorstellen, zu Hause zu sein und den ganzen Tag ... und dann ... ja, über was redet man dann wirklich?"* Trotz dieser zweifellos befürwortenden Haltung einer Partnerin dreht sich das Bild im Vergleich zum vorigen Punkt etwas um, nachdem zwei Drittel der Studierenden, aber nur knapp die Hälfte der Partner den ausgeprägteren Gedankenaustausch als Bonus für die

Partnerschaft benennen. Während die *"Rücksichtnahme"* daher unter den Partnern am häufigsten als beziehungsförderlich angeführt wurde, sind es für die Teilnehmer hauptsächlich die intensiveren Dialoge, die die Partnerschaft beleben. Bei näherer Betrachtung ist diese unterschiedliche, wenngleich in jedem Fall hohe, Bewertung verständlich: Für Frauen bedeutet die Schonung des Teilnehmers ein freiwilliges Opfer und damit einen Liebesbeweis. Die weiterbildungsaktiven Männer hingegen schätzen es besonders, erlebte Kursgeschehnisse mit ihrer Partnerin zu teilen – egal ob es sich nun darum handelt, seinem Ärger Luft zu machen, heitere Episoden zu erzählen oder wissenswerte Dinge weiterzugeben.

Von den drei restlichen Faktoren *("ist stolz", "man lernt sich wieder zu schätzen", "positive Persönlichkeitsentwicklung des Teilnehmers")* verdient besonders der persönlichkeitsbildende Effekt Erwähnung: *"...wenn er zum Beispiel eine gute Note gekriegt hat oder irgendwas, was ihn interessiert hat, jetzt war irgendwas mit Immobilien, da ist er heimgekommen, da war er wie ein kleines Kind, so happy. Das interessiert ihn, das taugt ihm und ... mein Mann ist so einer, geht's ihm schlecht, dann ist er schlechter zu uns, wenn man das jetzt so betiteln darf. Geht es ihm persönlich gut, dann ist er nur lustig und lieb eigentlich. (...) ...das heißt, er hat sicher weniger Zeit, auf der anderen Seite, wenn er gute Noten hat oder ihn interessiert was, ist er dadurch offener und fröhlicher, auch mit uns. Und das seh' ich dann schon positiv."*

Die emotionale Verarbeitung des Kurserlebnisses in der Beziehung kann somit in vier Punkten zusammengefasst werden:

- Die positiven Effekte sind den negativen weitaus überlegen, selbst wenn man sich ihrer – angesichts der unwiderlegbaren Bürden für die beiden Partner – während der Weiterbildungsteilnahme nicht bewusst ist.
- Der Partner verarbeitet die Abwesenheit des Teilnehmers leichter als umgekehrt, vor allem, da alternative Betätigungsfelder wahrgenommen werden. Ein schlechtes Gewissen des Studierenden den Partnern gegenüber ist zumindest aus dieser Sicht unbegründet.
- Unter den beziehungsbereichernden Aspekten ist auf der Seite der *Teilnehmer* besonders die Auffrischung der Kommunikation hervorzuheben. Für die meisten *Partner* ist indes das Gefühl, durch laufende Rücksichtnahme zum Gelingen des Kurses beizutragen, eine Demonstration von Gemeinschaftlichkeit und Zusammenhalt und festigt insofern die Beziehung.
- Die positiven Effekte werden in dieser Form nur wirksam, wenn eine funktionierende Partnerschaft vorliegt; ansonsten wird auch die Kursteilnahme in Summe zur emotionalen Belastung.

3.2.2.2 Kind/-er

> **Emotionale Verarbeitung (Verhältnis zu Kind/-ern)**
> 1. *Der Kursbesuch kann das Verhältnis zum Kind emotional belasten, wenn der psychische Stress des Teilnehmers / der Teilnehmerin sich auf die Stimmungslage niederschlägt.*
> 2. *Der Kursbesuch bedeutet im Verhältnis zum Kind einen emotionalen Gewinn, weil*
>   a. *eine aktive Unterstützung des Kindes bei der Kursbewältigung gegeben ist,*
>   b. *eine passive Unterstützung seitens des Kindes gegeben ist,*
>   c. *die Anteilnahme des Kindes zum Kursbesuch motiviert,*
>   d. *das Kind stolz ist auf Vater / Mutter,*
>   e. *man sich durch die zeitliche / räumliche Distanz wieder mehr zu schätzen weiß,*
>   f. *die Selbstständigkeit des Kindes gefördert wird,*
>   g. *das Kind von der positiven Persönlichkeitsentwicklung des Teilnehmers / der Teilnehmerin profitiert.*

Zum Thema „*emotionale Belastungen im Verhältnis zu Kind/-ern*" wurde nur in zwei Fällen davon berichtet, dass sich der Stress des Vaters spürbar auf die Kinder auswirkte. Sowohl in zeitlicher Hinsicht, als augenscheinlich auch in emotionaler, trachtet der studierende Vater danach, das Kind so weit wie möglich von seinen eigenen Bürden fernzuhalten. Es scheint, als würde sich für das Kind kaum etwas an seinem Alltag ändern – mal abgesehen davon, dass sich Papa öfters zum Lernen zurückzieht und am Wochenende manchmal „arbeiten geht".

Ganz ähnlich verhält es sich umgekehrt aber auch mit den emotionalen Gewinnen im Verhältnis zum Kind:

Sofern überhaupt Effekte zu verzeichnen waren, dann auf motivationaler Ebene. Eine Mutter berichtete z.B. davon, dass ihre Tochter jeweils am Tag der Prüfung den Vater daumenhaltend zur Tür begleitet hatte: *„Das war wirklich herzig ein paar Mal, also ich glaub schon, dass ihm das sehr gefallen hat. ...einfach nur, ohne dass sie weiß, worum es da geht, sondern einfach, dass sie sagt ‚Papa, da bin ich bei dir, da steh ich zu dir'. Weil das hat sie eigentlich vermittelt damit. (...) Und da hat sie aber gemerkt, sie kann auch. Sie kann dem Papa jetzt auch was geben."*

Von einem Stolz der Kinder auf den Vater, wie von manchen Partnerinnen berichtet wird, wollen die Teilnehmer überhaupt nichts bemerkt haben. Angesichts dessen, dass die Mutter jedoch ungleich mehr Zeit mit ihren Kindern verbringt als der Vater und auch als Hauptbezugsperson fungiert, ist anzunehmen, dass sie auch mehr von der kindlichen Psyche mitbekommt. Ähnlich verhält es sich auch mit der Paraphrase *„man weiß sich durch die zeitliche/räumliche Distanz wieder mehr zu schätzen"*. Gerade durch die oftmalige Abwesenheit entgeht den Teilnehmern vielleicht etwas, das den Müttern viel eher auffällt, nämlich dass die Kinder – trotzdem oder gerade weil sie sich zeitlich in Verzicht üben müssen – die gemeinsamen Stunden umso mehr genießen, sprich, wenn der Papa zu Hause ist und nicht lernen muss, dann *„gehört er ihnen"*.

Weiterbildung und Familie – Chance oder Widerspruch?

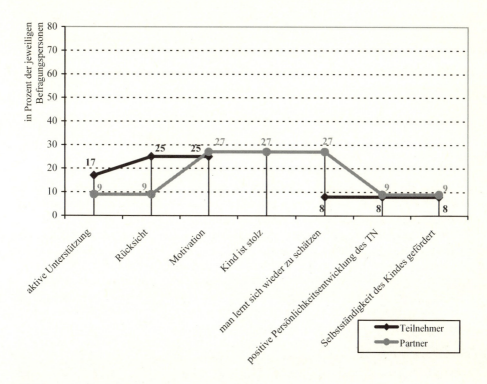

Abbildung 5: Emotionale Verarbeitung (Gewinne) im Verhältnis zu Kind/ern

Exkurs: Betreuungssituation

Betreuungssituation
1. *Die Betreuungs- und Erziehungsfunktion erfüllte vor, während und nach der Weiterbildung überwiegend die Frau, insofern gab es kaum Veränderungen.*
2. *Eine Änderung der Betreuungssituation ist maximal insofern gegeben, als dass*
    a. *die andere Söhne und Töchter öfters als Babysitter fungieren,*
    b. *die eigenen Eltern (Großeltern des Kindes) etwas häufiger zum Einsatz kommen.*

Die Mehrheit der Probanden bescheinigt, dass den überwiegenden Anteil der Erziehungs- und Betreuungsarbeit die Mutter leistet, und zwar unabhängig vom Weiterbildungsbesuch des Vaters. Bezeichnend ist beispielsweise das folgende Zitat: „... *in unserer Gesellschaft ist es einfach die Frau, die die Familie zusammenhält. Man kann sagen, was man will (lacht), es ist so. Und ich übernehme auch gerne die Funktion ...*"

Grundsätzlich sind also die Beteiligten, Eltern und Kind, mit der Aufteilung der familiären Arbeit einverstanden. Nachvollziehbar ist daher auch, dass sich die Betreuungssituation der Kinder während des Lehrgangsbesuches des Mannes kaum anders gestaltet als zuvor:

- War die Mutter zuvor bei den Kindern zu Hause (Karenz, Hausfrau), so fungierte sie ohnehin beinahe rund um die Uhr als Ansprechpartnerin. War der Vater dann zu Hause, wurde dies von den Kindern zwar mit Freuden aufgenommen; effektiv als Aufsichtsperson (weil die Kinder sonst alleine wären), war er aber nur selten gefragt. Insofern bedeutet auch die Kursteilnahme keinen wesentlichen Einschnitt in die Betreuung der Kinder.
- Für den Fall, da die Mutter selbst einer Beschäftigung nachging, musste schon *vor* dem Lehrgang eine Kinderbetreuung organisiert werden (z.B. das Kind verbrachte die Nachmittage bei seiner Oma). Auch hier löst die vermehrte Abwesenheit des Vaters kein wirkliches Betreuungsproblem aus.

Angesichts der o.a. Argumente wird klar, warum zur Kinderbetreuung nur in wenigen Fällen auf andere Personen zurückgegriffen werden musste. Nur je eine Partnerin berichtete davon, dass ältere Söhne und Töchter als Babysitter fungierten bzw. die eigenen Eltern vermehrt herangezogen wurden. Letzteres ist implizit dahingehend zu deuten, dass der Bildungsweg des Teilnehmers auch im Umfeld nicht nur passiv gebilligt, sondern aktiv (eben durch die Hilfe bei der Kinderbetreuung) unterstützt wurde.

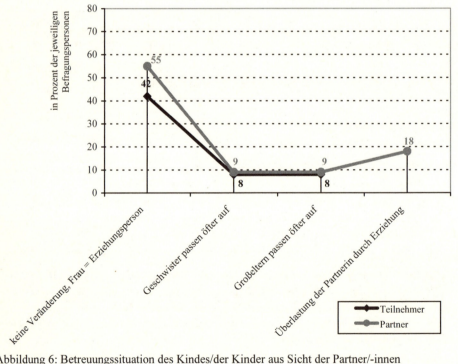

Abbildung 6: Betreuungssituation des Kindes/der Kinder aus Sicht der Partner/-innen

3.2.3 Intellektuelle Verarbeitung

3.2.3.1 Partnerschaft

Intellektuelle Verarbeitung (Partnerschaft)
Der Partner / die Partnerin profitiert intellektuell durch die Kommunikation über Fachthemen.

Was die Kursverarbeitung auf intellektueller Ebene anbelangt, so äußert sich diese, wenn überhaupt, in einem Erkenntnisgewinn durch inhaltliche Diskussionen. Diese werden aber seitens der Partner nicht immer befürwortet, vor allem dann nicht, wenn sie im Vergleich zu anderen Gesprächsthemen überhand nehmen. Oft wurde berichtet, dass der Partner „abblockte" und die (fachliche) Kommunikation bewusst abschnitt. Die nachfolgende Schilderung einer Partnerin ist dafür sehr typisch: *„...da hab ich ihm gesagt ‚Das (Finanzdienstleistungsgeschäft, Anm.) ist dein Job, und nicht meine". Und ich möchte eher Sprachen lernen und du machst das. Und ... dadurch profitiere ich jetzt nicht unbedingt davon, dadurch, dass er mir was erzählt. Vielleicht dann, wenn sich unser Einkommen verbessert, ja (lacht) ..."*

Dass die Auswirkung des Kurses angesichts dieser und ähnlicher Ansichten in der Partnerschaft intellektuell nicht ganz so bereichernd ist, ist eine logische Konsequenz. Man unterstützt den studierenden Partner zwar so gut wie möglich, wirklich näher befassen mit den Lerninhalten will sich aber maximal jede dritte Befragungsperson.

3.2.3.2 Kind/-er

Intellektuelle Verarbeitung (Verhältnis zu Kind/-ern)
Durch den Kursbesuch wurde
a. dem Kind eine positive Einstellung zum Weiterlernen mitgegeben bzw. vorgelebt,
b. eine Bewusstseinsänderung erzielt (Motivation, Lob ist etwas Gegenseitiges zwischen Eltern und Kind).

Der Transfer der Bildungseinstellung wurde erstaunlicherweise aber von nur einer der befragten Frauen positiv hervorgehoben. Geht man davon aus, dass sich die Mütter mehr noch als ihre Partner in einem ständigen, intensiven Austausch mit ihren Kindern befinden, so drängt sich natürlich die Frage auf, warum gerade etwas so Offensichtliches, dass jeder zweite Mann davon sprach, ihnen verborgen bleibt. Möglicherweise überschätzen die Väter hier ihre intellektuelle Wirkung auf die Sprösslinge (zumindest was jüngere Kinder anbelangt).

Freilich wäre es wünschenswert, durch die eigene Weiterbildung eine positive Haltung der Kinder zu erzeugen, so ganz funktioniert diese Übertragung aber nicht. Wenn aber ein solcher Transfer gelingt, dann ist eines gewiss (und davon sind auch die optimistischen Vätern überzeugt): Betroffen ist lediglich die *Weiterbildungs*einstellung und nicht jene gegenüber der Einrichtung „Schule".

3.2.4 Materielle Verarbeitung

> *Materielle Verarbeitung*
> *Materielle Effekte in der Familie werden nach der Kursteilnahme erwartet, durch das berufliche Fortkommen und die Steigerung des Familieneinkommens.*

So sehr die materielle Besserstellung im Vorfeld der Weiterbildung in die Überlegungen einfließt (dies konnte angesichts der Interviewbefunde eindeutig dokumentiert werden), so unterrepräsentiert sind diesbezügliche „Phantasien" während der Kursbewältigung. Ich wage zwar die Behauptung aufzustellen, dass die ursprünglichen Zielvorstellungen – Aufstieg, Einkommen – ständig im Hinterkopf mitgetragen werden, so richtig präsent sind sie aber in der Zeit der Kursabsolvierung nicht. Ein Jahr lang kreisen die vordergründigen Gedanken um reale Dinge wie Lehrstoff, Prüfungsinhalte und Referenten und weniger um in der Zukunft liegende Vorstellungen.

Beruhigend ist dennoch, dass weder Partner noch Kinder eine materielle Beeinträchtigung durch die Kursteilnahme zu beklagen hatten. Obwohl z. T. nachweislich Umsatzeinbrüche zu verzeichnen waren, scheinen sich diese nicht gravierend auf die Familie ausgewirkt zu haben.

4. Resümee

Als Quintessenz zur Wirkung von Weiterbildung in der Familie können wir festhalten: Weiterbildung hinterlässt zumeist eine positiven Bilanz, sowohl was das Verhältnis zum Partner als auch das zum Kind anbelangt. Auf partnerschaftlicher Ebene berühren die verzeichneten Effekte vornehmlich die emotionale Ebene, und zwar in positiver Hinsicht, und erst in zweiter Linie die zeitliche. Diese ist aber durch Anpassungen im Zeitmanagement nicht nur recht rasch in den Griff zu bekommen, sondern eröffnet außerdem den Freiraum für alternative Aktivitäten.

Tatsache ist, dass bestenfalls jedes einzelne Familienmitglied mit Belastungen zu kämpfen hat – am meisten natürlich der Kursteilnehmer selbst – die Institution „Familie" aber gestärkt aus dem Bildungsverlauf hervorgeht. Offenbar versteht sich Weiterbildung also nicht nur als Antrieb für den beruflichen Fortgang, sondern ebenso als Gelegenheit, ein wenig Schwung in das Privatleben zu bringen.

Ich betrachte es als ein wichtiges Ergebnis der Studie, die positive Wechselwirkung von „Weiterbildung" und „Familie" empirisch nachgewiesen zu haben. Vielleicht wurde damit ein Betrag geleistet, um diesbezügliche Sorgen und Ängste der Studierenden (und deren Familien) zu zerstreuen und sich etwas befreiter auf das Weiterbildungsvorhaben einzulassen. Dass solche Befürchtungen nämlich weit verbreitet sind, belegte so mancher Teilnehmer in den Interviews.

Noch eine Anmerkung: Sämtliche Befunde wurden in der zugrunde liegenden Arbeit nach dem jeweiligen Familientypus (mit/ohne Partner/-in, mit/ohne Kind/-er) differenziert. Eine begründete Abhängigkeit der jeweiligen Verarbeitungsschemata vom familiären Kontext konnte jedoch ausgemacht werden.

Alles in allem hoffe ich, durch diese Arbeit den Blick dafür geschärft zu haben, wie sehr soziales Geschehen und Lernprozess ineinander greifen. Wünschenswert wäre, ausgehend von den vorliegenden Befunden, diese Arbeit zum Ansatzpunkt weiterer Forschungen – z.B. mit einer umgekehrten, hauptsächlich weiblich besetzten Stichprobe – in Richtung des Kontextes „Weiterbildung und Familie" zu machen.

Qualitätsmanagement in der Erwachsenenbildung/Weiterbildung

Über die Qualität des Lernens entscheidet der Lernende!
Zur lernerorientierten Qualitätsentwicklung in der Weiterbildung

Rainer Zech

1. Warum lernerorientierte Qualitätsentwicklung?

Die in Deutschland 2001 eingeführte und seitdem bundesweit durchgeführte Lernerorientierte Qualitätstestierung in der Weiterbildung (LQW) ist ein Qualitätsmanagement und zugleich ein Qualitätszertifizierungsverfahren, das speziell aus der und für die Weiterbildung entwickelt wurde. Es bezieht sich auf den gesamten Bereich der Weiterbildung und findet länder- und trägerübergreifend Anwendung.[1]

Warum schon wieder ein neues Qualitätsmodell für die Weiterbildung? Diese Frage mag sich mancher stellen, da der „Markt" doch ohnehin für den Verbraucher schon unüberschaubar ist. Die Antwort darauf muss zunächst eine theoretische sein, die sich aus der Besonderheit des Gegenstandes „Lernen" und damit aus der Besonderheit der Branche „Bildung" begründet. Diese Besonderheit besteht darin, dass das eigentliche „Produkt", nämlich der Lernzuwachs, gar nicht vom Anbieter hergestellt wird, sondern dass der Abnehmer – sprich der Lernende selbst – es in Eigenaktivität herstellen muss. Der Lernende ist der eigentliche „Produzent" von Bildung; seine Motivation und seine Aktivität entscheiden, ob der Lernprozess erfolgreich ist oder nicht. Diese Erkenntnis mag für Pädagogen einer professionellen Kränkung gleichkommen, glaubte man zu doch wissen und war man doch gewohnt zu entscheiden, was für die Lernenden gut ist und was nicht. Tatsächlich war es allerdings schon immer der Lernende, der jenseits aller pädagogischen Selbsttäuschung darüber befand, ob er ein Lernangebot für gut hielt oder nicht. Er tat und

---

[1] Das Modell der lernerorientierten Qualitätsentwicklung und Qualitätstestierung wurde von ArtSet im Rahmen eines Pilotprojektes entwickelt und mit 119 Weiterbildungsorganisationen aus neun Bundesländern erprobt (vgl. Ehses/Heinen-Tenrich/Zech 2002). In einer folgenden Prüfphase wurde das Modell aufbauend auf diesen Praxiserfahrungen und unter Berücksichtigung von in Deutschland und Europa relevanten Qualitätsverfahren überarbeitet (vgl. Zech 2003). Seit Juni 2003 wird die lernerorientierte Qualitätstestierung bundesweit mit über 300 Weiterbildungseinrichtungen in einem „Großversuch" durchgeführt. Das Projekt wird von der Bund-Länder-Kommission für Bildungsplanung und Forschungsförderung im Rahmen des Modellversuchsprogramms „lebenslanges Lernen" unterstützt. In der Pilotphase war als Kooperationspartner der Landesverband der Volkshochschulen Niedersachsens beteiligt; in der Prüf- und Durchführungsphase arbeitet ArtSet mit dem Deutschen Institut für Erwachsenenbildung (DIE) zusammen (vgl. auch Ehses/Zech 2001, 2002a und 2002b). Weitere, vor allem verfahrenstechnische Informationen und Arbeitshilfen unter: www.artset-lqw.de. Das Handbuch LQW 2 kann hier online für 4,00 € bestellt werden.

tut dies aus seiner subjektiven Perspektive, denn eine andere hat er nicht zur Verfügung. Und die pädagogischen Ermahnungen der objektiven Bedeutung eines bestimmten Wissens und Könnens für das zukünftige Leben machen dem Lernenden bestenfalls schlechte Laune, wenn sie nicht sogar seine Motivation untergraben. Lehren ist deshalb auch nicht Lernen-Machen, sondern die Unterstützung von Lernprozessen, welche die Subjekte selbstbestimmt und selbstgesteuert vollziehen. Fremdgesteuertes Lernen kann es per definitionem gar nicht geben, deshalb vollzieht sich Lernunterstützung auch nicht über die Benutzung eines „Nürnberger Trichters", sondern nur und ausschließlich über die Gestaltung von Kontextbedingungen.

Bildung ist ein einzigartiges „Produkt", mit keinem Produkt bzw. keiner Dienstleistung irgendeiner Branche zu vergleichen. Dieser Sonderstatus der Bildungsbranche erzwingt die Entwicklung eines eigenständigen Qualitätsmodells. Das lernerorientierte Qualitätsmodell LQW erfüllt in besonderer Weise die Anforderungen für eine Qualitätsentwicklung in der Weiterbildung, denn es hat seinen Ausgangs- und Bezugspunkt im konkreten Lernprozess, und auf diesen kommt es an, wenn man von Qualität von Bildung redet. Mit dem lernerorientierten Qualitätsmodell sind die inhaltlichen Voraussetzungen und der prozedurale Rahmen eines bundesweiten, einheitlichen und trägerübergreifenden Qualitätsentwicklungs- und Testierungsverfahrens für die allgemeine und die berufliche Weiterbildung geschaffen. Die Unübersichtlichkeit der Bildungsbranche kann nun durch den Bezug auf gemeinsame Qualitätsstandards ein Stück weit überwunden werden. Der Kerngedanke dieses Qualitätsmodells besteht darin, nicht länger von der Qualität von Prozessen auf die Qualität von Produkten zu schließen, sondern gewissermaßen „das Pferd von hinten aufzuzäumen", also von einer ausgewiesenen Vorstellung des Ergebnisses gelungenen Lernens rückzuschließen auf die Prozesse, Verfahren und Verhaltensweisen, die nötig sind, um dieses optimal zu unterstützen.

2. Die Kontextbedingungen lebenslangen Lernens

Einmal erworbene Qualifikationen veralten immer schneller; damit wachsen die Bildungserfordernisse für die einzelnen Subjekte. Gelernt werden müssen vor allem Dispositionen für Selbstorganisationsprozesse, d.h. Kompetenzen des Wandels bzw. Zukunftskompetenz (vgl. Zech 2002). Gelernt wird heute überall und nicht mehr nur an den hierfür traditionell vorgesehenen Orten. Dennoch werden die organisierten Lernorte nicht bedeutungslos, sondern sie sind gefordert, ihre Gestalt zu wandeln: weg von der rein angebots- und lehrorientierten Bildungsorganisation, hin zu einer stärker nachfrage- und lernorientierten Bildungsorganisation. Qualitätsentwicklung heißt in diesem Verständnis, alle organisationalen Prozesse konsequent auf den Bildungsabnehmer auszurichten, um so die Bedingungen und das Ergebnis des Lernens zu verbessern.

Lebenslanges Subjektlernen kann allerdings keine isolierte individuelle Handlung sein, sondern ist nur realisierbar in interaktiven, organisationalen und gesellschaftlichen Kontexten. Das Organisieren des Lernens findet nämlich auf mehreren Ebenen statt, die aufeinander bezogen und abgestimmt sein müssen: Die Gesellschaft stellt die strukturellen Bedingungen der Lernchancen bereit; die Bildungsorganisationen, in der Art und Weise, wie sie selbst konstituiert und aufeinander bezogen sind, stellen die Bedingungen der Ermöglichung von Lernen her. Das hauptberufliche Personal der organisierten Weiterbildung managt den Angebots- und Durchführungsprozess der Bildung pädagogisch, betriebswirtschaftlich und organisational. In dieses Bedingungsgefüge sind die Lehr-Lern-Verhältnisse als interaktive Voraussetzung für die personalen Lernprozesse eingebunden. Das Subjektlernen geschieht also sehr voraussetzungsvoll und ist entscheidend abhängig von dem organisationalen Rahmen, der es in geringerem oder größerem Maße ermöglicht. Deshalb sind Organisationen, die über das Angebot von Bildungsprozessen Modernisierungsprozesse begleiten, sie beschleunigen oder abfedern, selbst in besonderer Weise gefordert, die Qualität ihrer Leistungsabgaben ständig zu verbessern. Wir leben in einer Organisationsgesellschaft. Lernende Subjekte und lernende Regionen benötigen deshalb vor allem entwicklungsfähige und lernende Organisationen. Erst in diesem sich wechselseitig befruchtenden und befördernden Zusammenhang entstehen und wachsen innovative Lernkulturen, die die Voraussetzung für gestaltete gesellschaftliche Entwicklungsprozesse bilden.

3. Gelingendes Lernen als Zentrum der Qualitätsentwicklung

Weiterbildungsorganisationen müssen also selber kontinuierlich lernen, um das lebenslange Lernen der Individuen optimal anregen, fördern und unterstützen zu können. Ihren eigenen Lernprozess müssen sie dabei bedarfsbezogen aus dem Fokus der gelungenen Lernprozesse ihrer Teilnehmenden begründen und gestalten. Voraussetzung dafür ist eine gefüllte Vorstellung dessen, was die jeweiligen Weiterbildungsorganisationen unter gelungenem Lernen verstehen. Diese Selbstauskunft über das Lernen ist explizit an den Anfang der organisationalen Qualitätsbemühungen zu setzen.

Gelungenes Lernen bemisst sich – nach Holzkamp (1993) – grundsätzlich an einer Erweiterung der Bedingungsverfügung des Subjekts über sein Leben, d.h. an der Erweiterung seiner Handlungsfähigkeit. Das Lernen bezieht sich hier als Bezugshandlung auf die alltägliche Bewältigungsaktivität des Individuums, welche durch Erweiterung von Wissen und Können verbessert werden soll.

Lernen von Subjekten findet seinen Ausgangspunkt in den Widersprüchen, Dilemmata und Herausforderungen ihres individuellen Alltagshandelns, und zwar dann, wenn diese Widerspruchskonstellationen zwischen vorhandenen individuellen Fähigkeiten und erlebten Handlungsnotwendigkeiten als subjektiv bedeutsame Lernproblematiken psychisch bewusst ausgegliedert werden können. Die zu vollziehende „Lernschleife" dient dann dem Ziel der Erweiterung der individuellen Handlungsfähigkeit, um hernach den Herausforderungen der Alltagspraxis in höherem Maße gerecht werden zu können.

Lernen erfolgt ausschließlich selbstgesteuert, weil es immer vom Lernenden selbst vollzogen werden muss. Die Psyche ist ein operativ geschlossenes System, dessen Operationsform rekursiv aneinander anschließende Gedanken sind. Lernen als Prozess dieses psychischen Systems kann deshalb nur in der Operationsform des Systems – also in Gedankenprozessen – erfolgen.

Die psychischen Gedankenoperationen verlaufen beim Lernen
- von der Diffusität der Gedanken zur Differenziertheit,
- von der sequenziellen Fixiertheit zur Prozesshaftigkeit im Lernen,
- von der Isoliertheit des einzelnen Gedankens zum Denken im Zusammenhang,
- von der linearen Sichtweise auf Fragestellungen und Lernproblematiken zur Multiperspektivität,
- von der thematischen Begrenztheit zur Verallgemeinerung und Übertragbarkeit,
- von der Eindimensionalität der Betrachtung zur Wahrnehmung der Komplexität des Lerngegenstandes,
- von der Zufälligkeit des betrachteten Geschehens zum Erkennen von Gesetzmäßigkeiten,
- von der kritiklosen Hinnahme der Lernaufgaben zur gegenstands- und selbstkritischen Reflexivität.

Ausgangssituation des Lernens	Der Lernprozess verläuft	Lernergebnis
Widersprüche und Dilemmata des Alltagshandelns als subjektiv bedeutsame Lernproblematik	von Diffusität zu Differenziertheit von Fixiertheit zu Prozesshaftigkeit von Isoliertheit zum Zusammenhang von Linearität zu Multiperspektivität von thematischer Begrenztheit zu Übertragbarkeit von Eindimensionalität zu Mehrdimensionalität von Zufälligkeit zu Gesetzmäßigkeit von Kritiklosigkeit zu Reflexivität	Erweiterte Verfügung über individuell relevante gesellschaftliche Lebensbedingungen

Abbildung 1: Dimensionen gelungenen Lernens

Diese Lernoperationen in der beschriebenen Prozessqualität verlaufen in der einen oder anderen Form unabhängig von dem jeweiligen Lerngegenstand ab. Sie *sind* – psychologisch betrachtet – der gelingende Lern*prozess*. Was im Einzelnen *gegenstandsbezogen* als gelungenes Lernen bezeichnet werden kann, hängt ab von den spezifischen Lerninteressen der Lernenden und den jeweiligen Lerninhalten. Gelingendes Lernen ist aber nicht nur in die Verfügung des Subjekts selbst gestellt, sondern realisiert sich – wie schon erwähnt – unter komplexen gesellschaftlichen, organisationalen, situationalen, interaktiven und personalen Bedingungen. Weil Lernen aber *wesentlich* in die Verfügung der Lernenden selbst gestellt ist, ist es auch von Lehrenden und Bildungsorganisationen nicht direkt steuerbar. Eine Organisation braucht deshalb eine substanzielle Vorstellung gelungener Lernprozesse, um ihrerseits alle Ermöglichungs- und Befähigungsfaktoren für Lernprozesse optimal bereitzustellen und auszugestalten. Dies ist das Paradox jeglichen pädagogischen Bemühens. Weil Lernen letztendlich nur das Werk des Individuums sein kann, ist Pädagogik immer nur Kontextsteuerung, die es Lernenden im besten Fall ermöglicht, ihre selbstgesteuerten Lernprozesse optimal unterstützt und nicht behindert zu finden.

Organisationale Lernkulturen bieten deshalb für die individuellen Kompetenzentwicklungsprozesse den Ermöglichungsraum bzw. verschließen ihn. Dieser Kontext des Lernens besteht nun in mehreren konzentrischen Ringen, die engere und weitere Bedingungsfelder der Lernunterstützung definieren. Die Qualität der Lehre zielt auf das Interaktionsverhältnis zwischen Lehrenden und Lernenden sowie auf die Qualität der Lehrenden selbst. Die Qualität der Lerninfrastruktur meint das unmittelbar das Lerngeschehen umgebende Lernarrangement situationaler, materialer und medialer Art. Die Qualität der Organisation umfasst alle weiteren Bedingungen der Organisation von Bildung.

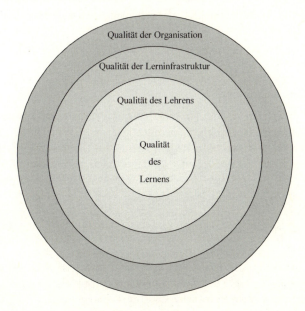

Abbildung 2: Die Kontexte des Lernens

In extern angeleiteten und überprüften Qualitätsentwicklungen von Bildungsorganisationen wiederholt sich das pädagogische Paradox. Weiterbildungsorganisationen können durch Qualitätsmodelle in ihren eigenen Lernbemühungen nur unterstützt werden – Lernen definieren und ihr eigenes Lernen vollziehen, das können sie nur selber. Von daher ist die oben ausgewiesene Vorstellung gelingenden Lernens auch die regulative Idee des Lernerorientierten Qualitätsverfahrens. Es geht nicht darum, dieses Ideal im Einzelfall zu erreichen, doch muss man wissen, wo man am Ende im besten Fall angekommen sein will, um alle dafür notwendigen Schritte planen zu können. Weiterbildungsorganisationen müssen eigene Vorstellungen gelungenen Lernens entwickeln, die zu ihrem je spezifischen Adressatenkreis und ihren konkreten Lerngegenständen passen. Dabei können sie sich in der Reflexion eigener Begründungen von den obigen Leitgedanken anregen lassen; die einrichtungsspezifischen inhaltlichen Definitionen gelungenen Lernens können und sollen aber damit nicht vorgeschrieben werden. Im Gegenteil, dass sich Weiterbildungseinrichtungen ihre eigenen Leitvorstellungen gelungenen Lernens vergegenwärtigen und daraus ihre Qualitätsprozesse begründen, gehört zum verpflichtenden Bestandteil des Qualitätsverfahrens.

4. Qualitätsentwicklung als Weg zur lernenden Organisation

LQW ist ein Qualitätskonzept, welches über die Erfassung bzw. Einhaltung von Mindeststandards hinausgeht, indem es Elemente der Selbstevaluation, der Gütekriterien, der Verfahrenssteuerung und des kontinuierlichen Verbesserungsprozesses kombiniert und mit einem adäquaten Testat zertifiziert. Es geht bei der Testierung nicht um die Festschreibung bestimmter Abläufe und Zustände, sondern um das Einüben in organisationales Lernen kontinuierlicher und strukturierter Qualitätsentwicklungsprozesse. Das Verfahren hat also zwei Bezugspunkte: Der eine ist der Lernende, auf dessen Bedürfnisse hin eine Organisation sich ausrichtet; und der andere ist die Organisation selbst, die sich als dauerhaft selber lernende begreift.

Eine lernende Organisation ist nämlich nicht eine, die einmal etwas gelernt hat, sondern sie ist es erst dann, wenn sie Strukturen herausbildet, um ihre Strukturen zu ändern bzw. wenn sie Regeln entwickelt, um ihre Regeln zu ändern. Lernen ist hierbei als eine paradoxe Anforderung zu verstehen: Es ist darauf gerichtet, Formalisierungen einzuziehen, die systematisch und regelgeleitet Erwartungen durchkreuzen und Entformalisierungen bzw. Regelabweichungen ermöglichen. Damit man vom Lernen einer Organisation sprechen kann, reicht es also nicht, dass die in der Organisation handelnden Personen individuell etwas gelernt haben, sondern die Organisation selbst muss strukturell verändert sein.

Geplantes organisationales Lernen findet vor allem statt, wenn Organisationen in der Lage sind, sich aus der Perspektive ihrer Abnehmerumwelt – und das ist für Weiterbildungsorganisationen vor allem die Perspektive der Lernenden – zu beobachten und daraus systematisch Konsequenzen für ihre Qualitätsentwicklung abzuleiten. Die Erfahrung zeigt aber, dass Organisationen sich enorm schwer tun, sich aus der Perspektive ihrer Kunden selbst zu beschreiben. Die Wiedereinführung dieser System-Umwelt-Differenz als Selbstbeobachtung der Organisation ist deshalb eine sehr anspruchsvolle Lernaufgabe der Selbstreflexion, die die Sensibilität der Organisation gegenüber ihrer Umwelt enorm erhöht. In diesem Sinne versteht sich Lernerorientierte Qualitätsentwicklung als Einübung von (Selbst-)Reflexionsfähigkeit der Weiterbildungsorganisationen durch Perspektivwechsel auf den Standpunkt der Lernenden. Organisationales Lernen findet also statt, wenn eine Organisation auf der Basis einer Selbstbeobachtung aus der Umweltsicht von bisheriger Routine abweichende Entscheidungen trifft und diese Entscheidungen als Prämisse zukünftiger Operationen in ihre Struktur aufnimmt. Qualitätsmodelle dürfen deshalb auch keine Zustände festschreiben, sondern sie müssen organisationales Lernen durch Erhöhung von Reflexionsfähigkeit unterstützen.

Aus diesem Grund ist das hier vorgeschlagene Qualitätsverfahren vor allem ein Entwicklungsmodell und weniger ein Prüfmodell. Es geht uns bei der Qualitätsentwicklung darum, die Weiterbildungseinrichtungen auf ihrem Weg zu lernenden Organisationen zu fördern, weil nur so sichergestellt werden kann, dass lebenslanges Lernen von Individuen

Lernerorientierte Qualitätsentwicklung in der Weiterbildung

sich in Bildungsorganisationen optimal entfalten kann und von diesen entsprechend gefördert und unterstützt wird.

Das Verfahren der lernerorientierten Qualitätsentwicklung hat dabei eine dreidimensionale Architektur:
1. Zum einen geht es um die Einhaltung selbst- und fremddefinierter Qualitätsanforderungen.
2. Darüber hinaus geht es um die Einführung eines kontinuierlichen und systematischen Qualitätskreislaufs.
3. Schlussendlich geht es um die externe Evaluation als Unterstützung eines selbstreflexiven Entwicklungsprozesses hin zu einer lernenden Organisation.

Der Qualitätskreislauf beginnt mit einer Selbstevaluation der Weiterbildungsorganisationen und der Erstellung einer die eigenen Handlungen anleitenden Selbstbeschreibung in einem Leitbild. Teil des Leitbildes ist die Definition gelungenen Lernens. Hieran schließt sich die Planung und Durchführung von Verbesserungsmaßnahmen an. Der Organisationsentwicklungsprozess kann von externen Beratern unterstützt werden. Der gesamte Prozess wird von der Einrichtung dokumentiert und in einem Selbstreport beschrieben. Dieser Entwicklungsprozess findet seine Bestätigung in einer externen Evaluation, die aus der Begutachtung des Selbstreports durch zwei geschulte, unabhängige Gutachter und einer Vor-Ort-Visitation besteht. In einem Abschlussworkshop wird die Begutachtung in die Einrichtung „rückgespiegelt" und mit ihr diskutiert. Schließlich werden strategische Entwicklungsziele für die Zukunft vereinbart, die u.a. Gegenstand des folgenden Qualitätskreislaufes und der nächsten externen Evaluation sind.

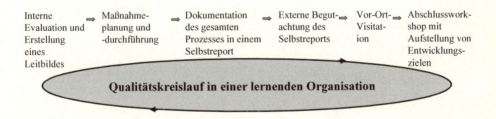

Abbildung 3: Der Qualitätskreislauf

Dieses Vorgehen bedeutet, dass der Einstieg in die organisationale Qualitätsentwicklung für die beteiligten Weiterbildungseinrichtungen keine allzu große Hürde darstellt. Vor allem kleinen Einrichtungen wird so der Zugang ermöglicht, da sie mit einem überschaubaren Aufwand und erreichbaren Zielen kalkulieren können. Als für alle Organisationen gemeinsame Bezugsgröße sind allerdings Mindestanforderungen festgelegt, die unter keinen Bedingungen unterschritten werden dürfen. Diese Standards sind jedoch eher formaler Art und bedürfen der inhaltlichen Ausfüllung durch die jeweiligen Einrichtungen. Schon während des Qualitätsverfahrens beginnt also eine einrichtungsindividuelle Justierung des Modells, die am Ende eines Qualitätskreislaufs durch die selbstbestimmte

Festsetzung zukünftiger Qualitätsziele, der strategischen Entwicklungsziele, fortgesetzt wird. Diese gehen dann verbindlich in die Retestierung ein. Das heißt, das lernerorientierte Qualitätsmodell ist selbst ein lernendes bzw. ein sich kontinuierlich weiterentwickelndes Verfahren. Diese kontinuierliche Entwicklung von Qualität ist allerdings in die Verantwortung und die Autorenschaft der Weiterbildungsorganisationen gegeben; somit entwickeln sich die Einrichtungen auf der Basis der Mindestanforderungen in den elf festgelegten und ggf. weiteren optionalen Qualitätsbereichen in einer ihnen speziell angemessenen Weise. Qualitätsentwicklung bedeutet auch nicht in jedem Fall eine Erhöhung der Standards, sondern bedeutet vor allem die kontinuierliche Anpassung der Organisationen und ihrer Leistungen an die veränderten Umweltbedingungen.

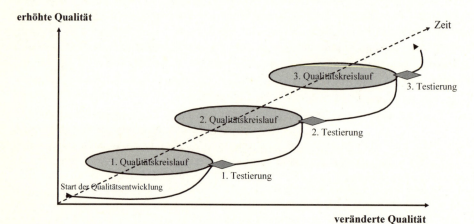

Abbildung 4: Die Entwicklung der Qualitätsentwicklung

5. Das Qualitätsmodell als Entwicklung unterstützendes Verfahren

Konstituierende Bestandteile der Qualitätsentwicklung und Testierung sind also die Kombination von Verbindlichkeit und Offenheit, die einrichtungsindividuelle Justierung des Verfahrens, die Gleichgewichtigkeit von Standard und Prozess, die Verbindung von Selbst- und Fremdevaluation, die Integration kollegialer Entwicklungsberatung, die Testierung als Prüfung und Diskurs, das Einüben in eine Kultur des gestaltenden Wandels und die Bereitstellung eines „Werkzeugkastens" mit Instrumenten und Arbeitshilfen.

Im Folgenden werden die elf Pflichtbereiche erläutert, die im Qualitätsentwicklungsprozess von den Einrichtungen zu bearbeiten sind:

Leitbild
Ein Leitbild ist die organisationsintern vereinbarte Selbstbeschreibung, wenn sie in der Lage ist, die Operationen des Systems anzuleiten. Das Leitbild muss von außen als Profil der Organisation erkennbar und von innen erlebbar sein. Das Leitbild enthält eine Defini-

tion gelungenen Lernens als Ausweis des Selbstverständnisses der Weiterbildungsorganisation gegenüber den Kunden.

Bedarfserschließung
Bedarfserschließung meint die Anwendung geeigneter Instrumente zu systematischen Marktbeobachtungen hinsichtlich der Entwicklung der gesellschaftlichen Bedarfe und der individuellen Bildungsbedürfnisse der Adressaten. Die darauf bezogenen Programmentwicklungen müssen diese Bedarfe und Bedürfnisse zum eigenen institutionellen Auftrag in Beziehung setzen.

Schlüsselprozesse
Schlüsselprozesse sind diejenigen zentralen Prozesse, die zur Erstellung und Abnahme der für die Organisation spezifischen Bildungsangebote und Dienstleistungen führen. Schlüsselprozesse liegen quer zu den jeweiligen Funktionsstellen und Aufgaben und beziehen sich auf Arbeitsabläufe der Gesamtorganisation. Die Klärung der Schlüsselprozesse dient der Transparenz, der Verfahrens- und Rechtssicherheit, der Verlässlichkeit, Verbindlichkeit und Eindeutigkeit. So wird untereinander abgestimmtes kooperatives Handeln innerhalb der Organisation gesichert.

Lehr-Lern-Prozess
Die Qualität des Lehr-Lern-Prozesses bezieht sich auf die Kompetenzen der Lehrenden, das interaktive Verhältnis zwischen Lehrenden und Lernenden und auf lernprozessbezogene Elemente, die ein selbstbestimmtes Lernhandeln der Teilnehmenden fördern. Lernberatung ist Bestandteil der erwachsenenpädagogischen Kompetenz.

Evaluation der Bildungsprozesse
Evaluation von Bildungsprozessen bedeutet, dass die durchgeführte Bildungsarbeit regelmäßig mit geeigneten Instrumenten geprüft und bewertet wird. Maßstabsbildend zur Bewertung sind die Zufriedenheit der Teilnehmenden und ggf. der Auftraggeber sowie die Realisierung des eigenen institutionellen Anspruchs. Auch die Einschätzung der Lehrenden sollte Teil der Evaluation sein.

Infrastruktur
Die Infrastruktur umfasst die räumlichen, situationalen, ausstattungstechnischen, zeitlichen, materialen und medialen Bedingungen des Lernkontextes. Bei Bildungseinrichtungen mit Übernachtungsmöglichkeit gehören hierzu auch die Versorgungs-, Unterbringungs- und Freizeitbedingungen.

Führung
Führung umfasst alle Steuerungen von Prozessen und ist eine Funktion zur Koordination von Arbeitshandeln. Leitung bezeichnet in Organisationen darüber hinaus eine Vorgesetztenposition, die mit einer besonderen Führungsverantwortung verbunden ist. Sie verantwortet die Einführung und Weiterentwicklung eines Managementsystems einschließlich der Qualitätsentwicklung. Leitungs- und Führungshandeln drücken sich im Herbeiführen, Treffen und Kontrollieren von Entscheidungen aus. Entscheidungen geben dem Organisationshandeln Gestalt und Richtung und schaffen damit Sicherheit für das Arbeitshandeln. Leitung und Führung können auf verschiedenen organisationalen Ebenen angesiedelt sein und wahrgenommen werden.

Personal
Der Qualitätsbereich Personal umfasst – bezogen auf die Verwirklichung des Leitbildes, die Erreichung der Entwicklungsziele der Organisation und die Erfüllung der spezifischen arbeitsplatz- und funktionsbezogenen Aufgaben – alle Maßnahmen in Personalplanung, Personaleinsatz und Personalentwicklung. Personalentwicklung meint die berufliche, persönliche und soziale Entfaltung des hauptberuflichen Personals. Sie richtet sich darüber hinaus auf die Integration von neuen Mitarbeiterinnen und Mitarbeitern sowie auf die Förderung von Kooperationsfähigkeit. Zur Personalentwicklung gehören auch die Förderung und Fortbildung der freiberuflichen und ehrenamtlichen Mitarbeiterinnen und Mitarbeiter.

Controlling
Das Controlling umfasst sämtliche Maßnahmen, die dazu dienen, den Grad der Erreichung der Ziele einer Organisation zu überprüfen und auf dieser Grundlage Steuerungsentscheidungen zu erarbeiten. Es werden Kennziffern und Kennzahlen sowie inhaltliche Indikatoren definiert, begründet und ermittelt, mit denen die effektive und effiziente Leistungserbringung der Gesamtorganisation sowie einzelner Programm- und Arbeitsbereiche analysiert und bewertet werden, so dass Konsequenzen gezogen werden können.

Kundenkommunikation
Die Beziehung zu den Kunden ist der Kern organisationaler Leistungserbringung. Kommunikation zwischen der Organisation und den Kunden umfasst sowohl die Kundengewinnung als auch die Kundenpflege. Daher sind die entsprechenden Verfahrensabläufe im Hinblick auf die Kundenbedürfnisse auszurichten.

Strategische Entwicklungsziele
Strategische Entwicklungsziele sind die längerfristigen und umfassenden Ziele der Organisation, die bestimmen, wo sie in einem definierten Zeitraum in Bezug auf ihre erwartete zukünftige Umwelt stehen will. Diese Ziele basieren auf dem Leitbild sowie der internen und externen Evaluation der Organisation.

Für die Bearbeitung der Qualitätsbereiche ist eine Kombination aus Verbindlichkeit und Offenheit vorgesehen. Für jeden Qualitätsbereich werden eine die Qualitätsarbeit grundlegende Definition geliefert, ergänzende Bestandteile bzw. Spezifikationen ausgewiesen, Mindestanforderungen aufgeführt und Nachweismöglichkeiten genannt. Die Standards sind formal definiert, d.h. die inhaltliche Bearbeitung und Ausgestaltung bleibt der einzelnen Weiterbildungseinrichtung überlassen. Die intern in der Autorenschaft der Organisation entwickelten konkreten Qualitätsziele und inhaltlichen Ausgestaltungen sind aber verbindlich und werden extern evaluiert. Das definierte Niveau der Mindestanforderungen darf nicht unterschritten werden.

Über die obligatorischen Qualitätsbereiche hinaus können durch die Weiterbildungsorganisationen weitere Qualitätsbereiche definiert werden, die sich zum Beispiel aus der Besonderheit der jeweiligen Einrichtung und ihrer spezifischen Aufgabe ergeben. Diese zusätzlichen Qualitätsbereiche können auch im Sinne einer kontinuierlichen Qualitätssteigerung im Rahmen der Retestierung ausgewiesen werden.

Der Katalog der zur Qualitätsentwicklung vorgeschlagenen Kriterien zielt zwar überwiegend auf die organisationale Seite der Bereitstellung der Bedingungen des Lernens, leitet sich aber aus dem konkreten Bildungsprozess ab, da das Vorgehen der Weiterbildungseinrichtung in den definierten Qualitätsbereichen aus einer eigenen Definition gelungener Lernprozesse – als Teil des zu erstellenden Leitbildes – zu begründen ist. Auch wenn die Qualitätsentwicklung nur mittelbar das Bildungsgeschehen beeinflussen kann, ist die Perspektive doch darauf gerichtet, dass der Fokus aller Anstrengungen die Lernenden sind. Alle Aspekte von Qualitätsentwicklung – z.B. die Legitimation gegenüber Förderern oder die Arbeitszufriedenheit der Beschäftigten – sind deshalb kein Selbstzweck, sondern stehen in einem „Um-zu-Verhältnis" in der Ausrichtung auf Lernbedürfnisse der Teilnehmenden.

Aus Sicht der Abnehmer lassen sich die Prozesse, die das Lerngeschehen unmittelbar oder mittelbar beeinflussen, nicht aufspalten und hierarchisieren. Erst das Zusammenspiel der unterschiedlichen Teilfunktionen gewährleistet einen sinnvollen pädagogischen Prozess. So argumentiert auch Schäffter, indem er darauf aufmerksam macht, dass sich das Organisationale und das Pädagogische nicht abstrakt trennen lassen. Weiterbildungsorganisation erfüllt in ihrem Zusammenspiel eine pädagogische Funktion: sie koordiniert und verknüpft unterschiedliche Einzeltätigkeiten zu einer komplexen Bildungsdienstleistung (vgl. Schäffter 1998, 349). Erst der differenzierte Gesamtzusammenhang macht demnach das Pädagogische einer Weiterbildungsorganisation aus. Die Organisation wird in der optimalen Unterstützung von Lernprozessen zu einem Ermöglichungsraum und Befähigungsinstrument. Alle Teilprozesse sind deshalb zu synchronisieren und auf den Bezugspunkt der Fragestellungen und die Bedürfnisse der Lernenden zu richten. Qualitätsentwicklung hat für die Weiterbildungsorganisationen zum Ausgangspunkt, das jeweilige Verständnis von Lernen zu reflektieren und im Hinblick auf ihre Adressaten gelungenes Lernen zu definieren. Die Weiterbildungseinrichtungen haben daher in ihrem Selbstreport ihre Definition hierzu vorzulegen und ihre Qualitätsentwicklungsprozesse daraus zu begründen. Die organisationsspezifische Definition des gelungenen Lernens ist gewissermaßen die Verschriftlichung des pädagogischen Selbstverständnisses und damit die leitende Idee aller Qualitätsbemühungen.

6. Organisationale Kontextsteuerung des Lernprozesses

Dass Qualitätsentwicklung wesentlich auf die Verbesserung des Lernens zielt, aber der konkrete Lernprozess durch Qualitätsentwicklung nicht direkt steuerbar erreichbar ist, das kennzeichnet die paradoxale Herausforderung für Weiterbildungsorganisationen (vgl. Ehses/Zech 2002b). Qualitätsentwicklung zielt auf die Bemühung um eine optimale Gestaltung der Ermöglichung von Lernen und muss gleichzeitig reflektieren, dass damit keine abgesicherten Aussagen über das Gelingen dieses Prozesses getroffen werden können. Die Organisation ist die Bedingung der Möglichkeit von Bildung; sie schafft Kontexte, die gelingendes Lernen mehr oder weniger ermöglichen oder behindern. Qualitätsentwicklung von Weiterbildungsorganisationen zielt deshalb auf die Steuerung situationaler Kontextbedingungen. Dieser Steuerungsmodus wird der Organisation komplexer Leistung unter unbestimmten Bedingungen gerecht, weil er den dritten Weg zwischen „Planung" und „muddling through" darstellt (vgl. Willke 1995, 33). Planung meint den illusorischen Versuch, die Eigenlogik des Lernprozesses zu ignorieren und diesen Prozess als technologisch durchsteuerbar zu behandeln. „Muddling through" resigniert auf zufallsgesteuertes Operieren unter Verzicht auf die Gestaltung von Umfeldbedingungen. Kontextsteuerung hingegen ist die Steuerung des Bedingungsumfeldes des fokussierten Systems (bei LQW: der Lernprozess), um dadurch die Selbststeuerungsmöglichkeiten des betroffenen Systems zu erhöhen.

Die Anforderung der Kontextsteuerung richtet sich auf alle Bedingungsfelder, die den Lernprozess umkreisen. Sie zielt insgesamt auf eine Erhöhung der internen Abstimmung. Weiterbildungsorganisationen als lose gekoppelte Systeme müssen ein Zusammenspiel heterogener Einzelaufgaben und -tätigkeiten integrieren und miteinander vermitteln, um Kontexte zu optimieren und dadurch zu einem Ermöglichungsraum für gelingendes Lernen zu werden. Nicht-linear vernetzte Teilbereiche – wie Organisation, Planung und Lehre – werden in der Orientierung auf den Lernenden abgetastet und synchronisiert. Alle organisationalen Informations-, Entscheidungs- und Kommunikationsprozesse werden unter dem Kriterium der Rückwirkung aus der Umwelt gestaltet. Nur intern gut gesteuerte Organisationen sind in der Lage, andere Systeme dazu zu ermutigen, ihre Selbststeuerung zu steigern, indem sie generalisierte Motivationen dafür schaffen, d.h. den Lernenden zu Eigenaktiviäten anregen und unterstützen. Qualitätsentwicklung unter diesem Modus der Steuerung erhöht die Selbstbeobachtungskräfte von Weiterbildungseinrichtungen aus der Perspektive ihrer Lernenden und befähigt damit die Einrichtungen, lernende Organisationen zu werden.

Der Standpunkt der Lernenden ist und bleibt das Letztkriterium zur Beurteilung der Qualität von Weiterbildungsorganisationen (vgl. Ehses/Zech 2002a, 31). Diese Aussage ist allerdings eine analytische und keine empirische! Der Lernende ist eine Konstruktion vorfindlicher, z.B. milieuspezifischer, Lernhaltungen und Lerntypen und kein individuelles Subjekt. Bildungsangebote richten sich an organisationsintern identifizierte Kundengruppen und nicht an einzelne Menschen. Einzelurteile sind daher auch nicht das alles Entscheidende – erst die Verschränkung aller Perspektiven macht Qualitätsbewertung möglich.

Zur Qualitätsbeurteilung von Weiterbildungsorganisationen sind insgesamt folgende Perspektiven zu berücksichtigen – nur eine davon ist die Binnenperspektive, die anderen vier sind Außenperspektiven:
- die Sicht der Teilnehmer, Kunden, Verbraucher, Abnehmer oder wie immer die Nutzer der Weiterbildung genannt werden;
- die Sicht der Herstellenden des Bildungsangebotes, also die Perspektive der haupt- und freiberuflichen Beschäftigten der Weiterbildungsorganisation;
- die Sicht der Profession, also die Branche, deren Praxis gegenwärtige Standards definiert und realisiert;
- die Sicht der Wissenschaft, die erwachsenenpädagogische und organisationale Gütekriterien entwickelt;
- schließlich die Sicht der Träger und Finanzierer von Weiterbildung, die Rechenschaft über die von ihnen investierten Mittel verlangen.

Die Aufgabe von Qualitätsentwicklung ist es zu klären, wie wahrgenommene Außenreize in interne Veränderungsmotivation umgearbeitet werden können. Aus fremdreferenziellen Anstößen von außen sind selbstbestimmte Verbesserungen der eigenen Organisation zu machen. Jedes Mittel ist recht, um Umweltperspektiven in die Organisation zu spiegeln. Hier helfen z.B. Evaluationen der Bildungsmaßnahmen, Bedarfserhebungen oder Kundenbefragungen. Die Schlüsse, die die Organisation daraus zieht, sind allerdings durch die Außenspiegelungen noch nicht determiniert. Objektiv Gemessenes bildet den Ausgangspunkt – gewissermaßen das Datenmaterial – für intern konsentierte Organisationsentscheidungen, welche dann das Organisationshandeln steuern, das die Qualität verbessern soll. Die Motivation hierzu wächst für die Beschäftigten aus dem Bedürfnis, eine höhere Verfügung über ihre Arbeitsbedingungen zu gewinnen und befriedigendere Arbeitsergebnisse zu erreichen.

7. Verlauf des Qualitätsentwicklungs- und Testierungsprozesses

Alle oben genannten Qualitätsbereiche verweisen auf systematisierte und regelgeleitete Vorgehensweisen. Wichtig für die Bearbeitung der Themenstellungen sind ein entsprechendes Steuerungswissen und Instrumente, die von der Organisation dauerhaft genutzt werden können – sei es eine Leistungs-Erwartungs-Matrix, die zu einer größeren Abstimmung der Subsysteme führt, seien es Führungs- und Mitarbeiterbeurteilungsbögen, die ein systematisches wechselseitiges Feedback ermöglichen oder das Instrument des Kundenpfads, mit dem die institutionsinternen Schlüsselsituationen aufgespürt und evaluiert werden können. Die Erstellung eines Leitbildes wird als so grundsätzlich eingeschätzt, dass der Qualitätsentwicklungsprozess damit begonnen werden muss. Die eigene, adressaten- und gegenstandsbezogene Definition gelungenen Lernens ist Teil des Leitbildes. Alle Qualitätsentwicklungsprozesse müssen sich dann in letzter Instanz aus dem Leitbild heraus begründen lassen. Im Abschlussworkshop, der das Testierungsverfahren beendet, werden schließlich die strategischen Entwicklungsziele für die nächste Qualitätsentwicklungsperiode bestimmt. Dies geschieht auf der Basis einer Vorlage, die die Weiterbildungsorganisation im Qualitätsbereich 11 ihres Selbstreports zu leisten hat.

Das – ggf. extern begleitete – Verfahren der Qualitätsentwicklung mit anschließender Testierung ermöglicht den Einrichtungen die Gestaltung ihres organisationalen Lernwegs und eine Bestätigung der dabei erreichten Ergebnisse und Erfolge. Die Ernsthaftigkeit und Ergebnisorientierung der Selbstentwicklung der Weiterbildungseinrichtungen und dadurch der Nutzen für die Lernenden werden durch dieses Verfahren gesteigert. Mit dem vorliegenden Qualitätsmodell wird ebenfalls dem neuerlich in Gesetzen formulierten Anspruch an Qualitätsentwicklung und Evaluation Rechnung getragen.[2]

---

[2] Vor allem die in Deutschland durch das Sozialgesetzbuch SGB III geforderten Qualitätszertifizierungen für Weiterbildungsorganisationen, die arbeitsmarktbezogene Maßnahmen anbieten, sollen mit dem LQW-Testat abgedeckt werden.

Der Prozess der Qualitätsentwicklung und Testierung:

1. Der Prozess der Qualitätstestierung startet mit der offiziellen Anmeldung bei ArtSet. Im Vorfeld hat eine Information über das lernerorientierte Qualitätsmodell in den Ländern und den Regionen stattgefunden.

2. Inhaltlich beginnt die Qualitätsentwicklung mit einer Stärken-Schwächen-Analyse anhand der 11 Qualitätsbereiche. Danach fertigt die Organisation eine Selbstbeschreibung an, in der sie ihre Identität, ihren Auftrag, ihre Fähigkeiten, ihre Kunden, ihre Werte, ihre Stärken und Schwächen und ihre Entwicklungsbedarfe bestimmt. Diese Selbstbeschreibung wird in das Leitbild der Einrichtung überführt, das die zukünftigen Handlungen der Organisation und ihrer Mitglieder anleiten soll. Teil des Leitbildes ist der Ausweis dessen, was man bezüglich seiner Adressaten für gelungenes Lernen hält.

3. In den Qualitätsbereichen werden auf der Basis der Stärken-Schwächen-Analyse gegenwärtige Zustände von der Organisation selbst evaluiert, Entwicklungsaufgaben abgeleitet und operationalisierte Qualitätsverbesserungen durchgeführt. Die Erreichung der Qualitätsziele muss intern überprüft werden. Die Qualitätsprozesse müssen sich aus dem Leitbild heraus begründen.

4. Dieser gesamte Prozess wird dokumentiert und in einem Selbstreport beschrieben. Der Selbstreport muss die eigene Struktur und das eigene Handeln aus dem eigenen professionellen Verständnis gelungener Lernprozesse begründen, daraus in den Qualitätsbereichen eigene Standards ableiten und die Einhaltung der allgemein gültigen Anforderungen nachweisen. Der Selbstreport gliedert sich analog der Qualitätsbereiche und muss aus sich heraus verständlich sein.

5. Der Selbstreport ist Gegenstand der externen Evaluation und Prüfung. Die Begutachtung wird von zwei unabhängigen, geschulten Gutachtern durchgeführt. Die Gutachter verfassen einen Bericht, der die Erreichung sowohl der im Qualitätsmodell vordefinierten als auch der von der Organisation eigenständig festgelegten Anforderungen ausweist und bestätigt. Die Gutachten enthalten auch Kommentare zu den Stärken und den gesichteten Entwicklungspotenzialen der Einrichtung.

6. Im Falle einer positiven Begutachtung findet zur Beantwortung offener Fragen und zur eventuellen Prüfung von Nachweisen eine Visitation der Weiterbildungseinrichtung statt. Hier werden Gespräche mit der Leitung, mit Mitarbeitenden und Teilnehmenden geführt. Die Visitation ist „Wert-Schätzung"; sie soll nicht der „weiterbildungspolizeilichen" Prüfung dienen, sondern sowohl entwicklungsfördernd als auch klärend in Bezug auf die im Selbstreport gemachten Aussagen sein.

7. In einem Abschlussworkshop spiegeln die Gutachter ihre Bewertung des Selbstreports an die Einrichtung zurück. Teil dieser Rückspiegelung ist vor allem auch eine würdigende Einschätzung der Stärken und der Entwicklungspotenziale der Einrichtungen. Schließlich werden hier die strategischen Entwicklungsziele abschließend ausformuliert, die dann als verpflichtende Anforderung mit der Testierungsstelle formal vereinbart werden und in die Retestierung eingehen. Gleichzeitig dient der Abschlussworkshop auch der Rückmeldung der Erfahrungen der Einrichtung mit

Lernerorientierte Qualitätsentwicklung in der Weiterbildung 221

dem Qualitätsentwicklungs- und -testierungsprozess an den Gutachter, damit das Modell einer kontinuierlichen praxisangemessenen Evaluation unterzogen werden kann.

8. Die Testierungsstelle vergibt auf der Basis des Gutachtens, einer erfolgreichen Visitation und der formal zwischen der Weiterbildungseinrichtung und der Testierungsstelle vereinbarten strategischen Entwicklungsziele das Testat, das die Einhaltung der Qualitätsanforderungen bestätigt und nach außen ausweist.

9. Im Falle der Nichteinhaltung der Mindestanforderungen kann ein überarbeiteter Selbstreport nach einem festgelegten Zeitraum erneut vorgelegt und die Testierung wiederholt werden.

10. Das vergebene Qualitätssiegel (LQW Logo) hat eine Gültigkeit von vier Jahren. Falls eine übergangslose Gültigkeit des Qualitätssiegels angestrebt wird, muss eine Re-testierung deshalb vier Jahre nach der vorangegangenen Testierung abgeschlossen sein. Die zu prüfenden Qualitätsanforderungen sind dann durch die zu erreichenden strategischen Entwicklungsziele ergänzt.

Abbildung 5: Das Qualitätsentwicklungsverfahren und seine Testierung

Die Testierung wird gegenwärtig von der *ArtSet GmbH* durchgeführt. Dafür wird von den Weiterbildungsorganisationen eine Gebühr erhoben. ArtSet arbeitet unabhängig von Träger- und Einrichtungsinteressen in folgenden Aufgabenbereichen:
- Allgemeine Einführungen in das Qualitätsmodell,
- Begleitung und Support der Qualitätsentwicklung in den Einrichtungen durch die Entwicklung von Werkzeugen und Arbeitshilfen,
- externe Evaluation von Einrichtungen durch Gutachter auf der Grundlage der im Selbstreport explizierten Qualitätsbereiche und deren definierten Mindestanforderungen,

- Organisation der Visitationen in den Einrichtungen durch die Erstgutachter,
- Evaluation und Weiterentwicklung des Qualitätsmodells,
- ggf. Clearing-Aufgaben bzw. Beschwerdemanagement im Konfliktfall, wenn sich Einrichtungen z.B. ungerecht bewertet fühlen oder sie die vereinbarten Anforderungen bzw. Maßnahmen nicht einhalten,
- Marketing und Öffentlichkeitsarbeit.

In der Durchführungsphase kooperiert ArtSet mit dem Deutschen Institut für Erwachsenenbildung (DIE), das folgende Aufgaben wahrnimmt:
- Organisation der Einführungsworkshops in den einzelnen zur Testierung angemeldeten Weiterbildungsorganisationen,
- Aufbau und Koordination einer unterstützenden Beratung für die Einrichtungen,
- Ausbildung und Akkreditierung der Gutachterinnen und Gutachter,
- Systemevaluation der Weiterbildungsbranche.

Diese Aufgaben werden voneinander unabhängig wahrgenommen, Begutachtung und Prozessbegleitung werden getrennt gehalten. Für die Gutachterinnen und Gutachter sind Grundqualifikationen definiert, ein Qualifikationsprofil ist entwickelt. Die Gutachter sind nicht in erster Linie Prüfer, sondern vor allem „Lernunterstützer". Sie sollen – ausgehend von den Stärken und Entwicklungspotenzialen der Organisationen – die Qualitätsprozesse fördern und nicht nur bewerten. In drei Fortbildungen werden die Gutachtenden auf ihre besondere Aufgabe vorbereitet. Die fakultative Inanspruchnahme von Prozessberatung im Vorfeld der Testierung wird von den Organisationen leistungsorientiert mit externen Beraterinnen und Beratern ausgehandelt und direkt mit diesen abgerechnet.

Die Testierung erfolgt in der Regel ausschließlich an Hand eines Selbstreports. Ergänzend wird eine Vor-Ort-Visitation durch den Erstgutachter durchgeführt. Im Selbstreport weisen die Einrichtungen ihre Qualitätsbemühungen aus und beschreiben ihre Organisation. Der Selbstreport hat den Nutzen einer erhöhten Selbstreflexion nach innen, er dokumentiert den eigenen Lernprozess. Darüber hinaus kann er auch (ggf. in Auszügen) als Legitimationsnachweis bzw. als mögliches Marketinginstrument nach außen dienen. Im Erarbeitungsprozess klären die Beteiligten sich und andere darüber auf, was sie tun und wie sie es tun. Die Verschriftlichung zwingt zu einer Selbstvergewisserung über Vorgehensweisen und Verfahren, indem Begründungszusammenhänge explizit und Veränderungsmaßnahmen beschrieben werden. Im Selbstreport bündeln sich die Entwicklungsschritte der Einrichtungen; er nötigt zu Festlegungen und ist deshalb nicht nur eine Reflexions-, sondern auch eine Planungs- und Entscheidungshilfe. Im Verlaufe der weiteren Evaluationen wird der Selbstreport immer weiter fortgeschrieben und dokumentiert den Weg der lernenden Organisation. Zugleich ist er als Handbuch kontinuierlicher Qualitätsentwicklung in der Alltagsarbeit nutzbar.

Der Selbstreport ist in schriftlicher Fassung vorzulegen; er besteht aus einem administrativen und einem inhaltlichen Teil. Die inhaltliche Gliederung orientiert sich an den 11 obligatorischen Qualitätsbereichen. Optionale Qualitätsbereiche können hinzugefügt werden. Die Erfüllung der Mindestanforderungen muss ausgewiesen werden, darüber obliegt es den Einrichtungen, eigene Maßstäbe und Ziele zu benennen und deren Erarbeitung zu beschreiben. Jedes Kapitel zu jedem Qualitätsbereich muss mindestens Angaben zu drei Fragen enthalten: 1. In welcher Weise sind die Mindestanforderungen erfüllt? Was wurde ggf. darüber hinaus getan? (inhaltliche Angaben) 2. Wie wurde dies sichergestellt bzw. erarbeitet? Welche Personengruppen, Abteilungen, Stellen waren daran beteiligt? (Angaben zum Qualitätsprozess) 3. Wie und wo ist dies dokumentiert und kann ggf. nachgeprüft werden? (Angaben zu den Nachweisen). Alle Angaben müssen glaubhaft, nachgewiesen, zugänglich und überprüfbar sein. Die qualitätssichernden Vorgehensweisen müssen eingeführt, begründet und systematisiert sein. Sie müssen in einem stimmigen Bezug zum Leitbild und zur Definition gelungenen Lernens stehen und im Text des Selbstreports auch entsprechend begründet werden.

Das gesamte Qualitätsverfahren darf nach offiziell mit der Testierungsstelle vereinbartem Beginn die Frist von einem Jahr nicht überschreiten. Eine eventuelle Retestierung muss jeweils vier Jahre nach Vergabe des vorangegangenen Testates abgeschlossen sein. Für den Fall, dass die Gutachterinnen und Gutachter das Erreichen der Qualitätsziele nicht bestätigen können, kann die Qualitätsprüfung nach einem festgelegten Zeitraum wiederholt werden.

Das vorgelegte Qualitätsmodell ist seinem Wesen nach kein Prüfverfahren, sondern ein Organisationsentwicklungsmodell. Es soll dazu beitragen, in den Organisationen schlummernde Kräfte zu erkennen und freizusetzen. Zweck des Qualitätsverfahrens ist es, die Weiterbildungseinrichtungen zu befähigen, organisationale Lernprozesse selbstgesteuert zu vollziehen. Im Sinne der oben ausgeführten Definition gelungenen Lernens geht es darum, durch die Qualitätsentwicklungen die Handlungsfähigkeit der Organisationen zu erweitern, um sich wandelnden Umweltanforderungen besser gerecht werden zu können.

Literatur

Ehses, C./Zech, R. (2001): Der Lernende als Reflexionsmedium. Qualitätsentwicklung in der Weiterbildung. In: Zech/Ehses (Hrsg.), S. 13–38.

Ehses, C./Zech, R. (2002a): Qualitätsentwicklung von außen befördern. Rolle, Aufgaben und Profil von Externen am Beispiel des Modells „Lernerorientierte Qualitätstestierung". In: DIE Zeitschrift für Erwachsenenbildung, III, 30–33.

Ehses, C./Zech, R. (2002b): Organisationale Qualitätsentwicklung aus der Perspektive der Lernenden – eine Paradoxie? In: Heinold-Krug, Eva; Meisel, Klaus: Qualität entwickeln – Weiterbildung gestalten. Bielefeld, S. 114–124.

Ehses, C./Heinen-Tenrich, J./Zech, R. (2002): Das lernerorientierte Qualitätsmodell für Weiterbildungsorganisationen. 3. Aufl., Hannover.

Holzkamp, K. (1993): Lernen. Subjektwissenschaftliche Grundlegung. Frankfurt/Main, New York.

Schäffter, O. (1998): Weiterbildungsorganisation als System. In: Geißler, H./Lehnhoff,A./ Petersen, J. (Hrsg.): Organisationslernen im interdisziplinären Dialog. Weinheim, S. 345-371.

Willke, H. (1995): Beobachtung, Beratung und Steuerung von Organisationen in systemischer Sicht. In: Wimmer, R. (Hrsg.): Organisationsberatung. Neue Wege und Konzepte. Wiesbaden, 2. Aufl., S. 17–42.

Zech, R. (2002): Zukunftskompetenz. In: Götz, K. (Hrsg.): Bildungsarbeit der Zukunft. München und Mering, S. 147–160.

Zech, R. (2003): Lernerorientierte Qualitätstestierung in der Weiterbildung. LQW 2 – Das Handbuch. Hannover.

Zech, R./Ehses, C. (Hrsg.) (2001): Organisation und Zukunft. Hannover.

eduQua: Das Label für Qualität in der Weiterbildung

André Schläfli

Das lebenslange Lernen wird als ein Gewinn in jeder Hinsicht (persönlich und wirtschaftlich) dargestellt. 1997 wurde an der Confintea V der Slogan „eine Stunde Lernen pro Tag" propagiert, am Schweizer Lernfestival 1999 in den unterschiedlichsten Variationen umgesetzt und kontrovers diskutiert – und schließlich für nachahmenswert befunden. Inzwischen bewegt sich die Wirtschaft im Krebsgang, die Weiterbildung ist in den großen Organisationen noch ein Thema, bei den KMUs und den Privatpersonen aber eine Investition, die gut überdacht werden muss und bei der der Konsument wissen will, ob sein Geld am richtigen Ort investiert ist. Die Strukturen und Leistungen der Weiterbildungsinstitutionen sind je nach Zweck, Größe und Entwicklungsstand sehr unterschiedlich und für den Konsumenten intransparent. Ob in der jeweiligen Institution ein Qualitätsdenken gepflegt wird, ist meist nach außen nicht ersichtlich. Umso wichtiger ist es, dass die knappen Mittel richtig angelegt sind und der Markt vergleichbarer wird. Das hat im Jahr 2000 in der Schweiz zwei Bundesämter, Vertreter der Kantone und des SVEB (Schweizerischer Verband für Weiterbildung, als dem Vertreter der Anbieter) bewogen, eduQua (das einzige Label in der Weiterbildung) aus der Taufe zu heben und zu propagieren. Diese sind noch heute in der Begleitgruppe vertreten (s. Kasten).

> **Begleitgruppe**
> - Bundesamt für Berufsbildung und Technologie (BBT)
> - Staatssekretariat für Wirtschaft (seco)
> - Schweizerische Berufsbildungsämter-Konferenz (SBBK)
> - Conférence suisse des offices de formation professionnelle / Conferenza svizzera degli uffici cantonale della formazione professionale (CSFP)
> - Verband schweizerischer Arbeitsämter (VSAA)
> - Schweizerischer Verband für Weiterbildung (SVEB)

eduQua hat einen Katalog von Qualitätskriterien ermittelt, die sich stark an der Kundenzufriedenheit orientieren. Eine zertifizierte Weiterbildungsinstitution zeigt auf, dass sie sich mit den folgenden Minimalkriterien sehr intensiv auseinandergesetzt und diese auch erfüllt hat:
1. Angebote, die die Bildungsbedarfe der Kunden/Kundinnen befriedigen,
2. der nachhaltige Lernerfolg der Teilnehmenden,
3. die transparente Darstellung der Angebote und pädagogischen Leitideen,
4. eine kundenorientierte, ökonomische, effiziente und effektive Leistungserbringung,
5. engagierte Lehrkräfte, fachlich, methodisch und didaktisch auf dem neuesten Stand,
6. ein Bewusstsein für Qualitätssicherung und –entwicklung.

eduQua steht zu anderen Qualitätsverfahren wie ISO, EFQM, FQS, BfW, 2Q u.a. in keiner Konkurrenz, denn im Qualitätskriterium Nr. 6 wird eine Qualitätsentwicklung gefordert.

Die gemeinsame Anstrengung, Weiterbildungsinstitutionen vergleichbarer zu machen und Konsumenten ein Instrument in die Hand zu geben, um sich im Dschungel der Angebote zurecht zu finden, trägt auch strukturell Früchte: In den Kantonen Aargau, Basel-Stadt (arbeitsmarktliche Maßnahmen), Genf, Luzern, Tessin, Waadt, Wallis, Zürich und Zug, wurde eduQua bereits für verbindlich erklärt, d.h. wenn sich eine Institution um Subventionen bewerben will, muss sie eduQua-zertifiziert sein. Seit Februar 2003 empfiehlt die EDK (Schweizerische Erziehungsdirektoren-Konferenz) den Kantonen, die „Qualität der Anbieter im Bildungsbereich in der ganzen Schweiz künftig nach den gleichen Kriterien zu überprüfen, staatliche Subventionen von einem Qualitätsnachweis (eduQua) abhängig zu machen". Schon heute sind 350 Institutionen zertifiziert. Das langfristige Ziel aus bildungspolitischer Sicht besteht darin, eduQua als *das* Qualitätslabel flächendeckend in der ganzen Schweiz einzuführen.

Die Zertifizierung steht allen Bildungsinstitutionen offen, die im Bereich allgemeiner oder beruflicher Weiterbildung tätig sind und Weiterbildungsangebote vorbereiten, durchführen und evaluieren. Darunter fallen Berufsschulen, staatlich subventionierte Institutionen der Weiterbildung, Stellen, die arbeitsmarktliche Maßnahmen durchführen, Anbieter von Modulen für Bildung im Baukastensystem und alle privaten Anbieter.

Die eduQua-Zertifizierung verbessert die Transparenz im Bildungsmarkt, schafft eine Grundlage für behördliche Entscheide (Zulassung zur Offertstellung für Subventionen) und wird von den unterschiedlichsten Institutionen als positives Resultat angesehen. Intern wird vermehrt miteinander kommuniziert, z.B. wurde ein Leitbild oder Organigramm gemeinsam entwickelt, die Transparenz innerhalb der Institution sowie der Zusammenhalt durch gemeinsame Weiterbildung der Kursleiter/-innen oder pädagogischen Konferenzen etc. ist verbessert worden.

Das Verfahren ist unkompliziert: Eine Institution bewirbt sich bei einer der fünf akkreditierten neutralen Zertifizierungsstellen von denen drei in der Deutschschweiz und je eine in der französischen und in der italienischen Schweiz liegen. Die Zertifizierungsstelle wählt nach Eingang der Anmeldeunterlagen im Sinn einer Stichprobe einen einzelnen Kurs oder Lehrgang aus dem eingesandten Kursprogramm aus und bittet die Institution, sowohl die Einrichtung als auch den Kurs oder Lehrgang nach den 6 Minimalkriterien zu dokumentieren. Dieses einzureichende Dossier soll daneben Informationen liefern über

- das Leitbild der Institution
- das Organigramm
- die getroffenen Maßnahmen zur Qualitätssicherung und Qualitätsentwicklung
- das Anforderungsprofil der Lehrkräfte (s. Kasten)
- die Weiterbildung der Lehrkräfte
- die Evaluation des Unterrichts
- die Teilnehmer/-innen- und Erfolgsstatistik
- die Kundenorientierung und Kundenzufriedenheit

Zusätzlich wird das einzelne ausgewählte Bildungsangebot hinsichtlich folgender Aspekte überprüft: Zielgruppe, Bedarfsüberlegungen, Transfer-Sicherung, Lernziele, Lerninhalte, Methodenwahl, Selbstlernaktivitäten, Übungsaktivitäten, Lernerfolgskontrollen. Die dem Kurs oder dem Lehrgang vorausgehenden Informationsmaterialien sowie die Lebensläufe der eingesetzten Lehrpersonen müssen hierzu eingesendet werden.

Auf diesem Hintergrund zertifiziert ein Auditor auf dokumentarischem Wege, das heißt, Institution und Angebot werden auf sämtliche Minimalkriterien überprüft. Die Zertifizierung kostet CHF 2500.[1] (ab 1. Januar 2004 CHF 3050,-). So bleibt die Zertifizierung auch für kleine Anbieter erschwinglich. Ein Audit an Ort und Stelle wird bis zum Januar 2004 (s. Weiterentwicklung) nicht vorgeschrieben, kann auf Wunsch des Anbieters verlangt werden unter zusätzlichen Kosten folgen. eduQua garantiert, dass der Auditor[2] für die zu leistenden Aufgaben genügend qualifiziert ist.

Das Resultat der Evaluation sowie der Entscheid über die Zertifikatserteilung werden nach Abschluss der Prüfung und Einschätzung auf schriftlichem Weg mitgeteilt. Der Entscheid wird mit einem Kurzbericht des Auditors, mit Bemerkungen und Empfehlungen zur Qualitätsverbesserung belegt. Das eduQua-Zertifikat ist drei Jahre gültig und kann danach wieder erneuert werden. Allein diese Erneuerung nötigt die Institutionen zur kontinuierlichen Qualitätsentwicklung und bedingt, dass die interne Kommunikation weiterhin aufrecht gehalten wird.

Geschäftsstelle eduQua

Um eduQua in der Weiterbildungsszene zu verbreiten und zu implementieren, hat die Trägerschaft BBT (Bundesamt für Berufsbildung) und seco (Staatsekretariat für Wirtschaft) den SVEB mit dieser Aufgabe beauftragt, d.h. die Geschäftsstelle eduQua ist seit 2000 beim SVEB angesiedelt.

---

[1] CHF 150,- (Lizenzgebühr) werden an die Geschäftsstelle für ihre Aufgaben überwiesen.
[2] Profil AuditorIn: *Vorausgesetzte Ausbildung:* Pädagogischer Hochschulabschluss, Kantonales Diplom in Erwachsenenbildung, Eidg. Fachausweis für Betriebsausbilder oder SVEB Zertifikat 2 (Fachausweis). *Vorausgesetzte Erfahrung*: 1000 Std. Unterrichtserfahrung im WB-Bereich, Verständnis für qualitätsrelevante Aspekte einer Organisation sowie für bildungspolitische Anliegen in der Qualitätsentwicklung.

> **Die Aufgaben der Geschäftsstelle**
> - Kontaktstelle, Auskünfte
> - Präsentationen, Öffentlichkeitsarbeit
> - Organisation der Begleitgruppensitzungen
> - Kontrolle des eduQua-Labels
> - Bewirtschaften Homepage www.eduqua.ch
> - Evaluation des Systems
> - Weiterentwicklung der Unterlagen für die Zertifizierungsstellen
> - Erfahrungsforen (Austausch mit AuditorInnen)

Kurzbericht: Evaluation (durchgeführt Ende 2001 bis Juni 2002)

Im Auftrag der eduQua-Trägerschaft (BBT/seco) wurden die jeweils neu eduQua-zertifizierten Institutionen und Firmen schriftlich über ihre Erfahrungen mit dem edu-Qua-Zertifizierungsverfahren befragt. Von bisher 136 verschickten Fragebögen konnten 84 ausgewertet werden, was einer erfreulich hohen Beteiligung von 62% entspricht.

Die große Mehrheit der befragten Institutionen stammt aus der Deutschschweiz. Die anderen Landesteile sind weniger stark vertreten, weil dort die Zertifizierung erst im Anlaufen begriffen ist.

Als Hauptgründe für den Entscheid zur Zertifizierung wurden, nebst kantonalen Obligatorien, vor allem Aspekte der Qualitätssicherung und Marketingvorteile genannt.

Der Prozess der Zertifizierung wurde von den zertifizierten Institutionen positiv beurteilt. 76% der Antwortenden fanden, dass die Zertifizierung (eher) einfach durchführbar war. Dem Zertifizierungsverfahren wurde zudem attestiert, dass es die Weiterentwicklung des Qualitätsmanagements förderte. Das Niveau der verlangten Minimalstandards wurde von der großen Mehrheit der zertifizierten Institutionen als richtig eingestuft.

Der Grundpreis der Zertifizierung (CHF 2.500,-) wurde als gerechtfertigt beurteilt. 35% der zertifizierten Institutionen bewerteten die Gesamtkosten der Zertifizierung als (etwas) zu hoch.

34% der Institutionen schätzten die Kosten (inkl. Grundpreis) auf maximal 5.000 Fr., 49% auf 5.001 bis 10.000 Fr., 16% über 10.000 Franken. Da die Arbeitszeitkosten oft auf groben Schätzungen basieren, sind diese Zahlen allerdings mit Vorsicht zu genießen.

Private Anbieter ohne Subventionen empfanden die internen Kosten der Zertifizierung angemessener als subventionierte und öffentliche Anbieter, denen die Zertifizierung Pflicht war.

88% der zertifizierten Anbieter nahmen zum Zeitpunkt der Befragung in ihrem Auftritt nach außen stark auf das Zertifikat Bezug. Die Zukunftschancen des eduQua-Zertifikates als nationaler Qualitätsstandard wurden als gut beurteilt. Die zertifizierten Institutionen fordern, dass das Label durch verstärkte Medienpräsenz und Informationsaktivitäten besser bekannt gemacht werden müsse.

Seit der zweiten Jahreshälfte 2001 wurden vermehrt Anbieter von Arbeitsmarktlichen Maßnahmen (AMM) und Anbieter in der Französisch und der Italienisch sprechenden Schweiz zertifiziert. Die Zahl der durchgeführten Audits nahm zu.

Im Rahmen der fortlaufenden Evaluation konnte eine generell positive Entwicklung in der Beurteilung des Verfahrens durch die zertifizierten Institutionen beobachtet werden. Zum Beispiel beurteilten deutlich mehr Anbieter die Zertifizierung als einfach, und deutlich weniger Anbieter beurteilten die Kosten als zu hoch.

Von den Institutionen geäußerte Verbesserungsvorschläge zum Leitfaden werden im Zuge der anstehenden Überarbeitung des Leitfadens berücksichtigt werden. Zudem wird eine Anpassung des Leitfadens an die besonderen Verhältnisse der Anbieter von AMM geprüft.

Weiterentwicklung

Da im Jahr 2003 für die in der Pilotphase zertifizierten Institutionen eine Rezertifizierung fällig ist, wurde das Handbuch einer kritischen Analyse unterzogen und in Zusammenarbeit mit den Zertifizierungsstellen und der Begleitgruppe überarbeitet. Die Evaluation hat gezeigt, dass die Minimalkriterien als gut befunden wurden, diese werden im neuen Handbuch übernommen. Allerdings wurden die mit den Minimalkriterien verbundenen Indikatoren klarer definiert, sowie die von den Institution beizubringenden Quellen besser beschrieben (s. Anhang).

Außerdem wurde eine Adaptierung zu Gunsten der arbeitsmarktlichen Maßnahmen gefordert, ebenso mussten Doppelspurigkeiten und Überschneidungen ausgemerzt werden.

Neu wird sein, dass nicht mehr auf dokumentarischem Weg zertifiziert, sondern dass ein Audit vor Ort durchgeführt wird. Ebenso werden jährliche Zwischenaudits verlangt und folgende Fragen müssen beantwortet werden:
- Welche wichtigen Veränderungen haben in der Institution statt gefunden?
- Werden die eduQua-Minimalstandards weiterhin eingehalten?
- Falls noch Auflagen bestehen: Sind sie erfüllt?
- Betreibt die Institution weiterhin aktiv Qualitätsentwicklung?

Das Zwischenaudit erfolgt auf dokumentarischem Weg. Der Auditor kann das Zwischenaudit auch vor Ort durchführen. Der Institution entstehen dadurch keine Zusatzkosten. Die Ergebnisse des Zwischenaudits werden in einem Kurzbericht mitgeteilt. Der Audit vor Ort hat aber auch eine Auswirkung auf den Preis, dieser wird nach Inkraftsetzung des neuen Handbuches (01.01.04) CHF 3050,- betragen, die Geschäftsstelle erhält eine Lizenzgebühr von CHF 300,-.

Während der Überarbeitung des Handbuches gaben die Kriterien zur Beilage 6 „sind die Ausbildenden fachlich und methodisch auf dem neuesten Stand" sowie die geforderte Qualifikation von SVEB 1 oder analog zu einigen Diskussionen Anlass. Dieses Papier ist in der Begleitgruppe intensiv bearbeitet und klarer formuliert worden.

Dank der positiven Reaktionen der eduQua-zertifizierten Weiterbildungsinstitutionen wird sich das Label auch in Zukunft auf dem Markt weiter durchsetzen. Ein weiteres Ziel ist es, die Konsumentenorganisationen besser einzubeziehen und so sicher zu stellen, dass nicht nur die zertifizieren Anbieter, sondern auch die Kunden/Kundinnen mit dem Label zufrieden sind.

Qualität in der Weiterbildung:
Die Perspektivengebundenheit von Qualitätsanforderungen am Beispiel der Differenz von Organisation und Profession

Stefanie Hartz

1. Der Begriff „Qualität"

Der Begriff der „Qualität" ist derzeit in aller Munde und deutlich positiv konnotiert. Sichtbar wird dies daran, dass Qualität in der Regel ein Surplus an Besserem unterstellt wird (Nuissl 1993). Diese Konnotation des Besseren lässt sich aus der philosophischen Tradition des Begriffes heraus nicht begründen. In der Philosophie hat der Qualitätsbegriff eine vorrangig analytische Funktion (vgl. Kuper 2002, 533f., Kaufmann 1995, 429f., Meisel 2001, 111f.). Qualitätsaussagen sind hier wertfreie Verweise auf die Beschaffenheit von Dingen. Ein Ausschlag in eine positive oder negative Richtung ist darin noch nicht enthalten (vgl. Kaufmann 1996, 429f.). Mehr noch, vor dem Hintergrund erkenntnistheoretischer Arbeiten drängt sich zunehmend die Frage auf, ob Qualitätsaussagen über die Gegenstände, über die eine Aussage getroffen wird, bestimmt sind, oder ob Qualitätsaussagen ausschließlich als Zuschreibungsprozesse derjenigen zu werten sind, die die Qualitätsaussage formulieren. Damit wird die Differenz zwischen der subjektiven Wahrnehmung auf der einen Seite und dem empirischen Gegenstand auf der anderen Seite eingeführt und die Relativität des Begriffes profiliert (vgl. Kuper 2002, 533f., Kaufmann 1996, 429f.).

Im Umgang mit dem Begriff „Qualität" im Bereich der Bildung spiegelt sich die Kenntnis der begrifflichen Wurzeln nur wenig. Der Begriff wird mit der oben angesprochenen positiven Konnotation eingesetzt und ist kaum präzise gefasst. Damit einher geht, dass der Begriff „Qualität" auf unterschiedlichen Ebenen Anwendung findet und der Bezugsrahmen selten explizit benannt ist. Dadurch wirkt die Debatte um Qualität diffus und der Begriff der „Qualität" degradiert zu einer semantischen Hülse. Dies hat Folgen für die Anschlussfähigkeit des Begriffs in der alltäglichen wie auch in der fachwissenschaftlichen Kommunikation: Bei dem Gebrauch des Qualitätsbegriffs ist nämlich nicht davon auszugehen, dass festgelegte und allgemein bekannte Prämissen gelten und über das Gleiche gesprochen wird.

Diese inhaltlichen Unschärfen und die darüber aufgespannten Verständigungsfriktionen kontrastieren mit dem scheinbar zielgenauen Einsatz des Begriffes im Kontext von Änderungen oder Änderungsabsichten. Der Terminus taucht insbesondere dann auf, wenn bestimmte Veränderungen im Bildungssystem gefordert bzw. initiiert werden.[1] Der Qualitätsbegriff ist somit ständiger Begleiter von Restrukturierungs- und Verbesserungsdebat-

---

[1] Deutlich zeigt sich dies in der jüngsten Vergangenheit an den Diskussionen, die die Ergebnisse der PISA-Studie ausgelöst haben: Auch hier findet sich der unmittelbare Anschluss an Qualitätsfragen.

ten (Kuper 2002, 536). Letzteres gilt nicht nur für den Bereich der Bildung im Allgemeinen, sondern auch für denjenigen der Weiterbildung im Besonderen.

Um die Debatte um Qualität zu ordnen und die unterschiedlichen Perspektiven und Interessen ausweisen zu können, bietet sich die von Kuper in Anlehnung an Luhmann vorgeschlagene analytische Trennung in
- die Ebene der Interaktion,
- die Ebene der Organisation und
- diejenige der Gesellschaft (vgl. Luhmann 1997, Kuper 2002) an.

Von *Interaktion* ist dann die Rede, „wenn die Anwesenheit von Menschen benutzt wird, um das Problem der doppelten Kontingenz durch Kommunikation zu lösen" (Luhmann 1997, 814). Interaktion bildet sich nicht außerhalb der Gesellschaft, sondern ist im Gebrauch von Kommunikation immer „Vollzug von Gesellschaft in der Gesellschaft" (Luhmann 1997, 814). Mit der Ebene der Interaktion ist im Kontext der allgemeinen Weiterbildung vorrangig an die konkrete Interaktion im Lehr-Lern-Prozess, die dafür erforderliche Kompetenz des Professionellen und die Aneignungsmuster des Lernenden gedacht. Der Aspekt der Qualität taucht hier insbesondere dann auf, wenn es um die Spezifizierung professionellen Lehrhandelns in der Weiterbildung, die grundlegenden Standards und die Wissensbestände der Erwachsenenbildung / Weiterbildung geht. Die Ebene der *Organisation* fokussiert die über Interaktion liegende Aggregationsebene. Charakteristikum von Organisation ist es, „riesige Mengen von Interaktionen aufeinander" (Luhmann 1997, 837) abzustimmen. Organisationen basieren auf Entscheidungen, die Grundlage neuer Entscheidungen sind, und können in der „zone of indifference" (vgl. Barnard 1964, vgl. Simon 1957) eine an die Mitgliedschaft gebundene Akzeptanz von Anweisungen erwarten. Im Kontext der Weiterbildung geht es um die einzelne Einrichtung und deren organisatorische Struktur. Entsprechend fokussiert die auf die organisationale Ebene gerichtete Qualitätsdebatte die konkreten organisatorischen Abläufe, die den Lehr-Lern-Prozess vor- und nachbereiten. Letzteres bildet den Blickpunkt der jüngsten, in der Bundesrepublik Deutschland geführten Qualitätsdebatte. Sichtbar wird dies daran, dass genau diejenigen Qualitätsmodelle, die auf eine Verbesserung organisationaler Prozesse zielen, den derzeitigen Diskurs um Qualität in der Weiterbildung dominieren. Die *Gesellschaft* – als dritte, über Interaktion und Organisation angesiedelte Aggregationsebene – fungiert als Komplexitätsreduktion und setzt als soziales System die Prämissen für das Operieren anderer sozialer Systeme (Interaktion und Organisation) (vgl. Baraldi/Corsi/Esposito 1999, 63). In Bezug auf den Bereich der Weiterbildung werden auf der Ebene der Gesellschaft die gesellschaftlichen Leistungen von Weiterbildung für die Gesellschaft und die Qualität des Gesamtsystems Weiterbildung diskutiert. Hierbei geht es nicht zuletzt auch um gesellschaftliche Erwartungen, die politische Bereitstellung von Ressourcen und Rahmenbedingungen zur Realisierung von Weiterbildung, die Standardisierung von Abschlüssen etc.[2]

---

[2] Diese Ebene stand insbesondere in den Bemühungen um Qualität in den 1970er Jahren im Vordergrund, als die im Strukturplan ausgewiesene flächendeckende Versorgung der Bevölkerung mit Weiterbildung zu realisieren war.

Dass die Qualitätsdebatte anhand dieses Analyserasters geordnet werden kann, bedeutet nicht, dass innerhalb der einzelnen Ebenen einheitliche Diskurse geführt werden würden. Genau das Umgekehrte ist der Fall: Abgesehen von einem von der fokussierten Ebene aus betrachteten ähnlichen Bezugspunkt, variieren die Schwerpunktsetzungen mit den jeweiligen Interessen der an der Debatte beteiligten Akteure. Zudem sind diese drei Ebenen nicht unabhängig voneinander. Sie stehen vielmehr in permanenten Wechselbezügen. Dieses schmälert den analytischen Nutzen nicht, den eine Trennung der drei genannten Ebenen bringt. Mit ihr werden nämlich, wie oben bereits angedeutet, die Blickwinkel erkennbar und damit Differenzen benennbar.

In den nachfolgenden Ausführungen zu Qualität in der allgemeinen Weiterbildung geht es um die Ebene der Organisation und diejenige der Interaktion. Diese beiden Ebenen im Zusammenhang zu betrachten, wird deshalb vorgesehen, weil es zahlreiche wechselseitige Bezüge, Einflussnahmen und Irritationen gibt, gleichwohl beide Operationsbereiche aus systemtheoretischer Sicht unzugänglich füreinander sind und jeweils unterschiedliche Qualitätsansprüche reklamieren. Der Umgang mit der hier angesprochenen, auf den unterschiedlichen Operationslogiken basierenden Differenz zwischen einer organisations- und einer interaktionsbezogenen Qualitätssicherung ist – analytisch betrachtet – derzeit suboptimal: Entweder werden beide Ebenen unsystematisch miteinander vermischt; oder die wechselseitigen Irritationen und Einflussnahmen werden zugunsten der Entscheidung für die eine oder andere Ebene aus dem Blick verloren. Eine Würdigung beider Referenzpunkte – Organisation und Interaktion – bei gleichzeitiger Anerkennung der unterschiedlichen Operationslogiken bleibt die Ausnahme (vgl. Nittel 2000).

Gegenstand der nachfolgenden Ausführungen ist es deshalb, die jüngere Qualitätsdebatte zur Optimierung organisationaler Prozesse im Zusammenhang mit den Qualitätsanforderungen, die für die Ebene der Interaktion (in der konkreten Lehr-Lern-Situation) relevant sind, zu betrachten. Dazu wird zunächst die Logik organisationsbezogener Qualitätsentwicklungsmodelle herauszuarbeiten sein. Anschließend widmet sich der Beitrag der interaktiven Ebene, die unmittelbar mit den Diskursen um die Verberuflichung und die Frage professionellen Handelns in der Erwachsenenbildung verbunden ist. Um die diesbezüglichen Qualitätsanforderungen einordnen zu können, werden die Eigenheiten professionellen pädagogischen Handelns knapp skizziert. Damit ist die Grundlage geschaffen, um die Logiken beider Ebenen aufeinander zu beziehen, ohne sie zu vereinen. Die analytische Trennung beider Ebenen verdeutlicht zudem die Schwierigkeit, der die Definition von Qualität ausgesetzt ist: Es zeigt sich nämlich, dass eine endgültige Bestimmung von Qualität einer qualitativ hochwertigen Definition von Qualität insbesondere dann widerspricht, wenn der Geltungsbereich nicht explizit ausgewiesen ist. Denn jede Konkretisierung ist perspektivenabhängig, d. h. jede Qualitätsdefinition variiert mit dem jeweiligen Standpunkt und könnte insofern auch anders sein.

2. Organisationsbezogene Qualitätsmanagementmodelle

Nimmt man ausschließlich die organisationsbezogenen Qualitätsmodelle in den Blick, können die aus dem wirtschaftlichen Sektor stammende, auf organisationale Prozesse gerichtete ISO-Normenreihe und die Selbstbewertung nach EFQM als die prominentesten

Ansätze eingeordnet werden. Sie wurden für den Bereich der Weiterbildung in modifizierter Form nutzbar gemacht und bilden mit Begriffen wie Kundenorientierung, Prozessverbesserung, Selbst- und Fremdevaluation einen wesentlichen thematischen Fundus. Deshalb konzentriert sich die nachfolgende Darstellung auf diese beiden Modelle.

Die DIN EN ISO 9000 ff. wurde 1987 herausgegeben. Sie ist eine international anerkannte Normenreihe, die anfänglich insbesondere im produzierenden Sektor angewandt wurde. Die DIN EN ISO 9000 ff.[3] führt im industriellen Kontext ein neues Qualitätsverständnis ein, in dem sich die Qualitätsbemühungen nicht mehr nur auf die Qualitätsprüfung am Ende des Produktionsprozesses beziehen, sondern auf den gesamten Prozess der Produkterstellung. Damit korrespondiert ein veränderter Kundenbegriff: Der Kunde als externer Abnehmer ist zwar ein wichtiger, aber keinesfalls der alleinige Bezugspunkt. Neben den Abnehmer tritt die nachgelagerte Arbeitsstelle in Relation zu der vorgelagerten Arbeitsstelle. D. h. die einzelnen Arbeitseinheiten einer Organisation werden als eine Kunden-Lieferanten-Kette verstanden, bei der eine vorgelagerte Stelle die qualitativen Erwartungen der nachgelagerten Stelle zu bedienen hat. Es geht also um den externen wie auch den internen Kunden (Reschenender 1996).

Zu Beginn der 1990er Jahre dehnt sich die Bedeutung der Norm über den industriellen Bereich sukzessive aus und setzt sich als international anerkanntes Zertifizierungssystem durch. Forciert wurde die Verbreitung durch folgenden Schneeballeffekt: Auftraggebende Unternehmen erwarten von ihren Zulieferern zunehmend einen Qualitätsnachweis in Form einer Zertifizierung. Auf diese Weise werden Unternehmen gezwungen, sich nach der ISO-Norm zertifizieren zu lassen. Ansonsten drohen Aufträge verloren zu gehen. Diese Mechanismen im produzierenden Sektor und die Forderung von Qualitätsnachweisen haben sich auf den Dienstleistungsbereich ausgewirkt: Auch Dienstleistende müssen sich in den 1990er Jahren zunehmend einer Zertifizierung stellen und die Qualität ihrer Arbeit dokumentieren. Insofern hält die Verbreitung der Norm auch vor den Weiterbildungseinrichtungen nicht an. Bei Kooperationen mit Wirtschaftsunternehmen werden Bildungseinrichtungen nicht selten zu einer Beschäftigung mit dem Normensystem und der anschließenden Zertifizierung aufgefordert.

Die 2000 revidierte und an EFQM (s.u.) angepasste DIN EN ISO Norm ist explizit auf die Prozessebene der Organisation gerichtet. Unter besonderer Fokussierung des internen wie auch des externen Kunden zielt die Normenreihe auf eine planvolle Fehlerverhütung. Dazu werden alle relevanten Prozesse analysiert und gegebenenfalls verbessert. Auf diese Weise soll die Qualität des angestrebten Produktes zuverlässig und systematisch erzeugt und eine permanente Prozessoptimierung realisiert werden. Dementsprechend basiert die ISO Norm auf einem Regelkreis, der sich aus den folgenden Qualitätsmanagementelementen zusammensetzt:

---

[3] Im Jahr 2000 wurde die Normenreihe revidiert: In diesem Zusammenhang nimmt die Prozessorientierung zu. Verbunden ist dies mit der Aufwertung einer kontinuierlichen Verbesserung. Zudem wurde die zunächst technisch durchsetzte Sprache modifiziert, was den Anschluss an den Dienstleistungsbereich erleichtert. Insgesamt kann die Revision der DIN EN 9000 ff. als eine Öffnung gegenüber Total Quality Management (TQM) und EFQM gelesen werden (vgl. hierzu Wuppertaler Kreis e.V./CERTQUA 2002, S. 25ff.).

- Verantwortung der Leitung,
- Management von Ressourcen,
- Produktentstehung,
- messen, analysieren und verbessern sowie
- kontinuierliche Verbesserung des Qualitätsmanagementsystems.

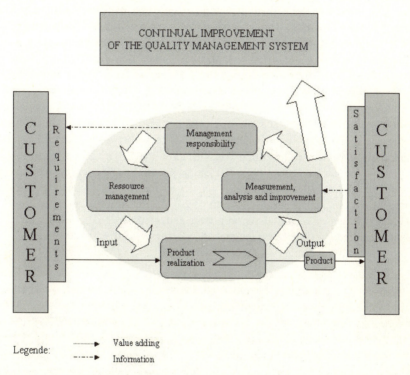

Abbildung 1: Das Modell eines prozessorientierten Qualitätsmanagementsystems nach ISO 9001
Quelle: Wuppertaler Kreis e.V./CERTQUA 2002, 19

Die aufgeführten fünf Bereiche sind in Teilsegmente gegliedert, die ihrerseits über konkrete Normanforderungen präzisiert sind. Ziel der Auseinandersetzung mit der ISO-Norm ist die externe Zertifizierung des in der Organisation institutionalisierten Qualitätsmanagementsystems. Voraussetzung hierfür ist die Dokumentation der Unternehmensprozesse entlang des Normanforderungskataloges und die Erstellung eines Qualitätsmanagementhandbuches. Die systematische Dokumentation der Ablauf- und Aufbauorganisation bildet die Grundlage für die Begutachtung durch die Auditoren. Anschließend wird die Organisation einem Audit unterzogen. Hierbei werden die dokumentierten

Abläufe und beschriebenen Maßnahmen vor Ort geprüft. Auf der Basis des Audits verfassen die Auditoren einen Auditbericht, der über die Zertifizierung entscheidet.[4]

Die konsequente Anwendung eines prozessorientierten Qualitätsmanagementsystems nach ISO im Bereich der Weiterbildung respektive in Einrichtungen der Weiterbildung bedeutet, dass Verfahren des systematischen Qualitätsmanagements implementiert werden. Dabei geht es nicht um die Qualitätssicherung in der konkreten interaktiven Bildungsarbeit, sondern um ein Management derjenigen vor- und nachbereitenden Prozesse, die die konkrete Lehr-Lern-Situation organisatorisch umschließen.[5] Die Unschärfen und Kontingenzen von Bildungsprozessen respektive die Qualität in der konkreten Lehr-Lern-Interaktion können damit nicht bearbeitet werden. Das heißt: Gesichert wird nicht das Geschehen in der Lehr-Lern-Situation selbst, in dem Sinne dass man davon ausgehen könnte, dass ISO-zertifizierte Bildungsanbieter qualitativ besonders hochwertige Bildungsangebote anbieten würden. Gesichert werden lediglich die – keineswegs unwesentlichen – organisatorischen Prozesse, die die Lehr-Lern-Situation vor- und nachbereiten. Die Einsicht, dass damit die pädagogische Qualität nicht direkt zugänglich ist, hat sich in der Erwachsenenbildung / Weiterbildung recht schnell durchgesetzt. Ihren Ausdruck findet dies darin, dass die Tauglichkeit der Verfahren skeptisch beäugt wird (vgl. Meisel 1999, 250; vgl. auch Seiverth 1999). Der Skepsis zum Trotz heftet der Auseinandersetzung mit Qualitätsmanagementverfahren wie der ISO ein Surplus an Modernität, Innovation und Marktfähigkeit an (vgl. Seiverth 1999). Diese Ambivalenz zwischen Skepsis und Modernitätsausweis kann als Grund dafür gedeutet werden, dass die vielfach reklamierte Leerstelle der Qualitätsmanagementmodelle gegenüber pädagogischer Qualität nicht systematisch bearbeitet und geschlossen wurde (vgl. Seiverth 1999).

Den analytischen Blick an dieser Stelle trotzdem zu bewahren und genau zu benennen, was durch die Modelle geleistet werden kann und was nicht, erscheint deshalb als wesentlich, weil dadurch Erwartungen präzisiert und ungerechtfertigten Zuschreibungen vorgebeugt werden kann: Auf der organisatorischen Ebene wird durch Perfektionierung von Verfahren ein Sicherungssystem eingezogen, das organisatorische Unsicherheiten bearbeitet – nicht mehr, aber auch nicht weniger. In Bezug auf die Unsicherheiten von Lehr-Lern-Situationen tritt dieses daneben, ohne sie mitreflektieren zu können (vgl. hierzu auch Harney 1997):

„Wie man in der Rechtssoziologie schon lange weiß, ist [...] die Einlösung von Verfahrensanforderungen weder identisch mit der Einlösung des Ziels noch mit der Bearbeitung des unmittelbaren Substrats, auf das das Verfahren abstellt. So können Gerichte weder Gerechtigkeit noch Wahrheit unmittelbar bearbeiten. Sie können nur das Verfahren überwachen, in dem es zu Entscheidungen kommt, die durch das Verfahren als gerechtigkeits- und wahrheitsbezogene Entscheidungen legitimiert sind (vgl. Luhmann 1996). Mit dem Qualitätsmanagement verhält es sich analog: Direkt ist nur das Verfahren managebar – nicht die Qualität." (Harney 1997, 198f.)

---

[4] Die Zertifizierung muss alle drei Jahre wiederholt werden, wobei jährlich (Zwischen-)Audits zu bewältigen sind. Zudem nimmt die Firma CERTQUA einmal pro Jahr stichprobenartig eine Prüfung in zertifizierten Bildungseinrichtungen vor (vgl. Doerr/Orru 2000, 21).
[5] Wuppertaler Kreis e.V./Certqua 2002, 43.

Das EFQM-Modell basiert grundsätzlich auf einem ähnlichen Mechanismus wie die ISO-Normenreihe, nur dass hier der Prozessgedanke von Anfang an grundlegend gewesen ist. Das EFQM-Modell ist von der European Foundation for Quality Management entwickelt worden und wie die ISO-Normenreihe eine Initiative aus dem Wirtschaftsbereich. Das Deutsche Institut für Erwachsenenbildung (DIE) hat das allgemeine, im wirtschaftlichen Kontext zur Anwendung kommende Modell für den Bereich der Weiterbildung und die Spezifika von Weiterbildungsorganisationen „übersetzt". Um den Bezug zum Original zu wahren, wurde bei der Erstellung der Branchenversion die Systematik des EFQM-Modells weitgehend übernommen. Abweichungen wurden nur initiiert, wenn die Spezifität des Feldes dieses erforderte (vgl. Heinold-Krug/Grieg/Klenk (o. J.)).

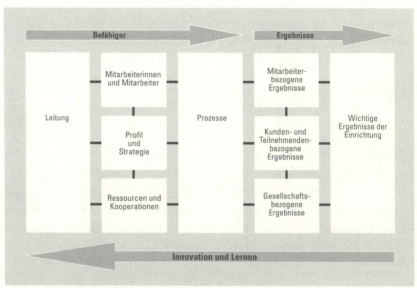

Abbildung 2: Das EFQM-Modell – die Branchenversion
Quelle: Heinold-Krug/Griep/Klenk (o.J.)

Entsprechend der Originalversion wird in der Branchenfassung zwischen den Befähiger- und den Ergebniskriterien unterschieden. Über beide Seiten soll die Qualität einer Organisation beschreibbar gemacht werden. Die Befähiger-Kriterien beziehen sich auf die Bedingungen, die erfüllt sein müssen, damit eine Organisation die von ihr anvisierten (Dienst-)Leistungen erbringen kann. Sie gelten als die gestaltbaren Variablen, über die Qualität erzeugt werden kann. Gegliedert sind die Befähiger-Kriterien in
- Leitung,
- Mitarbeitende,
- Profil und Strategie,
- Ressourcen und Kooperationen sowie
- Prozesse.

Die Ergebnis-Kriterien fokussieren die von der Organisation verfolgten Resultate. Über sie vermag sich eine Organisation ein „Bild ihrer Wirkung" (Herrmann/Koch 2002, 13) zu verschaffen. Ergebnis-Kriterien sind
- mitarbeiterbezogene Ergebnisse,
- kunden- und teilnehmendenbezogene Ergebnisse,
- gesellschaftsbezogene Ergebnisse und
- Ergebnisse der Einrichtung.

Analog der ISO-Norm wird die Organisation – wie in dem Schaubild sichtbar – in organisationsrelevante Segmente zerlegt, die ihrerseits in dem Leitfaden über Teilkriterien spezifiziert werden. Die Teilkriterien sind ausdifferenziert über weitere Unterkriterien respektive über Indikatoren, anhand derer die Teilkriterien abgelesen werden können. Das Modell bewegt sich von abstrakt formulierten Kriterien über eine Präzisierung durch Teilkriterien hin zu konkreten Indikatoren. Dabei gibt das Modell einen normativen, betriebswirtschaftlich orientierten Rahmen vor, anhand dessen die internen Prozesse reflektiert und zur „excellence" geführt werden sollen. Die Anpassung des Modells an die spezifischen Bedingungen der Einrichtung müssen von der Organisation selbst geleistet werden. Ziel des Qualitätsmanagementmodells ist es insofern, die Einrichtung in der Reflexion ihrer internen Prozesse respektive ihrer Selbstbewertung durch Selbstevaluation zu unterstützen. Idealerweise resultieren Strukturen, die eine kontinuierliche Prozessverbesserung ermöglichen, um nicht zuletzt auch die Wettbewerbsfähigkeit zu sichern. In Kombination mit rekursiven Qualitätskreisläufen soll langfristig die Basis für eine „Lernende Organisation" geschaffen werden (Heinold-Krug/Griep/Klenk (o.J.), 7).

Charakteristisch für die hier in Augenschein genommenen Modelle ist, dass sie die Qualität der Prozesse fokussieren und dass mit den Qualitätsmanagementsystemen Strukturen in die Organisation eingezogen werden, die die Qualität der Verfahren, nach denen in der Organisation gearbeitet werden soll, sichern. Sie setzen – bei aller Unterschiedlichkeit im Detail – an der Optimierung der Bedingungen an, die den Lehr-Lern-Prozess vor- und nachbereiten. Damit zielen sie auf eine Verbesserung all derjenigen Service- und Supportleistungen, bei denen organisatorische Fragen eine zentrale Rolle spielen.

Von der Institutionalisierung qualitativ hochwertiger Verfahren ist die Umsetzung der Verfahren in Handlung zu trennen. Ihre Qualität ist damit nämlich noch nicht gewährleistet. An dieser Stelle stößt man an die Differenz zwischen dem, was managebar und über Verfahren zugänglich ist, und dem, was sich dem direkten Management entzieht. Die Umsetzung in konkretes Handeln, d. h. die Wissensanwendung, kann die Organisation nicht unmittelbar steuern, hier ist sie von einem Minimum an Freiwilligkeit und an Zugeständnissen durch die Mitarbeitenden abhängig. Besonders tritt dies in Bezug auf die Lehr-Lern-Situation hervor: Zwar können die Verfahren, die diese vor- und nachbereiten, formal gut organisiert sein, das professionelle Handeln in der Situation können sie aber nicht vorwegnehmen. Neben die grundsätzliche Unsicherheit, die mit der Umsetzung von Anweisung in Handlung verbunden ist, tritt die Spezifität professionellen Handelns. Die Qualität desselben kann vor dem Hintergrund der hohen Kontext- und Situationsabhängigkeit nur sehr begrenzt durch formale, organisationsbezogene Verfahren gesichert werden.

3. Professionelles pädagogisches Handeln (in der Lehr-Lern-Interaktion) und Qualität

Wie bereits angedeutet ist die Lehr-Lern-Interaktion und die in diesem Zusammenhang diskutierte Frage des professionellen Handelns unmittelbar an die Debatte um die Verberuflichung in der Erwachsenenbildung gebunden. Diese ist geprägt durch die Begriffe Profession[6], Professionalisierung[7] und Professionalität. Alle drei Begriffe nehmen je unterschiedliche Aspekte der Verberuflichungsthematik in den Blick und machen damit auf je unterschiedliche Probleme aufmerksam.[8] Für die nachfolgenden Ausführungen ist der Begriff der Professionalität zentral. In den Diskurs der Erwachsenenbildung wurde der Begriff der Professionalität insbesondere durch Tietgens gebracht. Er begreift Professionalität als Ausdruck der Fähigkeit,

„breit gelagerte, wissenschaftlich vertiefte und damit vielfältig abstrahierte Kenntnisse in konkreten Situationen angemessen anwenden zu können oder umgekehrt betrachtet: in eben diesen Situationen zu erkennen, welche Bestandteile aus dem Wissensfundus relevant sein können" (Tietgens 1988, 37).

Demnach ist Professionalität bzw. ihre Beobachtbarkeit nicht von der konkreten Handlungssituation abstrahierbar. Professionalität zeigt sich in der Anwendung theoretischen Wissens in der konkreten Situation. Könnerschaft liegt in diesem Sinne dann vor, wenn die für Professionalität konstitutive Differenz zwischen Wissen und Können von dem Professionellen im Handeln situationsangemessen bewältigt wird (vgl. Tietgens 1988, 37, Nittel 2000, 85, 17f., 70 ff., 174, Kade 1990). Dies bedeutet, dass sich die Bestimmung von Professionalität als gekonnte Beruflichkeit nicht in der Auflistung bestimmter Wissensbestände erschöpft. Die situationsangemessene Transformation von Wissen in Können ist an Erfahrungen gebunden. Situationsangemessenheit schließt Unterdeterminiertheit ein: In der konkreten Interaktion bleibt immer ein Anteil zurück, der nicht vorab antizipierbar ist und auf den hinaus auch keine vorbereitende Planung erfolgen kann. Aus

---

[6] Als Profession gelten akademische Berufe. Für sie ist es charakteristisch, dass sie bestimmte Wissensbestände verwalten und durch Anwendung derselben zur Reproduktion eines bestimmten gesellschaftlichen Teilbereichs beitragen (vgl. Dewe/Ferchhoff/Radke 1992, 7, Combe/Helsper 1996, 9 f., Stichweh 1996, 53 f., Nittel 2000, 23). Damit verbunden ist, dass Professionen ihr Handeln unter Einhaltung bestimmter Werte dem Gemeinwohl unterordnen (vgl. Oevermann 1996, 192, Stichweh 1996, 51, Kade 1990, 23 f.).

[7] Steht der Begriff der Profession als Aggregat, fokussiert der Terminus Professionalisierung den Prozess der Verberuflichung, und zwar auf politischer wie individueller Ebene (vgl. Nittel 2000, 16 f., Gieseke 1994, 291 f., Hornstein/Lüders 1989, 254 f.).

[8] Obwohl die Frage der Verberuflichung mit den über die drei Begriffe bestimmten differenten Facetten eines der Dauerthemen in der Erwachsenenbildung ist, kommt man um die Feststellung nicht umhin, dass es zu einer Stagnation auf allen drei Ebenen gekommen ist (vgl. Meisel 2000, 9, Gieseke 1994, 294 f., Nittel 2000). Die Erwachsenenbildung kann sich weder als Profession in dem Sinne ausweisen, dass sie exklusiv bestimmte für die Reproduktion der Gesellschaft relevante Wissensbestände verwalten würde (vgl. Stichweh 1992, Stichweh 1996), noch vermag sie eine nachhaltige Professionalisierung zu verzeichnen, aus der ein geschützter Berufsstand hervorgegangen wäre (Nittel 2000, 58).

diesem Grund begreift Kade in Anlehnung an Tietgens situative Kompetenz als zentralen Bestandteil von Professionalität (Kade 1990, 54ff.).

„Situative Kompetenz erweist sich und realisiert sich im Handeln, dessen Modalitäten jedoch von Fall zu Fall verschieden sein können: Gefordert ist ein Deutungs- und Handlungswissen, für das Anwendungsbezug zentral ist" (Kade 1990, 56).

Die Realisierung von Qualität in der Lehr-Lern-Interaktion ist also an Entscheidungsspielraum gebunden. Professionelles Handeln folgt hier der Logik, die situationsbezogene Durchbrechung von Routine vor dem Hintergrund von Theoriewissen zu routinisieren. Die Qualität des Lehrhandelns bemisst sich über die sich im Fallbezug äußernde „situative Kompetenz" und die damit einhergehende Transformation des theoretischen Wissens in praktisches Können. Dieses stellt einen wesentlichen Qualitätsmaßstab für professionelles Handeln dar. Vor dem Hintergrund des hohen Erfahrungsanteils, an den die Einlösung von „situativer Kompetenz" im Transformationsprozess von Wissen in Können gebunden ist, bedeutet Qualitätssicherung in diesem Zusammenhang systematischen Kompetenzaufbau bei den professionell Tätigen. In der Qualitätsdebatte einen diesbezüglichen Schwerpunkt zu setzen, würde dem Umstand gerecht, dass die Qualität einer Bildungseinrichtung wesentlich von der professionellen Kompetenz des Erwachsenenbildners/Weiterbildners abhängt (an dieser Stelle setzt eine im DIE diskutierte Projektskizze von Klein/Schrader/Hartz zur Fallsammlung pädagogischer Fallstudien zum Zwecke der Aus- und Fortbildung an (vgl. Klein/Schrader/Hartz 2003; vgl. Schrader/Hartz 2003; vgl. auch Meisel 1999, 252).

Qualitätsfragen werden in der Disziplin Erwachsenenbildung allerdings nicht nur im Hinblick auf professionelles Handeln in der konkreten Lehr-Lern-Interaktion diskutiert. Qualitätsfragen streuen vielmehr in unterschiedliche Themenfelder und spielen in Diskursen um Evaluation, Bedarfserhebung, Teilnehmerorientierung, Zielgruppenarbeit, Didaktik, Methodik etc. eine wesentliche Rolle. Wissensbestände, die sich um diese Diskurse ranken, könnten die organisationsbezogenen Qualitätsmanagementmodelle wie ISO oder EFQM bildungsspezifisch ergänzen. Es zeigt sich allerdings, dass bis in die 1990er Jahre hinein keine systematischen Bezüge zwischen einem organisationsbezogenen Qualitätsmanagement und den traditionellen Qualitätsdiskursen der Disziplin Erwachsenenbildung hergestellt wurden. Indem die Disziplin Erwachsenenbildung/Weiterbildung den Diskurs um Qualitätsmanagement nicht systematisch mit dem ihr eigenen Wissen durchsetzt hat (vgl. Nittel 1997, 181)[9], nehmen traditionelle, zum pädagogischen

---

[9] Ein solcher Umgang mit fremdem, wirtschaftswissenschaftlichem Wissen und die zurückhaltende Integration eigener Wissensbestände sind gleichermaßen Beleg wie Ausdruck der steckengebliebenen Verberuflichung und des geringen professionellen Selbstverständnisses (vgl. Gieseke 1994, 290, Nittel, 2000, 17). Zudem fehlt eine Auswertung der Auswirkungen, die durch Qualitätsmanagement auf die in der Weiterbildung Tätigen und damit auf Fragen der Verberuflichung zukommen. Durch neu hinzu kommende Inhalte resultieren Veränderungen auf allen drei, die Debatte um Verberuflichung prägenden Ebenen: Erstens erweitern sich die zu verwaltenden Wissensbestände. Dies hat zweitens unmittelbare Auswirkungen auf die Frage der Professionalisierung, da neue Inhalte integriert werden müssen, und drittens auf die Frage der Professionalität, da auf einer zusätzlichen Handlungsebene professionelles Handeln eingefordert wird.

Wissensbestand der Disziplin gehörende Theorien in der Diskussion um organisationsbezogenes Qualitätsmanagement zunächst eine nachgeordnete Bedeutung ein.

Da sich trotz zahlreicher Skepsis gegenüber Qualitätsmanagement in der Weiterbildungspraxis die Meinung durchsetzen konnte, dass mit wirtschaftswissenschaftlich ausgerichteten Qualitätsmanagementmodellen eine Modernisierung der Organisation und nicht zuletzt Marktvorteile zu realisieren sind, ist die erste, über die Mitte der 1990er Jahre hinausgehende Phase der Auseinandersetzung mit Qualitätsmanagementmodellen durch einen organisationsbezogenen wirtschaftswissenschaftlichen Bias gekennzeichnet. Erst sukzessive führt die Disziplin die Spezifität der Weiterbildung ins Feld und initiiert – teilweise unter wissenschaftlicher Begleitung des DIE wie im Fall von EFQM (s. o.) – branchenbezogene Anpassungen der Qualitätsmanagementmodelle. Damit verbunden ist ein souveränerer Umgang mit den wirtschaftswissenschaftlichen Modellen, die Integration eigener Theoriebestände und nicht zuletzt der Anstoß zur Reflexion der Auswirkungen auf die Verberuflichung (Nittel 2000, 226).[10]

4. Differente Qualitätsanforderungen vor dem Hintergrund unterschiedlicher Handlungslogiken

Der Umstand, dass der Diskurs um das wirtschaftswissenschaftlich geprägte Qualitätsmanagement nicht systematisch um professionelle, pädagogische Wissensbestände ergänzt wurde und eine weiterbildungsbezogene Schärfung des auf die Organisation gerichteten Qualitätsmanagements lange ausgestanden hat, kann mit der Schwierigkeit in Zusammenhang gebracht werden, zwei unterschiedliche Handlungslogiken (vgl. Harney 1997, Harney 1998), die eigene Formen der Qualitätssicherung erfordern, aufeinander zu beziehen. Dabei ist es nicht die Differenz an sich, die eine systematische Bezugnahme verhindert. Schwerwiegender ist vielmehr der Umgang mit der Differenz (vgl. Nittel 2000, 226, Nittel 1999): Während *eine* Umgangsform in der Ignoranz der Differenz und der damit einhergehenden Vermischung der beiden Logiken besteht[11] (vgl. Nittel 2000, 226, Nittel 1999), ist es das Merkmal des *anderen* Extrems, organisationsbezogenes Qualitätsmanagement und professionelles Handeln als sich einander ausschließend zu begreifen.[12] Weder Vermischung noch Ausschluss bringen den für beide Seiten wünschenswerten Gewinn. Eine Anerkennung der unterschiedlichen Referenzpunkte, aus denen heraus sich die Qualitätssicherung begründet, ist vielmehr grundlegend. Sie ermöglicht eine systematische Bezugnahme, durch die sich beide Seiten befruchten können, ohne dass ihre jeweilige Eigenlogik ignoriert oder übergangen werden würde. Der Vorzug einer solchen analytischen Trennung liegt zudem darin, dass die Aggregationsproblematik zwischen

---

[10] In Ansätzen wird dies in der Lernerorientierten Qualitätstestierung verfolgt (vgl. Ehses/Heinen-Tenrich/Zech 2001, 20, Zech 2003, 9).
[11] In der Praxis bedeutet dies eine kritiklose Übernahme der Qualitätsmanagementmodelle.
[12] Empirisch wird dies an der Sperrung mancher Weiterbildungspraktiker gegenüber dem Qualitätsdiskurs manifest. Die unterschiedlichen Umgangsweisen mit dem Qualitätsdiskurs lassen sich mit den von Arnold konstatierten differenten Umgangsformen der Pädagogik mit der Wirtschaft in Verbindung bringen (vgl. Arnold 1997, 26ff.).

den beiden Ebenen – Interaktion und Organisation – sichtbar und damit auch gestaltbar wird (vgl. Harney 2000, 287).

Die Logik von Qualitätsmanagementmodellen, wie sie in die ISO-Norm oder in das EFQM-Modell eingetragen ist, zielt nach innen auf eine Perfektionierung der für die Produkterstellung relevanten organisationsbezogenen Prozesse unter den Imperativen einer betriebswirtschaftlichen, marktorientierten Unternehmensführung (s. o.). Dabei greifen die auf Modernität und Innovation verweisenden Modelle außer der Marktlogik auf traditionelle Elemente der Organisationsgestaltung zurück: Durch eindeutige Kompetenzzuweisungen, fixierte Regelsysteme, festgelegte Verfahrensweisen und die Aufforderung zur Schriftlichkeit soll Prozessqualität systematisch ermöglicht und Transparenz hergestellt werden. Ähnlich wie die einst von Weber idealisierte Bürokratie (Weber 1964 a/b) hat ein organisationsbezogenes Qualitätsmanagement, eine Standardisierung des Handelns durch festgelegte Verfahrensschritte zur Begrenzung von Unsicherheit und von qualitativen Mängeln zum Ziel. Mit anderen Worten geht es in den Modellen darum, Unregelmäßigkeiten entgegenzuwirken, indem der subjektive Anteil durch eine Festlegung auf Verfahren verringert wird. Durch diese Form der Minimierung des Subjektiven und die Überführung in objektiv festgesetzte Verfahren soll Einheitlichkeit hergestellt werden. Die Differenz zwischen der managebaren und der nicht-managebaren Seite des Handelns in Organisationen wird dabei ignoriert.

Die in Qualitätsmanagement eingetragene – nach außen auf Markt und nach innen auf Organisation – gerichtete Logik ist damit eine andere als diejenige, die das Handeln des Professionellen strukturiert. Die markt- und organisationsbezogenen Anforderungen können geradezu diametral zu den Anforderungen an professionelles Handeln in der Lehr-Lern-Situation liegen. Zudem prallen die Suspension des Subjektiven und die Priorisierung von Transparenz an der begrenzten Objektivierbarkeit von Lehr-Lern-Prozessen und der notwendigen Unterdeterminiertheit professionellen Handelns ab (vgl. Nittel 2000). Die Organisation stößt an die Grenzen dessen, was durch organisatorische Vorkehrungen unmittelbar gesteuert werden kann (vgl. Luhmann 2002, 164). Das Handeln des Professionellen in der Lehr-Lern-Interaktion kann vorab geplant und die Planung kann auch in Verfahrensschritte gegossen werden. Die Realisierung kann aber – weniger noch als dies bei anderen Handlungen der Fall ist – nicht vorweggenommen werden. Professionelles pädagogisches Handeln zeichnet sich durch „situative Kompetenz" (Kade 1990, 54ff.) aus, die ihrerseits stellvertretende Deutung sowie fallbezogene und situationsadäquate Reaktionen erforderlich macht (vgl. Kade 1990, Dewe/Ferchhoff/Radke 1992, Dewe 1996, Luhmann 2002, 149). Es gehört zum integralen Bestandteil professionellen Handelns mit Ungewissheiten umzugehen und das Phänomen der doppelten Kontingenz mitzureflektieren (vgl. Kade 1990, Dewe/Ferchhoff/Radke 1992, Dewe 1996). Professionelles Handeln folgt also gerade nicht der Logik der Standardisierung und der Vereinheitlichung wie sie für die Operationsweise einer Organisation charakteristisch ist. Im professionellen Handeln in der Lehr-Lern-Interaktion dominiert vielmehr die fallbezogene Varianz d.h. die Routinisierung der situationsbezogenen Durchbrechung von Routine vor dem Hintergrund bestehenden Theoriewissens.

Trotz der Unterschiedlichkeit in den Operationslogiken betriebswirtschaftlicher Organisation auf der einen Seite und professionellen Handelns in der Lehr-Lern-Situation auf der anderen Seite können beide nicht aufeinander verzichten: Denn eine Weiterbildungseinrichtung kommt weder ohne die in ihr professionell Tätigen aus, noch vermögen die Professionellen das ordnende Moment der Organisation, die dem Kurs und den dort ablaufenden Interaktionen gewissermaßen Ort und Rahmung gibt, zu entbehren (vgl. Nittel 1999, vgl. auch Baecker, 1999, Vogel, 1998, 10f., Küchler v./Schäffter 1997[13]).[14] Das heißt: Die Handlungsweisen, die eine Organisation von ihren Mitgliedern verlangt, damit sich der organisationale Prozess so vollziehen kann, dass die marktförmige Reproduktion der Organisation gesichert ist, sind ebenso konstitutiv für die Weiterbildungseinrichtung wie das professionelle Handeln des Pädagogen in der Kurssituation. Deshalb ist es auch notwendig, dass beide Handlungslogiken fokussiert werden. Sie kommen in unterschiedlichen Situationen mit je differenten Motiven und differentem Referenzrahmen zum Tragen. Dabei können sie sowohl in einem ergänzenden als auch in einem konfliktorischen Verhältnis zueinander stehen.

Da beide Logiken konstitutiv für das Handeln in Weiterbildungseinrichtungen sind und sich über das Wechselspiel zwischen beiden die Qualität einer Weiterbildungseinrichtung bemisst, genügt eine einseitige Ausrichtung nicht (vgl. Nittel 2000, Nittel 1999).[15] Beides für sich genommen würde der Spezifität der Weiterbildung und den gegenwärtigen Anforderungen an Weiterbildung nicht gerecht. Deshalb warnt Nittel vor einer Polarisierung und plädiert für eine Integration von organisations- und professionsbezogener Qualitätsentwicklung (vgl. Nittel 2000). Integration in dem von ihm gemeinten Sinne heißt dabei nicht, die Differenz zwischen beiden Logiken einzuebnen, sondern beide in ihrer Eigenständigkeit zu respektieren (vgl. Nittel 2000, 226), denn: Organisation inklusive die von ihr geforderten Handlungsweisen und Profession sind füreinander unzugänglich; sie irritieren sich gegenseitig, ohne aufeinander zugreifen zu können (vgl. Luhmann 1996, Luhmann 2002). Dieses gilt auch für den Aspekt der Qualitätssicherung: Die Fokussierung der einen oder anderen Seite führt zu differenten Anforderungen an Qualität und

---

[13] Von Küchler und Schäffter gehen davon aus, dass sich Weiterbildung in der Gesellschaft nur dann adäquat durchsetzen kann, wenn sie sich über die Form der Organisation nach außen wendet. Dazu gehört es, die Operationslogik von Organisation zu bedienen und sich in ihrem Modus in der Umwelt zu bewegen (S. 46ff.).

[14] Dies hängt auch damit zusammen, dass Organisation alle Bereiche unserer Gesellschaft durchdringt (vgl. Baecker 1999), vgl. auch Nittel, der dieses Phänomen explizit für die Weiterbildung festhält (vgl. Nittel 2000).

[15] Dass dies nicht ausreicht, verdeutlicht Nittel an der Differenzierung zwischen Kundenorientierung und Teilnehmerorientierung, die auf die Differenz zwischen Organisation und Profession abstellt. Ironisierend verweist er darauf, dass es der Erwachsenenbildung, dann, wenn sie sich ausschließlich auf die der Organisationslogik folgenden Kundenorientierung bezieht, geht wie der deutschen Bahn: der Kundenservice steigt kontinuierlich an, aber die Zufriedenheit der Bahnfahrenden (der Teilnehmenden) nimmt vor dem Hintergrund ständiger Zugverspätungen stetig ab (vgl. Nittel 1999, Nittel 1997). Auf die Weiterbildung bezogen hieße dies, dass die Serviceleistungen rund um den Lernprozess (Anmeldung, Vertrag, Information, Ambiente, Marketing etc.) kontinuierlich verbessert werden und Kriterien moderner Dienstleistungen erfüllen. Dies schließt jedoch nicht ein, dass auch die Qualität des Lernprozesses selbst professionellen Standards genügt und die Erwartungen der konkret Teilnehmenden erfüllt werden. Pointiert formuliert war der Service gut, ohne dass die mit der Teilnahme verfolgten Ziele erreicht worden wären.

damit zu differenten Formen, sie zu sichern. Ein betriebswirtschaftliches organisationsbezogenes Qualitätsmanagement nimmt die organisatorischen Prozesse, die den Lehr-Lern-Prozess vor- und nachbereiten, in den Blick und setzt diesbezügliche Standards. Qualität in diesem Sinne bemisst sich über die Qualität von Verfahren. Dass der Lehr-Lern-Prozess gelingt und er qualitativ hochwertig ist, kann auf diese Weise nicht gesichert werden. Hier greift die Logik professionellen Handelns. Diese lässt sich gerade nicht in standardisierte Verfahren pressen. Das Gegenteil ist der Fall. Professionelles Handeln in der Lehr-Lern-Situation zeichnet sich durch „situative Kompetenz" vor dem Hintergrund theoretischen Wissens aus. Qualität bemisst sich über das diesbezügliche Vermögen des Lehrenden. Damit greifen andere Formen der Qualitätssicherung. Ihr kann sich über eine systematische Kompetenzentwicklung auf Seiten der Professionellen angenähert werden (vgl. Schrader/Hartz 2003).

Die hier profilierte Differenz zwischen den für eine Weiterbildungseinrichtung konstitutiven Handlungslogiken und die daraus resultierenden unterschiedlichen Anforderungen an Qualität verdeutlichen, dass Qualität eine Zuschreibung ist. Ihre Definition ist zwangsläufig an die Perspektive geknüpft, aus der heraus sie formuliert wird. Dabei gilt, dass mit zunehmender standpunktgebundner Konkretion der Qualitätsdefinition der Geltungsbereich eingegrenzt wird. Als Medium, durch das Erwartungen und Beschaffenheiten kommuniziert werden (Kuper 2002, 535), wäre von einer Qualitätsdefinition deshalb zu fordern, dass sowohl die Erwartungen als auch die Beschaffenheiten expliziert und der Bezugsrahmen, innerhalb dessen die Qualitätsaussage Gültigkeit hat, ausdrücklich kenntlich gemacht werden. Eine gute Definition von Qualität bedeutete dann, dass der Standpunkt, aus dem heraus die Qualitätsbestimmung getroffen wird, mitthematisiert wird.

Literatur

Arnold, R. (1997): Betriebspädagogik. (Ausbildung, Fortbildung, Personalentwicklung. Bd. 31), Berlin 2. Aufl.

Baecker, D. (1999): Die Form des Unternehmens. Frankfurt/Main.

Baraldi, C./Corsi, G./Esposito, E. (1999): Glossar zu Niklas Luhmanns Theorie sozialer Systeme. Frankfurt/Main 3. Aufl.

Barnard, C. I. (1964): The Function of the Executive. Cambridge, Mass.

Combe, A./Helsper, W. (1996): Einleitung: Pädagogische Professionalität. Historische Hypotheken und aktuelle Entwicklungstendenzen. In: Combe, A./Helsper, W. (Hrsg.): Pädagogische Professionalität. Untersuchungen zum Typus pädagogischen Handelns. Frankfurt/Main, S. 9–4.

Dewe, B. (1996): Das Professionswissen von Weiterbildnern: Klientenbezug – Fachbezug. In: Combe, A./Helsper, W. (Hrsg.): Pädagogische Professionalität. Untersuchungen zum Typus pädagogischen Handelns. Frankfurt/Main, S. 714–757.

Dewe, B./Ferchhoff, W./Radke, F.-O. (1992): Auf dem Weg zu einer aufgabenzentrierten Professionstheorie pädagogischen Handelns. In: Dewe, B./Ferchhoff, W./Radke, F.-O. (Hrsg.): Erziehen als Profession. Zur Logik professionellen Handelns in pädagogischen Feldern. Opladen, S. 7–20.

Doerr, K./Orru, A. (2000): Qualitätsmanagement und Zertifizierung nach ISO 9000. Eine Zwischenbilanz. In: Berufsbildung, 54 H (66), S. 20–22.
Ehses, C./Heinen-Tenrich, J./Zech, R. (2001): Das lernerorientierte Qualitätsmodell für Weiterbildungsorganisationen. 3. überarbeitete Aufl. Hannover.
Gieseke, W. (1994): Der Erwachsenenpädagoge. In: Lenzen, D. (Hrsg.): Erziehungswissenschaft. Ein Grundkurs. Reinbek, S. 282–313.
Harney, K. (1997): Normung der Qualität in der betrieblichen Weiterbildung: Zwischen betrieblich-organisatorischer und professioneller Handlungslogik. In: Arnold, R.: Qualitätssicherung in der Erwachsenenbildung. Opladen, S. 185–208.
Harney, K. (1998): Handlungslogik betrieblicher Weiterbildung. Stuttgart.
Harney, K. (2000): Zwischen Arbeit und Organisation – Grenzen des Qualitätsmanagements. In: Grundlagen der Weiterbildung. 11, H (6), S. 285–288.
Heinold-Krug, E./Griep, M./Klenk, W. (o. J.): EFQM: Version Erwachsenenbildung/Weiterbildung. Frankfurt.
Hermann, U.G./Koch, S. (2002): Leitfaden zum EFQM-gestützten Qualitätsmanagement und Benchmarking in schulischen Bildungseinrichtungen. Bochum.
Hornstein, W./Lüders, C. (1989): Professionalisierungstheorie und pädagogische Theorie. Veberuflichung erzieherischer Aufgaben und pädagogischer Professionalität. In: Zeitschrift für Pädagogik, 35, H (6), S. 749–769.
Kade, S. (1990): Handlungshermeneutik. Einführung in die Fallarbeit. Bad Heilbrunn.
Kaufmann, C. (1996): Qualität. In: Prechtl, P./Burkard, F: Metzler Philosophie Lexikon. Begriffe und Definitionen. Stuttgart/Weimar, S. 429–430.
Klein, R./Schrader, J./Hartz, S. (2003): Projekt „Fallsammlung" „Dokumentation pädagogischer Fallstudien für Zwecke der Fort- und Ausbildung". Unveröffentlichter Projektantrag.
Küchler, F. v./Schäffter, O. (1997): Organisationsentwicklung in Weiterbildungseinrichtungen. Frankfurt/Main.
Kuper, H. (2002): Stichwort: Qualität im Bildungssystem. In: Zeitschrift für Erziehungswissenschaft 5, H (4), S. 533–551.
Luhmann, N. (1996): Soziale Systeme. Grundriß einer allgemeinen Theorie. 6. Aufl. Frankfurt/Main.
Luhmann, N. (1997): Die Gesellschaft der Gesellschaft. Zweiter Teilband. Frankfurt/Main.
Luhmann, N. (2002): Das Erziehungssystem der Gesellschaft. Frankfurt/Main.
Meisel, K. (unter Mitarbeit von Küchler, F. v.) (1999): Dialogische Qualitätsentwicklung im Feld – Erfahrungen und Auswertungen eines bundesweiten Projektes in der öffentlichen Erwachsenenbildung. In: Küchler, F. v./Meisel, K.: Qualitätssicherung in der Weiterbildung II. Auf dem Weg zu besserer Praxis. Frankfurt, S. 234–254.
Meisel, K. (2000): Vorbemerkungen. In: Nittel, D. (Hrsg.): Von der Mission zur Profession? Stand und Perspektiven der Verberuflichung in der Erwachsenenbildung. Bielefeld, S. 7–9.
Meisel, K. (2001): Managementprobleme in öffentlichen Erwachsenenbildungseinrichtungen – Anforderungen an intermediäre Forschungs- und Entwicklungsaufgaben. Baltmannsweiler.
Meisel, K. (2002): Qualitätsentwicklung im Aufbruch. In: Heinold-Krug, E./Meisel, K. (Hrsg.) Qualität entwickeln – Weiterbildung gestalten. Handlungsfelder der Qualitätsentwicklung. Bielefeld, S. 9–19.

Nittel, D. (1997): Teilnehmerorientierung – Kundenorientierung – Desorientierung ...? Votum zugunsten eines „einheimischen" Begriffs. In: Arnold, R.: Qualitätssicherung in der Erwachsenenbildung. Opladen, S. 163–184.

Nittel, D. (1999): Von der „Teilnehmerorientierung" zur „Kundenorientierung" – Zur Bedeutung von systematischen Begriffen für pädagogische Fallanalysen. In: Arnold, R./Gieseke, W.: Grundlagen der Weiterbildungsgesellschaft Bd. 1, Bildungstheoretische Grundlagen und Analysen, Neuwied, S. 161–184.

Nittel, D. (2000): Von der Mission zur Profession? Stand und Perspektiven der Verberuflichung in der Erwachsenenbildung. Bielefeld.

Nuissl, E. (1993): „Qualität" – pädagogische Kategorie oder Etikett? In: Hessische Blätter für Volksbildung, 43, H (2), S. 103–108.

Oevermann, U. (1996): Theoretische Skizze einer revidierten Theorie professionalisierten Handelns. In: Combe, A./Helsper, W. (Hrsg.): Pädagogische Professionalität. Untersuchungen zum Typus pädagogischen Handelns. Frankfurt/Main, S. 70–182.

Rescheneder, K. (1996): Von ISO zu TQM. In: Qualität und Zuverlässigkeit, 41, 5, 512–516.

Schrader, J./Hartz, S. (2003): Professionalisierung – Erwachsenenbildung – Fallarbeit. In: Arnold, R./Schüßler, I. (Hrsg.): Ermöglichungsdidaktik. Baltmannsweiler, S. 142–155.

Seiverth, A. (1999): Produktive Skepsis und pragmatische Nutzung. In: Küchler, F. v./Meisel, K.: Qualitätssicherung in der Weiterbildung. Auf dem Weg zu Qualitätsmaßstäben. Frankfurt/Main, S. 183–192.

Simon, H. A. (1957): Models of Man. New York.

Stichweh, R. (1992): Professionalisierung, Ausdifferenzierung von Funktionssystemen, Inklusion. Betrachtungen aus systemtheoretischer Sicht. In: Dewe, B./Ferchhoff, W./Radtke, F.-R. (Hrsg.): Erziehen als Profession. Zur Logik professionellen Handelns in pädagogischen Feldern. Opladen, S. 36–48.

Stichweh, R. (1996): Professionen in einer funktional differenzierten Gesellschaft. In: Combe, A./Helsper, W. (Hrsg.): Pädagogische Professionalität. Untersuchungen zum Typus pädagogischen Handelns. Frankfurt/Main, S. 49–69.

Tietgens, H. (1988): Professionalität für die Erwachsenenbildung. In: Gieseke, W. u. a.: Professionalität und Professionalisierung. Bad Heilbrunn, S. 28–75.

Vogel, N. (1998): Einleitung. In: Vogel, N. (Hrsg.): Organisation und Entwicklung in der Weiterbildung. Bad Heilbrunn/Obb., S. 10–14.

Weber, M. (1964a): Wirtschaft und Gesellschaft. Grundriß der verstehenden Soziologie. Erster Halbband. Köln, Berlin.

Weber, M. (1964b): Wirtschaft und Gesellschaft. Grundriß der verstehenden Soziologie. Zweiter Halbband. Köln, Berlin.

Wuppertaler Kreis e. V./CERTQUA (2002): Qualitätsmanagement und Zertifizierung in der Weiterbildung nach dem internationalen Standard ISO 9000:2000. Luchterhand.

Zech, R. (2003): Lernerorientierte Qualitätstestierung in der Weiterbildung. LQW 2. Das Handbuch. Hannover.

Qualitätsmanagement in der wissenschaftlichen Weiterbildung

Konzept für ein Qualitätsmanagement der wissenschaftlichen Weiterbildung der Universität Bielefeld und des Zentrums für wissenschaftliche Weiterbildung an der Universität Bielefeld e.V.

Ursula Bade-Becker

1. Vorbemerkung

Die Universität Bielefeld und das Zentrum für wissenschaftliche Weiterbildung an der Universität Bielefeld e.V. entwickeln derzeit ein Qualitätsmanagementsystem für ihre Angebote der wissenschaftlichen Weiterbildung.

Qualitätsmanagement, seit kurzem wird auch der Begriff „Qualitätsentwicklung" gebraucht, wird hier verstanden als das abgestimmte Zusammenspiel aller qualitätsbezogenen Funktionen und Tätigkeiten bei der Realisierung der Aufgabe der wissenschaftlichen Weiterbildung an der Universität Bielefeld und dem ZWW. Dies umfasst alle Schritte: von der inhaltlichen Planung des Angebotes über die Organisation, die Auswahl und den Einsatz von Personal (insbes. Lehrkräfte), die Durchführung (inkl. Werbung, Internet-Präsentation etc.) bis hin zur Führung, Steuerung und Kontrolle des Ablaufprozesses.

Grundlegend ist dabei die Vorstellung, dass sich Qualität nicht nur auf das Produkt „Weiterbildungsveranstaltung" an sich bezieht, sondern auch auf alle Vorgänge und Faktoren um das „Produkt" herum, die im weiteren Einfluss darauf nehmen und somit qualitätsrelevant sind. Dazu gehören z.B. das Image der Universität/des ZWW, das Wissenschaftsprofil oder die Beratungsqualität. Qualitätsmanagementprozesse implizieren fortwährende Prozessoptimierungen, unterstützt durch Controlling und Reflexion.

Die nachfolgende Konzeption wurde auf der Basis der bestehenden Regelungen und Gesetze des Landes Nordrhein-Westfalen entwickelt.

2. Wissenschaftliche Weiterbildung an der Universität Bielefeld

Mit der Novellierung des Hochschulrahmengesetzes[1] im Jahr 1998 kam der wissenschaftlichen Weiterbildung eine Neubestimmung und wesentliche Aufwertung zu: Sollten die

---

[1] Hochschulrahmengesetz (HRG) vom 26. Januar 1976 (BGBl. I S. 185), in der Fassung der Bekanntmachung vom 9. April 1987 (BGBl. I S. 1170), zuletzt geändert durch Artikel 1 des Gesetzes vom 20. August 1998 (BGBl. I S. 2190). Quelle: http://www.bmbf.de/digipubl.htm 21.6.2001.

Hochschulen nach § 21 HRG alter Fassung lediglich Möglichkeiten der Weiterbildung entwickeln und anbieten, so wird die wissenschaftliche Weiterbildung nach der Novellierung in §2HRG(1) als Kernaufgabe der Hochschulen neben Forschung, Lehre und Studium bestimmt. Auf Landesebene wird diese Aufgabenstellung in §3(4)HG NRW vom 14. März 2000 übernommen. Die Erfüllung des Weiterbildungsauftrags gehört seitdem auch zu den Lehraufgaben von Professoren (§45(2)HG NRW) und Hochschuldozenten (§52(2)HG NRW), d.h. auch, dass die verfügbare Lehrkapazität nicht uneingeschränkt für die Erstausbildung vorzuhalten ist, „sondern in Abwägung der Belange der Studienbewerber und der Interessenten an wissenschaftlicher Weiterbildung auf die grundständige Lehre und die wissenschaftliche Weiterbildung unter Berücksichtigung wissenschaftspolitischer Ziele zu verteilen"[2][3] ist.

Die wissenschaftliche Weiterbildung wird als Kernaufgabe (gem. §2 HRG(1)) von der Universität Bielefeld im Wesentlichen durch die Fakultäten erfüllt. Zusätzlich bedient sich die Universität eines privatrechtlichen Vereins, des Zentrums für wissenschaftliche Weiterbildung an der Universität Bielefeld e.V. (ZWW). Als Clearingstelle steht weiterhin die Kontaktstelle wissenschaftliche Weiterbildung zur Verfügung, die neben der beratenden Funktion insbesondere die Aufgabe hat, Kommunikationsbeziehungen zu Kooperationspartnern (Wirtschaft, Kommunen, Verbände, Weiterbildungseinrichtungen) auf regionaler und überregionaler Ebene herzustellen.

3. Qualitätsmanagement in der Entwicklung: Struktur und Beispiele

Die Qualitätsdiskussion an Hochschulen, seit vielen Jahren geführt und in engem Zusammenhang mit Haushaltskürzungen, Studierendenüberlast sowie innovativen Strukturkonzepten, entfachte sich in den neunziger Jahren aufgrund des anwachsenden ökonomischen Drucks (Kosten/Konkurrenz) erneut. Vielfältige Qualitätssicherungskonzepte sind seitdem entwickelt und etabliert worden, doch ein allgemein verbindliches System des Qualitätsmanagements für die wissenschaftliche Weiterbildung – etwa durch die HRK – ist bisher nicht in Sicht.

Typische, bisher eingesetzte Instrumente im Bereich der wissenschaftlichen Weiterbildung sind v.a. Leistungskennzahlen, das Berichtswesen und Lehrveranstaltungs-Bewertungen.

Im Folgenden wird die Kontur eines spezifischen Konzepts für die wissenschaftliche Weiterbildung der Universität Bielefeld bzw. des ZWW vorgestellt.

---

[2] Hingewiesen wird auf den Beschluss des Niedersächsischen Oberverwaltungsgerichts vom 12.07.2000.
[3] Sekretariat der ständigen Konferenz der Kultusminister der Länder in der Bundesrepublik Deutschland 2002, 176.

3.1 Qualitätsfaktoren im Weiterbildungsprozess

Folgende Faktoren beeinflussen die Qualität der Weiterbildung im Besonderen:
- die Institution (Universität Bielefeld / ZWW),
- das Angebot,
- die Durchführung der Angebote,
- der Output sowie
- der Outcome.

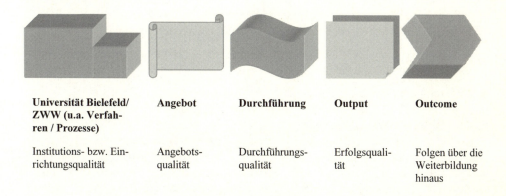

Universität Bielefeld/ ZWW (u.a. Verfahren / Prozesse)	Angebot	Durchführung	Output	Outcome
Institutions- bzw. Einrichtungsqualität	Angebotsqualität	Durchführungsqualität	Erfolgsqualität	Folgen über die Weiterbildung hinaus

Abbildung 1: Qualitätsfaktoren im Weiterbildungsprozess
(vgl. auch Timmermann/Windschild 1996, 89 sowie Knoll 2002, 1)

Die Faktoren sind graphisch aneinandergereiht, ein Bezug untereinander und die Operationalisierbarkeit sowie Messbarkeit abgeleiteter Qualitätskriterien wird angenommen. Die unterstellte Kausalbeziehung, dass die Qualität des Inputs (z.B. die Bedingungen auf Seiten des Veranstalters wie eigenes Selbstverständnis, Planungsverlauf und Konzeption der Veranstaltung, Qualifikation der Mitarbeiter, Zustand von Gebäuden, Räumen, Technik, sächliche Ausstattung; Bedingungen auf Seiten der Teilnehmenden wie Teilnehmerinteressen, Teilnehmerqualifikation und -engagement) und die Durchführungsqualität Auswirkungen auf Output und Outcome haben, eine konstruierte Beziehung ist, wird an dieser Stelle kritisch hingewiesen.

3.1.1 Institutions- bzw. Einrichtungsqualität

3.1.1.1 Weiterbildungsprofil

Von grundsätzlicher Bedeutung ist die Klärung und Vergewisserung des eigenen Weiterbildungsprofils. Was ist das Spezifische der Hochschulbeteiligung in der Weiterbildung? Wie unterscheidet sich die Hochschule von anderen Weiterbildungseinrichtungen? Mit der Beantwortung dieser Fragen werden infolge auch Art und Inhalt der Weiterbildungsangebote sowie der Kreis der Adressaten umrissen.

Ein wesentliches Kennzeichen grenzt die Hochschulen vom Profil anderer Anbieter ab: denn sie sind in der Lage, ihre Weiterbildungsangebote auf dem Standard der wissenschaftlichen Lehre zu organisieren (Graeßner 1994, 10). Der enge Bezug zur Forschung ermöglicht es, dass Verkürzungen und Verzerrungen beim Wissenstransfer vermieden werden können. Faulstich (1994, 13) nennt dies den „Kern", der die Weiterbildungsaktivitäten im Hochschulkontext auszeichnet.

Eine enge Verbindung zur Hochschule bleibt unabdingbar und sie wird auch für das ZWW über die Satzung des Vereins sowie durch den Kooperationsvertrag mit der Universität Bielefeld gewährleistet. Die unmittelbare Anbindung sowie die von der Hochschule getragene Verantwortung für die Lehre stellen entscheidende Qualitätsmerkmale und Elemente der Qualitätssicherung wissenschaftlicher Weiterbildung dar.

In der *Praxis* gelten weiterhin allgemeine interne und externe Rahmenbedingungen: interne Verfahrensregeln sowie gesetzliche Regelungen und Verordnungen von außen:

Das Rektorat der Universität Bielefeld bestimmt die allgemeinen Richtlinien der Weiterbildungsentwicklungsplanung und „beschließt verfahrenspraktische Regelungen für die Einführung neuer Weiterbildungsangebote, die Festsetzung von Teilnehmergebühren / Entgelten und die Verwendung der Einnahmen. Es trifft generelle Regelungen über die Bescheinigung und Zertifizierung von Weiterbildungsleistungen an der Universität Bielefeld. Das Rektorat bestellt den Beauftragten für wissenschaftliche Weiterbildung. Es berät über die Einrichtung des Weiterbildenden Studiums. Der Senat beschließt auf Empfehlung der Kommission für Lehre, Studienangelegenheiten und Weiterbildung und auf Antrag der federführenden Fakultät über die Einrichtung des Weiterbildenden Studiums sowie über die dem Studium zugrundeliegenden Ordnungen."[4] Mit dem In-Kraft-Treten des neuen Hochschulgesetzes in Nordrhein-Westfalen am 01. April 2000 veränderten sich die Aufgaben des Senats grundlegend. War bis dahin die „Beschlussfassung über Satzungen und Ordnungen der Hochschule" nach § 21 Abs. 1, Nr. 7 eine Aufgabe des Senats[5], so verbleiben hierzu nach dem neuen HG NRW (§22 Abs.1) lediglich Rahmen- und Empfehlungskompetenzen.[6]

Träger der wissenschaftlichen Weiterbildungsangebote sind in der Regel die Fakultäten und zentralen wissenschaftlichen Einrichtungen, bei interdisziplinären Angeboten im Ausnahmefall auch mehrere Fakultäten / Einrichtungen gemeinsam[7]. Die rechtliche Basis dafür bieten insbesondere die Hochschulgesetze Nordrhein-Westfalens in ihren jeweils gültigen Fassungen sowie das Hochschulgebührengesetz[8]. Im Grundsatz gilt in Nord-

---

[4] Quelle: Beschluss des Rektorats vom 10.09.1992: Grundsätze zur Wissenschaftlichen Weiterbildung an der Universität Bielefeld

[5] Vgl. auch Grundordnung der Universität Bielefeld vom 17. März 1989, § 24 (1). Quelle: http://www.uni-bielefeld.de:8081/rektor/grundord.html (01.05.2001)

[6] Vgl. Entwurf der neuen Grundordnung der Universität Bielefeld als Vorlage für den erweiterten Senat, beschlossen von der Grundordnungskommission am 27.08.01 (Stand: 6.9.01), S. 17

[7] Quelle: Beschluss des Rektorats vom 10.09.1992: Grundsätze zur Wissenschaftlichen Weiterbildung an der Universität Bielefeld

[8] Das Hochschulgebührengesetz wird ggf. alsbald durch das „Gesetz zur Aufhebung des Hochschulgebührengesetzes, zur Einführung von Studienkonten und zur Erhebung von Hochschulgebühren (Studienkonten- und -finanzierungsgesetz – StKFG) und zur Änderung des Hoch-

rhein-Westfalen, dass Weiterbildungsangebote ihre Kosten zu decken haben[9] und dass Weiterbildung sowohl in öffentlich-rechtlicher Form durch die Universität als auch in privatrechtlicher Form (hier: durch das ZWW) angeboten werden kann.

Mit der Gründung des ZWW als Verein verband sich die Vorstellung, dort Angebote zu realisieren, die dem institutionellen Profil der Universität Bielefeld entsprechen. Damit sollte die Möglichkeit gegeben werden, Weiterbildungsprogramme zu fördern, die z.B. aus kapazitativen Gründen nicht innerhalb der Universität zu realisieren waren.[10]

Die somit intendierte enge Verzahnung des ZWW mit der Universität Bielefeld kommt bereits in der Satzung des Vereins zum Ausdruck: Kraft Amtes übernimmt der Prorektor für Lehre, Studienangelegenheiten und Weiterbildung die Funktion des stellvertretenden Vereinsvorsitzenden.

Als Aufgaben des Vereins wurden in §2(1) der Satzung bestimmt:

„1. die Förderung der wissenschaftlichen Weiterbildung an der Universität Bielefeld durch

- die Gewährung finanzieller Unterstützung für Vorhaben der Universität Bielefeld nach § 3 (3) des UG des Landes Nordrhein-Westfalen,
- die modellhafte Entwicklung sowie die Durchführung und Auswertung von weiterbildenden Veranstaltungen und Programmen,
- die Erprobung anderer geeigneter Formen des Austausches zwischen Wissenschaft und Praxis;

2. die Förderung der Berufschancen von arbeitssuchenden Hochschulabsolventen durch die Entwicklung, Durchführung und Auswertung von Veranstaltungen der beruflichen Weiterbildung für den entsprechenden Personenkreis;

3. die Förderung, Entwicklung, Durchführung und Auswertung von Veranstaltungen und Programmen zur Stärkung von Studierfähigkeit für einen hieran interessierten Personenkreis."

---

schulgesetzes", derzeit in Vorbereitung, abgelöst. (Stand: 25. September 2002; Quelle: http://www.bildungsportal.nrw.de/BP/Wissenschaft/Politik/Studienkonten/GesetzentwurfStK FG.pdf)

[9] Das Rechtsgutachten von Mestmäcker/Veelken (1990, 16) kommt zu dem Entschluss, dass Hochschulen ihre Weiterbildungsangebote grundsätzlich nicht unentgeltlich anbieten dürfen und dass sie gegenüber anderen Trägern der Weiterbildung den Regeln des Wettbewerbs unterworfen sind. Sofern es sich bei den Angeboten um ein marktfähiges Gut handelt, „nehmen die Hochschulen mit dem Angebot wissenschaftlicher Weiterbildung mithin am allgemeinen Wirtschaftsverkehr teil" (ebd., 51).

Die Rechts- und Verwaltungsvorschriften über Gebühren und Entgelte für Weiterbildungsangebote der Hochschulen sind in der Bundesrepublik Deutschland nicht einheitlich, wobei sich allerdings eine gemeinsame Tendenz zu kostendeckenden Gebührenregelungen zeigt (Bartz 1991, 2; Kazemzadeh 1990, 109).

[10] Nicht hingegen wurde das ohnehin [in Nebentätigkeit] funktionierende Engagement von Hochschulangehörigen in der Trägerschaft der Wirtschaft oder der Erwachsenen- und Weiterbildung berührt.

Eine weitere Verzahnung von Verein und Universität wird in § 15 der Satzung fixiert. Demnach können die Satzung sowie spätere Satzungsänderungen erst mit Zustimmung des Rektorats der Universität Bielefeld wirksam werden.

3.1.1.2. Weitere Faktoren der Einrichtungsqualität

Folgende weitere Faktoren, die an dieser Stelle nicht detailliert ausgeführt werden, bestimmen die Einrichtungsqualität mit:
- personeller Art: v.a. Qualifikation des Lehrpersonals sowie des verwaltenden, technischen und organisierenden Personals; ein den Aufgaben entsprechender Personalbestand; Weiterbildung des eingesetzten Personals; Arbeitszufriedenheit / Betriebsklima;
- räumlicher und sächlicher Art: insbesondere Ausstattung, Zustand und Angemessenheit von Arbeits- und Unterrichtsräumen;
- organisatorischer Art: v.a. dokumentierte Organisationsstrukturen (Transparenz der Entscheidungswege und Entscheidungsbefugnisse); Arbeitsplatzbeschreibungen; Arbeitsanweisungen; systematisches Ablage- und Ordnungssystem; systematische Dokumentations- und Rückkopplungsprozesse;
- Geschäftsverkehr: Standardisierung von Verträgen (mit Autoren, Dozenten, Teilnehmenden); Klarheit der Angebotsbeschreibung; eindeutige Formulierung der Anforderungen an die Adressaten/Teilnehmer; Verfahren bei Beschwerden; Beratung von Studieninteressenten.

Insgesamt gilt für die Einrichtungsqualität:
Die Universitätsleitung steckt den Rahmen der Weiterbildungsaktivitäten ab und legt Zuständigkeiten fest. Sie gewährleistet die kontinuierliche Realisierung der Aktivitäten und sorgt für entsprechende organisatorische, rechtliche, finanzielle und personelle Bedingungen.

Die Universitätsleitung formuliert ihre Qualitätspolitik sowie qualitätspolitischen Ziele hinsichtlich ihrer Aktivitäten im Bereich wissenschaftlicher Weiterbildung.

3.1.2 Angebotsqualität

Die Entwicklung der Weiterbildungsangebote soll auf der Grundlage der allgemeinen Richtlinien der Weiterbildungsentwicklungsplanung des Rektorats erfolgen. Zur Unterstützung dieses Prozesses sind standardisierte Instrumente und Verfahren eingeführt worden. Im Vorfeld wird entlang des Katalogs „Gesichtspunkte/Kriterien bei der Diskussion von Anträgen auf Einrichtung von Weiterbildungsstudien" insbesondere die Notwendigkeit der Einführung bzw. der Bedarf des Angebots abgeprüft, personelle Ressourcen und Verantwortlichkeiten abgeklärt, inhaltliche, organisatorische und rechtliche Fragen behandelt sowie Fragen zur Qualitätskontrolle.

Die Übersicht „Grundlagen wissenschaftlicher Weiterbildung an der Universität Bielefeld, Organisation und Verfahren" ermöglicht es, die Varianten der Regelungen im Vergleich auf einen Blick zu erfassen. Es geht dabei um die Möglichkeiten der

- rechtlichen Trägerschaft,
- Gebühren / Entgelte,
- die Art der Durchführung,
- die inhaltliche Verantwortung,
- die Gewährleistung der Dignität,
- die Verfahren,
- die Abnahme von Prüfungen,
- die Ausstellung von Zertifikaten sowie um
- den Ertrag für die Universität (Overheadpauschale/Zuwendungspauschale).

Praxisbeispiel:
Bei *Einrichtung von Weiterbildungsangeboten innerhalb der Universität Bielefeld* gilt gemäß Beschluss des Rektorats folgendes Verfahren:
- Veranstalter der Weiterbildungsangebote sind die für die Planung und Durchführung verantwortlichen Wissenschaftler.
- „Die Planung und Einrichtung einer Weiterbildungsmaßnahme ist vom Veranstalter dem Dekan der federführenden Fakultät bzw. dem Leiter der zuständigen Einrichtung einerseits und dem Rektoratsbeauftragten für wissenschaftliche Weiterbildung andererseits anzuzeigen".[11] Bei der Planung sind die „Gesichtspunkte/Kriterien bei der Diskussion von Anträgen auf Einrichtung von Weiterbildungsstudien" zu beachten.
- Die Fakultätskonferenz der betreffenden Fakultät fasst einen Grundsatzbeschluss über dessen Einrichtung und beschließt die zugrundeliegenden Ordnungen für das Studium und die Feststellung des Erfolgs der Teilnahme" (ebd.).
- Entsprechende Beschlüsse
  - des Rektorats,
  - der Kommission für Lehre, Studienangelegenheiten und Weiterbildung,
  - und ggf. des Senats (Regelung zutreffend bis 31.03.2000)

  sind einzuholen.

Es gelten weiterhin folgende Verfahrensregelungen bei der Einrichtung von Weiterbildungsangeboten:

1. Aufstellung einer Modellrechnung zur Ermittlung der Teilnehmergebühren bzw. Entgelte durch den Veranstalter des Weiterbildungsangebots. Die Modellrechnung wird über den Dekan der Fakultät bzw. den Leiter der Einrichtung der Zentralen Verwaltung (Dezernat II) vorgelegt. Sie hat Angaben zu enthalten zu
   - Dauer und Umfang der Maßnahme,
   - Höhe und Art der voraussichtlichen Sachausgaben,
   - voraussichtlicher Teilnehmerzahl pro Semester.
2. Festsetzung der Teilnehmergebühren/Entgelte durch den Kanzler der Universität.

---

[11] Quelle: Beschluss des Rektorats vom 10.09.1992: Grundsätze zur Wissenschaftlichen Weiterbildung an der Universität Bielefeld

3. Bewirtschaftung der Einnahmen: Die Einnahmen aus Weiterbildung werden der entsprechenden Fakultät/Einrichtung zugewiesen.

4. Overhead-Pauschale: „Zur Deckung der Infrastrukturkosten und zur Förderung der wissenschaftlichen Weiterbildung an der Universität wird eine Overhead-Pauschale in Höhe von –10% der Bruttoeinnahmen einbehalten. In besonders begründeten Ausnahmefällen kann die Overhead-Pauschale befristet und durch Beschluss des Rektorates bis auf 5% der Bruttoeinnahmen reduziert werden. Über die Verwendung der als Overhead-Pauschale einbehaltenen Mittel entscheidet der Kanzler im Einvernehmen mit dem Prorektor für Lehre, Studienangelegenheiten und Weiterbildung" (ebd.).

Im ZWW werden Angebote in alleiniger Trägerschaft sowie solche in gemeinsamer Trägerschaft mit der Universität Bielefeld vorgehalten. In der zwischen Universität und ZWW geschlossenen Kooperationsvereinbarung werden Qualitätskriterien hinsichtlich des Angebots genannt. Demnach müssen gemeinsame Weiterbildungsveranstaltungen gem. § 4 Abs. 4a in Art und Umfang geeignet erscheinen, „Kenntnisse und Methoden zu vermitteln, die Befähigung zu wissenschaftlicher Arbeit im Hinblick auf berufliche oder gesellschaftliche Verwendungssituationen schaffen, ergänzen, erweitern oder erhalten ...".

Veranstaltungen in alleiniger Trägerschaft des ZWW haben ebenfalls den zuvor genannten Qualitätskriterien zu genügen; für die Durchführung dieser Angebote bedarf das ZWW der zustimmenden Kenntnisnahme der Universität (§ 6).

Für die Einführung von Programmen im ZWW gilt im Einvernehmen mit dem Rektorat der Universität Bielefeld folgendes Verfahren:

Erster Schritt: Diskussion der Anträge im Vorfeld

Bei der Planung neuer Weiterbildungsangebote werden die entsprechenden Anträge im Vorfeld unter Berücksichtigung eines Kriterienkataloges mit dem Rektoratsbeauftragten für Weiterbildung der Universität Bielefeld diskutiert. Der Katalog fordert zu folgenden Überlegungen auf, nämlich
- grundsätzlicher Art (z.B. Begründung der Notwendigkeit der Einführung des weiterbildenden Studiums; Bedarf),
- konzeptioneller Art (z.B. Stellung des geplanten Angebots zu den grundständigen Studien; personelle Ressourcen; Art der Qualitätskontrolle) sowie
- organisatorischer Art (z.B. Verantwortlichkeiten, Träger; Feststellungs- bzw. Studienordnungen).

Zweiter Schritt

Bei alleinigen Veranstaltungen des ZWW:
1. Vorstandsbeschluss im ZWW
   (dazu sind erforderlich:

- Konzeption und detaillierter Finanzierungsplan,
- inhaltliche Begründung: Passt das Angebot in das hauseigene Wissenschaftsprofil?
- personelle Begründung: Stehen Hochschullehrer hinter dem Angebot?)

2. Abstimmung zwischen Prorektor für Lehre, Studienangelegenheiten und Weiterbildung, Dezernat II (hier: Allgemeine Hochschul- und studentische Angelegenheiten) und dem Rektoratsbeauftragten für Weiterbildung
3. Zustimmende Kenntnisnahme des Rektorats
4. Ausarbeitung der nach der Kooperationsvereinbarung zwischen Universität und ZWW ggf. erforderlichen Verträge (hier: Durchführungsvereinbarung).

Bei gemeinsamen Veranstaltungen von Verein und Universität kommen innerhalb der Universität folgende Beschlussfassungen hinzu:

Beschlüsse
1. des Rektorats
   (dazu sind erforderlich:
   - Konzeption,
   - Finanzierung,
   - Projektleitung.
2. der Fakultät(-skonferenz)
3. der Kommission für Lehre, Studienangelegenheiten und Weiterbildung
4. ggf. des Senats (Regelung zutreffend bis 31.03.2000)

Angebotsprofil des ZWW

Im ZWW werden sowohl Angebote in alleiniger Trägerschaft des ZWW als auch in gemeinsamer Trägerschaft mit der Universität offeriert. Derzeit (Stand: September 2002) werden vier Angebote in gemeinsamer Trägerschaft[12] vorgehalten. Es handelt sich dabei gänzlich um Angebote beruflicher wissenschaftlicher Weiterbildung mit einer Dauer von zwei bis vier Semestern.

Für eine Titelvergabe, die bei gemeinsamen Angeboten von Verein und Universität möglich ist, sind nachstehende Beschlüsse notwendig:

1. Beschluss des ZWW-Vorstands,
2. Beschlüsse durch
   a) Fakultätskonferenz,
   b) Rektorat,
   c) Universitätskommission für Lehre, Studienangelegenheiten und Weiterbildung,
   d) Senat (Regelung zutreffend bis 31.03.2000).

---

[12] Weiterbildendes Studium Personalentwicklung und Betriebliche Bildung; Weiterbildendes Studium Leitung und Führungskompetenzen in der sozialen Arbeit; Internationale Sommerkurse Deutsch für Ausländer; Weiterbildendes Fernstudium Congress- und Tagungsmanagement

Haupt- und Nebentätigkeitsregelungen

Mitglieder der Universität Bielefeld, die an Weiterbildungsveranstaltungen des ZWW in Nebentätigkeit mitwirken, haben die einschlägigen Nebentätigkeitsvorschriften[13] zu beachten und ggf. einen Antrag auf Nebentätigkeit beim Rektorat zu stellen.

Was die Frage der Haupt- und Nebentätigkeit betrifft, so gelten in Abstimmung mit dem Rektorat folgende Regelungen:
- Bei alleinigen Veranstaltungen des ZWW erfolgt die Mitwirkung an den Weiterbildungsveranstaltungen einschließlich der Abnahme von Prüfungen gänzlich im Nebenamt.
- Bei gemeinsamen Veranstaltungen von ZWW und Universität erfolgt die konzeptionelle Vorbereitung der Weiterbildungsangebote, einschließlich Bedarfserhebungen, im Hauptamt. Für diese hauptamtlichen Tätigkeiten können Ressourcen der Universität wie z.B. Einrichtung, Personal, Material genutzt werden. Ab Marktreife der Angebote, d.h. bspw. ab Beginn von PR-Maßnahmen, gilt die Mitwirkung des Hochschulangehörigen als Nebentätigkeit. Lehrveranstaltungen werden demnach im Nebenamt erbracht. Für Prüfungen bei gemeinsamen Veranstaltungen, für die ein Zertifikat von Universität und Verein vergeben wird, gilt, dass die Prüfungsabnahme von den Hochschulangehörigen im Hauptamt geleistet wird.

Teilnahmeentgelte / Zuwendungspauschale

Teilnahmeentgelte sind projektabhängig und werden ausschließlich marktorientiert sowie betriebswirtschaftlich kalkuliert. Der Status der Teilnehmenden wird über Teilnahmeverträge geregelt. Teilnehmende der ZWW-Angebote haben keinen Status innerhalb der Universität. Über die Kooperations- und die Durchführungsvereinbarungen erhalten sie jedoch Bescheinigungen und Zertifikate, durch die die Beteiligung der Universität zum Ausdruck gebracht wird.

Gemäß § 3 der Kooperationsvereinbarung sowie projektbezogen näher in der Durchführungsvereinbarung bestimmt, ist vom Verein an die Universität eine Zuwendungspauschale abzuführen. Diese dient zur Deckung der Infrastrukturkosten und zur Förderung der wissenschaftlichen Weiterbildung an der Universität Bielefeld. Bei neuen Programmen ist i.d.R. im ersten Jahr der Programmdurchführung eine 5%ige Zuwendungspauschale (orientiert an den Bruttoeinnahmen) an die Universität zu entrichten. In den Folgejahren sind jeweils 5% an die Universität und 5% an das ZWW zu zahlen.

---

[13] Durch den Beschluss der Kultusministerkonferenz der Länder in der Bundesrepublik (KMK) vom 21.09.2001 sind nicht nur hinsichtlich der Nebentätigkeitsregelungen Veränderungen zu erwarten. Der Sachstands- und Problembericht zur „Wahrnehmung wissenschaftlicher Weiterbildung an den Hochschulen" der Kultusministerkonferenz vom 21.09.2001 stellt unter rechtlichen Aspekten einen „Meilenstein für die Verankerung wissenschaftlicher Weiterbildung dar, da er die zentralen Probleme und Desiderate, wie sie in der Vergangenheit immer wieder benannt wurden, nicht nur anspricht, sondern Ländern und Hochschulen neue rechtliche und verfahrensmäßige Lösungen offeriert" (Graeßner 2002).

Als eine Art Startkapital kann für bestimmte Zwecke aus der Gesamtheit der Zuwendungspauschalen, die an die Universität abgeführt worden sind, ein rückzahlbarer Innovationszuschuss beantragt und gewährt werden: Dieses ist für Arbeiten der Konzeption und PR neuer Weiterbildungsangebote sowie für die Überarbeitung vorhandener Angebote möglich. Die Rückzahlung des Innovationszuschusses wird in der jeweiligen Durchführungsvereinbarung geregelt. Grundsätzlich gilt jedoch, dass zum Zeitpunkt der Marktreife bzw. der Durchführung des neuen bzw. modifizierten Angebots mit der Rückzahlung begonnen werden muss.

3.1.3 Durchführungsqualität

Die Durchführung des Weiterbildungsangebots umfasst neben der eigentlichen Programmdurchführung auch Maßnahmen und Tätigkeiten im Vorfeld wie z.B. Marketingaktionen zur Bewerbung des Angebots und die Selbstdarstellung der Einrichtung/Institution oder die individuelle Studienberatung. Die letztgenannten Maßnahmen/Tätigkeiten könnten selbstverständlich ebenso dem Faktor Einrichtung/Institution zugeordnet werden; da jedoch die Weiterbildung der Universität Bielefeld dezentral organisiert ist und diese Tätigkeiten/Maßnahmen z.Z. in jeweiliger Eigenregie der Veranstalter erfolgen, wurde diese Zuordnung hier favorisiert. Es ist jedoch denkbar, dass im Rahmen der Neustrukturierung und -organisation der universitären Weiterbildung zentrale Lösungen diesbezüglich gefunden werden können.

3.1.3.1 Marketing

Wissenschaftliche Weiterbildung bedarf des Marketings, denn sie ist zunehmend abhängig von der Akzeptanz und der Nachfrage am Markt.

Marketing umfasst zwei wesentliche Aspekte:
- zum einen den *formalen* Aspekt („Marketing als Maxime"), der die Grundeinstellung der Bildungseinrichtung bezeichnet. In dieser Grundeinstellung steht der Weiterbildungsteilnehmer im Mittelpunkt der Überlegungen;
- zum anderen den *operationalen* Aspekt („Marketing als Mittel und Methode"), der den planvollen (und damit auch zielgerichteten) und systematischen Einsatz von marktpolitischen Instrumenten und Methoden beinhaltet.

In der Praxis der Erwachsenenbildung kommen vier Marketinginstrumente einrichtungs- und situationsspezifisch in einem Marketingkonzept zum Einsatz:
1. die Angebotspolitik,
2. die Entgeltpolitik,
3. die Distributionspolitik,
4. die Kommunikationspolitik.

Im Folgenden wird näher auf Instrument 4 eingegangen; die Instrumente 1 und 3 wurden bereits im Rahmen von Abschnitt 3.1.2 mit behandelt.

Kommunikationspolitik
Die Kommunikationspolitik umfasst die Bereiche Werbung, Verkaufsförderung und Öffentlichkeitsarbeit (Bodenmiller 1995, 11). Die genannten Bereiche überschneiden sich inhalt-

lich und sind daher nicht trennscharf zu fassen. Ziel der Kommunikationspolitik ist die planmäßige Beeinflussung von Einstellungen und Verhaltensweisen bestimmter Zielgruppen außerhalb und innerhalb der Weiterbildungseinrichtung (DUZ-AUE 1994/1995, Kap. 2-08, S. 1).

Werbung
Absicht der Werbung ist es, die Aufmerksamkeit potentieller Nachfrager auf das zu vermarktende Weiterbildungsangebot zu lenken, um Interesse und Bedürfnisse zu wecken und letztlich zum Kauf, d.h. zur Teilnahme, zu bewegen. Eingesetzte Werbemittel, die der Zielgruppe entsprechend angemessen gestaltet sein müssen, können bspw. sein: Anzeigen, Plakate, Handzettel, Broschüren oder auch persönliche Anschreiben und gezielte, direkte Ansprachen. Unverzichtbare Werbekommunikatoren sind die Teilnehmerinnen und Teilnehmer letztlich selbst.

Verkaufsförderung (Sales Promotion)
Für die wissenschaftliche Weiterbildung können „Schnupperangebote" als verkaufsförderndes Instrument eingesetzt werden, einerseits um die Hemmschwelle bei der Entscheidung für eine reguläre Teilnahme zu senken, andererseits um dadurch im Vorfeld detaillierter gegenseitige Erwartungen zu klären.

Öffentlichkeitsarbeit (Public Relations)
Öffentlichkeitsarbeit zielt mittels langfristiger Information und Kommunikation auf die Veränderung von Einstellungen bzw. Vorstellungen der Öffentlichkeit und ausgewählter Zielgruppen (z.B. Hochschulangehörige, Bildungspolitiker, Multiplikatoren, Medien) hinsichtlich der wissenschaftlichen Weiterbildung und ihren Veranstaltern.

Äußere PR im Bereich wissenschaftlicher Weiterbildung bezeichnet alle Maßnahmen, die sich an die außerinstitutionelle Öffentlichkeit richten, um auf sich und das Weiterbildungsangebot aufmerksam zu machen (Beispiele: Berichterstattung in regionalen und überregionalen Presseorganen, Kommunikation über Fernsehen und Rundfunk, Tage der offenen Tür). Die Entwicklung eines speziellen Einrichtungslogos lässt die Einrichtung nach außen hin identifizierbar werden.

Innere PR kennzeichnet die alle Aktivitäten nach innen zur Anpassung von Haltung und Maßnahmen des eigenen Hauses (Imagebildung; Herausbildung einer Corporate Identity[14]).

---

[14] Corporate Identity ist ein ganzheitliches Konzept zur Herausbildung einer Unternehmenskultur, das an der Unternehmensphilosophie (Institutionsphilosophie) orientiert ist und das durch Maßnahmen wie ein unverwechselbares Design (Markenzeichen, Logos), ganzheitliche Kommunikationsarbeit, Führungsstil etc. gezielt entwickelt werden kann. Corporate Identity-Maßnahmen sind jedoch kein Selbstzweck, sondern verfolgen wirtschaftliche Konsequenzen. Eine positive Unternehmenskultur intendiert die Stützung des Selbstbewusstseins und der Berufsrollenidentifikation der Mitarbeiter, die Übermittlung der Kompetenz der Einrichtung nach außen, effizienteres Arbeiten, offene Kommunikation als Grundvoraussetzung für neue Ideen, Kreativität und Innovationsfähigkeit und damit für Wettbewerbsfähigkeit (Merk 1992, S. 204 ff.).

Praxisbeispiel:
Für das ZWW und die Kontaktstelle wissenschaftliche Weiterbildung (KWW) wurde ein neues Internet-Design mit erweiterten Funktionen erstellt[15], Standards für die Präsenz im Internet (inkl. Pflege / Aktualisierung / Weiterentwicklung der Internetseiten) entwickelt. Das ZWW erhielt zudem ein neu gestaltetes Einrichtungslogo, das zukünftig einheitlich für alle Programme, die im ZWW durchgeführt werden, verwendet werden soll (im Internet, auf Plakaten, Broschüren, Flyern, Schriftwechsel, auf Zertifikaten, Namensschildern etc.).

Die benutzerfreundliche Internet-Plattform des ZWW informiert u.a. über Details der einzelnen Weiterbildungsprogramme in strukturierter Form, aber auch über das Zentrum selbst, über Tagungen, Kongresse und Messen im Umfeld von ZWW und Universität. Informationsunterlagen können z.T. heruntergeladen werden. Die Teilnehmenden und die Absolventen der ZWW-Programme erhalten über die Plattform die Möglichkeit, sich über Chats und Foren themenspezifisch auszutauschen und so neue Lernformen für sich zu erproben.

Ab Januar 2003 sind alle Unterlagen des Weiterbildenden Fernstudiums Congress- und Tagungsmanagement (CTM), die bisher auf herkömmlichem (Post-)Weg expediert wurden, sowie weitergehende Informationen über das Internet abzurufen.

ZWW und CTM haben sich in den unterschiedlichsten Weiterbildungs-Suchmaschinen eintragen lassen. Ein Großteil der Anfragen von Interessenten bspw. von CTM erfolgen über E-Mail. Die Anfragen werden so weit wie möglich standardisiert beantwortet, Informationsmaterial versendet. Eine umgehende Bearbeitung der E-Mails ist selbstverständlich. Ebenfalls über E-Mail erfolgt derzeit ein großer Teil der CTM-Studienberatung.

Die Studienmaterialien von CTM entsprechen ebenso wie die Informationsmaterialien einheitlichen Gestaltungskriterien, sind also eindeutig wieder erkennbar.

Das ZWW bzw. CTM präsentiert sich regelmäßig auf (Weiter-)Bildungsmessen. Sofern sich die Möglichkeit ergibt, wird ein messebegleitender themenorientierter Workshop durch die Projektleitung angeboten.

Die Bewerbung des Fernstudiums mit Zeitungsinseraten und Pressemitteilungen erfolgt in Medien (Fachzeitschriften, überregionale Zeitschriften), die die angestrebte Zielgruppe des Studiums nutzt sowie auch über die Kooperationspartner.

In der Pilotphase von CTM wurden zahlreiche Kooperationsbeziehungen aufgebaut, die der Verankerung des Fernstudiums im professionellen Feld dienen. Von besonderer Bedeutung sind die bereits durch entsprechende Vereinbarungen formalisierten Kooperationsbeziehungen mit der Deutschen Gesellschaft zur Förderung und Entwicklung des Seminar- und Tagungswesens e.V. (DeGefest), Berlin. Dieser ist ein wesentlicher Fachverband der Tagungs- und Weiterbildungsbranche. Eine enge Kooperation besteht gleichfalls zum Deutschen Seminar für Tourismus Berlin (DSFT) [früher: Deutsches Seminar

---

[15] http://www.zww.uni-bielefeld.de

für Fremdenverkehr, Berlin], welches für Weiterbildungsangebote für die gesamte Tourismusbranche zuständig ist.

Eine Kooperationsvereinbarung des ZWW mit der Industrie- und Handelskammer Potsdam ermöglicht es den Absolventinnen und Absolventen von CTM, zusätzlich den staatlich anerkannten Abschluss eines „Fachwirtes der Messe-, Tagungs- und Kongresswirtschaft" vor der IHK Potsdam abzulegen.

Das ZWW kooperiert mit der Fachhochschule des Mittelstandes Bielefeld (FHM) gGmbH bei der Konzeption und Durchführung des weiterbildenden Studiums „Führungskraft der Tourismus- und Tagungs-Wirtschaft (TTW)". Eine entsprechende Kooperationsvereinbarung ist geschlossen worden. Ziel des weiterbildenden Studiums TTW ist es, Fach- und Führungskräften der Tourismus- und Tagungswirtschaft Qualifikationen zu vermitteln, um dem erhöhten Bedarf und den gestiegenen Anforderungen dieses Bereiches professionell zu begegnen.

3.1.3.2 Programmdurchführung

Die Programmdurchführung bildet den Kern der Weiterbildungsmaßnahme. Qualitätsrelevant sind hier insbesondere:
- die Auswahl und Qualifikation des Lehrpersonals[16],
- die didaktische Aufbereitung der Lehrinhalte,
- die eingesetzten Lehr- und Lernformen,
- die räumliche Ausstattung,
- das räumliche und technische Equipment,
- der Einsatz von Medien,
- das Lernmaterial,
- die Orientierung auf den Lernenden,
- die Größe der Lerngruppe,
- Evaluationen und Feedbacks,
- die Ansprechbarkeit der Lehrenden (z.B. über Sprechstunden),
- die zuverlässige Erfüllung der organisatorischen Aufgaben.

Praxisbeispiel: Weiterbildendes Fernstudium Congress- und Tagungsmanagement
Congress- und Tagungsmanagement ist ein berufsbegleitendes Fernstudium. Diese Form ermöglicht die Weiterbildung bei weitgehend zeitlicher und räumlicher Unabhängigkeit.

CTM wendet sich an Personen, die mit Aufgaben des Congress- und Tagungsmanagements befasst und daran interessiert sind, ihr berufliches Profil zu schärfen sowie ihre Qualifikationen zu erweitern bzw. zu vertiefen. Es richtet sich in gleicher Weise an solche Personen, die sich in das Congress- und Tagungsmanagement einarbeiten wollen, um

---

[16] Bei der Durchführung der Weiterbildungsangebote kommen neben Lehrenden der Universität Bielefeld zum Teil auch Lehrende anderer Universitäten und Hochschulen sowie Lehrbeauftragte der Praxis zum Einsatz.

grundlegende Kenntnisse und Fähigkeiten für ein neues Feld professioneller Tätigkeit zu erwerben.

Zur Studiendauer und zum Studienverlauf werden den Teilnehmenden folgende Informationen gegeben:

„Die Studienzeit beträgt einschließlich der Abschlussarbeit zehn Monate. Zwei Informations- und Orientierungstage pro Halbjahr ermöglichen das Kennenlernen und den Austausch unter den Studierenden und dem CTM-Team."

Der zeitliche Aufwand beträgt durchschnittlich 200 Stunden. Er setzt sich zusammen aus ca. 50 Stunden für die Bearbeitung der Studienmaterialien, etwa 50 Stunden für die Lösung der Fremdkontrollaufgaben, 80 Stunden für die Erstellung der abschließenden Projektarbeit und 20 Stunden für die Teilnahme am Abschlussworkshop. Diese Zahlen haben sich durch die Praxis weitgehend bestätigt.

Über das reine Fernstudium hinaus wurde fakultativ eine Präsenzphase im Wochenblock angeboten, die ca. 80 Unterrichtsstunden umfasste und in Kooperation mit der Deutschen Gesellschaft zur Förderung und Entwicklung des Seminar- und Tagungswesens (DeGefest) und dem Deutschen Seminar für Fremdenverkehr (DSF), beide Berlin, im PALATIN Kongresszentrum in Wiesloch durchgeführt wurde. Hier bestand die Möglichkeit, gemeinsam das Gelernte nicht nur zu trainieren, sondern auch zu erleben: in Exkursionen, z. B. zum CCM Mannheim, oder in Diskussionen mit hervorragenden Praktikern der Tagungs- und Congress-Szene.

Das Studium endet mit dem Abschlussworkshop, auf dem die Studierenden die von ihnen erstellten Projektarbeiten präsentieren und diskutieren. Die Abschlussworkshops werden ihrerseits als Tagung organisiert. Sie stehen allen Teilnehmenden und Absolventen des Studiums offen. Die Möglichkeit der Teilnahme an den Abschlussworkshops wird als eine gute Möglichkeit genutzt, professionelle Kontakte zu schließen.

Das Fernlehrmaterial ist entsprechend der Konzeption umfassend modularisiert. In einem studienbegleitenden Projekt konzeptionieren die Studierenden in Einzel- oder Gruppenarbeit ziel- und teilnehmerorientiert eine Veranstaltung bzw. Veranstaltungssequenz aus dem Congress- und Tagungsbereich. Dieses Projekt wird in der Abschlussarbeit mit wissenschaftlichen Methoden dargelegt. Die Ergebnisse der Projekte werden auf dem Abschlussworkshop präsentiert.

Die bislang vorgelegten und erfolgreich begutachteten Abschlussarbeiten zeigen, dass die Verfasser – jeweils von Problemen der Praxis ausgehend – die im Fernstudium erworbenen Kenntnisse anwenden und wissenschaftlich reflektieren können. Die Abschlussarbeit hat für den Standard des Weiterbildungsangebotes eine konstituierende Funktion. Sie dient dazu, die im Fernstudium erworbenen Detailkenntnisse zu synthetisieren und zugleich unter professionellen Gesichtspunkten im Kolloquium zu präsentieren. Einzelne Rückmeldungen zeigen, dass die Bearbeitungszeit angemessen ist, dass aber die Themenfindung teilweise schwierig ist. Dies hängt damit zusammen, dass ein von der Sache her interessantes und ergiebiges Thema zu kombinieren ist mit möglichst aktuellen beruflichen Anlässen und teilweise noch darüber hinausreichenden Interessen der Teilnehmenden.

CTM-Abschlussarbeiten: Die Teilnehmenden haben in der Regel keinen unmittelbaren Kontakt zum Wissenschaftsbetrieb, so dass durchgängig eine gewisse Unsicherheit hinsichtlich des Standards der wissenschaftlichen Qualität und des erwarteten Umfanges einer Arbeit besteht. Auch zeigen sich, sofern Studienerfahrungen vorhandenen sind, durchaus die unterschiedlichen „Kulturen" von Fachbereichen bei den Erwartungen an eine wissenschaftliche Abschlussarbeit.

Aus diesem Grunde wurden „Kurzhinweise" zur Abfassung von Abschlussarbeiten entwickelt, die der Orientierung der Studierenden in Form, Methodik und Sache dienlich sind. Die Hinweise sind als Anregungen für die Gestaltung der Arbeit und die Organisation des Arbeitsprozesse gedacht, zugleich bieten sie den Gutachtenden durch die Auflistung formaler und inhaltlicher Aspekte Kriterien für ihre Beurteilung. Arbeiten und Gutachten werden dadurch nicht standardisiert, sondern sie bieten den Rahmen für eine sachangemessene Gestaltung der Arbeiten sowie für die Abfassung von Gutachten, die den individuellen Zielen und den weit auseinanderliegenden Thematiken der Arbeiten angemessen Rechnung tragen.

3.1.4 Erfolgsqualität

Universitäre berufliche Weiterbildung soll und will den Erwartungen der Teilnehmenden inhaltlich und methodisch-didaktisch entsprechen. Das erreichte Qualifikationsziel wird in einer Teilnehmerbescheinigung, in einem Zertifikat oder der Verleihung eines universitären Grades[17] bekundet. Die Vergabe von Hochschulgraden ist gesetzlich geregelt; die Kriterien für eine Vergabe von Teilnahmebescheinigungen und Zertifikaten ist zwar innerhalb der Universität/des ZWW geregelt, doch die Entwicklung eines überinstitutionellen Zertifikatsystems (verbunden mit der entsprechenden Anerkennung von außen) steht noch aus.

Als Faktoren der Erfolgsqualität können herangezogen werden:
- die Anzahl der Studienteilnehmenden bzw. die Entwicklung der Programmteilnehmer über einen Zeitraum,
- die Abschlussquote,
- der Einsatz von Evaluationsinstrumenten,
- die Dokumentation und die Folgen von Evaluationen,
- die Entwicklungsperspektiven des weiterbildenden Programms.

---

[17] Für die Teilnahme an Veranstaltungen der wissenschaftlichen Weiterbildung werden i.d.R. Zertifikate oder Teilnahmebescheinigungen vergeben, förmliche Abschlüsse werden nur in besonderen Ausnahmefällen erteilt und sollen auf weiterbildende Studien*gänge* beschränkt werden. (Hochschulrektorenkonferenz 1993, 10. Diese Ansicht teilte die Kultusministerkonferenz auch mit ihrem Beschluss vom 01.02.2001 zur Verleihung von Graden in postgradualen Studiengängen. 2001, 1–4.)
An der Universität Bielefeld werden Bescheinigungen, Zertifikate und Titelvergabe bei Programmen wissenschaftlicher Weiterbildung entsprechend des Beschlusses des Senats der Universität Bielefeld vom 16.12.1998 vergeben. Eine Übersicht über Veranstaltungstypen, Veranstaltungsgrundlagen und geforderte Leistungen zeigt die Möglichkeit von Art und Umfang des zu vergebenden Abschlusses (Teilnahme-Bescheinigung, Zertifikat) auf.

Praxisbeispiel:
Bewertung des CTM-Studienmaterials
Für die Pilotphase (01.12.1998 bis 10.11.2001) war die Bewertung durch die Absolventen und Absolventinnen von besonderem Interesse. In einem Bewertungsbogen wurden die Teilnehmenden der Pilotphase hinsichtlich jeder Lerneinheit um ihr Feedback gebeten. Die Bewertung erfolgte durch einen Fragebogen, in dem u.a. erhoben wurde, ob aus der Sicht der Teilnehmenden
- die Ziele deutlich formuliert waren,
- die Einleitung in das Thema angemessen einführte,
- die Wissenslandkarte verständlich war und
- wie die Verständlichkeit bewertet wurde,
- wie die Praxisrelevanz beurteilt wurde und
- wie, falls vorhanden, die Anlagen der Lerneinheit bewertet wurden.

Das Gesamtergebnis fällt äußerst positiv aus. Insgesamt wurden von 24 Items die jeweiligen Mittelwerte errechnet. Davon entfielen 6% auf den Bereich „sehr gut", 78% auf den Bereich „gut". Auf den Bereich „unentschieden" entfielen 14%. 2% wurde „negativ", 0% „sehr negativ" angegeben.

Service-Qualität von CTM
Von besonderer Wichtigkeit ist die Service-Qualität im Bild der Teilnehmenden. Zur Beurteilung dieser Qualität wurden in einem standardisierten Fragebogen Impulse
- zum formalen Ablauf des Studiums,
- zur Kommunikation zwischen Teilnehmenden und CTM-Team,
- zum allgemeinen Service sowie
- zu den Abschlussarbeiten

gegeben. Neben den standardisierten Fragen bestand die Möglichkeit zu weiteren Kommentaren.

Die Befragung wurde unter dem gleichen Personenkreis durchgeführt und auch beantwortet wie die Evaluation der Lerneinheiten. Das Gesamtergebnis ist wiederum positiv und bestätigt die eingeführten Service-Verfahren: 23% auf den Bereich „sehr gut", 64% auf den Bereich „gut". Auf den Bereich „unentschieden" entfielen 14%. Die Service-Leistungen wurden von niemandem mit negativ bzw. sehr negativ bewertet.

CTM-Abschlussquote
In der Pilotphase haben 22 Personen das Studium abgeschlossen. Berücksichtigt man die Anmeldetermine, wäre es theoretisch 72 Personen möglich gewesen, den Abschluss zu erreichen. Die Abschlussquote liegt damit für den Berichtsraum bei fast 31%, die das Fernstudium innerhalb der offerierten 10 Monate abgeschlossen haben. Diese Quote ist zufriedenstellend, wenn berücksichtigt wird, dass die Teilnehmenden von vornherein wissen, dass sie den Abschlusszeitpunkt selbst steuern. Dies drückt sich auch darin aus, dass der Beitrag für das Fernstudium gesondert gezahlt wird und der Beitrag für das Abschlusskolloquium erst bei Anmeldung dazu entsteht. Es ist den Teilnehmenden klar,

dass sich Prüfungsmöglichkeiten in einem Halbjahresrhythmus ergeben. Die Gründe dafür, warum sich Teilnehmende bisher nicht zum Abschluss gemeldet haben, wurden noch nicht im Detail erhoben. Durch einzelne Rückmeldungen ist jedoch deutlich, dass dies nichts mit dem Material selbst zu tun hat, sondern mit den persönlichen und privaten Umständen, die bei den Teilnehmenden selbst liegen.

3.1.5 Folgen über die Weiterbildung hinaus (Outcome)

Die Teilnehmerinnen und Teilnehmer universitärer Weiterbildung transportieren v.a. drei Dinge nach außen: ihren eigenen Erfolg, ihr subjektives Qualitätsempfinden, was die Durchführung der Weiterbildung angeht, und die Verwendbarkeit des Gelernten in der Praxis sowie begleitende Eindrücke aus „der Universität" im allgemeinen.

Ein positives Image der Universität und ihrer Weiterbildungsangebote lassen sich außerhalb der Durchführung der Weiterbildung insbesondere durch eine systematische Absolventenbetreuung erreichen. Die Betreuung erfolgt mit dem Ziel, die Ehemaligen zum gegenseitigen Gewinn an die Universität/das ZWW zu binden und einen kontinuierlichen Informations- und Kommunikationsaustausch herzustellen. (vgl. Oswald 2002, Ewers 2001)

Erwarteter Nutzen für die Universität:
- Erhöhung der Attraktivität der Universität (Imagepflege),
- Rückkopplungseffekte für Forschung, Lehre und Weiterbildung aus der Praxis der Alumni,
- Lobbying bei Entscheidungsträgern im Bereich von Wirtschaft und Politik,
- Förderung von Studierenden durch Jobvermittlung etc.,
- Unterstützung in der Rekrutierung neuer Studierender,
- Fundraising.

Erwarteter Nutzen für die Ehemaligen:
- Teilnahme an Weiterbildungsangeboten (ggf. zu vergünstigten Preisen),
  - Erhalt eines speziellen Informationsdienstes,
  - Teilnahmemöglichkeit an spezifischen „Sommerakademien",
- Teilnahme an jährlichen Festveranstaltungen (mit einem wissenschaftlichen und einem gesellschaftlichen Teil), an dem die Mitglieder der Alumni mit Wissenschaftlern/Wissenschaftlerinnen der Universität und Studierenden im Abschluss-Semester zusammentreffen),
- Inanspruchnahme eines Literatur- und Forschungsdienstes sowie
- Einrichtung einer Praktikanten/Praktikantinnen-, Qualifikations- und Stellenbörse.

Praxisbeispiel:
Das *Weiterbildende Fernstudium Congress- und Tagungsmangement* gründete im Jahr 2000 einen Absolventenclub und lädt seine Ehemaligen regelmäßig ein, als Gast bei CTM-Abschlussworkshops dabei zu sein. Der Zugang zu speziellen Kommunikationsmöglichkeiten über die neue ZWW-Interentplattform steht kurz bevor.

Der *Zusatzstudiengang Gesundheitswissenschaften / Master of Public Health* pflegt den Kontakt zu seinen Ehemaligen über das Absolventennetzwerk, Absolventen-Newsletter und Alumni-Tage (einmal pro Jahr).

Das *Weiterbildende Studium Leitung und Führungskompetenzen in der Sozialen Arbeit* hält den Kontakt zu seinen Absolventen u.a. über Rundbriefe, Einladungen zu Studienfahrten und Veranstaltungen (insbesondere Tagungen der Arbeitsgruppe Sozialarbeit/Sozialpädagogik der Fakultät für Pädagogik) aufrecht.

4. Weiterbildungsbericht

Als erster Schritt auf dem Weg zu einem Qualitäsmanagementkonzept für die wissenschaftliche Weiterbildung von Universität Bielefeld und ZWW wurde als Form der Bestandsaufnahme ein Weiterbildungsbericht für die Jahre 1999 bis 2001 erstellt. Grundlage der Bestandsaufnahme bildete eine Erhebung. Das Erhebungsinstrument wurde unter Berücksichtigung bzw. Anregung von Publikationen, die Qualitätsmanagement in unterschiedlichen Bereichen der Weiterbildung behandeln[18], entwickelt. Es folgte nachstehender Struktur:
- Angaben zum Veranstalter
- Angaben zum Programm
- Angaben zur Durchführung
- Angaben zum Erfolg
- Was ich mir für die wissenschaftliche Weiterbildung an der Universität wünsche ...
- Anlagen (z.B. Studien- und Prüfungsordnungen, statistische Materialien, Informationsmaterial zum Studium)

Somit war die Erhebung angelegt zur Erfassung von Aspekten der
- Qualität des Veranstalters,
- der Programmqualität,
- der Durchführungsqualität,
- der Erfolgsqualität inkl. Folgen über die Weiterbildung hinaus.

Der Bericht befasst sich mit den Weiterbildungsaktivitäten der Fakultäten und Einrichtungen, mit dem gesetzlichen Weiterbildungsauftrag sowie den organisatorischen Rahmenbedingungen und Verfahren in der Universität Bielefeld/im ZWW. Er endet mit der Benennung von Desideraten und zeigt Entwicklungsmöglichkeiten und Perspektiven der Optimierung der Prozesse der wissenschaftlichen Weiterbildung auf.

Die Konsequenzen aus dem Bericht und das weitere Vorgehen wird bestimmt sein von einer Diskussion in den Gremien mit dem Ziel, einen weiteren Konsens inhaltlicher Art über die künftige Entwicklung des Qualitätsmanagements herzustellen.

---

[18] Hochschul-Informations-System (1998); Akkreditierungsrat (2000); Landesverband der Volkshochschulen Niedersachsens e.V. (1996); Faulstich (1998) Kap. 12

5. Zusammenfassende Darstellung

Die Qualitätssicherungsdiskussion im Bildungsbereich der vergangenen Jahre hat zu der Entwicklung und der Etablierung unterschiedlichster Qualitätsmanagementkonzepte geführt. Für den Bereich der universitären wissenschaftlichen Weiterbildung sind die Universitäten weitgehend auf sich allein gestellt, denn ein allgemein verbindliches System des Qualitätsmanagements für die wissenschaftliche Weiterbildung – etwa durch die HRK – ist bisher nicht in Sicht.

Qualitätsmangement – es werden auch die Begriffe Qualitätssicherung und Qualitätsentwicklung in diesem Zusammenhang gebraucht – wird hier verstanden als das abgestimmte Zusammenspiel aller qualitätsbezogenen Funktionen und Tätigkeiten bei der Realisierung der Aufgabe der wissenschaftlichen Weiterbildung an der Universität Bielefeld und am ZWW. Qualitätsmanagementprozesse implizieren fortwährende Prozessoptimierungen, unterstützt durch Controlling und Reflexion.

Folgende Faktoren beeinflussen die Qualität der wissenschaftlichen Weiterbildung im Besonderen:
- die Institution/Einrichtung (Universität Bielefeld / ZWW),
- das Angebot,
- die Durchführung der Angebote,
- der Output sowie
- der Outcome.

Für jeden Faktor lassen sich qualitätsrelevante Elemente und Kriterien bestimmen, Mindestanforderungen formulieren.

Die Einrichtungsqualität wird maßgeblich von der Universitätsleitung bestimmt, die den Rahmen der Weiterbildungsaktivitäten absteckt und Zuständigkeiten festlegt. Sie gewährleistet die kontinuierliche Realisierung der Aktivitäten und sorgt für entsprechende organisatorische, rechtliche, finanzielle und personelle Bedingungen. Die Universitätsleitung formuliert ihre Qualitätspolitik sowie qualitätspolitischen Ziele hinsichtlich ihrer Aktivitäten im Bereich wissenschaftlicher Weiterbildung.

Die Entwicklung von Weiterbildungsangeboten und ihre Einrichtung wird in der Universität Bielefeld/im ZWW unterstützt durch standardisierte Verfahren, die ihrerseits wiederum Qualitätsanforderungen an das Angebot darstellen.

Zur Durchführung des Weiterbildungsangebots gehört nicht nur die Programmdurchführung an sich, sondern bspw. auch entsprechende Marketingaufgaben im Vorfeld sowie die individuelle Studienberatung.

Dem Faktor Erfolg werden folgende qualitätsrelevante Elemente zugerechnet:
- die Anzahl der Studienteilnehmenden bzw. die Entwicklung der Programmteilnehmer über einen Zeitraum,
- die Abschlussquote,
- der Einsatz von Evaluationsinstrumenten,
- die Dokumentation und die Folgen von Evaluationen,
- die Entwicklungsperspektiven des weiterbildenden Programms.

Dass eine Weiterbildungsmaßnahme auch darüber hinaus Folgen hat, d.h. dass mit der Weiterbildung auch eine Imagebildung der Universität und ein Imagetransport verbunden ist, soll mit Outcome beschrieben werden. Hier greift im Nachhinein v.a. eine systematische Absolventenbetreuung.

Die Weiterentwicklung und Konkretisierung des vorliegenden Konzepts sowie das weitere Vorgehen bei dessen Implementierung wird maßgeblich von einem herzustellenden Konsens zwischen allen Beteiligten abhängen.

Literatur

Akkreditierungsrat (2000): Akkreditierung von Akkreditierungsagenturen und Akkreditierung von Studiengängen mit den Abschlüssen Bachelor/Bakkalaureus und Master/Magister. Mindeststandards und Kriterien. Bonn. Quelle: www.akkreditierungsrat.de/kriterien.htm (25.10.2000)

Bartz, R. (1991): Weiterbildung an den Hochschulen. In: Grundlagen der Weiterbildung e.V. (Hrsg.): GdW Praxishilfen, Loseblattwerk, Neuwied, Kriftel, Berlin, 2.60, GdW-Ph 7 Oktober 1991, 2.60.

Bodenmiller, A. (1995): Marketing – Werbung – Öffentlichkeitsarbeit in der Erwachsenenbildung. In: Katholische Bundesarbeitsgemeinschaft für Erwachsenenbildung (KBE): Erwachsenenbildung (EB), 41. Jg., Heft 1, S. 9–13.

DUZ-AUE (1994/1995): Dokumentation der DUZ-AUE-Workshop-Reihe: Hochschule im Blickpunkt. Redaktion Rolf Gerhard. Bielefeld.

Ewers, H.-J. (2001): Kooperation und Konkurrenz – zentrale versus dezentrale Alumni-Arbeit. Vortrag auf dem Symposium „Die Entdeckung der Alumni: Strategien der Absolventenarbeit an Hochschulen" des CHE Centrum für Hochschulentwicklung und des Stifterverbandes für die Deutsche Wissenschaft am 6./7. Dezember 2000, Wissenschaftszentrum Bonn. Download: http://www.che.de (28.05.2001)

Faulstich, P. (1994): Wissenschaftliche Weiterbildung. Überlegungen zu Aufgaben, Möglichkeiten und Perspektiven von Weiterbildungsaktivitäten an Hochschulen. In: Handbuch Hochschullehre: Informationen und Handreichungen aus der Praxis für die Hochschullehre. Loseblatt-Ausgabe, Grundwerk. Bonn.

Faulstich, P. (1998): Strategien der betrieblichen Weiterbildung: Kompetenz und Organisation. München.

Fünftes Gesetz zur Änderung des Hochschulrahmengesetzes und anderer Vorschriften (5. HRGÄndG) vom 16. Februar 2002. In: Bundesgesetzblatt 2002 Teil I Nr. 11, ausgegeben zu Bonn am 22. Februar 2002, S. 693–702

Gesetz über die Hochschulen des Landes Nordrhein-Westfalen (Hochschulgesetz – HG) vom 14. März 2000 (GV. NRW S. 190). Quelle: http://www.mswf.nrw.de (29.04.2002)

Graeßner, G. (1994): Bestandsaufnahme Weiterbildung für Weiterbildner/-innen: Angebote der Hochschulen. In: AUE-Informationsdienst Hochschule und Weiterbildung, Bielefeld, Nr. 2, S. 6–7.

Graeßner, G. (1996): Konzeption einer Genossenschaft „Alumni" (Arbeitstitel), Bielefeld.

Graeßner, G.: Wissenschaftliche Weiterbildung, Beitrag zum Rechtshandbuch Weiterbildung. Manuskript; Stand: 16.10.2002

Hochschulgebührengesetz in der Fassung der Bekanntmachung vom 26. Januar 1982 (GV.NW. S. 70), geändert durch Gesetz vom 20. Oktober 1987 (GV.NW. S. 366), zuletzt geändert durch Verordnung vom 25. Januar 1994 (GV.NW. S. 76). Quelle: www.mswf.nrw.de/ gesetze/hbgg.rtf (29.04.2002)

Hochschul-Informations-System (Hrsg.) (1998): Praxis der internen und externen Evaluation. Handbuch zum Verfahren. Hannover.

Hochschulrahmengesetz (HRG) vom 26. Januar 1976 (BGBl. I S. 185), in der Fassung der Bekanntmachung vom 9. April 1987 (BGBl. I S. 1170), zuletzt geändert durch Artikel 1 des Gesetzes vom 20. August 1998 (BGBl. I S. 2190). Quelle: http://www.bmbf.de/digipubl.htm 21.6.2001

Hochschulrektorenkonferenz (Hrsg.) (1993): Die wissenschaftliche Weiterbildung an den Hochschulen. Entschließung des 170. Plenums der Hochschulrektorenkonferenz. Dokumente zur Hochschulreform 84/1993. Bonn.

Kazemzadeh, F. (1990): Themenbereich Finanzierung/Kosten der wissenschaftlichen Weiterbildung an Hochschulen. In: AUE e.V. (Hrsg.): Hemmnisse und Desiderate bei der Realisierung wissenschaftlicher Weiterbildung durch die Hochschulen. AUE – Beiträge No. 26, Hannover, S. 108–114.

Knoll, J. (2000): Präzision und Offenheit. Qualitätsmanagement in Hochschule und Erwachsenenbildung als Gestaltungshilfe und Lernfeld. Beitrag zum Forum 1 „Qualitätsmanagement in Hochschulen und der postgradualen Weiterbildung" bei der Konferenz „Internationale Qualitätsbenchmarks in der postgradualen Weiterbildung" Handout.

Konferenz der Kultusminister der Länder in der Bundesrepublik (KMK) (2001): Verleihung von Graden in postgradualen Studiengängen. Beschluss vom 01.02.2001. Quelle: http://www. kultusministerkonferenz.de/doc/beschl/verleihgrad.pdf (01.11.2001)

Landesverband der Volkshochschulen Niedersachsens E.V. (Hrsg.) (1996): Qualitätssicherung in der Volkshochschule. Hannover.

Merk, R. (1992): Weiterbildungsmanagement. Bildung erfolgreich und innovativ managen. Neuwied, Kriftel, Berlin.

Mestmäcker, E.-J./Veelken, W. (1990): Wettbewerb in der Weiterbildung an Hochschulen. Die Anwendung des Wettbewerbsrechts auf das Angebot wissenschaftlicher Weiterbildung durch die staatlichen Hochschulen. – Rechtsgutachten – In: Bundesminister für Bildung und Wissenschaft (BMBW): Reihe Bildung - Wissenschaft - Aktuell 2/90, Bonn.

Ministerium für Schule und Weiterbildung, Wissenschaft und Forschung des Landes Nordrhein-Westfalen (Hg.) (2000): Gesetz über die Hochschulen des Landes Nordrhein-Westfalen (Hochschulgesetz – HG) mit Begründungen. Düsseldorf.

Oswald, A. (2002): Die Freunde-Sammler. Immer mehr Alumni-Vereine machen sich das Kapital von Exstudenten zu Nutze. In: Frankfurter Rundschau, 28./29, Nr. 74, S. 6.

Sekretariat der Ständigen Konferenz der Kultusminister der Länder in der Bundesrepublik Deutschland (2002): Sachstands- und Problembericht zur „Wahrnehmung wissenschaftlicher Weiterbildung an den Hochschulen", Beschluss der Kultusministerkonferenz vom 21.09.2001. In: Strate, U./Sosna, M. (Hrsg.): Lernen ein Leben lang – Beiträge der wissenschaftlichen Weiterbildung. Hochschulpolitik – Strukturentwicklung – Qualitätssicherung – Praxisbeispiele. Regensburg, S. 172–181.

Timmermann, D./Windschild, T. (1996): Implementierung von Qualitätsgrundsätzen und -maßstäben in der betrieblichen Bildung. In: Timmermann, D./Witthaus, U./Wittwer, W./Zimmermann, D.A. (Hrsg.): Qualitätsmanagement in der betrieblichen Bildung. Bielefeld, S. 79–90.

Universität Bielefeld: Beschluss des Rektorats vom 10.09.1992: Grundsätze zur Wissenschaftlichen Weiterbildung an der Universität Bielefeld.

Universität Bielefeld: Entwurf der neuen Grundordnung der Universität Bielefeld als Vorlage für den erweiterten Senat beschlossen von der Grundordnungskommission am 27.08.01 (6.9.01)

Universität Bielefeld: Grundordnung der Universität Bielefeld vom 17. März 1989. Quelle: http://www.uni-bielefeld.de:8081/rektor/grundord.html (01.05.2001)

In Search of Excellence: Wissenstransfer, Strategie und Organisation in der universitären Weiterbildung

Hans-Rudolf Frey

1. Einleitung

Der Beitrag gibt einen Überblick über die Weiterbildungs- und Qualitätsdiskussion an den Schweizer Universitäten und zeigt am Beispiel der Eidgenössischen Technischen Hochschule Zürich (ETH)[1], wie Qualitätssicherung in der Weiterbildung konkret umgesetzt werden kann. Die ETH eignet sich als Fallstudie, weil sie in der Evaluation der Lehre langjährige Erfahrungen besitzt und weil sie als technisch-naturwissenschaftlich fokussierte Bundeshochschule in der Hochschullandschaft eine interessante Sonderstellung einnimmt.

Das Vorhaben führt uns zu einigen grundsätzlichen Überlegungen. Erstens wird der Begriff lebenslanges Lernen aus der Perspektive der Forschungsuniversität hinterfragt und dem Begriff Wissenstransfer gegenübergesellt. Zweitens wird argumentiert, dass die Qualität von Wissenstransfer nur strategieabhängig definiert werden kann, wenn die Zukunft der Hochschulen Profilierung heißen soll. Drittens erfordert der zunehmende Kontroll-, Kosten- und Profilierungsdruck eine Ausweitung des Qualitätsbegriffs auf die Ermöglicher von Qualität, insbesondere auf Strategie, Organisation und Effizienz. Diese Kategorien können viertens nicht an einzelnen Studiengängen gemessen werden, sondern erfordern eine Ausdehnung der Evaluationstätigkeit auf die Programm- und Institutionsebene.[2] Fünftens ergibt sich daraus ein Dilemma für die Akkreditierungsdiskussion: Soll Akkreditierung zwischen verschiedenen Stufen von Qualität differenzieren oder sich auf Minimalstandards beschränken und auf die Messung von Exzellenz verzichten?

2. Die Weiterbildung in der schweizerischen Hochschullandschaft

Die schweizerische Hochschullandschaft zeichnet sich durch eine duale Struktur mit zwölf Universitäten und sieben regionalen Fachhochschulen aus. Die beiden Eidgenössischen Technischen Hochschulen und die Bereiche Wirtschaft, Technik und Gestaltung der Fachhochschulen sind heute in der Kompetenz des Bundes. Die anderen zehn Uni-

---

[1] http://www.ethz.ch/
[2] Einzelne Studiengänge werden hier als Projekte betrachtet. Der Begriff Programm bezieht sich auf eine Gruppe von verwandten oder zusammengehörigen Angeboten.

versitäten, die pädagogischen Hochschulen und die Bereiche Gesundheit, Soziales und Kunst der Fachhochschulen sind kantonal organisiert.

Die heterogene Struktur wirkt sich auf die Weiterbildung aus. Die Zulassungsbedingungen, die Abschlüsse und die Länge der Studiengänge sind nur im Fachhochschulbereich und bei den Eidgenössischen Technischen Hochschulen auf Bundesebene geregelt. Die kantonalen Universitäten kennen zum Teil stark abweichende Bedingungen, Abschlüsse und Titel, die noch von den Besonderheiten der Sprachregionen überlagert werden.

Im Rahmen der Bologna-Reform werden die Weiterbildungstitel homogenisiert. Die universitären Hochschulen diskutieren ein vierstufiges Modell mit einem Weiterbildungsmaster[3], einem Weiterbildungsdiplom, einem Weiterbildungszertifikat und kurzen Fortbildungskursen. Der Weiterbildungsmaster muss mindestens 60 ECTS-Punkte umfassen, in der Regel als Vertiefung, Spezialisierung oder interdisziplinäre Ergänzung auf einem grundständigen Master aufsetzen und sich klar davon unterscheiden. Ein ähnliches System, aber mit weniger restriktiven Zulassungsbedingungen, wird sich vermutlich auch bei den Fachhochschulen durchsetzen.

Die Homogenisierung ist aus Gründen der Transparenz, der Qualität und der internationalen Konkurrenz sehr zu begrüßen. Dies gilt besonders für die Weiterbildungsmaster, wo einzelne Hochschulen bereits vorgeprellt sind. Sie haben ihre eigenen Titel eingeführt, oder, wo dies aus rechtlichen Gründen verwehrt war, Kooperationen mit ausländischen Hochschulen aufgebaut, um deren Mastertitel vergeben zu können.

3. Lebenslanges Lernen, Wissensmanagement und Wissenstransfer

Der Begriff lebenslanges Lernen rückt die Perspektive der Lernenden und damit Fragen der Lernbiografie, der Kompetenzniveaus und der Anerkennung von Vorkenntnissen ins Zentrum des Interesses. Inhaltlich ist der Begriff wenig klar. Er umfasst so unterschiedliche Bereiche wie karriereorientierte Weiterbildung, arbeitsbezogenes Training, soziale Integration, Persönlichkeitsentwicklung und gesellschaftliche Emanzipation. Schuetze unterscheidet auf der Hochschulebene zwischen einem emanzipatorischen, einem postmodernen und einem Humankapital-Modell.[4]

Neben der Perspektive der Lernenden dürfen die Perspektiven des Arbeitsplatzes und der Bildungsträger nicht vergessen werden. Für den Arbeitgeber ist das Individuum zwar ein Wissensträger, die zentrale Aufgabe ist aber das Wissensmanagement: die Schaffung, Strukturierung und Anwendung von kollektivem, institutionellem Wissen zum Zweck der Problemlösung. Die Arbeitswelt erwartet von den Hochschulen also weit mehr als Weiterbildung. Gefragt sind maßgeschneiderte Dienstleistungspakete, also Kombinationen von Wissenserschließung und Beratung.

---

[3] Über die Titel besteht bisher (Juni 2003) keine Einigkeit. Im Gespräch sind Master of Advanced Studies, Master of Professional Studies und Executive Master.
[4] Siehe den Artikel von Schuetze in diesem Band.

Die Perspektive des Bildungsträgers ist das Angebot des Wissenstransfers. Welche Bereiche des lebenslangen Lernens eine Hochschule unterstützt, und wie weit sie das Angebot überhaupt auf die Interessen von einzelnen Wissensträgern ausrichten will, ist letztlich eine Frage ihres strategischen Profils. Denn Wissenstransfer reicht, wie oben schon gezeigt wurde, weit über die individuellen Lern- und Qualifikationsbedürfnisse der Lernenden hinaus. Gerade beim innovativen, wenig strukturierten Wissen – den Kernkompetenzen der Forschungsuniversität – findet Wissenstransfer vornehmlich in punktuellen Einzelveranstaltungen statt oder fließt in der Form von Forschungspartnerschaften, Expertisen oder Beratungen direkt in die Unternehmen.

Die Schweizer Hochschulen setzen bei den Nachdiplomstudien meistens auf Qualifizierung auf einem hohen akademischen Niveau. Forschungsuniversitäten haben nur dort komparative Vorteile. Für breitenwirksame Angebote bestehen spezielle Gefäße, wie Seniorenuniversitäten und Volkshochschulen, oder sie werden anderen Anbietern überlassen. Die Zulassungsbedingungen zu den Nachdiplomstudien sind entsprechend restriktiv. Berufserfahrung kann zwar eine Aufnahmebedingung sein, Vorwissen wird aber selten angerechnet, wenn es nicht in einer vergleichbaren Institution erworben wurde.

Besonders in den Universitäten der deutschen Schweiz finden informell erworbene Kenntnisse bisher wenig Beachtung. Man befürchtet Niveauverluste und bezweifelt den Mehrwert, den kostenintensive Äquivalenzabklärungen für die Lernenden schaffen sollten. Die Anerkennung der Berufserfahrung und des informellen Wissens wird als Aufgabe der Arbeitswelt betrachtet.

4. Die Weiterbildungsstrategie der ETH Zürich

Die ETH versteht sich als eine führende technisch und naturwissenschaftlich fokussierte Universität. Sie zählt 12.000 Studierende, 330 Professoren und 8000 Angestellte. Gegenwärtig besuchen 22 Prozent der Studierenden ein Doktorats- oder Nachdiplomstudium. Der Ausländeranteil beträgt 49 Prozent gegenüber 19 Prozent auf der Diplomstufe. Die Graduiertenstufe wird massiv ausgebaut.

Das Weiterbildungskonzept orientiert sich explizit am Wissenstransfer: *„Die ETH Zürich trägt der Tatsache Rechnung, dass Lernen immer mehr zu einem lebenslangen Prozess wird. Entsprechend hält sie die Erstausbildung weiterhin kurz und ergänzt sie durch ein berufsbegleitendes Weiterbildungsangebot. Damit trägt sie zu einem raschen Wissens- und Technologietransfer zwischen Hochschule und Praxis bei."*[5]

Konkret bietet die ETH 13 Nachdiplomstudien, 8 Nachdiplomkurse und 150 Fortbildungskurse an. Rund 6000 Teilnehmer absolvieren 40.000 Weiterbildungstage pro Jahr.[6] Neunzig Prozent der Teilnehmer und die Hälfte der Weiterbildungstage entfallen auf ein- bis mehrtägige Veranstaltungen. Dies dokumentiert das Gewicht des unmittelbaren, nicht-qualifizierenden Wissenstransfers.

---

[5] Schulleitung der ETH Zürich. 1996. Leitbild, http://www.ethz.ch/overview/profile_de.asp
[6] http://www.zfw.ethz.ch/

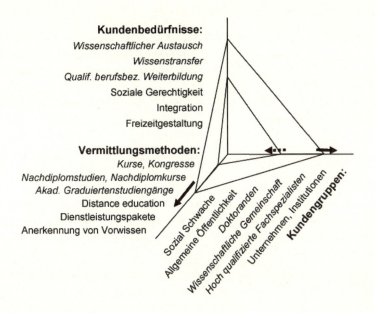

Abbildung 1: Strategische Position der ETH in der Lehre

Die Abbildung untersucht die strategische Position der ETH in der Lehre jenseits der Diplomausbildung. Sie erlaubt, Unterschiede, Gemeinsamkeiten und unausgeschöpfte Potenziale herauszuarbeiten.

Die Strategie konzentriert sich auf den wissenschaftlichen Austausch, den Wissenstransfer und die qualifizierende berufsbezogene Weiterbildung. Sie richtet sich an Doktoranden, an qualifizierte Fachspezialisten und an die wissenschaftliche Gemeinschaft. Die Vermittlung erfolgt in akademischen Graduiertenstudiengängen, Nachdiplomstudien und in Fortbildungskursen.

Das Diagramm zeigt, dass die Grenzen zwischen der höheren akademischen und der praxisbezogenen Weiterbildung trotz formalen Unterschieden (Zulassung, Abschluss) fließend sind. Dies gilt besonders für die kürzeren Angebote, kann aber auch bei Nachdiplomstudien beobachtet werden. Oft werden diese von Doktoranden besucht, oder Lehrveranstaltungen finden gemeinsam statt. Mit der Umsetzung der Bologna-Reform werden sich die Grenzen weiter verwischen, falls die Hochschulen ihre Graduiertenprogramme auch für Fachleute aus der Praxis mit entsprechender Vorbildung öffnen.

Unausgeschöpfte Entwicklungs- und Synergiepotenziale bestehen auch bei den Kundengruppen und bei den Vermittlungsmethoden. Als technisch-naturwissenschaftliche Hochschule hat die ETH die Möglichkeit, im Rahmen ihrer Internationalisierungsstrategie den Bereich Distance Education auszubauen oder mit maßgeschneiderten Dienstleistungspaketen vermehrt Unternehmen und firmeneigene Universitäten anzusprechen.

5. Qualität, Strategie und Organisation

In der Schweiz war die Qualitätssicherung bisher eine Aufgabe der Universitäten. Auf der Basis von internationalen Erkenntnissen entwickelte jede Hochschule ihr eigenes Verfahren. In der Weiterbildung bestehen seit 1996 gemeinsame Qualitätsprinzipien.[7] Ihre Grundaussagen lauten:

- Die Teilnehmenden, ihre Bedürfnisse und ihr Nutzen stehen im Zentrum (Ergebnis- und Impaktqualität).
- Die Inhalte und Vermittlungsmethoden sind auf hohem Niveau (Inputqualität).
- Die Weiterbildung setzt qualifizierte Lehrpersonen ein (Inputqualität).
- Die Weiterbildung setzt auf Qualitätspflege und professionelle Dienstleistungen (Prozessqualität).

Die Prinzipien orientieren sich also an den Kategorien Inputqualität, Prozessqualität, Ergebnisqualität und Impaktqualität. Die ersten drei Kategorien entsprechen den traditionellen Kernkompetenzen der Universitäten. Die Forderung nach Impakt, Kundennutzen und Transfer markiert hingegen einen wichtigen Schritt in der Qualitätsentwicklung.

Bei einigen zentralen Kategorien, nämlich Strategie, Organisation und Effizienz, besteht aber Nachholbedarf. Sie gehören nicht unbedingt zu den traditionellen Stärken der Hochschulen, werden unter dem zunehmenden Profilierungs- und Kostendruck aber wesentlich an Bedeutung gewinnen. Strategie, Organisation und Effizienz können den so genannten Ermöglichern oder Voraussetzungen von Qualität zugeordnet werden. Sie sind in Qualitätsmodellen nach EFQM und ISO längst als zentrale Themen identifiziert.

Strategie und Organisation sind in der universitären Weiterbildung mit gutem Grund komplexe Themen. Besonders bei hoch spezialisierten Weiterbildungen, wie sie technische Hochschulen anbieten, muss Strategie auf einem abstrakten Niveau – zum Beispiel als Qualitätsstrategie, als Internationalisierungsstrategie oder als Fokussierung auf strategische Erfolgspositionen – festgelegt werden. Eng definierte inhaltliche oder Zielgruppenstrategien sind ungeeignet, weil jedes Angebot eine eigene Gruppe von Spezialisten anspricht und zwischen den Angeboten oft wenig inhaltliche Synergien bestehen.

Ähnlich schwierig ist die Organisationsgestaltung. Die Organisationsstruktur besteht gewöhnlich aus drei komplex verschränkten Ebenen. Das Fach- und Branchenwissen ist nur dezentral in den Lehrstühlen, Instituten und Departementen verfügbar. Die Konzeption und das Marketing sind in der Regel einer zentralen Weiterbildungsstelle zugeordnet. Und die wichtigen Entscheide fallen meistens auf der Ebene der Universitätsleitung.

Eine Herausforderung der nächsten Jahre wird es sein, diese Strukturen zu klären und den knapper werdenden finanziellen Ressourcen und der zunehmenden Globalisierung der Bildungsmärkte anzupassen. Für die Forschungsuniversität sind aus organisatorischer Sicht zwei Extremszenarien denkbar:

a) Die dezentrale Struktur bleibt erhalten. Die Weiterbildung wird inhaltlich und organisatorisch in die Graduiertenstufe integriert. Die Grenzen zwischen der akademischen Ausbildung und der berufsbezogenen Weiterbildung verwischen sich.

---

[7] http://www.crus.ch/docs/lehre/Weiter/Qualitat_WBd.pdf

Wissenstransfer, Strategie und Organisation in der universitären Weiterbildung

Weiterbildungskunden verzichten auf spezifisch aufbereitete Weiterbildungsgefäße und profitieren im Gegenzug von günstigeren Preisen (Grenzkosten).

b) Die berufsbezogene Weiterbildung wird als spezifischer Bereich ausgebaut und in einer weitgehend eigenverantwortlichen Weiterbildungseinheit mit professionellen Marketingkompetenzen zentralisiert. Wo entsprechende Bedürfnisse bestehen, bietet die Einheit neben der klassischen Weiterbildung auch kombinierte Dienstleistungspakete an. Einzel- und Firmenkunden erhalten maßgeschneiderte Lösungen zu entsprechend höheren Preisen.

6. Die Qualitätsentwicklung an der ETH Zürich

Die ETH besitzt in der Qualitätssicherung eine lange Tradition. Sie evaluiert die Lehre auf verschiedenen Ebenen von der einzelnen Lehrveranstaltung bis zum Departement und setzt dabei eine Kombination von Methoden ein, die sowohl die kurzfristigen Qualitätssteuerung als auch die langfristige Qualitätsentwicklung ermöglicht.[8]

Objekte	Methode	Inhalte	Zeithorizont
Lehrveranstaltungen	Umfrage bei den Studierenden	Inhalt, Didaktik, Engagement, Verständlichkeit	Turnusmäßig alle drei Semester
Lehrleistung der Dozierenden	Quantitative Erhebung der Lehrleistung	Teilnehmerzahlen, Zeitaufwand	Jährlich
Studienpläne	Überwachung durch Unterrichtskommission	Anpassung, Revision der Studienpläne	Laufend
Output, Nutzen und Transfer	Diplomiertenbefragung mittels Fragebogen	Inhalte, Anwendbarkeit im Beruf, Arbeitsmarkt	Nach Diplomabgabe und bei der Evaluation der Departemente
Departemente	Evaluation (Peer Review)	Lehre, Forschung und Dienstleistungen	Alle 6-10 Jahre; jedes Jahr 2 Departemente

Als Ergänzung entwickelte das Zentrum für Weiterbildung ein spezifisches Instrumentarium für die Evaluation der Nachdiplomstudien und -kurse. Grundsätzlich besteht eine klare Arbeitsteilung zwischen dem Zentrum und den Lehrstühlen, die für die Angebote verantwortlich zeichnen. Die Träger besorgen die Qualitätssicherung der Fortbildungs-

---

[8] Niedermann, Ch. 1999. Die Lehrevaluation an der ETH Zürich. Antwort auf die Umfrage der Hochschulplanungskommission. ETHZ: Internes Papier

kurse und das steuerungsrelevante Monitoring der Nachdiplomstudien und Nachdiplomkurse. Das Zentrum für Weiterbildung führt Bedarfsabklärungen und größere Evaluationen durch.

Abbildung 2: Evaluationskreis

Der Evaluationskreis besteht aus sechs Kriterien, die den Bedürfnissen der Anbieter und den Zielen der Evaluation angepasst werden können. Die unteren drei betreffen die Durchführung, die oberen drei den Kontext, die Transferwirkung und die Angebotsstrategie. Die Daten stammen aus Schlüsselinterviews und schriftlichen Umfragen bei Absolventen, Ehemaligen und Arbeitgebern.

Der Evaluationskreis erlaubt eine umfassende Analyse der einzelnen Angebote. Die Herausforderungen sind auch hier, das Interesse für Strategie, Organisation und Effizienz zu stärken und den Schritt von der Projekt- zur Programm- und Institutionsebene zu vollziehen, ohne den die Profilbildung und die Organisationsstrukturen nicht zu evaluieren sind.

7. Evaluation und Akkreditierung

Im Oktober 2001 nahm das Organ für Akkreditierung und Qualitätssicherung der schweizerischen Hochschulen (OAQ)[9] seine Arbeit auf. Es ist der Universitätskonferenz (SUK)[10] unterstellt und akkreditiert auf freiwilliger Basis universitäre Institutionen und Studiengänge auf den Stufen Bachelor, Master und Weiterbildung. Die Akkreditierungsentscheide fallen aufgrund eines dreistufigen Prozesses (Selbstevaluation, Peer Review,

---

[9] http://www.oaq.ch/
[10] http://www.cus.ch/

Empfehlung) anhand einer Kriterienliste[11] und können eine Akkreditierung, eine Akkreditierung mit Auflagen oder eine Ablehnung zur Folge haben.

Die Akkreditierung stößt bei den universitären Hochschulen auf grundsätzliche Vorbehalte: Verträgt sich Akkreditierung mit der Autonomie der Hochschulen? Verfügt ein einzelnes Akkreditierungsorgan über genügend fachspezifische und institutionelle Kompetenzen? Ist Akkreditierung ein taugliches Mittel zur Qualitätsentwicklung? Wie verträgt sich Akkreditierung mit Evaluation?

Aus der Sicht der strategischen Profilierung interessieren vor allem die letzten beiden Fragen. Akkreditierung basiert auf Minimalstandards und hat in erster Linie Kontrollfunktionen. Für Forschungsuniversitäten mit internationalen Ambitionen, wie dies z.B. bei der ETH der Fall ist, genügt die Erfüllung von Minimalstandards weder als akademisches noch als Marketingziel. Exzellenz kann nur vergleichend gemessen werden. Evaluationen, Benchmarking, Qualitätswettbewerbe und akademische Wettbewerbe sind dafür besser geeignet.

Ein weiteres Problem zeigt sich im Trend, die Akkreditierung auf einzelne Studiengänge zu beschränken. Die Schweiz macht hier vorläufig nicht mit und erlaubt die Akkreditierung ganzer Institutionen oder abgrenzbarer Untereinheiten. Die Beschränkung auf einzelne Studiengänge kollidiert mit den Interessen jener Hochschulen, die – wie z.B. die ETH – nicht allein auf Einzelangebote, sondern auf eine institutionelle Qualitäts- und Marketingstrategie setzen und dabei auch mit Transfereffekten rechnen.[12] Dazu kommt, dass die Qualitätssicherung der Studiengänge im Weiterbildungsbereich relativ gut entwickelt ist. Die Lücken auf der Programm- oder Institutionsebene können durch die Akkreditierung einzelner Studiengänge nicht geschlossen werden. Und drittens sind die vielen punktuellen Einzelveranstaltungen, die für den Transfer von innovativem Wissen besonders wichtig sind, gar nicht individuell akkreditierbar.

Nachdiplomstudien stellen besondere Anforderungen an Akkreditierungsverfahren. Einerseits verändern sie sich meist so schnell, dass immer nur Vergangenes akkreditiert werden kann. Andererseits sind Nachdiplomstudien oft sehr spezialisiert und kaum mit anderen Angeboten vergleichbar. Akkreditierung kann hier Transparenz schaffen und ist – zusammen mit dem Ruf der Hochschule – eine gute Möglichkeit, im internationalen Umfeld Qualität zu garantieren.

8. Zusammenfassung

Die oben aufgestellten grundsätzlichen Überlegungen sollen abschließend noch einmal thesenförmig zusammengefasst werden. Die Perspektiven der Arbeitswelt und der Bildungsträger sind ebenso wichtig wie jene der Lernenden. Wissenstransfer umfasst weit mehr als individuelles Lernen.

---

[11] http://www.oaq.ch/download/I_Standards_d.pdf,
http://www.oaq.ch/download/SR_Standards_d.pdf
[12] Ein Nobel-Preis wirkt sich zum Beispiel auf den Ruf der Hochschule aus.

Mit der zunehmenden Profilierung und Differenzierung der Hochschulen wird die Definition von Qualität auch in der Weiterbildung immer mehr von der Strategie abhängig.

In der Weiterbildung fokussiert die Qualitätssicherung bisher auf die Input-, Prozess- und Ergebnisqualität. In Zukunft werden die Voraussetzungen und Ermöglicher von Qualität, nämlich Strategie, Organisation und Effizienz an Bedeutung gewinnen.

Bei den einzelnen Studiengängen hat die Qualitätssicherung große Fortschritte erzielt. Sie muss nun auf Programme und Institutionen ausgeweitet werden. Strategie, Organisation und Effizienz können nur dort verbessert werden.

Akkreditierung kann Evaluationen nicht ersetzen. Exzellenz kann nicht an Minimalstandards gemessen werden, und der Transfer von innovativem Wissen findet oft in Einzelveranstaltungen statt, die nicht akkreditierbar sind.

Experiencias en el uso del modelo de la EFQM en la Gestión Universitaria.
El caso del Centro de Formación de Postgrado de la Universidad Politécnica de Valencia

Patricio Montesinos

El presente artículo pretende describir el contexto de la formación de postgrado universitaria en España y las diferentes soluciones y modelos de gestión que distintas entidades han usado para dar respuesta a las necesidades de formación, que sus respectivos entornos les plantean. El artículo está organizado en tres grandes apartados. En el primero, se describen los diferentes modelos de gestión por los que es posible optar desde el punto de vista de la organización de las unidades que organizan y promueven la Formación Permanente desde universidades. Estos modelos se vinculan de forma directa con las diferentes "cadenas de valor" asociadas al desarrollo de la Formación Permanente, "cadenas de valor" asociadas a la formación que se oferta al mercado, la formación que las empresas e instituciones demandan y formación que se puede ofrecer en el ámbito asíncrono. En el segundo apartado se describen las funciones, características y condiciones que una unidad que desarrolle formación permanente desde el ámbito universitario puede plantear y ejecutar. Por último el tercer apartado recoge un ejemplo de materialización del modelo de Gestión enunciado a través de una memoria basada en el modelo de la *European Foundation for Quality Management* (EFQM).

Modelos de Gestión de la Formación Permanente

Alternativas desde el Sistema Universitario

La Formación Permanente (definida en la literatura anglosajona como *Life Long Learning*) se define formalmente como el proceso por el cual un individuo realiza sucesivas actualizaciones de sus conocimientos técnicos, humanísticos, científicos y/o artísticos a lo largo de toda una vida profesional. Esta definición genérica permite señalar que existen dos fases diferentes en la Formación Permanente. La Formación Reglada (formación con una acreditación académica) y la Formación Continua. La Formación Continua universitaria corresponderá por tanto a cualquier tipo de formación no reglada impartida por la universidad.

Las instituciones que imparten Formación Continua tienen distintos escenarios complementarios cuando se plantea impartir diferentes niveles de formación. Para definir los diferentes escenarios, vamos a relacionar dos variables, tiempo y espacio, y veamos que tipo de productos son posibles ofertar dependiendo de los valores que estas variables puedan tomar.

Diremos que existe coincidencia espacial si el experto docente y los asistentes a los cursos se encuentran en el mismo espacio físico. Diremos que existe coincidencia temporal si el experto y los asistentes a los cursos se encuentran desarrollando actividad simultáneamente en el mismo momento. Si existe coincidencia espacio temporal, estaremos hablando de la formación presencial tradicional.

Si no existe coincidencia espacial pero si existe coincidencia temporal, el experto podrá ponerse en contacto con los asistentes al curso por medio de tecnología clásica (teléfono, radio o tv en directo) o a través de las nuevas tecnologías de la comunicación (videoconferencia, teleconferencia, chats, IRC o radio por Internet). En esta modalidad de formación existe distancia física entre el experto y el alumno más existe una sincronía temporal entre ambos.

Si existe coincidencia espacial pero no existe coincidencia temporal, esta interacción solo puede tener lugar a través de elementos de soporte de los conocimientos del experto (el experto no está presente pero si su conocimiento a través de cualquier medio posible). Si hablamos de medios clásicos (libros, revistas y artículos impresos en papel) estaremos hablando de las tradicionales bibliotecas y hemerotecas. Si hablamos de nuevas tecnologías de la información, estaremos hablando de CD ROMS, Compact Disk interactivos, videos o programas de simulación. En definitiva, en esta situación genérica de no-coincidencia temporal se hablará de Centros de Recursos para los asistentes a la formación.

Cuando no existe coincidencia espacial ni coincidencia temporal entre los expertos / los materiales donde se recoge su conocimiento y los alumnos estamos hablando de una relación específicamente asíncrona. Si se usan medios tradicionales (correo normal -smail-, fax, libros y publicaciones) estamos hablando de la Formación a Distancia tradicional. Si por el contrario el conjunto de medios que se utilizan para desarrollar la interacción experto-alumno son el correo electrónico, la World Wide Web, el vídeo bajo demanda por Internet o los grupos de noticias –news–, en este caso estamos hablando de lo que se entiende por Formación en línea por Internet.

Excepto en el primer sector, en el resto se aprecia el efecto de las nuevas tecnologías y el efecto que está produciendo en los proveedores tradicionales de formación presencial. La transición de productos tradicionales a productos a distancia es compleja y poco evidente, pero sin duda un desafío que hay que contemplar desde los Centros Universitarios de Formación de Postgrado. En los últimos año del siglo XX, el efecto de la generalización del uso de la red entre las instituciones que tradicionalmente han desarrollado formación presencial, ha hecho que todas ellas se hayan empezado a percatar del potencial que la relación asíncrona podía tener en la relación experto-cliente de formación y hayan empezado a desarrollar actividades con diferente nivel de fortuna en el ámbito de la formación en línea.

Modelos de Gestión

Una vez analizados los diferentes escenarios en los que una institución formativa puede desenvolverse desde el punto de vista la oferta de Formación Continua, queda por definir que posibilidades posee la institución para dar servicios de Educación Continua desde la perspectiva universitaria. Para ilustrar esta cuestión vamos a describir dos modelos de tipificación diferentes que permiten al menos ubicar a una institución que empiece a pensar en ofrecer estos servicios o bien posea experiencias previas y desee situarse con respecto al resto de su competencia.

Interno vs. Externo. Centralizado vs. Descentralizado

En el primer modelo cruzaremos dos variables: *ubicación de la estructura y nivel de centralización*. Con "ubicación de la estructura" nos referiremos a sí la unidad o centro que gestiona la Educación Continua de la universidad posee identidad jurídica diferente a la de la universidad (en este caso diremos que se trata de una unidad *externa*) o si posee la misma identidad jurídica que la universidad (en este segundo caso diremos que se trata de una unidad *interna*).

Con "nivel de centralización" nos referiremos a, sí los servicios de oferta de formación (o de gestión de la demanda) se gestionan de forma centralizada (en un solo centro) o de forma descentralizada (desde más de un centro o unidad). Conceptualmente esto quedará representado de la siguiente forma:

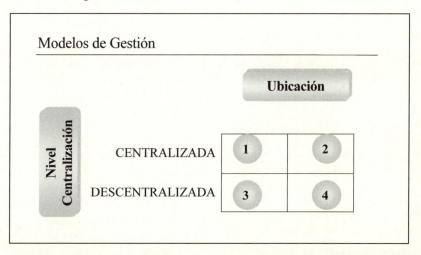

En el cuadrante 1 nos encontramos con una estructura que está fuertemente vinculada con la universidad a la que da servicio. Normalmente este tipo de unidades se suelen denominar Centros de Educación Continua. Son genéricos dado que gestionan toda la Educación Continua de la universidad a la que dan servicio y no suelen estar especializados en un aspecto formativo concreto. Suelen plantearse como unidades que dan servicios comunes a la organización de cursos (mercadeo, registro, gestión de la matriculación, soporte logístico, aulas y evaluación). Su aprovechamiento tiene lugar por el uso de las economías de escala que se producen en la organización compartida de Educación Continua. La imagen corporativa suele también ser común. Su implicación académica con los productos que suministra depende fuertemente de las áreas de conocimiento de la universidad en la que está inmersa.

La gran diferencia del cuadrante 2 con respecto al primero es que la Unidad posee personalidad jurídica propia y es diferente de la personalidad jurídica de la universidad. Esto supone que financieramente poseerá una serie de requerimientos mucho más intensos que los que un centro interno posee. No disponer del respaldo económico de la Universidad puede resultar un inconveniente importante tanto en cuanto la Unidad Externa, con el único objetivo de buscar financiación para su plantilla de personal, empiece a desarrollar actividades que se alejan de sus objetivos de "unidad de servicio de la universidad". Este tipo de entidades suele tener un alto nivel de independencia académica con respecto a la universidad que las crea y esto también puede tener consecuencias positivas o negativas. Su flexibilidad es mucho mayor más el nivel de respaldo académico y la implicación de los departamentos de la universidad con las acciones formativas que se promuevan se puede deteriorar con cierta rapidez.

Los cuadrantes tercero y cuarto corresponden a una situación muy habitual cuando en el pasado no se han tomado decisiones que hayan pretendido fomentar las economías de escala existentes en este ámbito de actividad. En estos casos suele ocurrir que una misma universidad posee unidades internas o externas que están replicando la misma actividad desde diferentes ámbitos de la universidad. En estos casos es complejo disponer de una mínima coordinación académica entre centros o unidades y es muy habitual que se ofrezcan los mismo servicios a los potenciales clientes desde diferentes espacios de la universidad. Esto, como mínimo crea confusión, y desconcierto al potencial cliente. Cuando existen diferentes centros en una misma universidad, es muy complejo disponer de una imagen corporativa común. Por el contrario, su nivel de especialización (sean internos o externos) es muy superior a los anteriores y suele servir a segmentos de población muy concretos.

Gestión del Ingreso / Gestión del Gasto

Otra cuestión que caracteriza la Formación Permanente organizada desde el ámbito universitario y que hay que considerar en el establecimiento de unidades de Formación Continua son los criterios económicos que definan las políticas de gestión y administración. Cada universidad, sea europea, norteamericana, latinoamericana o asiática, sea pública o privada, posee una serie de mecanismos que permiten retribuir el esfuerzo que para los docentes supone la organización e impartición de Formación de Postgrado o formación "no reglada".

La experiencia y el análisis de los modelos existentes nos permiten enunciar dos modelos genéricos de gestión económica sobre la Formación Continua, sea esta presencial o a distancia. El primer modelo corresponde a la *gestión económica descentralizada*. La universidad retiene una cantidad (generalmente un porcentaje) sobre la cantidad que se ingresa por esta actividad suplementaria y es el profesor el que gestiona la cantidad restante. Esa cantidad, dependiendo de las políticas de la propia institución poseerá una serie de restricciones u orientaciones pero en general podrá destinarse tanto a pagos de personal como a adquisición de inventariable, pagos de material fungible o pagos a la dirección de la actividad.

En el otro extremo se puede identificar el modelo de gestión económica *centralizada*. Es el Centro promotor correspondiente quien asume los riesgos de promoción y lanzamiento y es el Centro el que libera los pagos directamente sobre la base de un presupuesto, negociado o consensuado con los profesores participantes, pero que suele incluir una importante partida de gastos indirectos que carga sobre la actividad. Entre los dos modelos posibles existe una amplia variabilidad dependiendo si la universidad es pública o privada, si posee o no una unidad externa (una o varias) para la gestión de la relación con la sociedad, si el sistema legislativo del país permite que las universidades facturen o si la universidad posee un Centro interno que gestione centralizadamente la promoción e impartición de la Formación Permanente. Los "tonos de gris" existentes entre ambos modelos son los que dan una diferentes dimensiones a cada una de las Instituciones que participan en la Formación Permanente. Estos criterios de gestión se trasladan son aplicables tanto a la Formación Continua Presencial como a la Formación Continua a Distancia.

Cadenas de Valor de la Formación Permanente

Un curso de Formación de Postgrado es un producto formativo que por su doble condición, la de producto que se compra y la de conocimiento que se transmite, posee una serie de características que lo diferencian de otros productos formativos. La Formación Reglada tiene por su propia naturaleza poco de optativa. El alumno de Formación Reglada debe obligatoriamente asistir a una formación propuesta por una Institución Universitaria y cursar (y en algún caso hasta aprobar) las asignaturas que allí se le proponen con el objeto de obtener una titulación universitaria. El cliente, en este caso el alumno de Formación Reglada, es cautivo de la oferta y una vez comenzada una carrera posee pocos grados de libertad mientras no posee el Título que le acredita una serie de conocimientos y aptitudes par a desempeñar una profesión o un puesto de trabajo.

La Formación de Postgrado, por el contrario, parte de la base de estar generando productos para un público que asiste a la formación por voluntad propia, no porque esta sea obligatoria. Esta voluntariedad, quizá en algún caso condicionada por un agente externo, es la que diferencia en esencia un sistema del otro. Es por esto que el propio dinamismo de la demanda haga que exista una *Cadena de Valor* asociada al producto formativo de Formación de Postgrado sea tan repetitivo, exacto y permanente.

Quizá el concepto "cadena de valor" tiene connotaciones de otras áreas de conocimiento que pueden generar confusión al aplicarlos a los procedimientos o procesos en los que se puede dividir el desarrollo del negocio de la Formación Continua. En todo caso, dado que el producto / servicio "curso de formación" es algo dinámico (nunca una edición de un curso es exactamente igual a la siguiente), los autores consideran que es posible aplicar esta etiqueta al desarrollo sistemático de cursos de Formación Continua.

Antes de describir en detalle la conceptualización de las dos cadenas de valor asociadas a la Formación Continua Presencial y a la Formación Continua a Distancia quisiéramos indicar que existe una diferencia fundamental en el desarrollo de ambas actividades. En la Formación Presencial el docente siempre tiene espacio para la improvisación. Dependiendo del tipo de grupo al que se dirija, los conocimientos y experiencia previa que tengan los alumnos, dependiendo del tamaño del grupo e incluso de la hora del día en la que esté desarrollando la sesión, el experto podrá modificar el orden de los contenidos que pensaba desarrollar, la profundidad con la que aborde un concepto o incluso el tipo de ejercicio experimental que pensaba desarrollar al grupo de alumnos que tiene delante. Esto no puede pasar en la formación a distancia.

Decimos que en la Formación a Distancia *no existe espacio para la improvisación*. Los materiales a utilizar, los ejercicios o talleres, las preguntas de reflexión o los casos a tratar por los alumnos deben estar creados, ordenados y secuenciados a priori. Es por esto que mientras que en la Formación Presencial decimos que los cursos se diseñan, en la formación a distancia el concepto es mucho más amplio y complejo. Los cursos de formación a distancia se *producen*. Y esto hace que el experto que prepara materiales para formación a distancia deba tener unos conocimientos adicionales o recibir unos servicios de soporte en este proceso de producción que introducen mucha más complejidad en el proceso del que a priori parece como necesario. Las estructuras organizativas que desarrollan formación presencial deben articularse con otro tipo de profesionales o con otro tipo de servicios para abordar la cuestión de producir formación a distancia.

En este apartado describiremos ambos ciclos, señalando qué es común y qué es nuevo al comparar los dos modelos.

Cadena de Valor de la Formación Presencial

El desarrollo de Formación Continua posee asociados una serie de procesos que, ejecutados de forma secuencial, permite definir lo que antes hemos descrito como "cadenas de valor de la Formación Continua". Cuando nos referimos a la Formación Continua Presencial estos procesos quedan descritos en el gráfico.

Esta definición procedural de fases permite, no solo analizar desde el punto de vista interno el funcionamiento de una organización (análisis estratégico – fortalezas y debilidades) que gestiona Formación Continua Presencial, sino también comparar el funcionamiento de unidades de diferentes instituciones que realizan tareas similares, independientemente de su ubicación y nivel de centralización e independientemente de que sistema se opte para gestionar económicamente los ingresos y los gastos generados. Los procesos se describen en los siguientes apartados.

Análisis de Demanda

Dado que la Formación Continua se debe vender a un cliente determinado, es necesario conocer qué productos son los que se ajustan a las necesidades del mercado constituido por los clientes de Formación Continua. Por esta razón se debe identificar al Cliente o Clientes potenciales y se debe confeccionar una oferta que responda a estas necesidades. Entender las necesidades de los diferentes colectivos de formación será una de las tareas fundamentales de los profesionales que se dedican a organizar y vender formación.

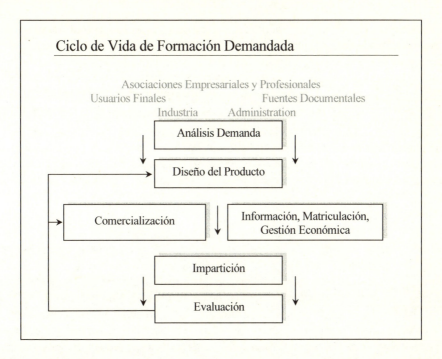

Diseño del Producto Formativo

La siguiente etapa cadena de valor del curso Presencial es diseñar un producto acorde a las necesidades identificadas en un sector del mercado. El diseño posee dos componentes diferenciales: la componente académica y la componente comercial. La componente comercial debe restringir la componente académica tanto en cuanto seguimos hablado de un producto que se consume por un precio. En formación presencial existen diferentes criterios de diseño (orientados al experto, orientado al temario y orientados a la sesión de trabajo) que dan como resultado diferentes productos con diferentes comercializaciones. En todo caso e independientemente del criterio de diseño por el se opte, el producto diseñado será un producto a comercializar y distribuir en un mercado competitivo.

Comercialización y Mercadeo

Con un producto que responde a unas demandas concretas y que posee un diseño definido, comienza la ardua labor de "vender el curso". Siguiendo el esquema conceptual del Márketing Mix, tenemos ya definido un segmento de mercado y un producto que responde a las necesidades de ese segmento desde el punto de vista de contenidos y precio. En este punto habrá que definir los instrumentos que deben ser empleados para la promoción y como va a tener lugar la distribución del mismo. En cuanto a los instrumentos de promoción, trípticos, carteles, mailings, anuncios en prensa y artículos o anuncios en revistas especializadas son los instrumentos más empleados en la promoción de la formación presencial tradicional. La Web esta convirtiéndose en otro instrumento extremadamente potente a la hora de desarrollar promoción pero este punto será abordado con mas detalle en los próximos apartados.

Una cuestión fundamental a resaltar en este punto es la de la calidad de la información que se disponga de los clientes. En la medida que la información que se disponga del cliente potencial esté segmentada, resultará mucho más fácil acertar en las campañas de promoción. Los criterios de segmentación de los clientes de formación continua pueden ser, entre otros, la titulación reglada que posean los clientes y su especialidad, año de terminación de la formación reglada, formación no reglada que posean, cursos ya realizados en la institución, puesto de trabajo que desempeña y funciones asociadas, número de personas a su cargo o las áreas de conocimiento en las que esté interesado recibir información

La distribución del producto será el punto que diferencia la formación presencial (mismo espacio mismo tiempo) de la formación a distancia en cualquiera de sus variantes resultantes de la combinación de espacio y tiempo. La coincidencia espacio-temporal condiciona la distribución y el ámbito de la ejecución. En todo caso se puede optar por diferentes formatos de distribución del conocimiento cuando existe esta coincidencia que también ayudarán a segmentar el tipo de profesionales que asistan a un curso determinado. No se puede llegar al mismo colectivo en un curso que se celebre todos los días en horarios de mañanas que en un curso que se celebre una vez al mes durante un día completo o en fines de semana. El criterio de distribución condicionará obviamente el segmento de mercado sobre el que se puede operar.

Información, Registro y Gestión Económica

Todo el proceso de diseño y comercialización debe estar soportado por una estructura física que desarrolle las tareas asociadas a la gestión administrativa y económica de los cursos que se estén comercializando e impartiendo. Desde luego no es una condición suficiente pero si es una condición necesaria. Los potenciales clientes de los cursos promovidos perciben como elementos higiénicos una serie de servicios que provocarán insatisfacción si no están presentes pero que tampoco provocarán satisfacción si lo están. Un horario amplio de atención al teléfono, un servicio ágil de actualización de la información, una información completa y centralizada y un sistema ágil y eficiente de gestión del cobro provocarán en el cliente una sensación de eficacia y eficiencia que deberá acompañar a los niveles de formación que se oferten desde la institución formativa.

Impartición

Este es el punto de interacción entre experto y cliente, entre ofertante del conocimiento y el consumidor del mismo. En formación presencial aparecen de nuevo elementos higiénicos que pueden producir insatisfacción si no están presentes y que independientemente de la calidad de comunicación que posea el experto y de las herramientas metodológicas que utilice, van a condicionar la calidad del resultado final y el nivel de satisfacción del asistente a los cursos. Las herramientas didácticas que se empleen, la cantidad y la calidad de la documentación que se entregue darán una visión al cliente de la formación de la calidad de la institución que está ocupando su tiempo.

Es en todo caso la capacidad de comunicación del experto y el tipo de metodología didáctica que emplee lo que condicionará la calidad del proceso de aprendizaje la posibilidad de hacer que el cliente "aprenda" el conocimiento que se le desea impartir. Entre las variables de tipificación de la demanda aparece una clasificación del conocimiento en información, saber hacer, habilidades y entendimiento. Dependiendo del análisis de demanda que haya tenido lugar y del posterior diseño del curso tendremos obligatoriamente que usar una metodología u otra para conseguir transmitir exactamente el producto que hemos comercializado.

Evaluación

En cualquier proceso formativo se pueden enunciar tres niveles de evaluación.
- La evaluación del experto por parte de los alumnos
- La evaluación de los alumnos por parte de los expertos
- La evaluación de la organización promotora

La evaluación del experto deberá ser necesariamente hecha por el consumidor final, esto es, el alumno que ha pagado por recibir conocimientos adicionales que ha contratado a través de un curso. El resultado de la evaluación debe permitir, por un lado, confirmar un diseño determinado u otro y por otro, indicar la calidad individual de cada uno de los profesores que han participado en el desarrollo del curso. Este tipo de evaluación no debe medir no solo la capacidad de comunicación del profesor sino también aspectos referidos a los medios didácticos que ha empleado, la documentación (calidad y cantidad) entregada, su capacidad de transferir ejemplos reales, su experiencia como profesional, y su actitud hacia los alumnos.

El segundo nivel de evaluación, el de los alumnos, va a permitir confirmar que el saber hacer, entendimiento, o habilidades que el asistente al curso haya podido recibir a lo largo de las sesiones. Esta evaluación permitirá a la organización promotora del curso certificar el aprovechamiento alcanzado por el cliente de los conocimientos ofertados a través del curso. En la medida que la organización promotora exija mayor rigor en las evaluaciones, el prestigio de la misma se irá asentando en el mercado de la formación.

La evaluación de la organización promotora también se puede a su vez, desarrollar a diferentes niveles. Un primer nivel será la opinión de los asistentes a los cursos. Esta evaluación siempre se podrá referir a elementos higiénicos asociados al desarrollo de las acciones formativas. Cuestiones referidas al espacio docente, los medios pedagógicos disponibles, la interacción con el personal de soporte de los cursos, con los administradores y gestores del centro y por último, con los servicios de postventa que se les puedan ofertar.

Un segundo nivel será la evaluación de los mismos servicios por parte de los expertos docentes. La relación con la organización promotora durante las diferentes fases del ciclo de vida del producto formativo (diseño, promoción, administración y matriculación, impartición, certificación y la propia evaluación) mediante los servicios asociados a cada fase le darán una opinión al experto de la calidad de los recursos humanos y materiales puestos a su disposición durante el desarrollo y ejecución de los cursos. Estas opiniones permitirán calcular indicadores relativos a los procesos internos de la organización que permitirán aplicar principios de mejora continua de la calidad.

Por último, se puede destacar la evaluación diferida de la formación realizada. Esta evaluación afecta tanto al docente como a la organización promotora y se puede así mismo desarrollar desde dos puntos de vista. Un primer punto de vista será el del individuo que recibió la formación. La aplicabilidad de la formación recibida, si esta formación le ha ayudado a promocionar dentro de su propia organización o le ha permitido cambiar a otra empresa, son diferentes criterios de evaluación diferida. El segundo y no por ello menos importante evaluador de la eficacia de la formación será el empleador.

Cadena de Valor de la Formación Continua a Distancia

Tal y como se ha descrito anteriormente, la formación presencial tiene una diferencia fundamental con la formación a distancia: en la formación a distancia *no se puede improvisar*. Improvisar desde el punto de vista de la impartición con respecto a lo que inicialmente se diseñó. Improvisar desde el punto de vista de alterar el orden de las sesiones sin que el objetivo docente final del curso se vea afectado seriamente. Esto no es planteable desde el punto de vista de la formación a distancia, independientemente del medio que se emplee para interaccionar con los clientes. Es por esta razón que cobra especial importancia el concepto de *"producción de los materiales"* y definir con detalle los procesos, roles y tareas que aparecen en la producción de materiales para ser distribuidos a través de Internet es uno de los objetivos del presente artículo. Las fases asociadas a la Formación Continua a Distancia son las especificadas en el siguiente esquema:

No es el objeto de este artículo describir con detalle las diferentes fases de ambas cadenas de valor. Sin embargo plantear los diferentes procesos que intervienen en ambas cadenas nos va a permitir caracterizar los diferentes "tipos de centros" con mucha mayor rapidez. Definir las condiciones y los medios necesarios van a estar soportados en los diferentes procesos de caracterización de ambos modelos procedurales.

En todo caso y antes de entrar en detalle en las funciones de una unidad de interfaz especializada en formación, hay que destacar que este enfoque "procedural" no es único ni pretende agotar otros enfoques que describan el desarrollo de actividades de Formación Continua. Estos dos modelos de tipificación de la Formación Continua son enunciados por la Universidad Politécnica de Valencia en los primeros años de la década de los 90 y han permitido abordar y desarrollar nuevos modelos asociados a la gestión de la Formación Permanente que serán descritos con mayor detalle en los siguientes apartados.

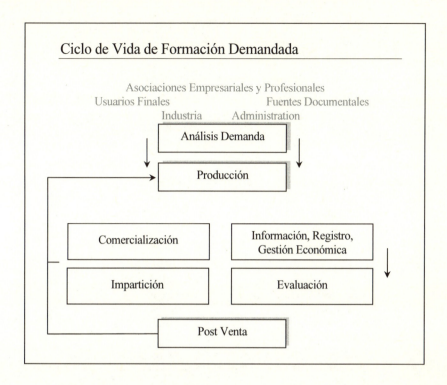

El Centro de Formación de Postgrado de la Universidad Politécnica de Valencia

Modelo de Organización interno y centralizado

Caracterización del Centro de Formación de Postgrado de la UPV

La modelización desarrollada en apartados anteriores solo ha pretendido establecer variables de tipificación que permitan contextualizar de forma homogénea las características y funciones de las unidades que promueven y organizan formación de permanente.

Por tanto, la caracterización del Centro de Formación de Postgrado de la Universidad Politécnica de Valencia se podría resumir en la siguiente ficha técnica:

Variable	Valor Modelo CFP-UPV
Nivel de Centralización	Servicio Centralizado
Ubicación (Identidad Jurídica)	Servicio Interno de la Universidad
Formación Ofertada	
Análisis Demanda	Descentralizado
Diseño	Descentralizado
Comercialización	Centralizada
Matriculación e Información	Centralizada
Gestión Económica	
• Gestión Ingreso	Centralizado
• Gestión del Gasto	Descentralizado
Impartición	Descentralizada
Evaluación	Centralizada
Formación Demandada	
Negociación	Descentralizada
• Gestión Ingreso	Centralizado
• Gestión del Gasto	Descentralizado
Impartición	Descentralizada
Evaluación	Centralizada
Formación a Distancia	
Fase Experta	Descentralizada
Fase Técnica	Centralizada
Diseño Gráfico	Centralizada
Apoyo Didáctico	Centralizada
Impartición	Descentralizada
Evaluación	Centralizada

Visión y Misión del Centro de Formación de Postgrado de la UPV

En este artículo se describe en detalle la forma de operar del Centro de Formación de Postgrado de la Universidad Politécnica de Valencia y es por esta razón que se considera necesario en primer lugar formular la VISION/MISION del CFP. Formalmente se entiende como Visión de una organización una frase que describa DONDE se pretende llegar como organización a largo plazo. En la Misión se intenta explicar también en una frase, QUE se debe hacer para alcanzar la Visión que se ha formulado.

Visión del CFP de la UPV

> Llegar a conseguir que la Universidad Politécnica de Valencia sea un referente internacional de universidad que ofrece Formación de Postgrado de calidad reconocida.

Misión del CFP de la UPV

> Dar soporte y ayudar a la Comunidad Universitaria para ofrecer Formación Permanente de calidad e innovadora que impulse el desarrollo de nuestros entornos.

Dinamizar frente a intermediar. Dinamizar supone poner a disposición de la Comunidad Universitaria de los medios humanos, físicos, materiales y económicos necesarios para hacer transferencia del conocimiento a través del instrumento *"formación permanente"*.

Dinamizar supone complementar el trabajo estrictamente académico, el trabajo docente, con todos aquellos servicios que forman parte de la periferia del producto formativo. El análisis de la demanda, la negociación con los clientes, el diseño de las acciones formativas para un público diferente al de la formación reglada, la promoción y la comercialización, la gestión económica centralizada del ingreso, la gestión de la información y la matriculación, la evaluación de la acción formativa y los servicios de postventa asociados al desarrollo de acciones formativas. Todos estos servicios periféricos son los que supone dar soporte y ayudar a la Comunidad Universitaria para ofrecer formación permanente. De calidad e innovadora. De calidad percibida como de calidad efectiva. Innovadora en sus medios, sus formas y sus métodos.

La caracterización del Centro de Formación de Postgrado de la Universidad Politécnica de Valencia se va a realizar en los apartados siguientes en función de tres parámetros de tipificación. En primer lugar se describirán los *Productos* que la UPV posee en el ámbito de la Formación Permanente. En segundo lugar y relacionándolos con los productos, se describirán los *Servicios* que dan soporte a esto productos. Por último y dado que la organización que da soporte a estos productos y servicios es parte esencial de la caracterización, se describirá la *Estructura Organizativa* sobre la que el tandem producto/servicio descansa.

Productos y Servicios. Estructura Organizativa del CFP de la UPV

Para alcanzar la Visión enunciada a través de la Misión expuesta, se ha establecido una estructura basada en dos parámetros complementarios. La organización *Centro de Formación de Postgrado* debe tener una doble perspectiva. En primer lugar una perspectiva de los clientes a los que se puede atender con unos servicios Centralizados de Gestión de la Formación Permanente. En segundo lugar una perspectiva de los productos con los que se trabaja desde los servicios enumerados. Por un lado, los servicios deben servir de soporte a los productos ofertados y por otro, los productos deben reposar en procedimientos definidos en los servicios. Con esta doble perspectiva se propone una estructura matricial que será desarrollada a continuación.

Una primera aproximación de los productos que posee la UPV a través de su Centro de Formación de Postgrado es la siguiente:

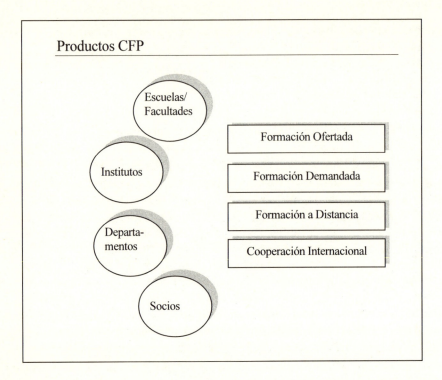

Dar soporte a la Comunidad Universitaria supone que tanto las Centros como los Departamentos, Institutos u órganos afines son los auténticos protagonistas del proceso formativo. El CFP debe funcionar como escaparate único de los productos no reglados que la universidad es capaz de generar pero sin asumir ningún protagonismo. Perder de vista esta cuestión es un error. Los profesores de la Universidad deben ser considerados como los suministradores del conocimiento que se canaliza hacia el exterior, siendo en realidad socios del Centro de Formación de Postgrado más que clientes. Esto supone "participar" pero no "intervenir". Pasamos a describir brevemente cada uno de los productos tipificados en este esquema.

Productos ofertados por el CFP

Tal y como se ha descrito en párrafos previos, en realidad no existen productos del CFP, sino productos de la Universidad Politécnica de Valencia que son gestionados por una unidad que se debe a su organización matriz. Esto supone que los productos deberán estar ajustados a una normativa que permita a toda la Comunidad Universitaria participar en el desarrollo de formación permanente. La normativa de la UPV establece los siguientes productos:

Formación Ofertada

Bajo esta categoría agrupamos todos los productos formativos no reglados tradicionales que la Universidad Politécnica de Valencia puede ofertar. Esta oferta supone que el

producto se ajusta la cadena de valor enunciada en la sección anterior como "formación ofertada". Los productos son:
- Master Universitario (más de 500 horas)
- Especialista Universitario (más de 200 horas)
- Especialista Profesional (más de 400 horas)
- Formación Específica
- Extensión Universitaria

Los tres primeros corresponden a Títulos Propios Universitarios. Los Títulos Propios es una categoría de diplomas acordados entre las universidades españolas en el año 91 a través del Convenio Interuniversitario de Formación de Postgrado, convenio que fue formulado con el objeto de regular los parámetros de tipificación de los Títulos Propios otorgados por el sistema universitario español. Los Master Universitarios y los Especialistas Universitarios están dirigidos a profesionales que posean titulación universitaria. Los Especialistas Universitarios están dirigidos a profesionales que posean titulación de COU, FPII o sus equivalentes.

La Formación Específica es la formación de postgrado por excelencia. Se trata de formación promovida por Centros, Departamentos, Institutos u órganos afines dirigida a profesionales del mercado que deseen actualizar sus conocimientos, información, habilidades, saber hacer o entendimiento en una materia tecnológica, científica, artística o humanística concreta. Por último, la Extensión Universitaria la componen los cursos de formación complementaria que las Escuelas o Departamentos organizan para los alumnos de la universidad que aun no han terminado sus estudios pero que desean ampliar su base de conocimiento en alguna materia específica no cubierta por la formación reglada.

La formalización de un producto de formación ofertada posee un trámite interno que está diseñado fundamentalmente para fomentar la participación de los órganos de gobierno colegiados de la propia universidad. Esta implicación de los órganos de representación pretende evitar las situaciones de descoordinación con las actividades estructurales de los grupos de trabajo formales existentes en la universidad. Por otro lado, los trámites formales permiten concentrar en los órganos de gobierno colegiados, las discusiones de carácter académico y/o de oportunidad social de los productos que la UPV promueve como propios.

Los Títulos Propios deben de ser promovidos bien por Escuelas o bien por Institutos o Departamentos. Es función del Centro de Formación de Postgrado tanto facilitar y dinamizar a los Departamentos y Escuelas para promover conjuntamente Títulos Propios como intermediar en los casos de conflicto potencial entre grupos que estén desarrollando actividades en áreas de conocimiento colindantes. Una vez elaborada la propuesta y recabadas las correspondientes autorizaciones de los Departamentos y/o Escuelas, esta es elevada por el CFP a la Junta de Gobierno a través del Consejo Docente para su ratificación académica. Posteriormente es el Consejo Social de la universidad quién ratifica el precio establecido por la tasa de matriculación.

La dirección del Centro de Formación de Postgrado y sus técnicos participan en todos estos procesos de generación, negociación y propuesta de los Títulos Propios de la universidad. Esto requiere un conjunto de habilidades personales que les permitan negociar, promover cambios en propuestas académicas y ajustar los productos elaborados a las necesidades que puedan ser detectadas en el mercado. Estas habilidades deben ser por tanto desarrolladas en todos los técnicos que se dedican a la gestión de las unidades de gestión universitaria.

La Formación Específica y la Extensión Universitaria posee un trámite más sencillo. La propuesta solo debe ser ratificada por una Escuela y/o un Departamento que asume tanto la coordinación académica como la ejecución del gasto. Solo en el caso de tratarse de propuestas poco ortodoxas, la dirección del CFP y sus técnicos intervienen en su adecuación tanto a la normativa vigente como a la oportunidad social de la propuesta desarrollada.

Una vez cualquiera de los cuatro productos poseen las debidas autorizaciones, la comercialización es asumida por el Centro de Formación de Postgrado. Los procesos en los que interviene el CFP son descritos a continuación ajustándonos al modelo del ciclo de vida del producto formativo:

Formación Ofertada	
Análisis Demanda	Descentralizado
Diseño	Descentralizado
Comercialización	Centralizada
Matriculación e Información	Centralizada
Gestión Económica	
• Gestión Ingreso	Centralizado
• Gestión del Gasto	Descentralizado
Impartición	Descentralizada
Evaluación	Centralizada

Tanto la Comercialización como la Matriculación e Información, la Gestión del Ingreso y la Evaluación son realizadas de forma Centralizada. La Gestión del Gasto y la Impartición son desarrolladas por el Director Académico y por el conjunto de profesores que participan en la acción formativa de la que se trate. De nuevo es el CFP la unidad que interviene si existe algún desajuste, bien económico bien organizativo, en la Impartición o en la Evaluación de la acción formativa.

Formación Demandada

Definimos Formación Demandada como la Formación Permanente que Empresas, Instituciones, Institutos Tecnológicos o Asociaciones Profesionales solicita a la Universidad Politécnica de Valencia para actualizar conocimientos del colectivo de personas que está dentro del ámbito de su responsabilidad corporativa. Esta definición amplia engloba los casos particulares de las entidades privadas o públicas que desean formar a sus empleados, las asociaciones profesionales que desean dar servicios a sus miembros (caso de los Colegios Profesionales, los Agentes Sociales o los Institutos Tecnológicos), las entidades públicas que deben facilitar la formación de colectivos específicos (caso del Fondo Social Europeo o el FORCEM) o los Centros Adscritos de la Universidad Politécnica de Valencia. Este último caso es una cuestión singular donde el CFP solo interviene en la Gestión del Ingreso y más recientemente en la configuración de Títulos Propios conjuntos entre la Universidad Politécnica de Valencia y los citados Centros Adscritos (caso de la Escuela Universitaria FORD).

La Formación Demandada posee un ciclo de vida diferente al de la Formación Ofertada tanto en cuanto el cliente es, en este caso, una entidad con la que se negocia y no un público objetivo al que hay que venderle el producto de manera individual. Será la entidad cliente quién aportará los alumnos que van a seguir el curso. Esto afecta a las funciones que se desarrollan desde la universidad tanto en cuanto se eliminan fases del ciclo de vida tradicional pero aparecen fases distintas que incorporan complejidad al proceso global de desarrollo de Formación Demandada.

El ciclo de vida de la Formación Demandada se representa a través del siguiente esquema:

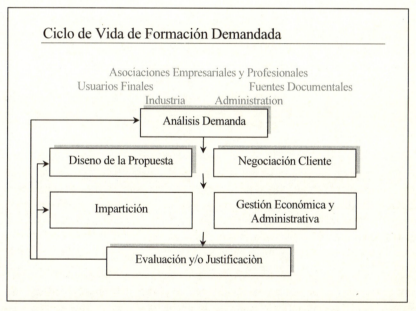

En este esquema se pretende representar conjuntamente dos actividades que hacen compatible el esquema de la formación subvencionada por institución obtenida por negociación con la entidad, con la correspondiente a la formación demandada pura por parte de empresas u otras organizaciones. Teniendo en cuenta un arranque común en el punto de análisis de la demanda generada por la dinámica propia del mercado, distinguimos el diseño de la propuesta de la negociación con el cliente. El diseño (y posterior presentación de la propuesta al organismo financiador) es una actividad académica que debe ser complementada con la actividad negociadora. La primera corresponde exclusivamente al personal docente pero la segunda puede ser soportada por técnicos de formación especializados en negociación. Su "no implicación" tanto económica como académica y su "implicación institucional" dan al técnico de formación unas herramientas de negociación poderosas que pone al servicio de la comunidad Universitaria con el fin de materializar proyectos formativos a medida para los clientes de la UPV.

Dadas las características del producto y dado el carácter interno del CFP, las actividades asociadas al desarrollo del mismo son las siguientes:

Formación Demandada	
Negociación	Descentralizada
• Gestión Ingreso	Centralizado
• Gestión del Gasto	Descentralizado
Impartición	Descentralizada
Evaluación	Centralizada

La formalización de la relación contractual entre el cliente y la Universidad se hace de dos formas alternativas. Si la universidad certifica el curso contratado, las condiciones de cobro, evaluación y certificación del producto o productos desarrollados se hará a través de un *Convenio de Formación*. Si la actividad contratada no requiere certificación de la universidad, la relación contractual se formalizará a través de una *Prestación de Servicio de Formación*.

Formación a distancia

No parece coherente distinguir el producto Formación a Distancia de los productos Formación Demandada o Formación Ofertada. Esto es cierto dado que un producto de Formación a Distancia es ofertado por la propia universidad o es demandado por alguna institución. La distinción se formula por las diferencias esenciales existentes entre la Formación a Distancia y la Formación Presencial. Tal y como se ha descrito en la sección anterior, la Formación a Distancia posee una serie de características que hacen que su desarrollo y ejecución sean singulares y deban tener un tratamiento diferenciado.

La Cadena de Valor de la Formación a distancia ha sido representado en la sección anterior distinguiendo en la fase de *Producción* de la fase de *Impartición*. La Producción de materiales de formación a distancia se puede representar siguiendo el esquema siguiente:

Tanto el diseño académico como la fase experta son actividades que corresponden al docente experto en la materia que se está produciendo. Por otro lado, el apoyo didáctico, la fase técnica, el diseño gráfico y las pruebas son actividades periféricas o de soporte que van a permitir al experto concentrarse en la generación de contenidos. La complejidad del proceso de producción es manifiesta tanto en cuanto en cada una de estas fases debe existir una coordinación entre los distintos equipos que realizan las diferentes funciones.

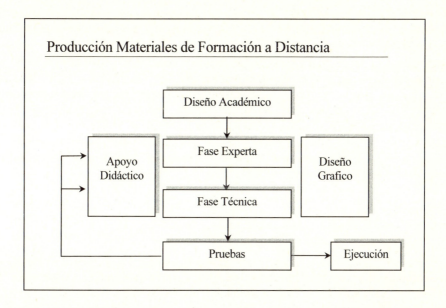

Esta complejidad, la referente a la producción, es la que nos hace formular el producto Formación a distancia como un producto singular y diferenciado de los productos presenciales, bien sean ofertados o bien sean demandados. En los tres últimos años del siglo XX, el Centro de Formación de Postgrado ha estado dando soporte al desarrollo de diferentes experiencias piloto de Formación a Distancia a través de Internet que han permitido modelizar tanto las actividades específicas de producción como las actividades necesarias para la impartición de este tipo de productos. Esta base nos ha situado como universidad en un punto de partida diferenciado con respecto a otras instituciones formativas, punto de partida que nos va a permitir seguir generando a través de nuevas estructuras materiales de forma sistemática aplicables tanto a la formación de Postgrado como a la formación reglada. Es una actividad del CFP para los próximos años transferir el conocimiento acumulado tanto a los docentes de la universidad como a las nuevas unidades que se creen para dar soporte la producción sistemática de estos nuevos materiales.

Por último, destacar la tipificación de actividades enunciada en el primer apartado de esta Sección.

Formación a Distancia

Fase Experta	Descentralizada
Fase Técnica	Centralizada
Diseño Gráfico	Centralizada
Apoyo Didáctico	Centralizada
Impartición	Descentralizada
Evaluación	Centralizada

La Impartición" descentralizada" supone que los docentes deben considerar los productos desarrollados como productos propios. Esto supone que teniendo unos servicios de soporte específicos (comercialización y matriculación), deberán asumir tanto las sesiones presenciales que se planteen como la tutorización de los alumnos que estén matriculados en estos cursos. Desde el CFP se podrán plantear dos modelos de explotación económica la de "riesgo compartido" en la comercialización y en la coordinación académica como la opción de gestión económica descentralizada (el docente asume todos los riesgos y los costes de la comercialización y la coordinación académica). En todo caso y con el objeto de coordinar todos los esfuerzos de evaluación, esta seguirá siendo centralizada sobre la base de poder comparar con datos homogéneos la bondad del contenido y la calidad del servicio desarrollado por los tutores de los cursos.

Servicios del CFP

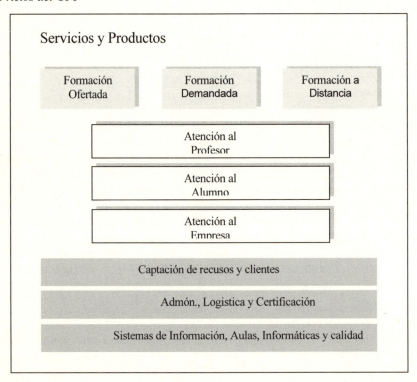

Dadas las tres grandes líneas de productos que la UPV ofrece a través de su Centro de Formación de Postgrado, se propone una organización matricial para dar respuesta a su desarrollo y puesta en marcha soportada en una serie de servicios comunes a las tres líneas de productos y a procedimientos transversales que dan respuesta a las necesidades de servicio de cada una de las líneas de producto.

En el esquema anterior se destaca que existe una serie de servicios "de atención" que son comunes a las tres líneas de productos formuladas en el presente artículo. Estos servicios son los de *Atención al Profesor*, *Atención al Alumno* y *Atención a la Empresa*. Tanto los productos enunciados como los servicios específicos de atención deben descansar sobre una serie de servicios de soporte que permiten la generación de economías de escala entre los productos existentes. Estos servicios son los de captación de recursos, administración y logística y por último los servicios de sistemas de información y calidad.

Independientemente del producto que analicemos y dada la experiencia acumulada en el CFP en los últimos tres años en los aspectos referidos a la ISO 9002, hemos detectado que entre los diferentes productos existen una serie de servicios que podríamos describir mediante un procedimiento y poseen parte comunes. Estas parte comunes permiten generar también a este nivel economías de escala organizativas y de gestión. Los tres primeros servicios descritos como de "atención" corresponden a esta categoría. Pasamos a detallar específicamente cada uno de los servicios detallados.

Atención al Profesor

Tal y como se ha formulado anteriormente existen una serie de procedimientos genéricos que dan soporte a cada uno de los servicios de "atención". En el caso específico de Atención al Profesor, los procedimientos que son comunes son los de Formalización, Promoción y Evaluación.

El procedimiento de *formalización* dependerá del producto del que se trate pero en común poseen un diseño del producto, una recogida de las pertinentes autorizaciones y en el caso de la Formación Demandada la formalización de la relación mediante un contrato de formación o mediante una prestación de servicio de formación, dependiendo del caso particular que se trate. Los contratos de formación son atendidos desde otro servicio aunque la orientación inicial tiene lugar desde este punto.

Procedimiento	Formación Ofertada	Demandada	A Distancia
Formalización			
diseño	X	X	X
autorizaciones	X		X
prestaciones servicio		X	
Promoción			
tríptico/carteles	X		X
mailing	X		X
web	X		X
prensa	X		X
Evaluación			
profesores	X	X	X
organización	X	X	X
alumnos	X		X

Estos tres grandes procedimientos también aparecen reflejados en las cadenas de valor descritas con anterioridad y nos permiten no solo modelizar el proceso sino también describir los procedimientos comunes que son ejecutables aprovechando las economías de escala existentes.

La p*romoción* de la Formación Ofertada y de la Formación A Distancia es coincidente tanto en los instrumentos de promoción como en los medios. Hay que destacar la especial relevancia que poseen los trípticos en ambos casos. El tríptico representa el contrato que el usuario firma con la institución organizadora y como tal debe ser considerado. Un tríptico con información inexacta o con información "no real" solo provocará insatisfacción entre los usuarios. Por esta razón el CFP tiene articulados los mecanismos necesarios para supervisar la elaboración del material publicitario y de promoción de las actividades formativas que lleven el sello de la UPV.

Por último, la e*valuación* de las acciones formativas. Tal y como se describió en el apartado de la cadena de valor del Producto Formativo Presencial, los objetos de evaluación deben ser tres: el docente, el dicente y la organización promotora. Los aspectos relativos al docente y a la organización permitirán tomar medidas correctoras en los procesos formativos desarrollados o proponer mejoras que permitan al dicente alcanzar mayores grados de satisfacción con la formación recibida. La evaluación del dicente permitirá a la organización certificar frente a terceros el conocimiento, habilidad y saber hacer alcanzado por el objeto de la formación. El rigor y la seriedad que se aplique a este proceso determinarán la imagen de calidad de la institución organizadora de formación a medio y largo plazo.

Atención al Alumno

El alumno es el objeto final de la formación en cualquiera de sus modalidades. El enfoque que el CFP da al alumno es el de "cliente" de los productos de la universidad y por esto se deberán articular todos lo elementos necesarios para conseguir que cubra las expectativas que un curso de la Universidad Politécnica de Valencia pueda producir en él como usuario de la entidad. En todo caso y centrándonos en los aspectos relativos a procedimientos, cualquier producto de los antes enunciados poseen en común tres actividades que son independientes de su modalidad.

La *matriculación* de los alumnos en un curso supondrá darlos de alta en el Sistema de Información a todos los efectos de su relación posterior con la universidad. Esta matriculación centralizada permite gestionar de forma efectiva la generación de los recibos o facturas pertinentes, esto es, la gestión de los i*ngresos* que se deriven de la matriculación de los alumnos. Tal y como se ha descrito al tipificar el Centro de Formación de Postgrado de la UPV al principio de esta sección, se dispone de un sistema de gestión centralizada del ingreso de gestión descentralizada del gasto. La identificación de ingresos se realiza mediante la generación de un código de recibo asociado al alumno que a su vez, pertenece a una acción formativa determinada.

Por último, el proceso de c*ertificación* de los alumnos posee una doble característica. La confirmación académica es realizada por los profesores organizadores de forma descentralizada pero la emisión y posterior envío de los certificados en cualquiera de sus modalidades (asistencia, aprovechamiento y/o Títulos Propios) es gestionada de forma centralizada por el Centro de Formación de Postgrado.

Atención a la Empresa

Los servicios de Atención a la Empresa (o institución financiadora) tienen por objeto dar respuesta a las necesidades específicas de formación que las Empresas o Instituciones puedan plantear a la Universidad Politécnica de Valencia. Este servicio tiene implicación con las tres líneas de producto aunque mayoritariamente se resuelven a través del producto Formación Demandada. Es corriente atender a empresas que no pueden permitirse contratar un curso a medida y desde este servicio se les orienta sobre los diferentes productos que existen ofertados buscando aquellos que mejor se pueden ajustar a sus necesidades.

Tal y como se representó anteriormente en la cadena de valor de la Formación Demandada, tras el oportuno análisis de demanda y la negociación con la entidad correspondiente, el resultado se plasma en un diseño que debe ser formalizado a través de un *Convenio de Formación*. En el convenio se reflejan tanto las condiciones académicas como las condiciones económicas que van a regir la relación entre la entidad contratante y la Universidad. El procedimiento Convenio establece las condiciones de facturación, de cobro y de contraprestaciones que la entidad contratante recibirá de la UPV. Toda implicación económica, logística y académica deberá ser especificada con el objeto de tener un documento de salvaguardia para las dos partes. Normalmente se firma un Convenio de Formación en el caso que la UPV certifique el conocimiento de los empleados o clientes de la empresa que contrata a la universidad.

Un caso particular de la relación con Empresas e Instituciones es aquel en el que la entidad contratante solo desea la participación puntual de un profesor de la UPV en una actividad formativa avalada y desarrollada en exclusividad por la entidad. Este caso particular se resuelve de una forma simplificada que se denomina *Prestación de Servicio de Formación*. Una PS de Formación tiene asociados tres documentos: el pedido de la empresa (firmado y sellado por la misma) – que se denomina "hoja de encargo" –, el reconocimiento por parte de la empresa y del profesor que la actividad ha sido desarrollada (firmado y sellado por ambas partes) – que se denomina "nota de entrega" o albarán – y la factura emitida por el CFP por la prestación de este servicio. Ambos procedimientos poseen consecuencias económicas para la UPV que deben ser resueltas a través de la oportuna *Gestión de Cobro*. Este procedimiento es desarrollado desde el CFP con una secuencia que depende del tipo de cliente (institucional o empresa privada) dado que los periodos de pago de unos y otros son absolutamente distintos.

Servicios Comunes

Los tres servicios transversales de "atención" y los productos (ofertados, demandados y a distancia) se soportan sobre tres servicios comunes que permiten generar economías de escala en todos y cada uno de los productos. Destacamos en primer lugar el servicio de *Administración, Logística y Certificación*. La certificación de cualquiera de los tres tipos de productos que se gestionan desde el Centro de Formación de Postgrado tiene asociado un proceso de cierre exacto que permite desarrollar las tareas administrativas asociadas de igual manera. La emisión de certificados, bien sean de profesorado o bien sean de alumnado, es un proceso que lo arranca el profesor responsable de la actividad académica y termina con la impresión y envío de os mismos. La logística afecta tanto al resto de servicios como a la atención de aulas. Por último, la Administración del CFP engloba todas las actuaciones con otros servicios de la universidad como con agentes externos.

El servicio de *Captación de Recursos y Clientes* tiene por objeto la búsqueda de oportunidades de financiación externas a la UPV. Estas oportunidades se localizan en fuentes de financiación regionales, nacionales o europeas a través de diferentes instrumentos de financiación (Impiva, Forcem, ADAPT, PROFIT, V Programa Marco o Alfa). La búsqueda de financiación y la coordinación de la presentación de proyectos institucionales a estas fuentes de financiación relacionadas siempre con proyectos de formación que se puedan ejecutar con profesorado de la propia UPV es pare esencialdel trabajo diario del Centro de Formación de Postgrado.

Por último destacar el servicio de *Sistemas de Información, Aulas Informáticas y Calidad*. Los procesos de implantación de procedimientos de calidad requieren en muchas ocasiones de modificaciones del Sistema de Información existente. Por otro lado el conjunto de Aulas Informáticas del CFP requieren de una integración con el resto de Sistemas del Centro. Es por estas razones por las que se formulan conjuntamente las tres áreas.

Promoviendo la Calidad.
El Programa Internacional de Gestión de Calidad de la Educación Superior en América Latina

Matthias Wesseler

> "La educación tiene que ver fundamentalmente con promover cambios" (UNESCO, Proyecto Regional de Educación para América Latina y El Caribe, La Habana, Noviembre 2002)

> "La propia educación superior ha de emprender la transformación y la renovación más radicales que jamás haya tenido por delante, de forma que la sociedad contemporánea, que en la actualidad vive una profunda crisis de valores, pueda trascender las consideraciones meramente económicas y asumir dimensiones de moralidad y espiritualidad más arraigadas." (UNESCO 1998, Declaración Mundial Sobre la Educación Superior en el Siglo XXI: Visión y Acción, Preámbulo)

1. De la Evaluación hacia la Gestión de la Calidad Universitaria

La siguiente contribución se origina en el debate internacional sobre la necesidad urgente de una gestión de calidad de la educación superior más eficaz y eficiente. En comparación con las discusiones del sector privado y comercial, este debate podría parecer un poco obsoleto (Giroux/Taylor 2002). No obstante, la educación superior ha desarrollado un discurso que sobrepasa los límites de los conceptos de calidad comercial y sigue generando una demanda creciente de promover esfuerzos concretos para la realización práctica dentro de lo que es la gestión académica. Urge diseñar una gestión de calidad específica, que cumpla a la vez con las necesidades del "mercado" social y professional, pero también con los valores de ciencia y académicos. Además se requiere de una gestión de calidad universitaria que tenga impactos tangibles en la labor cotidiana de los docentes, de los investigadores, de los administradores, y, – no por último – que tenga también un impacto visible sobre los esfuerzos de los estudiantes.

El programa que quisiera presentar aquí se ubica dentro de un contexto de varias actividades de cooperación por un lado entre el Consejo Superior Universitario Centroamericano (CSUCA) y algunas universidades privadas centroamericanas, y, – por otro lado – entre universidades alemanas (Kassel y Leipzig) y agencias alemanas de cooperación internacional, como son la Fundación Alemana para el Desarrollo Internacional DSE, (hoy InWEnt), la DAAD y la GTZ.

En Marzo de 1998, en Antigua Guatemala, el CSUCA, la DSE y el Instituto de Estudios Socio-Culturales – ISOS (Universidad de Kassel), hemos diseñado – sobre la base del famoso SICEVAES (Sistema Centroamericano de Evaluación y Accreditación de la Educación Superior, aprobado formalmente en septiembre de 1998) – un programa de cooperación que algunos meses más tarde lo llamamos CAMINA, es decir Curso de Capacitación en Métodos Innovativos de Autoevaluación. Desde aquellos tiempos numerosos colegas tanto de América Central como de Europa, especialmente de Alemania, se comprometieron de una forma u otra con el cumplimiento de los objetivos de este programa. Creíamos poder contribuir al desarrollo de la calidad universitaria por medio de un proceso de capacitación en métodos innovativos de la autoevaluación. (Quisiera mencionar en este contexto a dos colegas, a Francisco Alarcón, Director Académico del CSUCA, y, a Christoph Hansert de la DSE (hoy InWEnt), quienes con su compromiso extraordinario y a pesar de todas las dificultades, lograron promover el programa CAMINA con gran éxito, e incluyo en este agradecimiento especial a todos los colegas que participaron y contribuyeron con este esfuerzo participativo.)

Por supuesto, la autoevaluación no es el único instrumento pare promover la calidad universitaria. Existen "numerosas y diversas medidas para reforzar el cambio como transformaciones curriculares, cambios en políticas y reglamentos universitarios, cambios en la estructura organizativa universitaria" (SICEVAES), etc. No obstante, después de cinco años, personalmente, sigo creyendo con mayor certeza que la autoevaluación puede elevar la calidad de nuestra labor universitaria. Pero las razones de esta confianza se modificaron a partir de un enfoque metodológico, y en cierta medida tecnológico, hacia una comprensión más profunda de la eficacia de la autoevaluación: la calidad universitaria ya no me parece una meta puramente gestionable o accesible por instrumentos técnicos. Calidad más bien, como la veo hoy, es una dimensión evolutiva de nuestra labor tanto personal como institucional. Y la autoevaluación, bajo ciertas condiciones, puede contribuir de una manera muy valiosa al desarrollo de la calidad, pero, bajo otras condiciones también puede hasta perjudicar el proceso del desarrollo de aquella meta tan anhelada.

Con ánimo, con inspiración, con compromiso y con rigor científico hemos tratado de diseñar y ejecutar evaluaciones con enfoques en los insumos, los procesos y los resultados y tomando en cuenta el respectivo contexto; hemos desarrollado métodos, instrumentos y procedimientos –, hemos luchado por estándares, indicadores y criterios –, hemos formado grupos y comités de evaluación en más de 20 universidades y al fin y al cabo hemos conseguido recursos y atención llegando – muchas veces a buenos resultados con impactos tangibles.

El proyecto CAMINA, con sus dimensiones de autoevaluación, de evaluación de los pares externos y de acreditación, más allá de sus grandes e indudables éxitos, revela un descubrimiento altamente relevante: la "capacitación en métodos innovativos" se enfoca en competencias metodológicas, pero a la vez exige un aprendizaje decisivo de competencias más profundas, es decir de competencias para integrar el esfuerzo de la autoevaluación en un contexto institucional mayor. Los supuestos "héroes de la evaluación" se transforman en caballeros – y damas – que están al servicio de algo mayor que la pura aplicación de sus armas de validez y confiabilidad. Será por esto que la UNESCO en su "Proyecto regional de educación para América Latina y el Caribe" (La Habana, Noviembre 2002) promueve como "foco estratégico" "una cultura de la evaluación y del compromiso con los resultados, llevando a cabo debates sociales sobre el sentido y los resultados de la educación, y sobre la orientación de los sistemas de evaluación de la calidad de la educación" (UNESCO 2002, 24).

Sin embargo, valdría la pena evaluar nuestra labor realizada en el trascurso de estos años con el mismo rigor con el cual hemos tratado de evaluar la labor de nuestros colegas, de nuestras carreras, facultades y universidades. ¿Qué pasa con los insumos, con los procesos y – finalmente – lo más importante qué pasa con los resultados y con los impactos de CAMINA? ¿Hemos aprendido algo en el sentido de Kelso: "learning changes not just one thing, it changes the entire system" (Kelso 1995, 173)? ¿Hemos logrado contribuir con cambios en la calidad de nuestras instituciones, de nuestros colegas – y hasta en la calidad de nosotros mismos? ¿Ha mejorado realmente la calidad universitaria?

2. Arquitectura del programa: Compromiso con participación

Bajo los ojos críticos surge no sólo una evidencia de grandes logros y éxitos en el sector de la evaluación y acreditación, sino también una comprensión de la necesidad de invertir mayor energía en la implementación de los resultados adquiridos de la respectiva evaluación. Hace falta un mayor impacto tangible en la gestión académica y administrativa de la educación superior.

2.1 La fase preparatoria: La urgente necesidad de comprometerse con la Gestión de Calidad

En esta situación reflexiva ocurrió una coincidencia muy favorable: la GTZ invitó a una conferencia con el título "Desarrollo de calidad en universidades de América Latina" (GTZ 2002a). En la ciudad de Mexico, con el apoyo del CSUCA, de la DSE y del DAAD, se logró la realización de un diálogo importante con rectores, autoridades y expertos universitarios. Los dos resultados concretos de este evento – en resumen – fueron los siguientes (p. 111):
- apoyar a la realización de estudios: es decir promover la dimensión investigativa de la gestión de calidad;
- apoyar a la realización de eventos de discusión internacional y promover foros de diálogo y capacitación.

Sobre esta base se formaron dos equipos para desarrollar los seguimientos correspondientes. En el equipo de los eventos de discusión y diálogo surgió la idea de invitar a otro seminario con el propósito de diseñar un marco de referencia para una currícula de capacitación en gestión de calidad universitaria.

2.2 La fase del diseño: atractividad científica con impacto tangible

En la ciudad de Lima, Perú, nuevamente con el apoyo de las mismas instituciones arriba mencionadas, se reunieron expertos de diseño curricular para identificar más detalladamente un marco concreto de una currícula de referencia para la capacitación individual y el desarrollo institucional dentro del contexto de la gestión de calidad universitaria (GTZ 2002b). Esta currícula de referencia fue elaborada más tarde con mayores detalles (quisiera mencionar aquí mi agradecimiento a los expertos Francisco Alarcón (CSUCA), Gilberto Alfaro (UNA, CR), Johann Gerlach (FU Berlin), Jörg Knoll (U Leipzig), Ulrich Teichler (U Kassel). Resumo algunos rasgos de esta currícula en lo siguiente:

(1) **Contexto específico:**
El concepto del programa se basa en los resultados obtenidos en las conferencias de Mexico (2001) y de Lima (2002), reflejando la discusión internacional sobre el desarrollo de la educación superior (UNESCO 1998, World Bank 2002, Bologna Process en Europa et al.). Además, la currícula abarca también el debate sobre la cooperación internacional del desarrollo en el sector educativo. En América Latina también existe una demanda creciente de una profesionalización de la gestión universitaria, con vista a un reforzamiento general de la calidad, que al mismo tiempo promueva los perfiles propios dentro de las condiciones específicas de las mismas universidades.

(2) **Programa piloto:**
El programa se entiende como un programa "piloto", con una dedicación exclusiva de 300 horas en total para los participantes. Se trata de establecer las bases necesarias para su continuación dentro de instituciones latinoamericanas y siempre en cooperación con universidades alemanas, promoviendo posiblemente Maestrías cooperativas, con reconocimiento mútuo de créditos, y proyectos de investigación.

(3) **Perfil:**
Ante todo son cuatro las dimensiones que caracterizan el perfil científico y evolutivo del programa:
    a. Capacitación individual (aprendizaje, entrenamiento, competencias clave, vea abajo (5));
    b. Desarrollo institucional (los participantes se comprometen en sus proyectos con un reto específico y real de sus universidades, es decir con una re-estructuración de una facultad, un nuevo diseño de una carrera, el desarrollo de un plan estratégico para una unidad académica etc.);
    c. Atractividad científica: más allá de estos proyectos que se enfoquen ante todo en el desarrollo de una actividad concreta y práctica, debe haber también proyectos de investigación y de análisis);
    d. Cooperación regional e internacional (a través de los módulos regionales los participantes refuerzan sus cooperaciones entre universidades a nivel

regional; el módulo en Alemania ofrece también oportunidades para entrar en contacto y en cooperaciones con universidades de Alemania o de otros paises europeos). El gran reto actual en el sector de las cooperaciones internacionales está en una combinación efectiva de un reforzamiento de la identidad cultural específica de cada institución y la creciente tendencia de seguir estándares internacionales dentro del proceso de la globalización de los valores académicos.

(4) **Grupos meta:**
El grupo meta inmediato son profesores y personal administrativo – alrededor de 30 personas – quienes al interior de sus universidades han aceptado responsabilidades más allá de sus disciplinas científicas y que reciben un apoyo específico de sus autoridades máximas. Además, el programa tendrá efecto a un grupo mucho mayor, promoviendo y estimulando el desarrollo de la calidad institucional de las universidades participantes; este último grupo incluye no sólo a profesores y administrativos sino también a estudiantes.

(5) **Competencias:**
El programa reforzará competencias concretas en:
    a.   destrezas de análisis científica (por medios de investigación) y de aplicación práctica de diversos modelos de gestión de calidad;
    b.   capacidades para desarrollar procesos participativos dentro de la gestión de recursos humanos, como moderación, cooperación y manejo de conflictos;
    c.   reforzar y profundizar competencias de liderazgo en el desarrollo de la organización en sus estrúcturas, procesos y recursos; incluyendo también competencias de cooperación a nivel regional e internacional;

Para la identificación del tópico de su proyecto, cada participante podrá decidir acerca del enfoque de propio proceso del aprendizaje, concretandose en ciertas areas del programa.

(6) **Secuencia:**
El programa consiste en una combinación de diversos módulos y fases de práctica, con una duración total de 18 meses:
    a.   módulos núcleares: se realizarán tres módulos de este tipo, dos de ellos se ejecutarán en Centroamérica, y uno en Alemania. Cada uno de estos módulos durará alrededor de 6 días;
    b.   módulos regionales: participantes que trabajan con sus proyectos sobre retos similares y en universidades cercanas se reunen por dos o tres días durante las fases de práctica para compartir mutuamente sus logros y dificultades, con un apoyo de expertos externos. Estos módulos también involucrarán a la comunidad académica de la universidad anfitriona y contribuirán de este modo al desarrollo institucional. Además, estos módulos refuerzan la cooperación regional entre universidades interesadas, tan importante en una época de escasos recursos;

c. fases de práctica: durante las fases de práctica los participantes se comprometen con desafíos específicos de sus universidades o facultades, desarrollando proyectos de estudio, posiblemente con apoyo electrónico y en círculos de calidad, donde sea factible.

(7) Monitoreo y Evaluación:

Un programa de gestión de calidad tendrá tanto más éxito cuanto más pueda realizar procesos de alta calidad en el camino mismo de su planificación y desarrollo. Un equipo de monitoreo y evaluación se hará cargo de un proceso de acompañamiento crítico y constructivo que observe y pueda guiar el camino del programa y que al final resuma y valorize el impacto.

(8) Organización:

El programa se basa en una cooperación institucional entre el CSUCA, la GTZ y la DAAD. A nivel curricular cooperan seis universidades, dos de ellas de Centroamérica (UNA y UCR de Costa Rica, UNAN León de Nicaragua y la UPN de Honduras) y dos de Alemania (Kassel y Leipzig). Todas estas universidades – algunas ya desde hace años – se comprometieron con la gestión de calidad universitaria, sea a través de Maestrías correspondientes o a través de respectivos centros de investigación. Además, habrá un comité de coordinación científica, en el cual trabajan algunos expertos centroamericanos y alemanes.

Se elaborará una documentación general, a base de reportes de los módulos específicos, incluyendo también los resúmenes de los proyectos de estudio presentados por los participantes.

Recursos: El costo del programa para el participante (o su universidad) será de 2.500 US$. Esta suma cubrirá todos los gastos, incluyendo la participación en los módulos, material didáctico, publicación de los textos de los proyectos más destacados, pasajes, alojamiento, etc. (contribuyendo así en un 25% al importe total que llega a alrededor de 300.000 US$).

2.3 La fase de concordar y coordinar

Actualmente nos encontramos en la fase de coordinar los detalles de la implementación concreta con el CSUCA, la DAAD y la GTZ a nivel "politico" y con las autoridades y colegas de las universidades centroamericanas (UNA, UCR, UNAN León, UPN) y alemanas (Kassel y Leipzig). Creemos que podemos empezar con el primer módulo a fines de este año 2003.

3. Hacia una cultura de calidad académica y de compromiso social: Ensayo con sinceridad

¿En qué consiste la calidad en la educación superior? La primera lección que aprendí versó sobre los cambios paradigmáticos que interpretábamos hace unas décadas como la introducción de la calidad en la educación superior. Obviamente no existe un concenso preciso sobre cómo definir la calidad. Sin embargo, hay algunos indicadores trascendentes que señalan la presencia de un concenso creciente en la educación superior sobre un cambio en la concepción de la calidad:

Enfoque convencional de la calidad en la educación superior	*Enfoque emergente* de la calidad en la educación superior
Altamente individualista	Responsabilidad cooperativa, enfoque de "partes interesadas" (stake-holder approach)
Autonomía de las instituciones	Búsqueda de cooperación entre universidades y el sector privado
Autonomía de las disciplinas	Respuesta interdisciplinaria a oportunidades externas
Escasa necesidad de estrategias integradoras	Necesidad de un pensamiento estratégico a nivel de la universidad
Seguridad "sin amenazas", respaldo entre colegas, estabilidad	Riesgo, dinámica, cambios, incertidumbre
"Torres de marfil"	Comunicación abierta, disposición a admitir debilidades, transparencia
Aversión a enfrentamiento de problemas	Preparación para afrontar problemas y buscar soluciones
Objetivos imprecisos	Enfoque dirigido a resultados tangibles
Investigación aplicada y/o básica	Investigación a demanda
Docencia y conocimiento	Aprendizaje y competencias
Estudiantes como "recipientes" a ser llenados	Estudiantes como asistentes que cooperan en la solución de problemas
Confianza en el financiamiento público	Búsqueda de oportunidades más allá de los recursos actuales
Valores referentes a la personalidad y a las disciplinas	Valores académicos de estructuración social, ambiental y económica
...	...

Estos y otros rasgos emergentes de la calidad en la educación superior – ya sea en la enseñanza, la investigación, los servicios o la administración – a veces se han resumido en el concepto de la "universidad empresarial" (Clark 2001), que refleja todos los nuevos rituales de la Gestión de Calidad Total (Total Quality Management – TQM) o la Mejora Contínua de la Calidad (Continuous Quality Improvement – CQI), etc. Por supuesto, con estos aspectos se ha iniciado un debate largo y controvertido. Sin embargo, hasta donde me es posible opinar, existe un creciente concenso entre las universidades sobre la necesidad de avanzar con mayor firmeza en dirección a satisfacer las necesidades de los mercados, pero – y esto es esencial – sin dejar de lado la otra función fundamental: la de influir sobre la demanda del mercado con el fin de darle forma más allá de la satisfacción corto-placista del consumismo ciego. Ambas dimensiones funcionales – es decir, tanto satisfacer como orientar los requerimientos de la sociedad (y del medio ambiente) – definen la calidad emergente de las universidades: en resumen, compromiso con inovaciones sostenibles a largo plazo y no (solamente) una calidad eomercialigable facilmente según las necesidades momentáneas de un mercado pasajero.

¿Cómo implementar la gestión de la calidad en la educación superior? La segunda lección importante que aprendí fue que la necesaria transformación hacia un tipo de educación superior más "empresarial" y socialmente más responsable requiere cambiar y desarrollar en mayor medida dos elementos decisivos de cualquier facultad: estructura y cultura. La *estructura* abarca todos los temas legales, financieros y organizacionales, incluyendo la estructura salarial. Se puede caracterizar como una especie de "hardware". En cambio, la *cultura* –que incluye los hábitos manifiestos y ocultos, los patrones de comportamiento, los rituales de poder y los mecanismos de recompensa – actúa como el "software" necesario para mantener en funcionamiento una facultad.

Si nos comprometemos con el cambio cualitativo, necesitamos adquirir los conocimientos necesarios sobre cambios estructurales propicios, y también las competencias indispensables para promover una cultura basada sobre la calidad en nuestras facultades. La mayoría de estas competencias comprenden obviamente las destrezas generales de gestión como la comunicación, la toma de decisiones, la negociación, la solución de problemas, la iniciativa y responsabilidad, el liderazgo, la solución de conflictos, etc. Sin embargo, también incluyen un elemento especialmente difícil, que va más allá del ámbito regular de lo empresarial en otros sectores: el sistema de valores específicos de una universidad, su tradición, sus actitudes y su evolución.

En el proceso de transformación aparecen muchas tensiones, que causan conflictos y resistencias, y que con frecuencia despiertan el sentimiento de llevar las de perder. El reto consiste *en transformar estas tensiones en oportunidades,* de implementar un cambio sustancial – tanto para el individuo como para la organización. Este es probablemente el desafío fundamental del aprendizaje relacionado con la gestión de calidad.

La gestión de calidad nunca es autónoma, y siempre tiene lugar dentro de un contexto o sistema de auto-organización. Éste es obviamente un tema de gran envergadura, y necesitamos un cierto *"potencial de buena disposición evolutiva"* (Kelso 1995, "readiness potential") para lograr el éxito en nuestro emprendimiento. La calidad no puede ser materia de una gestión mecánica, sin importar cuán hábil o dedicado sea el gerente en cuestión. En la industria y el comercio, un 70% de las iniciativas de gestión de calidad han fracasado (Senge 1999). La calidad es más bien parte de una evolución cultural de gran alcance iniciada por una institución (o empresa), y si logramos identificar las "semillas del cambio", podremos tener éxito en convertirlas en sabrosos frutos.

En resumen, todas mis experiencias en relación con la orientación de la gestión de calidad, el proceso de transformación y el reconocimiento otorgado a algunos procesos evolutivos que superan nuestra propia dimensión y la de nuestras instituciones, se acumulan a nivel de la institución a través de un incremento en la visibilidad de la calidad y un mayor impacto de sus potenciales. Por último, también contribuyen a lograr un sentimiento de profunda satisfacción a nivel del individuo. El compromiso con la gestión de calidad no sólo resulta trascendente para la institución, sino también juega un papel importante para nosotros mismos.

Esta experiencia para mi es también uno de aquellos incentivos positivos de los cuales el Banco Mundial habla como elemento necesario para el cambio: "Reliance on positive incentives to promote change can be pivotal" (World Bank 2002, XVI).

Finalmente, he llegado a entender que el patrón mental, que actualmente domina el discurso sobre la calidad universitaria, se presta sus conceptos del mercado. Hemos aprendido mucho de las empresas y del comercio, es decir del concepto de calidad industrial o comercial, con todos sus enfoques de controlar y gestionar calidad como TQM, CQI, benchmarking, balanced scorecards, indicator based funding, ISO 9000, EFQM, valor agregado y ventaja competitiva etc. Cuando tratamos de aplicar estos conceptos, válidos y relevantes como pueden ser, tendemos a aceptar un riesgo de reducir la calidad universitaria a indicadores medibles cuantitativamente. Aún más, con estos conceptos internalizamos valores industriales como rendimiento, eficiencia, estandares y competitividad – entre otros. Y defiendo este camino "comercial" de la calidad como legítimo y hasta necesario. En muchas universidades faltaba este espíritu emprendedor, y era necesario aceptar que también las universidades son instituciones de servicio social que deben rendir cuentas a la sociedad. Por esta razón veo en todos estos esfuerzos – e incluyo la evaluación – una labor necesaria y altamente útil.

¿Pero no somos a la vez algo más? ¿Y no tenemos dimensiones de una calidad que no se puede, ni se debe "mercadear"? Existen tantas definiciones útiles de lo que es calidad, tomadas del contexto mercantil. Sin embargo, no conozco una definición consensual de lo que es calidad universitaria. Posiblemente podría ser útil para un entendimiento más profundo de "nuestros" patrones de calidad si observasemos el discurso de calidad en el contexto de las bellas artes. Cito a Alberto Giacometti, el gran escultor y pintor suizo, quién murió en 1966:

"Cuando nos comprometimos totalmente con crear algo, se trata de la misma necesidad, si somos científicos o artistas. La ciencia y el arte significan: querer entender. Éxito o fracaso no importan. Esta es la forma moderna de la aventura de la vida" (Alberto Giacometti, 1962, 176).

Poco antes de su muerte, escribió un pequeño poema:

> "Tout cela n'est pas grand' chose
> toute la peinture, sculpture, dessin,
> écriture ou plutot literature
> tout cela à sa place
> et pas plus.
> Les essays c'est tout,

Oh merveille!"[1]
(Alberto Giacometti, 1965)

Esto, si lo entiendo bien a Alberto Giacometti, revela que más allá de la complejidad ambigua de nuestra labor cotidiana existe un bueno y un malo, inequívoco, claro y maravilloso. El reto está en contribuir a la visibilidad creciente de esta visión, es decir del rostro emergente de una nueva calidad universitaria que nuestro mundo necesita: un ensayo contínuo con rigor científico, un ensayo valiente con compromiso social y un ensayo – con belleza y amor:

> Toda la gestión de calidad no es gran cosa,
> todos los modelos, los estándares, los recursos,
> la labor de las autoridades, los planes estratégicos.
> Todo está en su lugar
> y no más.
> Lo que vale es el ensayo:
> Qué maravilla!

Para terminar – y para completar las palabras del viejo escultor – quisiera citar a la joven violinista Hilary Hahn, mundialmente famosa con sus 23 años: "El criterio decisivo de mi arte es la sinceridad".

De esta manera percibo el "Programa Internacional de Gestión de Calidad de la Educación Superior Latinoamericana" como un gran "ensayo con sinceridad", es decir un ensayo de contribuir a la creación cooperativa de una calidad específicamente universitaria – y con impactos en la realidad de cada día de nuestra labor científica.

Referencias

Alarcón A.F. (1997): Criterios, factores e indicadores para evaluar la calidad de la educación superior en América Central. En: Muñoz Varela, L. (ed.). (1997): Construyendo Criterios e Indicadores de Calidad para la Educación Superior. CSUCA/OUI, Costa Rica, 15–21.

Alfaro V.G. (2002): Setting up conditions to facilitate evaluation of teaching in the "UNA" in a context of quality assurance. In: Amini, Fremerey, Wesseler (eds.): Towards a Shared Vision for Higher Education. Vol. III, University of Kassel, 307–312.

Balderston, F.E. (1995): Managing Today's Universities. Strategies for Viability, Change, and Excellence. Jossey-Bass, San Francisco.

CHEPS (1999): Center for Higher Education Policy Studies – University of Twente: Quality Management in Higher Education Institutions. Reader. Institutional Management and Change in Higher Education.

Clark, B. (2001): The Entrepreneurial University: New Foundations for Collegiality, Autonomy, and Achievement. En: Higher Education Management, OCDE, París, Vol. 13, No. 2, 9–24.

---

[1] Todo esto no es gran cosa/Toda la pintura, la escultura, los diseños/La escritura o hasta toda la literatura./Todo está en su lugar/Y no más./Lo que vale es el ensayo/Qué maravilla!

Davies, J.L. (2001): The Emergence of Entrepreneurial Cultures in European Universities. En: Higher Education Management, OCDE, París, Vol. 13, No. 2, 25–43.

Flaig, G. (2002): La GTZ en Transformación: Experiencias hechas con la Introducción del Modelo EFQM. En: GTZ (2002a), 78–90.

Giacometti, A./Reinhold H. (1998): Giacometti – Eine Bildbiographie. Hatje.

Giroux, H./Taylor J.R. (2002): The Justificaction of Knowledge. Tracking the Translations of Quality. In: Management Learning, Vol. 33, No. 4, December 2002, 497–517.

GTZ (2002a): Seminario: Desarrollo de la calidad en universidades de América Latina. (México-Taller) Division 43, Informe de Educación No. 92. Eschborn.

GTZ (2002b): Taller: Gestión de calidad en instituciones de educación superior latinoamericana: Diseño de un curriculo de referencia. Documento final, julio-agosto de 2002, Ciudad de Lima. Eschborn.

Kelso, S.J.A. (1995): Dynamic Patterns. The Self-Organization of Brain and Behavior. Bradford, MIT Press, Cambridge Mass.

Kezar, A./Eckel, P. (2002): Examining The Institutional Transformation Process. En: Research in Higher Education, Vol. 43. Junio 2002, 295–328.

Knoll, J. (2002): Interesado en Calidad. En: GTZ (2002a), 68–77.

Little, S./Quintas, P./Ray, T. (eds.) (2002): Managing Knowledge. An Essential Reader. Sage, Londres.

McBurne, G. (2001): Globalization: A New Paradigm for Higher Education Policy. En: Higher Education in Europe, UNESCO, París. Vol. XXVI, No. 1.

Mora E.S.M. (2002): Desarrollo y Mejoramiento de la Calidad en las Universidades. En: GTZ (2002a), 17–23.

Neave, G. (2002): Global Trends in Higher Education: Globalisation. Internationalisation and policy – an historical critique (Mscrt).

Senge, P. (1999): The Dance of Change. Doubleday.

Teichler, U. (1993): Evaluation nationaler Hochschulpolitiken. In: Neusel/Teichler/Winkler (eds.): Hochschule, Staat, Politik. Campus. 217–234.

Teichler, U. (1998): Internationalisation as a Challenge for Higher Education in Europe. In: Tertiary Education and Management. Vol. 5, No. 1, 5–23.

UNESCO (2002): Propuesta de Proyecto Regional de Educación para América Latina y El Caribe. La Habana, Cuba, 14–16 de noviembre, 2002.

Wesseler, M. (1997a): Creando una Cultura de Calidad y Entrega de Cuentas a la Sociedad en la Educación Superior. En: Muñoz Varela, L. (ed.): Construyendo Criterios e Indicadores de Calidad para la Educación Superior. CSUCA/OUI, Costa Rica, 53–64.

Wesseler, M. (1997b); Hacia una cultura creativa de la educación superior. El compromiso con una nueva calidad de la enseñanza y del aprendizaje. En: Huellas. Revista de la Universidad del Norte. 49–50, Barranquilla, 11–16.

World Bank (2002): Constructing Knowledge Societies: New Challenges for Tertiary Education. A World Bank Report.

Qualität und selbstgesteuertes Lernen

Selbstgesteuertes Lernen und Qualität

Jörg Knoll

Statt einer Einleitung: Drei mögliche Reaktionen

„Als ob es nicht genug wäre: Erst die Debatte um Qualität, dann diese Mode mit dem selbstgesteuerten Lernen, und jetzt auch noch beides zusammen ..."

Oder:

„Selbstgesteuertes Lernen und Qualität – ist doch klar! Das ist ja gerade die Qualität des Lernens, wenn es von den Leuten selber verantwortet und organisiert und gesteuert wird."

Oder:

„Das ist wirklich ein Problem, wenn die Leute ihr Lernen selber organisieren. Dann macht ja jeder was er will. Wie können wir noch prüfen, was dabei rauskommt?"

Die Zusammenschau von selbstgesteuertem Lernen mit der Qualitätsfrage birgt also eine Herausforderung. Schon die beiden Wortgefüge „selbstgesteuertes Lernen" und „Qualität" machen es je für sich nötig, genau hin zu sehen, was da jeweils gemeint sei. Ihre Verknüpfung lässt darüber hinaus fragen, wo die Koppelungsstellen liegen, und zwar sowohl konzeptionell-systematisch als auch handlungspraktisch.

Vor diesem Hintergrund soll der folgende Beitrag herausarbeiten, worauf selbstgesteuertes bzw. selbstorganisiertes Lernen einerseits und Qualität jeweils im Kern hinauslaufen (Abschnitt 1 und 2). Die sich hier schon andeutende wechselseitige Verknüpfung wird im Abschnitt 3 weiter entfaltet.

1. „Selbst" und „Lernen"

Lernen setzt eigenes Tätigsein voraus. Ohne aktive Beteiligung entstehen weder Kenntnisse noch Fähigkeiten. Dementsprechend messen alle Konzepte über Bildung und Lernen der Selbständigkeit und Selbstverantwortung große Bedeutung zu. Wie diese reflektiert, in Modellen erfasst und praktisch umgesetzt wird, unterscheidet sich in den einzelnen Bildungsbereichen und im geschichtlichen Ablauf. Während im Schulsystem – vor dem Hintergrund reformpädagogischer Vorläufer – schon seit längerem durch Schulversuche und umfassende Konzepte wie Projekt- oder Freiarbeit die selbständigen Gestaltung des Lernens gefördert wird, hat sich in der Erwachsenen- bzw. Weiterbildung erst in neuerer Zeit eine breite Diskussion hierzu entwickelt, wobei allerdings kaum auf Vorläufer und Vorarbeiten zurückgegriffen worden ist (vgl. Dietrich, S./Fuchs-Brüninghoff, E. et al. 1999). Im Blick auf die Hochschule fällt auf, dass die Fähigkeit zur selbständigen Aneignung von Wissen nachgerade als Voraussetzung für Studium und akademische

Qualifizierung gilt, eine Diskussion hierüber und über eine entsprechende Förderung auf inhaltlicher Ebene aber kaum geführt wird (vgl. die stark untersuchungsmethodisch ausgerichtete Darstellung bei Wosnitz, 2000 sowie die Praxisbeispiele bei Knoll, 1998, S. 40 ff.)

1.1 Zur Begrifflichkeit

In der Diskussion über Beweggründe, Formen und Unterstützungsmöglichkeiten bei Vorgängen, in denen Menschen ihr Lernen selber gestalten, finden sich zahlreiche Bezeichnungen. „Selbstorganisiertes" und „Selbstgesteuertes Lernen" stehen an vorderster Stelle. Dabei gibt es jedoch mannigfache Unterschiede nicht nur zwischen Autoren, sondern auch bei ein- und demselben Autor, sowie unklare Begriffsverwendungen (vgl. die Übersicht bei Nounla, 2003). Im Blick auf diese Situation wird hier eine Begriffsbestimmung und Modellkonstruktion gewählt, die sowohl das je Eigene als auch die gegenseitigen Bezüge von „selbstorganisiertem" und „selbstgesteuertem Lernen" deutlich macht.

Ausgangspunkt ist die Annahme unterschiedlicher Bedeutungsgehalte von „organisieren" und „steuern". „Organisieren" meint, einen Vorgang zu konstituieren (bezogen auf das Was, Wie und Wozu). „Steuern" meint, einen konstituierten Vorgang zu gestalten. „Selbstorganisiert" ist demnach das Lernen, wenn es in eigener Zuständigkeit hinsichtlich der relevanten Aspekte in Gang gesetzt und gestaltet wird; „fremdorganisiert", wenn dies „anderen" zukommt oder von diesen geleistet wird (eine andere Person, eine andere Gruppe, eine Institution außerhalb des eigenen Zuständigkeits- und Verfügungsbereiches). „Selbstgesteuert" ist das Lernen, wenn es in einem gegebenen Rahmen oder auf einer vorhandenen Grundlage einzelne, bereits konstituierte Aspekte ausgestaltet; „fremdgesteuert", wenn nicht nur die Konstituierung, sondern auch die Gestaltung des Lernarrangements einschließlich der Ziele einem „anderen" zukommt oder von diesem geleistet wird. Von daher wird hier „organisieren" und „steuern" als je eine Dimension mit polaren Ausprägungen verstanden: von selbstorganisiert bis fremdorganisiert, von selbstgesteuert bis fremdgesteuert.

1.2 Zur Typenbildung

Um die vielfältigen Ausprägungen des Lernens erfassen und angemessene Unterstützungsformen zu entwickeln, werden beide Dimension in einer Portfolio-Matrix verbunden (Abb. 1).

Selbstgesteuertes Lernen und Qualität

Matrix „Selbstorganisiertes Lernen" und „Selbstgesteuertes Lernen"			Dimension „organisieren"	
			Ausprägung	
			selbst (selbstorganisiert)	fremd (fremdorganisiert)
Dimension „steuern" Ausprägung	selbst (selbstgesteuert)		(1)	(3)
	fremd (fremdgesteuert)		(2)	(4)

Abbildung 1: Matrix zur Begriffs- und Verhältnisbestimmung von selbstorganisiertem und selbstgesteuerten Lernen

Die Matrix gibt die Möglichkeit, unterschiedliche Typen von Lernformen zu beschreiben:

(1) Selbstorganisiertes und selbstgesteuertes Lernen, z.B.: Mitarbeiter/-innen aus der Erwachsenenbildung tun sich zusammen, um gemeinsam Situationen aus ihrem Berufsalltag durchzuarbeiten, die sie als belastend oder unklar erleben. Sie vereinbaren eine bestimmte Schrittfolge, in denen sie einen solchen Fall besprechen, außerdem einen Wechsel in der Gesprächsleitung und einen zeitlichen Rhythmus, in dem sie sich treffen. Oder: Studierende bilden aus eigenem Antrieb eine Arbeitsgemeinschaft, um gemeinsam ein Buch zu erarbeiten, das sie als grundlegend, aber auch als schwierig einschätzen. Sie sprechen bestimmte Lektüreteile ab, nach denen sie sich treffen, um den Text zu diskutieren und ihr Verständnis gegenseitig zu prüfen.

(2) Selbstorganisiertes und fremdgesteuertes Lernen, z.B.: Die Mitglieder einer Stadtteilinitiative, die ein Bürgerzentrum aufbauen, erörtern in einer privaten Fallbesprechung aus eigener Initiative und selbst moderiert die Organisationsprobleme in ihrer Arbeit. Sie laden zu einem nächsten Termin die Mitarbeiterin einer Erwachsenenbildungseinrichtung ein, die mit ihnen ein Seminar zu Arbeitsorganisation und Projektmanagement gestalten soll (die Fachkraft als „Referent/-in" oder „Trainer/-in", um das Lernen der Gruppe zu steuern, dies im Rahmen eines insgesamt selbst organisierten Lernprozesses).

(3) Fremdorganisiertes und selbstgesteuertes Lernen, z.B.: Es wird ein Seminar mit einem Rahmenthema ausgeschrieben, dessen inhaltliche Schwerpunkte von einzelnen Gruppen gefunden und ausgearbeitet werden. Gesamtziel, genereller Inhalt und Endtermin der Verwirklichung sind konstituiert. In diesem Rahmen steuern die Gruppen selbst

die Auswahl einzelner Inhalte, deren Umsetzung und die Arbeitszeit. Der Dozent reflektiert in vereinbarten Zwischenschritten mit den Gruppen den Stand und Ablauf der Arbeit.

(4) Fremdorganisiertes und Fremdgesteuertes Lernen, z.B.: Ausbilder/-innen absolvieren einen Kurs zu Rechtsfragen mit abschließendem Wissenstest, dessen Bestehen Voraussetzung für die Zulassung zu einer abschließenden Prüfung ist.

Solche Typenbildung hat eine doppelte Funktion. Sie kann die Wahrnehmung und Einschätzung aktueller Lern-Lehr-Vorgänge strukturieren (analytischer Aspekt: Was wird von wem konstituiert und gestaltet?). Und sie kann die Konzipierung und Formierung von künftigem Lerngeschehen anleiten (strategischer Aspekt: Was soll oder muss von wem konstituiert und gestaltet werden?). In beidem ermöglicht sie Zuordnungen. Jene Einzelelemente, die sich in den „reinen" Typ nicht einfügen, können auf Ansatzpunkte und Möglichkeiten für Selbststeuerung verweisen – etwa, wenn in dem Beispiel zu Typ (4) „Fremdorganisiertes und fremdgesteuertes Lernen" die Teilnehmenden zwischen verschiedenen Formen wählen können, um den Leistungsnachweis zu erwerben (Test, Kolloquium, schriftlicher Bericht über ein Praxisprojekt) oder wenn eine begleitende Arbeitsgemeinschaft angeboten wird, in dem die Teilnehmer/-innen aufgrund eigener Interessen und Erfahrungen den Inhalt des Kurses vertiefen.

2. „Qualität": Entwicklung, Sicherung, Management

Wer mit Erwachsenen- bzw. Weiterbildung mitwirkt, kennt die nie erledigte Herausforderung *und* die Anstrengungen, das erwachsenenbildnerische Handeln immer wieder zu überprüfen und zu verbessern. Dementsprechend stehen die Mitarbeiter/-innen-Frage und die Mitarbeiter/-innen-Fortbildung über die Zeiten hinweg im Mittelpunkt des Interesses. Das betrifft die Volkshochschulen ebenso wie die Erwachsenenbildungseinrichtungen der sog. Freien Träger oder die berufliche Weiterbildung. Die Fortbildungssysteme, die in zahlreichen Ländern entwickelt worden sind, legen hiervon ein beredtes Zeugnis ab.

Es gibt also in der Erwachsenen- bzw. Weiterbildung schon lange Bemühungen und Ansätze zur Qualitätsentwicklung und -verbesserung *und* für die – heute ebenso aktuelle wie notwendige – Verknüpfung zwischen „Qualität" und „Professionalität". Zu dieser praktischen, aber auch wissenschaftlichen Tradition gehört „Evaluation": Das *Ergebnis* von Lernen mit den *Zielen* vergleichen; die eigene Methodik im Blick auf die formulierten Ziele *prüfen und verändern*; *Konsequenzen ziehen* aus solchen Feststellungen für neue Angebote – dieses *Denken und Handeln in Regelkreisen* ist ein wichtiger Teil der pädagogischen Tradition. Es gehört zum erwachsenenbildnerischen Berufswissen (vgl. Tietgens, 1983). Von daher erklären sich auch Offenheit und Interesse für neuere Ansätze wie Organisationsentwicklung, Marketing und Controlling (letzteres verbunden mit neuen Steuerungsmodellen).

Allerdings ist festzustellen, dass solche – vom Grundsatz her eigentlich vertrauten – Ansätze in der Praxis oft an eine Grenze stoßen oder sich sogar tot laufen:

- Kurse werden ausgewertet – und die Teilnehmerbögen wandern anschließend (nach einem raschen Blick auf die Spitzenwerte) in Aktenordner; oder
- Mitarbeiter/-innen kommen aus der Fortbildung – und die gewonnen Anregungen versinken, wenn die ersten Versuchen zur Umsetzung in der Kollegenschaft auf Skepsis stoßen oder die Übertragung auf die eigene Situation nicht recht klappt; oder
- ein Konzept für die Organisationsentwicklung wird erarbeitet – aber dann greift es „irgendwie" nicht, und keiner weiß so recht, warum; oder
- im Rahmen von Marketing wird ein nutzerorientiertes Leitbild entwickelt – und dennoch bekommt der Anrufer, der sich nach dem Programm erkundigt oder jemanden von der Lehrgangsleitung sprechen will, eine muffige Antwort ...

Demgegenüber wollen Qualitätsentwicklung, -sicherung und -management die vielfältigen Bestrebungen im Alltag, die Arbeit „gut" zu machen, aufeinander beziehen, sie wechselseitig verknüpfen, auf Dauer sichern und in ihrer Wirksamkeit regelmäßig überprüfen. Sie stellen somit eine *Gesamtperspektive* und einem umfassenden *Handlungsrahmen* für die Weiterentwicklung der Bildungsarbeit bereit.

Dahinter steht die Erfahrung, dass „Qualität" nicht einfach abzuhaken ist, etwa nach dem Motto: einmal getan und dann erledigt. Vielmehr besteht die Herausforderung darin, sie zu *entwickeln*, zu *sichern* und diesen gesamten Vorgang zielgerichtet zu *gestalten.* Damit sind nochmals die bereits verwendeten Begriffe angesprochen. Es geht um

- die Entwicklung von Arbeitsabläufen in Richtung auf das, was angestrebt wird oder nötig ist (Qualitäts*entwicklung*),
- die Sicherung der Veränderungen, die bei dieser Entwicklung erreicht werden (Qualitäts*sicherung*),
- das Management dieser Vorgänge, also deren bewusste und regelmäßige Gestaltung und Überprüfung, ob sie noch stimmig sind (Qualitäts*management*).

Qualität wird damit nicht als ein statischer Zustand, sondern als dynamischer Prozess begriffen.

2.1 Zum Grundverständnis

Der Grundgedanke ist einfach. Die einzelne Aktivität findet statt, z.B. ein Filmabend oder eine Kurseinheit oder die Jahresversammlung des Trägervereins oder die Veröffentlichung eines Projektberichtes. *Dass* sie stattfindet, also das Ereignis, ist das Ergebnis von Tätigkeiten und Abläufen im Vorfeld. *Wie* diese vorauslaufenden Tätigkeiten und Abläufe (= Prozesse) gestaltet und gesichert worden sind, ist nun wesentlich mitentscheidend für die Art und Weise, *wie* das Ereignis geschieht. Und die Art und Weise, wie das Ereignis gestaltet ist und geschieht, ist wiederum bedeutsam für den individuellen Ertrag der einzelnen Person, die daran teilnimmt. So ist von folgender Linie auszugehen: Die Qualität der vorbereitenden und gestaltenden Prozesse bestimmt die Qualität des Ergebnisses (= des Lern- und Bildungsangebotes). Die Qualität des Angebotes kommt der Qualität des Lern- und Bildungsertrags zugute, d.h. den kognitiven, personalen, sozialen Kompetenzen, welche die Teilnehmenden in der Erwachsenen- bzw. Weiterbildung erwerben und entwickeln können.

Es geht somit um das *Verhältnis* zwischen Tätigkeiten, Prozessen und Strukturen *einerseits* und etwas Geschaffenem, einem Ergebnis *andererseits*. Die Tätigkeiten usw., mit denen etwas geschaffen und bereitgestellt wird (das Angebot insgesamt, die einzelne Veranstaltung, das Jahresprogramm), sollen *so* gestaltet werden, dass sie dem entsprechen, was gewünscht oder als Anforderung formuliert ist, z.B. in den Grundsätzen einer Erwachsenenbildungseinrichtung oder in der Selbstverpflichtung einer Gruppe. Die *Qualität der Tätigkeiten, Prozesse und Strukturen* zu sichern, weil dadurch die *Qualität des Ergebnisses* gesichert wird, das ist die überschaubare Grundidee, sozusagen der „Kern" von Qualitätsentwicklung und Qualitätsmanagement und der einzelnen Modelle, die hierfür Umsetzungshilfen anbieten (z.B. nach ISO oder EFQM).

Diese Sicht rückt den Prozess, etwas zu schaffen, bereitzustellen oder herzustellen, in den Mittelpunkt. Hier gibt es nun viele Gemeinsamkeiten zwischen der Erwachsenen- bzw. Weiterbildung und anderen Feldern des Lebens und Wirtschaftens, z.B. die Notwendigkeit, Ziele zu bestimmen und für die Alltagsarbeit zu konkretisieren; die Mitarbeiter/ -innen einzubeziehen; das Ergebnis des Tuns mit den Zielen zu vergleichen usw. Diese Erkenntnis prinzipiell gemeinsamer Arbeitsnotwendigkeiten weitet den Blick und macht kooperationsfähiger – z.B. mit Partnerorganisationen in der Weiterbildung, aber auch mit Wirtschaftsunternehmen.

Es gibt allerdings auch prägnante Unterschiede. Qualitätsentwicklung, -sicherung und -management auch bei Dienstleistungen hat die innere Begründung prinzipiell darin, die Erwartungen von Kunden zu erfüllen und dadurch die Kunden zufrieden zu stellen. In der Bildungsarbeit besteht hier aber eine Besonderheit. Sie erwächst aus der notwendigen Selbsttätigkeit im Zusammenhang mit „Lernen" und „Bildung" und aus der darauf beruhenden gegenseitigen Ergänzung (Komplementarität) der beteiligten Akteure:
- Die Einrichtungen und Mitarbeiter/-innen der Erwachsenen- bzw. Weiterbildung sorgen dafür, dass die Anstöße, Hilfen, Möglichkeiten und Rahmenbedingungen für den Lern- und Bildungsvorgang gesichert sind, und dies bestmöglich (= Ergebnisqualität der vorauslaufenden Prozesse, die zu einem Angebot als „Möglichkeitsraum" für Lernen führen).
- Ob dann das erwünschte Kompetenzziel wirklich erreicht wird, hängt wesentlich von der *Mitwirkung* der Teilnehmenden ab. Der aktive Beitrag der Teilnehmenden ist also notwendig. Sie sind selber maßgeblich an der Qualität dessen beteiligt, was für sie persönlich als Ergebnis des Bildungs- und Lernvorgangs entsteht (= Ertragsqualität des Lernens bzw. eines Bildungsvorganges).

Wenn im Gefüge solcher komplementären Verantwortungen Teilnehmer/-innen als „Kunden" bezeichnet werden – was im Zusammenhang mit Qualitätsentwicklung keinesfalls von vornherein nötig ist –, dann muss das differenziert geschehen: Das Lehr-Lern-Angebot der Erwachsenen- bzw. Weiterbildung soll eine optimale Qualität haben. Sie zu sichern, ist Aufgabe und Ethos der Mitarbeiter/-innen. Doch die Zuständigkeit für den individuellen Ertrag dieses Angebotes und seiner Realisierung liegt eben nicht bloß bei den Lehrenden, sondern *auch* bei den Teilnehmenden selbst. Wenn also von „Kunden" geredet wird, dann ist das hier wie in jedem Bildungsbereich nur denkbar im Sinne von „mitproduzierenden Kunden" mit eigener Verantwortung und daraus erwachsenden eigenen Pflichten.

2.2 Bereiche des Handelns

Grundlegend für Qualitätsmanagement ist es, zu erfassen und zu beschreiben, worin die alltägliche Arbeit besteht. Es geht
- um die konkreten Tätigkeiten, Prozesse und Strukturen, in denen die Arbeit geschieht (als Tätigkeiten/Prozesse: z.B. Programm planen, Interessenten beraten, Haushalt überwachen, Dokumentenablage pflegen usw.; als Strukturen bzw. deren Ausdruck: z.B. Organigramme, Satzung, Tätigkeitsbeschreibungen usw.) und
- um die konkreten Leistungen, die erbracht werden oder zu erbringen sind (z.B. die Bereiche „Veranstaltungen", „Information und Beratung", „Materialbeschaffung", „Raumplanung" usw.).

Im Zusammenhang mit Qualitätssicherung, -entwicklung und -management sind verschiedene Bereiche des Handelns zu unterscheiden:

(1) In der *Einrichtung* (also im Potenzial) ist all das verankert, was die Arbeit ermöglicht und bestimmt, d.h. die Voraussetzungen (Räume, deren Ausstattung, Mitarbeiter/-innen und deren Qualifikationen), die Arbeitsabläufe sowie die Hilfen, Stützen und Strukturen für die Tätigkeit und ihre Abläufe (z.B. Rechtsform oder Festlegungen für bestimmte Verfahren etwa bei der Programmplanung oder für die Einbeziehung von Zielgruppenrepräsentanten in die Planung oder für Zahlungsmodalitäten bei Veranstaltungsteilnahme).

(2) Davon ist das konkrete *Angebot* zu unterscheiden. Es meint die Dienstleistung und die Teildienstleistungen als Ergebnis der Tätigkeiten im Potenzial, also die einzelne Veranstaltung, der Kurs, das Seminar, die Sommeruniversität, das Jubiläum, das Programmheft usw.

(3) Davon wiederum unterschieden bezieht sich *Durchführung* auf die Verwirklichung des Angebots samt dem, was die Beteiligten in der Veranstaltung tun und erfahren, die Teilnehmenden ebenso wie die Mitarbeiter/-innen.

(4) Im Unterschied dazu kennzeichnet schließlich *Ertrag*, was als Eindruck, Kenntnis, Fähigkeit entsteht, also der individuelle Lerngewinn.

Interessant ist nun, dass bei einer Dienstleistung *vorab* nur wahrnehmbar sind
- das Potenzial, z.B. die Räume und ihre Ausstattung, auch die Mitarbeiter/-innen etwa in ihren formalen Qualifikationen, und
- das Angebot in Form der Beschreibung.

„Wie" die Mitarbeiter/-innen arbeiten und „wie" ein Kurs sein wird, lässt sich erst in der Durchführung feststellen. Durchführung und Ertrag samt deren Qualität sind also *erst dann* wahrnehmbar und überprüfbar, wenn die Dienstleistung in Anspruch genommen wird, vorher nicht. Qualität ist somit eine *Erfahrungseigenschaft*. Ihre Beschreibung und Beurteilung hängt außerdem von der je eigenen Perspektive ab, die eine bestimmte Gruppe von Akteuren hat. So kann sich die Sicht der Teilnehmenden durchaus von der Sicht der Hauptberuflichen unterscheiden und diese wiederum von der Sicht der Honorarkräfte und all dies wiederum von der Sicht der Stadträte oder Journalisten, so dass es sich lohnt, diese „Multiperspektivität von Qualität" ganz bewusst wahrzunehmen und im eigenen Einzugsbereich ggf. auch zu erheben (vgl. dazu Loibl, 2003). Sie wird von individuell unterschiedlichen Gegebenheiten bzw. Vorerfahrungen der Teilnehmenden mit bestimmt; so kann eine Kurseinheit, die mit teilnehmeraktivierenden Methoden gestaltet wird, von den einen als lernfördernd und sehr angenehm, von anderen aber als „Spielerei" und „Zeitverschwendung" erlebt werden. Sie wird vom aktuellen System beeinflusst, z.B. vom „Klima" in einer Kursgruppe, d.h. von der gruppendynamischen Situation. Außerdem wirken zugeordnete Situationen mit, die für diese Erfahrung scheinbar am Rande liegen, aber doch wichtig sind (z.B. wie Ankommende bei einer Einzelveranstaltung empfangen werden, wie sie bei einer telefonischen Anfrage behandelt wurden, welche Kontaktmöglichkeiten später angeboten sind); es besteht also eine „Qualitätskette".

Als „Prozess" werden zum einen die Abläufe innerhalb des Potenzials bezeichnet und zum anderen die Geschehnisse bei der Verwirklichung der Dienstleistung (= Durchführung). Wie die *Abläufe im Rahmen des Potenzials* gestaltet sind, ist aus der Sicht von Qualität und Qualitätsentwicklung eine entscheidende Voraussetzung dafür, wie das *Geschehen bei der Durchführung* aussieht.

2.3 Leitideen und Ziele

Die Beschäftigung mit dem Thema „Qualität" führt unabdingbar zum Selbstverständnis der eigenen Arbeit, d.h. zu den Leitideen und Zielen. Das bedeutet:
- Die Grundsätze formulieren, die für die Arbeit bestimmend sind *(Leitideen)*, z.B. das Grundverständnis der Arbeit mit Erwachsenen; das kann für eine Einrichtung auch das Selbstverständnis in der Region oder für einen Verband den Bezug auf eine spezifischen Tradition einschließen.
- Die generellen Ziele bestimmen, in denen sich diese Leitideen ausdrücken, die sog. *„Qualitätsziele*, also das, was beständig getan und erreicht werden soll, und zwar so lange, bis ein solches Ziel verändert wird (z.B.: „Die Teilnehmenden wirken bei der Gestaltung des Lehr-Lern-Arrangements mit" oder „Lehr-Lern-Veranstaltungen werden evaluiert"). Hier geht es um *inhaltliche* Entscheidungen, und zwar um *Entscheidungen* im vollen Sinne: Qualitätsentwicklung oder -sicherung bedeutet nicht von vornherein eine bestimmte Option (ob z.B. Sponsoring einbezogen wird oder nicht), sondern die Notwendigkeit, sich solche Entscheidungs*möglichkeiten* klar zu machen und dann eine begründete *Auswahl* zu treffen. Dabei spielen professionelles Selbstverständnis und Berufsethik eine wichtige Rolle.

Hier kommt außerdem ein Unterschied zum Tragen, der in der Qualitätsdiskussion häufig verwischt wird, nämlich der zwischen Qualitäts*bereich* (oder -sektor oder -element) einerseits und Qualitäts*standard* andererseits, also das *Was*, worauf sich das Handeln bezieht, und das *Wie* seiner Ausprägung. So ist auf Seiten der Organisation, also im Potenzial (s.o.), die Kommunikation zwischen den Mitarbeitern und Mitarbeiterinnen generell ein wichtiger Qualitätsbereich. *Wie* jedoch interne Kommunikation gestaltet wird, ob durch Gesamtkonferenzen, Besprechungen von Teil-Teams, „Schwarzes Brett", E-Mails usw., ist Sache von Entscheidungen, die z.B. *in* einer Einrichtung oder auf der Ebene eines Verbandes von Einrichtungen (und dann für alle angehörigen Institutionen) getroffen werden und so lange gelten, wie sie sich bewähren. Ähnlich bei Evaluation: Ob durch schriftliche Befragung evaluiert wird oder kommunikativ, ob eine Stichprobenauswahl von Veranstaltungen der Evaluation unterliegt oder in einem bestimmten Zeitabschnitt nur die neu ins Programm aufgenommenen Kurse, das ist jeweils situations- und sachbezogenen zu entscheiden. Die Frage nach Qualitäts*standards* wird immer dann unlösbar, wenn sie im Sinne der allgemeinen, „objektiven" Gültigkeit beantwortet werden soll; d.h. wenn die Möglichkeit, aber auch Notwendigkeit der situations- oder institutionsspezifischen Ausprägung übersehen wird.

Um hier nicht neuer Beliebigkeit und Undurchsichtigkeit Vorschub zu leisten, bedarf es vereinbarter Qualitätsbereiche als Bezugspunkt des jeweiligen Gestaltungshandelns und Transparenz im Blick auf die individuell geschaffenen Arbeitsweisen. Es ist also nötig – um das vorherige Beispiel aufzugreifen –, dass „interne Kommunikation" von vielen, ja möglichst allen Einrichtungen der Erwachsenenbildung als Bereich des Qualitätshandelns anerkannt wird. Auf dieser Grundlage können individuelle Lösungen getroffen und nach außen dargestellt (oder von außen nachgefragt) werden. Genau diese Verbindung von generellen Bezugspunkten mit individuellen Lösungen leisten dem Grundsatz nach die Modelle, die als Umsetzungshilfen für Qualitätsentwicklung, -sicherung und -management in Gebrauch sind.

Im nächsten Schritt geht es darum, die Leitideen und Qualitätsziele als allgemeine Vorstellungen in sog. *überprüfbare Ziele* umzuwandeln, also zu operationalisieren. Das heißt:
- konkrete Tätigkeiten, Prozesse oder Strukturen beschreiben („WAS genau?").
- klären und vereinbaren, welche Person dafür zuständig ist („WER genau?").
- festlegen, bis zu welchem Zeitpunkt etwas getan wird („Bis WANN genau?").

Überprüfbare Ziele in der Praxis könnten beispielsweise sein, eine öffentliche Aktion durchzuführen, ein Konzept zu entwerfen, etwas zu veröffentlichen usw. Sie setzen das, was von den Leitideen und generellen Qualitätszielen her intendiert ist, in das um, was für die Teilnehmenden einzig zählt, nämlich alltäglich-wahrnehmbares Handeln.

2.4 Der Qualitätsentwicklungskreis

Der Gewinn wird noch größer, wenn die konkreten Tätigkeiten, Prozesse oder Strukturen in einem Regelkreis gesehen und gestaltet werden.

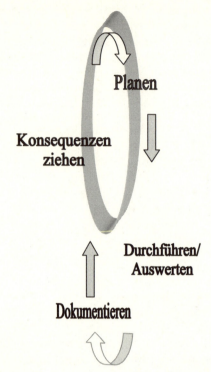

Abbildung 2: Der Qualitätsentwicklungskreis

Das heißt:
- Die einzelnen Tätigkeiten usw. in Ablauf, Einzelschritten, Umfang, Kräfte- und Materialbedarf *planen;*
- sie dann *durchführen;* dabei feststellen, was geschehen und entstanden ist und prüfen, wie sich dieses Ergebnis zur ursprünglichen Vorstellung des Erwünschten verhält *(auswerten)*;
- von den Erkenntnissen und Ergebnissen das festhalten, was für die weitere Arbeit gebraucht wird *(dokumentieren)*;
- prüfen und entscheiden, ob die einzelnen Tätigkeiten, Prozesse oder Strukturen so bleiben können, weil das Ergebnis akzeptiert wird, oder verändert werden *(Konsequenzen ziehen)*.

Die Überprüfung und Arbeit an den Konsequenzen geschieht regelmäßig, also *kontinuierlich*, weil nur auf diese Weise auf die Entwicklungen der Arbeit reagiert werden kann und eine aktive Gestaltung möglich ist. Das heißt: Feste Zeiten vereinbaren für den Vergleich zwischen den Ergebnissen konkreter Tätigkeiten, Prozesse oder Strukturen mit dem Erwünschten; diese Zeiten einhalten; den Zeitrhythmus regelmäßig überprüfen und verändern, wenn er nicht mehr stimmig ist.

Qualitätsentwicklung und -management im umfassenden Sinne bedeutet *auch*, den Qualitätsentwicklungskreis auf alle Tätigkeiten im sog. Potenzial (s. o.) anzuwenden, beispielsweise auf die Abläufe in einem Fachbereich, in einem Vorstande, in einer Geschäftsstelle oder in der Entwicklung eines Angebotes. So ist bei einem neuen Angebot die Phase der Entwicklung selber zu *planen* (wann, wie lange, mit welchen Stationen, mit wem), *durchzuführen* (Gesprächstermine, Materialsichtungen, Ausarbeitung von Entwürfen usw.) und auszuwerten (z.B. Ertrag einer bestimmten Technik zur Protokollierung von Planungsgesprächen), zu *dokumentieren* (Gesprächsprotokolle, Absprachen usw.) und mit *Konsequenzen* zu verbinden, d.h. zu überprüfen, ob eine nächste Entwicklungstätigkeit zu verbessern ist (z.B. bei der Einbeziehung von Zielgruppenvertretern) oder ob sie in derselben Weise wie zuvor gestaltet werden kann.

2.5 Bewusstheit für die eigene Arbeit

Ein Qualitätsmanagementsystem einzurichten, bedeutet generell: Klären, Gestalten und Überprüfen, außerdem Beschreiben und Dokumentieren, *soweit dies funktional ist und mit soviel Papier, wie unbedingt nötig.* Dementsprechend setzt die Entwicklung eines Qualitätsmanagementsystems bei dem an, was die Arbeit kennzeichnet und trägt, beispielsweise beim eigenen Verständnis von Lernen und Lehren mit Erwachsenen, bei den mittel- und langfristigen Zielvorstellungen, bei der Beschreibung der Funktionen, die Mitarbeitende und Teilnehmende füreinander haben usw. (vgl. Knoll et al. 1999). Erst dann werden die stützenden und sichernden Verfahren und Strukturen – eben die Qualitätselemente – bestimmt, eingerichtet und aufgeschrieben. Es geht also *nicht* um die Formalisierung und Bürokratisierung von Tätigkeiten. Es geht vielmehr darum, sie zu prüfen und zu gestalten im Sinne von „angemessen im Blick auf das, was geschaffen und erreicht werden soll". Dadurch nimmt die Bewusstheit für die eigene Arbeit zu: Was sozusagen mitläuft, wird nun ausdrücklich gesagt und aufgeschrieben. Wenn es aufgeschrieben ist, muss es getan werden. Und dann wird in einem festgelegten Turnus überprüft, ob und wie es getan wurde.

An allen diesen Stellen sind Entscheidungen nötig. Ein bestimmtes Qualitätsmodell legt nicht fest, *wie* etwas entschieden wird. Es verlangt allerdings, *dass* entschieden wird – und zwar selbst und nach außen transparent, sei es bezogen auf die einzelne Veranstaltung oder aufs Ganze der Bildungseinrichtung. Wenn ein Zwang entsteht, dann ist es der zur Selbstklärung. Die aber ist sowieso Bestandteil der erwachsenenbildnerischen Profession.

3. Zur Verknüpfung

In dem folgenden Abschnitt sollen nun die Verknüpfungen akzentuiert werden, die vom selbstorganisierten bzw. selbstgesteuerten Lernen auf „Qualität" verweisen – und umgekehrt. Dabei wird es darauf ankommen, sowohl konzeptionell-systematische als auch praktische Aspekte zu benennen.

3.1 Selbstorganisiertes bzw. selbstgesteuertes Lernen und Qualität

Es liegt nahe, bei selbstorganisiertem und selbstgesteuertem Lernen zunächst an das Individuelle zu denken, an das, was persönlich beim Lernen geschieht und worauf sich die jeweilige Zuständigkeit richtet. Wenn eine Gruppe mit im Spiel ist, steht das Lernen in einem größeren Zusammenhang. Es entfalten sich Wechselwirkungen. Sie betreffen sowohl das Individuum in alledem, was an Kenntnissen und Fähigkeiten gewonnen, als Arbeitsklima empfunden, als Lernerfahrung aufgebaut wird, als auch die Gesamtgruppe, die vorankommt oder stagniert, einen Stil ausprägt und ein Gefüge entwickelt. Die Wechselwirkungen haben Folgen. Sie werden als angenehm und wertvoll, aber auch als mühsam erlebt. Für beides gibt es in der Alltagserfahrung und in Untersuchungen Belege (vgl. Knoll, et al. 1999, bes. S. 17ff. und 249ff.). Neben dem Gewinn an aktiver Mitgestaltung wird vor allem der hohe Zeitverbrauch erwähnt, aber auch die gelegentlich auftretende Strukturlosigkeit.

Diese Verbindung aus Gewinn und Schwierigkeiten lässt sich damit erklären, dass das Lernen in einer Gruppe Systemcharakter hat. Wenn die Person selber zuständig für die Sache ist (den Inhalt, das Thema), wird diese ja nicht einfach vermittelt oder schlicht aufgenommen, sondern erschlossen, womöglich überhaupt erst konstituiert. Die Komplexität dieses Vorgangs steigt, wenn er von mehreren Personen getragen wird, die sich in Lebenssituationen, Vorerfahrungen, Kenntnissen, Fähigkeiten, Biographien, Verhaltensweisen und Kommunikationsstilen unterscheiden. Hier kommen nun jene Aspekte ans Licht, die für alle Gruppen bedeutsam sind, aber in Formen wie z.B. der Vorlesung, in denen das Selbst wenig zu gestalten, geschweige denn zu konstituieren hat, eher verdeckt bleiben und sich allenfalls als „Störung" oder im „Wegbleiben" auswirken. Das betrifft Rollenfunktionen, Kommunikation und Kooperation, Umgang mit Konflikten, Problemlösung und Entscheidung, Zugehörigkeit und Integration, Regeln und Normen, Wahrnehmung für sich selbst und andere sowie die Frage nach der Gruppenentwicklung mit möglichen Phasen oder Brennpunkten.

Der innere, konzeptionell-systematische Zusammenhang mit der Qualitätsfrage besteht beim selbstorganisierten bzw. selbstgesteuerten Lernen darin, dass es sich mit dem Verhältnis zwischen eigentlich Intendiertem und tatsächlich Erreichtem bzw. real Geschehendem auseinander zu setzen hat: Entspricht das, was erreicht wird (Lernertrag) und was konkret geschieht (Tätigkeiten und Prozesse) dem, was angestrebt ist? Handlungspraktisch schlägt sich das spätestens dann nieder, wenn die selbstorganisiert oder selbstgesteuert Lernenden mit einem Ergebnis oder Zustand zufrieden oder mit „irgend etwas" unzufrieden sind. Dies kann implizit bleiben, wenn es als Empfindung wahrgenommen oder als Einschätzung an der Oberfläche des Geschehens kommuniziert wird. Es wird explizit, wenn es zu einer gezielt vorgenommenen Überprüfung kommt: Was hat – im Falle von Entsprechung oder Nicht-Entsprechung zwischen Intendiertem und tatsächlich Erreichtem – jeweils konkret dazu beigetragen? Welche Konsequenzen erwachsen daraus?

Sowohl die implizit als auch explizit vollzogene Anwendung des Qualitätsaspektes führt zur Frage nach der Bewusstheit von Entscheidungen und Tätigkeiten, und zwar bei der einzelnen lernenden Person oder in der Gruppe. Dadurch wird das selbstorganisierte bzw.

selbstgesteuerte Lernen gerade in der Gruppe mehrdimensional. Es bezieht sich zum einen auf den Gegenstand des Lernens und zum anderen auf das Lerngeschehen selber (z.B. Gesprächsform, Ergebnissicherung, Einschätzung von Zeitbedarf usw.). Und umgekehrt: Je mehr diese Mehrdimensionalität wahrgenommen und berücksichtigt wird, desto stärker wird das gemeinsame Lernen zu einem selbstgesteuerten oder gar selbstorganisierten.

Die konzeptionell-systematisch und handlungspraktische Verknüpfung zwischen selbstorganisiertem bzw. selbstgesteuertem Lernen und der Qualitätsfrage trägt somit dazu bei, die Reflexivität zu stärken, die das Selbst beim Lernen braucht. Beim Lernen in der Gruppe handelt es sich um soziale Reflexivität. Gemeint ist damit die Fähigkeit oder zumindest die Orientierung, das gemeinsame Erleben und Handeln samt hinderlichen und förderlichen Bedingungen gemeinsam wahrzunehmen und sich darüber zu verständigen. Diese Vielschichtigkeit fordert heraus und ist anstrengend. Das erklärt die Kurzlebigkeit mancher Gruppen mit selbstorganisierten Lernvorhaben. Andererseits spricht diese Vielschichtigkeit den Menschen auf mehreren Ebenen an, im Denken ebenso wie im Empfinden, in der sozialen Orientierung ebenso wie im konkreten Tun. Sie ist deshalb geeignet, besonders nachhaltige Lernerfahrungen zu ermöglichen. Das wiederum erklärt, weshalb Eindrücke und Ergebnisse aus derartigen Aktivitäten so lange in Erinnerung bleiben.

Es lässt sich also eine Wechselwirkung konstatieren: Der Qualitätsaspekt ist geeignet, die (soziale) Reflexivität des selbstorganisiertem bzw. selbstgesteuerten Lernens zu erhöhen. Diese Erhöhung der (sozialen) Reflexivität wiederum festigt und stärkt das selbstorganisierte und selbstgesteuerte Lernen.

3.2 Qualität und selbstorganisiertes bzw. selbstgesteuertes Lernen

Für „Selbst"-Erleben und „Selbst"-Entwicklung der Menschen, für ihre (soziale) Reflexivität und insofern auch für ihre Möglichkeiten zu selbstorganisiertem bzw. selbstgesteuertem Lernen ist das Selbst derjenigen eine wichtige Stütze, die solche Prozesse begleiten. Voraussetzung ist allerdings ein Verhalten und Handeln, das auf die Förderung des Lernsystems statt vorrangig auf Vermitteln von Kenntnissen, Fähigkeiten und Fertigkeiten ausgerichtet ist, auf Dabeisein und Begleiten statt auf Vorgeben und Definieren. Dies braucht bei denen, die eine pädagogische Rolle innehaben (sog. Referenten/Referentinnen, Dozenten/Dozentinnen, Gesprächleiter/-innen, Teamer/-innen usw.), Vertrauen in die Fähigkeiten anderer; Gewissheit, dass in der Gruppe Ressourcen zur Bewältigung von Schwierigkeiten vorhanden sind; Einsicht, dass die Verantwortung für das je eigene Lernen letzten Endes immer beim Selbst liegt.

Personen mit unterstützender, anleitender Funktion sind also nicht überflüssig. Aber sie handeln anders in herkömmlicher Weise. Dieses „anders" heißt auch: „weniger ..." Wirken durch wenig tun - das scheint paradox zu sein. Aber der scheinbare Widerspruch wird aufgelöst durch die Zuordnung auf ein zentrales Lernziel für diejenigen, denen die Arbeit gilt, nämlich: Fähig werden zur Selbsttätigkeit und Selbstverantwortung im Zusammenhang mit Lernen und Gestaltung des Lernprozesses. So stellt die Förderung selbstorganisierten Lernens hohe Ansprüche an Bewusstheit, Reflexivität und Kompetenz – und das heißt: an die Professionalität.

Spätestens hier wird deutlich, dass der Qualitätsaspekt im Zusammenhang mit Bildungseinrichtung, Angebot und Durchführung (s. o. Abschn. 2.2 Bereiche des Handelns) unmittelbar bedeutsam ist für die Ermöglichung oder Einschränkung von selbstorganisiertem oder selbstgesteuertem Lernen. Denn die genannten Einstellungen und Verhaltensweisen der pädagogisch Tätigen entstehen nur durch eigene Erfahrung mit entsprechenden Prozessen. Deshalb benötigen diejenigen, denen an einer Förderung des Selbst beim Lernen liegt, ihrerseits Räume, um solche Lernerfahrungen machen zu können. Dies verlangt von der Fortbildungspraxis den konsequenten Einsatz von Elementen zumindest des selbstgesteuerten Lernens und darüber hinaus die Einbeziehung von Gelegenheiten und Phasen der Selbstorganisation, indem z.B. kontinuierliche Praxisreflexion („Kollegiale Praxisberatung") oder Projekte gemeinsam geplant, verwirklicht und evaluiert werden.

Eine weitere Wechselwirkung zwischen Qualität und dem „Selbst" beim Lernen besteht im Zusammenhang mit der Einführung von Qualitätsmanagement in der praktischen Arbeit: Wie ist die Beteiligung, wo kommt das Selbst vor, wie wird Beteiligung ermöglicht? Hier ist es zunächst einmal hilfreich, sich bewusst zu machen, dass das Thema „Qualität" Emotionales berührt. Qualitätsentwicklung, -sicherung und -management bringen es mit sich, Verfahrensweisen, Gewohnheiten, auch Kommunikationsformen zu überprüfen und weiterzuentwickeln. All das bedeutet Lernen. Lernen aber heißt „Veränderung". Veränderung wiederum führt in offene Situationen: Was da entsteht, lässt sich nicht genau abschätzen. Dieses Risiko kann unsicher machen, gar Angst erzeugen. Zurückhaltung, Skepsis oder Ablehnung helfen, Unsicherheit und Angst einzudämmen: Lieber das Bekannte, sei es auch problematisch, als das unbekannte Neue ... Diese durchaus menschlichen Zusammenhänge machen manche Schwierigkeit bei der inneren Veränderung von Institutionen und manche Gefühlsreaktion im Zusammenhang mit dem Thema „Qualitätsmanagement" verständlich.

Hinzu kommt eine Falle, die im Zusammenhang mit dem Thema „Qualität" leider sehr oft zuschnappt. Die dabei entstehenden Schmerzen belasten die Konkretisierung von Qualitätsentwicklungsmodellen in der Erwachsenenbildung immer wieder. Die Falle besteht darin, dass bei der Einführung von Qualitätsmanagement der Eindruck entsteht und *erweckt wird*, hier komme etwas völlig Neues. Das erzeugt begreiflicherweise Unbehagen, und daraus wiederum entsteht Widerstand. Dazu tragen nicht selten bei
- die massive Verwendung von Wörtern, die aus anderen Lebens- und Handlungsbereichen kommen („Produkt", „Kunde", „KVP" = Kontinuierlicher Verbesserungsprozess usw.) und die bei näherem Hinsehen nicht verwendet zu werden brauchen; und wenn, dann in spezifischer Weise als Verstehenshilfe für das eigene Tun;
- der mehr oder weniger deutlich erkennbare Anspruch, hier etwas einzubringen, was die Mitarbeiter/-innen „brauchen"; dadurch aber wird übersehen und übergangen, welche vielfältigen Bemühungen, Erfahrungen und Traditionen es in der alltäglichen Erwachsenenbildung gibt, um das eigene Tun sinnvoll und für alle Beteiligten ertragreich zu gestalten, d.h. Qualität zu sichern.

Selbstgesteuertes Lernen und Qualität

Vor diesem Hintergrund ist es hilfreich, sich klar zu machen: Jede Einrichtung, jede/-r Erwachsenenbildner/-in hat eine Art von Qualitätsmanagement, auch wenn es nicht so genannt wird und auch wenn es nur aus einzelnen Teilen besteht. Bei diesen Ressourcen ist anzusetzen („... was ist schon da?"), anstatt die Defizite in den Vordergrund zu rücken („... ihr braucht"). Das heißt: Bewährtes stärken, Fehlendes entdecken, Ergänzendes gemeinsam erfinden.

Qualitätsentwicklung, -sicherung und -management bedeuten also „Lernen", weil es darum geht, Verfahrensweisen anzuschauen und möglicherweise zu ändern, Gewohnheiten wahrzunehmen und vielleicht zu ändern, Kommunikationsformen zu prüfen und ggf. zu ändern. „Lernen" aber muss bedacht, geplant und verwirklicht werden, wirklich und in aller Ernsthaftigkeit, wenn das angestrebte Ergebnis nicht bloß Show nach außen oder eine Aktion fürs Papier sein soll. Insofern ist die Beschäftigung mit Qualitätsentwicklung und deren Einführung ein Vorgang, der pädagogisch hoch bedeutsam und es deshalb wert ist, dass die Erwachsenenbildung das, was sie weiß und kann, hier auf sich selbst anwendet – und das heißt: auch ihre Kenntnisse im Blick auf selbstorganisiertes und selbstgesteuertes Lernen.

Selbstgesteuertes Lernen wird hier deshalb relevant, weil jede Mitarbeiterin und jeder Mitarbeiter ein Vorverständnis hat von Qualität und auch eine Praxis, um das Erwünschte zu sichern, von der individuellen Kalenderführung bis zum differenzierten Ablaufplan etwa für eine Programmentwicklung. Von daher empfiehlt sich bei der Entwicklung eines Qualitätsmanagementsystems eine Vorgehensweise, die bei dem Vorhandenen ansetzt und dies als Ressourcen nutzt. Dabei ist es wichtig, dass alle sich beteiligen können, die von Qualitätsmanagement betroffen sind und die es künftig nicht nur einfach „exekutieren", sondern leben sollen. Das bedeutet eine konsequente *Mitarbeiter/-innen-Orientierung*. Das heißt beispielsweise zu fragen: Was geschieht bereits, um Qualität zu sichern? Bezogen auf Tätigkeiten, Abläufe (Prozesse) und Strukturen „in meiner Tätigkeit" oder „in unserem Team" oder „in unserer Einrichtung". Welche Schwerpunkte der Tätigkeiten, Prozesse und Strukturen zeichnen sich ab und was sagt dies aus über „meine Tätigkeit" oder „unser Team" oder „unsere Einrichtung"? Auf diese Weise ergeben sich *Qualitätsbereiche*. Die einzelnen Qualitätsbereiche sind möglicherweise sehr unterschiedlich gefüllt – je nachdem, wo beim Vorhandenen bisher Schwerpunkte lagen. An einigen Stellen sind evtl. schon beim Erfassen, Beschreiben und Ordnen bereits Fragezeichen oder Ideen für die Weiterarbeit aufgetaucht. Dies zu konkretisieren, ist eine weitere, möglichst gemeinsam zu bewältigende Aufgabe

Schon mit dieser einfachen, überschaubaren Schrittfolge lässt sich die Qualität der eigenen Arbeit erheben und weiter entwickeln. Soll dies auf umfassendere Weise geschehen und in größere Zusammenhänge eingebunden sein (z.B. auf der Ebene von Verbänden aus Einrichtungen bzw. Trägern), bieten sich ausgearbeitete Qualitätsmodelle an. Sie darauf hin zu überprüfen, inwieweit sie dem „Selbst" und seinem Lernen tatsächlich Raum geben, wäre einer eigenen Untersuchung wert.

Literatur

Arbeitsstab Forum Bildung in der Geschäftsstelle der Bund-Länder-Kommission für Bildungsplanung und Bildungsforschung (Hrsg.) (2001): Qualitätsentwicklung und Qualitätssicherung im internationalen Wettbewerb – Vorläufige Empfehlungen und Expertenbericht. Bonn.

Dietrich, S./Fuchs-Brüninghoff, E. et al. (1999): Selbstgesteuertes Lernen – auf dem Weg zu einer neuen Lernkultur. Frankfurt.

Gächter, H.P.: Projektmanagement. Luzern, Zürich (1994): (= Bericht Nr. 10) Akademie für Erwachsenenbildung.

Goetze, W.(1995) : Ausbildungscontrolling und Qualitätsmanagement. Luzern-Zürich (Bericht Nr. 13 der Akademie für Erwachsenenbildung).

Hollenstein, E. et al. (1990): Lernen Erwachsener zwischen Anleitung und Selbstorganisation. Forschung, Begleitung, Entwicklung (FBE) o. Nr. Bonn-Frankfurt.

Knoll, J. (1998a): „Wie selbstbestimmtes Lernen organisieren?" In: Hoffmann, N./Rein, A. von (Hrsg.): Selbstorganisiertes Lernen in berufsbiographischer Reflexion. Bad Heilbrunn. S. 127–138.

Knoll, J. (Hrsg.) (1998b): Hochschuldidaktik der Erwachsenenbildung. Bad Heilbrunn.

Knoll, J. et al. (Hrsg.) (1999): In der Gruppe liegt das Potential. Wege zum selbstorganisierten Lernen. Ein KBE-Projekt zur Fortbildung von Multiplikatorinnen und Multiplikatoren. Gesamtbericht, Dokumentation, Evaluation. Würzburg.

Knoll, J. (2001): ISO-Normierung. In: Hanft, A. (Hg.): Grundbegriffe des Hochschulmanagements. Neuwied-Kriftel, S. 221–224.

Knoll, J. (2001): Wer ist das „Selbst"? In: Dietrich, St. (Hrsg.): Selbstgesteuertes Lernen in der Weiterbildungspraxis. Ergebnisse und Erfahrungen aus dem Projekt SeGeL. Bielefeld, S. 201–213.

Knoll, J. (2002): Professionalisierung der Weiterbildner – Irrungen und Wirrungen. In: Kompetenzentwicklung 2002. Auf dem Weg zu einer neuen Lernkultur. Rückblick, Stand, Ausblick. Münster, S. 315–350.

Loibl, St. (2003): Zur Konstruktion von Qualität in Weiterbildungseinrichtungen am Beispiel der Kreisvolkshochschule Hochtaunus/Oberursel. Bielefeld (Dissertation am Lehrstuhl für Erwachsenenpädagogik der Universität Leipzig 2001).

Nounla, C. (2003): Selbst und unterstützt. Erwachsenenlernen im Spannungsfeld von Eigenaktivität und institutionellem Angebot. Leipzig (Dissertation am Lehrstuhl für Erwachsenenpädagogik der Universität Leipzig, in Veröff.).

Wosnitza, M. (2000): Motiviertes selbstgesteuertes Lernen im Studium – Theoretischer Rahmen, diagnostisches Instrumentarium und Bedingungsanalyse. Landau.

Selbstorganisation und Chaostheorie.
Einige Vermutungen über das Qualitätsverständnis der Natur

Klaus Götz/Julia Marie Reiner

Zwei Gefahren bedrohen die Welt:
Die Unordnung und die Ordnung.
Paul Valéry

Wenn wir über Qualität in der postgradualen Weiterbildung sprechen wollen, liegt es nahe, zunächst mit Ordnung und weniger mit Chaos zu argumentieren. Qualität hat einen ordentlichen und einen ordnenden Anspruch und Hintergrund. Bei näherer Betrachtung werden wir jedoch sehen, dass die Grenzen zwischen dem, was Chaos ist und dem, was wir als Ordnung bezeichnen würden, wohl eher fließend sind.

Was hat nun aber Chaos mit „Qualität in der postgradualen Weiterbildung" zu tun? Wollen wir mit dem Titel und dem Text Verwirrung schaffen, die die Leserin und den Leser so durcheinander bringt, dass sie die „ordentliche" Vorstellung von Qualität in der Weiterbildung zum Tanzen bringt? Oder muss (darf) die Diskussion über Qualität unter einem Entwicklungsanspruch auch „ ... *Chaos in sich haben, um einen tanzenden Stern zu gebären"* (Nietzsche)?

1. Chaostheorie und Systemtheorie – was hat denn das mit der postgradualen Weiterbildung zu tun?

Der Chaosbegriff, der meist mit Unordnung und Regellosigkeit gleichgesetzt wird, wird durch den des „deterministischen Chaos" ersetzt. In allen offenen Systemen, die durch Dynamik gekennzeichnet und nicht durch starre Gesetzmäßigkeiten reglementiert sind, ist die Beziehung zwischen den internen Prozessen nicht linear, so auch in der Weiterbildung. Selbstorganisation spielt damit in der Natur und in sozialen Systemen eine zentrale Rolle.

Damit sind die Entwicklungsmöglichkeiten des Systems wesentlich mannigfaltiger als die Summe seiner Teile. Das Ergebnis der ablaufenden Vorgänge ist nur noch bedingt vorhersehbar. Durch die Erklärung von Bauprinzipien und Funktionsabläufen kann die Chaostheorie einen Beitrag zu einer neuen Systemsicht in Management und Weiterbildung liefern.

- Welche Effekte haben kleinste Veränderungen der Ausgangsbedingungen (z.B. bei organisatorischen Umstrukturierungen)?

- Welche Aussagen über innere Funktionszusammenhänge lassen sich auf der Grundlage der Chaosforschung für Systeme treffen?
- Was geschieht bei „Phasenübergängen"? und wie können „Muster" erkannt und verändert werden?

Chaos bedeutet im Griechischen „der leere Raum, das Erstvorhandene". Chaos als Erstes und Letztes ist nach griechischer Auffassung dem Nichts, der gähnenden Leere (Chaos=chaino=gähnen) gleichzusetzen. Es entsteht, wenn ausgeräumt wird, was existiert. Zwischen einem ursprünglichen und einem neuen Zustand entstehen Leerfelder.

Chaotische Phänomene können in der physikalischen Beobachtung folgendermaßen beschrieben werden:

> Benachbarte Teilchen bewegen sich ähnlich, ihre Bewegung driftet nicht auseinander. Dann aber – und das kann plötzlich geschehen – beginnt die Strömung turbulent zu werden. Die Teilchen bewegen sich turbulent durcheinander – das Chaos hat begonnen. (Blubath 1992, 34)

Ordnung und Chaos sind damit zwei Ausprägungen desselben Phänomens. Nach dem griechischen Weltbild ist Chaos der Urstoff, die noch unausgebildete Schöpfungsmasse, aus der die Welt entsteht. Erst um 1700 erhält „Chaos" eine andere Bedeutung: Unordnung, Gewirr, Wirrsal. Im gleichen Jahrhundert entdeckte Newton die Gesetze der Gravitation und meinte damit bewiesen zu haben, dass Naturvorgänge in Raum und Zeit streng gesetzlich ablaufen. Seither hat sich eingebürgert, als chaotisch zu bezeichnen, was als Naturerscheinung nicht „naturwissenschaftlich" erklärbar und deshalb nicht wissenschaftswürdig ist (Müri 1985).

Wir wollen im Folgenden den Versuch unternehmen, einige Grundbegriffe der Chaostheorie auf ihre mögliche Relevanz für die postgraduale Weiterbildung hin zu überprüfen.

Luhmann vertritt die Ansicht, dass ein System nur dann adäquat betrachtet werden kann, wenn man die *Grenze* zwischen System und Umwelt untersucht. „Systeme leben – so Luhmann – keineswegs in unendlichem Austausch und in immer neuer kurzfristiger Anpassung an die Vielfalt ihrer Umgebung, sondern praktisch von ihr abgeschottet. Ihr Kontakt mit der Außenwelt beschränkt sich auf wenige spezielle ‚Meßfühler'. (…) Um die Dynamik eines Systems zu verstehen, ist es (…) nötig, die (…) Meßfühler zu erkennen" (Wehowsky 1990, 156). Die Meßfühler der wissenschaftlichen oder postgradualen Weiterbildung heißen Kundenzufriedenheit, Output, Prozess und wirtschaftlicher Erfolg durch Nachfrage, wobei das System jedoch weniger die tatsächliche Umwelt wahrnimmt, sondern sich seine eigene konstruiert: den Markt (Wehowsky 1990).

Aus der Kybernetik kommt der Gedanke, dass die zunehmende Vielschichtigkeit, also Ausdifferenzierung eines Systems, eine Reaktion ist: eine Antwort auf die Komplexität der Umwelt (z.B. durch Spezialisierung). Qualitätsmanagement ist eine Möglichkeit der Komplexitätsreduktion. Ein Beispiel für Instrumente der Qualitätssicherung sind Lehr(Evaluations)berichte. Die Gefahr (und Realität) einer Qualitätskontrolle ist dabei, dass sich Systeme nach Luhmann in ihrer Isolation erhalten und entwickeln, indem sie mit sich selbst beschäftigt sind, und sich nicht an der „wirklichen" Umwelt orientieren, sondern an sich selbst, denn „ein System kann nicht sehen, was es nicht sehen kann" (Luhmann 1984), es funktioniert also selbstreferentiell (Wehowsky 1990).

Der universitäre Betrieb hat zwei Kernkompetenzen, nämlich Lehre und Forschung. „Lernen" stellt im ersten Fall das erwünschte Produkt, im zweiten Falle das Beiprodukt dar. Die Forschung stellt einen „internen" Prozess dar, der zwar in Form von Lehre und Veröffentlichungen nach außen dringt, aber auf inneren Prozessen basiert, während die Lehre für einen externen Kreis bestimmt ist. Die Bemühung um Qualität und die Steigerung der Qualität stellt ein substituierendes Merkmal beider Bereiche dar. Dennoch belegt Ingrid Lisop empirisch, dass

> ... die pädagogische Professionalität im gesamten Bildungssystem unterentwickelt ist. Lehrerinnen und Lehrer verfügen über viel Erfahrungs- und sehr wenig systematisches, professionelles Wissen im Hinblick auf Wahrnehmen, Analysieren und Auslegen, Entscheiden, Planen, Durchführen und Evaluieren. (Lisop 1995, 142)

Die Professionalisierung, Standardisierung und die Öffnung für Beurteilungen der Qualität der wissenschaftlichen Weiterbildung, also kurz das Managen dieser Qualitätsbemühungen, stellt eine relative Neuerung verglichen mit dem zeitlichen Bestehen wissenschaftlicher Beschäftigung dar.

> *Wir kommen damit zu einer ersten Vermutung über das Qualitätsverständnis der Natur:*
>
> Qualität entsteht in der Natur durch Reduktion, durch die Konzentration auf wesentliche, bewährte Grundfunktionen des Systems. Für die postgraduale Weiterbildung könnte das heißen, dass einige wenige qualitative Stellgrößen über die weitere Entwicklung des Systems entscheiden.

2. Anfangsbedingungen – wie anfangen und was anfangen mit dem Anfang?

In Nichtlinearen Dynamischen Systemen können bereits minimale Unterschiede in den Anfangsbedingungen zu drastischen Unterschieden im Prozessverlauf und im Endergebnis führen. Diese werden hervorgerufen durch die *Wechselwirkungen* zwischen den Systemelementen (Deser 1997).

> Diese sensitive Abhängigkeit von den Anfangsbedingungen nannte Lorenz den Schmetterlingseffekt. Er folgte damit dem Bild, dass der Flügelschlag eines Schmetterlings in Brasilien, welcher eine minimale Änderung der Randbedingungen des hydrostatischen Gleichgewichts bedeutete, aufgrund globaler Vernetztheit und Rückkopplungsprozessen einen Tornado in Texas verursachen könnte. (Deser 1997, 28)

Durch die prinzipielle Ungenauigkeit in der Anfangsbedingung, dem Startpunkt, können Entwicklungen jeweils einen völlig anderen Verlauf nehmen. Für die wissenschaftliche oder postgraduale Weiterbildung und ihre Qualitätssicherung folgt daraus die Forderung nach der Reduktion der Sensibilität von Prozessen gegenüber ihren Ausgangsbedingungen.

Exkurs nach Krems zur postgradualen Weiterbildung

Offenbar handelte es sich bei der Veranstaltung „Quality and self-directed learning" an der Donau-Universität Krems um eine Maßnahme der wissenschaftlichen Weiterbildung. Es lag daher nahe, in einen ersten zentralen Begriff der Chaostheorie, den so genannten „Anfangsbedingungen", durch eine Übung einzuführen.

Wer kennt nicht selbst aus Veranstaltungen die Bedeutsamkeit des Einstiegs? Und die Prozesse, die im Vorfeld laufen: Was ist das Ziel? Wer ist da? Was wollen die Leute? Was wissen sie? Was wissen sie nicht? Aber auch: Was wollen sie nicht? Worauf werden sie sich nicht einlassen?

Quality and self-directed learning

Gruppenarbeit: Gruppe 1 + 2
  20 Minuten

1. Was heißt für uns eigentlich Selbstorganisation und was ist der Unterschied zu Organisation?
2. Was muss man/frau unbedingt tun, um Selbstorganisation zu ermöglichen?
3. Wenn Sie Ihrem/Ihrer Chef/Chefin einen einzigen Tipp geben könnten, um Selbstorganisation in Ihrer Einrichtung zu ermöglichen... Welcher Tipp wäre dies?

Abbildung 1: Erste Gruppenarbeit in Krems zu Selbstorganisation (Gruppe 1 und 2)

> **Quality and self-directed learning**
>
> **Gruppenarbeit:** Gruppe 1 + 2
> 20 Minuten
>
> 1. Was heißt für uns eigentlich Selbstorganisation und was ist der Unterschied zu Organisation?
> 2. Was muss man/frau unbedingt tun, um Selbstorganisation zu **verhindern**?
> 3. Wenn Sie Ihrem/Ihrer Chef/Chefin einen einzigen Tipp geben könnten, um Selbstorganisation in Ihrer Einrichtung zu ermöglichen... Welcher Tipp wäre dies?

Abbildung 2: Zweite Gruppenarbeit in Krems zu Selbstorganisation (Gruppe 1 und 2)

> *Wir kommen damit zu einer <u>zweiten Vermutung</u> über das Qualitätsverständnis der Natur:*
> Anfangsbedingungen beeinflussen wesentlich den weiteren Verlauf der Entwicklung. In der Weiterbildung hat man es laufend mit der Gestaltung von Anfangsbedingungen zu tun, die vor dem Hintergrund des intendierten Nutzens und des Ziels gestaltbar werden. Ein laufendes Monitoring von Zielen und möglichen zukünftigen Entwicklungen stellt damit eine wesentliche Voraussetzung für die Prozessbegleitung dar.

3. Qualität – das Beste für den Kunden (oder für den, der's evaluiert)?

Qualität bedeutet ‚Beschaffenheit' und auch ‚Güte' und ‚Wert'. Arnold charakterisiert die Qualitäts- und Evaluierungsdebatte im Hochschulbereich als zu stark am Konzept der Zufriedenheitskontrolle orientiert, das er als „zu eng und unvollständig, aber auch zu unterkomplex" beschreibt (Arnold 1997, 151). Dasselbe gilt laut Arnold/Faber auch „für die Qualitätssicherungssysteme, die sich aus der industriellen Produktion herleiten, wie die ISO-Normierung" (Arnold/Faber 1997, 151). Diese Ansätze fokussieren demnach zwar „recht stärker auf die Prozesse der Leistungserstellung, doch entgeht einer allzu bruchlosen Übertragung auf den Bildungs- bzw. hier: auf den Hochschulbereich – die Eigentümlichkeit der Qualität wissenschaftlicher Bildungsprozesse" (Arnold/Faber 1997, 151f.).

Dabei ist Qualität im Sinne des Total Quality Management-Ansatzes „... die Erfüllung von (vereinbarten) Anforderungen zur dauerhaften Kundenzufriedenheit" (Zink 1992,

18). Der Ansatz fokussiert zwei Aspekte: Kundenorientierung und die Grundlage ihrer Realisierung, die Prozessorientierung.

Die Zertifizierungsdebatte in der Weiterbildung rückt Prozesse in den Vordergrund. Zwar sichert Prozessorientierung Klarheit und Optimierung der Abläufe, die sicherlich eine Voraussetzung für die Qualität von Produkten generell sind, sie sichert aber nicht die Qualität selbst. Severing bezeichnet Zertifizierungssysteme wie die ISO daher als „eine bloße Methodik von Qualitätsmanagement" (Severing 1995, 85), liefern sie doch keine inhaltlichen Kriterien für Qualitätsbeurteilung selbst. Auch in der Erwachsenenbildung können Unternehmensabläufe zertifiziert werden, durch die permanent ein schlechtes Produkt erzeugt wird (Sauter 1995).

Zielowski (2003) stellt potenzielle Ergebnisse von Maßnahmen des Qualitätsmanagements im universitären Bereich dar:
- rasche Einarbeitung neuer Mitarbeiter(innen) durch die Beschreibung der Abläufe
- Steuerung über Kennzahlen; hohe Transparenz für Mitarbeiter(innen)
- Einheitliche Durchführung der Lehrveranstaltungen
- Einheitliche Dokumentation (Lehre, Projekte)
- Externe Auditierung hilft QM-System fit zu halten
- Geringer Revisionsaufwand (da nur geringer Detaillierungsgrad in den Dokumenten)

Wie aber soll der Weg dorthin aussehen?

Aus der Sicht der Managementlehre lässt sich Qualitätssicherung auch im universitären Bereich anhand von Kennzahlensystemen gestalten. Laut Zielowski (2003) umschließt ein Kennzahlensystem eine wechselseitig wirksame Ausrichtung an den Bereichen Finanzen, interne Prozesse, Kunde/Markt und Lern- und Innovationspotenzial. Allen Prozessen liegt eine Ausrichtung an Vision und Strategie zugrunde. Gemessen wird das Ergebnis z.B. mit einer Balanced Scorecard. Gesteuert wird der Prozess der Ausrichtung und Überprüfung anhand von Modellen wie dem *EFQM* oder nach *ISO 9001: 2000*.

Aus Sicht der Erwachsenenbildung ist „die Qualität wissenschaftlicher Weiterbildung" laut Arnold und Faber (1997) „... dreieckig: Erwachsenengemäßheit, Wissenschaftlichkeit, Prozessorientierung" (Arnold/Faber 1997, 153).

- „Erwachsenengemäßheit ist ein Lehr-Lernprozess, der die Lerner als aktive Subjekte an der Konstitution des Lerngegenstandes beteiligt. Notwendig ist hierfür eine ‚Erschließungsstrukturierung' der Inhalte und das Zulassen ‚didaktischer Selbstorganisation' durch eine Modellierung von Lernwelten." (Kösel 1993).

- „Wissenschaftlichkeit ist ein Lernen, das um die Konstruktivität aller Wirklichkeitssicht ‚weiß' und darum bemüht ist, über Veränderungsmöglichkeiten aufzuklären." (Krüssel 1993).

Selbstorganisation und Chaostheorie

> *Wir kommen damit zu einer dritten Vermutung über das Qualitätsverständnis der Natur:*
>
> Die Natur ist ausgesprochen experimentierfreudig. Es werden 1000 Wege ausprobiert, bis sich einer durchsetzt. Dazu benötigt man Zeit und Raum. Die Weiterbildung darf experimentieren und Fehler machen, sie muss aber daraus lernen. Zu wenige Experimente führen zu Stillstand – es wird die Qualität evaluiert und bewertet, die eben momentan vorliegt. Das nützt dem Auftraggeber und dem Evaluator, nicht notwendigerweise jedoch der Entwicklung der Weiterbildung.

Exkurs nach Krems zur postgradualen Weiterbildung

Etwas überraschend war es schon, dass es selbst in Veranstaltungen zu Qualitätssicherung in der Scientific Community durchaus zulässig ist, zu spät zu kommen. Besteht in der Wissenschaft ein Bruch im Qualitätsverständnis zwischen Theorie und Praxis? Darf über Qualität theoretisch debattiert werden, aber praktisch das Gegenteil praktiziert werden?

Quality and self-directed learning

Gruppenarbeit: Gruppe 3 + 4

                       20 Minuten

1. Was ist für Sie eigentlich *Qualität* und was ist der Unterschied zur *Quantität*?
2. Was muss man/frau unbedingt tun, um Qualität zu **ermöglichen**?
3. Wenn Sie Ihrem/Ihrer Chef/Chefin einen einzigen Tipp geben könnten, um Qualität in Ihrer Einrichtung zu ermöglichen... Welcher Tipp wäre dies?

Abbildung 3: Erste Gruppenarbeit in Krems zu Qualität (Gruppe 3 und 4)

> **Quality and self-directed learning**
>
> **Gruppenarbeit:**   Gruppe 3 + 4
>   20 Minuten
>
> 1. Was ist für Sie eigentlich *Qualität* und was ist der Unterschied zur *Quantität*?
> 2. Was muss man/frau unbedingt tun, um Qualität zu **verhindern**?
> 3. Wenn Sie Ihrem/Ihrer Chef/Chefin einen einzigen Tipp geben könnten, um Qualität in Ihrer Einrichtung zu ermöglichen... Welcher Tipp wäre dies?

Abbildung 4: Zweite Gruppenarbeit in Krems zu Qualität (Gruppe 3 und 4)

„Was wir immer schon geahnt haben, wird durch die konstruktivistische Kognitions- und Erkenntnistheorie bestätigt: Wir alle sind lernfähig, aber unbelehrbar" (Siebert 1995, 337). Qualitätsmanagement konzentriert sich daher nach Siebert auf die didaktisch „erreichbaren" Felder: die Organisation von Lernprozessen und das didaktische Handeln. Professionelle pädagogische Vermittlung stellt daher Rahmenbedingungen her, die die „Möglichkeiten der Lernfähigkeit Erwachsener erweitern". Diese „Rahmenbedingungen" betreffen das Bildungsmanagement ebenso wie die Programmplanung oder die „support structures" wie etwa die Seminargestaltung.

Nehmen wir den (radikalen) Konstruktivismus beim Wort, so sind Wissenschaftler, Pädagogen und Teilnehmer eigenwillige selbstreferentielle Systeme, die über unverwechselbare Wirklichkeitskonstruktionen verfügen. Das bedeutet nicht nur eine „doppelte Unbelehrbarkeit" von Dozent(innen) und Teilnehmer(innen), sondern auch, dass weder Belehrungen über Sichtweisen noch Verhaltensrückmeldungen möglich sind. Diese Betrachtung verneint nach Siebert auch die Existenz eines Realismus in der Wissenschaft und macht den Glauben an eine objektive Wahrheit hinfällig.

Laut Siebert (1995, 337) stellt die „Differenz" den praktischen Nutzen wissenschaftlicher Konstrukte dar, Differenz als Schlüsselbegriff der neueren Systemtheorie und des Konstruktivismus. So kann „auch Lernen als Wahrnehmung von Differenzen" definiert werden, denn „die Vielfältigkeit der Perspektiven, die Wahrnehmung von Unterschieden und Unterscheidungen" ist lernintensiv.

Dieser Ausgangspunkt ist im Sinne des Qualitätsmanagements des Lehr-Lernprozesses besonders wichtig: Lässt man den unterschiedlichen Weltanschauungen und Wirklichkeitskonstruktionen Raum sich zu begegnen, so schafft die Weiterbildung eine neue Kundenorientierung. So bezeichnet in diesem Zusammenhang Schäffter (1985, 46) die

„Transformationsprozesse" zwischen Wissenschaft und Berufsfeld als kontrolliertes „Differenzerleben".

Die Anerkennung der Andersartigkeit der Realitäten im Sinne von Wirklichkeitskonstruktionen und Deutungsmuster der Zielgruppe bringt eine Kundenorientierung im neuen Sinne hervor; sie gebietet viel Sensibilität im Umgang. Nach diesem Verständnis hat Lernen „mit lebensgeschichtlich gewachsenen Lernstilen, Lernwiderständen, Umdeutungen, eigenwilligen Aneignungsformen zu tun" und „daß es immer weniger um ‚Vermittlung fachlichen Wissens' und immer mehr um ‚Erschließung für Neues' geht" (Gieseke 1994, 284). „Die These des radikalen Konstruktivismus und der Systemtheorie besagt, dass Menschen als autopoietische, selbstreferentielle Systeme zu begreifen sind, so dass Wahrnehmen, Denken und Lernen eigenwillige, lebensgeschichtlich geprägte und nicht von außen determinierte Leistungen sind" (Siebert 1995, 338).

4. Komplexität – immer Ärger mit der didaktischen Reduktion

Der universitäre Bildungsmarkt stellt mit seiner Kopplung an gesellschaftliche und marktwirtschaftliche Veränderungen nach außen und der Vielschichtigkeit eines gewachsenen und streng strukturierten Apparats nach innen ein komplexes System dar. Beeinflusst wird dieses System von Faktoren wie gesellschaftlichem, technischem, bildungspolitischem und demographischem Wandel, die zudem noch in unüberblickbarer Wechselwirkung miteinander stehen.

Die Auseinandersetzung mit der Zunahme der Komplexität findet in vielen unterschiedlichen wissenschaftlichen Disziplinen statt, und hat zu einer „thematischen Konvergenz" (Goorhuis 1996) geführt. Phänomene wie die nicht-linearen Wechselwirkungen von Subsystemen in hochkomplexen Systemen, die sich kausal-logischen Erklärung verschließen, erklären sie von verschiedenen Perspektiven aus. Komplexe Phänomene sind Gegenstand von Physik, Biologie, Hirnforschung, Soziologie, Psychologie und Managementlehre, deren Theorien die Chaostheorie, die selbstreferentielle Systemtheorie, die Selbstorganisationstheorie, die Theorie der Fraktale und die Theorie der autopoietischen Systeme hervorbrachten (z.B. Krieger 1996). Sie beschäftigen sich mit Phänomenen, die erst bei starker Zunahme von Komplexität in Erscheinung treten, und einen unvorhersehbaren Verlauf nehmen: Emergenzen.

Goorhuis (1996) schlägt vor, solche emergenten Phänomene auch in Bildungsfragen nutzbar zu machen, und sie nicht, wie bisher geschehen, als Störungen zu behandeln. Statt einer rein deterministischen Sichtweise plädiert er für einen Miteinbezug aller das System beeinflussenden Faktoren. Daher kann eine Betrachtung der Mechanismen Selbstreferentialität und Selbstorganisation sowohl in der Natur und ihren Gestaltungsprinzipien als auch im Qualitätsverständnis wissenschaftlicher Weiterbildung interessante Parallelen eröffnen.

Die moderne Chaosforschung postuliert, dass „selbst Systeme, deren Ausgangsgleichungen bekannt sind und deren Elemente deterministischen Gesetzen gehorchen, ein nicht vorhersagbares, chaotisches Gesamtsystemverhalten hervorbringen" (Deser 1997, 26).

Dieses Phänomen wird mit dem Begriff „Deterministisches Chaos" bezeichnet. Diesem Begriff wohnt eine Paradoxie inne: Deterministisch bedeutet auf der einen Seite „nach Gesetzmäßigkeiten exakt bestimmbar", Chaos hingegen „steht für fehlende Vorhersag- und Berechenbarkeit." (Deser 1997, 26). Ordnung und Chaos sind also zwei Ausprägungen desselben Phänomens.

Trotz der scheinbaren Übersichtlichkeit und Beeinflussung durch konstante Randbedingungen muss sich universitäre Weiterbildung mit system-verunsichernden Herausforderungen auseinandersetzen: Für die Organisation von Lernen und für seine Institutionen haben Erkenntnisse aus der Lernforschung, die das Lernen durch Entdecken, Erleben und Interpretieren propagieren, weitreichende Konsequenzen. „Gegenstand und Ziel der neuen Lernkultur sind nicht nur lernende Menschen, sondern lernende Organisationen und Institutionen", so Gabriele Behler, Ministerin für Schule, Bildung und Forschung in Nordrhein-Westfalen auf der „20. ICDE World Conference on Open Learning and Distance Education" im April 2001, und weiterhin: „Das lebenslange Lernen, das wir für den erfolgreichen Weg in die Wissensgesellschaft brauchen, dürfte sich nämlich besser in flexiblen und offenen Netzwerken entwickeln als in starren und gegeneinander abgeschotteten Systemen".

Die Zunahme der Komplexität in Bildungsmarktfragen stellt auch veränderte Anforderungen an eine Qualitätssicherung. Dem Konzept der Komplexitäts-Reduktion, wie sie anhand von Modellbildungen zur Überprüfung von Qualität, wie z.B. dem *EFQM*-Modell, erreicht werden soll, steht der Gedanke gegenüber, gerade diese Komplexität für die Qualitätssicherung zu nutzen (Casti 1994). Dazu müssen Merkmale und Mechanismen der Komplexität erkannt und integriert werden.

Das verknüpfende Element eines Qualitätsverständnisses in Natur und wissenschaftlichem Weiterbildungssystem, zwischen Qualitätssicherungssystemen der Bildungsforschung und den Grundprinzipien der Chaostheorie, sind die Konzepte der Selbstreferentialität und der Selbstorganisation. Alle abgeleiteten Konsequenzen sind damit subjekt- bzw. situationsbezogen und daher in ihrer Umsetzung systemabhängig, also nicht generalisierbar. Selbstorganisation setzt genau auf die unterschiedlichen Interpretationen und Umsetzungen von Theorien. Die Verschiedenheit ist die Quelle der Veränderung (Goorhuis 1996).

> Soziale Systeme entstehen, erhalten und verändern sich ähnlich wie biologische durch Selbstorganisation, also „Autopoiesis". ... Jedes System lässt sich charakterisieren durch eigene ganz spezielle selbstreferentielle Grundoperationen, durch die es seine vergänglichen Bestandteile und damit sich selbst reproduziert. (Wehowsky 1990)

> *Wir kommen damit zu einer <u>vierten Vermutung</u> über das Qualitätsverständnis der Natur:*
>
> Die Natur ist neugierig und interaktionsfreudig, ihre Systemmitglieder legen aber auch Wert auf Grenzen. Die Weiterbildung braucht für die Bewältigung von Komplexität Elemente der Organisation, der Selbstorganisation und des Austauschs. Wir wissen nicht, welche Entwicklungen Systeme nehmen werden, deshalb ist es für die Weiterbildung notwendig, Benchmarking zu betreiben, um das Innensystem im Abgleich mit den Außensystem zu optimieren.

5. Muster und Fraktale – und schon wieder gefangen im eigenen Ich

Fraktale bilden Ordnung im Chaos. Zur Erzeugung eines Fraktals bedarf es nur sehr einfacher Grundmuster, welche sich durch fortlaufende Iterationen (=gleichförmige ständige Wiederholungen) zu sehr komplexen Strukturen entwickeln. Zur Erzeugung komplexer Strukturen sind einfache Grundbausteine völlig ausreichend; durch ihren kreativen Wechselprozess entstehen die komplexesten Muster. Komplexität wird sichtbar in Einfachheit und umgekehrt (Paradoxie der Komplexität!).

Der Mathematiker Benoît Mandelbrot entdeckte vorher nicht wahrgenommene Ordnung in so unterschiedlichen Phänomenen wie der volkswirtschaftlichen Einkommensverteilung, Preisschwankungen an der Börse, Übertragungsfehlern von Telefonleitungen bis hin zur Struktur des Weltalls. Im Verlauf dieser Kursverläufe werden längerfristige Schwankungen von kurzfristigen Fluktuationen begleitet. Ging man bis dato von einer Unabhängigkeit dieser beiden Phänomene aus, entdeckte Mandelbrot eine diesen Verläufen gemeinsame Symmetrie, einen beiden Entwicklungen zugrunde liegenden Maßstab. Entgegen herkömmlicher Paradigmen ist diese Ordnung jedoch keine regelmäßige Symmetrie, sondern ein unregelmäßiges Muster – ein Fraktal (Deser 1997).

Im Subsystem spiegelt sich also das Ganze wider und umgekehrt. Auch bezüglich der Frage nach Ordnung und Orientierung der universitären Weiterbildung spiegeln sich alle gesellschaftlichen Fragen der heutigen Zeit in irgendeiner Art und Weise wider, denn ein Wesensmerkmal der fraktalen Geometrie ist eine maßstabsübergreifende *Selbstähnlichkeit* der Strukturen (Deser 1997).

> Die These des radikalen Konstruktivismus und der Systemtheorie besagt, dass Menschen als autopoietische, selbstreferentielle Systeme zu begreifen sind, so dass Wahrnehmen, Denken und Lernen eigenwillige, lebensgeschichtlich geprägte und nicht von außen determinierte Leistungen sind. (Siebert 1995, 338)

Naturwissenschaftler stellen fest, dass komplexe und dynamische Strukturen nur als *Fließgleichgewichte* bestehen können: Stets müssen Energie und Materie von außen zufließen (Pflanzen: Sonnenlicht und Nährstoffe). „Auch Systeme können ohne eine Umwelt nicht existieren, von der sie ‚gehalten' werden", also: „Abgeschottete Systeme sind offen" (Luhmann 1984). Dennoch determiniert die Umwelt nicht, was im System passiert, denn Sonnenenergie hält zwar das Leben, doch die Evolution verläuft fast unvorhersehbar, durch Selbstorganisation nach systeminternen Regeln (Wehowsky 1990).

Alle komplexen dynamischen Systeme entwickeln sich durch *Rückkopplung*: Das Grundelement des Systems sorgt, da es selbst vergänglich ist, dafür, dass es selbst immer wieder neu entsteht, wie etwa am Beispiel der Erbsubstanz ersichtlich wird. Systeme brauchen diese Rückkopplung: „Hält" die Umwelt das System nicht mehr, sind sie in der Gefahr zu zerfallen. Die Fähigkeit, immer differenziertere Strukturen zu bilden, sichert also die Überlebensfähigkeit des Systems. „Ein dynamisches System kann sich arbeitsteilig in Subsysteme aufspalten und so immer effektiver und flexibler auf seine systemeigene Umwelt – also auf sich selbst – reagieren" (Wehowsky 1990, 160). Im universitären Bereich übernehmen also Subsysteme wie Verwaltung und Mittelbau, politische Vertretung und mediale Repräsentanz die Wahrnehmung gegenüber der eigenen Umwelt. Die Gefahr für eine Qualitätssicherung liegt darin, dass Systeme blind sind für die Ziele anderer Systeme, also auch für übergeordnete Ziele.

In Computergrafiken zur Sichtbarmachung von natürlichen Strukturen werden Ordnungsmuster in vermeintlich ungeordneten Strukturen sichtbar. Hinter ungeordneten, chaotischen Datenströmen verbergen sich immer ähnliche Verlaufsbahnen. Alle Nichtlinearen Dynamischen Systeme besitzen Attraktoren (Muster).

Das mehrfachdynamische Umfeld der wissenschaftlichen Weiterbildung bietet die Möglichkeit eines weiteren Transfers natürlicher Mechanismen, wie die Chaostheorie sie konzipiert: Attraktoren zu setzen bedeutet im Beispiel der Weiterbildung „jene Bildungsangebote bzw. Bildungsinhalte" zu bieten, „welche bei geeigneter Präsentation die Eigenschaft haben, dass sich die Einflussfaktoren gegenseitig verstärken" (Goorhuis 1996, 5).

Weiterbildung, auch im postgradualen Bereich an Hochschulen, muss aber den Paradigmenwechsel in der Professionalisierungsdebatte berücksichtigen. Auf das lineare, technologische Modell, nach dem die Wissenschaft die Bildungspraxis steuert, woraufhin Pädagog(innen) Erwachsene belehren, folgte das zirkuläre, konstruktivistische Modell, nach dem Forschende, Lehrende und Lernende als selbstreferentielle Systeme strukturell gekoppelt sind:

Lineares, technologisches Modell:

Zirkuläres, konstruktivistisches Modell:

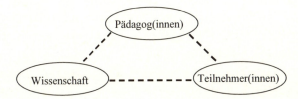

nach Horst Siebert 1995, S. 333

Jedes System hat seine eigene Wahrnehmung, seine eigene Sach- und Weltsicht. Diesem Umstand Rechnung zu tragen kann dazu führen, ihn als Potenzial für Kreativität und Innovation zu verstehen. Die Qualitätssicherung macht sich die genaue Darstellung eines Subsystems durch die Innensicht mit Hilfe der Berichtlegung von Beteiligten zunutze. Ihre Gegenüberstellung und Kombination strebt ein präzises und umfassendes Abbild der Situation an.

Lernen ist ein strukturdominierter und kontingenter Prozess (Siebert 1995). Die konstruktivistische Einsicht in die Selbstreferentialität beschränkt die Professionalisierung auf die Selbstanalyse, denn „wir können allenfalls unser eigenes Erkennen durchschauen, nicht aber in die Köpfe anderer hineinschauen" (Siebert 1995, 339). Eine selbstkritische Reflexion der eigenen Wirklichkeitskonstruktion sensibilisiert für die Lernpotenziale und Lernbarrieren anderer (Siebert 1995).

„Wirklichkeitskonstruktionen sind Beobachtungen und Beschreibungen, die vor allem durch Sprache mitgeteilt werden. […] Durch Sprache nehmen wir Unterscheidungen vor, und diese Unterscheidungen sind wahrnehmungs- und handlungsleitend", so Siebert (1995, 334). Lehrende und Lernende sind trotz ihrer „operationalen Geschlossenheit" „strukturell gekoppelt", es sind „Interaktionen und kommunikative Resonanzen möglich." (Siebert 1995, 339)

Demnach ist die Annahme einer direkten Theorie-Praxis-Beziehung hinfällig: „Der Glaube an die Wirksamkeit eines linearen Modells der unmittelbaren Anwendung von Forschungsergebnissen dürfte allmählich zurückgedrängt sein. Was Forschung nur bieten kann, ist eine Erweiterung des Problemhorizonts" (Tietgens 1990, 56). Das reflexivkonstruktivistische Paradigma definiert Lernen als „interpretatives Rekonstruieren von Wirklichkeit" (Arnold/Siebert 1995).

Wissenschaft und Praxis, oder auch ihre Vermittlung, also Lehre, stellen Systeme dar, die aufeinander bezogen, aber selbstreferentiell sind. Sie haben unterschiedliche Problemsichten, Situationsdefinitionen und Erfolgskriterien (Mader/Weymann 1979). Siebert betont, dass „nicht die wechselseitige Funktionalisierung, sondern die ‚Systemdifferenz', das Spannungsverhältnis zwischen Theorie und Praxis" produktiv zu nutzen sei (Siebert 1995, 332).

Trotz vieler Kontakte sind Bildungspraxis und Wissenschaft als Gegenstand der Forschung autopoietische, selbstreferentielle Systeme. „Theorie" stellt ebenso wie „Praxis" eine Konstruktion der Wirklichkeit dar (Siebert 1995, 333).

> *Wir kommen damit zu einer <u>fünften Vermutung</u> über das Qualitätsverständnis der Natur:*
> In der Natur wiederholen sich einfache Grundmuster permanent und bilden damit die Grundlage von Entwicklung. In der postgradualen Weiterbildung sind wir auf Reflexion, auf „Berichtlegung" als Instrument des Qualitätsmanagements angewiesen, auf „Selbstreflexion im selbstreferentiellen System".

Komplexe Systeme haben einige offensichtliche Vorteile gegenüber einfachen Systemen, so z. B. die Selbstveränderungsfähigkeit. Fraktale Eigenschaften sind eine gute Ausgangslage für Selbstorganisation (Goorhuis 1996). Vereinheitlichung und Regulierung arbeiten gegen die Komplexität. Eine Qualitätssicherung, die das kreative Potenzial eines lebendigen Systems nutzbar machen möchte, sollte sich ihr, zumindest phasenweise, nicht verschließen. Im Sinne des Konzepts der pulsierenden Märkte wechseln Stabilität und Chaos sich ab.

Weiterbildung als autopoietisches System begriffen, reproduziert sich kontinuierlich mit Hilfe der sie konstituierenden Elemente. Im operativ geschlossenen System wird auch das Bild der Systemumwelt reproduziert. Eine tiefe Reflexion des Systems ermöglicht also die Analyse der eigenen Wirkgefüge und gleichzeitig des Umfeldes. Das erleichtert eine markt- und kundengerechte Ausrichtung.

6. Selbstorganisation – oder doch lieber Organisation?

Systeme wie Wirtschaft oder eben Bildungsinstitute entstehen und funktionieren nach schwer zu beeinflussenden internen Gesetzen, welche sie gegen geplante Veränderungen immun machen. So entwickeln, erhalten und verändern sich Systeme nicht durch rationale Planung und Beschlüsse, sondern durch Evolution – jedes System nach seiner eigenen Gesetzmäßigkeit. Hochschulen und Weiterbildung an Hochschulen funktionieren und wachsen demnach nach ihren eigenen Regeln – Regeln, die dem System immanent und eigen sind. Man kann Systeme daher auch nur mit Begriffen deuten, die aus ihnen selbst entstehen. Systeme sind demnach auch nur steuerbar durch Prinzipien, die ihren eigenen Gesetzen verwandt sind. Denn jedes System kann sich nach Luhmann nur selbst steuern.

Selbstorganisation und Chaostheorie

Die Beobachtungen von Herrman Haken zum Laser begründen das Konzept der Selbstorganisation als ein wesentliches Fundament der Chaosforschung. In seinem in den 60er Jahren entwickelten Ansatz bewies er, dass zahlreiche einzelne Atome durch ihre Gleichrichtung das Laserlicht bewirken. Zentral für die daraus entstehende allgemeine Lehre vom Zusammenwirken, der Synergetik, ist die Frage „… wie generell Ordnung aus Unordnung (Chaos) entsteht, d. h. wie natürliche und kulturelle Systeme sich selbst organisieren" (Paslack 1991, 100).

> Lineare Systeme besitzen eine eindeutige Lösung. Sie sind vorhersagbar und bieten keine Überraschungen. Nicht-lineare Systeme jedoch haben die Fähigkeit, in das deterministische Chaos zu gelangen und sich überdies selbst zu organisieren. Materie ordnet sich selbständig zu neuen Mustern. (Blubath 1992, 83)

Neben den Terminus Weiterbildung in seinen unterschiedlichen Bedeutungen treten in der pädagogischen Forschung Begriffe auf wie lebensbegleitendes Lernen, selbstorganisiertes Lernen, Personalentwicklung oder auch Kompetenzentwicklung. Hier wird das Bemühen erkennbar, den gestiegenen und weiter steigenden Anforderungen in Wirtschaft und Gesellschaft durch neue Formen des Lernens zu entsprechen.

Wir kommen damit zu einer <u>sechsten Vermutung</u> über das Qualitätsverständnis der Natur:

Die Natur spielt mit Organisation und Selbstorganisation auf hohem Niveau und ohne einen ethischen Anspruch. Die postgraduale Weiterbildung könnte gut daran tun, Selbstorganisation und Organisation phasenweise zuzulassen. Selbstorganisation in sozialen Systemen (wie beispielsweise des Bildungssystems) kann nicht verordnet werden. Sie setzt ein, wenn nicht alles reglementiert wird. Das Spiel mit Komplexität und Reduktion von (und in) Bildungsprozessen ermöglicht erst Veränderung und Entwicklung.

7. Innovation und Anpassungsfähigkeit – von Kombination zur Transformation

Bei zusammenfassender Betrachtung der Kriterien Selbstähnlichkeit, Rückkopplung und einfache Grundmuster werden zwei Quellen der Innovations- und Anpassungsfähigkeit Nichtlinearer Dynamischer Systeme deutlich.

Eine Innovationsquelle stellt die große Kombinationsvielfalt bereits weniger, oft einfacher Grundmuster dar, wie es am Beispiel der DNS, Desoxyribonukleinsäure, bekannt ist: Vier relativ einfache biochemische Grundelemente genügen, um die gesamte Erbinformation des Menschen abzuspeichern. Trotz identischer Grundbausteine entstehen Menschen als unterschiedliche Individuen. Zweitens entstehen durch die Kombination von Transformation (z.B. Drehung oder Spiegelung) der Grundmuster und Rückkopplungen feinste Unschärfen. Veränderungen der Grundmuster werden mittels fortlaufender Rückkopplungsprozesse zu einem Motor für Veränderungen (Deser 1997).

Wenn Komplexität angestrebt werden soll, muss es sich allerdings um eine „organische" Komplexität handeln, die „durch viele lose gekoppelte Subsysteme mit möglichst vielwertigen, selbsterklärenden oder kontinuierlichen nicht-linearen Wechselwirkungen und möglichst vielen Rückkopplungen" gekennzeichnet ist. Dann entsteht die aus der Biologie bekannte Selbstorganisierungs- und Selbstkorrigierungsfähigkeit des Systems, wie sie auch für die Bildung nutzbar gemacht werden kann.

Querverbindungen müssen gefördert werden. Synergien und Rückkopplungen werden nutzbar, wenn Verbindungen z. B. zwischen Partnern in der Weiterbildung als Subsystemen nicht mehr zwecks Reduktion von Komplexität gehemmt, sondern im Gegenteil sogar zugelassen bzw. gefördert werden. Die entstehende Dynamik erzeugt selbstorganisatorische Entwicklungen in der Systemstruktur und im Entwicklungsprozess (Goorhuis 1996). Lose Koppelungen zwischen den Subsystemen sind notwendig für die Entwicklung der Weiterbildung. Ein einziges Subsystem sollte nie für das andere Subsystem lebensnotwendig sein.

> Ein abhängiges System sollte also bei einem Ausfall eines anderen Subsystems in der Systemumgebung selbständig ein drittes System für den weiteren Dialog suchen können. Die lose Koppelung ist auch die Garantie dafür, dass die Zunahme der Komplexität sowie die Zunahme des Informationsaustausches nicht die übliche Lähmung zur Folge hat. (Goorhuis 1996)

Für Prozesse und Kontakte zwischen Akteuren in der postgradualen Weiterbildung bedeutet dies ein großes Maß an Vereinheitlichung, Autonomie aber auch Egalität in organisationaler wie kommunikativer Hinsicht.

> *Wir kommen damit zu einer <u>siebten Vermutung</u> über das Qualitätsverständnis der Natur:*
> Autopoietische Systeme sind auch offene Systeme. Sie geben Informationen ab und nehmen sie auf. Auf diese Weise können in einem kontinuierlichen Wachstums- und Innovationsprozess aktuelle gesellschaftliche Trends genauso ins System integriert werden wie langfristige qualitative Entwicklungen und paradigmatische Veränderungen. Sie gefährden dadurch ihre Identität nicht, denn autopoietische Systeme sind trotz Variabilität und Offenheit stabil. Das Feld der postgradualen Weiterbildung ist von anziehenden und abstoßenden Kräften gekennzeichnet. Die Kombination unterschiedlicher Systemelemente in den wirksamen Kraftfeldern ist eine Integrationsleistung, die von der Weiterbildung zu leisten ist.

Fazit

Die Natur testet ihre Grenzen. Sie nähert sich ihren Qualitätsstandards mit der Determiniertheit immer wiederkehrender Muster, aber auch mit der Offenheit von trial & error. Wissenschaftliche (postgraduale) Weiterbildung öffnet sich zwar (gezwungenermaßen) der Dynamik marktwirtschaftlicher Komplexität, steht aber nach wie vor unter dem Schutz, der Einrichtungen des öffentlichen Dienstes zukommt.

Die scheinbare spielerische Leichtigkeit, mit der die Natur ihre Funktionsprinzipien einsetzt, ist Ergebnis und gleichzeitig Prozess fortwährender Erprobung. Die wissenschaftliche Weiterbildung steht vergleichsweise am Anfang ihrer Bemühungen um Qualität. Sie kann von einer Reflexion ihres Umgangs mit Ordnung und Chaos, wie sie im vorliegenden Beitrag diskutiert wird, nur profitieren.

Literatur

Arnold, R. (1995): Lehr- und Lernqualität gehören zusammen. Kritische Anmerkungen zur Diskussion um die Qualität der universitären Ausbildung. UNI-Spektrum. Eine Zeitschrift der Universität Kaiserslautern, (1), 46–49.

Arnold, R. (1997): Qualitätssicherung in der Erwachsenenbildung. Opladen: Leske und Budrich.

Arnold, R./Faber, K. (1997). Die Einbindung wissenschaftlicher Weiterbildung in die Diskussion um die Qualitätssicherung der akademischen Lehre – illustriert am Beispiel der Fernstudienentwicklung. In R. Arnold (Hrsg.): Qualitätssicherung in der Erwachsenenbildung. Opladen.

Blubath, J. (1992): Das neue Bild der Welt. Wien.

Behler, G. (2001): Rede zur Eröffnung der 20th ICDE World Conference on Open Learning and Distance Education: The Future of Learning - Learning for the Future: Shaping the Transition; Duesseldorf, Germany, 01 – 05 April 2001 (Keynote Speech in the Plenary Session on Monday, 02 April 2001) http://www.fernuni-hagen.de/ICDE/D-2001/final/keynote_speeches/monday/behler_keynote.pdf

Casti, J.L. (1994): Complexification: Explaining a paradoxical world through the science of surprise. New York.

Deser, F. (1997): Chaos und Ordnung im Unternehmen. Heidelberg.
GEO-Wissen (1990): Themenheft „Chaos und Kreativität". Hamburg.
Gieseke, W. (1994): Der Erwachsenenpädagoge. In D. Lenzen (Hrsg.), Erziehungswissenschaft (S. 282ff.). Hamburg.
Goorhuis, H. (1996): Universitäre Weiterbildung im „neuen Kapitalismus". http://paedpsych.jk.uni-linz.ac.at:4711/lehrtexte/Goorhuis96.html
Haken, H. (1995): Erfolgsgeheimnisse der Natur. Hamburg.
Kösel, E. (1993): Die Modellierung von Lernwelten. Ein Handbuch zur subjektiven Didaktik. Elztal-Dallau.
Krieger, D.J. (1996): Einführung in die allgemeine Systemtheorie. München.
Krüssel, H. (1993): Konstruktivistische Unterrichtsforschung. Frankfurt am Main.
Lisop, I. (1995): Effizienzsteigerung durch Pädagogik? In: Diebold, P. (Hrsg.), Lernen im Aufbruch (S. 137ff.). Frankfurt am Main.
Luhmann, N. (1984): Soziale Systeme. Grundriß einer allgemeinen Theorie. Frankfurt am Main.
Mader, W./Weymann, A. (1979): Zielgruppenentwicklung, Teilnehmerorientierung, Adressatenforschung. In: Siebert, H. (Hrsg.), Taschenbuch der Weiterbildungsforschung (S. 346ff.). Baltmannsweiler.
Müri, P. (1985): Chaos-Management. Egg-Zürich.
Paslack, R. (1991): Urgeschichte der Selbstorganisation. Wiesbaden.
Sauter, E. (1995): Bildungspolitische Aspekte der Qualitätssicherung in der Weiterbildung. In: Feuchthofen, J.E./Severing, E. (Hrsg.), Qualitätsmanagement und Qualitätssicherung in der Weiterbildung (S. 22–39). Neuwied, Kriftel, Berlin.
Severing, E. (1995): Qualitätssicherung arbeitsplatznaher Weiterbildung. In: Feuchthofen, J.E./ Severing E. (Hrsg.), Qualitätsmanagement und Qualitätssicherung in der Weiterbildung (S. 74–87). Neuwied, Kriftel, Berlin.
Siebert, H. (1995): Professionalisierung, Professionalität und Berufsethik. In: Jagenlauf, M. et al. (Hrsg.): Weiterbildung als quartärer Bereich. Bestand und Perspektive nach 25 Jahren (S. 329–342). Neuwied, Kriftel, Berlin.
Tietgens, Hans (1990): Erwartungen an Erwachsenenbildungsforschung. In: Kade, J. et al.: Fortgänge der Erwachsenenbildungswissenschaft (S. 56–63). Frankfurt/Main.
Wehowsky, S. (1990): Die unvernünftige Gesellschaft. In: Geo Wissen: Chaos + Kreativität, 05, S. 152–161.
Zielowski, Ch. (2003): „Warum QM an Universitäten?" (Präsentation). Graz.
Zink, K. J. (1992): Total-Quality-Management. In: Zink, K. J. (Hrsg.): Qualität als Managementaufgabe: Total Quality Management (S. 9–52). Landsberg am Lech.

Qualität innerhalb sozialer Netzwerke

Katrin Jutzi

1. Einleitung

In den 80er Jahren stellte Keupp fest, Netzwerke seien „... ein dürres Konzept mit der Last einer großen Hoffnung." (Keupp/Röhrle 1987, 11). Die Hoffnungen liegen darin, dass Netzwerke kreative Arrangements sind, die fähig sind, die Grenzen von Hierarchie auf der einen und ungeordnetem Chaos auf der anderen Seite zu überwinden (s. auch Mayntz 1993, 44).

Dürr ist das Konzept in der Hinsicht, dass seine praktische Anwendung nicht trivial ist. Ein reales Netzwerk muss sich im selbstorganisiertem Tun, in der Kooperation seiner Mitglieder, immer wieder neu herstellen. Methoden und Instrumente, Netzwerke zu initiieren, zu moderieren und zu entwickeln sind im Entstehen, bei weitem aber noch nicht systematisch aufbereitet, geschweige denn verbreitet.

Auch die wissenschaftlichen Versuche, Netzwerke als eigenständige soziale Gebilde theoretisch wie empirisch zu erforschen, hinterlassen eine Vielzahl von Ansätzen, sind aber nicht bis zu dem Punkt gelangt, geschlossene Theorien aufzustellen. Die Vielzahl an praxisorientierten Ansätzen, die das Geheimnis um die Vorteile von Netzwerken lüften wollen, existieren weiter unverbunden nebeneinander. Dennoch ist die Attraktivität des Themas unumstritten (Aderhold 2003, 1; Jütte 2002, 21; Weyher 2000, 3).

Dieser Beitrag grenzt seine Betrachtungen auf soziale Netzwerke ein, die in hohem Maße hierarchiefrei agieren. *Sozial* sei hier nicht als Eingrenzung auf Netzwerke, die soziale Zwecke verfolgen, verstanden, sondern als Betrachtungspunkt auf Netzwerke als soziale Gemeinschaften.

Der Begriff „Qualität" wird in mehrfacher Bedeutung gebraucht: Einerseits ist ein Netzwerk selbst eine spezielle Qualität sozialer Strukturen – Qualität gehört somit zum Wesen von Netzwerken. Weiterhin kommen sie nicht ohne Beziehungsqualität aus – Qualität meint hier einen Gütestandard von Sozialem. Qualität kann in einem Netzwerk selbst zum Thema werden – hier nimmt Qualität eine inhaltliche Perspektive ein.

2. Merkmale sozialer Netzwerke

Netzwerke sind eine spezielle Art von Beziehungen zwischen Teilnehmern, die zur Kooperation tendieren und dazu Potenziale der Teilnehmer miteinander verknüpfen. Sie können die Grenzen von sozialen Systemen, aus denen die Teilnehmer kommen, überwinden (Boos et al. 1992, 56).

Zum Wesen von Netzwerken gehört das Vermögen, mit Polaritäten umzugehen und im besten Fall Gegensätzlichkeiten fruchtbar zu machen. Einige Polaritäten seien aufgeführt:
- In Netzwerken wirken Kohäsionskräfte gleichermaßen wie Fliehkräfte,
- Prozesse in Netzwerken kommen zielorientiert zustande, gleichzeitig gibt es zieloffene Entwicklungen,
- Netzwerke besitzen ein hohes Maß an Freiheit, trotzdem geht ihr Funktionieren auf Verbindlichkeit zurück.

Wie kommen diese Netzwerk-Qualitäten zustande?
Netzwerke schlagen Brücken über verstarrte hierarchische Gebilde hinweg zugunsten von komplexen Problemlösungen, die facettenreich bearbeitet werden können. Sie lassen sich kaum kennzeichnen, ohne sie von anderen sozialen Vergemeinschaftungen abzugrenzen, denn sie sind weder Organisation noch Interaktion oder Gruppe. Auf einen solchen abgrenzenden Vergleich verweist die folgende Tabelle.

	Organisation (z.B. Unternehmen, Verwaltungen etc.)	Gruppe (z.B. Initiativgruppe, Selbsthilfegruppe, Problemlösegruppe)	Netzwerk (Unternehmensnetze, Bürgernetzwerke)
Kurzbeschreibung	Zweck: Leistungserbringung für andere Abgrenzung: Erkennbarkeit nach außen, interne Zielsetzungen, die für Mitglieder gelten	Zweck: gemeinsames Ziel verwirklichen, Zusammenschluss von Menschen, große Kommunikations- und Interaktionsdichte, typische Gruppenphänomene, wie: Konformität, Kohäsion, Wir-Gefühl, Gruppendynamik, Emotionale Dichte	Zweck: gemeinsames Ziel und Kooperation, Verknüpfung von Menschen/ Vertretern von Organisationen, demokratisches, gleichberechtigtes Miteinander, Konsensorientierung als Operationsmodus
Mitgliedschaft	Eintrittsbedingungen für Mitglieder geregelt, Ausstattung mit Rechten und Pflichten, Mitglieder handeln im Auftrag der Organisation	bei freiwilligen Gruppen: Zugehörigkeit durch Interaktion und gegenseitiges Bezugnehmen (gemeinsames Ziel besteht), Bei formalen und organisierten Gruppen geregelt (per Statut, per Beschluss)	Freiwilligkeit, NW beschließt Aufnahme von Mitgliedern oder spricht bewusst Partner an, Mitgliedschaft solange, wie Thema trägt oder Teilnahmeinteresse für das einzelne Mitglied bestehen bleibt
Struktur	eindeutige Strukturen zentral festgelegt, interne Verhältnisse geklärt, Entscheidungsprozesse festgelegt, permanente arbeitsteilige Aufgabenbewältigung, Unterstellungsverhältnisse und Machtverteilung geregelt	durch Gruppe organisiert, aus einer gemeinsamen Zieldefinition Festlegung einer Arbeitsteilung	Von organisiert bis chaotisch, selbstorganisiert, mit oder ohne Zentrum, Verabredung von Strukturen, Rollen und Aufgabenverteilungen können wechseln, Wechselnde Kooperationen Strukturen meist nicht dauerhaft geltend

Tabelle 1: Gegenüberstellung von Organisation, Gruppe und Netzwerk

Netzwerke werden hier als strukturelle Koppelungen zwischen autonomen Systemen aufgefasst, die Interaktionen ermöglichen. Damit deutet sich eine systemische Begriffsauffassung an (s. ausführlich Kämper/Schmidt 2000, 227ff.)

Die „autonomen Systeme" können Personen als Privatpersonen oder in der Rolle als Vertreter von Organisationen sowie Organisationen selbst sein. Indem sie ihre Autonomie behalten, regulieren sie selbst das Engagement für das Netzwerk einschließlich der damit verbundenen Entscheidungen (bis hin zum Ausstieg). Netzwerke erscheinen damit als hoch subjektiv geprägte „Veranstaltungen".

Ihre Existenz ist an das Bestreben gebunden, ein gemeinsames Ziel verfolgen zu wollen. Dieses Bestreben ist meist bewusst oder unbewusst in den sich im Netzwerk engagierenden Systemen selbst vorgesehen. Aus der Verfolgung gemeinsamer Ziele entsteht Interaktion spezieller: Kooperation. Interaktion kann als die Verhaltensweise eines Netzwerkes begriffen werden. Damit werden Netzwerke zur latenten Potenz, gemeinsam (zwischen allen oder einigen Teilnehmern) in Kooperation gehen zu können. (Aderhold 2003, 9).

Im kooperativem Akt ist das Netzwerk präsent und materialisiert sich dann, wenn Partner auf Kooperation Bezug nehmen (Aderhold 2003, 16). Dieses Potential zur Kooperation wird durch eine das Netzwerk tragende Infrastruktur aufrechterhalten.

Für die Kooperation und die Infrastruktur müssen netzwerkweite Entscheidungen getroffen werden, die für die Beteiligten verbindlich sind und von ihnen getragen werden. Die Entscheidungen gelten für das Netzwerk. Im kooperativen Handeln von (einzelnen) Netzwerkteilnehmern entstehen Leistungen. Ob diese für die Mitglieder und die sie entsendenden Organisationen bedeutsam sind bzw. einen Einfluss auf sie haben, liegt in deren Hand (Kämper/Schmidt 2000, 231). Denn diese sind, wie bereits erwähnt, autonome Systeme. Die Wahrscheinlichkeit der Leistungsdiffusion erhöht sich, wenn die Entscheidungen Antworten auf systemeigene Problematiken geben.

Diese netzwerkspezifischen Eigenheiten stellen an Teilnehmer hohe Ansprüche. Ein Netzwerk steht und fällt mit dem Willen der Teilnehmer, Verantwortung für die eigene Autonomie und das Engagement zu übernehmen.

3. Strukturen von und Prozesse in sozialen Netzwerken

Netzwerkstrukturen – und damit unterscheiden sie sich nicht von anderen sozialen Strukturen – sind so lange beständig, wie die sie bildenden Praktiken aufrecht erhalten und damit reproduziert werden und durch die Teilnehmer dafür Ressourcen eingebracht werden. Für Netzwerke gilt, dass sie mit Minimalstrukturen auskommen, die sich zudem temporär verändern können[1]. Ihnen stehen nur unscharfe Vorbilder hinsichtlich einer sinnvollen Struktur zur Verfügung; Netzwerkstrukturen sind grundsätzlich Einzelfälle geprägt durch die Ziele, die Teilnehmer selbst, die Situationen auf die Netzwerke treffen

---

[1] Dieser Gedanke ergibt sich daraus, dass Netzwerke sowohl im Status der Kooperation als auch im Status der Nichtkooperation existieren.

und den netzwerkeigenen Entwicklungsstand. Dabei können unterschiedlichste Strukturvarianten umgesetzt werden: Netzwerke mit und ohne Zentrum, Netzwerke mit einem gemeinsamen Pool an Ressourcen mit gleich- oder nichtgleichberechtigtem Zugang für die Teilnehmer, Netzwerke auf Basis des Einbringens gleicher oder verschiedener Ressourcen in Art und Anzahl etc.

Netzwerke durchlaufen Phasenverläufe, deren Benennung eine Groborientierung darstellen. Aus ihnen leiten sich typische Herausforderungen und Lernaufgaben für das Netzwerk ab.

Nach Aderhold lassen sich folgende Phasen erkennen (Aderhold 2003, 10):

1. Schaffung von Möglichkeiten zur Netzwerkbildung
   dazu gehört:
   - Finden von Partnern
   - Aushandeln von gemeinsamen Zielen
   - Entstehen erster ad hoc Strukturen
   - Konkretes gemeinsames Tun steht im Vordergrund

Diese Phase ist zumeist durch Offenheit geprägt, die auch die Möglichkeit einer einseitigen Machtübernahme einschließt.

2. Strukturbildungsphase
   - Stabilisierung und Spezialisierung
   - Erkennung und Anerkennung von Unterschiedlichkeit
   - Ausprägung von Standards
   - Wiederholung von kooperativen Vorgängen zwischen den Partnern
   - Erarbeiten von Formalisierungen

Das Ringen um den besten Weg steht im Vordergrund, was mit Lernprozessen einhergeht. Erfahrungen liegen vor und bestenfalls zieht das Netzwerk daraus Rückschlüsse.

3. Möglichkeit der Netzwerkgenese
   - Entwicklung neuer Themen und Ziele bzw. Zielerweiterung
   - Entwicklung einer adäquaten Struktur
   - Ausdifferenzierung von Rollen und Funktionen

Das Netzwerk kann das Repertoire der kooperativen Möglichkeiten, basierend auf geprobten Strukturen und Prozessverläufen, erweitern.

4. Einführung des Themas „Qualität" in soziale Netzwerke

Im Umgang mit dem Thema „Qualität" besteht die Möglichkeit, eine Prozessperspektive von einer Inhaltsperspektive zu unterscheiden, nämlich Qualität als inhärenten Prozess oder als gesetzten Standard zu verstehen. Konkreter formt sich dies als Struktur- bzw. Produktqualität aus (Knoll 2002, 4, Stieler-Lorenz 1997, 5). Hier wird die erste Möglichkeit präferiert.

Nachfolgend wird der Versuch unternommen, die Netzwerkspezifika und -prozesse mit Qualitätsentwicklung zu verknüpfen.

Wie sich aus der Auseinandersetzung mit Besonderheiten ergibt, ist es sinnvoll, Netzwerke auf verschiedenen Ebenen zu analysieren. Ergiebig scheint dabei eine Unterscheidung zwischen einem manifesten und einem latenten Bereich.[2] Diese Trennung bezieht sich auf die Kommunizier- und Beobachtbarkeit des Geschehens sowohl für Externe als auch die Netzwerkteilnehmer selbst. Als manifester Bereich wird die beobachtbare Interaktion zwischen den Teilnehmern sowie alle Netzwerkprozesse bezeichnet. Die latente Ebene repräsentiert das Gleiche in der Hinsicht, wie es für die Teilnehmer verarbeitet wird, mit welchen internen Prozessen es für sie verbunden ist.

Entscheidet ein Netzwerk, dass es sinnvoll ist, sich in einen Prozess der Qualitätsentwicklung zu begeben, dann müssen auf der Netzwerkebene dafür Strukturen geschaffen werden. Jeder Teilnehmer beschließt, wie weit er das Thema mit Engagement und Ressourcen vorantreibt. Dabei sind die subjektiven Wahrnehmungen, Erfahrungen und Deutungen zum Thema sowie des Motivs ihres Engagements entscheidend. In der Abbildung ist dieser Zusammenhang dargestellt.

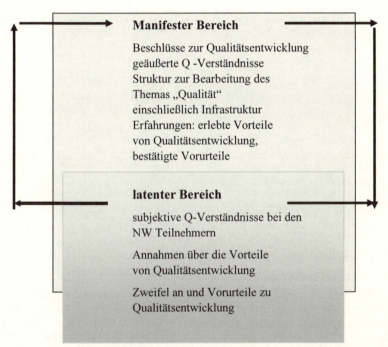

Abb. 1: Zusammenhang zwischen latentem und manifestem Bereich

Manifester und latenter Bereich verhalten sich ähnlich wie Vordergrund und Hintergrund zueinander: Das eine schärft sich durch die Differenz zum andern. Das Thema „Qualität"

---

[2] Diese Unterscheidung ist der Erforschung von Gruppen entlehnt (s. Schattenhofer 1992, 46ff. Jutzi 1999, 90ff.) Ebenso wie bei Netzwerken verknüpfen sich hier autonome Systeme (Personen) und bilden Beziehungen aus, weshalb eine Übertragbarkeit auf die Ebene von Netzwerken möglich erscheint.

in Netzwerken einzuführen kann gleichermaßen Zumutung wie Förderung von Netzwerken und deren Teilnehmern sein. Wenn Netzwerke sich durch ein gemeinsames Thema über Unterschiede und Instabilitäten hinweg zusammenhalten, erfordert das einen hohen Grad an sozialer Leistungsfähigkeit. Ein neues Thema – wie Qualität – einzuführen, benötigt zusätzlichen Aufwand und bedeutet die Herausforderung, neue Unterschiede verarbeiten zu müssen. Es eröffnet sich möglicherweise eine Metaebene, denn über Qualität zu reden verlangt, sich selbst zu positionieren und eigene routinierte Prozesse zu hinterfragen.

Gleichzeitig kann Qualitätsentwicklung in Netzwerken die Chance bedeuten, gegenseitige Verlässlichkeit und Verbindlichkeit zu erhöhen. Daraus abgeleitet könnte die auf Struktur beruhende Art der Stabilität gestützt werden. Wird Qualitätsentwicklung als ein positiver Prozess erlebbar gemacht, so ergibt sich daran entlang ein Probehandeln für weitere Netzwerkthemen. Die mit solchen Entwicklungsprozessen einher gehende Selbstthematisierung prägt möglicherweise Sinn und Funktionalität des Netzes neu bzw. vertieft Netzwerkgeschichte und bereichert die Identifikation nach innen und außen.

Innerhalb dieses Prozesses sind latenter und manifester Bereich angesprochen, wie in nachfolgender Tabelle angedeutet.

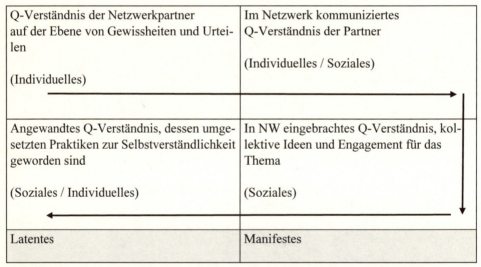

Q-Verständnis der Netzwerkpartner auf der Ebene von Gewissheiten und Urteilen (Individuelles)	Im Netzwerk kommuniziertes Q-Verständnis der Partner (Individuelles / Soziales)
Angewandtes Q-Verständnis, dessen umgesetzten Praktiken zur Selbstverständlichkeit geworden sind (Soziales / Individuelles)	In NW eingebrachtes Q-Verständnis, kollektive Ideen und Engagement für das Thema (Soziales)
Latentes	Manifestes

Tabelle 2: Latenter und manifester Bereich im Zusammenhang mit Qualitätsentwicklung

Thesen

Abschließend seien einige Thesen aufgestellt im Sinne einer Konklusion zwischen den Besonderheiten von Netzwerken und Qualitätsentwicklung.

Es erscheint günstig, das Thema „Qualität" in der zweiten Netzwerk-Phase einzuführen. Dieses Thema verknüpft sich mit der Aufgabe des Netzes, Standards und Formalisierung einzuführen. Qualitätsentwicklung zu betreiben benötigt geprobte Kooperation zwischen den Netzwerkbeteiligten.

Das Thema sollte so inhaltsreich und so verzahnt mit den Netzwerk-Prozessen werden, dass es zur Potentialität des NW wird. Ein Qualitätsentwicklungsprozess kann die Attraktivität eines Netzwerks für dessen Teilnehmer stärken, wenn das Thema positiv attribuiert wird.

Der Umgang mit dem Thema muss den Netzwerkbesonderheiten entsprechen und insofern flexibel verhandelt werden können. Qualität darf kein Exklusivthema werden, sondern muss die ohnehin anstehenden Inhalte unterstützen.

Literatur

Aderhold, J. (2003): Zur Genese von Netzwerkunternehmen – Bildungsmodalitäten, Strukturierungsweisen und Prozessdynamik. Online-Dokument: www.tu-chemnitz.de/wirtschaft/bwl9/

Boos, F./Exner, A./Heitger, B. (1992): Soziale Netzwerke sind anders. Organisationsentwicklung 11(1) S. 54–61.

Jütte, W. (2002): Soziales Netzwerk Weiterbildung. Analyse lokaler Institiutionenlandschaften. Bielefeld.

Jutzi, J. (1999): Passen Organisationen an ihre Umwelt? Entwicklung eines systemischen Konzepts zur Anpassung in und von Organsitionen. Hamburg.

Kämper, E./Schmidt, J.F.K. (2000): Netzwerke als strukturelle Kopplungen. Systemtheoretische Überlegungen zum Netzwerkbegriff. In: Weyer, J. (Hrsg.): Soziale Netzwerke. Konzepte und Methoden der sozialwissenschaftlichen Netzwerkforschung. München: S. 211–235.

Keupp, H./Röhrle, B. (Hrsg.) (1987): Soziale Netzwerke. Frankfurt a.M.

Knoll, J. (2002): QES-Qualitätsentwicklungssystem Weiterbildung. Vortrag gehalten bei der Fachtagung „Region Starkenburg – Qualität in der beruflichen Weiterbildung" in Darmstadt.

Mayntz, R. (1993): Policy-Netzwerke und die Logik von Verhandlungssystemen. In: Politische Vierteljahresschrift 34, Sonderband 24, S. 39–56.

Schattenhofer, K. (1992): Selbstorganisation und Gruppe. Entwicklungs- und Steuerungsprozesse in Gruppen, Opladen.

Stieler-Lorenz, B. (Hrsg.) (1997): Mensch und Qualität. Teil I: Einführung. In: Mensch und Qualität. Qulitätsförderliche Reorganisation im turbulent Umfeld. Stuttgart.

Weyer, J. (Hrsg.) (2000): Soziale Netzwerke. Konzepte und Methoden der sozialwissenschaftlichen Netzwerkforschung. (Vorwort) München.

Qualität und Selbststeuerung im E-Learning

Gerhard E. Ortner

Unter der Bezeichnung E-Learning im weiteren Sinne werden heute recht unterschiedliche Prozesse und Strukturen, Personen und Institutionen, die dem Erreichen von Lernzielen unter Verwendung von elektronischen Medien und informationsverarbeitenden Automaten dienen, zusammengefasst. Die zwar interdependenten, aber nicht identen Prozesse des Lehrens und Lernens werden in der Diskussion um E-Learning nur selten getrennt behandelt, was bei der Beantwortung der Frage nach Qualität(ssicherung) und Selbststeuerung Probleme mit sich bringt. So stellt sich beispielsweise die Frage der Sicherung von Lehrqualität bekanntermaßen durchaus anders dar als die Frage nach der Qualitätssicherung des Lernens.

Qualitätskriterien für die Dimension des Lehrens sind im Zusammenhang mit der Diskussion der Evaluierung von didaktischen Multimediaprodukten entwickelt worden. Mehrdimensionale Beurteilungsraster gestatten eine differenzierte *summative* bzw. expost-Evaluierung. Hinweise auf die Qualitätssicherung durch *formative* Evaluierung liefern die Gestaltungsfelder zur Entwicklung von didaktischen Multimediaprodukten: Semantik, Didaktik, Ästhetik und Technik.

Noch relativ selten wird die Frage nach den Qualitätsanforderungen an individuelle Lernprozesse diskutiert. Diese ist für das Erreichen der Lernziele von nicht geringerer Bedeutung als die Qualität der Lehrprozesse. Hier kommt der Begriff individuelles Lernvermögen ins Blickfeld. Dieser ist gleichzeitig die Schnittstelle zu den Potenzialen der Selbst*steuerung* von Lernprozessen. Auch wenn letztere sich nur auf einen relativ kleinen Teilbereich der umfassenden Lerner-Selbstbestimmung bezieht, so kann sie doch die Gesamtqualität des Lehr-Lernprozesses entscheidend beeinflussen. Die Potenziale der Selbstbestimmung hängen nicht nur von Freiheitsgraden im Lehrprozess, sondern auch vom je individuellen Lernvermögen ab.

Zum Erreichen einer gewünscht hohen Gesamtqualität müssen Selbststeuerungsmöglichkeiten und individuelles Lernvermögen dynamisch aneinander angepasst werden. Die – möglicherweise unterschiedlichen – Beiträge von Selbststeuerung und individuellem Lernvermögen zum angestrebten Lernergebnis sind im Hinblick auf Prozess- und Produktqualität des E-Learnings genau zu untersuchen.

Selbstbestimmung in didaktisierten Lernprozessen

Die Mehrzahl der vorliegenden und eingesetzten Prozesse bzw. Produkte, die sich unter der Sammelbezeichnung E-Learning wieder finden, könnte man durchaus als multimedialen Fernunterricht bezeichnen. Das käme der Zielstellung, der Struktur, der Methodik und der technischen Umsetzung des Phänomens recht nahe. Worum geht es hierbei? Die Bezeichnungen Fernunterricht und E-Learning führen sprachlich zunächst in die Irre. Bei beiden Aktivitätsbündeln handelt es sich nämlich nicht unmittelbar um *Lern*prozesse, sondern um mediale *Lehre* mit unterschiedlich ausgeprägter „Interaktivität". Letztere kann als Indikator für die Steuerbarkeit der Lernprozesse durch den Adressaten bzw. Nutzer gesehen werden. Was aber ist Steuerbarkeit?

Bei jeder Form von didaktisiertem Lernen, also von jeglichem Lernen mit Ausnahme vollständiger Autodidaktik, stellt sich die Frage nach der Beeinflussung von Zielen, Inhalten und Methoden des Lehrprozesses durch die Lernenden. Fragen der Lernorte und der Lernzeiten, einschließlich des Lerntempos – seit langem die Leitthemen der didaktischen Individualisierung – sind wichtig und interessant, aber letztlich lediglich Teilfragen der Methodik. Die erwartete Antwort auf die Frage nach der Selbststeuerung des Lernens differiert mit dem Verständnis von individuellem Lernen. Wenn man Lernen als einen höchstpersönlichen Akt des Lernenden versteht, der, gleichgültig, welche Lernleistung man von ihm verlangt, letztlich selbst entscheidet, ob er die Mühe des vollständigen Lernens aufbringen will und damit den Lenerfolg sicherstellt, dann wird selbstbestimmtes Lernen zur Tautologie.

Anders stellt sich der Zusammenhang dar, wenn man die Dialektik von Lehren und Lernen als unauflöslich ansieht, wenn also jedes individuelle Lernen mit einem intentionalen Lehrprozess verbunden ist. Was ja in allen institutionalisierten und auch in der Mehrzahl der freien, aber bewussten didaktischen Prozesse der Fall ist. Hier macht der Selbstbestimmungsbegriff der Lernenden, in diesem Kontakt als der Extremwert der Selbststeuerung verstanden, schon Sinn – allerdings in erster Linie hinsichtlich des Lehrprozesses. Selbstbestimmtes Lernen ist also ein solches individuelles Lernen, bei dem der *Lerner* über den *Lehr*prozess bestimmen kann.

Was heißt das konkret? Der Lernende bestimmt, zu welchem Zweck und mit welchem Inhalt er Lernangebote erhalten will, wie, wo und wann dies zu geschehen habe – und letztlich auch über die jeweiligen Qualitätskriterien. Genau genommen ist also nur Autodidaktik selbstbestimmtes Lernen in seiner Vollausprägung, denn nur bei dieser bestimmt der Lernende über Ziele, Inhalte *und* Methodik und Ergebnisbewertung.

Selbstbestimmtes Lernen in diesem rigorosen Sinne hatte in der Vergangenheit unter anderem in der begrenzten individuellen Verfügbarkeit von Informationen seine Schranken. Lernangebote zur selbstbestimmten Entnahme waren knapp und teuer, gelegentlich auch aus politischen und/oder ideologischen Gründen nicht allgemein zugänglich. Die in der Vergangenheit gelegentlich geradezu hermetisch verschlossenen „Wissenscontainer" haben sich mit der Einführung des Universums Internet weit geöffnet: Der Internet-User sitzt in einem schier grenzenlosen Lernarrangement, inmitten eines Universums von Informationen, die er, wenn er es will, vollständig lernen kann, so weit seine Aufnahmekapazität reicht. Er kann sich nahezu unbegrenzt die Beschreibung von Erfahrungen und Vorstellungen Dritter aneignen. Er hat nicht länger nur *einen* Lehrer oder wenige Bücher um Neues zu erfahren, er hat eine beliebige, jedenfalls aber recht hohe Zahl.

Was er zur Nutzung dieses Lernkosmos benötigt, sind nicht so sehr technisches Equipment oder Kenntnisse der Telematik, er braucht ein sehr hohes individuelles Lernvermögen, das ihn befähigt die gewünschten Lerninhalte auszuwählen, sie in sein bestehendes Wissen einzuordnen und sie sich dann auch einzuprägen. Dass die jeweilige und ubiquitäre Verfügbarkeit externer Informationen keineswegs schon mit individuellem Wissen gleichzusetzen ist, beginnt derzeit den ersten nachdenklich gewordenen Netz-Nutzern zu dämmern. Dass das Internet in der Regel keinerlei explizite Hinweise auf die Wahrheit der bereitgestellten Informationen oder auf die Interessen der Informationsproduzenten und/oder Informationsverteiler enthält, macht selbst begeisterte Surfer mit Selbstreflexionspotenzial seit einiger Zeit nachdenklich – zu Recht, wie ich meine.

Qualitätsfeststellung im multimedialen Fernunterricht

Die Frage nach der Qualität im E-Learning ist eine mehrfache: Es ist einmal die Frage nach der Qualität von Lernangeboten, die sodann selbstbestimmt wahrgenommen werden – oder eben nicht. Sodann ist es die Frage nach der Qualität der Ergebnisse, die durch selbstbestimmtes Lernen erzielt werden. Diese ist gleichzeitig eine Frage nach den Maßstäben und Messverfahren, die sich ohne Beantwortung der Vorfrage nach den Zielen natürlich nicht rational lösen lässt. Wenn beispielsweise das Ziel des vollständigen Lernens bestimmter Inhalte vorgegeben – und damit fremdbestimmt – ist, dann gibt es durchaus andere Möglichkeiten und Notwendigkeiten zur Qualitätsfeststellung und Qualitätssicherung als bei einem Konzept, das auch Inhalte, ja selbst die Ziele in die Disposition der Lernenden stellt und solchermaßen ein nicht bloß selbst „gesteuertes", sondern eben vollständig selbstbestimmtes Lernen zulässt.

Unabhängig davon geht es um die Verknüpfung der unterschiedlichen Qualitäten. Dass die beiden genannten miteinander nicht nur korrelativ, sondern auch kausal verknüpft sind, ist leicht nachzuvollziehen.

Die Qualität von Lernangeboten – und dies gilt für alle didaktischen Produkte, die unter der Bezeichnung E-Learning zusammengefasst werden in besonderer Weise – wird wesentlich durch vier Gestaltungsbereiche bestimmt: durch die
- *Semantik*, die für die Wahrheit und Klarheit der Inhalte verantwortlich ist, die
- *Didaktik*, die sich auf die adressatengerechte Darbietung der Inhalte bezieht, die
- *Ästhetik*, die die Gestaltung der Produkte betrifft, und schließlich die
- *Technik*, die für die instrumentelle Unterstützung der didaktischen Informationsverarbeitung erforderlich ist.

Die Qualität ist in jedem Falle eine *relationale,* das heißt, sie lässt sich nur in Relation zu den Interessen der je Betroffenen und Beteiligten ermitteln und bewerten. Sie erfolgt – mit durchaus unterschiedlichem Ergebnis – beispielsweise
- aus der Sicht der *Auftraggeber*,
- aus der Sicht der *„Kostenträger"*,
- aus der Sicht der *Bildenden,*
- aus der Sicht der *sich Bildenden.*

Die Frage nach der Qualität im selbstgesteuerten Lernen kann aber noch eine zusätzliche interessante Wendung nehmen: Die Fähigkeit zu selbstgesteuertem Lernen erweist sich selbst als eine individuelle Qualität, als eine individuelle Qualifikation, eine höchstpersönliche Fähigkeit von allerhöchstem personalen Nutzwert. Offensichtlich entsteht die Fähigkeit zur Selbststeuerung von Lernenden nicht schon und gleichsam automatisch dadurch, dass die Lehrenden von der „Hochdidaktisierung" von Lernstoffen, von einem minutiös vorbereiteten Unterricht Abstand nehmen und an dessen Stelle ein – allerdings nicht weniger ausgetüfteltes – Lernarrangement setzen. Die Fähigkeit zu selbstgesteuertem Lernen muss selbst wieder – gleichsam in einem vorgeschalteten rekursiven Prozess – erlernt werden – und zwar vollständig.

Dieser Zusammenhang ist weder neu noch völlig unbekannt. Er spiegelt sich in dem vom Verfasser so benannten *„Prinzip der degressiven Didaktisierung"* der Lernprozesse auch im derzeit etablierten Bildungssystem wider. Je weiter man in einer institutionalisierten Bildungslaufbahn nach oben wandert, desto geringer wird der Grad der Verschulung: Das Doktoratsstudium ist, übrigens nicht selten zum Leidwesen der Studierenden, kaum noch strukturiert, die Vorbereitung zur Habilitation überhaupt nicht mehr. Spätestens in diesen Phasen ist das selbstbestimmte Lernen auch in unserem Bildungssystem, völlig unabhängig von den Möglichkeiten multimedialer Unterstützung, bereits realisiert.

Wenn wir über die Qualität – und damit über die *Qualitätssicherung* – bei selbstbestimmtem bzw. selbstgesteuertem Lernen nachdenken, dann könnten wir möglicherweise auf der derzeit höchsten Ebene in der Qualifizierungshierarchie, der universitären bzw. akademischen Aus- und Weiterbildung, Hinweise auf Lösungsmöglichkeiten finden. In diesem Bereich wird die Qualitätssicherung durch eine „summative Evaluation", durch eine Qualitätsprüfung ex-post, vorgenommen. Das ist ein erprobtes, wirkungsvolles, allerdings auch ein risikoreiches und letztlich auch wenig ökonomisches System. Erst am Ende des Qualifizierungsprozesses erhält der Proband Aufschluss darüber, ob er erfolgreich war, sich die Mühe gelohnt hat. Aus diesem Grund wird heute auch von den Promovenden Betreuung und Beratung gewünscht, ja gefordert. Dadurch verlagert sich die Evaluation vom reinen summativen Konzept ein wenig in Richtung formativer Verfahren. Da sowohl Beratung und Betreuung natürlich Lehrprozesse im weiteren Sinne sind – und zwar solche nach Bedarf –, bedeutet dies eine Abkehr von der reinen Selbstbestimmung. Das Phänomen ist nicht unbekannt: Es ist die Dialektik zwischen Freiheit und Sicherheit.

Strategien der Qualitätssicherung im Tertiären Bereich

Die Forderung nach Qualitätssicherung durch Evaluierung im Tertiären Bereich hat mittlerweile eine Geschichte von mindestens einem halben Jahrhundert. In der bildungstechnologischen Terminologie der sechziger Jahre bezeichnete man damit zweierlei: zum einen die Feststellung der Qualität von didaktischen Produkten, zum anderen die Maßnahmen, die zur Erzielung einer hohen Qualität von didaktischen Produkten während des Produktionsprozesses führen. Didaktische Produkte (= *products*) sind einerseits Medien, die zu Bildungszwecken benutzt werden können, andererseits Prozesse, die das Erreichen von Bildungszielen anstreben. Solche Produkte sollen nun *formativ*, d.h. während des Produktionsprozesses, als auch *summativ*, d.h. nach Abschluss desselben, evaluiert werden.

Die Idee der Evaluierung im Bildungswesen galt lange Zeit als revolutionär. In der Wirtschaft war und ist sie alltäglich und ubiquitär. Die Produzenten evaluieren ihre Produkte und Dienstleistungen beständig formativ, um den Qualitätsvorstellungen der Kunden gerecht zu werden, und die Konsumenten evaluieren jene summativ im Hinblick auf die Entscheidung, ob sie sie erwerben bzw. in Anspruch nehmen wollen oder nicht. Natürlich funktioniert dies nur in einer Wirtschaftsform, die Wettbewerb der Produzenten zulässt und Wahlfreiheit der Konsumenten vorsieht. Damit entfällt die Notwendigkeit, die Qualität kollektiv und gleichsam objektiv ermitteln zu müssen, sie wird subjektiv und individuell bewertet. In staatlichen bzw. staatlich regulierten Bildungssystemen ist ein solcher Marktmechanismus zur Qualitätsbeurteilung und Qualitätssicherung üblicherweise nicht wirksam. Er muss, wenn solches politisch gewünscht wird, durch ein alternatives System ersetzt werden: beispielsweise durch ein Evaluierungssystem.

Auch vor der Konzeption von Evaluierungssystemen, wie sie derzeit wiederum diskutiert werden, existierten im Bildungswesen Maßnahmen zur Qualitätssicherung. Das wichtigste Element war die Berufsvorbildung des pädagogischen Personals, also gleichsam eine ex-ante-Evaluierung. Sie galt lange Zeit als ausreichend, insbesondere im Bereich der Tertiären Bildung. Eine lange Reihe der Qualitätsüberprüfungen durch Abitur, Diplomprüfungen, Rigorosen, Habilitationskolloquien, verbunden mit jeweils vorgeschalteten schriftlichen Qualitätsnachweisen, sollte sicher stellen, dass in den entscheidenden Berufungsverfahren nur Höchstqualifizierte zum Zuge kamen. Waren alle diese Qualitätshürden geschafft, entließ man die Berufenen in die weitgehend uneingeschränkte Freiheit von Forschung und Lehre. Man verzichtete – bewusst – auf jede weitere periodische Qualitätsüberprüfung; man vertraute darauf, dass das so profund ermittelte individuelle Personalvermögen der Berufenen die Qualität der Arbeit bis zur Emeritierung garantierte.

Dieses System hat lange Zeit durchaus ausreichende Ergebnisse geliefert. Seine Mängel wurden erst beim Übergang von der aristokratischen zur demokratischen bzw. von der regionalen zur globalen Hochschulbildung offenkundig. Die Mängelrügen wurden hinsichtlich der Lehre in erster Linie von den Studierenden – den Adressaten – und hinsichtlich der erzielten Ergebnisse von Forschung und Lehre von den politisch Verantwortlichen – den Trägern – geführt. Eine Verbesserung der Situation erhoffte man sich von einer zunächst noch nicht näher spezifizierten Evaluierung. Eine solche wurde erstmals Ende der sechziger Jahre intensiv gefordert, verschwand aus unterschiedlichen Gründen in den achtziger und neunziger Jahren aus der öffentlichen Diskussion und ist heute wieder Gegenstand intensiver Beratungen zwischen Trägern und Einrichtungen der Tertiären Bildung.

In der Zwischenzeit hat sich freilich die universitäre Landschaft verändert. Vor allem in der akademischen bzw. postgradualen Weiterbildung haben die staatlichen Universitäten Konkurrenz bekommen, so dass sich – wenigstens – in diesem Bereich eine politische, also staatliche, Evaluierung erübrigen könnte. Im Bereich der Regelstudien gibt es hierzulande hingegen nach wie vor de facto keinen Wettbewerb unter den Anbietern und nur beschränkte Wahlmöglichkeiten für die Interessenten an universitärer Qualifizierung mit anerkannter Zertifizierung. Das macht verständlich, dass der politische Wunsch nach universitärer Evaluierung – und sei es auch nur zur Legitimierung von beträchtlichen Ausgaben in Zeiten leerer Staatskassen – wieder auflebt.

Die FernUniversität in Hagen hat sich seit ihrer Gründung ungeachtet des wechselnden öffentlichen Interesses mit den Verfahren der Evaluierung ihrer Studienangebote beschäftigt. Sowohl summative Evaluierung durch Studierende als auch formative Evaluierung durch Methodenexperten wurden erprobt und auf Wunsch der für die Lehre Verantwortlichen eingesetzt. Dabei hat sich das Zentrale Institut für Fernstudienforschung – ZIFF – in vielen internen und externen Projekten engagiert und erfolgreich beteiligt. Die Publikationen des ZIFF sind eine Fundgrube für alle, die sich mit effektiven Methoden der Evaluierung von medialen Studienangeboten und virtuellen Studienbetriebssystemen befassen. Vieles davon hat auch den Lehrenden an der FernUniversität geholfen, ihre Studienangebote didaktisch-methodisch zu optimieren. Die Qualität der Lehre an der FernUniversität wird von ihren Studenten regelmäßig als hoch eingestuft. Zur Qualitätssicherung an der FernUniversität hat aber auch der Umstand beigetragen, dass die Lehre in Hagen im Gegensatz zur Lehre an traditionellen Universitäten eine auch faktisch öffentliche ist. Jeder, auch der wissenschaftliche Konkurrent, kann die Qualität der Kurse der FernUniversität ohne Probleme ständig selbst überprüfen. Das Prinzip der umfassenden Transparenz hat offensichtlich eine hohe qualitätssichernde Wirkung.

Dimensionen der Selbstbestimmung in der Aus- und Weiterbildung

Verlassen wir die Extrembeispiele der akademischen Hoch- und Höchstqualifikationen und steigen in den Alltag der allgemein- und berufsbildenden Lehr-/Lernprozesse hinunter. Hier muss die Frage nach der Selbstbestimmung zunächst einmal differenziert werden. Worum geht es denn konkret: Um die Auswahl der Ziele, der Inhalte, der Methodik, der Lernzeiten, der Lernorte. Hinsichtlich der Ziele stellt sich die Frage des bildungspolitischen Anspruchs des Souveräns. Kann, darf, soll ein demokratisch verfasster Rechts- und Bildungsstaat die Ziele von (hoch-)schulischen Lehrprozessen in die Disposition der Heranwachsenden stellen? Eine grundsätzliche politische Frage, die an dieser Stelle allerdings nicht weiter behandelt werden kann und soll.

Hinsichtlich der *Inhalte* sind die Curriculumexperten gefragt, die die Zuordnung von Inhalten zu Zielen und deren Erreichen beantworten müssen. Ob die heranwachsenden Lernenden dazu in der Lage sind, wage ich zu bezweifeln: Erst bei wachsender Wissensbasis und steigendem individuellem Lernvermögen entwickelt sich das Bewusstsein, das für zielrationale Entscheidungen wohl unabdingbar ist. Bleibt die Frage nach der *Methodik*. Hier verweise ich auf das schon erwähnte Prinzip der degressiven Didaktisierung hin. All dies wird durch Etablierung von E-Learning-Elementen nur dadurch beeinflusst, dass diese einen maximalen Didaktisierungsgrad aufweisen; selbst die interaktiven Elemente sind ja von den Edidaktikern vorher- und damit im Hinblick auf die Lernenden fremdbestimmt.

Wenden wir uns abschließend der Frage von Qualität und selbstbestimmtem Lernen in der Weiterbildung zu. Unabhängig von der Frage, ob es sich bei der Aufnahme von Weiterbildungslernen um private oder berufliche Motive und/oder Verwertungsinteressen handelt, ist zunächst zu klären, welchem Weiterbildungsbedarf entsprochen werden soll:

dem je individuellen, dem institutionellen oder dem politischen. Es ist allerdings nur sinnvoll, die Frage nach der Selbststeuerung im Bereich des individuellen Weiterbildungsbedarfs zu erörtern. Nur in diesem Falle geht es um die höchstpersönliche und „echte" Entscheidung, sich einem Lernprozess zu unterziehen. Durch die Auswahl aus alternativen Angeboten können Ziele und teilweise auch Inhalte selbst- oder wenigstens mitbestimmt werden. Die Freiräume erreichen ihr Maximum, wenn auf eine – ex definitione – fremdbestimmte Zertifizierung verzichtet wird. Hinsichtlich der Methodik werden durch multimediales Fernstudium (= E-Learning!) bestimmte Selbstbestimmungsmöglichkeiten eröffnet, allerdings beziehen sich diese in erster Linie auf Lernort-, Lernzeit- bzw. Lerntempospezifikationen. Auch bei multimedialem Fernstudium sind didaktische Hilfen zunächst fremdbestimmt und müssen durch kommunikative Beratungselemente ergänzt werden, die den Lernenden eine selbstbestimmte Individualisierung ermöglichen.

Nun wird in der entsprechenden Diskussion und relevanten Literatur unter selbstgesteuertem Lernen häufig gar nicht selbst-, sondern lediglich mitgesteuertes Lernen verstanden, d.h. es wird nicht völlig auf eine Didaktisierung des Lerngutes verzichtet und dieses gleichsam akademisch darwinistisch dem Lernvermögen der selbstbestimmten Lerner ausgeliefert, sondern es werden didaktische Varianten zur Auswahl angeboten. In der Regel geschieht dies unter der Annahme, dass die vorgegebenen Ziele durch unterschiedliche Inhalte und unterschiedliche Methoden gleichermaßen erreicht werden können.

Vorausgesetzt dies trifft überhaupt zu, was weder bewiesen noch widerlegt ist, so macht dieses Konzept auf Seite der Lehrenden natürlich erheblich mehr Mühe: ein Umstand, der bei der Anreicherung von traditionellen Lehrmethoden durch mediale Produkte ja durchaus betrübliche Folgen zeitigte. Lernarrangements oder Lernumgebungen, die einerseits den vorgegebenen Zielen entsprechen, anderseits den Lernenden gewisse Freiräume für alternative Lernspuren einräumen, sind qualitativ anspruchsvoll und quantitativ aufwendig. Sie sind allerdings bei multimedialem Fernstudium bzw. E-Learning erheblich leichter zu realisieren als bei personalem Lehren. Sie erfordern freilich höchste fachliche, fachdidaktische und auch allgemeindidaktische Qualität in der Entwicklung und dementsprechend höchste Qualifikationen der Entwickler. Technische Spezialkenntnisse sind hingegen von geringerer Bedeutung, da sich die Anwendungsqualität der Informations- und Kommunikationstechnik bereits signifikant erhöht hat und ständig weiter erhöht wird.

Solchermaßen sind steigende Chancen zur Selbststeuerung für Lernende im E-Learning durchaus in Sicht, wenngleich man sich über die Zeitspanne bis zu einer allgemeinen flächendeckenden Verfügbarkeit keine Illusionen machen sollte. Bleibt allerdings eine „hochnotpeinliche" Grundfrage: Trifft eigentlich das Grundparadigma aller Selbststeuerungsdiskussionen, dass nämlich die mikrodidaktische Selbststeuerung gleichermaßen Lernmühe reduziert und den Lernerfolg steigert, überhaupt regelmäßig zu? Die Behauptung, die uns allen, Lehrenden wie Lernenden, so wohl in den Ohren klingt, dass wir sie gerne glauben möchten, ist nämlich bislang noch nicht wissenschaftlich bewiesen. Aus unerfindlichen Gründen wird diese Frage in der mir zugänglichen bildungswissenschaftlichen Forschung (noch) nicht behandelt. Dies wäre ein attraktives Forschungsfeld, das durch die Arbeit an der Weiterbildungsuniversität in Krems erfolgreich – und wissenschaftlich – beackert werden könnte. Notwendig wäre eine solche Arbeit allemal.

E-Learning in den Kulturwissenschaften.
Didaktik und Evaluation im Projekt prometheus

Bettina Pfleging

Der Einsatz von E-Learning und damit der Einsatz der neuen Medien in den Kulturwissenschaften erfordert eine intensive Auseinandersetzung mit dem großen Bereich des Lernens und der Lehre, und zwar sowohl im Sinne von optimaler Organisation des gesamten Lerngeschehens als auch im Sinne von effektiver Unterstützung einzelner Lernprozesse. Deshalb werden Modelle, Konzepte und Ergebnisse der Psychologie und Pädagogik in neuen Zusammenhängen auf breiter Ebene diskutiert und darauf basierend werden Richtlinien aufgestellt, mit denen die neuen Medien und ihre technischen Potentiale für die Bildung zu nutzen sind. Damit besteht die Chance auf eine nachhaltige Veränderung der heutigen Lernkultur in der Aus- und Weiterbildung, die notwendig ist, da die Lernenden momentan nicht optimal auf ein Leben in der Wissensgesellschaft vorbereitet werden.

Im vom bmb+f geförderten Verbundprojekt *prometheus*[1] wird einerseits ein internetbasiertes System für Lehrende und Studierende der Kunst-, Designgeschichte und Archäologie geschaffen mit dem Ziel, analoge Diaprojektionen durch digitale Präsentationen zu ersetzen und damit die neuen Medien flexibel und individuell in Lehr- und Lernkontexte einzubinden.

Andererseits versteht sich *prometheus* als ein Portal für verschiedene Lernelemente zur Ergänzung der Präsenzlehre dieser Fächer und zur Förderung des Selbststudiums. Im Projekt werden zur Zeit beispielhaft drei solcher Elemente mit neuartigen Lehr- und Lernkonzepten prototypisch entwickelt. Sie funktionieren nur im digitalen Medium und sind nicht auf das Medium Lehrbuch übertragbar, aber auf andere Fachbereiche.

Für die individuelle Lehre an den verschiedenen Standorten des Projekts ist auf dem Portal die open source Lernplattform ILIAS[2] integriert. Sie ermöglicht den Lehrenden, ihre eigenen Seminare anzubieten und die Lernelemente in jeweils themenspezifischer Weise zu integrieren.

Die Einführung von *prometheus* in die Lehre und die Entwicklung der verschiedenen Prototypen wird kontinuierlich mit unterschiedlichen Evaluationsmaßnahmen begleitet, um den gesamten Entwicklungsprozess des Systems zu optimieren.

Die ersten Ergebnisse sind in die Entwicklung eingeflossen und weitere Maßnahmen haben zu Ergebnissen geführt, die zum Ausbau bis zum Projektende beitragen werden. Darüber hinaus wird es am Ende des Projekts Ergebnisse geben, die Anregungen für die

---

[1] Weitere Informationen, s. http://www.prometheus-bildarchiv.de
[2] Als open source Lernplattform steht ILIAS kostenlos zur Verfügung (vgl. http://www.ilias.uni-koeln.de/ios/).

weitere Arbeit mit *prometheus* sein werden, denn der Prozess der Integration in die Lehre hat gerade erst richtig begonnen.

1. Das Projekt prometheus

prometheus ist ein verteiltes digitales Bildarchiv, das Bildmaterial aus heterogenen Datenbanken online zusammenführt und für Forschung und Lehre primär in den Fächern Kunst-, Designgeschichte und Archäologie zur Verfügung stellt. Dazu werden verschiedene technische Komponenten verbunden, die über einen einfachen Browser zu nutzen sind.

prometheus verwendet die Datenbanksoftware „kleio", um die Verbindung verteilter Datenbanken zu realisieren, ohne in deren semantische und strukturelle Unterschiede einzugreifen.[3] Ein Zentralserver gewährleistet den Zugriff auf die verteilten Datenbanken. Er agiert als Datenbankbroker und stellt das jeweils unterschiedlich strukturierte Material der eingebundenen Datenbanken am „Benutzer-Frontend" so dar, dass der Eindruck einer homogenen Gesamtdatenbank entsteht. Dabei können die Quelldatenbanken beliebige Systeme und Datenstrukturen verwenden. Einige wenige Kerndatenfelder, die jede Datenbank enthalten muss, wurden als gemeinsamer Nenner festgelegt. Darüber hinaus kann der spezifische Inhalt jeder einzelnen Datenbank angezeigt werden. Die Bedienung des Systems erfolgt per Browser durch HTML-Formulare. Mit *prometheus* können damit registrierte Anwender/-innen kostenlos Bildmaterial aus den Bereichen Kunst- und Kulturgeschichte, Archäologie und Kulturgüterschutz mit spezifischen Suchwerkzeugen in den verschiedenen Datenbanken suchen, außerdem in Arbeitsmappen sammeln, sortieren und zu Präsentationen für Vorträge zusammenstellen. Dazu werden auf dem Zentralserver die Rechercheergebnisse bei minimalem Speicherplatzbedarf dauerhaft und passwortgeschützt in Form von Arbeitsmappen und Präsentationen abgelegt.

Zusätzlich stellt *prometheus* Lernelemente und eine Lernplattform für den Einsatz in der Lehre bereit. Die Lernelemente „Themenraum ALTENSTADT", „Beschreibungs-Coach" und „Terminologie-Trainer" stehen zurzeit in unterschiedlichen Entwicklungsstadien zur Verfügung.[4]

Das Projekt strebt an, die neuen Werkzeuge und Lernelemente durch ein spezifisches Konzept in den Fächern auf breiter Basis zu implementieren. Dabei ist das erste Ziel, in Kürze alle Hochschulinstitute an die Nutzung der neuen Medien heranzuführen, und zwar zunächst an das System, das zentrale analoge Elemente der herkömmlichen Lehre, z.B. die Diasuche und Diaprojektion, in die digitale Anwendung überträgt, z.B. in die digitale Bildrecherche und Beamerpräsentation. In einem zweiten Schritt werden Einführungen in die Nutzung der Lernelemente und der Lernplattform gegeben, die dann in der bisherigen Lehre ergänzend eingesetzt werden können. Das Ziel liegt hier insbesondere

---

[3] Als open source Software steht "kleio" kostenlos zur Verfügung (vgl. http://www.hki.uni-koeln.de/kleio/).

[4] Für eine nähere Beschreibung der Lernelemente s. „Didaktisches Konzept".

in der Bewusstmachung und der Anwendung einer fachgerechten Mediennutzung in den Lehrveranstaltungen.

Verbundpartner von *prometheus* sind die Universität zu Köln (Kunsthistorisches Institut, Seminar für Historisch-Kulturwissenschaftliche Informationsverarbeitung, Pädagogisches Seminar / Abt. für Pädagogische Psychologie), die Humboldt-Universität zu Berlin (Kunstgeschichtliches Seminar), die Hochschule Anhalt (FH) (Fachbereich Design / Abt. Dessau, Fachbereich Informatik / Abt. Köthen) und die Justus-Liebig-Universität Giessen (Professuren für Kunstgeschichte, Professur für Klassische Archäologie). Dem Verbundprojekt sind zusätzlich verschiedenste Institutionen vertraglich angeschlossen, die als assoziierte Partner das System nutzen und/oder Bildarchive einbringen.

2. Das didaktische Konzept von prometheus

In der Kunst-, Designgeschichte und Archäologie sind hochschuldidaktische Konzepte und die Anwendung neuer Medien wenig verbreitet. Eine Fachdidaktik fehlt ganz. Forschung, Lehre und Archivarbeit verwenden meist analoge Medien, wie Diadoppelprojektion oder schriftliche Dokumentation.

Das didaktische Konzept von *prometheus* sieht vor, eine problemorientierte, adaptive Umgebung als Ergänzung zur Präsenzlehre der Kunst-, Designgeschichte und Archäologie zu schaffen. Dieser Umgebung liegen konstruktivistische Prinzipien zugrunde, die davon ausgehen, dass nicht nur die Lernenden aktiv ihren Lernprozess organisieren, sondern auch die Lehrenden aktiv und individuell ihre Hochschullehre gestalten. Beide Gruppen erhalten unterschiedliche didaktische Unterstützung, und zwar durch medienspezifische Recherchewerkzeuge innerhalb des Bildarchivs, durch beispielhafte Lernelemente und durch das Angebot der Lernplattform ILIAS.

Die Lernenden haben so die Möglichkeit, sich explorativ in *prometheus* zu bewegen, dabei den eigenen Lernweg zu bestimmen und immer wieder selbst zu entscheiden, welche Fragestellungen sie bearbeiten. Sie haben aber auch die Möglichkeit, Hilfen in Form von Hinweisen, Präsentationen oder ‚Guided Tours' in Anspruch zu nehmen. Diese Hilfen verfolgen unterschiedliche Ziele. Sie wollen zum Beispiel motivieren, sich mit Fragestellungen zu beschäftigen, die zunächst nicht offensichtlich sind. Sie wollen aber auch Orientierung in der Informationsflut bieten und zum Beispiel am Vorwissen der Lernenden orientierte Ausgangspunkte für die Aufgabenbearbeitung zur Verfügung stellen.

2.1 Medienspezifische Recherchewerkzeuge

Im Unterschied zur Stichwortsuche im Zettelkasten sind in der digitalen Welt weitergehende Recherchewerkzeuge einsetzbar, die jeweils unterschiedliche Arten von Anfragen an eine Objektsammlung repräsentieren.
- Die einfache Suche ermöglicht die herkömmliche Stichwortsuche.
- Die detaillierte Suche lässt im Unterschied zum Zettelkasten Stichwortkombinationen zu.

- Die TimeLine ermöglicht im Unterschied zur üblichen Listung die bildliche Darstellung des Suchergebnisses über ein bestimmtes Zeitintervall.
- Eine Bild-im-Bild-Suche (sog. Content Based Image Retrieval) ermöglicht direkt über Bildmotive zu recherchieren.[5]

2.2 Beispielhafte Lernelemente

Die drei unterschiedlichen Bereiche innerhalb einer Didaktik der Kulturwissenschaften
(a)   Fachwissen im Sinne von Objektkenntnis,
(b)   Terminologien im Sinne von Grundlagenwissen und
(c)   fachspezifische Methoden als Methodenwissen

finden in den prototypischen Lernelementen ihre Entsprechung im ‚Themenraum', ‚Methodencoach' und ‚Wissenstrainer'. Die Übertragung der Bereiche in den digitalen Kontext geschieht vor dem Hintergrund, die Besonderheiten des Vermittlungsmediums zu analysieren und für die didaktische Umsetzung zu nutzen. Folglich wird ein digitaler Themenraum, der hier am Beispiel „Altenstadt" vorgestellt wird, grundsätzlich anders gestaltet sein als ein Buch (vgl. Simon 2003).

(a)   Der Themenraum stellt einen fachspezifischen Inhalt, seine Objekte und komplexe reale Problemsituationen in den Mittelpunkt. In *prometheus* wird ein Themenraum zur Entdeckung einer Wandmalerei in der Basilika St. Michael in Altenstadt beispielhaft ausgearbeitet.

Die Rahmenhandlung wird über einen einleitenden Trailer kurz skizziert. Lehrende und Lernende können sich in und mit den angebotenen Inhalten frei im Raum oder auch an konkreten Aufgabenstellungen und ‚guided tours' orientiert bewegen. Da sonst keine sequenzielle Struktur in dem Angebot der Informationen existiert, können alle ihre Vorgehensweise jederzeit wieder ändern. Die Informationsaufbereitung nutzt die Möglichkeiten der neuen Medien, die ein herkömmliches Lehrbuch nicht bieten könnte und grenzt sich bewusst von traditionellen Informationsangeboten ab.

(b)   Zu den Grundlagen in der Aus- und Weiterbildung gehört das Erlernen fachspezifischer Methoden. Der Methoden-Coach wird theoretische Informationen und praktische Anwendungsmöglichkeiten über einen Pool von Fallbeispielen anbieten. Die Lernenden können sich an den von den Lehrenden spezifischen vorgegebenen sequenziellen Wegen orientieren oder bei entsprechendem Vorwissen, einer passenden Einstellung zum Lernen oder anderen als den vorgegebenen Interessensschwerpunkten eigene Wege gehen, wobei sie jederzeit auf die Unterstützung des Programms zurückgreifen können. Ein erstes realisiertes Beispiel wird der Beschreibungs-Coach sein.

---

[5] Erste Gespräche mit der Firma Cobion und der TU Clausthal haben stattgefunden, müssen aber angesichts der komplexen Anforderungen und unserer beschränkten finanziellen Ressourcen in einem eigenen Projekt weitergeführt werden.

(c) Im Aus- und Weiterbildungsbereich gilt es immer wieder, fundierte Kenntnisse in bestimmten Wissensbereichen zu erwerben. Der Wissens-Trainer führt in komplexe Wissensfelder ein und ermöglicht den Lernenden, Verknüpfungen zwischen ihrem Vorwissen und dem neuen Wissen zu bilden. Das Wissen wird beispielsweise durch den alternativen Einsatz verschiedener Medien präsentiert. Es werden Lernstrategien angeboten, z.B. Mnemotechniken, deren Erfolg mit Lernerfolgskontrollen selbstständig zu überprüfen sein wird. Das Ziel ist hauptsächlich ein verbesserter langfristiger Abruf der Wissensinhalte. *prometheus* realisiert einen Terminologie-Trainer in Form eines semantischen Wissensnetzes, dessen segmentierte Inhalte relational organisiert sind.

2.3 Lernplattform

prometheus bietet zusätzlich zu den projekteigenen Entwicklungen die open source Lernplattform ILIAS frei an, um damit beispielhaft zeigen zu können, wie Lehre mit der Unterstützung von Lernplattformen organisiert und didaktisch gestaltet werden könnte. So ermöglicht ILIAS zum Beispiel, spezifische Seminarkontexte kurzfristig mediendidaktisch aufzubereiten und an passenden Stellen die aktuell zur Verfügung stehenden Recherchewerkzeuge und Lernelemente einzubinden.

Die Voraussetzungen für die Umsetzung des didaktischen Konzepts sind zunächst vor allem Veränderungen in den Einstellungen, und zwar bei Lernenden und Lehrenden gleichermaßen, denn eine veränderte Rolle des Lehrenden, die es z.B. erfordert, sich als Lernberater zurückzunehmen, erfordert bei den Lernenden eine erhöhte Selbststeuerung ihrer Lernaktivitäten. Diese Einstellungsänderungen benötigen veränderte Rahmenbedingungen der Lehre und veränderte zur Verfügung stehende Lernumgebungen, mit denen flexibel auf die unterschiedlichen Lernbedürfnisse reagiert werden kann.

> „Bezogen auf das virtuelle Lernen bedeutet diese Position, dass den Lernenden mehr Raum zur aktiven Dokumentation und zum Austausch ihrer Denkprozesse, mehr Raum für aktives Tun und für das Konstruieren von Wissen und Programme als Werkzeuge für die kognitive Konstruktion von Wissen angeboten werden sollten, in denen die vorgefertigten Lernmaterialien wie Lehrbücher und Skripten eine neue Funktion erhalten. Sie erscheinen in Lernumgebungen, die reichhaltigere Informationen bieten und vielfältige Sichten auf dieselben Phänomene enthalten." (Schulmeister 2001, 227).

3. Das Evaluationskonzept von prometheus

Die gesamte Evaluation von *prometheus* gliedert sich zunächst in die Analysephase und in verschiedene Zyklen formativer Evaluation, wie sie sich für Projekte im Bereich der neuen Medien als sinnvoll erwiesen haben (vgl. Pfleging 2003).

Die Hauptziele während der Projektzeit liegen zum einen in der Optimierung des zu entwickelnden gesamten Systems mit allen Werkzeugen sowie Lehr- und Lernelementen und zum anderen in der Formulierung von Aussagen über den Einsatz des gesamten Systems in der Lehre, die möglichst umfassend die Chancen und Gefahren beschreiben sollen.

Für das Erreichen der Ziele war es zu Beginn des Verbundprojekts unter Berücksichtigung der zur Verfügung stehenden Ressourcen notwendig, gemeinsam inhaltliche Schwerpunkte zu entwickeln, zu diskutieren und abschließend festzulegen. Als Ergebnis wurden für *prometheus* die folgenden verschiedenen Bereiche der Evaluation mit den jeweiligen Evaluationsinstrumenten festgelegt:

- Erfassung der Computerausstattung und Computerkenntnisse der Studierenden mit Beachtung der Genderperspektive mittels Fragebogen,
- Erfassung der Lernorganisation und der Lernstrategieprofile der Studierenden mit Beachtung der Genderperspektive mittels eines standardisierten Fragebogens an alle Studierenden (Wild, 2000) und mittels einiger Interviews mit Fachschaftsvertretern/-innen,
- Erfassung der Lehrorganisation an den verschiedenen Instituten mittels Beobachtungen während der Veranstaltungen,
- Erfassung der Lehrbedürfnisse und Visionen der Lehrenden in den einzelnen Instituten mittels eines Fragenkatalogs, durch Interviews und Gespräche,
- Erfassung der Veränderung der Lehrorganisation durch *prometheus* an den einzelnen Standorten mittels eines Fragebogens, durch Gespräche, Beobachtungen und Log-File-Analyse,
- Formative Evaluation und damit Optimierung der entwickelten Werkzeuge und Lernelemente mittels Usability-Tests und Log-File-Analysen.

3.1 Ablaufplan der Evaluation

Nach der gemeinsamen Festlegung der Evaluationsziele wurde ein Ablaufplan für die Projektlaufzeit von drei Jahren erstellt, in dem vor allem die Entwicklung des Systems und die Entwicklung der Lernelemente betrachtet werden bei ihrer Optimierung und ihrer Integration in die bestehende Lehre, die im dritten Jahr eine Eingliederung der Lernplattform ILIAS vorsieht.

E-Learning in den Kulturwissenschaften

Abbildung 1

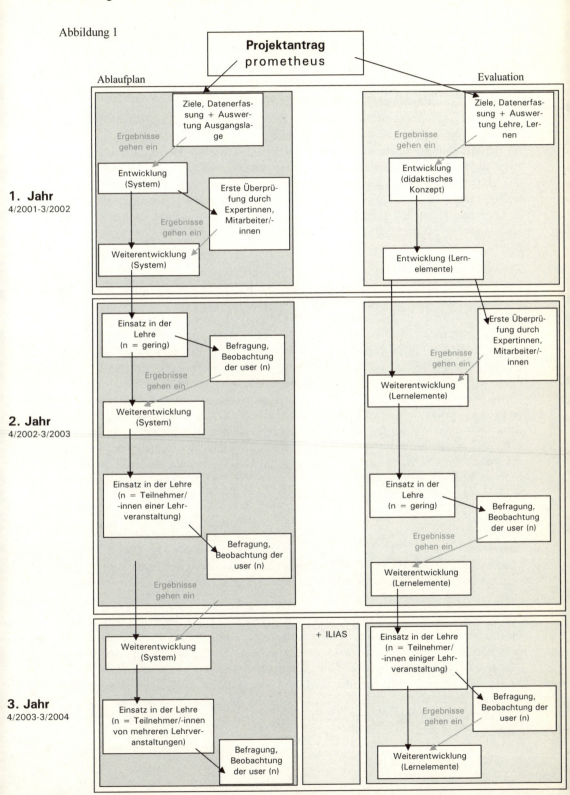

Im ersten Jahr lag der Schwerpunkt im Bereich des Lernens bei der Erfassung der Lernorganisation und der Lernstrategieprofile der Studierenden der Kunst- und Designgeschichte und Archäologie an den verschiedenen Standorten. Dazu wurde ein Fragebogen erstellt, in den der standardisierte Fragebogen LIST – Lernstrategien im Studium – integriert wurde (Wild 2000), um direkt vergleichbare Daten zu erhalten, das Profil dieser Fachbereiche einordnen und in der Entwicklung der Lernelemente berücksichtigen zu können.

Im Bereich der Lehre ging es vor allem um die Erfassung der Lehrorganisation in den Instituten und um das Kennenlernen der Lehrbedürfnisse und der Visionen der Lehrenden. In Gesprächen und Interviews mit den Lehrenden und durch Beobachtungen während einzelner Veranstaltungen konnten ausreichende Hinweise gesammelt werden, die in die Entwicklung des didaktischen Konzepts und der einzelnen Lernelemente, aber auch in die entwickelten Strategien zur Integration in den Lehrbetrieb Eingang gefunden haben.

Direkt nach der Entwicklung einer ersten Systemversion startete der Zyklus der formativen Evaluation für das System. Zunächst testeten Mitarbeiter/-innen und Experten und Expertinnen das System unter eingeschränkten Bedingungen. Auf diese Weise können zum Beispiel zunächst technische Fehler oder Missverständnisse in der interdisziplinären Entwicklungsarbeit aufgedeckt werden, die den späteren Anwender/-innen nicht zugemutet werden sollten. In interdisziplinären Arbeitsgruppen werden die Ergebnisse jeweils diskutiert und schließlich werden Arbeitsaufträge für die zuständigen Mitarbeiter/-innen formuliert und an sie weitergeleitet. Diese ersten Hinweise wurden bereits im ersten Jahr für die Weiterentwicklung des Systems genutzt und haben so für eine verbesserte Version gesorgt, die dann von den Lehrenden und Studierenden in den im Projekt mitarbeitenden Instituten genutzt werden konnte. Im Sommersemester 2002 und im Wintersemester 2002/2003 wurde die aktuelle Version von diesem erweiterten Anwenderkreis getestet, um weitere Informationen besonders zur usability des Systems zu bekommen. Die Ergebnisse konnten mittlerweile in eine verbesserte Version 2.0 einfließen und seit dem Sommersemester 2003 steht sie einem erweiterten Nutzerkreis über die Projektbeteiligten hinaus zur Verfügung.

Die gleiche Vorgehensweise wurde mittlerweile auch schon mit dem Prototypen des Themenraums ALTENSTADT organisiert, aber zeitlich verschoben (s. Abb. 1, Ablaufplan, Evaluation). Die Entwicklung der anderen Lernelemente ist noch nicht so weit. Hier wird im kommenden Wintersemester eine erste Testphase mit den Projektmitarbeiter/-innen organisiert werden können.

Der Schwerpunkt im kommenden Wintersemester liegt aber auf der Erfassung der Veränderungen im Lehrbetrieb der beteiligten Institute. Dazu werden Fragebögen an alle Lehrenden und Lernenden verteilt, um die jetzige Lehr- und Lernsituation beschreiben zu können. Zur Unterstützung der Daten werden Beobachtungen in einzelnen Lehrveranstaltungen und Log-File-Analysen durchgeführt. Anschließend werden die prototypische Szenarien für die Kunst-, Designgeschichte und die Archäologie beschrieben, die dann auch als Ausgangspunkt für eine Übertragung in andere Fachbereiche zur Verfügung stehen.

3.2 Evaluationsergebnisse

Es würde den Rahmen sprengen, die Evaluationsergebnisse von *prometheus* an dieser Stelle aufzuführen.

Daher folgt an dieser Stelle nur ein Aspekt einer Beschreibung der Studierenden, die aus der Auswertung des Fragebogens zu der „Computerausstattung und den Computerkenntnissen der Studierenden" resultiert, der im Wintersemester 2002/2003 und im Sommersemester 2003 in verschiedenen Seminaren an verschiedenen Standorten verteilt und beantwortet wurde.

n =	HU Berlin	JLU Gießen	Universität zu Köln (KHI)	JWGU Frankfurt	Universität zu Köln (Pädagogik)	Gesamt
WS 2002/2003	37	52	71	-	-	160
SS 2003	54	34	16	47	41	192

Abbildung 2: Rücklauf des Fragebogens „Computerausstattung und Computerkenntnisse der Studierenden"

	Studentinnen	Studenten
WS 2002/2003	**85,6%**	14,4%
SS 2003	**74,5%**	25,5%

Abbildung 3: Geschlechterzusammensetzung der Studierenden

Hier zeigt sich, dass der Anteil der weiblichen Studierenden enorm hoch ist, wie es auch schon im Projektantrag beschrieben wurde. Im Sommersemester hat vor allem die Hinzunahme der Pädagogikstudenten und -studentinnen den prozentualen Anteil der männlichen Studierenden erhöht.

Die Betrachtung der einzelnen Ergebnisse[6] macht deutlich, dass es signifikante Korrelationen zwischen dem Geschlecht und den Computerkenntnissen gibt, so dass das Projekt *prometheus* bei einer breiten Einführung des Systems auf die geringeren Kenntnisse der Studierenden mit speziellen Tutorien reagieren muss.

Weitere Ergebnisse werden in der nächsten Zeit bis zum Ende des Projekts im März 2004 und darüber hinaus veröffentlicht werden.

---

[6] Diese einzelnen Ergebnisse so wie die eingesetzten Fragebögen können bei der Projektkoordination erfragt werden, s. http://www.prometheus-bildarchiv.de

Literatur

Pfleging, B. (2003): Lesson learned? – Evaluierung und Qualitätssicherung beim Einsatz der neuen Medien in der Lehre. In: Pinkau, S./Gerke, T. (Hrsg.). E-learning. NMB-Projekte in den Ingenieurwissenschaften. Tagungsband zum Workshop der ingenieurwissenschaftlichen Projekte im bmb+f-Förderprogramm „Neue Medien in der Bildung" am 25. und 26. Juni 2003 an der Hochschule Anhalt in Dessau. Halle, S. 26–33.

Schulmeister, R. (2001): Virtuelle Universität – Virtuelles Lernen. München.

Simon, H. (2003): Lernen im digitalen Themenraum. Exploratives Lernen im Internet aus kunsthistorischer Sicht. zeitenblicke 2, Nr. 1 [08.05.2003], http://www.zeitenblicke.historicum.net/2003/01/simon/index.html

Wild, K.-P. (2000): Lernstrategien im Studium. Münster.

Selbstreguliertes Lernen durch *V*ienna *E*-Lecturing (VEL). Konzept, Umsetzung und Evaluation

Christiane Spiel/Dagmar Strohmeier/Saam Faradji/Barbara Schober/
Petra Gradinger/Birgit Zens/Alice Aichinger/Ralph Reimann

1. Einleitung

E-Learning wird derzeit zwar überall propagiert, aber praktische Erfahrungen mit E-Learning-Lehrveranstaltungen (Vorlesungen) an Universitäten, die auch wissenschaftlich evaluiert wurden, liegen in Relation dazu nur sehr wenige vor. Diese konzentrieren sich überdies vorwiegend auf Seminare mit nur relativ wenigen Studierenden. Fundierte und reflektierte Erfahrungen mit E-Learning in Vorlesungen mit hohen Teilnehmerzahlen werden kaum berichtet. Gerade bei derartigen Lehrveranstaltungen, die durch eine ungünstige Relation von Studierenden- zu Lehrendenzahlen gekennzeichnet sind, ist zu erwarten, dass die Umstellung auf E-Learning langfristig eine Effizienz- und auch Effektivitätssteigerung bewirkt und zu einer neuen Qualität der Lehre führt. Allerdings erfordern die besonderen Bedingungen von Lehrveranstaltungen in Massenstudien spezielle didaktische und technische Konzepte.

Im Rahmen einer vom österreichischen Bundesministerium für Bildung, Wissenschaft und Kultur geförderten Pilotlehrveranstaltung wurde ein erstes didaktisches Konzept für E-Lecturing – Vienna E-Lecturing (*VEL*) – entwickelt, erprobt, dokumentiert und evaluiert. Unter E-Lecturing verstehen wir die Anwendung von E-Learning-Methoden auf Vorlesungen. Neben der Vermittlung inhaltlichen Wissens soll durch das E-Lecturing die Fremdbestimmung beim Lernen reduziert, die Selbständigkeit erhöht und somit selbstreguliertes Lernen forciert werden. Gleichzeitig ist es Intention von VEL, auch die Methoden- und Sozialkompetenz sowie die Medienkompetenz der Studierenden zu erhöhen. Damit sollen zentrale Parameter für Bildungsmotivation und lebenslanges Lernen nachhaltig gefördert werden.

Dieser Beitrag stellt das didaktische Konzept und das Pilotprojekt vor, das mit dem Best-Practice-Preis für innovative Lehre an der Universität Wien im Bereich neuer Medien 2002 ausgezeichnet wurde. Des Weiteren werden die Ergebnisse der begleitenden Evaluation, der als Maßnahme zur Qualitätssicherung und -förderung ein hoher Stellenwert zukommt, sowie die daraus abgeleiteten Optimierungsmaßnahmen präsentiert.

2. E-Learning – Didaktisch-methodische Designs und Ergebnisse von Evaluationsstudien

Der Einsatz von computerunterstützten Lehr- und Lernangeboten wird derzeit auch an den Universitäten forciert. Die Begründungsmuster für die Verwendung von digitalen Medien in der Wissensvermittlung sind vielfältig. Einerseits werden sie als Ersatz für bzw. als Ergänzung von personalem Unterricht gesehen, andererseits als institutionelle Innovation oder Imageträger deklariert (vgl. Kerres 2001). Insbesondere dann, wenn der Medieneinsatz personalen Unterricht weitgehend ersetzen soll, ist eine grundlegende Neuorientierung des didaktischen Konzepts erforderlich. Diese Neuorientierung betrifft beispielsweise die Lernkultur (von einer „programmierten Unterweisung" der Lernenden zur aktiven „Wissenskonstruktion" durch die Lernenden), das Anforderungs- und Aufgabenprofil von Lehrenden und Lernenden, Veränderungen der Interaktions- und Kommunikationsformen (von face-to-face Treffen zur computervermittelten Kommunikation) sowie des Arbeitsverhaltens der Lernenden (von „passiver" Konsumentenhaltung zu selbstreguliertem Lernen).

Insbesondere in der betrieblichen Aus- und Weiterbildung werden computervermittelte Lernformen (z.B. Lernprogramme) mit dem Ziel der Effizienz- und Effektivitätssteigerung von Qualifizierungsmaßnahmen eingesetzt. Kostenreduktion in der betrieblichen Weiterbildung, Praxisrelevanz des Wissens, zeitliche und örtliche Flexibilität des Lernangebots („learning on demand", „learning just in time"), sowie eine weitgehende Selbstbestimmtheit des Lernenden, der *dann* lernen kann, wenn es der betriebliche Ablauf erlaubt, sind Erwartungen, die von Seiten der Wirtschaft an multimediale Lehr- und Lernangebote herangetragen werden (siehe z.B. Bruns/Gajewski 2002).

Generell zeigt die Durchsicht der Literatur zum E-Learning sowohl eine enorm hohe Heterogenität auf – beginnend mit den jeweils verwendeten Begriffen und Definitionen – als auch einen Mangel an wissenschaftlich fundierten Untersuchungen dazu. Aufgrund der Heterogenität der Lernangebote, die durch den Einsatz von Informations- und Kommunikationstechnologien realisierbar sind, sind die Evaluationsergebnisse einzelner „virtueller" Lernprogramme schwer generalisierbar.

In der Regel sind CBTs (Computer Based Trainings) sequentiell strukturierte Lernangebote, die den Lernenden mit Hilfe von Lernerfolgskontrollen und Rückmeldungen Schritt für Schritt zum Lehrziel hinführen (Kerres 2001). Charakteristisch für derartige Lernangebote ist die Interaktion eines einzelnen Lernenden mit einer computergestützten Lernumgebung. Dieses isolierte Lernen des Einzelnen stellt hohe Anforderungen an Lerninteresse und -erfahrung, die zu Abbrecherquoten von bis zu 50% führen (Keegan 1986; Moore/Kearsley 1996). Folglich werden die Merkmale der Zielgruppe als besonders bedeutsam für die Art der Medienkonzeption (sequentiell strukturierte versus exploratorische Lernangebote) angesehen (vgl. Kerres 2001). Während Personen mit hohem Vorwissen, intrinsischer Motivation und hoher Fähigkeit zu selbstreguliertem Lernen besonders von explorativen Lernumgebungen profitieren (das sind Lernangebote, die zwar logisch strukturiert sind, den Lernweg betreffend aber vieles offen lassen), erzielen Personen mit geringem Vorwissen, extrinsischer Motivation und geringen Fähigkeiten zum selbstregulierten Lernen bessere Ergebnisse bei sehr strukturierten Lernangeboten (Kerres 2001). Ein weiterer Erfolgsfaktor von medienunterstützten Lernangeboten ist die Akzeptanz des Lernmediums durch die Zielgruppe. Es zeigte sich, dass multimediale Lernangebote, die zusätzlich zum personalen Unterricht angeboten werden, von den Lernenden gut akzeptiert werden (Kokavecz/Lammers/Holling 1999). Eine Gefahr, die mit solchen zusätzlichen Lernangeboten verbunden ist, besteht jedoch in fehlenden Effizienzüberlegungen.

Vor dem Hintergrund dieser Befundlage ist es nachvollziehbar, warum fundierte E-Learning-Konzepte, die an eher heterogene Lerner/-innengruppen adressiert sind und den Anspruch hoher Effektivität haben, Elemente der Förderung von selbstreguliertem Lernen integrieren sollten.

3. Ausgangslage und Ziele des Vienna E-Lecturing (VEL)

Die Entwicklung des Konzepts von VEL war durch die Nachteile traditioneller Frontalvorlesungen in Massenstudiengängen motiviert. Generell bringen Frontalvorlesungen eine Reihe von Problemen mit sich. Dazu gehören die Benachteiligung von berufstätigen oder erkrankten Studierenden, wenig Möglichkeiten für Nachfragen, die Förderung eines „Konsumentenverhaltens" der Studierenden sowie eine für die dauerhafte Behaltensleistung ungünstige Verarbeitung der Fachinhalte. Durch große Hörer/-innenzahlen wie z.B. im Psychologiestudium an der Universität Wien (pro Jahr mehr als 1000 Studienanfänger/-innen) werden diese Probleme noch verschärft. Es mangelt an entsprechend großen Hörsälen und die Bedingungen, unter denen die Vorlesungen stattfinden, sind für Lehrende und Studierende sehr belastend (Lärmpegel, Raumausstattung, akustische Verständlichkeit, kaum Möglichkeit Fragen zu stellen, etc.). Wie bereits einleitend angeführt, liegen jedoch zur Umstellung von Massenvorlesungen auf E-Lecturing noch kaum praktische Erfahrungen in Kombination mit wissenschaftlich fundierten Evaluationen vor, so dass mit dem hier vorgestellten Konzept Neuland beschritten wurde.

Das vom Bundesministerium für Bildung, Wissenschaft und Forschung aus der Universitätsmilliarde finanziell geförderte Pilotprojekt VEL verfolgte folgende Ziele: Den Studierenden sollte neben deklarativem Wissen, d.h. der Kenntnis von Fakten im Inhaltsbereich der Lehrveranstaltung, auch prozedurales Wissen vermittelt werden, welches sie befähigt, das Faktenwissen in Handeln umzusetzen. Durch das Arbeiten mit einer Lehr-/Lernplattform sollten die Studierenden technisches Know-how (Medienkompetenz) erwerben. Darüber hinaus sollte durch das didaktische Konzept des E-Lecturing selbstgesteuertes und -verantwortliches Lernen sowie Teamarbeit gefördert werden. Bereitschaft, Interesse und Kompetenz zum kontinuierlichen und lebenslangen Lernen zu fördern sind zentrale Ziele der europäischen Bildungspolitik (OECD 2000), da sie die Voraussetzung schaffen für die Bewältigung der zahlreichen wirtschaftlichen, sozialen und strukturellen Herausforderungen, die sich in der Wissensgesellschaft stellen.

4. Theoretischer Rahmen – Selbstreguliertes Lernen

Theoretische und empirische Arbeiten, die sich damit beschäftigen, wie Lernende durch Reduktion der Fremdbestimmtheit und Erhöhung der Selbständigkeit zu aktiven Wissenskonstrukteuren werden, sind in der Literatur i.a. unter dem Begriff „selbstreguliertes Lernen" subsummiert (vgl. u.a. Borkowski/Carr/Rellinger/Pressley 1990; Pintrich/De Groot 1990; Pressley/Borkowski/Schneider 1987; Schunk 1989; Schunk/Zimmerman 1994; Weinstein/Goetz/Alexander 1988; Weinstein/Hume 1998; Zimmerman 1990). Selbstreguliertes Lernen stellt jedoch kein fest definiertes Konzept dar und ist auch gegenüber verwandten Termini wie „selbstgesteuertes Lernen", „selbstbestimmtes Lernen" und „selbstorganisiertes Lernen" schwer abzugrenzen. Auch der Bereich der Lernstrategien ist sehr eng mit diesem Thema verknüpft.

Boekaerts (1999) beschreibt das selbstregulierte Lernen durch die enge Beziehung dreier Regulationsebenen (vgl. Abb. 1). Auf der ersten Ebene geht es um kognitive Strategien, auf der zweiten Ebene um metakognitive Strategien (Wissen über das eigene Lernen) und auf der dritten Ebene geht es um die motivationale Regulation (Ziel- und Ressourcenmanagement).

Insgesamt wird selbstreguliertes Lernen als ein dynamisches Wechselspiel zwischen den genannten drei Komponenten (kognitive und metakognitive Strategien, Ressourcenmanagement) angesehen. Hierdurch ergibt sich ein flexibles Repertoire an lernrelevanten Verhaltensstrategien.

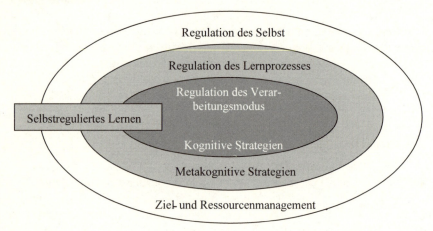

Abbildung 1: Drei-Schichten-Modell des selbstregulierten Lernens (Boekaerts 1999).

Der Idealprozess des selbstregulierten Lernens weist in Anlehnung an das Handlungsphasenmodell von Heckhausen (s. Gollwitzer 1991; s. auch Schober 2002; Spiel/Schober 2002) verschiedene Phasen auf und beginnt mit der Frage nach dem Warum des Lernens (s. Abb. 2): Lernende setzen sich selbst Ziele, die sie als persönlich bedeutsam erachten und von denen sie überzeugt sind, sie durch eigenes Lernen erreichen zu können. Die Lernaktivität bis zur Zielerreichung wird in Handlungsplänen konkretisiert, die nicht nur die Inhalte, sondern ebenso die Gestaltung der Lernbedingungen (adäquate Lernumgebung; Verfügbarkeit relevanter Materialien) und die zeitlichen Arbeitsvorgaben beinhalten.

Die Lernaktivität als solche zeichnet sich dann durch Kenntnisse über das Wie des Lernens aus: Lernende wissen, mit welcher kognitiven Strategie welches Lernziel unter den gegebenen zeitlichen Bedingungen erfolgversprechend zu erreichen ist. Dieses Wissen über die Anwendungsbedingungen von Lernstrategien (konditionales Wissen) befähigt dazu, den eigenen Lernprozess, der fortlaufend auf seine Zielannäherung überwacht wird (metakognitive Komponente), gegebenenfalls anders zu gestalten (Korrektur- bzw. Steuerungsaspekt der metakognitiven Strategien).

Abschließend wird der Erfolg der Lernhandlung in Bezug auf das vorher gesetzte Ziel bewertet (Evaluation). Aufgrund der Kenntnisse über den eigenen Lernprozess lassen sich auch Erfolge und v.a. Misserfolge in geeigneter Weise erklären und sich hieraus Konsequenzen für kommende Lerntätigkeiten ableiten.

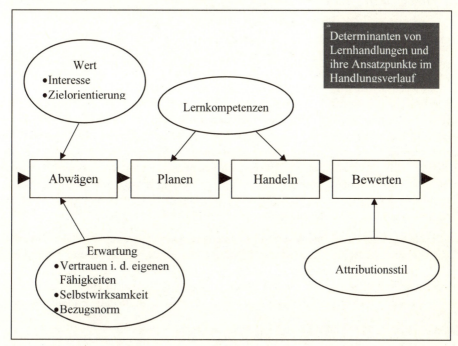

Abb. 2: Wichtige Determinanten von Lernhandlungen und ihre Ansatzpunkte im Handlungsverlauf – verortet im Handlungsphasenmodell.

Die Ergebnisse empirischer Studien bestätigen, dass selbstregulierung ein zentrales Kennzeichen langfristig erfolgreichen Lernens ist (z.B. Zimmerman/Martinez-Pons 1990), daher sollte es die Intention von Unterricht bzw. jeder Art von Wissensvermittlung sein, selbstreguliertes Lernen nicht nur als Mittel, sondern auch als Lehrziel zu sehen.

Wie die Ergebnisse einer aktuellen Studie in Österreichischen Schulen zeigen, wird die systematische Förderung von Kompetenzen zum selbstregulierten Lernen und von Bildungsmotivation nicht realisiert (Spiel/Schober 2002). Als Konsequenz sind die entsprechenden Kompetenzen bei Schülern/Schülerinnen nur schwach ausgeprägt, wobei in manchen Bereichen im Verlauf der Schulkarriere sogar ein Abfall zu beobachten ist (Spiel/Schober, 2002). Daher kann nicht davon ausgegangen werden, dass Studierende erfolgreich selbstgesteuert arbeiten können.

5. Das Pilotprojekt VEL

Das Pilotprojekt VEL wurde im Frühjahr und Sommer 2001 konzipiert und im Studienjahr 2001/02 erstmals in einer Vorlesung realisiert. Im Folgenden werden das erste didaktische und technische Konzept von VEL sowie das Evaluationsmodell vorgestellt.

5.1 Didaktischer Ansatz

VEL verfolgt grundlegend einen „blended-learning"-Ansatz, d.h. eine systematische Kombination von Präsenzphasen mit virtuellem Arbeiten. Im Pilotprojekt umfassten die Präsenzphasen einerseits „face-to-face"-Einheiten in einem traditionellen Hörsaalsetting und andererseits spezifische Tutorien. Die face-to-face-Einheiten dienten der Information, dem wechselseitigen Kennen lernen, der Motivation und der Beantwortung von gezielten Fragen zum Inhalt der Lehrveranstaltung. Frontalvorträge im Sinne traditioneller Vorlesungen fanden hierbei nicht statt. Die Tutorien sollten die Studierenden „fit für E-Lecturing" machen, indem sie ihnen grundlegende Medienkompetenzen (Umgang mit der Internetplattform), nötige Arbeitsvoraussetzungen vermittelten und sie kontinuierlich unterstützend begleiteten. Zwischen diesen Präsenzphasen widmeten sich die Studierenden in virtuellen Gruppen (i.a. 6 Personen pro Gruppe) offenen Aufgaben (d.h. es gab hierbei nicht *die eine* richtige Lösung), deren Bearbeitung jeweils termingerecht auf der Plattform abzulegen war. Abbildung 3 zeigt den zeitlichen Ablauf des Pilotprojekts VEL.

Zur Erhöhung des Commitments und der Anforderungstransparenz ging die Lehrveranstaltungsleiterin zu Beginn mit jeder/m Studierenden eine Lehr-Lern-Vereinbarung ein. Diese Vereinbarung beschrieb die Aufgaben, welche die Studierenden (für eine positive Bewertung der Teilnahme) und das E-Lecturing-Team (für die Erfüllung der Lehrpflicht) im Verlauf der Lehrveranstaltung zu erbringen hatten. Für die Studierenden bedeutete dies

- die Teilnahme an den face-to-face Einheiten,
- die aktive Mitarbeit in den Tutorien,
- die Bearbeitung der wöchentlich gestellten Aufgaben (Gruppenanforderung),
- das Zusammenfassen aller Aufgabenbearbeitungen (Gruppenanforderung einmal pro Semester),
- die turnusmäßige Übernahme verschiedener Tätigkeiten der Plattformpflege, z.B. Betreuung des Diskussionsboards (Gruppenanforderung einmal pro Semester),
- die Beteiligung an Online-Diskussionen
- das Absolvieren der schriftlichen Abschlussprüfung (Einzelanforderung),
- die Teilnahme an der Evaluation der Lehrveranstaltung (Einzelbefragung).

Zu den Aufgaben des E-Lecturing-Teams gehörten im Einzelnen die
- Organisation, Vorbereitung und Durchführung der Präsenztermine,
- Bereitstellung relevanter Literatur auf der Plattform,
- Entwicklung und Gestaltung der Gruppenaufgaben,
- Bewertung der Aufgabenbearbeitungen inkl. Rückmeldungen an die Gruppen,
- Moderation der Online-Diskussionen,
- begleitende Unterstützung und Hilfe bei gezielten Fragen,
- Organisation und Durchführung der Evaluation,

- Organisation, Durchführung und Bewertung der Abschlussprüfung.

Durch diesen didaktischen Ansatz sollten die Ziele von VEL – Vermittlung von prozeduralem Wissen und technischem Know-how, Förderung von selbstreguliertem Lernen und Teamarbeit – realisiert werden.

Vorbereitungsphase							
	Feb. '01	März '01	Apr. '01	Mai '01	Juni '01	Juli '01	Aug. '01
Ablauf	Experten-/Expertinnengespräche (Plattform), Entwicklung des didaktischen und technischen Konzepts				Adaption der traditionellen VO an VEL		
Summative Evaluation	Entwicklung des Evaluationsmodells und der Erhebungsinstrumente				Befragung traditionelle VO		
Formative Evaluation							

Umsetzungsphase im WS 01/02						
	Sept. '01	Okt. '01	Nov. '01	Dez. '01	Jän. '02	Feb.–März '02
Ablauf	Einschulung Tutoren/Tutorinnen, Experten-/Expertinnengespräche	Face-to-Face Einheit, Informationstutorien, Technisches Tutorium		Optimierung	Face to Face Einheit	Datenauswertung
Summative Evaluation		Befragung E-Lecturing			Befragung E-Lecturing	
Formative Evaluation			Optimierungstutorien	Zwischenbefragung		

Abbildung 3: Zeitlicher Ablauf des Pilotprojekts VEL.

5.2 Technischer Ansatz

Die Pilotlehrveranstaltung wurde mit einer frei im Internet verfügbaren Lernplattform durchgeführt. Dies geschah vorrangig deshalb, weil die Universität Wien zu diesem Zeitpunkt weder über eine leistungsfähige virtuelle Lernplattform verfügte, noch eine entsprechende laufende technische Unterstützung anbot. Nach Beratung mit Fachleuten der Universität Wien haben wir entschieden, Erfahrungen mit einer „msn-community" zu sammeln. Diese Plattform wurde gemäß dem beschriebenen didaktischen Konzept genutzt und war exklusiv nur für Teilnehmer/-innen der Pilotlehrveranstaltung zugänglich.

Im Rahmen der Lehrveranstaltung sammelten und dokumentierten sowohl Studierende als auch die Veranstaltungsleitung Vor- und Nachteile der verwendeten Lernplattform.

5.3 Evaluationsmodell

Bei der Implementierung und Erprobung neuer Programme ist Evaluation eine notwendige und zentrale Maßnahme der Qualitätssicherung und -optimierung. Wissenschaftliche Evaluation, die den gleichen Qualitätsansprüchen unterliegt wie angewandte Forschung (siehe die Evaluationsstandards des JCSEE 1994; vgl. auch Rost 2000) gibt fundierte Rückmeldung über Effektivität und Effizienz (siehe Fink 1995; Spiel 2001; Wottawa/Thierau, 1998). Da es sich bei VEL um ein Pilotprojekt handelte, kamen zwei Evaluationsmodelle zum Einsatz. Zur Prüfung der Zielerreichung wurde eine summative Evaluation durchgeführt. Die Prüfung und Optimierung des didaktischen und technischen Konzepts erfolgte mit einer formativen Evaluation.

Für die summative Evaluation wurden die Teilnehmer/-innen der Pilotlehrveranstaltung von VEL schriftlich zu Beginn und am Ende des Semesters zu den Zielen von VEL, zu soziodemografischen Kennwerten sowie zu Vorerfahrungen mit E-Learning befragt. Zusätzlich waren Angaben von Teilnehmern/Teilnehmerinnen der traditionellen Vorlesung im vorherigen Studienjahr verfügbar. Von beiden Studierendengruppen (traditionelle Vorlesung und E-Lecturing) lagen ebenfalls (anonymisiert) Informationen über die Leistungen bei der Abschlussprüfung vor (siehe Abbildung 3).

Die formative Evaluation (Prozessevaluation) bestand aus zwei Teilen: einem „Optimierungstutorium", das nach Ablauf des ersten Drittels der Lehrveranstaltung als verpflichtender Workshop stattfand, sowie einer Befragung der VEL-Teilnehmer/-innen im letzten Drittel der Lehrveranstaltung. In dieser Befragung waren die Studierenden aufgefordert, alle Bestandteile der Pilotlehrveranstaltung (z.B. Gestaltung der Lernplattform, Inhalt und Deadlines der Gruppenaufgaben, Rückmeldungen, Arbeiten in virtuellen Teams, etc.) qualitativ und quantitativ zu bewerten (siehe Abbildung 3).

5.4 Umsetzung von VEL in einer konkreten Lehrveranstaltung

Im Pilotprojekt wurde das didaktische und technische Konzept von VEL im Rahmen einer zweistündigen, zwei Semester übergreifenden Vorlesung zum Thema „Evaluation und Forschungsmethoden" am Institut für Psychologie, Arbeitsbereich Bildungspsychologie & Evaluation, erprobt und optimiert. Es war eine Wahlpflichtveranstaltung, an der im WS 2001/02 67 Studierende teilgenommen haben. Da sowohl das didaktische als auch das technische Konzept von VEL erstmals erprobt wurden, sollte die Zahl der Studierendengruppen nicht zu hoch sein (es gab 10 Gruppen mit jeweils 6 Studierenden, eine Gruppe umfasste 7 Studierende; die Anzahl der Interessenten/Interessentinnen an der Lehrveranstaltung war weit höher).

Im Folgenden werden erste Ergebnisse der Evaluation berichtet, die im WS 2001/02 durchgeführt wurde, und die daraus abgeleiteten und durchgeführten Optimierungen von VEL. Die Arbeit schließt mit einer allgemeinen Diskussion von Problemfeldern bei der Etablierung von E-Learning in Schule und Universität.

6. Ergebnisse der Evaluation – Optimierungen

Mittels der summativen Evaluation sollte die Effektivität von VEL geprüft werden, d.h. ob die formulierten Ziele erreicht wurden. Erste vorläufige Analysen belegen, dass das E-Lecturing in Kombination mit dem vorgestellten didaktischen und technischen Konzept nach Meinung der Teilnehmer/-innen die Fähigkeit zum selbstregulierten Lernen erhöht und zur Teamarbeit anregt. Der Vergleich der traditionellen Vorlesung mit dem E-Lecturing ergab keine bessere Bewertung des E-Lecturing durch die Studierenden, wobei anzumerken ist, dass die traditionelle Vorlesung sehr gut bewertet worden war. Jedoch schnitten die Teilnehmer/-innen am E-Lecturing bei der schriftlichen Prüfung besser ab als jene Studierenden, die im Studienjahr 2000/01 an der traditionellen Vorlesung gleichen Inhalts teilgenommen hatten. Da bei der Prüfung sowohl Fakten- als auch Handlungswissen in Bezug auf den Inhalt der Lehrveranstaltung abgefragt wurde, kann diesbezüglich somit eindeutig von einem Erfolg von VEL gesprochen werden. Ergänzend ist noch festzuhalten, dass alle Gruppen sämtliche der gestellten Aufgaben bearbeiteten und jeweils zeitgerecht auf der Plattform präsentierten. Keine/r der teilnehmenden 67 Studierenden stieg während des Semesters aus der Lehrveranstaltung aus. Dieses hohe (100%) Commitment führen wir u.a. auf die Lehr-Lern-Vereinbarung und die intensive Betreuung der Veranstaltung durch das E-Lecturing-Team zurück.

Trotz des offensichtlichen Erfolgs von VEL zeigte die Prozessevaluation auch einige Probleme auf. Diese waren teilweise durch die Plattform bedingt: Neben technischen Schwierigkeiten v.a. im Download-Bereich sind hier verschiedene unnötig komplizierte Abläufe aufgrund einer suboptimalen (vorgegebenen) Plattformstruktur zu nennen. Das Hauptproblem war jedoch, dass sich die Studierenden durch die an sie gestellten Aufgaben und die Arbeitsformen überfordert fühlten. Sie waren Teamarbeit, speziell in virtuellen Gruppen, nicht gewohnt. Als Folge war ihr Zeit- und auch Gruppenmanagement inadäquat und eine Reihe von Teilnehmer/-innen klagten über „Trittbrettfahrer-Effekte" in ihren Gruppen ohne diesen entgegenwirken zu können. Auch das selbstgesteuerte Lernen und Arbeiten fiel den Studierenden schwer. Sie hatten Schwierigkeiten beim Wissensmanagement, speziell bei der Unterscheidung von relevanter und weniger relevanter Information, weshalb sie häufig ineffizient vorgingen und einen hohen Zeitaufwand für die Lehrveranstaltung investierten. Die Studierenden wünschten sich daher eine Reduktion der Gruppenaufgaben, deren Ziele ihnen z.T. auch unklar schienen. Subjektiv schätzten sie den Ertrag, d.h. ihr Wissen in den Inhaltsbereichen, niedrig ein, was – wie die Prüfungsergebnisse zeigten – jedoch nicht den Tatsachen entsprach.

Die durch die formative Evaluation identifizierten Problembereiche wurden soweit möglich bereits im Verlauf des Semesters (WS 2001/02) beseitigt. Im anschließenden Semester (SS 2002) erfolgten weitere Optimierungsschritte, die vorrangig die Reduktion der Menge an Gruppenaufgaben, die Ausdehnung der Bearbeitungszeit pro Aufgabe auf zwei Wochen, die deutlichere Zielexplikation der Aufgaben sowie neukonzipierte Tutorien zu den Themen Wissensmanagement und Teamarbeit umfassten. Auch erschien ein Um- und Ausbau des Feedback-Modus sinnvoll, der als neues Element ein so genanntes „Peer-Review" beinhaltete.

7. Diskussion – Lernkultur im traditionellen Bildungssektor

Das hier vorgestellte Pilotprojekt Vienna E-Lecturing (VEL) versuchte Methoden des E-Learning auf eine Vorlesung in einem Massenstudienfach anzuwenden. Neben der Vermittlung von Faktenwissen, auf das sich traditionelle Frontalvorlesungen im Allgemeinen beschränken, sollte auch Handlungswissen vermittelt und Kompetenzen zur Teamarbeit sowie zum selbstregulierten Lernen gefördert werden. Wie die Ergebnisse der summativen Evaluation bestätigen, konnten diese Ziele trotz nicht einfacher Randbedingungen (z.B. mangelnde Unterstützung im technischen Bereich) im Wesentlichen realisiert werden.

Die ersten Erfahrungen und vor allem die Ergebnisse der formativen Evaluation zeigten jedoch neben verschiedenen technischen Problemen mit der Plattform ein grundsätzliches Problem auf, das leider nur höchst selten artikuliert wird. Die Lernkultur in den zentralen Institutionen des Bildungssektors – Schule und Universität – ist nicht auf derartige Lehr- und Lernformen ausgerichtet. Die Basisparameter des selbstregulierten Lernens sowie zentrale Schlüsselqualifikationen wie z.B. Fähigkeit zur Gruppenarbeit, Zeitmanagement etc. werden nicht als integraler Bestandteil des schulischen bzw. universitären Unterrichts gefördert. Lernen ist deutlich – wenn nicht gar ausschließlich – performanzorientiert und nicht kompetenzorientiert. Als Folge sind Studierende in einer derartigen Veranstaltung häufig überfordert. Sie passt nicht zu ihrem Selbstbild als Lernende und ihrem Schema von Lehrveranstaltungen.

Durch die mangelnden Vorkenntnisse der Studierenden, aber vermutlich noch massiver durch die fehlende Lernzielorientierung (Kompetenzorientierung), ergab sich für sie ein subjektiv enormer Aufwand für die Bewältigung der im E-Lecturing gestellten Aufgaben, der aufgrund hierbei erlebter Misserfolge ein Absinken der Motivation bewirkte. Dies führte in der Folge auch für das E-Lecturing-Team, welche diese Defizite durch angebotene Tutorien zum Wissens- und Teammanagement zu kompensieren versuchte, zu einem hohen Arbeitsaufwand.

Das ganz offensichtliche Missverhältnis zwischen dem Anspruch von E-Learning-Methoden und der traditionellen Lernkultur wird in der relevanten Literatur kaum artikuliert und diskutiert. Der Grund hierfür ist vermutlich darin zu sehen, dass E-Learning neu und heterogen ist, gleichzeitig massiv propagiert und finanziell auch sehr hoch unterstützt wird. Aussagekräftige Evaluationen zum Einsatz von E-Learning liegen nur wenige vor; hinzukommt, dass Miss- oder Teilerfolge nur ungern öffentlich eingestanden werden. Allerdings legen informelle Gespräche und entsprechende Kommentare in fachbezogenen Diskussionsforen nahe, dass auch andere Wissenschaftler/-innen und Praktiker/-innen in einer mangelnden Passung von Anforderungen beim E-Learning und vorhandenen Kompetenzen auf Seiten der Lernenden ein (derzeit noch) grundlegendes Problem sehen.

Wir sind deshalb überzeugt davon, dass langfristig E-Learning-Veranstaltungen an der Universität nur dann erfolgreich sein können, wenn eine Umorientierung der Lernziele auf den Erwerb von Kompetenzen (anstelle auf den Erwerb von Zeugnissen) erfolgt und die entsprechenden Basiskompetenzen (selbstreguliertes Lernen, etc.) vorhanden sind. Wir selbst versuchen dies in einem weiteren vom Jubiläumsfonds der Nationalbank geförderten Forschungsprojekt „E-Lecturing – Self-regulated Learning in Higher Education" zur Optimierung von VEL zu realisieren. In diesem Projekt fokussieren wir noch stärker auf Instruktionsprinzipien zur Förderung des selbstregulierten Lernens und betten den Lernprozess ein in Maßnahmen zur Förderung des Lebenslangen Lernens.

Literatur

Boekaerts, M. (1999): Self-regulated learning: Where we are today. In: International Journal of Educational Research, 31, pp. 445–475.

Borkowski, J.G./Carr, M./Rellinger, E./Pressley, M. (1990): Self-regulated cognition: Interdependence of metacognition, attributions, and self-esteem. In: Jones, B.F./Idol, L. (Eds.), Dimensions of thinking and cognitive instruction, Hillsdale, NJ, pp. 53–92.

Bruns, B./Gajewski, P. (2002): Multimediales Lernen im Netz. Leitfaden für Entscheider und Planer. Berlin.

Fink, A. (1995): Evaluation for education & psychology. Thousand Oaks, CA.

Gollwitzer, P.M. (1991): Abwägen und Planen: Bewußtseinslagen in verschiedenen Handlungsphasen. Göttingen.

JCSEE (Joint Committee on Standards for Educational Evaluation) (1994): The program evaluation standards. How to assess evaluations of educational programs (2nd ed.). Thousand Oaks, CA.

Keegan, D. (1986): The foundation of distance education. London.

Kerres, M. (2001): Multimediale und telemediale Lernumgebungen. Konzeption und Entwicklung. München.

Kokavecz, I./Lammers, F./Holling, H. (1999): Evaluation von computerunterstützten Lern- und Lehrprojekten. In Holling, H./Gediga, G. (Hrsg.), Evaluationsforschung, Göttingen, S. 59–72.

Moore, M.G./Kearsley, G. (1996): Distance education. A systems view. Belmont.

OECD (Ed.). (2000): Where are the resources for Lifelong Learning? Paris.

Pintrich, P.R./De Groot, E.V. (1990): Motivational and self-regulated learning components of classroom academic performance. In: Journal of Educational Psychology, 82, S. 33–40.

Pressley, M./Borkowski, J.G./Schneider, W. (1987): Cognitive strategies: Good strategy users coordinate metacognition and knowledge. In: Vasta, R./Whitehurst, G. (Eds.), Annals of child development, Volume 4, Greenwich, CT, pp. 89–129.

Rost, J. (2000): Allgemeine Standards für die Evaluationsforschung. In: Hager, W./Patry, J.-L./Brezing, H. (Hrsg.), Evaluation psychologischer Interventionsmaßnahmen, Bern, S. 129–140.

Schober, B. (2002): Entwicklung und Evaluation des Münchner Motivationstrainings (MMT). Regensburg.

Schunk, D.H. (1989): Social cognitive theory and self-regulated learning. In: Zimmerman, B. J./Schunk, D. H. (Eds.), Self-regulated learning and academic achievement, New York, NY, pp. 83–110.

Schunk, D.H./Zimmerman, B.J. (1994): Self-regulation of learning and performance. Hillsdale, NJ.

Spiel, C. (2001): Program evaluation. In: Smelser, N. J./Baltes, P. B. (Eds.), International Encyclopedia of the Social & Behavioral Sciences, Volume: 18, Oxford, pp. 12169–12173.

Spiel, C./Schober, B. (2002): Lebenslanges Lernen als Ziel: Welchen Beitrag kann die Schule zum Aufbau von Bildungsmotivation leisten? Wien (unveröffentl. Projektbericht im Auftrag des bm:bwk).

Weinstein, C.E./Goetz, E.T./Alexander, P.A. (Eds.). (1988): Learning and study strategies: Issues in assessment, instruction and evaluation. San Diego, CA.

Weinstein, C.E./Hume, L.M. (1998): Study strategies for Lifelong Learning. Washington, DC.

Wottawa, H./Thierau, H. (1998): Lehrbuch Evaluation (2. Aufl.). Bern.

Zimmerman, B.J. (1990): Self-regulated learning and academic achievement: An overview. Educational Psychologist, 25, pp. 3–17.

Zimmerman, B./Martinez-Pons, M. (1990): Student differences in self-regulated learning: Relating grade, sex, and giftedness to self-efficacy and strategy use. Journal of Educational Psychology, 82, pp. 51–59.

Quality in Postgraduate Management Education

Design Factors for Quality in Postgraduate Management Education

Adolf Stepan/Sabina Ertl

1. Postgraduate Education

1.1 The role of postgraduate education in society and for the individual

Why should we concern ourselves with postgraduate education? Postgraduate education gains increasing importance in the life of every individual. The educational phase of an individual does not end in his 20s or even 30s, but is actually a continuous, lifelong learning. In the last few years, the ongoing educational process has increasingly become a lifestyle.

Furthermore, the majority of companies regard development of its workers and therefore learning as a necessity and encourage employees to constantly improve themselves. Knowledge is becoming an important competitive advantage.

Due to the shift of society from being information-driven to now being knowledge-driven, it is necessary to update abilities and skills more often to remain competitive in professional and personal life. Therefore, society tries to encourage institutions to develop postgraduate programs and individuals to participate in them.

It is obvious why the quality of such programs is essential. It is necessary that participants gain as much knowledge as possible in the minimum of time to reduce opportunity costs for the employers or themselves. In contrast to other educational institutions, universities have different aims in providing education. Beyond the perspective of knowledge transition to the participants, universities try to build up a knowledge base, which is mainly reached by building up a scientific community. Therefore, in universities the newly gained knowledge can be directly delivered as a state-of-the-art knowledge in the courses. This enriches the quality of the educational process as will be argued later on.

That is why our university has always regarded quality in its programs as vital. We recently started our research in the field of management sciences and are especially focusing on the issues of postgraduate management education. Here, we would like to present the key issues and the standards that we began with. We look at a tradition of more than 13 years in master programs and corporate programs.

This paper is divided into three major topics. First, we will define our understanding of the term 'postgraduate', followed by the definition of the educational process itself as well as its surroundings, especially within the professional programs (definition as follows). Finally, we will give the assessment criteria we defined to measure the quality of the educational process. We will close with a conclusion about aims for our further research.

1.2 Classification of postgraduate education

The term 'postgraduate education' is not always thoroughly defined and consistently used in the literature. The literal meaning of the word according to its Latin roots is 'education after having reached an academic degree' – usually the first one. This emphasises that the participants of such programs have to have passed some level of academic education to have the necessary conditions for application. This is true for most of the specialised, scientifically-oriented programs and programs such as regular MBAs with compulsory work experience of only two years. In this cases it is not possible to gain appropriate knowledge and skills from professional experience which would outweigh an academic education.

However, from statistics and our own experience we know that about 30% of the people involved in degree programs are non-academics. For non-degree programs, there are no accurate data yet but the assumption is that the percentage here is even higher. Therefore, a passing grade is most likely a benefit for application but not a precondition for professional and executive programs. Often, personal professional experience is as important as an academic degree for the application process for professional MBA and Executive MBA programs.

Some academic programs do not lead to an academic degree and can be held in the form of specialisation with scientific or professional orientation. This is a very important difference as regards the definitions since there are different applications for the quality aspect regarding the characteristics of these two different types of educational programs.

	POSTGRADUATE EDUCATIONAL PROGRAMS	
	Specialisation programs	Professional programs
Degree	scientific MSc, PhD, Doctoral Programs, Professional Degree (Habilitation – Europe)	MBA, Professional MSc
Non-Degree	Specialisation and non-degree programs in the field of expertise	Programs in fields different from field of expertise

Figure 1: Matrix of postgraduate programs

The term 'specialisation' or 'specialisation programs' implies the main specific factors of those programs. They are defined as being within the field of expertise of the participants. Most of the specialisation programs are supply-driven. The applicants look for the possibility to improve their knowledge (e.g. PhD programs) within their field of expertise. The exception would be the development of competence centres which are mostly defined by the researcher, hence demand-orientated. Most of these programs include the participant's own research activity.

The participants in professional programs seek knowledge outside of their field of expertise mostly to enrich their existing knowledge or sometimes to change their profession. Many of these programs are management programs which lead to an MBA or a certificate in a management specialisation (e.g. Finance, Marketing, HR, etc.). Professional programs are mostly demand-driven and seldom involve any scientifically orientated research activity. The main focus is the transition of the state-of-the-art knowledge from lecturer to the participants. This paper will primarily focus on professional programs, although some parts may be valid for specialisation programs as well.

When discussing specialisation and professional programs, two more terms can be used to describe the difference between them. If we apply the terms of scale and scope to the economical model of economies of scale and economies of scope the following interesting diversification occurs: Specialisation programs can be described as scale learning. As in economies of scale, with a rising quantity of knowledge, new knowledge can be acquired quicker within the field of expertise. On the other hand, the professional programs can be seen as scope learning. As in economies of scope, the methods of acquiring knowledge will become more effective the more fields of expertise an individual acquires.

Non-degree programs are mostly limited in the duration and the number of lecturing hours. Most of these programs run for less than 3 months or less than 300 educational hours. The participants receive an academic certificate but do not gain any academic degree. Usually, the topics of these programs are either highly specific or aimed at giving an overview of one field of knowledge.

Short period programs are very important as regards lifelong education. However, it can be assumed that their process, environment and thus the quality criteria are identical with the degree programs described above.

1.3 Two approaches towards quality – process orientation and systems orientation

As pointed out in the first lines of the chapter, continuous education is important for the individual but also just as important for a region or a whole economy to maintain its competitive edge. Therefore, the design of postgraduate programs is not only devoted to process quality – this is a prerequisite – but also devoted to serving society. In the field of education there has always been a discussion about the risk of failing of markets with the result that demand for education would be generally too low to build up a globally competitive nation. Therefore, in Europe various public institutions were designed and established, from primary schools to universities. To stimulate demand they were almost free or at least very affordable and primary and secondary schools were even compulsory.

Now we have to ask: Is there enough demand for postgraduate education or do we face failing markets? Postgraduate education is very costly, not only in terms of money but also as regards time and opportunity costs (see Smith 2003). Is the state compelled to step in and subsidise postgraduate education? On perfectly competitive labour markets, as Spence has shown, definitely not (Spence 1973). In his seminal paper on signalling on job markets, the 2001 Nobel-prize winner shows that people are willing to pay high prices for MBA programs as a signal to the labour market that they invest in themselves and believe that this investment will pay off for both of them: the graduate by asking for higher than average salaries and the enterprise by paying graduates above average for an expected above average performance for the firm.

However, in Europe and especially in central Europe with its newly emerging economies and its tradition of free, high-quality education with a long-term perspective, it is difficult to sell high price education. Even in the US, where they are used to paying for quality education, only innovative programs tailored for and reacting to specific and sometimes short-term needs of the business community can be sold (see Wood 2003). As a consequence, most of the programs in Europe (and North America) are subsidised by public sponsoring, mostly by having to cover only marginal costs as other institutions like universities or governments bear most of the fixed costs. Danube University is a public-private partnership model with subsidies as described above from the federal government, the government of Lower Austria and some private sponsors.

We would not go as far as to say that there are failing markets in Europe for postgraduate education but the markets are very difficult to develop and we need every helping hand, especially subsidies from public or semi-public institutions. In other words, we rely on public–private partnership models for postgraduate education.

This situation is not unlike the situation in another key area of public concern: the health care system (Stepan/Sommersguter-Reichmann 1999). Important design factors of the health care system such as efficiency (of course!), equity, accountability and responsiveness, will therefore be investigated in Chapter 4 of this paper as regards their appropriateness for the design of postgraduate education and strategy building in private organised markets for education.

2. Process-orientated view of quality in postgraduate education

As already mentioned in paragraph 1.2 of the introduction of this paper, we will mainly consider professional programs. This has two main reasons. First, our institution has a long tradition of developing professional programs and second, from a global perspective it seems that the market for professional programs grows exponentially, but the market for specialisation stagnates or even declines.

The following chapter describes the educational process of a professional program, its surroundings and their influence on the process. These descriptions will help to define assessment criteria for the process quality in chapter 3.

2.1 Educational process in professional programs

First, some aspects of the educational process will be described, focusing on design factors of production processes which you can find in every good textbook on Microeconomics: inputs, throughputs and outputs. Since there is an actual production of knowledge for every participant in the course these factors are very important for further discussion of environment as well as assessment criteria.

Later, some of the connections to the other levels of the environment in which the educational process is based will be revealed. There are multiple connections of different factors in the educational process to the stakeholders of the educational process in the environment.

In Figure 2 the factors are divided into inputs (first row), throughputs (second row) and outputs (third row). This separation is important when considering the assessment criteria for the quality. The arrows symbolise the direction the resources move in.

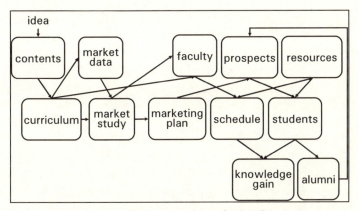

Figure 2: Educational process in professional programs

Each program starts with an idea about its contents and topics. Then contents are defined more thoroughly to eventually form a curriculum. Based on the information from the curriculum, the first possible customers are defined and a market study is carried out according to market data. The results of a market study define a marketing plan for the program and together with a curriculum build a base for the selection of the faculty. The university together with the faculty develop a sustainable schedule for the program which also defines the resources needed. After marketing activities have been launched, the number of prospective students increases. Prospective students are put through some selection processes before they become participants in the program (students). After finishing the program, students become alumni and the delta of their knowledge is positive. However, alumni can become prospects and re-enter the educational process of another professional program.

2.2 Analysis of the environment

In the analysis of the environment we can identify four levels: the educational process itself, the university, the stakeholder in the educational process and finally the interested environment. All four levels, but especially the stakeholders, constitute a selection environment for the program which is important for the acceptance of innovative programs such as Danube University's new format 'professional MBA'. This format is devoted to the special needs of industries (Aviation, Logistic), regions (Central Europe) and politics (Entrepreneurship, New Public Management) to name but a few and has to be seen in contrast to the General Management EMBA and regular General Management MBA formats designed for the Technical Universities in Vienna and Dresden. Planning a new innovative program without identifying the selection environment would be very risky and unprofessional.

In Fig. 3 the educational process itself is only scattered, the contents are detailed in Fig. 2. The second layer is an operational one. It is named as a university, although any educational institution can take this place. The university provides the process with important resources (inputs) such as infrastructure and staff as well as hosting parts of a process such as students and curricula.

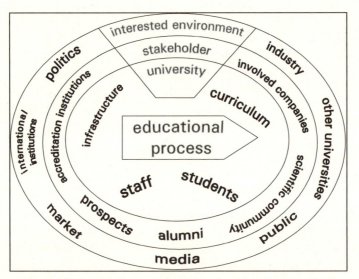

Figure 3: Educational process and its environmental surroundings

The strategic layer of environment is presented as a stakeholder. These parties are not directly involved in the educational process, they are either its factors, such as alumni or prospects, or parties which influence the process, such as the scientific community as a base for the faculty, involved companies as a base for prospects or accreditation institutions as a market regulator.

The normative layer of environment defines the borders of "playgrounds" for the process. The market, for example, which influences the whole system thoroughly, beginning with the market study and ending with alumni. Another important party is politics with its legal means to influence the university. Other universities are possible "playmates" and media transports the messages to the public. International institutions observe, regulate and influence the transnational development of education.

3. Dimensions for the extent of systems quality in an

will be used to measure the quality of design factors for a system which (not unlike the health-care system) is a mayor concern for public institutions and politics.

The definition of efficiency in this paper, considering the lack of a uniform and universally used terminology, will be related to the term efficiency as used in production theory. efficiency is expressed by the ratio of output to input, thereby expressing the produc

Regarding Fig. 2, we can identify outputs as the performance of alumni and knowledge gain of the system. The inputs are resources (time, money, and engagement of persons involved, markets, etc.) and the prospective students. This means that a highly efficient educational process produces alumni with a given knowledge gain through the process with minimum use of resources.

Delta in outputs or inputs results in a change of efficiency. In further research activities

Using these factors to describe our process, we can define the efficiency of one educa-

given in a certain period of time and compare different educational systems concerning their efficiency. Using this concept, there are two different possibilities of analysis: static

comparing the same system in different time periods.

The important thing is sovereignty over resources. There is a fee (in Austria no postgraduate program can be offered nowadays without a fee covering certain costs) that has to be paid to be admitted to such programs. There are some countries (e.g. Finland) that have a very limited number of postgraduate programs (especially for specialisation) which have no tuition fees. In this case, however, at least opportunity costs have to be taken into account, arising from the second factor, which is the commitment of time resources for the educational process. Eventually, we could subsume the time factor as one of the financial factors, although, the sovereignty of time is often very different to the sovereignty of money and therefore both will be considered separately.

Some other examples of the possible lack of equity will be described in the following section. For women, a double case of lack of equity can be described: mostly women have multiple roles in a society, i.e. as being a mother, housewife or employee and student at the same time. Even if this time deficit can be solved there is still a financial inequity as women often do not have sovereignty over finances in the family and companies are less fond of developing women since there is the risk of them becoming mothers and disappearing from the work sphere. The inequity in time can be approached by offering women possibilities for day-care for children within an educational institution or subsidised fees so they can invest the rest in organisational work at home. Financial inequity, especially the inequity from companies, is no longer acceptable. To counter this attitude the theorem of the fluctuation of the workforce can be used. Fluctuation, independent of gender, is nowadays so high, that it is not an argument why women should be treated differently to their male colleagues regarding the amount of further education offered.

The participants from CEE countries have different inequities to deal with. First, the general problem is that in most CEE countries, education is still regarded as finished after university or after the first educational period in the life of an individual. Also the concept of "one profession for life" still persists. Furthermore, however, there is a lack of sovereignty of employees towards their employers in most of the companies in CEE countries and the consumer parity is still lower than in other European countries. Even if the inequities in money can be sorted out there is still time inequity. The CEE countries are experiencing at the moment the so-called pioneer times, in which the opportunity costs of the time of employees are very high, sometimes the work time of a single employee decides the future of the company.

3.4 Responsiveness

The responsiveness of a process measures the extent to which the initial conditions of involved parties have been satisfied. Whereas commercially oriented schools only apply responsiveness towards markets, universities should apply responsiveness towards society as well. Responsiveness towards society often implies slower but sustainable development, but always means financial disadvantage over commercial competitors and thus establishes the need for intervention by the state.

Through the educational process, three main target groups can be defined which have certain conditions and expectations towards the educational process: society, companies and individuals.

The aim of society is the continuous increase of the general knowledge of its people. Society, as the most important and largest target group, is interested in the continuous growth of general knowledge of its members. The role of public-private partnerships must also include responsiveness towards the needs of society which does not exclude the governance of markets but still forms a contrast to purely market orientated institutions. The private-public partnerships should concentrate on sustainability and long-term developments including the task of establishing broad access to the world of lifelong learning. This means that learning has to become part of the usual lifestyle of different society structures.

The aim of companies is to gain a competitive advantage by having an up-to-date workforce, since knowledge, besides workforce, material and working means, is becoming a production resource like any other factor in production theory.

The aim of an individual is to increase his marketability. Both specialisation as well as professional programs are becoming increasingly interesting since the concept of "one profession for life" no longer exists.

4. Conclusion

Since postgraduate education as a whole and professional programs in particular are considered increasingly important in a society in which lifelong learning is not just a byword but an important value, our research concerns an important issue for the years to come.

The aim of our university is to deliver high quality education for the participants in our courses. We develop sustainable and long-term topics for our programs to guarantee the best starting base for our alumni, who should become our most valuable stakeholder for the future. Since we consider ourselves responsible to society, we want to develop programs to build up a knowledge base desired by society, although this requires a certain amount of public subsidies.

This paper should be an introduction to more extensive research to come. Most of our figures so far are based on different statistical data or our own experiences. The further aim of our research is to construct valid figures for measuring the extent of the four assessment criteria as well as producing our own statistical material where needed. This will be our contribution to the discussion about the values in postgraduate education.

References

Evans, L.,/Grimes, A./Wilkinson, B./Teece, T. (1996): Economic Reform in New Zealand 1984–95: The Pursuit of Efficiency. Journal of Economic Literature Vol. 34, pp. 1856–1902.

Luptacik, M. (2003): Data Envelopment Analysis als Entscheidungshilfe für die Evaluierung von Forschungseinheiten in der Universität, ZfB Ergänzungsheft 3, S. 59–74.

Smith, K. (2003): Making Management Education worth the Money, Krems.

Spence, M.A. (1973): Job Market Signalling, Quarterly Journal of Economics 87, pp. 355–374.

Stepan, A./Sommersguter-Reichmann, M. (1999): Priority Setting in Austria, Health Policy 50, pp. 91–104.

Wood, V.R. (2003): The Challenges in Higher Education at the Beginning of the 21st Century. An International Response – Opportunities in the Global Education Arena, Krems.

Making Management Education Worth The Money

Kenneth Smith

This presentation is concerned with company-sponsored executive education. First, it is important to differentiate business school activities by who pays. If it is the individual, as in the case of most MBA programmes, there is a single-minded determination to wring every last cent of personal benefit out of the process to get a better job at a higher salary. In executive education, where individual funding is extremely rare, it is a company that pays and the objectives and results are less clear.

Could you imagine paying 30,000 euros for a new BMW and then leaving it in your garage, unused? Could you dream spending several thousand euros to fly to a fascinating tropical island and then just staying in your hotel room? It seems unlikely, doesn't it?

So why is it that companies can spend twenty or thirty thousand euros on sending an executive to a good business school for a top programme and then largely ignore what the executive has learnt?

Let us look at the cost of some of the leading international business school open enrolment programmes.
- London Business School. Senior Executive Programme. 4 weeks. 26,400 euro
- INSEAD. International Executive Programme. 6 weeks. 30,650 euro
- Wharton. Executive Development Programme. 2 weeks. 19,000 euro
- IMD. Building On Talent. 3 weeks. 14,000 euro

And the average price for a one-week programme dealing with a specific topic or function is between 7,000 and 8,000 euros.

That's not only a lot of money, but you must add transport, accommodation and other expenses. Most of all there is the cost of the executive being away from work for weeks. Altogether such management development implies significant investment in people. And as with any investment, the investor has a right to expect some return on it. Yet look at some of these comments from participants at business schools six months after their programmes.

"Although I felt I had lots of new ideas, once I got back behind my desk I was overwhelmed by the need for action and I had little time to reflect," French executive after programme at INSEAD.

"My boss had not wanted me to go in the first place and made it fairly clear afterwards that he was not interested in what he called business school theories," British executive returning from a programme in the US.

"I think that if I wanted to work in the US or for an American company it would have been better, but so many US case studies did not seem to apply here," Malaysian executive after Harvard Business School programme.

These are three examples suggesting different problems. They are verbatim comments from focus group discussions conducted recently on behalf of INSEAD business school.

Why do companies send executives on development programmes? Let me select just three examples as they apply to individuals and to the firm.

For the individual
> Promotion or new role in the organisation
> Broadening or updating of skills
> Correcting specific gaps in knowledge or aptitude

For the firm
> Search for new strategies or ideas within the organisation
> Responding to new directions/technologies/markets/competitors for the company
> Improving team working

How does the selection of programmes and business schools take place?

The culture and the practices of the company regarding human resource development play an important role. There are major international companies that have a history of developing their people both through in-house and external programmes. They have HR people with significant knowledge of major education providers and who can offer recommendations and advice to managers. Some of these companies integrate the professional assessments of staff with personal development plans. I shall return to this topic a little later.

Many companies, however, operate on a more ad hoc method. Sending someone to a high-priced business school programme can be a significant decision. Perversely, this decision is frequently made on an un-scientific basis, with too much reliance on brochures, websites and, worst of all, ratings of business schools by magazines or newspapers.

There is also the contentious line between theory and application. Companies feel that the expense of executive education can be more easily justified if a programme promises learning that can be applied in the workplace. They are sometimes suspicious of the word "research" and, indeed the word "academic" in English can also mean theoretical with no practical or useful bearing. But of course, without the research, the hypotheses and the theories, education can never progress. I am rather concerned today that in brochures put out by the business schools one sees too many phrases such as "provides the tools a manager needs" or "a management-toolkit in the global economy." It sounds to me like the "Black & Decker School of Management!"

As a participant, I would be concerned about a business school that did little or no research. I would also be happier with faculty members who did both research and teaching.

Surprisingly there is still some resistance to attending business schools by executives themselves. I was once involved in the development of a board level programme, tailor-made for a British-based international group. When the directors were informed of the plans for the programme, one of them, who had worked his way up through the organisation, boldly stated "I don't need to go to a business school!" He did attend finally after the Chairman told him "I will be there, so you will be there, too!" And I have to tell you that, as I continued to work with the organisation, I became convinced that the director benefited from the experience. To understand such an immediately negative attitude, it is essential to realise that it is often quite simply fear of the unknown.

I started by raising the thought of money spent in executive education being wasted. Let us look more closely at what can go wrong in some organisations. The executive returns from two or three weeks in a business school full of enthusiasm and wishing to implement some of the new ideas learned.

That director I just mentioned who did not feel he needed to go to a business school: imagine if that person is the boss of our returning executive. How open do you think the boss will be to the new ideas? There is nothing that undermines the investment made in an individual more than a boss who is reluctant to see change and views most new ideas, particularly those he does not fully understand, as threats. It is one of the primary reasons for failure to translate education into action. Furthermore, when the individual cannot use the development acquired at the business school, frustration builds very rapidly. This leads to disillusionment and frequently to the individual leaving the company. I have actually had discussions with companies who are reluctant to undertake too much management development because they say that the people they send to business schools often leave the organisations within a year. The companies do not seem to realise that they have created the conditions that lead this to happen.

Another problem faced by executives – particularly after general management or strategy programmes – is the realisation that change is required in the total organisational structure. They may not have the authority or influence to bring about any such change, so there is frustration once again, particularly if they are not listened to. And this brings me to the next problem.

There is often very inadequate debriefing of executives after programmes. There should be a first session with at least the boss and a senior HR person to find out what was learned and what conclusions were reached about the work of the executive. There should be open discussion on how the executive would like to apply the new learning and what might be the benefits to the individual, to the team and, if applicable, to the company itself. I frequently question people a few months after a programme by asking "how differently are you working today compared with how you were working before the programme." It is depressing to hear the prevarication and the excuses that reveal little has actually changed.

Time pressures and imposed priorities can also prevent the application of new methods and ideas. Once again, the company is at fault for not planning into the executive's workload sufficient time to re-evaluate methods, structures and systems and share experiences with others in the company.

Some of these problems can be attenuated by the design of the programme itself. The use of simulations, for example, allows application of concepts and principles in realistic business situations. The simulations can help application in the actual place of work.

Modular programmes are growing in popularity in which the time between the modules is actually used to find out what problems the executives are facing with the new ideas. These problems can be brought back into the classroom for sharing and exchanging experiences in peer group discussion and facilitated coaching sessions.

Sometimes I feel that companies can actually handle executive education so chaotically that they do not deserve any benefits. These kinds of companies often indulge in reactive and ad hoc development of executives. They react to a good executive who receives an offer from a competitor by offering a course at a business school. They send people for development who make the most "noise" about wanting to advance, rather than having a systematic plan. Worst of all, they sometimes send senior executives on overseas programmes as a sort of reward for long service. Their overall level of management skills is like the Alps, with peaks of development and valleys of ignorance.

So how can every organisation make certain that management education is worth the money?

We have to go back to the early 1990's to hear first mention of the Learning Organisation. The definition I like is from MIT. "A Learning Organisation is one in which people at all levels, individually and collectively, are continually increasing their capacity to produce results they really care about."

I like the concept of people caring about the results they produce. I like the concept as someone who works in that company. I like the concept as a customer of the company that employs such people. I like the concept as someone who invests in that company.

The level of performance and continuous improvement required in most organisations today demands constant learning and lots of it. Things are not the way they were yesterday and they won't be the same tomorrow. Changing how, why, where and when we do things has become so normal that there is no one clear path to success.

And how do we reward our employees? Salary is not all that counts. Learning itself can be enormously rewarding and personally satisfying for the individual. The possibility of achieving extraordinary performance together can provide fulfilment for the team.

So executive development has to put in the context of an organisation that provides all people with the opportunity to learn. From the secretary who wants to understand the more complicated features of Microsoft Office, to the logistics manager who is concerned about weak links in his supply chain. From the manager who wants to be a leader, to the CEO facing today's demands for much higher levels of corporate social responsibility.

And at the top is where it should start. When I have worked with a company as an external management development consultant, I have always tried to start with a discussion with the CEO or equivalent to understand the overall directions and vision for the company and to make certain that not only will the development effort fit the strategy or vision, but that the CEO will openly endorse it. It is vital that the whole effort of executive education is championed at the highest level in an organisation. This is the blood in the body, the oil in motor, the key to many doors. It will transform the attitudes to management development within the whole organisation. I have even succeeded in persuading the CEOs themselves to attend programmes.

Next is the most thorough analysis of the strategic HR needs of the organisation and the professional development needs of the individuals. It is often hello Myers-Briggs, let's go. When there is an integration of individuals' assessments in the process, deficiencies are more easily dealt with as skills development programmes are seen as the organisation helping the individual succeed.

There are now so many very good business schools in the world that the choice of programmes is large. If you are an HR or people development executive, I would recommend asking some basic questions to shorten the list.

National or international? The executives you wish to develop may solely be concerned with domestic operations of a national company. In this case you do not need to look far away from home for your school. At the other extreme, you may be in a multinational corporation with dealings across cultures and understanding the sensitivities required may be fundamental. An international school is essential.

Academic rigour. Does the school you are considering have a good academic reputation: research, publishing in referenced journals, degree courses etc?

Faculty quality. Is it easy to find the credentials of the people teaching the courses that interest you? If you want to avoid the theory versus application problem, check that the faculty have both research and business consulting experience. When a class is taught by a professor who has done the research, developed the case studies and consulted with companies, the classroom discussions and debates come alive!

Brochures and websites. Most schools produce adequate write-ups of their programmes so you should not be short of information. Be careful, though. Business schools have discovered advertising agencies, so you have to sort the facts from the fancy phrases.

Word of mouth. Speaking to someone who has attended the school is always useful and it is better still if you can contact a former participant in a programme that interests you.

Visit. Go to the school concerned and even try to meet one or two of the faculty. Make certain you have the time to walk around the campus and get the "feel" of the school.

Price. Top business school education means paying quite a lot of money, but don't judge course fees alone. Remember also that the biggest cost is not financial outlay. Time away from work costs more, particularly if someone is sent on a lower-priced programme that turns out not to be so good. There is not usually the opportunity to repeat a programme but with another school.

I have already mentioned the value of feedback to integrating what has been learned on a programme into the future work of the participant, team or company. Feedback is also crucial to forming an opinion on the quality of the business school and the programmes themselves.

I would just like to touch on the question of tailor-made, company specific programmes. I have done a lot of work in this field and have created many programmes for international companies. Many faculty members like company specific programmes because they enable profound understanding of corporate issues, often lead to case study development and establish mutually rewarding school/company bonds. The obvious advantages to a company lie in addressing the specific issues the organisation faces and in delivering homogeneous training across executive strata.

Company-specific programmes are the ideal route when there are a lot of people to be brought up to the same level of knowledge, when a team spirit within management needs to be refreshed and when the relationship with the school is so good that you can use actual – and confidential – data of your own.

Let me end with a few key points.

Management education is an investment. It should be taken as seriously as any investment. It should be controlled regularly and the returns must be clearly audited in the increase in value of human capital.

Reprimand any executive that gets in the way of opening the corporate mind to new ideas.

Reprimand HR/people development executives who sit behind their desks making appraisals of business schools and programmes from brochures and websites. Get them out to visit the schools and breathe the oxygen of dynamic learning.

Picking odd programmes on a one-off basis may help some individuals but will do little for the company. Management education must be planned on as wide a basis as possible.

Do it before it is needed. Don't wait until there are problems and then hope to train people to solve them. Equip executives with the knowledge and skills to pre-empt problems and continuously keep ahead of the game.

Make management education an essential element in strategic planning. Don't just set gaols and then hope you have the people who can achieve them.

If you realise that you are using one business school more than any others and you are happy with the results, build a deeper relationship with the school, an integrated partnership. It will prove to be of outstanding value in the years to come.

The Challenges in Higher Education at the Beginning of the 21st Century.
An International Response – Opportunities in the Global Education Arena

Van R. Wood

1. Introduction: The Challenges Facing U.S. Institutions of Higher Education

On August 21, 2003 the Governor of the State of Virginia in the U.S., Mark Warner, presented the state's economic outlook and revised revenue forecast for the 2002-04 biennium at a joint meeting before the Virginia Senate Finance, House Appropriations, and House Finance committees. As expected, the news was grim.

Overall, the Commonwealth of Virginia is facing a $1.5 billion shortfall for the current biennium. This shortfall is comprised of a $1.3 billion reduction in anticipated revenues for 2002-04 plus over $200 million in obligations remaining from last year's revenue shortfall. To put these numbers in perspective, the Governor indicated that one could eliminate the combined general fund budgets of the University of Virginia, Virginia Polytechnic Institute and State University, William and Mary University, George Mason University, Old Dominion University, Virginia State University and Virginia Commonwealth University (the State's top universities) and still be short of the $1.5 billion target by $10 million. Also, the estimated shortfall could grow larger once an analysis of required spending is completed.

In response to this crisis, the Governor directed all state agencies to prepare reduction-plans for accommodating general fund reductions of 7 percent, 11 percent and 15 percent. The anticipated reductions will likely include significant include actions to substantially reduce, consolidate or eliminate building and programs and teachers at Virginia's institutions of higher education.

In response to these challenges, the President of Virginia Commonwealth University immediately instituted a freeze on hiring and ordered all sections of the university to hold discretionary spending to an absolute minimum (*Memo to the Faculty at Virginia Commonwealth University*, President Eugene Trani, August 20, 2002).

Since this message appeared, Virginia Commonwealth University (VCU) classes have gotten a lot larger, and many courses are no longer offered. Many students feel their education is being compromised, and that the implied contract between the state and its citizens to have access to quality higher education is being abrogated.

Similar situation are apparent across the U.S. The Dallas County Community College District in Texas experienced a 12% budget cut, making it very difficult to provide enough classes to meet a 20% jump in enrollment. The State University of New York (SUNY), with 403,000 students has proposed a 35% tuition increase. Virginia Tech has raised tuition 38% and eliminated 154 faculty positions and 400 courses. California State University is increasing its student/faculty ration from 19.4 to 20.4. The University of Missouri will not fill 176 faculty slots and 442 staff positions this year. All in all, 16 states in the U.S. increased tuition by more than 10% and this fall promises to be even worse. And it is not just public institutions that are feeling the crunch. The country's 1600 plus private colleges are experiencing falling endowments and donations (due to reverses in the value of their stock holdings and a reluctance to give in down economic times by many of their traditional benefactors), and more and more of their students are unable or unwilling to pay the significant tuitions required to be educated there (*Businessweek*, April 28, 2003).

Following World War II, college in America was no longer reserved just for the elite of society. The "democratization" of higher education in the U.S. was and is one of the country's great 20th century accomplishments. Generous financial packages and large taxpayer subsidies for public institutions of higher education have resulted in a tenfold increase in enrollments. From this, the U.S. gained a significant competitive advantage in the globalized business environment which increasingly puts value on knowledge workers. Some now fear that higher education as an entitled "public good" (and thus the responsibility of society and government) may not be the cornerstone of the U.S. economy. Some see a growing danger that a college degree in the U.S. will be less able to deliver on its historic promise of providing the key to rising social and economic positions of its citizens. Some fear that instead of being the catalyst to offsetting poverty, college in America will be a driver of even greater social stratification as those who can pay, get in, and those who can't, don't. Some believe that reduced access to and quality of higher education in the U.S. will ultimately lead to reduced competitiveness in the international economy, as more knowledge-based jobs flow to countries like India, who have a fast growing educated workforce.

If the above accurately depicts the challenges facing higher education in the U.S. (and some would say in other "first world" countries – those in the EU, in particular) at the beginning of the 21 Century, then the question of most importance is – what can be done about it?

The following outlines some of the undertaking at Virginia Commonwealth University (particularly, in the School of Business), to deal with the challenges faced by institutions of higher education in the beginning of the 21st century.

2. Virginia Commonwealth University (VCU)

VCU is rated as a Carnegie Extant University, making it one of the top ranked universities for research and teaching in the U.S. higher educational arena. Today, VCU has more than 26,000 students pursuing 164 degree and post-graduate certificate programs through the university's 11 schools and one college. It has a full-time instructional staff of more than 1,600, many of whom are nationally and internationally recognized in the humanities, arts, business, engineering, education, social work, health care and sciences. VCU's faculty and researchers will receive approximately $170 million in grants this year.

More to the point, VCU's embrace on the new model for "urban" institutions of higher education makes it an economic engine in the Richmond, Virginia (U.S.) and Central Virginia area. Its annual budget of $1.4 billion and planned capital projects of $485 million, along with the fact that it (and its affiliated entities) is the largest employer in the Richmond area and ninth largest in the State of Virginia, and its students and employees expend more that $322 million a year in the Richmond economy are indications that VCU has traveled a significant distance over the last 10 years. Indeed VCU's academic reputation has improved significantly over the last 4 years such that it now ranks equal to or higher than 26 of the *U.S. New & World Report's* second-tier colleges and universities in the U.S. including American University, Texas Christian University, the University of Denver and the University of San Francisco (Flippen 2002).

The long-term goal of VCU is to enhance its "brand name" by embracing the notion that any university should view itself as a business entity with multiple publics to serve, segmented customers, known competition, a keen focused set of services that it provides and a strategic vision that spotlights the building of alliances that can enhance its continual improvement efforts and its regional, national and international reputation. It also seeks to alleviate its dependence on state funding such that it can better deal with the "cycles of crises" that it and much of higher education are experiencing at the beginning of the 21st century. One example of these efforts can be seen in its School of Business.

3. VCU's School of Business – Initiative and Vision

The VCU School of Business is the largest of the 11 Schools in the University. It has Ph.D., Master and undergraduate programs that it offers to over 3500 students. It offers degrees in Accounting, Information Systems, Management, Marketing and Business Law, Finance Insurance and Real Estate, and Economics, along with a variety of certificate programs and specialty options. While these traditional programs make up the core of its offerings, it is in the areas of new initiatives, guided by the strategic vision, touched upon above, where the School of Business is reaching out into its surrounding environments, and where it is establishing partnerships that are leading to an ever improving reputation and to some independence from traditional state funding sources.

These initiative and programs are varied and intertwined, but perhaps can be best represented by the following overview of two of its major effort, namely - 1) the VCU – Metropolitan Richmond Model, and 2) the development of the Center for Global Business Studies at VCU's School of Business.

4. The VCU – Metropolitan Richmond Model

In an era of tight state funding for higher education, urban colleges and universities must seek to expand relationships with their local, national and international business communities. One way of moving beyond traditional seminars or lectures (while also globalizing their respective brand names), is to embrace new approaches to strengthening their respective brand names), is to embrace new approaches to strengthening their international business partnerships which can lead to additional sources of program revenue. The urban educational institution is in a unique position to promote a variety of international – global programs not only for the benefit of local, national and international businesses, but for their students as well. Enhanced international programs often provide students more value in their education experience, better competitive skills for the global marketplace, and ideally more employment opportunities.

The VCU – Metropolitan Richmond Model represents one attempt by an urban university to develop such partnerships. The following questions helped focus these efforts and guide resulting partnership programs that resulted between VCU and the Richmond metropolitan area.

- What are the drivers of success (and failure) in public-private community partnerships aimed at enhancing community development in general?
- What are the drivers of success (and failure) in public-private community partnerships aimed at enhancing international trade and global commerce?
- Who are the key players in both general community development and community enhanced international trade and global commerce, and how can these players be aligned to better realize their respective goals?
- What improvements to existing programs can be made, and what insights can be gained from such improvements with respect to new programs and initiative aimed at community development and international business expansion through public-private cooperation?

Upon consideration of these questions, the following four initiatives were undertaken, which represent the core programs of the VCU – Metropolitan Richmond Model.

4.1 Development of an international trade education programs targeted at a mixture of selected undergraduate, graduate, and certificate – seeking business managers

The VCU – Richmond International Business Certificate Program (IBCP) was developed in 1998 as a joint project of the Greater Richmond Chamber of Commerce and VCU. The Chamber had recognized the need for practical training for area exporters, and local and state economic development organizations were not offering this type of training on a regular basis.

The interest of the Richmond Chamber in the IBCP coincided with VCU's goal of expanding international business programs both on the academic campus and in the metropolitan community, and in generating additional revenues for the School of Business. VCU assumed sole management responsibility for the IBCP in 2000, although the Richmond Chamber continues to actively support the program. This new arrangement has enabled the School of Business to involve additional faculty resources in the program, increase student participation, and promote new links with the Richmond international business community.

A key academic challenge for the School of Business has been the design of the IBCP for three interrelated yet distinct constituencies: community certificate seeking business managers and entrepreneurs, undergraduate students, and graduate students. For the 2002 IBC Program, approximately 40 students were enrolled: 25 certificate students, 1 undergraduate, and 14 graduate students. Undergraduate and graduate students earn three hours credit in the IBCP, and the course fulfills an elective requirement for their degree programs. They pay standard tuition fees for the program. The certificate students, all college graduates, included midlevel managers from major Richmond area employers, international business entrepreneurs, and a number of workers interested in starting a new career in the international sector. Each of these paid a certificate fee, the revenues from which supplement the School of Business budget and program expansion efforts.

While a goal of the IBC program is to provide all students with practical international business planning advice and strategies, the course directors also recognized the need to have a solid academic foundation for the course. Towards that end, students were given rigorous reading assignments focusing on international business theory and methods and each weekly class session begins with a discussion of that week's materials and how such materials tied in with global current events. The students taking the course for academic credit also had additional assignments. This includes an examination for the graduate students.

All students and certificate seekers in the program were required to develop an international marketing plan for a product or service. This could be for a hypothetical firm or an actual company. Many students selected their own employer or company. The students were given considerable flexibility and could develop a marketing plan for an exporter, importer, joint venture, etc.

In program like the IBCP a critical issue is how to effectively utilize local international business resources such that long-term partnerships can be developed.

The Richmond metropolitan area has an excellent network of existing international businesses. As such, the IBCP directors have been able to recruit speakers ranging from *Fortune 500* firms to midsize exporters to entrepreneurs for presentations in the IBCP program. A number of these presenters are either VCU alumni or members of the VCU School of Business Advisory Council. The IBCP directors also make active use of these VCU networks to publicize the IBCP and recruit students for the program. Advisory Council members at major Richmond area employers were asked to support the enrollment of one or more of their employees as certificate students.

In addition, the Richmond area has a strong network of international service providers who have also volunteered their time and expertise for IBCP presentations. These include consultants, lawyers, bankers, freight forwarders, and international business consultants. These service professionals are also encouraged to tell students about their respective firms and distribute promotional materials. Since the 2002 class roster included representatives from many major Richmond-area employers, service professionals were quite willing to participate in the program and develop additional business contacts.

Finally, the public sector international trade community has been a key ally in the development of the IBCP. The Virginia Economic Development Partnership (VEDP) is the State's primary business recruitment and export promotion agency. The U.S. Department of Commerce maintains an Export Assistance Center in Richmond. The Port of Virginia, located in Hampton Roads, has an active outreach and business development program, as does the Port of Richmond. The Richmond Foreign Trade Zone is located at the Richmond International Airport. All of these and other public sector entities participated in the IBCP, and classes were held at the VEDP, the Port of Richmond and Richmond International Airport. Besides providing insightful lectures and theoretical grounding into the "public sector's role in international trade development," these entities provided practical and managerial insights for participating students. More to the point, long – term VCU partnerships are being developed with the business community that have significant opportunity for expansion into other programs. One such program, which represents another dimension of the VCU – Metropolitan Richmond Model, is as follows.

4.2 Virginia Economic Development Partnership's Global Market Research Program (GMR) – how to effectively utilize higher education resources to support international trade/export promotion by existing businesses in partnership with public sector agencies

The term "economic development" is often considered synonymous with new business recruitment and relocations. However, public sector economic development programs are increasingly focused on programs to grow and expanding existing employers. Clearly, export promotion fits within an existing business strategy.

In support of export promotion by existing businesses, the VCU School of Business participates in the Virginia Economic Development Partnership's Global Market Research Program (GMR). Teams of MBA students under the supervision of a professor of international marketing work with an area company during an academic semester to prepare a formal international business plan to take the firm's product or service to foreign markets. The students prepare a formal marketing plan and must make an oral presentation to company managers, the VCU professor and state export promotion officials. The students receive three hours credit for the course. The participating company pays a participation fee to state economic development office. In turn, VCU receives a stipend from the state that is again utilized to supplement its budget. A number of IBCP students participate in this option.

VCU is a founding member of GMR network in Virginia. Since the inception of the program, some 400 projects have been completed statewide for companies ranging in size from small entrepreneurs to major global multinationals. The students gain valuable "hands on" experience, which can become a very attractive addition to a resume. Indeed, there exists anecdotal evidence that a number of students taking the GMR course have used this as a springboard to a new job or promotion. It is also interesting to note that these GMR teams typically have large numbers of foreign students on them. Of course, this can often be a major enhancement to a GMR project for a Richmond business.

This high percentage of foreign student participation in the GMR program is also found at the other MBA schools in Virginia participating in this program. Whereas the foreign students seem to clearly understand the importance of global business studies for their academic and career development, this is not always the case with the U.S. students. Mixing the two types of students leads to a broader "real world" understanding of global business cultures, as both Virginia and foreign students must work in teams that require them to adjust their approach to problems and gain insight into their counterparts' approach, both of which may often differ dramatically on a particular issue.

A spin-off from the GRM Program is represented by VCU students participating in a special export promotion for the Virginia Department of Agriculture and Consumer Services (VDACS). And again, IBCP students participate in this program. The program is funded via a grant VDACS received from the U.S. Department of Agriculture. Three Virginia agribusiness firms were selected for this targeted program to boost their export sales in Mexico. As with the GMR program, teams of VCU graduate business students work on these projects, with the goal of developing action plans to introduce these targeted firms to the Mexican market.

One of the agribusiness VCU project teams was also combined with a team of third year law students from the University of Richmond, School of Law (a local private university in the Richmond area). VCU does not have a law school. The University of Richmond team worked together with the VCU MBA team to prepare a comprehensive plan for the prospective exporter. The law students focused on such matters as legal issues in the selection of an agent or distributor, the international sale of goods, and NAFTA regulatory issues for agribusiness products. Again, in each case, revenues were generated to supplement the VCU School of Business budget. Results of these undertaking indicate the business clients have been uniformly pleased with this joint approach, and students learned a great deal. Perhaps the most beneficial outcome has been a third pillar of the VCU – Metropolitan Richmond Model that has come from these efforts.

4.3 Attracting new business to Richmond – how to effectively partner with area economic development organizations to recruit new international investment

A logical extension the first two dimensions the VCU business partnerships as been for the School of Business to support new business recruitment in metropolitan Richmond. This now includes partnering for international business recruitment with the Greater Richmond Partnership of Virginia (GRPVA), the regional economic development agency for the City of Richmond and three surrounding counties. The GRPVA operating plan calls for approximately 40 per cent of the agency's activities to be directed towards bringing new international investment to the Richmond area!

GRPVA recently made a strategic decision to focus on medium-size family-owned businesses in Western Europe as recruitment targets in the Richmond area. Often, these are firms that do not have a distribution much less a manufacturing presence in the United States. Accordingly, the targeted firms may first need to be shown that a market actually exists for their product in the United States and the mid-Atlantic region of the U.S.

As such, in a variation of the Global Market Research Program for export marketing assistance, the VCU School of Business is now developing the Domestic Market Research Program with GRPVA. The Partnership plans to fund initial basic research studies on the market for the European target companies in the United States. These projects would be completed by a VCU graduate student under the supervision of a professor at the School of Business (again, as with other initiative, IBCP students participated in these programs).

GRPVA plans to work in a sequential manner with the initial goal to get the target companies to set up a sales office in the Richmond area. Ideally, this would then lead to a warehouse/distribution operation and ultimately a local manufacturing facility. As the scope of the planned investment increases, more comprehensive and sophisticated market analyses could then be completed for companies. The target clients would pick up an increasing percentage of the cost of subsequent market planning projects.

The Partnership has already identified some 100 prospects in Western Europe, and plans to implement the first projects in the fall of 2003. For certain projects, the VCU School of Engineering and other VCU resources may also be utilized in the recruitment process.

It should be noted that the concept of a higher education facility providing proactive support for international business recruitment appears to be largely unique to the United States. But again, as a revenue-generating, "real world" experience enhancing undertaking, this concept is a very promising one for all involved.

A fourth initiative or dimension in the VCU – Metropolitan Richmond Model is directed at a focused event that bring the VCU academic community together with the business community for a one day international business forum.

4.4 VCU's International Business Forum – how to engage the metropolitan international business community in new higher education initiatives

As major, and perhaps most prestigious, community undertaking by the VCU School of Business, the VCU International Business (IB) Forum is used to enhance VCU global brand name, while again generating revenues for the school. Now in its tenth year, the VCU IB Forum has brought together academic, business and political leaders for discussions and interactions on a myriad of key international business topic. For example, the theme of the March 2003 Forum was "Profiling the 21st Century Global Business Leader: Key Characteristics for Survival and Growth".

The growing stature and reputation of VCU has enabled the School of Business to recruit nationally and internationally recognized speakers for the Forum, including prominent VCU alumni, national and international political figures, journalist, corporate heads and global sports figures. Approximately 600 business leaders and students attended this one-day program, and several major corporate sponsors, including the Richmond-based Universal Leaf Tobacco Company, the largest tobacco leaf dealer in the world, underwrite the Forum. Other major Richmond companies and organizations (the Greater Richmond Chamber of Commerce, the Virginia Hispanic Chamber of Commerce, the Society of

International Business Fellows – Virginia Chapter, the Richmond World Affairs Council, to name a few) also provide support for the Forum.

The programs and partnerships noted above have led to significant enhancement of VCU's local, national and regional reputation and have generated significant "non-state" funding for its School of Business, each of which is in direct response to the challenges facing higher education in the U.S. (and elsewhere) as described in the opening of this paper. Because of this, and to continue with its efforts as represented by the VCU urban international education model, there are now plans to establish the Center for Global Business Studies at VCU's School of Business. Several key multinational businesses in the Richmond area have expressed support for a full-time research, teaching, consulting and learning center housed in the VCU School of Business and dedicated to the exploration and exploitation of international business issues and opportunities.

5. The VCU School of Business International Business Center

In the coming academic year, the Virginia Commonwealth University School of Business Council, the VCU School of Business Alumni Board, VCU President Eugene P. Trani, VCU School of Business Dean Michael Essonite and Dr. Van R. Wood, VCU Professor of International Marketing and Philip Morris Chair in International Business will be soliciting a select group of "investors" to help establish and fund the Center for Global Business Studies at VCU's School of Business. Such a center represents another significant way in which the mission of a university, along with its needs for adequate funding can be realized. It represents another way in which VCU aims to enlighten and educate the VCU community (students, faculty, business and governmental leaders of Richmond and Central Virginia) toward a greater understanding of international business issues. Its justification is based on the premise that in today's global economy, the boundaries of the VCU campus and the Greater Richmond/Central Virginia business community must extend to the boundaries of the globe.

The proposed VCU Center for Global Business Studies would to build upon the work and success of past efforts as represented by the programs and partnerships discussed under the heading of "the VCU – Metropolitan Richmond Model." Its mission would be to deepen and broaden the community's understanding, knowledge and skills for living and prospering in a globally interdependent and culturally diverse world.

Partnering with a select group of "investors" to support the IB Center will position VCU and the School of Business as a leader in preparing the community for the challenges and opportunities of the global marketplace during the 21st century. The VCU Center for Global Business Studies will provide a permanent mechanism for the development, coordination, integration and communication of all international programs emanating from the School of Business, including those focusing on –
- Aiding businesses and organizations to find practical solutions to international business problems and respond to international business opportunities,

- Supporting, producing and publishing quality research of value to regional and international businesses,
- Organizing and hosting forums, conferences, seminars and workshops on global business issues,
- Developing alliances with other institutions around the world to enhance study, research and business opportunities,
- Infusing the School of Business and VCU faculty with an international perspective such that our graduates are fully prepared to operate in the global marketplace.

Why such premises are all well in good, the VCU School of Business is well aware that it must justify the existence of such a Center. Indeed, the critical question becomes – why have a Center for Global Business Studies?

Three basic phenomena motivate the creation of a Center for Global Business Studies. They are *globalization, diversity and speed*. These three concepts are inextricably linked and are profoundly challenging our community and our world. We believe we must proactively meet this challenge if we are to continue growing and prospering as a university and community. The internationalization of VCU and the School of Business, in a significant and permanent manner, is critical to this effort.

Globalization has been defined as the ever-increasing levels of interdependence, whether political, economic or cultural over vast distances in our world. It is reflected politically in the impressive movements toward regional market integration in Europe, North America, South America, Asia, and on a larger global scale by the work and influence of the World Trade Organization. It is reflected economically in the phenomenal number of international business mergers and acquisitions and the relentless search for meaningful global partners. It is reflected culturally by the increasing demand for managers who understand and can be effective in the global business arena and who are sensitive to foreign customs, language and values. It is also reflected in the almost universal business belief that today's income and tomorrow's prosperity go well beyond local or domestic markets. Business opportunities and competitive challenges now have a global profile, one that requires a broader vision with an international perspective.

If we truly understand the importance of globalization, then we can understand the importance of diversity. Simply put, today's work force and consumers are becoming increasingly varied. This is not only apparent in Richmond and Central Virginia, but in the U.S. as a whole, where African Americans, Hispanics, and Asians are playing increasingly important roles as business leaders, managers and consumers. In terms of today's markets, ninety-five percent of all consumers live outside the U.S. and five out of every eight workers live in the developing world. In short, the background and location of workers and markets are changing. The workforce of tomorrow will be assembled from many nations, reflecting a mix of cultures, heritages and motivations. Significant future growth and prosperity will therefore require an understanding of, appreciation for, and ability to manage diversity.

The third phenomenon that motivates our desire to establish a Center for International Business Studies is speed, in particular, the speed of change in today's business environment. It is estimated that one to two and one-half billion people worldwide will be plugged into the Internet by next year, which means the way businesses' source, manufacture, assemble and market their products will be even more global in scope, and more pressed to meet time to market demands. The speed of globalization together with the diversifying workforce and changing markets has profound implications for business education. What we teach, how we teach, where we teach, whom we teach and what needs to be learned are changing rapidly.

The phenomena of globalization and diversity indicate that no community, organization, or educational institution can offer world-class standards of excellence if they are not internationalized. The related phenomenon of speed indicates the urgency with which internationalization must be addressed. At VCU and the School of Business we believe our future and the future of our community are directly linked with this reality. Our charge must entail training students, business managers and leaders to think globally, develop multicultural competencies, embrace diversity and to be flexible, responsive and capable of moving quickly toward international opportunities. To do this, we need a permanent mechanism that enhances our internal coordination and expands our external integration. We need a Center for Global Business Studies.

Quoting well-known management expert Peter Drucker, "The things that got you to where you are today are not the things that will get you to the future". The establishment of the VCU Center for Global Business Studies would move the School of Business and VCU outside its traditional orbit. It would move us to the next level of excellence that we seek, and allow us to realize the attributes of a truly first class urban university, including being - thoroughly integrated with our communities, customer oriented, competitive with our rivals, interdisciplinary, proficient and efficient in the use of technology, and globally positioned through local, national and international alliances.

Over the last decade, the School of Business has offered forums, seminars and specialized classes focusing on international business issues specifically designed for students and the Central Virginia business community. It has built and is building relationships with educational institutions in Europe, Asia, Latin America, Australia, the Middle East and India. It has sought and been awarded grants from the World Bank, the U.S. Department of Education and other organizations to achieve its internationalization objectives. It has partnered with private business, and public institutions, both in Virginia and internationally, to undertake student based, globally focused research projects. It has branched out to represent VCU in local, national and international professional societies that focus on global issues and events. All these efforts have been rewarding, commendable and productive. Yet, all represent stand-alone efforts in need of enhanced coordination and integration if the next level of excellence is to be realized. A permanent mechanism, a Center for Global Business Studies, that is adequately funded, is sorely needed.

The VCU Center for Global Business Studies will guide the School of Business and other partnering institutions (be they local, regional, national or international) in preparing Central Virginia to excel in the global market. Led by an advisory board (of which key "investors" will play a leading role), business leaders, alumni, and students will all benefit from the proximity of this knowledge-based center.

The Center would facilitate, integrate, communicate and support the following:

1. Service to U.S. and foreign companies in the Greater Richmond/Central Virginia area. These services will focus on:
   - programs and seminars that bring the business community and academic community together for purposes of commercial and educational advancements,
   - distance learning conferences, research undertakings and educational colloquia that broaden the community's international business exposure,
   - databases featuring international information sources, employment opportunities in the global arena and current international events.
2. Faculty opportunities to teach, research and develop their international business know-ledge including:
   - faculty exchanges with overseas universities and businesses,
   - faculty grants to fund overseas research, teaching and continuing international business education development,
   - visiting foreign faculty and international executives in residence at VCU to undertake collaborative research, teaching and other assignments.
3. Student opportunities to study, research, live and work in the international community including:
   - VCU students receiving overseas experience (internships, study, research),
   - VCU students interacting with foreign students studying at VCU,
   - Foreign students studying at VCU and interning with business organizations in the Greater Richmond/Central Virginia community.
   - Local high school students being mentored, tutored and exposed to international business issues and career opportunities through outreach programs of VCU and the School of Business faculty.
4. Joint degree and certificate programs in international business with other institutions located outside the U.S. including:
   - establishing state of the art curriculum that allows for the awarding of joint degrees,
   - establishing the necessary technology linkages (video teleconferencing, web-based interactions) to take advantage of cost effective methods of delivering and receiving high quality educational offerings.
5. Linkages with other VCU academic programs (Engineering, Life Sciences, Medicine, Humanities and Sciences) so that all the University, its faculty and students, and Greater Richmond/Central Virginia business community can fully realize the synergies inherent in multidisciplinary approaches. These linkages would include:
   - establishing joint international research and teaching opportunities between the VCU School of Business and other VCU schools and colleges,
   - establishing joint international programs of study between the VCU School of business and other VCU schools and colleges that would offer students a true interdisciplinary education.

All in all a Center for Global Business Studies at VCU would allow VCU and the School of Business to continue to improve upon the quality programs that are availably now, would lead to new and cutting edge initiative, and would supply a steady stream of much needed revenues to grant some degree of independence from state sources of funding. In other word, it would help meet the challenges and realize the opportunities that confront VCU and most other institutions of higher education at the beginning of the 21st century.

6. Conclusions and Recommendations

This paper has attempted to illuminate the challenges facing higher education in the U.S. (and by extension other areas of the world). With the realities of limited or outright cuts in state support for colleges and universities, such institutions must look for other sources of funding to support their mission, while at the same time maintaining and enhancing the quality of their programs. The ideas presented here are in response to this mandate, and hopefully will supply some "food for thought," if not specific guidelines for other institutions facing this environment. In this light and in conclusion the following broad-based recommendations are made to all institutions of higher education (but especially urban institutions of higher education) –

- consider your environment to be global and your response to such an environment to be global also,
- examine your strengths in light of your larger communities needs and problems, and position yourself to be a force for mutual growth and advancement through focused partnerships,
- undertake those programs and partnerships that offer sustained and ever improving quality, and thus offer the possibility of an enhanced reputation locally, nationally and internationally,
- look favorably upon opportunities that can generate outside sources of funds or revenue (other than traditional state funding), as such sources will only become more critical in the future,
- know the markets you wish to serve, both now and in the future, and position yourself as a clear alternative to competitors, and
- approach higher education as a business, in competition with other such businesses for customers, partners, and a share of the future.

By doing so, perhaps the fruits of progress and prosperity as promised through higher education will be realized.

References

Business Week (April 28, 2003), "Colleges in Crisis," p. 72–79.
Flippen, E. (December 1, 2002), "VCU Grows in Both Influence, Status," Richmond Times-Dispatch, Section F, p. 1.
Trani, Eugene (August 20, 2002), "Memo to the Virginia Commonwealth Faculty – State Budget Information and Implications," VCU Internal e-mail.

Qualitätsmanagement von Master-Programmen

Günter Lehmann

Über das Qualitätsmanagement in der Weiterbildung ist in den letzten Jahren viel geredet und geschrieben worden. Manche können das Wort schon nicht mehr hören. Vielleicht kennen Sie die Geschichte vom französischen, japanischen und deutschen Manager, die von Terroristen gekidnappt werden. Sie alle werden nach einem letzten Wunsch vor der Exekution gefragt. Der Franzose sagt: „Ich möchte die Marseillaise noch einmal hören". Der Japaner wünscht: „Ich möchte gern noch einen Vortrag über Qualität halten". Und der Deutsche stöhnt: „Bitte erschießt mich, bevor ich mir noch einen Vortrag über Qualität anhören muss".

Dabei wissen wir, dass Qualität ein entscheidender, ja im Grunde unser einziger Wettbewerbsvorteil ist. Wir müssen uns also bei Strafe unserer Existenz dem Thema Qualität stellen – und zwar sowohl der Bestimmung geeigneter Maßstäbe als auch der Sicherung von Qualität in der Weiterbildung von Fach- und Führungskräften. Die folgenden Ausführungen geben einen Einblick in das aktuelle Qualitätsmanagement am Europäischen Institut für postgraduale Bildung an der Technischen Universität Dresden – EIPOS, mit besonderem Bezug zu den dort durchgeführten Master-Programmen.

1. Erfahrungshintergrund

In den ersten Jahren der Entwicklung des Instituts lag der Schwerpunkt auf berufsbegleitenden Fortbildungen über ein bis zwei Semester mit dem Abschluss einer Sach- bzw. Fachkunde. Dabei mussten wir lernen, dass die an der Universität traditionelle angebotsorientierte Weiterbildung wenig Marktchancen besaß. Nachfrageorientierung hieß die Herausforderung. Also haben wir uns in unseren Programmen sehr stark an den Interessen unserer potentiellen Teilnehmer, den Erwartungen der Unternehmen, der Förderer bestimmter Projekte, orientiert. Zugespitzt: Kundenzufriedenheit war für uns der entscheidende Maßstab im Qualitätsmanagement. Dementsprechend waren die Programme problemorientiert aufgebaut, Handlungsorientierung dominierte, Handlungsbegründung war eingeordnet, häufig untergeordnet.

Der Aufbau von Kooperationen mit anderen Universitäten und Hochschulen hat u.a. dazu geführt, dass EIPOS nun auch Master-Programme durchführt. Gegenwärtig werden solche Programme in acht Richtungen realisiert bzw. geplant:
- in Kooperation mit Fakultäten der TU Dresden: Master Gesundheitsmanagement, Master Baulicher Brandschutz,
- in Kooperation mit der Donau Universität Krems: MAS Facility Management, MBA Zukunftschance und MBA Logistics,
- in Kooperation mit der Universität für Bodenkultur Wien: MAS Regionalmanagement, Master Umweltmanagement

- in Kooperation mit der Steinbeis Hochschule Berlin: Executiv MBA.

Spätestens jetzt wurde klar, dass unsere ausschließliche Betonung der Teilnehmerzufriedenheit nicht mehr ausreicht. Ein Master-Programm mit dem Abschluss eines staatlich anerkannten akademischen Grades kann sich nicht ausschließlich an den aktuellen Bedürfnissen, Erwartungen und Problemen seiner Teilnehmer orientieren. Hier gilt es, die mit dem Erwerb des akademischen Grad verbundenen Vorgaben im Curriculum, in der Leistungsbewertung, in den zeitlichen und organisatorischen Rahmenbedingungen präzise umzusetzen. Nicht nur vorhandene Bedürfnisse sind zu befriedigen, sondern auch neue sind zu entwickeln. Neben die Problemorientierung tritt mindestens gleichwertig die Disziplinorientierung. Der Stellenwert der Handlungsbegründung erhöht sich. Auf dem Fundament vorgegebener Rahmenbedingungen hat Teilnehmerzufriedenheit wieder ihren Platz. Die Frage muss also lauten: Wie kann das klar vorgegebene Konzept zur Zufriedenheit der Teilnehmer umgesetzt werden?

Wir müssen immer wieder erfahren, dass dieser Paradigmawechsel nicht problemlos beherrschbar ist. Fach- und Führungskräfte mit Berufserfahrungen, die das Master-Programm berufsbegleitend absolvieren, erwarten für ihren Geld- und Zeiteinsatz sowohl rasch umsetzbare Problemlösungen in ihrem Berufsfeld als auch die mit dem Titel sich eröffnenden Karrierechancen. Hier muss sehr behutsam ein Kompromiss gefunden werden. Didaktische Überlegungen können – wie später gezeigt wird – hierbei hilfreich sein.

Wenn man über Qualität in der Bildung spricht, dann darf nicht unberücksichtigt bleiben, dass Bildung und besonders Weiterbildung ein einzigartiges „Produkt" ist, ein Produkt, dass mit keinem anderen Produkt bzw. mit keiner anderen Dienstleistung irgendeiner Branche vergleichbar ist. Die Besonderheit von Weiterbildung besteht darin, dass dieses Produkt Bildung, Qualifikation gar nicht vom Anbieter, vom Träger der Weiterbildung selbst hergestellt wird, sondern dass der Abnehmer – also der Teilnehmer selbst – es in Eigeninitiative herstellen muss. Deshalb sprechen wir auch nicht vom Kunden und von Kundenbeziehung. Diese Begriffe signalisieren eine einseitige Beziehung. Der Teilnehmer in der Weiterbildung ist mindestens Ko-Produzent von Bildung. Damit bestimmt er auch deren Qualität. Qualitätsmanagement ist also nicht nur eine Sache der EIPOS-Mitarbeiter oder des Dozententeams, sondern auch der Gruppe der Teilnehmer wie jedes einzelnen Teilnehmers selbst. Das aber muss den Teilnehmern bewusst gemacht werden und mit der Einladung zur Partizipation an der Qualitätssicherung verbunden werden. Dieser Sonderstatus der Bildungsbranche erzwingt Überlegungen zum Qualitätsmanagement, die über die im gewerblichen Bereich oder in der Dienstleistungsbranche üblichen Modelle hinausgehen.

Das Qualitätsmanagement ruht bei EIPOS auf drei Säulen:
Säule 1:   Programmentwicklung
Säule 2:   Prozessgestaltung
Säule 3:   Netzwerkbildung

2. Programmentwicklung

Die Qualitätssicherung in der *Programmentwicklung* erfordert das Herbeiführen von qualitativen und quantitativen Entscheidungen in folgenden Prozessschritten:

- **Ideengewinnung**
  Entscheidungen: Probleme und Aufgaben im Berufsfeld, Zielgruppe, Projektleiter;
- **Konzepterstellung**
  Entscheidungen: Didaktisches Modell, Detailthemen, Themengewichtung (Rahmen-, Kern- und Sonderthemen), Umfang, Preis;
- **Umsetzungsplanung**
  Entscheidungen: Kooperationspartner, Abschluss, Studienleiter, Dozenten, Lehrmethodik, Leistungsüberprüfung, Vertriebswege;
- **Umsetzungsorganisation**
  Entscheidungen: Termine, Räume, Studienmaterial, Versorgung, Werbung.

3. Prozessgestaltung

Das Qualitätsmanagement in der *Prozessgestaltung* geht davon aus, dass Ziele bestimmt und durch solche Tätigkeiten beschrieben werden, die nach Absolvieren der Module und des Studiums in einer definierten Art und Qualität auszuführen sind. Die ermittelten Tätigkeiten sind auf Aufgaben abzubilden, durch die diese ausgelöst werden. Eine zentrale Aufgabe der Prozessgestaltung ist die Ermittlung solcher typischer Aufgabenstellungen, beispielsweise im MAS-Programm Facility Management die Bedarfsermittlung für verschiedene Nutzer, im Master-Programm Brandschutz die Prüfung von Brandschutzkonzepten für die Genehmigung von Sonderbauten, im Master-Programm Regionalmanagement die Integrierte Leitbildentwicklung und das Erarbeiten von Entwicklungs- und Handlungskonzepten für eine Region.

Auf dieser Grundlage sind Entscheidungen
a)   in den einzelnen Phasen des Studienprozesses,
b)   zu den Lehrveranstaltungstypen im Prozess
zu treffen.

zu a)   Phasen im Studienprozess

- Orientierungsphase
  Entscheidungen: Problemverständnis erzeugen, Einordnungswissen vermitteln, Zielorientierung schaffen, Leistungsanspruch verständlich machen
- Ausführungsphase
  Entscheidungen: Fachwissen vermitteln, Erfahrungen austauschen, Anwendung trainieren, Zusammenhänge ableiten
- Kontrollphase
  Entscheidung: Problemverständnis überprüfen, Wissensstand überprüfen, Anwendungsbefähigung überprüfen, Systematisierungsfähigkeit überprüfen

zu b) Lehrveranstaltungstypen im Studienprozess

- Orientierung und Wissen vermitteln
  Entscheidungen: Vortrag, Seminar
- Zusammenhänge vermitteln und Anwendung trainieren
  Entscheidungen: Brainstorming, Übung, Praktikum, Gruppenarbeit, Workshop, Fachexkursion
- Überprüfen von Wissen, Anwendungs- und Systematisierungsbefähigung
  Entscheidung: Konsultation, Leistungstest/Klausur, Beleg, Diplomarbeit, Masterthesis

Auf dieser Grundlage entsteht ein Organisationsmodell für den Weiterbildungsprozess, das in Abb. 1 dargestellt ist.

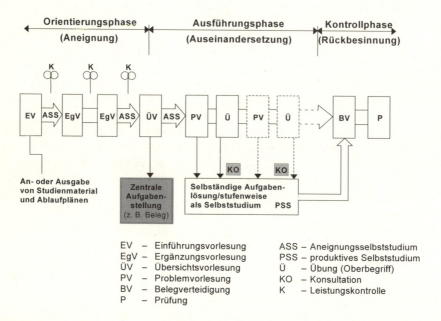

Abbildung 1: Organisationsmodell für den Weiterbildungsprozess

4. Netzwerkbildung

Das Qualitätsmanagement bei der *Netzwerkbildung* bezieht sich sowohl auf die Gestaltung von Beziehungen zwischen den Teilnehmern als auch zu den Dozenten und den Mitarbeitern von EIPOS. Für das Gestalten solcher Beziehungen sollen exemplarisch drei Instrumente dargestellt werden.

Ein erstes Instrument besteht in der Verwirklichung einer *handlungsorientierten Lehrmethodik* über den gesamten Verlauf des Studiums. Dazu gehören die in Abb. 2 dargestellten Elemente. Das Kernproblem beim Einsatz dieses Instruments ist das einheitlich handelnde Dozententeam. Jeder von Ihnen weiß, wie schwierig das ist, vor allem, wenn man nahezu ausschließlich mit Externen arbeitet. Wir machen allerdings gute Erfahrungen mit Dozentenkonferenzen zu Beginn und in der Mitte des Studiums, auf der der Erfahrungsaustausch zur handlungsorientierten Lehrmethodik im Mittelpunkt steht.

> **Handlungsorientierte Lehrmethodik**
> Themeneinordnung/-abgrenzung herstellen
> Problemverständnis erzeugen
> Diskussion provozieren
> Interdisziplinäres Verständnis erzeugen
> Schnittstellen offen legen
> Teilnehmer mittels Fragestellung einbeziehen
> Prozessdenken anregen
> Strukturierte Problemlösung unterstützen
> Plausibilitäten vermitteln
> Leistungsbereitschaft fördern/fordern

Abbildung 2: Schwerpunkte einer handlungsorientierten Lehrmethodik

Das zweite Instrument ist *Gruppenarbeit zur Lösung von Aufgabenstellungen*, die das Ziel des jeweiligen Moduls repräsentieren. Es ist in besonderer Weise geeignet, dass die Teilnehmer sich kennen- und mit ihren individuellen Leistungsstärken schätzen lernen. Die Qualität der Aufgabenlösung gibt Aufschluss darüber, in welcher Qualität das Ziel erreicht wurde. Bewährt hat sich das Bereitstellen von Empfehlungen für die Gestaltung kommunikativer Situationen. So werden in jedem Master-Programm im Umfang von etwa 15 Stunden den Teilnehmern Methoden und Techniken des Moderierens, Präsentierens, Verhandelns, Befragens und Akquirierens vermittelt, siehe Abb. 3.

Sie erweisen sich als ein wichtiges Werkzeug für das Verbinden von Inhalten der verschiedenen Module beim Lösen komplexer Aufgaben, also für die prozessorientierte Verzahnung der einzelnen inhaltlichen Bausteine.

Die differierenden Ausgangspunkte und Zielstellungen der Teilnehmer bedingen eine Vielfalt an Sichtweisen auf ein Problem und seine Lösung. Wenn jeder die Funktion und Wichtigkeit des anderen erkennt und zugleich bereit ist, sich aktiv einzubringen, dann entsteht ein Netzwerk mit langfristiger Erfolgsaussicht. Dafür sind entsprechende Bedingungen zu schaffen, damit ein solches Netzwerk Erfolgspotenziale für Beruf und Karriere schafft.

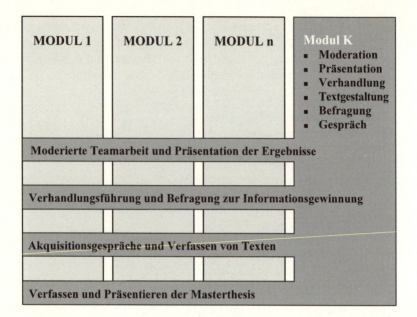

Abbildung 3: Didaktische Einordnung des Moduls Gestalten kommunikativer Situationen

Das dritte Instrument besteht im Herausfordern *eines aktiven Teilnehmerfeedbacks* – und zwar in drei Richtungen:

Erstens wird zu Beginn eines jeden Moduls, im Rahmen einer Einführungskonsultation, den Teilnehmern die Möglichkeit geboten, Fragen zu den vorher übersandten Skripten („Landkarte" des Moduls) zu stellen. Das ermöglicht Akzentuierung der Wissensvermittlung, angemessene Beispielwahl, aber auch Hinweise auf andere Vertiefungsmöglichkeiten und Klärung von Missverständnissen sowie nichterfüllbaren Erwartungen.

Zweitens haben die Teilnehmer am Ende eines Abschnitts oder gar jedes Veranstaltungstages im Rahmen einer extra dafür geplanten Zeit die Möglichkeit, eine Einschätzung zum Studienverlauf abzugeben und Wünsche für das weitere Vorgehen zu äußern. Dies gestattet dem Dozenten wie dem Projektleiter kurzzeitiges Reagieren, eine von den Teilnehmern hochgeschätzte Tugend. Die schriftliche Befragung der Teilnehmer zur Leistung der Dozenten sollte allerdings ihren Platz behalten.

Drittens endet jedes Modul mit einem „Umsetzungsseminar" – einer Veranstaltung, in der die Teilnehmer ihre Fragen zur Umsetzung des Erworbenen stellen können. Dies stellt besonders hohe Anforderung an die Dozenten, festigt aber in besonderen Maße Beziehungen, weil sich daraus oft Ansatzpunkte für individuelle Beratung oder gar Coaching bei der Umsetzung von Projekten in die berufliche Praxis ergeben.

Also: Zu unserer Hauptstoßrichtung im Qualitätsmanagement ist festzuhalten: Wir legen den Fokus nicht vordergründig auf betriebswirtschaftliche, logistische oder ablauforganisatorische Aspekte, sondern wir betonen im Moment die pädagogisch-didaktischen Konzepte und deren Umsetzung. Partizipation und Kommunikation sind die entscheidenden Faktoren. Unser Qualitätsmanagement hat also zwei Bezugspunkte: Der eine ist der Teilnehmer, auf den sich das Management hin ausrichtet. Der andere ist die Organisation bei EIPOS selbst, die sich als dauerhaft selber lernend begreift. Bisheriges in der Programmentwicklung, Prozessgestaltung und Netzwerkbildung ist in Frage zu stellen und gezielt zu verändern. Also: Wir müssen Strukturen herausbilden, um unsere Strukturen zu ändern, wir müssen Regeln entwickeln, um unsere Regeln zu ändern. Das ist eine momentane Schwerpunktsetzung, die jetzt vor allem einen Prüfstein hat, nämlich der von den Teilnehmern erlebte Nutzen in der individuellen Karriereentwicklung.

Wir glauben, darin besteht eine Grundlage für die Stabilität eines Master-Programms, seiner mehrfachen Durchführung, also der entscheidenden Voraussetzung dafür, damit man überhaupt Qualität managen kann.

Natürlich bezieht sich Qualität nicht nur auf das perfekte Programm und die exzellente Organisation. Qualität bedeutet immer auch hohe *Qualifikation und Motivation des Dozenten- und Betreuerteams*. Für uns bei EIPOS sind die jeweiligen Projektleiter jene Schlüsselpersonen, von denen eine entscheidende Multiplikationswirkung ausgehen muss. Dazu brauchen sie eine exzellente Qualifikation, bestehend aus

- Kenntnissen über das einschlägige Berufsfeld,
- einem guten Überblick über die Programminhalte,
- kommunikativer Befähigung,
- didaktischer Gestaltungs- und Organisationsfähigkeit und
- einer ausgeprägten Serviceorientierung.

Entscheidend für ihre Motivation sind ein eigener breiter Entscheidungsspielraum, Beteiligung am wirtschaftlichen Erfolg – aber ganz besonders das positive Feedback der Teilnehmer.

Kürzlich erlebte ich eine Kursusaussprache in einem Masterprogramm, in der u.a. ein Teilnehmer einschätzte:

„Ich habe in meinem Berufsleben bereits an zahlreichen Weiterbildungen teilgenommen. Wenn ich sie heute mit dem gegenwärtigen Kursus vergleiche, so kann ich sagen, sie waren inhaltlich alle sehr anspruchsvoll. Aber was alle bisherigen von Ihrem hier in Dresden unterscheidet ist der Eindruck, dass Sie sich ständig um uns sorgen und das schätzen wir sehr."

Hier schließt sich der Kreis. Ein solches Feedback hat seinen Ursprung in Qualität und motiviert zugleich für Qualität.

Weiterbildungsbezogene Qualität im Gesundheitswesen und psychosozialen Feld

Chancen und Paradoxa der Qualitätssicherung im psychosozialen Feld

Michael Märtens

Gute Absichten garantieren nicht, dass auch Gutes entsteht. Durch viele Beispiele kann man immer wieder zeigen, dass trotz gut gemeinter Absichten oft genau der gegenteilige Effekt entstehen kann. Die Frage nach unerwünschten Effekten und einer eindeutigen Beantwortung der Frage, ob sich qualitätsfördernde Anstrengungen lohnen, bildet hierbei im Bereich der psychosozialen Versorgung keine Ausnahme (z.B. Loth 1998, Seipe 1998). Wenn Qualitätssicherung betrieben wird, ist damit nur etwas über die guten Absichten, aber noch gar nichts über den Sinn und Nutzen der durchgeführten Maßnahmen gesagt.

Das Price Waterhouse Team betrachten das Paradox als konstituierendes Merkmal von Managementaufgaben und nennen es das „Management-Paradox: Erfolgsprinzipien für Unternehmen in einer Welt des Wandels" (1997). Sie gehen davon aus, dass gerade und ganz besonders durch die Arbeit mit den paradoxen Aspekten bei Veränderungsprozessen innovativer Wandel und nachhaltige Veränderungen entstehen. Bei qualitätssichernden Maßnahmen im psychosozialen Feld entstehen paradoxe Effekte und Widersprüche unter unterschiedlichen Aspekten. Unter einem Paradox werden hier allgemein sich anscheinend widersprechende Feststellungen verstanden, die trotzdem wahr sein können (genauer siehe in Loriedo und Vella 1993). Einige Paradoxa werden im Folgenden dargestellt und sollen in diesem Sinne zur Weiterentwicklung der QS (Qualitätssicherung) und nicht zur Abschreckung beitragen.

1. Mehr-desselben-Paradox

QS ist etwas, was sowieso schon passiert. Deshalb kann man sie nicht einführen.

Bei qualitätsentwickelnden Maßnahmen handelt es sich um eine Form von Metatätigkeiten. Es ist eine andere Form der Reflexion der eigenen Arbeit, die selbstkritische und motivierte Menschen bei ihrer Arbeit ständig betreiben (z.B. Vogel und Laireiter 1998). Auf einer anderen Ebene wird hier mehr des Selben betrieben. Bei ärztlichen und psychotherapeutischen Tätigkeiten handelt es sich an sich schon um qualitätssteigernde Tätigkeiten. Durch die Heilung von Krankheiten wird Lebensqualität wiederhergestellt und gefördert, also Qualität gesichert. Bei psychosozialen und sozialpädagogischen Tätigkeiten handelt es sich um analoge Aktivitäten, die lediglich mit einem anderen Fokus Lebensqualität sichern oder entwickeln. Es handelt sich dabei um direkt auf den Menschen bezogene Tätigkeiten, welche, anders als Tätigkeiten in denen etwas hergestellt wird, die menschlichen Fähigkeiten, einschließlich seiner Selbstheilungspotenziale, beeinflussen, erhalten und fördern.

Die Einführung von QS stellt sich dann als Konkurrenzangebot zur professionellen Selbstreflexionsfähigkeit dar. Was sie leisten kann, muss sie dann beweisen. Durch die Einführung von Fragebögen, Beobachtungsinstrumenten und Qualitätsbeauftragte werden Teile der Arbeit der Kontrolle der Ausführenden entzogen. Dieser Entzug von Kontrollierbarkeit birgt das Risiko einer Motivationsbremse.

2. Qualitätsverlust-Paradox

QS ist immer auch ein Qualitätsverlust

„Statt mich mit dem Ausfüllen eines Fragebogens zu beschäftigen, hätte ich besser ein Gespräch mit Frau ... geführt, dann wäre sie heute vielleicht noch am Leben."

Oft wird QS als Verlust an Arbeitszeit wahrgenommen. Bei der Herstellung von Produkten der unterschiedlichsten Art kann leicht gezeigt werden, wie schnell sich Qualitätskontrollen durch die Kostenersparnis lohnen. Diese Kosten-Nutzenlogik stimmt im psychosozialen Bereich genauso, lässt sich aber wesentlich schlechter operationalisieren, da viele Aspekte, wie zum Beispiel beim Selbstmord eines Klienten, schlechter in Zahlen transformiert werden können. Trotzdem müssen sich qualitätsverbessernde Maßnahmen langfristig rechtfertigen, indem sie belegen, dass die aufgewendete Zeit so sinnvoller eingesetzt worden ist, als in der direkten Arbeit mit Klienten (Märtens 1998). Glücklicherweise stellt sich ja auch bei vielen Maßnahmen heraus, dass sie eine sinnvolle Modifikation einer Arbeitsroutine sein können (z.B. Hass, Märtens, Petzold 1998). Bei einer Kosten-Nutzen-Analyse kann sich aber auch immer wieder zeigen, dass die aufgewendete Zeit anders sinnvoller eingesetzt hätte gewesen sein können. Dieses Risiko ist jeder QS inhärent.

3. Paradox: Konzeptqualität ist nicht Ergebnisqualität

Evaluation im Feld und nicht im Klassenzimmer

Seminar- und Ausbildungsleiter sehen Rückmeldungen über ihre Leistungen mehr oder weniger mit Schrecken oder Freude entgegen. Grundsätzlich spielen dabei unterschiedliche Faktoren eine Rolle: ob die Teilnehmer den Leiter sympathisch finden, sie sich gut verstanden und versorgt gefühlt haben, ihre individuellen Erwartungen erfüllt wurden und in welchem Ausmaß operationalisierbare Lernziele erreicht wurden, um nur einige zu nennen. Aus solchen Rückmeldungen können viele hilfreiche Anregungen für die didaktische und inhaltliche Weiterentwicklung gezogen werden.

Völlig unbeantwortet bleibt bei diesen Unterfangen allerdings die Frage nach der Ergebnisqualität. Ist die Zufriedenheit der Teilnehmer an einer Maßnahme schon Ergebnisqualität? In welchem Zusammenhang stehen die subjektiven Einschätzungen möglicher Lernfortschritte durch die Maßnahme mit Kompetenzgewinnen, die später in der praktischen Arbeit relevant sind? Wenn man tatsächlich Lernfortschritte und eine Vermehrung von Wissen feststellt, ist damit dann schon ein tatsächlicher Gewinn für die Klienten erreicht, mit denen gearbeitet wird? Und letztendlich die Frage, in welchem Ausmaß ist es möglich eine Evaluation so anzulegen, das sie sich nicht nur innerhalb des Ausbildungskonzeptes bewegt und dieses bestätigt, weil konzeptkonform evaluiert wird?

In psychosozialen Arbeitsfeldern, und damit sind insbesondere alle Bereiche der Pädagogik, psychologischen Beratung und Psychotherapie betroffen, liegen viele und auf völlig entgegengesetzte Prämissen beruhende Theorien vor, aus denen sich unterschiedliche Handlungskonzepte ableiten. Im Bereich der Psychotherapie zeigt sich dies immer noch in den vielen Therapieschulen, die unterschiedliche Kompetenzen entwickeln. Eine Klärung der theoretischen Annahmen – die zum Beispiel für die Psychoanalyse, die Verhaltenstherapie, die Personzentrierte Psychotherapie, das Psychodrama und die Systemische Therapie – um nur einige der wesentlichen zu nennen – ist in der nächsten Zeit, wenn überhaupt kaum zu erwarten. Deshalb besteht die dringende Notwendigkeit, ihren Praxisnutzen und auch ihre spezifischen Risiken differenziert zu erfassen (Märtens und Petzold 2002), die möglicherweise nur sehr wenig mit den theoretischen Prämissen zu tun haben.

Deshalb kann QS nicht im Seminarraum enden, sondern muss sich ins Feld begeben, auch wenn damit das Risiko schmutziger Schuhe, mit denen es sich dann nicht mehr so leicht laufen lässt, verbunden ist, die wieder geputzt werden müssen. Eine QS die ihr eigentliches Ziel, nämlich einen tatsächlichen Gewinn, mögliche Risiken und den Aufwand für eine Verbesserung der praxisrelevanten Kompetenzen nachzuweisen, erreichen will, ist deshalb im Bereich der Psychotherapieweiterbildung angewandte Psychotherapieforschung (Märtens et al. 2003). Eine Ausbildungsevaluation, die sich darauf konzentriert, die Theoriekonformität des Ausbildungsteilnehmers als Ergebnisqualität zu interpretieren, leistet einen Beitrag zur Theorieimmunisierung. Sie verhindert damit eine Weiterentwicklung und kritische Reflexion der eigenen Theorie und ihrer Prämissen.

Um den Nutzen einer therapeutischen Ausbildung zu erfassen, sollte also der Kompetenzgewinn der Ausbildungsteilnehmer als Verbesserung der Effektivität ihres therapeutischen Vorgehens erfasst werden. Beantwortet wird diese Frage durch den Nachweis einer Verbesserung der Therapieergebnisse ihrer durchgeführten Behandlungen.

Durch eine konsequente Sammlung dieser Daten könnten auf längere Sicht Hinweise darüber gesammelt werden, für welche Teilnehmer an welchen therapeutischen Ausbildungen Kompetenzgewinne, Kompetenzirritationen oder aber auch Kompetenzeinbußen zu verzeichnen sind. Augenblicklich wird eher davon ausgegangen, dass eine Ausbildung grundsätzlich Chancen zur Weiterentwicklung bietet. Angesichts der Forschungsergebnisse allerdings, die der Persönlichkeit des Therapeuten und Beraters eine zentrale Rolle im Veränderungsprozess zuschreiben, muss davon ausgegangen werden, dass eine therapeutische Ausbildung einen spezifischen Entwicklungskontext darstellt, der zur therapeutischen Persönlichkeitsentwicklung einen Beitrag leistet oder diese auch nachhaltig blockieren kann. Unter dieser Perspektive stellt eine therapeutische Ausbildung eine psychosoziale Intervention dar, die genauso wie eine medizinische Behandlung Indikationskriterien erfordert, die ihre Notwendigkeit anzeigen oder wegen möglicher Risiken ihre Abwendung verbieten. Augenblicklich entscheiden Ausbildungsteilnehmer darüber, ob sie eine Blinddarmoperation oder eine Antibiotika Behandlung erhalten. In welchem Ausmaß, also bei welchen Ausbildungsteilnehmern, eine Ausbildung in einer bestimmten

Therapieschule sinnvoll oder nicht sinnvoll ist, kann nur durch eine empirische Untersuchung erfolgen. Eine Untersuchung dieser Frage muss so differenziert angelegt sein, dass sie mindestens drei Gruppen von Ausbildungsteilnehmern identifiziert:

1. Ausbildungsgewinner, also Teilnehmer, die einen deutlichen Kompetenzgewinn in ihrer Behandlungseffektivität (Patientenperspektive) und ihrer subjektiven Zufriedenheit mit ihrer Tätigkeit (Ausbildungsteilnehmerperspektive) erreichen;
2. Neutrale Gruppe, also Teilnehmer, die im wesentlichen ihren Stand beibehalten haben;
3. Ausbildungsverlierer, also Teilnehmer, bei denen ein Verlust an Behandlungseffektivität (erfasst aus der Patientenperspektive) und ihrer subjektiven Zufriedenheit mit ihrer Tätigkeit (Ausbildungsteilnehmerperspektive) festgestellt wird.

Natürlich richten sich die Hoffnungen darauf, dass möglichst viele Teilnehmer in die erste Gruppe eingeordnet werden. Sollte als Ergebnis herauskommen, dass nur Teilnehmer in die erste Gruppe eingeordnet werden, stellt es eine lohnenswerte Aufgabe dar, das Design um weitere Aspekte zu erweitern, um andere Ergebnisse herausarbeiten zu können.

4. Evaluationskultur-Paradox

Ohne eine fehlerfreundliche Kultur kann man aus der Qualitätssicherung nur schwer etwas lernen (z.B. Lyons et al. 1997, 129 ff.). Schein (2003) schreibt über „die Rolle der Führung im Management des kulturellen Wandels und Lernens", dass öfter eine Entscheidung zugunsten des Lernens erfolgen muss, wenn es darum geht, zwischen zwei Alternativen zu wählen, die da heißen, Angst einjagen oder lernen erleichtern. Leider scheint immer noch eine weit verbreitete Meinung an das Angsteinjagen zu glauben um Veränderungen zu fördern. Und genau diese Wahrnehmung ist in psychosozialen Bereichen anzutreffen, wenn es um die Einführung von QS-Maßnahmen geht. Sie erscheinen bedrohlich. Dass einige der Ängste angesichts von Sparmaßnahmen, Firmenkonkursen etc. sehr berechtigt sind, stellt eine weitere Erschwernis dar.

Wenn Menschen des weiteren noch etwas verlernen müssen, um etwas Neues wie eine kontinuierliche QS zu lernen, erzeugt dies oft eine gefühlsmäßige Inkompetenz bis hin zu Empfindungen des Identitätsverlusts und mündet manchmal auch in einen Verlust an Gruppenzugehörigkeit, wenn weitere Umstrukturierungen erfolgen.

Einer der Hauptgründe, warum wir nicht aus unseren Fehlern lernen, ist, dass wir sofort mit der nächsten Aktion beginnen und versäumen, darüber nachzudenken, warum der Fehler entstanden ist, was dies bedeutet und wie unser Verhalten verändert werden könnte.

Um aus Fehlern zu lernen, ist Zeit zum Innehalten erforderlich. Aber um Fehler als willkommene Lernmöglichkeiten zu ergreifen (Baecker 2003), braucht es kontemplativer Auszeit, die in der Hektik des Tagesgeschäftes nicht leicht zu finden ist. Für andere Mitarbeiter und insbesondere für Vorgesetzte birgt eine kontemplative Auszeit aus der Außenperspektive leicht die Gefahr als Müßiggang, und damit als Fehler, und nicht als Chance zum Lernen wahrgenommen zu werden.

An dieser Stelle scheitert QS, da keine Kultur vorhanden ist, mit Fehler so umzugehen, dass sie als Innovationsquelle und nicht als Sanktionsbasis genutzt werden können. Wie schwer dieses Problem in den Griff zu bekommen ist, zeigt sich im Bereich der Medizin daran, dass es ein anonymes Meldesystem über das Internet erfordert, damit Ärzten ein Forum eröffnet wird, um über Fehler zu berichten und über Konsequenzen nachzudenken (Jutzi 2003). Während Mediziner nach einer „Null-Fehler-Philosophie" ausgebildet werden, die offene Kommunikation erschwert, herrscht im psychosozialen Feld eher eine Philosophie der Unmöglichkeit der Konsensbildung darüber, was überhaupt als Fehler zu betrachten ist.

5. Das Person-/Prozessqualitäts-Paradox

oder wie werden aus Personen Prozesse und aus Prozessen Personen?

Aus der Psychotherapie- und Beratungsforschung wird immer wieder auf die besondere Bedeutung der Person des Beraters in der Arbeit verwiesen. Was bedeutet dieser Fokus für die qualitätssichernde Beschäftigung mit der Prozessqualität?

Die Beziehung zwischen Beratern/Therapeuten wird als Wirkfaktor interpretiert. Dabei tauchen einige Schwierigkeiten auf.

Wenn man mit einem Auto fährt, dann schaut man manchmal auf den Tacho, um sich über die Geschwindigkeit zu informieren. Um schneller zu fahren, tritt man auf das Gaspedal. Zumindest verfahren die meisten Menschen so. Kaum ein Autofahrer wird versuchen durch ein Drehen am Tacho das Auto zu beschleunigen, denn er weiß, dass dazu das Gaspedal verwendet wird.

Wenn man die Diskussion um die Bedeutung der so genannten „therapeutischen Beziehung" in Beratung und Therapie verfolgt, dann bekommt man manchmal den Eindruck, als handle es sich dabei um das Gaspedal im Prozess. Nachdem in vielen Befunden deutlich wurde, dass Therapien mit guten Beziehungen zwischen Klienten und Therapeuten häufiger erfolgreich ausgehen (Horvath/Greenberg 1986, Lambert/Bartley 2001), wurde die therapeutische Beziehung als zentraler Wirkfaktor kreiert, „deren Einfluss auf das Therapieergebnis am besten gesichert ist" (Grawe/Donati/Bernauer 1994, 775).

Allgemein läst sich feststellen, dass gute und schlechte Beziehungen zwischen Menschen ein verbreitetes sozialpsychologisches Phänomen darstellen (siehe z.B. Zimmer 1983, 29 ff.), welches sich bei vielen Menschen spontan (z.B. die Liebe auf den ersten Blick) oder aber erst nach einer gewissen Zeit einstellt. Gute und schlechte Beziehungen sind also kein spezifisches Ereignis in therapeutischen- oder Beratungskontexten. Besonders ist jedoch, dass einer der beiden Interaktionsteilnehmer etwas unternimmt, das dazu beitragen soll, dass sich etwas am Zustand seines Gegenübers verbessert. Dazu verwendet er bestimmte Techniken, von denen er sich einen positiven Effekt auf seinen Klienten erhofft.

Die Konstruktion eines Wirkfaktors „therapeutische Beziehung" birgt eine semantische Antinomie. Entweder handelt es sich dabei um etwas, was spontan zwischen Menschen entsteht, und ist dann nicht settingsspezifisch, oder aber es kann durch Techniken absichtlich hergestellt werden. Durch das Voranstellen des Adjektivs „therapeutisch" wird etwas im Sinne eines herstellbaren Faktors suggeriert, der damit wie eine Technik erscheint, was er aber so nicht ist.

Die wesentliche praktische Konsequenz aus den Befunden zur Vorhersage von Therapieergebnissen aufgrund der Beziehungsqualität nach Beginn der Behandlung ist, dass Therapeuten und Berater nicht unsinnig gegen schlechte Ausgangsbedingungen ankämpfen sollten, wenn die Beziehung zu einem Klienten schwierig ist, sondern diesen mit der Hoffnung auf eine bessere Beziehung zu einem anderen Experten schicken sollten.

Wie soll mit „Fehlern" umgegangen werden, die nicht einfach wie Handgriffe erlernt oder verändert werden können und deren Anerkennung mehr als eine Beschäftigung mit reinen Fertigkeiten darstellt? Oft betreffen sie zentrale Bereiche der Persönlichkeit des psychosozialen Experten, möglicherweise seine Identität, und sind mit vielen Emotionen besetzt (Mitmansgruber 2003). Wenn die wesentlichen Aspekte der Prozessqualität Prozesse sind, die an möglicherweise nur sehr begrenzt veränderbare Eigenschaften der Person gebunden sind, haben wir es mit einer besonderen Prozessqualität zu tun. Sie zum Gegenstand der Fehlersuche zu machen ist eine besondere Herausforderung an die Gestaltung der kollegialen Bearbeitung der QS-Ergebnisse. Nicht zufällig erwarten Therapeuten und Berater wenig von katamnestischen Untersuchungen für die Weiterentwicklung ihres praktischen Handelns (Morbitzer 2003). Entweder erbringen die Katamnesen positive Ergebnisse, die man sich sowieso schon gedacht hat, oder aber es kommen negative Ergebnisse heraus, mit denen man sich dann nachvollziehbarerweise nicht auseinandersetzen möchte, da sie Aspekte der eigenen Persönlichkeit berühren, die unangenehm und darüber hinaus noch unveränderbar sein könnten. Eine Beschäftigung mit ihnen ist dann unsinnig. Dass die Person des Beraters die entscheidende Variable der Prozessqualität darstellt, erklärt, warum hier eine spezifische Form der Widerständigkeit gegen QS zu erwarten ist. Das Paradox besteht darin, genau das zum Gegenstand der QS zu machen, was so schwer anzugehen ist. Hierzu bedarf es aber einer Kultur des Umgangs mit den Ergebnissen. Insbesondere gehört hierzu die Entwicklung einer kollegialen Vermittlungskultur von Klienten innerhalb und zwischen unterschiedlichen Institutionen. So lange diese unterentwickelt ist, besteht hier ein struktureller Mangel, der QS im psychosozialen Feld entgegensteht.

6. Ökonomisch-epochales Paradox

Wenn weniger Qualität mehr Lebensqualität für mehr Arbeitnehmer bedeutet.

Angesichts der Tatsache, dass seit einigen Jahren, jetzt fast schon im zweiten Jahrzehnt, Vollbeschäftigung eine Fiktion geworden ist und die Verwaltung mehrerer Millionen Beschäftigungsloser ein Dauerzustand und kein temporäres Ausnahmephänomen ist, mutet die Forderung nach immer mehr Effektivität, Fehlerlosigkeit, Qualität etc. wie eine absurde Forderung an. Insbesondere wenn durch den Einsatz von immer mehr Technik

Arbeitsplätze eingespart und viele Tätigkeiten ohne die intensive Beteiligung von Menschen besser ablaufen, stellt sich die Frage, wozu die Menschen, neben ihrer Funktion als Konsumenten, die sie aber nicht mehr ausreichend wahrnehmen können, da sie nicht über die entsprechenden finanziellen Mittel verfügen, weiterhin gebraucht werden. Wenn immer mehr Tätigkeiten effektiver ablaufen, werden Arbeitskräfte gespart. Wenn die Qualität immer weiter verbessert wird, werden immer weniger Menschen benötigt um Reparaturen durchzuführen. Das Fehlen von Arbeit ist auch, wenngleich sicherlich nicht ausschließlich, darauf zurückzuführen, dass weniger Arbeit benötigt wird. Durch die Verknappung der Arbeit steigen an diejenigen, die das Privileg einer Arbeitsstelle genießen, die Anforderungen an ihre Leistungen. Sie müssen befürchten ihren Arbeitsplatz zu verlieren, wenn sie nicht gut genug arbeiten, also anders formuliert, nicht genügend Qualität produzieren.

Eine epochale Paradoxie ergibt sich daraus, dass immer weniger Menschen mehr Qualität erzeugen und auf der anderen Seite immer mehr Menschen von diesen Prozessen ausgeschlossen werden. Eine alltagspraktische Paradoxie besteht für die Arbeitenden darin, dass gerade zu einem Zeitpunkt einer Mittelverknappung zusätzliche Tätigkeiten erforderlich sind, deren Finanzierung gerade jetzt schwierig ist.

7. Dokumentationsverfügbarkeits-Paradox

Ärzte, Psychotherapeuten und Berater, empfinden jede zusätzliche Arbeit, die über die sowieso schon kaum zu bewältigenden Anforderungen von ihren Klienten hinausgeht, erst einmal als eine gemeine Zumutung. Die Zeit für die Dokumentation der Arbeit fehlt ihnen für die Arbeit mit den Menschen. Aber für diese Situation gibt es eine Lösung. Durch Videoaufzeichnungen, die ihre Tätigkeiten aufzeichnen, ist es möglich die Dokumentation abzugeben. Andere Menschen könnten anschließend die notwendigen Dokumentationstätigkeiten erledigen. Bei psychotherapeutischen und anderen psychosozialen Beratungstätigkeiten, die ja oft zu wesentliche Anteilen aus emotionalen und kognitiven Vorgängen bestehen, die nur schwer dokumentiert werden können, stellt sich die Frage nach dem Sinn von Fragebögen und Verlaufsdokumentationen, in denen bestimmte Standardvariablen erfasst werden (z.B. Vogel und Laireiter 1998, 850 ff.).

Ist in einem Beratungsprozess etwas misslungen, dann stellt die Dokumentation selten eine geeignete Datengrundlage dar, um die für einen ungünstigen Verlauf bedeutsamen Parameter zu analysieren. Meistens handelt es sich um vielschichtige Interaktionsprozesse, in denen an kritischen Zeitpunkten vom Berater oder Therapeuten eher eine ungeeignete Vorgehensweise eingeschlagen wurde. Um diese kritischen Prozesse zu identifizieren und konkrete Handlungsalternativen zu entwickeln, stellen Videoaufzeichnungen, auch wenn sie Vieles des intrapsychischen Geschehens nicht abbilden können, die beste Datenquelle dar. Eine Auseinandersetzung mit eigenem Verhalten anhand von Videoaufzeichnungen ist in diesem Arbeitsbereich nicht mehr wegzudenken, wird allerdings noch viel zu wenig systematisch genutzt.

Hier stellt sich dann die paradoxe Situation ein, dass über viel zu viel Dokumentation geklagt wird und gleichzeitig die Möglichkeiten effektiver Dokumentation aus Angst vor einer Beschäftigung mit eigenen Schwächen viel zu wenig genutzt werden. Hier liegen Chancen für Qualitätsverbesserungen aufgrund der technischen Möglichkeiten die systematisch ausgebaut werden müssen. Dass Videoaufzeichnungen darüber hinaus eine gute Möglichkeit aktiven Klientenschutzes darstellen, muss hier nicht weiter ausgeführt werden. Bei Auseinandersetzungen mit Klienten über die Vorgehensweise tragen Videoaufzeichnungen zu einer Objektivierung des Geschehens bei. Voraussetzung für konstruktive Auseinandersetzungen bildet aber auch hier wiederum die Entwicklung einer angemessenen fehlerfreundlichen Kommunikationskultur auf Klienten- und Beraterseite.

Literatur

Baecker, D. (2003): Plädoyer für eine Fehlerkultur. Organisationsentwicklung 22 (2), S. 24–29.
Grawe, K./Donati, R./Bernauer, F. (1994): Psychotherapien im Wandel: Von der Konfession zur Profession. Heidelberg.
Hass, W./Märtens, M./Petzold, H. (1998): Akzeptanzstudie zur Einführung eines Qualitätssicherungssystems in der ambulanten Integrativen Psychotherapie aus Therapeutensicht. In: Laireiter, A./Vogel, H. (Hrsg.): S. 157–178.
Horvath, A.O./Greenberg, L.S. (1986): The development of the working alliance inventory. In: Greenberg, L.S./Pinsof, W.M. (Ed): The psychotherapeutic process: A research handbook. New York, London, pp. 529–556.
Jutzi, S. (2003): Lernen statt vertuschen. Fokus 33, S. 94–95.
Laireiter, A./Vogel, H. (Hrsg.) (1998): Qualitätssicherung in der Psychotherapie und psychosozialen Versorgung – Ein Handbuch. Tübingen.
Lambert, M.J./Barley, D.E. (2001): Research summary on the therapeutic relationship and psychotherapy outcome. Psychotherapy 38, pp. 357–361.
Loriedo, C./Vella, G. (1993): Das Paradox in Logik und Familientherapie. Mainz (Il paradosso e il sistema familiare. Torino: Bollati Boringhieri, 1989).
Loth, W. (1998): Auf den Spuren der Veränderung. Das Entwicklung klinischer Kontrakte. Dortmund.
Lyons, J.S./Howard, K.I./O`Mahoney, M./Lish, J.D. (1997): The measurement & management of clinical outcomes in mental health. New York.
Märtens, M. (1998): Qualitätssicherung in der ambulanten Psychotherapie und Beratung. Wege zum Menschen 50 (6), S. 363–377.
Märtens, M./Petzold, H. (Hrsg.) (2002): Psychotherapieschäden: Risiken und Nebenwirkungen von Psychotherapie. Mainz.
Märtens, M./Leitner, A./Steffan, A./Telsemeyer, P./Petzold, H.G. (2003): Qualitätssicherung in der Weiterbildung „Psychotherapeutische Medizin" – Psy-III Niederösterreich in Weiterbildung und Therapie. In: Leitner, A. (Hrsg.): Entwicklungsdynamiken in der Psychotherapie. Wien, S. 357–430.
Mitmansgruber, H. (2003): Kognition und Emotion: Die Regulation von Gefühlen im Alltag und bei psychischen Störungen. Bern.
Price Waterhouse Change Integration Team (1997): Das Management Paradox: Erfolgsprinzipien für Unternehmen in einer Welt des Wandels. Frankfurt/New York (orig. The Paradox

Principles: How High-Performance Companies manage chaos, complexity, and contradiction to archieve superior results. Chicago, 1996).
Schein, E. (2003): Angst einjagen oder lernen erleichtern? Angst und Sicherheit: Die Rolle der Führung im Management des kulturellen Wandels und Lernens. Organisationsentwicklung 22 (3), S. 4–13.
Seipe, K.H. (1998): Qualitätssicherung in der ambulanten Praxis: Ein Modell und seine kritische Evaluierung. In: Laireiter, A./Vogel, H. (Hrsg.): Qualitätssicherung in der Psychotherapie und psychosozialen Versorgung – Ein Handbuch. Tübingen, S. 103–134.
Vogel, H./Laireiter, A.R. (1998): Qualitätssicherung in Psychotherapie und psychosozialer Versorgung – Auf der Suche nach den geeigneten Werkzeugen für ein zerbrechliches Material. In: Laireiter, A./Vogel, H. (Hrsg.): Qualitätssicherung in der Psychotherapie und psychosozialen Versorgung – Ein Handbuch. Tübingen, S. 835–859.
Zimmer, D. (1983): Sozialpsychologische Modelle zur Analyse und Gestaltung der therapeutischen Beziehung. In: Zimmer, D. (Hrsg.): Die therapeutische Beziehung. Weinheim, S. 29–47.

Qualitätskriterien supervisorischen Handelns.
Ausgewählte Ergebnisse einer Evaluation der internationalen Forschungsliteratur

Brigitte Schigl

1. Einleitung

In diesem Beitrag sollen Überlegungen zur Qualitätssicherung von Supervision angestellt werden. Supervision als arbeitsbezogene Beratung wird häufig als eine Maßnahme des Qualitätsmanagements postuliert. Ist dies denn berechtigt und wer bürgt dafür, dass Supervision die Qualität einer psychosozialen (Dienst-)Leistung tatsächlich fördert oder sichert?

Grundlage der hier vorgestellten Überlegungen zur Qualität und Qualitätssicherung von Supervision sind ausgewählte Inhalte und Ergebnisse eines Forschungsprojekts am Zentrum für Psychosoziale Medizin der Donau-Universität Krems (Petzold/Schigl/Fischer/Höfner 2002).

Eines sei vorweggenommen: Dieser Beitrag lässt mehr Fragen offen, als er beantwortet, wir bewegen uns in einem Terrain des work in progress in der jungen Supervisions(forschungs)disziplin.

2. Die Daten: Zum Aufbau und Ziel des Forschungsprojekts

Am Zentrum für Psychosoziale Medizin werden Supervisoren/Supervisorinnen für das Gesundheitswesen ausgebildet, Supervision stellt somit einen Schwerpunkt des Forschungsinteresses dar. Das hier zitierte Projekt (Petzold/Schigl/Fischer/Höfner 2002 und 2003) wurde in den Jahren 2001 und 2002 durchgeführt. Es beinhaltet eine quantitative und qualitative Analyse der internationalen Forschungsliteratur zum Thema:
1. Welche Wirkungen von Supervision auf die Supervisanden/Supervisandinnen (einzelne Personen, Gruppen, Teams, Subsysteme von Organisationen und Organisationen insgesamt) werden in der Literatur diskutiert? Welche Wirkungen können derzeit belegt werden und zu welchen Wirkungen stehen noch wissenschaftliche Belege aus?
2. Welche Wirkungen von Supervision auf die Klienten-/Klientinnen-Systeme von Supervisanden/Supervisandinnen werden in der Literatur diskutiert? Welche Wirkungen können derzeit belegt werden und zu welchen Wirkungen stehen noch wissenschaftliche Belege aus?

Die Ziele der Studie waren in erster Linie, einen praktischen „Handapparat" für einen Überblick über den internationalen Stand der Supervisionsforschung zur Verfügung zu haben, sinnvolle Forschungsfelder eingrenzen und weitere Projekte planen, designen und durchführen zu können.

Supervision wurde dabei im psychosozialen Bereich als „angewandte Supervsion als Dienstleistung" definiert. Für die Studie, die einen umfassenden Überblick bietet, wurden insgesamt 2.640 Abstracts grobgescannt, davon erwiesen sich 400 als brauchbar, 200 Textstellen wurden in Gesamtlänge bearbeitet.

Dabei konnten folgende Themengebiete extrahiert werden, die in der deutsch- und englischsprachigen Fachliteratur hauptsächlich bearbeitet werden:
1. Form und inhaltliche Weite des Begriffs Supervision (darunter fallen Keywords wie „Organisationsentwicklung", „Organisationssupervision", „interne Supervision", „Coaching", „Psychotherapiesupervision" etc.)
2. Geschichte von Supervision und berufliche Identität von Supervisoren/Supervisorinnen
3. US-amerikanische Forschung zur dortigen Supervisionsauffassung
4. Elemente des Supervisionsprozesses (wie „Übertragung/Gegenübertragung", „Parallelprozess", „Arbeitsbeziehung", „Auftragsklärung", „Umgang mit Kritik", „Supervisionsstil", „Supervisionsabschluss" etc.)
5. Methoden und Techniken in der Supervision
6. Spezielle Inhalte von Supervision (wie „Trauer und Abschied" oder „Krise, Krisenintervention" oder „Scham")
7. Supervision in speziellen Feldern (wie „Drogen- und Suchtkliniken", „Geriatrie" „Sozialarbeit", „Krankenhaus", „Psychiatrie"...)
8. Bedeutung von Ethnizität und Gender in der Supervision
9. Lernen und Kompetenzvermittlung in der Supervision
10. Evaluation in der Supervision
11. Auswirkungen auf die Klienten/Klientinnen der Supervisanden/Supervisandinnen.

Zusammenfassend lässt sich sagen, dass nur wenige Beiträge den Kriterien für wissenschaftliche (quantitative oder qualitative) Forschung entsprechen. Es handelt sich v.a. bei den deutschsprachigen Artikeln hauptsächlich um nicht sehr tiefgehende Einzelfallstudien mit Erlebnisbericht-Charakter, Praxisberichte, in denen Supervisoren/Supervisorinnen über ihr Arbeitsfeld und ihre Arbeitsweise berichten und diese bestenfalls mit theoretischen Überlegungen anreichern oder kontrastieren. Forschungsliteratur im engeren Sinn kommt mit wenigen Ausnahmen hauptsächlich aus dem englischsprachigen Raum, ist jedoch auch nur teilweise von guter Qualität oder Relevanz in den Ergebnissen.

Markant ist dabei die unterschiedliche us-amerikanische und deutschsprachige Auffassung von Supervision, die Ergebnisse aus dem einen Arbeitsfeld nur sehr bedingt auch in das andere transferieren lässt: Zu verschieden sind die Supervisions-Methodik (freie Beratungsformen von Personen, Teams und Organisationen vs. Manualgeleitetes Vorgehen in der Verbesserung begrenzter Handlungsabfolgen einzelner) sowie das Grundverständnis der Aufgaben (freiwillige Beratung vs. Ausbildungskontrolle) von supervisorischem Handeln.

3. Ergebnisse der Forschung in Hinblick auf Evaluation von supervisorischer Effizienz und Qualität

Dabei finden sich Studien zu folgenden 3 Bereichen
- Supervision als Therapiedidaktik (Psychotherapie-Ausbildung),
- Supervisions-Ausbildung selbst
- Balintgruppen-Forschung.

Wenig thematisiert wird in den wissenschaftlichen Designs dagegen der freie Markt, in dem Supervision als psychosoziale Dienstleistung angeboten wird.

Fast allen Studien ist gemeinsam, dass sie die Nutzer/-innen von Supervision zur Evaluation der Effekte befragen, in dem diese Selbsteinschätzungsfragebögen ausfüllen. Erwartungen der Supervisanden/Supervisandinnen sind dabei etwa Burn-Out-Prävention, Hilfe bei der Bewältigung belastender Situationen, eine Verbesserung der Teamarbeit und die Reflexion des beruflichen Handelns.

Durch Supervision werden deutlich positive Veränderungen bei den Supervisanden/Supervisandinnen laut deren eigener (Selbst-)Wahrnehmung hervorgerufen: Exzellente Supervisoren/Supervisorinnen helfen ihren Supervisanden/Supervisandinnen v.a. dabei, wichtige Themen herauszukristallisieren. So werden etwa Handlungsmuster und -wiederholungen besser erkannt oder Unterscheidungen zwischen veränderbaren und nicht veränderbaren Bedingungen leichter getroffen. Vor allem die eigene Person der/die Supervisand/-in ist von diesen Veränderungen betroffen und erfährt in der Supervisionssitzung einen biografischen Lernprozess, eine Neuorientierung und somit eine berufliche Identitätswandlung.

Als Instrument solcher Befragungen und Einschätzungen im deutschsprachigen Raum sei hier das SEI (Supervisions-Evaluations-Inventar) von Schneider/Müller (1995) erwähnt, in der amerikanischen Literatur finden wir deutlich mehr Instrumente zur Befragung von Supervisanden/Supervisandinnen (und Supervisoren/Supervisorinnen). Das SEI versucht die Wirkung von Supervision quantitativ zu messen, und zwar auf den verschiedenen Ebenen der Institution, der Kollegen/Kolleginnen, der Klienten/Klientinnen sowie der eigenen Person der Supervisanden/Supervisandinnen. Hier zeigen sich in mehreren Untersuchungen positive Effekte von Supervision und die Wichtigkeit der Person der Supervisorin/des Supervisors: Deren Problemlösungskompetenz sowie die Beziehungskompetenz sind von hervorstechender Relevanz für den Erfolg einer Supervision. In Bezug auf die Dimension der Klienten/Klientinnen der Supervisanden/Supervisandinnen gibt es jedoch widersprüchliche Angaben; weiterer Forschungsbedarf ist hier gegeben. Auch die Möglichkeit der Selbstevaluation der Supervisionsprozesse durch die Supervisoren/Supervisorinnen alleine oder im Dialog mit ihren Supervisanden/Supervisandinnen wird in Bezug auf Qualitätssicherung und Effizienz thematisiert.

Kritisch anzumerken ist jedoch, dass diese Selbst-Befragungspraxis nur bedingt aussagekräftig ist und Erhebungen der Außensicht oder auf Klienten-/Klientinnenebene weitgehend ausstehen.

Untersuchungen, die die unterschiedlichen am supervisorischen Prozess beteiligten Ebenen des supervisorischen Gesamtsystems berücksichtigen, sind noch selten. Zu den ersten deutschsprachigen Untersuchungen des „Gesamtsystems Supervision" mit Studien zur Wirksamkeit von Supervision auf der Klienten-/Klientinnenebene im Kontrollgruppendesign zählen Arbeiten aus dem Umkreis der Integrativen Supervision, wie sie auch im Lehrgang des Zentrums für Psychosoziale Medizin vermittelt wird. (Schigl/Petzold 1997, Schay/Dregger/Siegele/Petzold 2002, Oeltze/Ebert/Petzold 2002).

Evaluation und Qualitätssicherung von Institutionen, Einzelpersonen oder Teams durch Supervision wird v.a. in deutschsprachigen meist programmatischen Texten behandelt: Pühl (1997, 1999) stellt sich der Frage, was Supervision zur Qualitätssicherung und -kontrolle von psychosozialen Einrichtungen beiträgt, welche Besonderheiten sie dabei aufweisen muss und betont das Konzept eines Total Quality Management. Insgesamt vertritt er die Meinung, dass Teamsupervision einen Teil der Führungsaufgabe und somit des Qualitätsmanagements übernimmt. Der Text ist eine programmatische Erklärung, und führt nicht näher aus, *wie* denn diese QS und QK in der Supervision vor sich gehen soll. Interessant ist dabei das Spannungsfeld, das sich zwischen der mehr der Professionslogik folgenden (Einzel oder Gruppen-)Supervision im sozialen Feld oder einer sich mehr als organisationsbezogene Beratungsform verstehenden Supervision, die mehr der Organisationslogik folgt, auftut.

Diskutiert wird auch der starke Professionalisierungs- und Rechtfertigungsdruck unter dem Supervision als junge Disziplin selbst steht.

4. Ergebnisse der Forschung in Hinblick auf Evaluation von Auswirkungen supervisorischer Prozesse auf die Klienten/ Klientinnen der Supervisanden/Supervisandinnen

In der US-amerikanischen scientific community gibt es in den letzten Jahren Ansätze sich verstärkt mit der Wirkung von Supervision auf Klienten/Klientinnen von Supervisanden/Supervisandinnen auseinander zu setzen. So wird etwa allgemein diskutiert, wie Psychotherapiesupervision auf die Klienten/Klientinnen wirken kann. Allerdings ist der Bezug zwischen Supervision und Klienten-/Klientinnenarbeit hier leichter zu herzustellen als im deutschsprachigen Raum: Die US-Tradition von Supervision bezieht sich hauptsächlich auf Einzelsupervisionen, v.a. im Rahmen von klinisch-psychologischen und psychotherapeutischen Ausbildungsgängen; im deutschsprachigen Raum müssen bei Supervision als freier Dienstleistung für Praktiker/-innen und Institutionen auch intervenierende Effekte von Organisationen und Arbeitsteams einbezogen werden.

Ellis/Ladany (1997) erläutern in einem Review US-amerikanische Studien, die sich mit den Auswirkungen von Supervision auf Klienten/Klientinnen von Supervisanden/Supervisandinnen auseinandersetzen. Dabei geht es v.a. um Themen wie Parallelprozess, Vergleich verschiedener Supervisionsarten/-schulen, Instruktion der Supervisanden/Supervisandinnen vor der ersten Klientensitzung. Die Qualität und Schärfe der Studien ist laut den Autoren/Autorinnen gering, sie betonen aber die Wichtigkeit der Einbeziehung von Klienten-/Klientinnendaten in die Forschung.

Patton/Kivlinghan (1997) verglichen in einer Studie Supervisionssitzungen mit Beratungssitzungen der Supervisanden/Supervisandinnen in Selbsteinschätzungen und durch externe Beobachter/-innen und stellten dabei Parallelitäten und Bedingtheiten fest: Die Wahrnehmung der Supervisanden/Supervisandinnen von der Supervisions-Arbeitsallianz war signifikant abhängig von der Wahrnehmung der Klienten/Klientinnen von der Beratungs-Arbeitsallianz sowie von bestimmten Aspekten der Befolgung der Behandlung (treatment adherence).

5. Bewertung des erhobenen Forschungsstandes: Was fehlt Supervision zum Nachweis der eigenen Qualität?

Die Schwierigkeiten von Supervisions-Evaluationsforschung liegen in der hochkomplexen Situation des Forschungsgegenstands. Supervision ist nach Argumentation von Möller/Märtens (1998) eine „homöopathische Inszenierung", die eine Wirkung der Ergebnisse der supervisorischen Prozesse an den Klienten/die Klientinnen der Supervisanden/Supervisandinnen durch die Vielzahl der intervenierenden Variablen zu einem methodisch kaum lösbaren Problem mache.

Auch für die englischsprachige Supervisionsforschung kritisieren Ellis/Ladany (1997) etwa, dass in 10 von ihnen gefundenen Studien zum Thema Evaluation von Supervision keine eindeutige Antwort gefunden werden konnte, was oder wie evaluiert wird und fordern mehr Forschung zur Evaluation und auch die Entwicklung von Designs und Messmethoden. Obwohl sie mit diesem Ruf nach Untersuchungen zu diesem Themengebiet nicht alleine sind (vgl. Wampold/Holloway 1997), sind kaum Forschungen zu finden, die sich explizit mit den Auswirkungen von Supervision auf die Arbeit der Supervisanden/Supervisandinnen auseinandersetzen. Es gibt somit unverändert einen großen Forschungsbedarf, wobei zu berücksichtigen ist, dass die Auswirkungen auf die Supervisanden/Supervisandinnen in Abhängigkeit zu den Zielen und dem Prozess von Supervision stehen. Zu empfehlen wäre in künftigen Studien insgesamt eine Kombination von quantitativen und qualitativen Verfahren

Die Frage, wo denn der Ort sei, an dem sich die Qualität von Supervision zeigen soll, wird kontrovers diskutiert: Ein Standpunkt besagt, dass Supervision nur bei den Supervisanden/Supervisandinnen evaluiert und dort ihre Qualität gemessen werden kann. Der Wirkort der Supervision ist der/die Supervisand/-in (bzw. dessen/deren therapeutische Fähigkeit); die Gegenargumentation lautet, dass die supervisorische Beratung sehr wohl auf das konkrete Verhalten der Supervisanden/Supervisandinnen in den Situationen mit den Klienten/Klientinnen durchschlagen, und sich auch dort die Qualität der supervisorischen Prozesse abbilden sollte.

Im deutschsprachigen Raum gibt es noch kaum Forschung zu Effekten der Supervision auf Klienten/Klientinnen der Supervisanden/Supervisandinnen.

Das Thema Qualitätssicherung in der Supervision und Supervision als Qualitätssicherungsinstrument wird in der gesamten Forschungsliteratur nur wenig offen thematisiert, obwohl implizit Supervision als Maßnahme der QS verstanden wird. Die wenigen Beiträge dazu bleiben programmatisch, gehen zu wenig ins Detail, es bleiben in den allgemein formulierten Thesen viele Fragen unbeantwortet. Gewarnt wird jedoch vor dem Rechtfertigungsdruck für Supervision in ihrem noch immer vorwissenschaftlichen Stadium.

Dies ist sicher auch Zeichen für die im deutschsprachigen Raum vertretene Auffassung von Supervision, die diese mehr als eine freiwillige Beratung, denn eine Fachberatung und Qualitätskontrolle verstanden haben will. Letztere Haltung prägt die US-amerikanische Definition von Supervision. Das Spannungsfeld der Macht und Kontrolle, die auch mit Qualitätssicherung und Qualitätsmanagement verbunden ist, lassen deutschsprachige Autoren/Autorinnen wohl von detailreicheren Untersuchungen Abstand nehmen.

Bezüglich der Wirksamkeits- und Qualitätsforschung von Supervision liegt die Schwäche der meisten Studien in der Datengenerierung durch die Selbstauskunft der Supervisanden/Supevisandinnen sowie der Rekrutierung der Stichproben, genaue statistische Darstellungen sowie eine kritische Diskussion der Ergebnisse fehlen zumeist. Auch wäre es interessant, negative Aspekte („Nebenwirkungen") von Supervision zu erheben und nicht immer nur nach Verbesserungen zu fragen. Eine abschließende und differenzierte Bewertung der Qualität kann nur erfolgen, wenn die negativen Effekte gegen die positiven aufgewogen werden, was lange Beobachtungszeiträume und viele unterschiedliche Studien zu unterschiedlichen Phasen des Supervisionsprozesses nötig macht.

Das SEI ist das im deutschsprachigen Raum erste reliable und valide Instrument zur Selbstevaluation bzw. Qualitätsüberprüfung von Supervision, wobei allerdings eine detaillierte Diskussion der Ergebnisse und differenzierte Betrachtung der Wirkweisen von Supervision fehlt. Weitere Forschung mit dem SEI sollte die Perspektive der Klienten/Klientinnen und der Institutionen stärker mit einbeziehen.

Es wird deutlich, dass das Gebiet der Evaluation und Qualitätssicherung von Supervision ein noch relativ unbearbeitetes Feld ist. Zu empfehlen für künftige Forschungsvorhaben sind sophisticated designs mit einer Kombination von quantitativen und qualitativen Verfahren, um der Komplexität des Forschungsgegenstandes gerecht zu werden.

6. Zusammenfassung und weiterleitende Überlegungen zur Qualitätssicherung und -kontrolle in der Supervision

6.1 Heterogene Auffassungen von Supervision

Supervision ist ein „junger" Ansatz psychosozialer Intervention. Und sie ist im Stadium der Sammlung von Beweisen ihrer Wirksamkeit. Supervision hat bis dato keine einheitliche Definition, das supervisorische Arbeits- und Aufgabenfeld, die Vielfalt der Interessengruppen – insbesondere im deutschsprachigen Bereich – macht die Entwicklung einer Qualitätskriterien überprüfenden Supervisionsforschung schwierig. Es gibt *die* Supervision nicht, es gibt keine übergreifende Supervisionstheorie, keine gemeinsame Basismethode, keine Einigkeit über Wirkfaktoren oder Standardstrategien der Intervention und auch keine Einigkeit in der community der Supervisions-Praktiker/-innen und Forscher/-innen über die Frage der Forschung.

Die Durchsicht und Bewertung der internationalen Forschungs-Literatur in der Studie macht die große Heterogenität von forschungsleitenden Interessen deutlich. Sie zeigt, dass diese wesentlich abhängig sind von der Traditionslinie (Psychotherapie, Sozialarbeit, Pädagogik), der methodischen Orientierung (Gestalttherapie, Gruppendynamik, Integrative Therapie, Psychodrama, Psychoanalyse, Social Casework, Systemische Therapie, Verhaltenstherapie), dem wissenschaftlichen Herkommen (Psychologie, Erziehungswissenschaften, Soziologie), dem Arbeitsfeld (Altenarbeit, Familienbetreuung, Suchttherapie etc.) der Forscher/-innen und ihrer Kontexte, der beteiligten Praktiker/-innen und der Auftragsgebung.

6.2 Komplexität von Supervisionsprozessen

Supervision und somit auch Supervisionsforschung beschäftigt sich mit hochkomplexen Systemen. Forschungsergebnisse zur Qualität und Qualitätssicherung von Supervision lassen sich deshalb auf allen folgenden Ebenen gewinnen (vgl. Oeltze/Ebert/Petzold 2002):

Supervisionssystem: Qualität des Curriculums und seiner Durchführung, Qualität der Dozenten/Dozentinnen und Lehrsupervisoren/Supervisorinnen, die Qualität der Organisation, rechtliche und berufspolitische Aspekte der supervisorischen Arbeit.

Supervisor/-innensystem: Qualität ihres Curriculumabschlusses, der Arbeit, nachdem sie als Supervisoren/Supervisorinnen in einem Ausbildungssystem eine Ausbildung durchlaufen haben. Erst wenn ihre Arbeit sich als qualitätsvoll in mehren Bereichen (Einzel-, Gruppen-, Teamsupervision) erweist und das auf mehreren Ebenen, kann die Qualität einer Ausbildung bestätigt werden.

Supervisand/-innensystem: Die supervidierten Berater/-innen, Sozialarbeiter/-innen, das Pflegepersonal, die Therapeuten/Therapeutinnen etc. bestätigen: diese Supervisoren/Supervisorinnen leisten gute Arbeit.

Klient/-innensystem: Bei Patienten/Patientinnen und Klienten/Klientinnen sollte gezeigt werden, dass die Supervision positive Effekte zeitigt (auch mögliche Negativeffekte sollten in Betracht gezogen werden). Auch Angehörige der Klienten/Klientinnen könnten die Qualität der Supervision durch die Änderung des Umgangs des psychosozialen Fachpersonals möglicherweise wahrnehmen.

Auftraggeber/-innensystem: Sehen auch die auftraggebenden Institutionen ihre Erwartungen in eine positive Wirkung der Supervision bestätigt.

Und über diesem allem noch das *Wissenschaftssystem der scientific community*: Das nach bestimmten Regeln und Pradigmen Qualität zu erfassen versucht, und selbst wieder unterschiedliche Aspekte von Qualität hat.

Supervision muss als dieses Gesamtsystem betrachtet werden, damit ihr Mehrebenencharakter deutlich wird. In diesem liegt ihr Potenzial zur Erfassung und ggf. Beeinflussung komplexer Zusammenhänge, zum anderen aber auch ihre Probleme in der praktischen

Supervisionsarbeit. Somit finden sich hier auch die Herausforderungen der Supervisionsforschung und der Qualitätssicherung von Supervision, weil sich die einzelnen Ebenen nicht voneinander isolieren lassen, sondern permanent gegenseitige Beeinflussung und Durchdringung der einzelnen Ebenen zum Tragen kommen.

Qualitätsfragen sind deshalb nur im Detail zu beantworten und zwar je spezifisch für das „Supervisand/-innensystem" (Berater/-innen, Betreuer/-innen, Therapeuten/Therapeutinnen), für das „Klient/-innensystem" (Klienten/Klientinnen, Patienten/Patientinnen, ev. Angehörige) und das „Auftraggebersystem" auf der Grundlage der für diese Systeme vorliegenden Studien.

6.3 Macht von Supervision als Qualitätssicherung und Qualitätskontrolle

Supervision wirkt an Interventionen mit, die in das Leben von Menschen – Patienten/Patientinnen, Klienten/Klientinnen, Mitarbeiter/-innen – eingreifen. Sie kann bei Entscheidungsfindungen eine erhebliche Rolle spielen. Sie wird gerade bei schwierigen Problemen beigezogen, um angestrebte Lösungen zu optimieren. Wichtig wäre hier die Bewusstmachung und Thematisierung der ethischen und rechtlichen Dimension (z.B. informed consent, client security, patient dignity etc). Es sind Handlungsroutinen, professionsethische Standards erforderlich, die durch Forschungsdaten begründet und abgesichert sein sowie – sind sie installiert – durch Qualitätsforschung überprüft werden müssen.

Der Begriff „Qualität" im psychosozialen Feld bedarf erst einer genauen Bestimmung, damit er fruchtbar werden kann. Wenn Supervision als Instrument der *Qualitätssicherung* dazu herangezogen wird, heißt das letztlich auch *Qualitätskontrolle* mit durchaus möglichen disziplinarischen Konsequenzen einer bis dato scheinbar (?) neutralen, externen Ebene der Betrachtung! Es bedarf dazu einer Untersuchung und kritischen Sichtung von Supervision, damit sie in ihren offenen und verdeckten Zielen, wie sie in Arbeitsformen, Arbeitsfeldern und Zielbereichen zum Tragen kommen, Transparenz gewinnen kann. Auch hier kommt der Mangel an Forschung für den Bereich der Wirksamkeit von Supervision im Klient/-innensystem zum Tragen, d.h. wir wissen noch nicht, ob Supervision für diese Aufgabe, abgesehen von ihrer Definition, überhaupt geeignet wäre. Ebenso fehlen Untersuchungen zur Macht- und Kontrollthematik weitgehend.

6.4 Qualität der Wissenschaft und Forschung selbst

In modernen Wissenschafts- und Technologiegesellschaften, v.a. im medizinischen und psychosozialen Bereich, ist das Kriterium der Wissenschaftlichkeit eine Grundbedingung für die Legitimierung von Handeln geworden. Es wird gefordert, dass Menschen nur mit Methoden behandelt bzw. beeinflusst werden, deren Wirkungen wissenschaftlich untersucht und begründet sind. Das heißt, dass die gesetzten Maßnahmen nach Kriterien wissenschaftlicher Logik begründet und ihre Wirkungen mit wissenschaftlicher Methodik untersucht werden, damit auch intersubjektiv nachprüfbar sind.

Supervision selbst beansprucht, als reflexive Disziplin solche wissenschaftsnahe Metareflexion zu leisten. Dabei ist jedoch zu berücksichtigen, dass Supervision keine Grundlagenwissenschaft und schon gar keine homogene Disziplin ist. Sie hat keine eigenständige Wissenstradition innerhalb der Sozialwissenschaften, sondern sie ist historisch aus administrativen Strategien im Bereich der Verwaltung und Armenpflege hervorgegangen als eine „Praxeologie"; diesen Status hat sie vielfach noch heute.

Dazu muss durch Effekt- bzw. Outcome-Forschung (Wirksamkeit und Nebenwirkungen, Spezifität, Nachhaltigkeit), Prozessforschung (Wirkungsbedingungen, Wirkfaktoren, intervenierende Einflüsse), Akzeptanzforschung (An- und Aufnahme der Intervention durch die Zielgruppen, Klienten/Klientinnen bzw. Patienten/Patientinnen, aber auch durch die Praktiker/-innen selbst) erhoben werden, wie fundiert die Praxis von supervisorischen Interventionen ist.

Bedeutend dabei ist auch die wissenschaftliche Metareflexion, die Basisannahmen, Hintergründe und Zielsetzungen von Strategien und Methoden der Interventionen offen legt.

Diese Themen um die Qualitätssicherung und -kontrolle von und durch Supervision sind nur auf der Basis anspruchsvoller und qualitativ hochwertiger empirischer Forschung zu beantworten. Qualität zu sichern und zu entwickeln ist nur möglich, wenn anhand von verlässlichen Kriterien und mit guten wissenschaftlichen Instrumenten in vom Forschungsdesign her angemessenen Studien mit hinreichend großen Probanden-/Probandinnenzahlen ein Parameter untersucht wird wie z.B. die Entlastung von Supervisanden/Supervisandinnen von Jobstress. Kunden-/Kundinnenzufriedenheit, wie bisher üblich allein per Fragebogen erhoben, reicht dafür nicht aus. Supervision ist aufgerufen, ihre Qualität, d.h. ihre Wirksamkeit und Unbedenklichkeit dokumentieren. Damit kann sie auch die Frage beantworten, ob, inwieweit, und in welchen Aspekten sie als Maßnahme der Qualitätssicherung im psychosozialen Bereich geeignet ist.

Literatur

Ellis, M.V./Ladany, N. (1997): Inferences Concerning Supervisees an Clients in Clinical Supervision: An Integrative Review. In: Watkins jr., E.C.: Handbook of Psychotherapy Supervision. New York, S. 447–507.

Möller, H./Märtens M. (1998): Zur Problematik der Supervisionsforschung: Forschung ohne Zukunft? In: OSC 3/1998, S. 205–221.

Oeltze, J./Ebert W./Petzold H.G. (2002): Integrative Supervision in Ausbildung und Praxis – eine empirische Evaluationsstudie im Mehrebenenmodell. Düsseldorf/Hückeswagen.

Patton, M./Kivlinghan, D. (1997): Relevance of the Supervisory Alliance to the Counseling Alliance and to Treatment Adherence in Counselor Training. In: Journal of counseling Psychology 44/1, S. 108–115.

Petzold, H.G./Schigl, B./Fischer, M./Höfner, C. (2002): Die Effizienz von Supervision für SupervisandInnen und KlientInnensysteme. Teil 1: Analyse der internationalen Forschungsliteratur, Endbericht des Projekts des Zentrums für Psychosoziale Medizin an der Donau-Universität Krems, Krems.

Petzold, H.G./Schigl, B./Fischer, M./Höfner, C. (2003): Supervision auf dem Prüfstand. Wirksamkeit, Forschung, Anwendungsfelder, Innovation. Opladen.

Pühl, H. (1997): Qualitätssicherung durch Supervision – Qualitätsmerkmale von Supervision. In: OSC 4/1, Opladen, S. 75–84.

Pühl, H. (1999): Qualitätsmanagement und Qualitätssicherung in sozialen Organisationen. Anforderungen an Supervisoren. In: OSC 6/1, Opladen, S. 83–88.

Schay, P./Dreger, B./Siegele, F./Petzold, H.G. (2002): Die Wirksamkeit von Supervision für den Klienten – eine empirische Erkundung im Bereich der Drogentherapie. In: Petzold, H.G./Schay, P./Ebert, W.: Integrative Suchttherapie, Opladen.

Schigl B./Petzold, H.G. (1997): Evaluation einer Ausbildung in Integrativer Supervision mit Vertiefungsschwerpunkt für den klinisch-geriatrischen Bereich – ein begleitendes Forschungsprojekt. In: Integrative Therapie, 1-2, S. 85–146.

Schneider K./Müller A. (1995): Evaluation von Supervision. In: Supervision Zeitschrift für berufsbezogene Beratung, Nr. 27, S. 86–98, München.

Wampold, B. E./Holloway, E. L. (1997): Methodology, Design and Evaluation in Psychotherapy Supervision Research. In: Watkins jr./Edward C.: Handbook of Psychotherapy Supervision, S. 11–29.

Welche Qualitätssicherung für die ambulante Psychotherapie?
Einige Überlegungen zur Diskussion

Anton-Rupert Laireiter

1. Vorbemerkung

Betrachtet man die Literatur zur Qualitätssicherung in der Psychotherapie in Österreich, so ist es erstaunlich ruhig geworden. Dies hat sicher damit zu tun, dass es bei uns (noch) keine gesetzliche Verpflichtung zur Qualitätssicherung ambulanter Psychotherapie gibt. Die Weiterentwicklung der Psychotherapie ist dadurch aber nicht aufzuhalten. Im Gegenteil, es ist damit zu rechnen, dass es in den nächsten Jahren einen intensiveren Diskussionsprozess um die Gesundheitsversorgung geben wird, verbunden mit größeren Umwälzungen, insbesondere auch in der Psychotherapie. In diesem Zusammenhang wird die Qualitätsdebatte sicherlich wieder aufflammen, evtl. wird es sogar eine gesetzliche Verpflichtung zur Qualitätssicherung in der ambulanten Gesundheitsversorgung geben. Der folgende Beitrag will einige Überlegungen zu Kriterien und einer möglichen Gestaltung der Qualitätssicherung in der Psychotherapie zur Diskussion zu stellen.

2. Qualität und Qualitätssicherung – begriffliche Erläuterungen

Unter *Qualität* versteht man nach DIN-ISO 9000 (Patterson 1995) die Gesamtheit an Eigenschaften und Merkmalen eines Produktes oder einer Dienstleistung, die sich auf deren Eignung zur Erfüllung festgelegter oder vorausgesetzter Erfordernisse beziehen. Damit ist das Verhältnis zwischen der realisierten (=Ist-Wert) und der erwünschten Beschaffenheit eines Produkts oder Dienstleistung (=Soll-Wert) gemeint. Das bedeutsamste Problem dieser Definition ist, dass an der Festlegung, was geeignet für welche Erfordernisse sein soll, immer unterschiedliche Interessensgruppen beteiligt sind (= „stakeholders"). Aus diesem Grund geht man mittlerweile dazu über, unterschiedliche Stakeholder-Begriffe von Qualität zu definieren (Pelikan 2003): Therapeutenqualität, Patientenqualität, Kundenqualität, Qualitätsvorstellungen der Kostenträger etc.

In der Psychotherapie und im Gesundheitssystem wird unter Qualität „die optimale Versorgung psychisch kranker Menschen nach dem aktuellen Stand der Entwicklung des Faches und der wissenschaftlichen Erkenntnisse" (Härter/Berger, 1999, 10) verstanden. Auch hier bestimmen Stakeholder-Perspektiven die Begriffsbedeutung: Therapeuten verstehen darunter die maximale Realisation ihrer therapeutischen Arbeitsmodelle bei voller Kassenleistung, während die Kassen damit eher das Maximum an positiven Veränderungen (Heilung) zu möglichst günstigen Preisen (Wirtschaftlichkeit, Effizienz) und die Patienten ihrerseits die positive Veränderung ihrer Probleme und eine optimale persönliche Betreuung durch den Therapeuten (Erfolg und positiver Umgang) assoziieren.

Der Bedeutung des Behandlungserfolgs entsprechend wird daher in vielen Definitionen diese in den Vordergrund gestellt: So wird unter Qualität im Gesundheitswesen und damit auch in der Psychotherapie häufig „... das mit dem unter Anwendung des jeweils erreichten Standes an Wissen im jeweiligen Versorgungsbereich erwartbare Ausmaß an erwünschten therapeutischen Veränderungen und die Vermeidung unerwünschter Resultate an möglichst allen durch eine Einrichtung oder einen Therapeuten behandelten Patienten ..." verstanden (nach Härter/ Berger 1999, 11).

Spätestens seit Donabedian (1966) ist bekannt, dass die Ergebnisqualität nicht geplant und produziert werden kann, sie kann nur gemessen und durch entsprechende Maßnahmen gefördert werden (Pelikan 2003). Ihre Erreichung liegt nicht in Händen des Therapeuten allein, sie wird durch eine komplexe Konstellation unterschiedlicher Faktoren bestimmt (Patientenmerkmale, Art und Schwere der Störung, soziale und versorgungstechnische Rahmenbedingungen etc.) und kann daher nur durch die gemeinsame Anstrengung aller Beteiligter erreicht werden. Bemühungen und Versuche, eine optimale Ergebnisqualität zu erreichen, können daher nur zum Teil auf der Ergebnisebene ansetzen, sie müssen vor allem die Rahmenbedingungen und Settings der Gesundheitsversorgung sowie die Behandlungsprozesse einbeziehen. Donabedian (1966) hat dies erkannt und zwei zentrale Ansatzbereiche für die Sicherung der Ergebnisqualität. die „Struktur"- und die „Prozessqualität", definiert. In einer späteren Differenzierung (Donabedian 1980) zwischen technischer, interpersoneller und „Service-Qualität" hat er deutlich gemacht, dass das Erzielen erwünschter Therapieergebnisse nicht nur der Berücksichtigung struktureller Rahmenbedingungen (Anzahl Therapeuten, Vernetzung, Qualifikation, verfügbare Methoden etc.) und einer strukturierten und an technischen Standards orientierten Behandlungsdurchführung (sachgerechter Prozessverlauf, Intensität der Behandlung etc.) bedarf, sondern auch einer spezifischen zwischenmenschlichen Qualität (Therapeut-Klient-Beziehung, Güte des Umgangs mit dem Patienten etc.) und einer allgemeinen „Versorgungsqualität" (Service und Angebot, Informationen, Nachbetreuung etc.), die weit über die rein technische Durchführung der Behandlung hinausgeht und auch den zwischenmenschlichen Umgang mit Klienten einbezieht.

Unter *Qualitätssicherung* wird üblicherweise das Gesamt aller Maßnahmen und Versuche verstanden, die erwünschte Qualität kontinuierlich zu erhalten und zu verbessern. Seit der Integration der Qualitätssicherung in die Gesundheitsversorgung wurden verschiedene methodische Konzepte entwickelt, einfache Regelkreis-Feedback-Modelle (Kontroll-Modelle), komplexere Qualitätsentwicklungs- und Planungsmodelle und sehr moderne Systemansätze, die das Gesamt eines Produktions- oder Dienstleistungssektors und auch die Werthaltungen in diesem einbeziehen („Total Quality Management", TQM) und die permanente Qualitätsentwicklung („Continous Quality Improvement", CQI) in den Vordergrund stellen (Überblick bei Härter/Stieglitz/Linster 2003). Darüber hinaus wurden in den letzten Jahren, vor allem in der deutschen Psychotherapie, eine Reihe eigenständiger Ansätze entwickelt, die sich gegenwärtig gerade in der Phase der Erprobung bzw. Auswertung befinden (Köhlke/Kommer/Richter 2001; Überblicke bei Härter et al. 2003; Laireiter/Vogel 1998). Im Kern legen diese den Schwerpunkt ihrer Maßnahmen auf die Ergebnisqualität, beziehen aber auch Aspekte der Struktur- und Prozessqualität mit ein. Weites wird in den meisten Fällen eine Kombination aus internem Qualitätsmanagement (Qualitätsmanagement durch die Einrichtung oder den Praxisinhaber ohne äußere Kontrolle) und externer Qualitätskontrolle durch kontinuierliche Erfassung von Therapieergebnisdaten realisiert. Qualität kann nur partiell durch regelmäßige Evaluation kontrolliert werden, der Hauptteil der Qualitätsarbeit ist durch den Psychotherapeuten in seiner Arbeit mit seinen Patienten zu erbringen.

3. Merkmale ambulanter Psychotherapie als Rahmenbedingungen der Qualitätssicherung von Psychotherapie

Es macht einen Unterschied, ob Qualitätssicherung im ambulanten oder stationären Rahmen, in einer Einzelpraxis oder einer Beratungsstelle betrieben wird. Im institutionellen Bereich können Ressourcen und Planstellen dafür bereitgestellt werden, in einer Einzelpraxis nicht. Qualitätssicherung der ambulanten niedergelassenen Psychotherapie muss wichtige Rahmenbedingungen derselben berücksichtigen:

1. Ambulante Psychotherapie wird in der Regel in Einzelpraxen betrieben. Die gesamte Verantwortung für die Leistungserbringung, die Struktur, die Prozesse, Finanzen und Ergebnisse ruht auf den Schultern des Praxisinhabers. Er kann an niemanden delegieren, der für ihn die Qualitätssicherung erledigt, er muss es selber tun. Qualitätssicherung muss hier daher so gestaltet sein, dass sie unter den Rahmenbedingungen einer Einzelpraxis betrieben werden kann.
2. Die Tatsache des Einzelpraktikerdaseins mit den damit verbundenen Schwierigkeiten der finanziellen Absicherung lässt Qualitätssicherung und Qualitätsmanagement im Prioritätenkatalog meist weit nach hinten rutschen. Daraus resultiert häufig Passivität, oft auch Widerstand und ein Mangel an Eigeninitiative gegenüber der Forderung nach Qualitätssicherung. Die Einführung von Qualitätssicherung in die Psychotherapie verlangt eine positive und unterstützende Haltung von Seiten der Berufsverbände, des Staates und der Kostenträger, vor allem aber müssen Anreizsysteme geschaffen werden, damit Psychotherapeuten aktiv an der Qualitätsentwicklung und Qualitätssicherung teilnehmen.
3. Gesetzlich hat die psychotherapeutische Leistungserbringung direkt und unmittelbar zu erfolgen; andere Personen arbeiten daher kaum mit dem Psychotherapeuten bei dessen Arbeit zusammen. Damit fehlt ihm eine „unabhängige Außenmeinung" und ein wichtiges Korrektiv für die Qualität seiner Leistungserbringung. Der Praktiker kann nur sehr selten Zweit- oder Drittmeinungen fachkompetenter Anderer einholen; die Gefahr der Abschottung ist groß! Es kann damit aber auch keine wirkliche Transparenz nach außen erzielt werden, was aber dem Qualitätsverständnis nach sehr wichtig wäre. Qualitätssicherung in der Praxis muss daher eine fachkundige „Öffentlichkeit" schaffen, die als Außenkorrektiv fungiert und in deren Rahmen Psychotherapeuten ihr eigenes Qualitätsverständnis entwickeln und ihre eigene Qualität ständig kontrollieren, reflektieren und verbessern können. Dies geschieht am besten in so genannten Qualitätsarbeitsgruppen, auf der Ebene der konkreten Fallarbeit in Form von

Intervisions- und Supervisionsgruppen, und auf der Ebene der Qualitätsentwicklung und Qualitätssicherung in Form von Qualitätszirkel (Härter/Groß-Hardt/Berger 1999).
4. In der Realität der gegenwärtigen psychotherapeutischen Versorgung operieren die verschiedenen Sektoren, die Hausärzte, die Fachärzte, die Psychotherapie und andere Gesundheitsberufe, jeweils relativ isoliert in einer Art Einzelkämpfertum und häufig auch in Konkurrenz zu- und miteinander. Alternative Versorgungsmodelle wie Praxisgemeinschaften, Managed Care, vernetzte Praxen etc., die die Isolation aufheben und die Kooperation fördern, sind noch kaum verwirklicht, würden aber für das Gesundheitssystem enorme Synergien bieten (Rüschmann/Roth/Krauss 2000) und wären eine echte Verbesserung der Strukturqualität der Gesundheitsversorgung.
5. Psychologen und Psychotherapeuten besitzen nur wenig Wissen über Qualitätssicherung und Qualitätsmanagement, das sie aber durchzuführen haben. Qualitätssicherung in der niedergelassenen Psychotherapie verlangt daher eine fundierte Einschulung in die Konzepte und Methoden des Qualitätsmanagements und der Qualitätssicherung.
6. Für eine funktionierende Qualitätssicherung bedarf es klarer Strukturen und eindeutig definierter Verantwortlichkeiten. Für die Durchführung der Qualitätssicherung ist keineswegs nur der individuelle Psychotherapeut allein verantwortlich, Qualitätssicherung kann nur funktionieren, wenn das gesamte Gesundheitssystem eingebunden ist und auch die Kostenträger ihren Beitrag dazu leisten.

4. Probleme herkömmlicher Positionen zur Qualitätssicherung von Psychotherapie

Wenngleich die Profession bereits relativ viele und auch praktikable Modelle der Qualitätssicherung von Psychotherapie entwickelt hat (s.o.), existiert sowohl im Feld wie auch unter den verschiedenen Stakeholdern eine Reihe von Meinungen, die für eine echte Qualitätsentwicklung hinderlich sind. Es seien hier nur die wichtigsten genannt:
1. *Outcome-Orientierung*: Der psychotherapiebezogene Qualitätsbegriff ist stark am Outcome orientiert. Es wird dabei übersehen, dass die Ergebnisqualität nicht einfach als Standard festgesetzt werden kann (s.o.). Die Fokussierung auf die Ergebnisqualität übersieht, dass die eigentlichen Faktoren der Qualitätsentwicklung und -verbesserung auf anderen Ebenen liegen (Ausstattung und Vernetzung der Praxis, adäquate Versorgungsabläufe und Behandlungsprozesse, systematische Kooperation mit anderen Berufsgruppen, Kompetenzen etc.; Laireiter 2003).
2. *Qualitätskontrolle und Therapeutenverantwortung*: Verschiedene Stakeholder, insbesondere die Krankenkassen, sind fast ausschließlich an der Qualitätskontrolle interessiert. Ihnen geht es weniger um eine breite Förderung der Qualität von Psychotherapie als viel mehr um die Kontrolle der Therapieergebnisse und die Identifizierung solcher Therapeuten, die im Vergleich zu anderen keine guten Ergebnisse erbringen („bad apples"). Damit verbunden ist vielen Aussagen der Versicherungen ein zum Teil verdecktes, zum Teil offenes Misstrauen gegenüber internem Qualitätsmanage-

ment durch die Psychotherapeuten zu entnehmen. Abgesehen davon, dass eine solche Qualitätspolitik zu negativen Entwicklungen, Angst und Abwehr führt, ist sie auch als nicht psychotherapiegerecht zu bezeichnen. Sie ignoriert die Tatsache, dass Therapieeffekte nicht durch den Psychotherapeuten allein erbracht werden und therapeutische Ergebnisse nur einen Qualitätsaspekt repräsentieren. Die Qualität eines guten Therapeuten äußert sich vor allem in der Durchführung der Therapie (Prozess und interpersonelle Qualität). Damit ist nicht gemeint, dass die Erfassung der Ergebnisqualität von Psychotherapeuten und ihrer Rückmeldung an die Therapeuten und deren Vergleich mit den Ergebnissen anderer (benchmarking) keinen Sinn machen würde. Es wird aber behauptet, dass dies nur dann sinnvoll und förderlich ist, wenn dies nicht durch die Kostenträger (Krankenkassen) erfolgt und vor allem nicht mit der Kostenerstattung verknüpft wird. Sie muss durch unabhängige Qualitätsinstitute erfolgen (Köhlke et al. 2001), besser noch durch einfache und schlanke Rückmeldesysteme im Rahmen der eigenen psychotherapeutischen Praxis (Lutz, 2002; Palm, 1998).

3. *Primat des Qualitätsmonitorings*: Vergleichende Auswertungen und Ergebnisfeedbacks können nur eine qualitätssichernde Maßnahme unter mehreren sein. Im Feld besteht häufig die Fehlmeinung, dass ein oder zwei Qualitätsmonitorings im Laufe der Behandlung eines Falles ausreichen, um Qualitätsverbesserungen zu erreichen. Abgesehen davon, dass ein derartiges Vorgehen aufgrund der z.T. enormen Fluktuation der Werte statistisch gesehen keinen Sinn macht, können Prozesse und Verläufe damit nicht abgebildet werden (Lutz, 2002; Palm, 2000). Dieses Vorgehen ist aber auch aus Gründen der Qualitätssicherung abzulehnen, denn es erbringt nur sehr langfristige Feedbacks (z.B. über 20 bis 30 Stunden), kurze und unmittelbare Rückmeldungen (wenige Stunden betreffend), die für die Qualitätssicherung individueller Behandlungen aber zentral wären, können dadurch nicht erreicht werden. Zudem können über punktuelle Ergebnisevaluationen über viele Fälle hinweg nur Aussagen zur allgemeinen Behandlungsqualität eines Psychotherapeuten gemacht werden, deren Interpretation aber aufgrund der Unterschiedlichkeit der Determinanten wiederum sehr schwer ist (s.o.). Will man über Ergebnisfeedback Qualitätssicherung betreiben, dann bedarf es einfacherer Rückmeldesysteme mit weitaus kürzeren Rückmeldelatenzen, z.B. stündlich (s. Lutz 2002; Palm 2000).

4. *Mangel an Methoden für kontinuierliches Qualitätsmonitoring*: Die wissenschaftliche Psychologie hat bislang aber kaum geeignete Methoden und Strategien für ein kontinuierliches Qualitätsmonitoring entwickelt. Ein solches kann nur betrieben werden, wenn es einfache und vor allem ökonomische Instrumente gibt, die kontinuierlich zentrale Variablen des Therapieverlaufs und -prozesses abbilden und dem Therapeuten *und* dem Klienten zurückmelden. Diese Verfahren sollten zudem auf EDV basieren und eine einfache Auswertung und Repräsentation der Ergebnisse ermöglichen. Die meisten bisherigen Vorschläge basieren auf Papier-Bleistift-Verfahren, die für die Auswertung einen hohen Zeitaufwand besitzen; es gibt nur zwei Instrumente (Grawe/Baltensperger 1998; Palm 1998), die den genannten Kriterien genügen.

5. *Schulenorientierung der Psychotherapie*: Last but not least ist die nicht unumstrittene Schulenorientierung der Psychotherapie für die Qualitätssicherung und die professionelle Qualitätsentwicklung ein großes Hindernis. Unterschiedliche Orientierungen

vertreten zum Teil völlig kontroverse Positionen zum Qualitätsmanagement, sowohl grundsätzlich wie auch inhaltlich. Es muss hier ein Umdenken in Richtung Patienten- und professioneller Bedarfsorientierung erfolgen, in der Psychotherapie nicht als eine Ideologie oder eine Religion gesehen wird, sondern als Dienstleistung zur Verbesserung der psychosozialen Befindlichkeit und Lebensqualität, die sich auch an den Kriterien des Bedarfs und der Wirtschaftlichkeit orientiert und nicht nur an professions- und angebotsorientierten Interessen.

5. Welche Qualitätssicherung für die ambulante Psychotherapie?

Zur Beantwortung dieser Frage sollen zunächst einige Thesen aufgestellt und anschließend die wichtigsten Komponenten eines konkreten Konzeptes im Sinne einer Zukunftsprojektion skizziert werden.

5.1. Thesen zur Entwicklung von Qualitätssicherung und Qualitätsmanagement in der Psychotherapie

5.1.1 Übergeordnete Aspekte

These 1 Orientierung an dynamischen und zielgerichteten Modellen

Qualitätssicherung ambulanter Psychotherapie darf nicht auf das Qualitäts-Kontrollmodell reduziert werden, sie sollte die permanente zielorientierte Entwicklung ihrer Qualität in den Vordergrund stellen (=Qualitätsmanagement), in der Qualitätsziele gesetzt und in der täglichen Praxis aktiv realisiert werden. Qualitätssicherung als Kontrolle der Prozesse und Ergebnisse von Therapien kann darin nur ein Element der ständigen Qualitätsentwicklung sein. Aufgrund der engen Vernetzung der verschiedenen Ebenen (s.u.) sollte sich praxistaugliches Qualitätsmanagement an Konzepten der modernen Qualitätswissenschaften orientieren, insbesondere dem Total Quality Management (TQM) und der Continuous Quality Improvement (CQI) (Hummel/Malorny 1997).

These 2 Integration aller Ebenen des Gesundheitswesens

Qualitätsentwicklung und Qualitätssicherung kann nicht in der Therapiepraxis allein erfolgen, sie muss alle Systemebenen des Gesundheitswesens, Versorgungssystem, professionelles System, kollegiale Ebene und individuelle Ebene einbeziehen. Sie kann nur funktionieren, wenn auf jeder Ebene zentrale Qualitätsziele realisiert werden. Die wichtigsten sind:
1. *Ebene des individuellen Psychotherapeuten:*
   - Entwicklung und Etablierung von Qualitätsbewusstsein und Qualitätszielen,
   - Erwerb von Wissen und Kompetenzen in Konzepten und Methoden des Qualitätsmanagements und der Qualitätssicherung,

- Durchführung internen Qualitätsmanagements und kontinuierliche Verbesserung der Praxis- und Behandlungsqualität,
- Mitarbeit in Qualitätsarbeitsgruppen,
- Regelmäßige Fort- und Weiterbildung,

2. *Kollegiale Ebene von Psychotherapeuten:*
   - Kollegiale Kooperation in der Qualitätsentwicklung im regionalen Verbund durch:
     - Supervision und Intervision der eigenen psychotherapeutischen Tätigkeit,
     - Zusammenarbeit in regionalen Qualitäts-Arbeitsgruppen (Qualitätszirkel), in denen gemeinsam an systematischen Qualitäts-Verbesserungsprojekten gearbeitet wird und sich die Psychotherapeuten gegenseitig bei der Verbesserung ihrer strukturellen, prozessualen und ergebnisbezogenen Qualitäten unterstützen,
     - Zusammenarbeit in regionalen Vernetzungsgruppen und Initiativen zur Verbesserung der Versorgung mit Vertretern anderer Gesundheitsberufe,

3. *Ebene der Psychotherapie als Profession:*
   - Entwicklung von Standards, Leitlinien, Leitbildern und übergeordneter Philosophie psychotherapeutischer Qualität,
   - Überprüfung der Einhaltung von Standards und Leitlinien durch wiederkehrende Prüfungen,
   - Entwicklung und Aufbau eines Monitoringsystems therapeutischer Struktur-, Prozess- und Ergebnisqualität und Rückmeldung der Ergebnisse an die Psychotherapeuten,
   - Entwicklung übergeordneter Organisations- und Unterstützungsstrukturen für Qualitätsmanagement: QM-Beauftragte, QM-Kommissionen und QM-Ausschüsse,
   - Integration des Qualitätsgedankens und des Qualitätsmanagements in berufsrechtliche und berufsethische Richtlinien,

4. *Ebene des Gesundheitssystems:*
   - Entwicklung von Modellen bedarfsgerechter Versorgung der Bevölkerung mit Psychotherapie,
   - Förderung der Vernetzung und Kooperation der verschiedenen Gesundheitsberufe,
   - Förderung von Initiativen zur Qualitätssicherung,
   - Kontinuierliche Verbesserung von Kriterien zur Ausbildung von Psychotherapeuten,
   - Entwicklung von Kriterien zur Zulassung geeigneter Behandlungsmethoden,
   - Förderung der Psychotherapieforschung, insbesondere zur Qualitätssicherung von Psychotherapie.

These 3   Integration herkömmlicher und moderner Methoden des Qualitätsmanagements von Psychotherapie

Die Psychotherapie verfügt über eine lange Tradition eigenständiger Qualitätsentwicklungen, die viele wirksame Methoden hervorbrachte, die bereits routinemäßig eingesetzt werden (Kriterien der Zulassung zu und der Ausbildung in Psychotherapie, therapiebegleitende Diagnostik, Supervision etc.). Moderne Qualitätssicherung der Psychotherapie muss diese mit Ansätzen und Methoden der Qualitätswissenschaften verknüpfen.

These 4   Orientierung an Wirtschaftlichkeit und Nützlichkeit

Qualitätsentwicklung und Qualitätssicherung im Gesundheitswesen kann nicht ohne Orientierung an den Prinzipien der Wirtschaftlichkeit und der Nützlichkeit erfolgen. Diesen muss sich auch die Psychotherapie als Rahmenbedingung ihrer eigenen Qualitätsentwicklung unterordnen. Für das Gesundheitswesen bedeutet dies aber auch, dass nach unökonomischen und ineffizienten Angebotsträgern in jeder Sparte wie auch zwischen diesen zu suchen ist (Pelikan 2003).

These 5   Orientierung an Evidenz und Leitlinien

Wie die Medizin und die Gesundheitsförderung kann sich eine bedarfsgerechte Psychotherapie nicht den Prinzipien der empirischen Evidenz und der Wirksamkeit und Effizienz therapeutischer Methoden entziehen. Es kann nicht sein, dass die Psychotherapie noch immer behauptet, alle Methoden seien bei allen Problemen gleich wirksam, wenn dieses „Dodo-Verdikt" bereits seit den 70er Jahren als überholt angesehen werden muss, vor allem im Bereich spezifischer psychischer Störungen (Lutz 2002). Eine moderne Psychotherapie kann sich daher nicht evidenzbasierten Leitlinien in der Behandlung spezifischer psychischer und psychosomatischer Störungen verschließen. Die Orientierung an diesen ist daher als Qualitätskriterium moderner Psychotherapie anzusehen.

These 6   Orientierung an modernen und ökonomischen Versorgungsmodellen

Von der Gesundheitspolitik und den Kostenträgern ist zu fordern, dass die Qualität des Gesundheitssystems dahingehend weiterentwickelt wird, dass moderne, von der Gesundheitsökonomie und den Gesundheitswissenschaften entwickelte Modelle stärkeren Einzug in den Versorgungsalltag nehmen. Dies gilt auch für die Psychotherapie.

5.1.2 Spezifische Aspekte der Qualitätssicherung von Psychotherapiepraxen

These 7   Einbezug aller Ebenen psychotherapeutischer Praxis

Qualitätsmanagement und Qualitätsentwicklung in der Psychotherapie muss alle Ebenen psychotherapeutischer Praxen berücksichtigen (Laireiter 2003):

1. *Strukturelle Ebene der Psychotherapiepraxis:* Ausstattung, Erreichbarkeit, verfügbare Methoden, bedarfsgerechtes Angebot, Möglichkeit der Krisenintervention, Vernetzung mit anderen Praxen und ambulanten und institutionellen Einrichtungen der Gesundheitsversorgung etc.
2. *Prozessuelle Ebene der Psychotherapiepraxis:* Allgemeine Behandlungsabläufe, Dokumentation, Evaluation, Rechnungswesen, Buchhaltung etc.
3. *Ebene individueller Behandlungen:* Diagnostik, Zielklärung, Behandlungs- und Therapiephasen, Qualität der Therapiedurchführung; interpersonale Qualität etc.
4. *Ergebnisebene*: Individuelle Therapieergebnisse; allgemeine Ergebnislage der Praxis.

These 8   Primat internen Qualitätsmanagements, ergänzt durch externe Kontrollen

Man ist sich heute einig, dass Qualitätsmanagement in der niedergelassenen Psychotherapie primär durch interne Methoden zu erfolgen hat (Richter, 1996). Aus verschiedenen Gründen, vor allem zur Unterstützung der Verbesserung der Prozess- und Ergebnisqualität, ist jedoch externes Qualitätsmonitoring und Benchmarking durch unabhängige Institute oder über von Psychotherapeuten gemeinsam genutzte Datenbanken sinnvoll (Köhlke et al. 2001). Effektives patientenbezogenes Qualitätsmonitoring muss Verlaufs- und Prozessrückmeldungen für die individuellen Therapien umfassen, die möglichst unmittelbar in den Therapieprozess münden (Palm 1998).

These 9   Ökonomie und Praktikabilität

Qualitätsmanagement und Qualitätssicherung in der niedergelassenen Psychotherapie müssen ökonomisch und praktikabel sein: Sie müssen vom Einzelpraktiker durchführbar sein und dürfen ihn und seine Patienten nicht überfordern (=Prinzip des schlanken Managements/lean management des TQM).

These 10   Einführung von Qualitätssicherung in die Psychotherapie benötigt Zeit und bedarf fundierter Ausbildung

Qualitätsmanagement in der Praxis ist nicht von heute auf morgen zu entwickeln. Die Einführung entsprechender Systeme erfordert je nach Umfang zwischen 6 und 24 Monaten Zeit (Birkner 2000). Systematische Modelle wie die DIN-ISO-Normen 9000ff. (Patterson, 1995) besitzen einen formalisierten Prozess der Implementierung (Birkner 2000).

Psychotherapeuten müssen auf die Einführung qualitätssichernder Modelle vorbereitet und in die Grundlagen und Konzepte eingeführt und in deren Anwendung trainiert werden. Zudem sind sie in den Diskussionsprozess einzubinden und müssen die Möglichkeit erhalten, ihre eigenen Qualitätsvorstellungen zu entwickeln („empowerment").

These 11   Verknüpfung mit Anreizsystemen

Die Durchführung von Qualitätsmanagement und Qualitätssicherung muss honoriert und mit Anreizsystemen verknüpft werden. So wäre es z.B. denkbar, die Teilnahme an Pilotprojekten durch höhere Therapiehonorare abzugelten (qualitätsgerechte Honorierung). Auch wäre, wie in anderen Dienstleistungs- und Produktionssektoren üblich, die Einführung eines Qualitätspreises für die besten qualitätsgesicherten Psychotherapiepraxen zu überlegen („Österreichischer Qualitätspreis für Psychotherapie, ÖQP-PT").

5.2 Komponenten eines allgemeinen Qualitätssicherungsmodells ambulanter Psychotherapie – eine Zukunftsprojektion

Wie könnte nun ein konkretes Modell der Qualitätssicherung der ambulanten Psychotherapie aussehen? Um dies zu verdeutlichen, wird der Leser eingeladen, sich in das Jahr 2015 zu versetzen: Im Rahmen der 70. Novelle zum ASVG wurde in Österreich 2007 beschlossen, Qualitätsmanagement und der Qualitätssicherung auch für die ambulante Gesundheitsversorgung gesetzlich zu verpflichten. Dem österreichischen Weg des „internen Qualitätsmanagements mit der Möglichkeit zu externen Prüfungen" entsprechend wurde ein schlankes System etabliert, das primär auf interne Qualitätsentwicklungen mit einer ergänzenden externen Prozess- und Ergebniskontrolle setzt. Das allgemeine Rahmenmodell dieses österreichischen Weges der Qualitätsentwicklung und -sicherung in der ambulanten Gesundheitsversorgung orientiert sich an modernen Konzepten der Qualitätswissenschaften (TQM, CQI, DIN-ISO etc.). Eine Analyse der Ist-Situation des Jahres 2015, acht Jahre nach Inkrafttreten des neuen Gesetzes, erbringt folgende allgemeine Ergebnisse:

1. Psychotherapie wird aufgrund eines Gesamtvertrages aus dem Jahr 2005 nunmehr vollständig durch die Krankenkassen bezahlt. Es besteht ein Kassen- und ein Wahltherapeutensystem.
2. In allen Bereichen des Gesundheitssystems hat sich ein Bewusstsein für die Qualität gesundheitsbezogener Leistungen etabliert, auch in der Psychotherapie.
3. Qualitätsbeauftragte, Qualitätskommissionen und Qualitätsausschüsse sind etabliert und arbeiten an der Entwicklung und Verbesserung qualitätsbezogener Standards und Leitlinien sowie der Verbesserung von Qualitätssicherungssystemen.
4. Im Rahmen der Psychotherapie wurden in diesem Rahmen bereits erste Qualitätsstandards für niedergelassene Praxen und ambulante Psychotherapie sowie Leitlinien qualitätsgerechter Behandlungen von Patienten mit spezifischen psychischen Störungen beschlossen und sind dabei umgesetzt zu werden.
5. Es werden Pilotprojekte zur systematischen Vernetzung von Praxen und zu einem „europäischen managed care" (case-management) von Psychotherapiepatienten initiiert.
6. Qualität und Qualitätsmanagement sind wichtige Elemente berufsethischer und -rechtlicher Kodices geworden.
7. Qualitätssicherungsbeauftragte unterstützen Psychotherapeuten durch Beratung bei der Entwicklung und Verbesserung ihrer Praxis- und Behandlungsqualität.

Im Bereich der *niedergelassenen Psychotherapie* sieht die Situation wie folgt aus:

8. Die Psychotherapeuten haben ein Bewusstsein ihrer Qualität und Leistung entwickelt.
9. Sie wurden ausführlich in die Konzepte und Methoden des Qualitätsmanagements, des Total Quality Managements und der Qualitätssicherung eingeschult.
10. Sie betreiben ausgeprägte Qualitäts- und Organisationsentwicklung im Bereich der Struktur- und Prozessqualität ihrer Praxen.
11. Sie unterziehen ihre psychotherapeutische Tätigkeit regelmäßiger Supervision und Intervision.
12. Sie arbeiten regelmäßig an regionalen Qualitätszirkel zur Entwicklung und Verbesserung ihrer Praxis- und Behandlungsqualität mit.
13. In der Behandlung ihrer Patienten mit spezifischen psychischen Störungen orientieren sie sich an evidenzbasierten Leitlinien.
14. In ihrer psychotherapeutischen Tätigkeit arbeiten sie eng mit ambulant und stationär tätigen Vertretern anderer Gesundheitsberufe zusammen. Einige Psychotherapeuten sind eingebunden in interdisziplinäre Expertenteams und arbeiten in Gemeinschaftspraxen.
15. Die Prozessqualität der psychotherapeutischen Tätigkeit wird anhand etablierter Prozessstandards durchgeführt und über Checklisten regelmäßig vom Therapeuten selbst geprüft.
16. Psychotherapien werden sowohl hinsichtlich ihrer Ausgangsbedingungen wie auch bezogen auf ihre Durchführung und deren Ergebnisse ausführlich dokumentiert.
17. Zu bestimmten Zeitpunkten während der Behandlung, vor allem nach deren Ende, führen Psychotherapeuten regelmäßig ausführliche strukturierte Verlaufs- und Abschlussevaluationsgespräche mit ihren Klienten, in denen Inhalt, Verlauf/Prozess und Ergebnisse der Psychotherapie reflektiert und ggf. Verbesserungsvorschläge zur Kenntnis genommen werden.
18. Spontan oder systematisch zurückgemeldete Fehler oder Mängel in der Qualität der psychotherapeutischen Struktur-, Prozess-, interpersonalen und Ergebnisqualität werden von den Psychotherapeuten einer unmittelbaren Verbesserung zugeführt.
19. Die Ergebnisqualität von Psychotherapie wird regelmäßig durch unabhängige Institute evaluiert und den Psychotherapeuten zurückgemeldet. Diese Ergebnisberichte werden ausführlich in den Qualitätszirkeln diskutiert und auf Verbesserungsmöglichkeiten hin untersucht.
20. Der für Qualitätssicherung zusätzliche Arbeitsaufwand ist von den Krankenkassen gesetzlich verpflichtet fallbezogen abzugelten.

Literatur

Birkner, B. (2000): Qualitätssicherung in der Arztpraxis. In. Amon; U./Ruckriegl, I. (Hrsg.), Qualitätsmanagement in der Arztpraxis. Patientenbindung, Praxisorganisation, Fehlervermeidung. Berlin, S. 121–128.
Donabedian, A. (1966): Evaluating the quality of medical care. Milbank Memorial Funds Quarterly, 44, S. 166–203.

Donabedian, A. (1980): Explorations in quality assessment and monitoring. Vol. 1: The definition of quality and approaches to its assessment. Ann Arbor.
Grawe, K./Baltensperger, C. (1998): Figurationsanalyse. Ein Konzept und Computerprogramm für die Prozeß- und Ergebnisevaluation in der Therapiepraxis. In: Laireiter, A.-R./Vogel, H. (Hrsg.), Qualitätssicherung in der Psychotherapie und psychosozialen Praxis. Tübingen, S. 179–207.
Härter, M./Berger, M. (1999): Qualitätsmanagement in der Gesundheitsversorgung. In: Härter, M./Groß-Hardt, M./Berger, M. (Hrsg.), Leitfaden Qualitätszirkel in Psychiatrie und Psychotherapie. Göttingen, S. 7–18.
Härter, M./Groß-Hardt, M./Berger, M. (1999): Leitfaden Qualitätszirkel in Psychiatrie und Psychotherapie. Göttingen.
Härter, M./Stieglitz, R.-D./Linster, H. (Hrsg.). (2003): Qualitätsmanagement in der Psychotherapie. Göttingen.
Hummel, T./Malorny, C. (1997): Total Quality Management. Tips für die Einführung (2. Aufl.). München.
Köhlke, H.-U./Kommer, D./Richter, R. (2001): Modellprojekt zur Erprobung eines Qualitätssicherungssystems in der ambulanten psychotherapeutischen Versorgung. Psychotherapeutenforum, 4, S. 17–25.
Laireiter, A.-R. (2003): Qualitätssicherung(QS)/Qualitätsmanagement (QM) in der Verhaltenstherapiepraxis. In: Härter,M./Stieglitz, R.-D./Linster, H. (Hrsg.): Qualitätsmanagement in der Psychotherapie. Göttingen.
Laireiter, A.-R./Vogel, H. (Hrsg.). (1998): Qualitätssicherung in der Psychotherapie und psychosozialen Versorgung. Tübingen.
Lutz, W. (2002): Patient-focused psychotherapy research and individual treatment progress as scientific groundwork for an empirically based clinical practice. Psychotherapy Research, 12, S. 251–272.
Palm, W. (1998): Prozesskontrolle für die ambulante Psychotherapie: Ein Beitrag zur Qualitätssicherung aus der Perspektive psychotherapeutischer Praxistätigkeit. In: Laireiter, A.-R./Vogel, H. (Hrsg.): Qualitätssicherung in der Psychotherapie und psychosozialen Versorgung. Tübingen, S. 253–272.
Palm, W. (2000): Qualitätssicherung: Wohin fährt der Zug? In: Verhaltenstherapie & Psychosoziale Praxis, 32, S. 302–306.
Patterson, J.G. (1995): ISO 9000: Globaler Qualitätsstandard, Kosten-Nutzen-Relation, die zwanzig Elemente, Qualitätschecklist. Wien.
Pelikan, J. M. (2003): Konzepte der Qualitätsentwicklung in der Gesundheitsförderung. Vortrag gehalten anläßlich der 5. Österreichischen Gesundheitsförderungskonferenz, 6.6.2003 in St. Pölten.
Richter, R. (1996): Die qualitätsgesicherte Psychotherapie-Praxis: Entwurf einer Leitlinie. Konzept für Qualitätssicherungs-Maßnahmen in der ambulanten psychotherapeutischen Versorgung. Psychotherapeutenforum 3, S. 6–9.
Rüschmann, H.-H./Roth, A./Krauss, C. (2000): Vernetzte Praxen auf dem Weg zu managed care? Aufbau, Ergbnisse, Zukunftsvisionen. Berlin.

Qualitätssicherung in der Weiterbildung „Psychotherapeutische Medizin" in Lehre und therapeutischer Praxis

Anton Leitner

1. Einleitung

Voraussetzung für eine qualitätsvolle, effektive und patientengerechte Psychotherapie ist eine gute Psychotherapieaus- und -weiterbildung. Rechtliche Grundlage zur Ausübung dieser Profession in Österreich sind das Psychotherapiegesetz oder das Ärztegesetz.

In einer Zeit der schwindenden Ressourcen im psychosozialen Feld erscheint es indiziert, den effizientesten und wirkungsvollsten Mitteleinsatz zu finden. Zu bedenken bleibt aber, dass Bildung und insbesondere auch psychotherapeutische Weiterbildung sich nicht im Zweck-Mittel-Kalkül erschöpfen soll (Bollmann et al. 1994). Daher sollen sich auch Psychotherapieaus- und -weiterbildungen der Evaluationsfrage stellen, wenn sie keine „Initiationsriten" (Kraft 1990) sein (bleiben) wollen.

In Bezug auf die Aus- und Weiterbildungsforschung der Psychotherapie sei auf ein Schwellenproblem besonders hingewiesen. Die Mehrzahl dieser Professionalisierung beinhaltet umfangreiche Anteile von Einzelselbsterfahrung, Lehranalyse, Gruppenselbsterfahrung etc. und hat damit „quasi therapeutischen Charakter". In Evaluationsprojekten kommen WeiterbildungskandidatInnen in die Situation, ihre LehrtherapeutInnen zu beurteilen und zu bewerten. Da die Therapieverfahren in ihrer Theorie, Methodik und Praxeologie von den Lehrenden gezeigt und vorgelebt werden, kommt es durch die Bewertung deren „Leistung" zu einer Konstellation, die anfangs durchaus Ängste und Widerstände auf Seite der LehrtherapeutInnen auslöst. Dies mag mit ein Grund sein, warum es noch viel zu wenige Evaluationsstudien ganzer Psychotherapieaus- und -weiterbildungen mit all ihren Einzelschritten gibt.

Die Ärztekammer für Niederösterreich veranstaltet seit 1994 die Weiterbildung „Psychotherapeutische Medizin" (PSY-III) für Ärztinnen und Ärzte.

Um innerhalb der österreichischen Ärzteschaft ein gleichwertiges Mindestcurriculum zu erstellen, wurde 1995 nach zweijähriger Vorbereitung die Österreichische Gesellschaft für Psychotherapeutische Medizin (ÖGPM) gegründet. Die ÖGPM ist die qualitätssichernde und beratende Instanz für die PSY-Weiterbildung der Österreichischen Ärztekammer.

Der Lehrausschuss dieser Weiterbildung hat – der Autonomie der Landesärztekammern gemäß – die Curricula in „Psychotherapeutische Medizin" in ihren Hauptfächern in dem Ausmaß beschlossen, wie es die Anforderungen in den angebotenen Verfahren nötig machen. Dadurch kommt es in den einzelnen Hauptfächern zu den unterschiedlichen Überschreitungen der Mindestanforderungen des Curriculums der „Psychotherapeutischen Medizin" der Österreichischen Ärztekammer.

Seit 1999 wird die PSY-III-Weiterbildung der Ärztekammer für Niederösterreich in Kooperation mit der Donau-Universität Krems, im Zentrum für Psychosoziale Medizin, als Universitätslehrgang geführt. Zu diesem Zeitpunkt kamen die ersten Student(inn)en in den Weiterbildungsstand „Psychotherapeutische Mediziner/-innen unter Supervision", d.h. die Ärztinnen und Ärzte führten supervidierte Psychotherapien mit Patient(inn)en durch. Zu diesem frühestmöglichen Zeitpunkt wurde die im Gesundheitssystem verankerte Forderung nach Qualitätssicherung bzw. Qualitätsentwicklung durch Evaluation vorgenommen. Die beiden hier vorgestellten Studien wurden von 1999 bis 2002 durchgeführt.

2. Rahmenbedingungen der beiden Studien

Das nach der persönlichen Neigung ausgewählte Hauptfach (Psychotherapieverfahren) wird als fachspezifisches Curriculum berufsbegleitend vermittelt. Dabei wird jene in sich ausreichende Konsistenz angestrebt, die es ermöglicht, eine sinnvolle Abstimmung von Theorien, Methoden, Techniken und Praktiken zu erlernen. Der Arzt, die Ärztin erlernt die Anwendung einer umfassenden, bewussten und geplanten Behandlungsform von psychosozial oder auch psychosomatisch bedingten Verhaltensstörungen und Leidenszuständen mit wissenschaftlich-psychotherapeutischen Methoden, also professionelle psychotherapeutische Medizin (Psychotherapie). Von den jeweiligen Gegen- und Nebenfächern[1] wird ein kurzer Abriss über die Geschichte, Theorie und Methodik dieser Verfahren vorgestellt mit dem Ziel, über den „Tellerrand" des eigenen Hauptfaches (Verfahrens) hinauszuschauen, um dessen störungsspezifische Behandlungsstärken kennen zu lernen und so, wenn erforderlich, profunde „Überweisungen" (Weiterempfehlungen zu einem/r Therapeuten/Therapeutin eines anderen Hauptfaches, Fachspezifikums) aussprechen zu können.

Der Universitätslehrgang findet berufsbegleitend statt und dauert mindestens 9 Semester. Voraussetzungen für die Weiterbildung sind das Jus practicandi zur Berufsausübung als Arzt/Ärztin für Allgemeinmedizin oder als Facharzt/Fachärztin[2], darüber hinaus das absolvierte PSY-I (Psychosoziale Medizin) und PSY-II (Psychosomatische Medizin) Diplom sowie ein Aufnahmeverfahren.

Psy-III in Niederösterreich – am Beispiel eines Hauptfaches – gliedert sich in einen Theorieteil von 300 Einheiten, einen Selbsterfahrungsteil von 310 Einheiten, einen Methodikteil von 150 Einheiten und einen praktischen Anwendungsteil von 1.200 Einheiten, supervidiert durch 100 h Balintgruppe sowie 120 h Supervision.

---

[1] Mit diesen, der Ärzteausbildung entliehenen Begriffen sind weitere fachspezifische Psychotherapieausrichtungen gemeint

[2] Bzw. in Ausbildung dazu – aber spätestens ab der Tätigkeit „Psychotherapeutische Medizin unter Supervision" muss das Jus practicandi gegeben sein.

Es wurden im 1.Turnus (1994) die Hauptfächer Imaginative Psychotherapie (IMP) und Integrative Therapie (IT), im 2. (1996) und 3. Turnus (1999) drei Hauptfächer angeboten: Imaginative Psychotherapie, Integrative Therapie und Systemische Familientherapie (SF), jeweils in Gruppengrößen von ca. 15 Teilnehmer(inne)n. Neben dem gewählten Hauptfach müssen wie oben beschrieben ein Gegenfach und zwei Nebenfächer belegt werden, um den WeiterbildungskandidatInnen einen guten Überblick über verschiedene therapeutische Verfahren zu ermöglichen.

Die theoretische Ausrichtung der vermittelten Verfahren fußt unter anderem auf tiefenpsychologischen, verhaltenstherapeutischen, systemischen und humanistischen Ansätzen. Das zu Grunde liegende anthropologische Konzept ist, dass der Mensch als Mann und Frau als Körper-Seele-Geist-Subjekt gesehen wird und sich in einem sozialen und ökologischen Umfeld im Zeitkontinuum bewegt.

Im Rahmen der Weiterbildung werden unterschiedliche theoretische Grundlagen angeboten. In der Basistheorie werden Entwicklungspsychologie in der Lebensspanne, Diagnostik und Anwendung des ICD 10/DSM IV in der Psychotherapie, Psychophysiologie-Psychoneuroimmunologie, Emotionstheorien, Sozialpsychologie, Lernpsychologie, Gesundheitspsychologie vermittelt. Einen weiteren Schwerpunkt stellen methodenspezifische Theorien wie Erkenntnistheorie, Wissenschaftstheorie, Anthropologie, Gesellschaftstheorie und Ethik sowie Persönlichkeitstheorie, Entwicklungstheorie, Gesundheits- und Krankheitslehre im jeweiligen Hauptfach dar sowie – im Zusammenhang mit der praktischen Arbeit – die Interventionslehre, die Methodenlehre und die Beschäftigung mit verschiedenen Praxisfeldern und Zielgruppen.

Einen Weiterbildungsschwerpunkt stellt die Selbsterfahrung dar. Diese teilt sich in die Selbsterfahrungsgruppe und die Einzelselbsterfahrung (Lehranalyse). Sie dient unter anderem der Bearbeitung der eigenen Themen und der Entwicklung der Therapeut(inn)enpersönlichkeit sowie des Erlebens der Methode des gewählten Hauptfaches aus der „Patient(inn)ensicht".

Die Methodikseminare befassen sich mit der Vorbereitung auf das praktische Handeln in der Psychotherapie wie Erstinterview, prozessuale Diagnostik, Traumarbeit, körperorientierte Arbeit, Krisenintervention und Arbeit mit kreativen Medien. Vor dem Hintergrund der „Arbeit an sich selbst" – der „Selbsterfahrung" – geht es vor allem darum, in einer Theorie-Praxis-Verschränkung in Kleingruppen psychotherapeutische Fertigkeiten einzuüben.

Die Balintgruppe als patientenzentrierte Selbsterfahrung stellt in diesem Curriculum eine spezifische Form einer ärztlichen Supervision dar. In ihr wird in Gruppenarbeit die Arzt-Patient-Beziehung unter bio-psycho-sozialen Grundannahmen reflektiert und bearbeitet.

Die Supervision schließlich bietet den WeiterbildungskandidatInnen Hilfe bei der Bearbeitung konkreter psychotherapeutischer Behandlungsfälle an, wobei sich diese sowohl auf die Umsetzung der jeweiligen Methode, als auch auf das Aufdecken und Helfen bei Schwierigkeiten bezieht.

Nach ca. 2,5 Jahren der Weiterbildung und der Absolvierung eines Praktikums mit begleitender Balintgruppe sowie der Absolvierung von mindestens 1/3 der geforderten Einzelselbsterfahrung/Lehranalyse führen die WeiterbildungskandidatInnen „Psychotherapie unter Supervision" durch.

CURRICULUM EINES HAUPTFACHES					
Voraussetzungen	1.Jahr	2.Jahr	3.Jahr	4.Jahr	
1.) Jus practicandi oder in Ausbildung zum Facharzt (FA)	Theorie:	100 E Basistheorie 60 E Hauptfach 40 E Gegenfach 40 E Nebenfächer 60 E psychotherapeutische Literatur			
2.) Abschluss von Psy I und Psy II	160 E kont. Weiterbildungsgruppe 150 E Einzellehranalyse				
	150 E M e t h o d i k s e m i n a r e (5 Seminare zu 30 E)				
	° Erstinterview und Prozessuale Diagn.	° Traumarbeit ° Leibarbeit	° Kreative Medien		° Krisenintervention
3.) Aufnahmeverfahren : Gruppe und 2 Interviews bei LehrtherapeutInnen	100 E Balintgruppe Begleitung für			120 E Supervision Begleitung für	
	600 E Praktikum und Psychiatrievisiten			600 E protokollierte Psychotherapie unter Supervision	
80 E Intensivseminare fakultativ (insgesamt mit Intensivseminar 2.260 E)				

Abbildung 1: Weiterbildung „Psychotherapeutische Medizin" am Beispiel eines Hauptfaches (Leitner 2002)

Um die methodische Umsetzung der komplexen Fragestellung zu evaluieren, wurde ein umfassendes Forschungsdesign gewählt, in dem Weiterbildungs- und Psychotherapieforschung miteinander verknüpft wurden, um sowohl psychotherapeutische Kompetenz (Fähigkeit), aber auch psychotherapeutische Performanz (Fertigkeit) der Weiterbildungskandidaten/-kandidatinnen zu erfassen, die wiederum Rückschlüsse auf die Qualität des Universitätslehrganges erlauben.

3. Ergebnisse der Weiterbildungsevaluationsstudie „Psychotherapeutische Medizin"

2001 wurde eine umfangreiche Nachbefragung bezüglich der Weiterbildung des 1.Turnus (Hauptfächer: IMP und IT) und 2. Turnus (Hauptfächer: IMP, IT und SF) nach Absolvierung aller Pflichtvorlesungen durchgeführt. Von 46 möglichen Personen haben 24 (52 %) an der Studie teilgenommen (siehe Abb. 2).

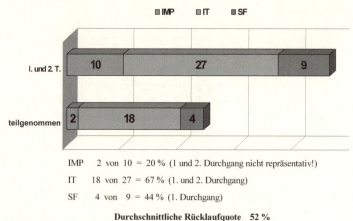

Abbildung 2: Teilnahme an der Weiterbildung unterteilt nach Hauptfächern 1. und 2. Turnus

3.1 Gesamtbewertung

Die Gesamtdurchschnittsbenotung 2,02 (siehe Abb. 3 und Abb. 5) zeigt, verglichen mit anderen repräsentativen Weiterbildungsevaluationen (z.B. Petzold/Haas/Jakob/Märtens/ Merten 1995), ein gutes Niveau, wobei allerdings zu beachten ist, dass eine zu optimistische Interpretation der Ergebnisse des Hauptfaches IMP nur mit Vorbehalt erfolgen kann. Frank und Fiegenbaum (1994) konnten in ihrer 100% Katamnese deutlich machen, dass es einen Zusammenhang zwischen Rücklauf und Ergebnisbewertung gibt. Eine geringe Rücklaufquote korreliert mit geringerer Zufriedenheit, sodass man davon ausgehen kann, dass ein auf den ersten Blick sehr positives Ergebnis, das aber nur auf einer kleinen Teilstichprobe (hier 2 von 10 möglichen) beruht, oft ein Hinweise auf eine geringere Zufriedenheit sein kann, da Rücklaufquoten gerade nicht unabhängig von der zu erfassenden Dimension sind, wenn es um Kundenzufriedenheit geht.

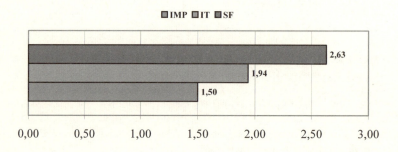

Abbildung 3: Benotung der gesamten Weiterbildung – Durchschnittsbenotung 2,02

3.2 Lehrinhalte

In der Bewertung (siehe Abb. 5) nach den verschiedenen Kriterien erzielt die Lehranalyse/Einzelselbsterfahrung die besten Ergebnisse, gefolgt von der Balintgruppe. Das Basistheorieprogramm wird am schlechtesten bewertet. Interessant ist, dass bei der 1999 durchgeführten Befragung vor Beginn der Weiterbildung des 3. Turnus (74 Teilnehmer/-innen) die Einschätzung der Wichtigkeit der unterschiedlichen Weiterbildungsteile zeigte, dass die Einzel- und Gruppenselbsterfahrung als wichtigster und die Basistheorie und die methodenspezifische Theorie als unwichtigster Weiterbildungsteil eingestuft worden sind.[3]

Nach dem Abschluss (Abb. 4) wurde die Weiterbildung von 8 Personen (alle vom Hauptfach IT) bewertet, die zu diesem Zeitpunkt (2001) mit dem ÖÄK Diplom und dem Master of Advanced Studies abgeschlossen hatten. Die Ergebnisse waren insgesamt gesehen sehr zufrieden stellend. Die Frage: „Wie beurteilen Sie die Weiterbildung im Hinblick auf die Förderung Ihrer professionellen Kompetenz?" ergibt mit 1,25 einen sehr guten Wert. Mit 1,50 fühlen sich die Weitergebildeten für die praktische psychotherapeutische Arbeit gut bis sehr gut vorbereitet. Der Transfer der Weiterbildung auf die Arbeit mit Patienten/Patientinnen wird mit 1,63 bewertet. Die Vorbereitung der Weiterbildung auf die Arbeit in Teams im Praxisfeld liegt mit 1,88 ebenfalls noch unter gut. Immer noch im Bereich von „gut" wird die Vorbereitung auf den fachlichen Diskurs mit Vertretern/Vertreterinnen anderer Therapieschulen mit 2,25 bewertet. Trotzdem überrascht an dieser Stelle das relativ schlechte Abschneiden, was Kenntnisse und Auseinandersetzungsmöglichkeiten mit anderen therapeutischen Orientierungen anbelangt an dieser Stelle, da das Curriculum ja nicht nur an einer Methode (Hauptfach, Verfahren) orientiert ausbildet, sondern in der Konzeption mit einem Gegenfach und zwei Nebenfächern breiter angelegt ist. Warum die Lehrgangsteilnehmern/-teilnehmerinnen hier ein Defizit erleben, erfordert weitere Analysen. Sind die Begriffe „Gegenfach" und „Nebenfach" abträglich? Methodisch wäre (nicht nur an diese Stelle) das Forschungsdesign um eine qualitative Komponente durch Interviews mit Studenten/Studentinnen zu erweitern.

Mit einer Benotung der gesamten Weiterbildung von 2,02 zeigt die Studie, dass die Weiterbildung ein gutes Niveau hat. Das Ergebnis der Lehranalyse/Einzelselbsterfahrung ist mit einem Durchschnittswert von 1,44 sehr positiv. Hierin spiegelt sich wider, dass diesem Teil der Weiterbildung ein hohes Gewicht beigemessen wird. Den schwächsten Punkt in der Globalbewertung erlangte das Theorieprogramm mit 2,44. Der Wert liegt immer noch im Bereich von „gut", kann aber als Anlass zu Verbesserungen genommen werden.

Geplant ist in Zukunft, die 20-stündigen Basistheorievorlesungen an Wochenenden durch kürzere Zeitblöcke, unterschiedliche Themen und mehr Personen als Vortragende aufzulockern (statt je 10 Stunden samstags von einem Vortragenden und je 10 Stunden sonntags von einem weiteren Vortragenden mit jeweils einem Thema).

---

[3] Die inzwischen vorliegende Abschlusserhebung wird gesondert publiziert.

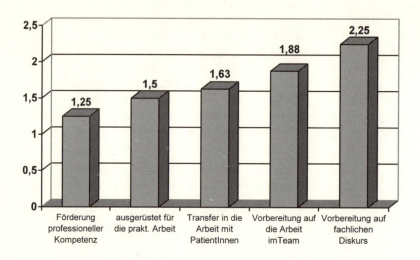

Abbildung 4: Bewertung der Weiterbildung der Absolventen/Absolventinnen nach dem Abschlusskolloqium

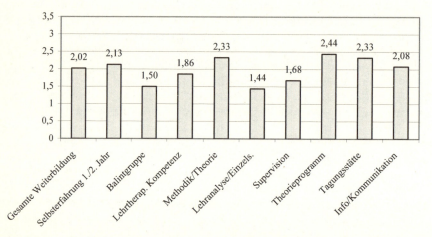

Abbildung 5: Globalbewertung der Weiterbildung und Bewertung der verschiedenen Kriterien

3.3 Referenten

Bei der Benotung der Kompetenz der Lehrenden im 1./2. und ab dem 3. Jahr zeigt sich, dass die Weiterbildungskandidaten/-kandidatinnen durchwegs im 3. Weiterbildungsjahr zufriedener sind und eine wesentlich bessere Benotung geben, als im 1./2. Jahr. (Diese Aufschlüsselung ist in Abb. 5 – „Globalbewertung ..." nicht ersichtlich, siehe im Detail bei Märtens et al 2003). Etliche der Bewertungen liegen im Bereich von sehr gut und stellen damit eine Bestätigung der Weiterbildung dar. Am kritischsten, aber dennoch im Bereich von „gut", sind die didaktischen Fertigkeiten und das praktische Können im 1./2. Jahr mit 2,21, die Betreuung des Weiterbildungsprozesses durch die Lehrbeauftragten im 1./2. Jahr mit 2,48 und die didaktischen Fähigkeiten, das didaktische Wissen im 1./2. Jahr mit 2,54. Alles in allem wird die Kompetenz der Lehrenden als „gut" bis „sehr gut" bestätigt.

Zu fragen ist, ob die bessere Bewertung im 3. Jahr objektiv auf Grund besserer Bedingungen erfolgt, oder ob die Weiterzubildenden auf Grund ihrer Vorbildung die Kompetenzen der Lehrenden anders bewerten.

3.4 Rahmenbedingungen

Die Frage, ob die Wochenenden durch ausgewählte Literatur vorbereitet werden sollten, wird von der Mehrzahl der Personen bejaht (14 x ja, 8 x nein), was als Veränderungsanregung wahrgenommen werden kann. Die Frage, ob genügend Mini-Lectures stattfinden, wird in den Gruppen unterschiedlich beantwortet. Während in der IMP und SF durchwegs mit „Nein" geantwortet wird, antworten 10 von 17 Personen in der IT mit „Ja". Bei der Frage, ob genügend mit kreativen Medien (Imaginationstechniken, Soziogramm usw.) gearbeitet wird, besteht mit 14 Verneinungen und 8 Bejahungen die Tendenz, dass mehr Arbeit mit kreativen Medien gewünscht wird. Den Wunsch nach mehr Gruppenprozessanalysen haben 15 Personen, gegenüber 8 Personen, die den gegenwärtigen Status-Quo als ausreichend ansehen.

Die Tagesstätte liegt mit 2,33 noch im Bereich von „gut", könnte aber verbessert werden.

Die Information und Kommunikation erzielen mit einer Ausnahme bei der Kommunikation mit den Mitarbeitern/Mitarbeiterinnen der Verwaltung der Ärztekammer mit 2,25 in der Gesamtgruppe durchwegs Werte besser als zwei, was als Bestätigung gesehen werden kann.

3.5 Fazit

Die Benotung der Theorie-Methodikseminare stellt mit 2,33 insgesamt gesehen einen der schwächsten Punkte dar.

Die Benotung der Einzelselbsterfahrung (Lehranalyse) mit 1,44 bestätigt mit Werten, die mit einer Ausnahme alle besser als zwei sind, dass die Weiterbildung in diesem Punkt ein sehr hohes Niveau hat.

Betrachtet man die einzelnen Items der Balintgruppe, liegen sämtliche Bewertungen mit einer Ausnahme unter zwei. Einzig die Vermittlung von Psychotherapieforschungsergebnissen erhält mit 2,63 einen eher kritischen Wert. Getrennt nach dem Hauptfach erzielt die Gruppe der SF entsprechend dem Gesamttrend eher kritische Werte zwischen 2,00 und 3,00. Der Wert der Vermittlung von Psychotherapieforschungsergebnissen kann als Ausgangspunkt für Verbesserungen genutzt werden.

Ähnlich dem vorhergehenden Punkt zeigt sich auch in der Benotung der fortlaufenden Supervisionsgruppe mit 1,68 bei der Beurteilung der Vermittlung von Psychotherapieforschungsergebnissen mit 3,14 das kritischste Ergebnis. Sämtliche Einzelbewertungen liegen im Bereich von „gut" und stellen so eine Bestätigung dar. Die Vermittlung therapeutischer Strategien mit 2,24, die Aneignung theoretischer Konzepte des Hauptfaches im Praxisbezug mit 2,29 und die Vermittlung diagnostischer Kenntnisse mit 2,33 stellen Punkte dar, die evtl. verbesserungswürdig sind. Bei getrennter Betrachtung nach Hauptfach erzielt die SF entsprechend dem Trend fünfmal von sechs den kritischsten Wert.

Die Benotung des Theorieprogramms stellt in der Globalbewertung mit 2,44 das kritischste Ergebnis dar. Die regionale Theoriebetreuung mit 2,96 stellt einen der höchsten Werte insgesamt dar und ist veränderungswürdig.

In der Bewertung des Abschlusskolloquiums ergeben sich sehr gute bis gute Werte. Alle Teilnehmer/-innen, die auf diese Frage antworten konnten, gehören der Gruppe der IT an. Da die Beurteilung dieser Punkte eine Rückmeldung nach Ende der Weiterbildung ist und bewertet wird, inwiefern die Weiterbildung als hilfreich erlebt wurde, kommt dieser Bewertung ein besonderes Gewicht zu. Umso erfreulicher sind hier die größtenteils sehr guten Bewertungen.

Bei der Befragung, ob bestimmte Veränderungen in der Weiterbildung gewünscht werden, ergab sich, dass der Wunsch nach einer stärkeren Themenzentrierung in der Gesamtgruppe ausgeglichen mit „Nein" und „Ja" beantwortet wird. Da die Gruppenstärke zum Teil recht klein ist, kann man hieraus kaum Konsequenzen ableiten (Märtens et al. 2003).

4. Ziele und Durchführung der Wirksamkeitsstudie

4.1 „Psychotherapeutische Medizin" – PSY-III

Wie kommt die Erweiterung der professionellen und personalen Kompetenz und Performanz, die in der Weiterbildung den Ärzten/Ärztinnen vermittelt wurde, bei den PatientInnen an? Diese Frage führt uns zum Hauptanliegen dieser Praxisstudie – die Untersuchung der Effizienz der psychotherapeutischen Weiterbildung, die Ärzten/Ärztinnen befähigen soll, als Psychotherapeutische Mediziner/-innen zu arbeiten.

Aussagen über die Effektivität von Weiterbildungsprogrammen können letztlich nur getroffen werden, wenn überprüft wird, inwieweit das theoretische Wissen und die Fähigkeit der praktischen Umsetzung, die in einer Weiterbildung vermittelt wurden, in der psychotherapeutischen Praxis den Patienten/Patientinnen auch zu Gute kommen (Petzold/Haas/Märtens 1998). Umgekehrt ist natürlich auch die Beurteilung der psychotherapeutischen Qualität bzw. die Wirksamkeit therapeutischer Interventionen wesentlich von der Güte der Weiterbildung abhängig (Schneider/Buchkremer 1995). Evaluationen einer Therapieweiterbildung sollten daher nicht losgelöst von der Wirksamkeitsforschung auf Patienten-/Patientinnenseite gesehen werden.

Diese Studie ist die erste Wirksamkeitsstudie bei Psy-III-Weiterbildungskandidaten/
-kanndidatinnen in diesem speziellen Setting (freie Praxis) und stellt somit ein Novum
dar. Vergleichbare Studien (Prä-Post-Vergleich) wurden mit erfahrenen TherapeutInnen
und meist in Krankenhäusern, Ambulatorien etc. durchgeführt.

4.1.1 Methodendesign

Die Evaluation der Performanz wurde durch die Erfassung der Ergebnisqualität in Form
einer Therapeuten-/Therapeutinnenbefragung, Patienten-/Patientinnenbefragung, Stundenbögen (auch diese Ergebnisse werden an anderer Stelle publiziert) und die Befragung
eines Angehörigen des Patienten/der Patientin durchgeführt. Das Design wurde um eine
Medikamentenvergleichsgruppe erweitert, um die Wirkung der Psychotherapeutischen
Medizin besser abgrenzen zu können.

Nach ca. 2,5 Jahren der Weiterbildung und der Absolvierung eines Praktikums mit begleitender Balintgruppe sowie der Absolvierung von mindestens 1/3 der geforderten Ein-
zelselbsterfahrung/Lehranalyse führen die Weiterbildungskandidaten/-kandidatinnen
„Psychotherapie unter Supervision" durch. 1999 waren insgesamt 24 ÄrztInnen (siehe
Abb. 6) in diesem Weiterbildungsstadium, 13 davon haben die Studie (mit 33 Patien-
ten/Patientinnen) begonnen, Ergebnisse von 12 Teilnehmer/-innen mit dem Hauptfach
Integrative Therapie (IT) konnten in die Studie aufgenommen werden.

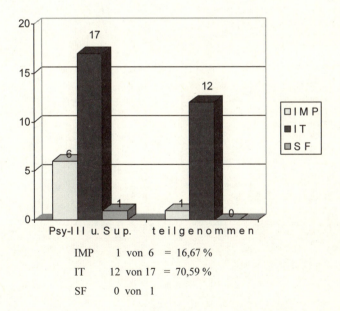

Abbildung 6: Studenten/Studentinnen (1999) im Stadium psychotherapeutische Medizin unter
Supervision verglichen mit Studienteilnehmer/-innen nach Hauptfächern

An drei Zeitpunkten wurden Daten erhoben: Bis spätestens nach der 2. Therapiestunde erfolgte die Eingangserhebung, am Therapieende die Abschlusserhebung und ca. ein halbes Jahr nach Abschluss eine Katamnese. Begleitend zur Therapie wurden kontinuierlich bis zur 30. Stunde Stundenbögen eingesetzt, mit denen sowohl vom Arzt / von der Ärztin als auch vom Patienten/von der Patientin eine Beurteilung des therapeutischen Geschehens unmittelbar nach jeder Stunde erhoben wurde.[4]

Zu jedem der drei Erhebungszeitpunkte wurden der Patient/die Patientin, der Arzt/die Ärztin und ein Angehöriger des Patienten/der Patientin befragt. Eine Übersicht über die Erhebungsinstrumente und Messzeitpunkte zeigt Abb. 7.

	Outcome-Evaluation						Prozessevaluation	
Zeitpunkt der Erhebung	grau Eingangserhebung (bis zur zweiten Stunde)		rot Abschlusserhebung (nach Beendigung der Therapie)		blau Katamnese (ein halbes Jahr nach Abschluss der Therapie)		gelb Kontinuierl. Einsatz v. Stundenbegleitbögen (in Anschluss jeder Stunde)	
es füllt aus	Erhebungsinstrumente	Zeit in Min.	Erhebungsinstrumente	Zeit in Min.	Erhebungsinstrumente	Zeit in Min.	Erhebungsinstrumente	Zeit in Min.
PatientIn	• Patientenfragebogen • SCl-90-R • IIP-C	30 15 15	• Patientenfragebogen • SCl-90-R • IIP-C	30 15 15	• Patientenfragebogen • SCl-90-R • IIP-C	30 15 15	• Stundenbogen Achtung: Anonym in einem Umschlag nach jeder Stunde ausfüllen und der TherapeutIn übergeben.	10
TherapeutIn	• Therapeutenfragebogen • Therapiebeurteilungsfragebogen	15 10	• Therapiebeurteilungsfragebogen	10	• Therapiebeurteilungsfragebogen	10	• Stundenbogen	10
Angehörige/r	• Angehörigenfragebogen	15	• Angehörigenfragebogen	15	• Angehörigenfragebogen	15	-	

Abbildung 7: Erhebungsinstrumente

---

[4] Die Instrumente (Therapeuten-/Therapeutinnenfragebogen, Therapiebeurteilungsbogen, Patienten-/Patientinnenfragebogen, Angehörigenfragebogen) wurden an der Europäischen Akademie für Psychosoziale Gesundheit – EAG konzipiert.

4.1.2 Ausgangsbasis

33 Patienten/Patientinnen nahmen an den Eingangserhebungen teil. Die Diagnosen aus Therapeuten-/Therapeutinnensicht können der Abb. 8 entnommen werden.

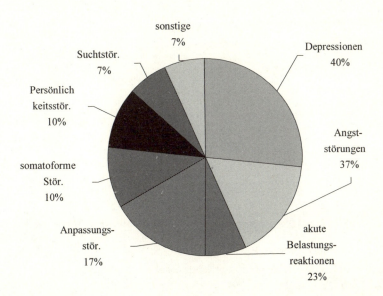

Abbildung 8: Diagnosen aus Therapeuten-/Therapeutinnensicht

4.1.3 Ergebnisse

4.1.3.1 Veränderung der Symptomatik

Die indirekte Veränderungsmessung der Symptomatik erfolgte über den Vergleich der Skalenwerte und des Gesamtwertes der Symptomcheckliste (SCL-90-R), (Derogatis 1986; Franke 1995) zwischen Eingangs- und Abschlusserhebung. Die Skalen der SCL-90-R messen die subjektive Beeinträchtigung eines Patienten/einer Patientin durch psychische Symptome wie z.B. Depressivität oder Angst. Eine Zunahme der Beeinträchtigung drückt sich in einer Erhöhung der Skalenwerte der SCL-90-R aus. Die Abnahme der Beeinträchtigung wird als positiver Indikator für einen Therapieerfolg gesehen. Zusätzlich werden Veränderungen zwischen Eingangs- und Abschlusserhebung über Effektstärken bestimmt und mit anderen Untersuchungen verglichen.

Prä-Post-Vergleich: Abbildung 9 demonstriert die Mittelwerte der Rohwerte der SCL-Skalen und des GSI in der Eingangs- und Abschlusserhebung. Als Referenzwerte wurden auch die Skalenmittelwerte der gesunden Normierungsstichprobe (N = 2179) aus Hessel/Schumacher/Geyer/Brähler 2000) angegeben.

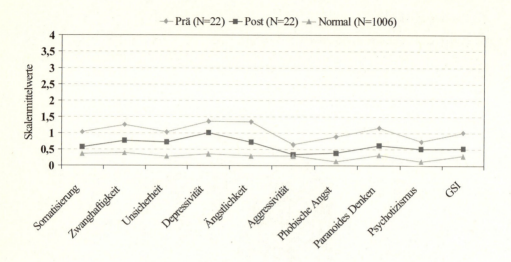

Abbildung 9: Veränderung der Symptomatik (SCL-90R) – Vergleich Prä-Post-Normal

Die Skalenmittelwerte der Abschlusserhebung haben sich deutlich denen der gesunden Normalstichprobe angenähert.

4.1.3.2 Veränderungen im interpersonalen Verhalten

Das interpersonale Verhalten der Patienten/Patientinnen wurde mit der Kurzform des Inventars Interpersonaler Probleme (IIP-C, deutsche Übersetzung von Horowitz, Strauß & Kordy, 1994) indirekt gemessen. Die Veränderungen über die Zeit werden an Hand des Vergleiches der mittleren Skalenrohwerte aus Eingangs- und Abschlusserhebung mit einer normalen Population und der errechneten Effektstärken demonstriert.

Prä-Post-Vergleich: Auf allen Skalen und im Gesamtwert des IIP-C veränderten sich die Skalenrohwerte von der Eingangs- zur Abschlusserhebung. Die Werte der Abschlusserhebung gleichen denen der Referenzpopulation von „normalen Gesunden" ($N = 2798$, aus Brähler/Horowitz/Kordy/Schumacher/Strauß 1999).

Langfristige Veränderungen: Auf allen Skalen und im Gesamtwert sind die Effekte zum Katamnesezeitpunkt ähnlich denen zum Therapieabschluss. Die Effektstärken bewegen sich zwischen 0,28 und 0,81. Die größten Effekte sechs Monate nach Therapieende erreichten die befragten Patienten/Patientinnen auf den Skalen „zu fürsorglich/freundlich" ($ES = 0,81$), „zu expressiv/aufdringlich" ($ES = 0,73$), „selbstunsicher/unterwürfig" ($ES = 0,72$).

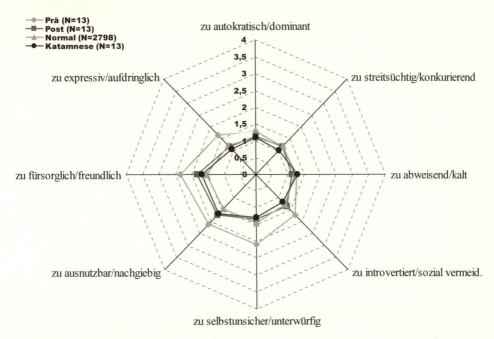

Abbildung 10: Veränderung des interpersonalen Verhaltens – Vergleich Prä-Post-Katamnese-Normal

4.1.3.3 Veränderungen der allgemeinen Lebenszufriedenheit

Dargestellt werden in diesem Abschnitt die indirekt mit den „Einschätzskalen allgemeiner Lebenszufriedenheit" (EAL) gemessenen Veränderungen der allgemeinen Lebenszufriedenheit in der Selbsteinschätzung der Patienten/Patientinnen sowie vergleichend hiezu aus der Perspektive der Therapeuten/Therapeutinnen und aus der Perspektive eines Angehörigen der Patienten/Patientinnen.

Die elf Bereiche der Lebenszufriedenheit wurden jeweils auf einer 11stufigen Ratingskala (von 0 = trifft nicht zu bis 100 = trifft zu) von den Patienten/Patientinnen selbst, den Therapeuten/Therapeutinnen und den Angehörigen der Patienten/Patientinnen mit eingeschätzt. Ein zunehmender Wert entspricht demzufolge einer Zunahme an Zufriedenheit. Die Originalitems lauten (in Klammern die Kurzform, wie sie in den Tabellen angegeben werden):

1. „Ich bin zufrieden mit meiner Persönlichkeit und mit meinen Fähigkeiten." (Persönlichkeit und Fähigkeiten)
2. „Im Augenblick bin ich zufrieden mit meinem Leben." (Leben)
3. „Ich erlebe mein Leben als sinnvoll." (Leben als sinnvoll)
4. „Im Kontakt mit anderen Menschen komme ich gut zurecht."(Kontakte)
5. „Ich habe viele Freunde." (Freunde)
6. „Ich bin zufrieden mit meiner Freizeit." (Freizeit)
7. „Mit Arbeit und Beruf bin ich zufrieden." (Arbeit und Beruf)
8. „Mit meiner Sexualität bin ich zufrieden." (Sexualität)

9. „Mit meinem Körper bin ich zufrieden." (Körper)
10. „Mit meiner wirtschaftlichen Situation bin ich zufrieden." (wirtschaftliche Situation)
11. „Mit meiner Wohnsituation bin ich zufrieden." (Wohnsituation)

Perspektivenvergleich: Für den Vergleich zwischen den Perspektiven wurden die mittleren Skalenrohwerte zu Grunde gelegt. Abb. 11 veranschaulicht die Werte sowohl für die Selbsteinschätzungen der Patienten/Patientinnen als auch für die Fremdeinschätzungen durch die Therapeuten/Therapeutinnen und Angehörigen der Patienten/Patientinnen.

Prä-Post-Vergleich: Insgesamt zeigt sich eine hohe Übereinstimmung in der Einschätzung der Lebenszufriedenheit zwischen Therapeuten/Therapeutinnen, Patienten/Patientinnen und deren Angehörigen in der Eingangserhebung. Eine Differenz zwischen Therapeuten/Therapeutinnen und Patienten/Patientinnen wurde auf der Skala ‚Zufriedenheit mit dem Leben' erfasst. Diesen Bereich schätzten die Therapeuten/Therapeutinnen im Durchschnitt am Beginn der Therapie signifikant schlechter ein als die Patienten/Patientinnen und deren Angehörige. Der Vergleich der Einschätzungen zwischen Patienten/Patientinnen und deren Angehörigen ergab Unterschiede in der Beurteilung der ‚Zufriedenheit mit den sozialen Kontakten' sowie der „Zufriedenheit mit Freizeit". Beides schätzten die Angehörigen zu Beginn der Therapie im Mittel höher ein als die Patienten/Patientinnen selbst.

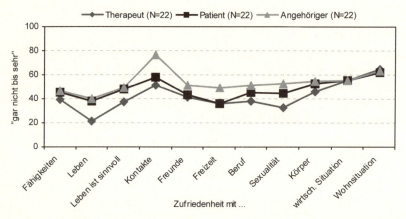

Abbildung 11: Allgemeine Lebenszufriedenheit – Vergleich der Perspektiven in der Eingangserhebung

Die Ergebnisse der Korrelation zwischen den Perspektiven (in diesem Bericht nicht grafisch dargestellt) in der Eingangserhebung und der Abschlusserhebung zeigen, dass die Übereinstimmung der Perspektiven bei der Abschlussmessung im Vergleich zur Eingangsmessung bis auf zwei Ausnahmen (Vergleich Patient und Angehöriger: viele Freunde von 0,432 auf 0,299 und wirtschaftliche Situation von 0,748 auf 0,674 gesunken) zugenommen hat. Es besteht von daher eine Übereinstimmung der Perspektiven.

Ebenso imponiert die hohe Übereinstimmung in der Einschätzung der allgemeinen Lebenszufriedenheit, insbesondere zwischen Therapeuten/Therapeutinnen und Patienten/Patientinnen (siehe Abb. 12).

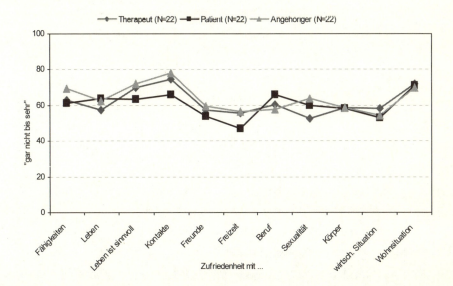

Abbildung 12: Allgemeine Lebenszufriedenheit – Vergleich der Perspektiven in der Abschlusserhebung

Langfristige Veränderungen: Die mit dem EAL erfasste allgemeinen Lebenszufriedenheit (Abb. 13) blieb sechs Monate nach Abschluss der Therapie im Vergleich zur Einschätzung in der Abschlusserhebung in allen Bereichen stabil. Es konnten keine signifikanten Mittelwertunterschiede ermittelt werden.

Die Katamnesedaten legen eine recht ausgeprägte Stabilität der erreichten Ergebnisse nahe, sodass die Nachhaltigkeit der Ergebnisse zu vermuten ist und kein Verschlechterungseffekt festgestellt werden kann.

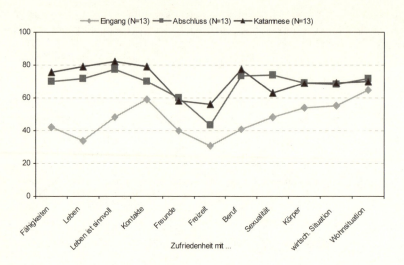

Abbildung 13: Veränderung der allgemeinen Lebenszufriedenheit – Vergleich Prä-Post-Katamnese

4.2 Medikamentenvergleichsstudie

Für die Medikamentenvergleichsgruppe waren erwachsene Patienten/Patientinnen mit einer nach ICD-10 definierbaren psychischen Störung vorgesehen, die keine Psychotherapie erhielten, sondern medikamentös behandelt wurden. Diese Befragung ist von deutlich geringerem Umfang als die Psychotherapiebefragung. In Abb. 14 werden die Erhebungszeitpunkte und Fragebögen der Medikamentenvergleichsgruppe vorgestellt.

	Eingangsbefragung	Abschlussbefragung
Wann	Nach dem ersten oder zweiten Gespräch, wenn klar ist, dass der/die PatientIn Medikamente und keine Psychotherapie bekommt.	Die Abschlussbefragung erfolgt entweder nach dem Absetzen der Medikamente (Beendigung der medikamentösen Therapie) oder ansonsten sechs Monate nach Beginn der medikamentösen Therapie.
Fragebögen für die Patienten/Patientinnen	Der/Die PatientIn füllt zwei Fragebögen aus: 1. SCL-90-R 2. M-Patientenfragebogen für Eingangserhebung	Der/Die PatientIn füllt zwei Fragebögen aus: 1. SCL-90-R 2. M-Patientenfragebogen für Abschlusserhebung
Fragebogen für den Arzt/ die Ärztin	Der Arzt/Die Ärztin füllt einen kurzen Fragebogen (M-Therapiebeurteilungsbogen für Eingangserhebung) aus.	Der Arzt/Die Ärztin füllt einen kurzen Fragebogen (M-Therapiebeurteilungsbogen für Abschlusserhebung) aus.

Abbildung 14: Übersicht über Messzeitpunkte der Medikamentenvergleichsgruppe

4.2.1 Ausgangsbasis

Die 13 psychotherapeutischen Mediziner/-innen rekrutierten parallel zur Untersuchungsgruppe, die Psychotherapie erhielten, Patienten/Patientinnen, die nur medikamentös behandelt wurden. Diese mit Medikamenten behandelte Vergleichsgruppe umfasst 12 Patienten/Patientinnen.

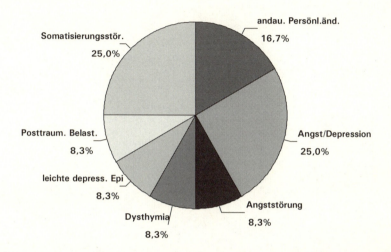

Abbildung 15: Eingangsdiagnosen aus Therapeuten-/Therapeutinnensicht – Medikamentengruppe

4.2.2 Ergebnisse

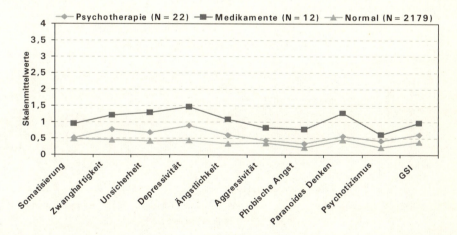

Abbildung 16: Vergleich Psychotherapie – Medikamentengruppe Abschluss (SCL-90R Veränderung der Symptomatik)

Während die indirekte Messung mit SCL-90 R bei den psychotherapeutisch Behandelten – bezogen auf die in Abb. 16 angegebenen Symptome – im Gegensatz zu den mit Medikamenten Behandelten eine deutlich größere Annäherung zur gesunden Normalbevölkerung bescheinigt, ergeben sich bei der subjektiven Beurteilung der allgemeinen Lebenszufriedenheit bei den „nur" mit Medikamenten behandelten Studienteilnehmer/-innen – verglichen mit den psychotherapeutisch behandelten Personen – bessere Werte in den meisten Fragen (siehe Abb. 17).

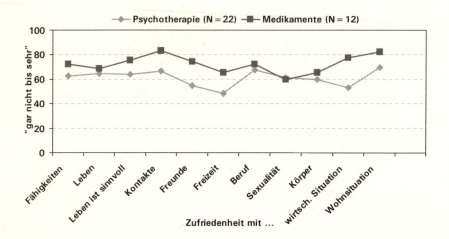

Abbildung 17: Vergleich Psychotherapie – Medikamentengruppe Abschluss (allgemeine Lebenszufriedenheit)

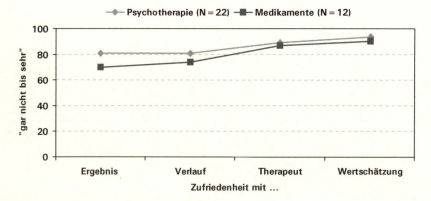

Abbildung 18: Vergleich Psychotherapie – Medikamentengruppe Abschluss (Subjektive Behandlungszufriedenheit)

Die hohen Werte der subjektiven Behandlungszufriedenheit fallen hier (Abb. 18) besonders auf. Eine Erklärung dafür könnte sein, dass die medikamentöse Behandlung, die auch von psychotherapeutischen Mediziner/-innen vorgenommen wurde, ebenso in einer psychotherapeutisch-geschulten „empathischen Grundhaltung" erfolgte (Dies wäre ein wünschenswerter Zusatzeffekt der PSY-III-Weiterbildung!).

5. Zusammenfassung

5.1 Schlussfolgerungen aus den empirischen Studien

Insgesamt zeigen sich deutliche Effekte der Behandlungen, wenn man die Reduktion von Symptomen und Belastungen betrachtet, die in vergleichbarer Größe durch Gewinne an Lebensqualität ergänzt werden.

Im Vergleich zu Wirksamkeitsstudien, also Studien, die unter „Laborbedingungen experimentell mit ausgesuchten Stichproben" durchgeführt werden, fallen die hier gefundenen Effekte, gemessen mit Effektstärken, etwas geringer aus. Dies entspricht aber den Erwartungen, da die Ergebnisse dieser Studie mit denen von Effektivitätsstudien, welche die Effekte von Psychotherapie unter Praxisbedingungen untersuchen, vergleichbar sind, die allerdings noch seltene Ausnahmen darstellen (Scheithauer/Petermann 2000).

Beachtenswert dabei ist, dass es sich hier um Ärzte/Ärztinnen in Weiterbildung zur Psychotherapeutischen Medizin handelt. Die Effekte zeigen, dass die Patienten/Patientinnen durch die Therapien erhebliche Verbesserungen erreichen konnten, die durchaus mit den Effekten anderer Psychotherapieverfahren „mithalten können", die von bereits erfahrenen Therapeuten/Therapeutinnen unter normalen Praxisbedingungen durchgeführt wurden (z.B. Peseschkian et al. 1999).

Besonders herauszustellen ist die differenzierte Sicht und das Verständnis der psychotherapeutischen Mediziner/-innen für die unterschiedlichen Bereiche der allgemeinen Lebenszufriedenheit. Diese können die Ärzte/Ärztinnen am Ende der Therapie und zu den Katamnesezeitpunkten im Gegensatz zum Therapiebeginn ausgesprochen gut einschätzen. Hier zeigt sich, dass die Therapeuten/Therapeutinnen im Laufe der Therapie ein sehr spezifisches Bild ihrer Patienten/Patientinnen gewinnen konnten und so in den meisten Bereichen bessere Angaben abgeben können als nahe stehende Angehörige. Die Einschätzungen der Angehörigen wurden ebenfalls systematisch erfasst. Sie bestätigen aus ihrer Sicht deutliche Verbesserungen und erlauben die Schlussfolgerung, dass die Angehörigen die therapiebedingten Effekte positiv bewerten. In welchem Umfang hier der Weiterbildungskontext, zum Beispiel in Form von Supervision, zu einer besonders intensiven und fruchtbaren Beschäftigung mit einem Fall geführt hat, kann vermutet, aber nicht belegt werden. Als zentrale Variable, die bei solchen Vergleichen berücksichtigt werden muss, steht die Therapeutenvariable an erster Stelle. Crits-Christoph (Crits-Christoph et al. 1991), der in Kooperation mit den Leitern viel zitierter Psychotherapie-Outcomestudien 15 Studien mit den Originaldaten reanalysierte, konnte eindrücklich aufzeigen, dass die Therapeutenvariable den größten Varianzaufklärungsanteil an der Streuung der Ergebnisse erbringt. Daraus wurde abgeleitet, dass bei der Interpretation von Therapieeffekten aus diesen nur bedingt auf die Effektivität der angewendeten Methode Rückschlüsse gezogen werden können (Crits-Christoph/Mintz 1991). Diese Schwierigkeiten potenzieren sich noch, wenn die Effekte unter Weiterbildungsbedingungen untersucht werden.

An Hand größerer Datenmengen könnte später die Bedeutung von individuellen Merkmalen der Therapeuten/Therapeutinnen für den Erfolg weiter verfolgt werden. Die Behandlungszufriedenheit und die von den Therapeuten/Therapeutinnen erfahrene Wertschätzung werden als zentrale Prozessmerkmale besonders hoch eingeschätzt und belegen eine ausgeprägte patientenorientierte Haltung.

Beim Vergleich der Patienten/Patientinnen, die ausschließlich mit Medikamenten behandelt wurden, fallen die hohen Werte der subjektiven Behandlungszufriedenheit auf. Sie betreffen besonders die erfahrene Wertschätzung durch den behandelnden Arzt. Dies wirft die unbedingt weiter zu verfolgende Frage auf, nach welchen Kriterien hier offensichtlich für eine besondere Patienten-/patientinnengruppe eine besonders geeignete Behandlung gewählt wurde, die deren Bedürfnissen entgegen kommt. Durch Zufallsverteilungen auf die beiden Behandlungsformen könnten hier wichtige Hinweise ermittelt werden, die für eine patientenorientierte Auswahl unterschiedlicher Behandlungsmöglichkeiten bedeutsam sind.[5] Hier spielt besonders die Frage eine Rolle, für welche Patienten/Patientinnen durch das frühzeitige Erkennen des geeigneten Zugangs die besten Ergebnisse erzielt werden können. Die Ergebnisse legen insbesondere nahe, weiter zu verfolgen, welche Patienten/Patientinnen möglicherweise mit Medikamenten besser oder hinsichtlich eines stattgefundenen „informed consent" durch eine spezifische Ansprache besser versorgt werden können. In der Katamnese weisen die Effekte eine hohe Stabilität und manchmal sogar einen Sleepereffekt auf. Die Effekte zeigen keine Deteriorationseffekte (Verschlechterungen), sondern gewinnen in einigen Bereichen sogar noch. Ein Vergleich der Patienten-/Patientinnenbelastungen mit einer Stichprobe der Durchschnittsbevölkerung belegt, dass sie sich von dieser statistisch nach der Therapie nicht mehr unterscheiden lässt.

Hinsichtlich ihres interpersonalen Verhaltens und ihrer Symptombelastung hat die Stichprobe einen unauffälligen Zustand erreicht, was für eine nicht unerheblich belastete Stichprobe nicht unbedingt zu erwarten war (Märtens et al. 2003).

In einigen Aspekten verweisen die Befunde darauf, dass erhoffte Effekte ausgeblieben sind. Dies betrifft insbesondere körperbezogene Parameter (in diesem Bericht nicht dargestellt) einschließlich sportlicher Betätigungen. Diese Bereiche scheinen unbedingt stärker fokussiert werden zu müssen.

---

[5] Leider unterscheidet sich die Medikamentenstichprobe durch eine bessere Ausgangslage in der Eingangserhebung in ihrer Lebenszufriedenheit und dadurch, dass hier bis auf einen Patienten alle verheiratet sind, von der Psychotherapiestichprobe.

5.2 Ausblick

Auf Grund der geringen Stichprobengröße, die durch die Größe der Weiterbildungsgruppe natürlich auch begrenzt ist, zeigen die Ergebnisse insbesondere, dass der hier beschrittene Weg einer zweigleisigen Weiterbildungsevaluation, die auch Patientenvariablen erhebt sowie eine Medikamentenvergleichsstudie mit einschließt, aufwändig, aber durchführbar ist. Nachdenklich - wie bei vielen Untersuchungen - stimmen die unterschiedlichen Ausmaße fehlender Daten, welche die Sicherheit der Schlussfolgerungen und eine Verallgemeinerung erschweren. Fehlende Daten stellen aber auch Hinweise auf die Untersuchungsgestaltung und Durchführung dar, sodass gefragt werden muss, mit welchen Designveränderungen vielleicht ein besserer Datenpool erreicht werden könnte. Hier müsste besonders über eine weitere Reduktion der Materialien nachgedacht werden, um die zusätzlichen Arbeitsbelastungen zu reduzieren. Andererseits sollte auf Grund der unterschiedlichen Rückläufe in den 3 Hauptfachrichtungen IMP, IT, SF grundsätzlich erörtert werden, warum die Ärzte/Ärztinnen sich nicht entsprechend der Teilnehmer/-innenzahl in den selbst gewählten Hauptfächern zu einer prozentuell ausgewogeneren Mitarbeit am Forschungsprojekt entschließen konnten. Darüber hinaus ergibt sich die Frage, ob für die einzelnen Verfahren spezifischere Erfassungsmodalitäten entwickelt werden könnten, um eine höhere Akzeptanz zu erreichen, was allerdings wiederum zu einer Erweiterung der Dokumentation führen würde (Märtens et al. 2003).

Ein konkretes Ergebnis dieser Evaluations- und Wirksamkeitsstudie ist, dass in künftigen Aus-/Weiterbildungsgruppen am Zentrum für Psychosoziale Medizin der Donau-Universität Krems einerseits Vorlesungen über Psychotherapieforschung angeboten werden und andererseits Balintgruppenleiter/-innen und Supervisoren/Supervisorinnen von der Lehrgangsleitung angeregt werden, dieses Thema in die praktische Arbeit mit den Studenten/Studentinnen einfließen zu lassen. Ziel der Psy III Weiterbildung ist ja eine theoriegeleitete Praxis vor dem Hintergrund einer forschungsfreundlichen Aus- und Weiterbildungskultur.

Eine Anschlussstudie (2002–2005) mit einer größeren N-Zahl auf Seiten der „Psychotherapeutischen Mediziner/-innen" und Patienten/Patientinnen mit einem erweiterten Design wurde vom Zentrum für Psychosoziale Medizin an der Donau-Universität Krems gestartet.

Literatur

Bollmann, U./von Dietrich, W./Wack, I.G. (1994): Eine Weiterbildungsdatenbank entsteht. Endbericht zum Modellversuch „Weiterbildungsdatenbank Nordrhein-Westfalen – Daysy", Landesinstitut für Schule und Weiterbildung, Soest.

Brähler, E./Horowitz, L.M./Kordy, H./Schuhmacher, J./Strauß, B. (1999): Zur Validierung des Inventars zur Erfassung Interpersonaler Probleme (IIP). Psychotherapie, Psychosomatik, Medizinische Psychologie, 49, S. 422–431.

Crits-Christoph, P./Baranackie, J.S.K./Beck, A.T./Carroll, K./Perry, K./Luborsky, L./McLellan, A.T./Woody, G.E./Thompson, L./Galagher, D./Zitrin, C. (1991): Meta-analysis of therapist effects in psychotherapy outcome studies. Psychotherapy Research 1 (2), S. 81–91.

Crits-Christoph, P./Mintz, J. (1991): Implications of therapist effects for the design and analysis of comparative studies of psychotherapies. Journal of Consulting and Clinical Psychology 59 (1), S. 20–26.

Derogatis, L.R. (1986): Symptom-Check-Liste (SCL-90-R). In Collegium Internationale Psychiatriae Scalarum (Hrsg.): Internationale Skalen für Psychiatrie. Weinheim.

Frank, M./Fiegenbaum, W. (1994): Therapieerfolgsmessung in der psychotherapeutischen Praxis. Zeitschrift für Klinische Psychologie 23 (4), S. 268–275.

Franke, G. (1995): SCL-90-R, Die Symptom-Checkliste von L.R. Derogatis. Deutsche Version, Manual. Göttingen.

Hessel, A./Schumacher, J./Geyer, M./Brähler, E. (2000): Symptom-Checkliste Scl-90-R: Testtheoretische Überprüfung und Normierung an einer bevölkerungsrepräsentativen Stichprobe. Diagnostica, 47, S. 27–39.

Horowitz, L.M./Strauß, B./Kordy, H. (1994): Inventar zur Erfassung interpersonaler Probleme. Manual. Weinheim.

Kraft, H. (1990): Die Rituale der Initiation in Schamanismus und Psychotherapie/Psychoanalyse, Praxis der Psychotherapie und Psychosomatik 5, S. 254–262.

Leitner, A. (2002): Universitätslehrgang „Psychosomatische und Psychotherapeutische Medizin". Studienbuch und Weiterbildungsrichtlinien, Donau-Universität Krems, Ärztekammer für Niederösterreich.

Märtens, M./Leitner, A./Steffan, A./Telsemeyer, P./Petzold, H. G. (2003): Qualitätssicherung in der Weiterbildung „Psychotherapeutische Medizin – PSY-III Niederösterreich". In: Leitner, A. (Hrsg.): Entwicklungsdynamiken in der Psychotherapie, Wien.

Peseschkian, N./Tritt, K./Loew, T./Jork, K./Deidenbach, H./Werner, B./Kick, H. (1999): Wirksamkeitsnachweis der Positiven Psychotherapie im Rahmen der Qualitätssicherung. Familiendynamik, 24, S. 80–99.

Petzold, H.G./Hass, W./Jakob, S./Märtens, M./Merten, P. (1995): Evaluation in der Psychotherapieausbildung: Ein Beitrag zur Qualitätssicherung in der Integrativen Therapie. In: Petzold, H./Orth, I./Sieper, J. (Hrsg): Qualitätssicherung und Didaktik in der therapeutischen Aus- und Weiterbildung. Sonderausgabe Gestalt und Integration, Düsseldorf, S. 180–223.

Petzold, H.G./Hass, W./Märtens, M. (1998): Qualitätssicherung durch Evaluation in der Psychotherapieausbildung. Ein Beitrag aus dem Bereich der Integrativen Therapie. In: Laireiter, A., Vogel, H. (Hrsg.). (1998): Qualitätssicherung in der Psychotherapie. Ein Werkstattbuch. Tübingen, S. 683–711.

Scheithauer, H./Petermann, F. (2000): Die Ermittlung der Wirksamkeit und Effektivität psychotherapeutischer Interventionen: Eine internationale Bestandsaufnahme. Zeitschrift für Klinische Psychologie, Psychiatrie und Psychotherapie, 48, S. 211–233.

Schneider, F./Buchkremer, G. (1995): Weiterbildung in Psychotherapie: Ein Aspekt von Qualitätssicherung. Psyche 5, S. 220–228.

Qualitätssicherung für die Postgraduale Weiterbildung in Psychotherapie mit kognitiv-verhaltenstherapeutischem und verhaltensmedizinischem Schwerpunkt

Nora Kaiser

1. Einleitung

1.1 Psychotherapie in der Schweiz

Die Aus- und Weiterbildung von Psychotherapeuten ist in der Schweiz kantonal geregelt. Das bedeutet, dass die Anforderungen an Psychotherapeuten, wenn sie ihren Beruf eigenverantwortlich ausüben wollen, nicht in der ganzen Schweiz gleich sind. Dies ist sowohl für den Berufstand als auch für die Qualitätssicherung der Psychotherapie ungünstig. Daher engagiert sich die Föderation der Schweizer Psychologinnen und Psychologen (FSP) auf nationaler Ebene für ein Psychologiegesetz, welches die Aus- und Weiterbildung von Psychotherapeuten einheitlich regeln soll. Die FSP akkreditiert Weiterbildungsinstitute, die einem definierten Weiterbildungsstandard genügen, und verleiht den Fachtitel „Fachpsychologe für Psychotherapie" für die Absolventen dieser Weiterbildungen.

Als positive Entwicklung bezüglich Qualität von Psychotherapie ist zu erwähnen, dass ab Januar 2004 im Kanton Zürich, dem Kanton mit der höchsten Psychotherapeutendichte, ein Psychotherapiegesetz in Kraft tritt, das für die Ausübung des Psychotherapeutenberufs ein Studium in Psychologie oder Medizin sowie den Abschluss einer anerkannten Psychotherapieweiterbildung verlangt.

1.2 Qualitätssicherung auf verschiedenen Ebenen

Die Qualitätssicherung unserer Weiterbildung in Psychotherapie, die im Kap. 2 beschrieben wird, sehen wir auf drei verschiedenen Ebenen, vgl. Abbildung 1.

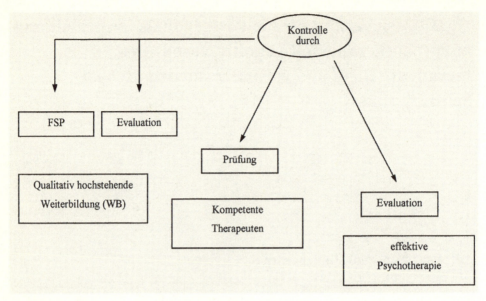

Abbildung 1: Drei Ebenen der Qualitätssicherung

Auf einer ersten Ebene wird die Weiterbildung sowohl extern als auch intern evaluiert. Durch den Berufsverband FSP ist unsere Weiterbildung akkreditiert. Alle zwei Jahre wird die Qualität der Weiterbildung durch die FSP kontrolliert, indem wir verpflichtet sind, einen Qualitätsbericht unserer Weiterbildung zu verfassen.

Als Weiterbildungsverantwortliche sind wir selbst daran interessiert, dass wir eine qualitativ hoch stehende Weiterbildung anbieten können. Dazu evaluieren wir alle Bereiche unserer Weiterbildung, um das Angebot entsprechend der Bedürfnisse der Teilnehmer, Ausbildner und letztlich im Interesse der behandelten Patienten zu optimieren.

Auf einer zweiten Ebene wird die Kompetenz der angehenden Therapeuten kontrolliert. Nach zwei Weiterbildungsjahren müssen sie eine schriftliche Prüfung ablegen und am Ende der Weiterbildung 10 detailliert ausgearbeitete Falldarstellungen abliefern. Zudem müssen sie in einer mündlichen Prüfung ihr Fallverständnis unter Beweis stellen.

Die meisten der Weiterbildungsteilnehmer führen zumindest einen Teil ihrer Lehrtherapien in unserer Verhaltensmedizinischen Ambulanz (VMA) durch. So haben wir auf einer dritten Ebene die Möglichkeit, die Effektivität der durch unsere Weiterbildungsteilnehmer durchgeführten Therapien zu überprüfen. Dazu führen wir standardmäßig Prä-, Post- und Katamnesemessungen durch.

2. Konzept der Weiterbildung für Psychotherapie

In Abbildung 2 werden die Bausteine der Weiterbildung in Psychotherapie mit den Schwerpunkten Kognitive Verhaltenstherapie und Verhaltensmedizin dargestellt.

Nach erfolgreichem Abschluss der Weiterbildung erhalten die Teilnehmer den Master of Advanced Studies in Psychotherapy (MASP) der Universität Zürich. Weiter erhalten sie den Titel „Fachpsychologe/Fachpsychologin für Psychotherapie FSP" und auf Antrag eine kantonale Praxisbewilligung zur eigenverantwortlichen Berufsausübung.

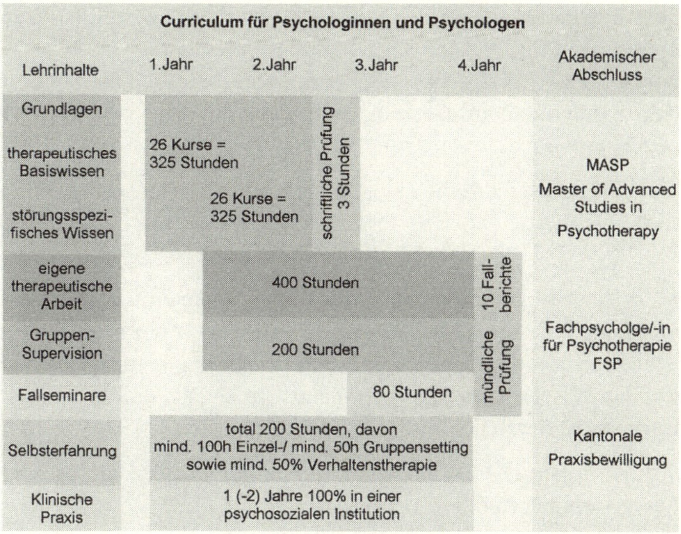

Abbildung 2: Curriculum der Weiterbildung in Psychotherapie mit den Schwerpunkten Kognitive Verhaltenstherapie und Verhaltensmedizin

3. Evaluation

3.1 Datenbasis für die Evaluation

Die Weiterbildung in Psychotherapie mit den Schwerpunkten Kognitive Verhaltenstherapie und Verhaltensmedizin wurde zum ersten Mal im Oktober 2000 an der Universität Zürich angeboten. Untenstehend eine Übersicht der Teilnehmer in den drei bis jetzt laufenden Kohorten.

WB-1:	Okt. 2000	6 Teilnehmer
WB-2:	Okt. 2001	9 Teilnehmer
WB-3:	Okt. 2002	8 Teilnehmer
Total		23 Teilnehmer

Die definitiven Evaluationsauswertungen werden immer am Ende eines Weiterbildungsjahres gemacht. So liegt uns für diesen Bericht Datenmaterial von WB-1, erstes und zweites Weiterbildungsjahr und von WB-2, 1. Weiterbildungsjahr vor.

3.2 Materialien zur Evaluation der Weiterbildung (WB)

Wir versuchen ökonomisch, aber doch vollständig die verschiedenen Weiterbildungselemente zu evaluieren. Zurzeit werden die folgenden sechs Messinstrumente angewendet.
- Goal Attainment Scale (GAS)
- Evaluationsbogen für einzelne Kurse durch Weiterbildungsteilnehmer
- Evaluationsbogen für einzelne Kurse durch Referenten
- Fragebogen zur Globaleinschätzung der Supervision durch die Supervisanden
- Fragebogen zur Globaleinschätzung der Supervision durch die Supervisoren
- Fragebogen zur Globaleinschätzung pro WB-Jahr

Die GAS ist ein Selbstbeurteilungsinstrument, mit dem die Weiterbildungsteilnehmer kontinuierlich ihre Lern- und Entwicklungsfortschritte einschätzen und dokumentieren können.

Die Kurse zur Vermittlung und zum Einüben von therapeutischem Basiswissen und störungsspezifischem Wissen werden zweiseitig evaluiert. Zum einen können die Teilnehmer die Referenten und die Kursinhalte beurteilen, zum andern haben die Referenten die Möglichkeit, den Wissensstand, das therapeutische Verständnis und das Engagement der Unterrichtsgruppe zu beurteilen.

Ebenso wird die Supervision sowohl von den Supervisanden als auch vom Supervisor/von der Supervisorin beurteilt.

Ein letzter Fragebogen wird zur Globaleinschätzung eines Weiterbildungsjahres verwendet. Hier sollen die Teilnehmer Ihre Zufriedenheit zu allen im entsprechenden Jahr angebotenen Bausteinen der Weiterbildung einschätzen.

4. Auswertungsbeispiele

4.1 GAS: Goal Attainment Scale

Die GAS wird als Selbstbeurteilungsinstrument eingesetzt. Die Weiterbildungsteilnehmer erhalten zu Beginn der Weiterbildung die Aufgabe, ihre realistischen Entwicklungsziele bezüglich ihrer Tätigkeit als Psychotherapeutinnen/Psychotherapeuten einzuschätzen. Auf Stufe 0 wird eingeschätzt, welche günstigen und ungünstigen Eigenschaften sich die Teilnehmer für die Therapeutentätigkeit zu Beginn der Weiterbildung zuschreiben. Auf Stufe +4 wird eingeschätzt, was die Teilnehmer nach der vierjährigen Psychotherapieweiterbildung erreicht haben möchten. Auf Stufe +2 werden Zwischenschritte auf dem Weg zum Weiterbildungsziel nach 4 Jahren (Stufe +4) festgehalten. Auf Stufe –2 wird ausformuliert, was bei einer negativen Entwicklung bezüglich der Therapeutentätigkeit geschehen könnte. Hierbei handelt es sich um die Ängste und Befürchtungen der angehenden Therapeuten bezüglich ihrer zukünftigen Tätigkeit.

Damit Veränderungen in der Entwicklung festgestellt und dokumentiert werden können, werden die Teilnehmer gebeten, jeweils zu Beginn eines neuen Weiterbildungsjahres einzuschätzen, welche Zwischenschritte sie bereits erreicht haben, wo sie noch weiterarbeiten müssen und welche Ängste und Befürchtungen noch vorhanden oder verschwunden sind.

		Ziele für meine Entwicklung als Therapeutin
+4	*	Gesprächsführung ist gut strukturiert
	*	Arbeite gemäss einer logischen Problemanalyse
	*	Komme durch gezielte Fragetechnik zu meinen gewollten Informationen
	*	Auswahl der VT-Technik bzgl. Individualität und Problem der Person
	*	Fühle mich wohl während der Sitzung, stehe hinter meinem Vorgehen
	*	Kann der Pat. Kompetenz und Vertrauen signalisieren
+2	+	Meine Gesprächsführung folgt bereits einem roten Faden (springe nicht von Thema zu Thema)
	+/-	Erkenne ein Problem und lasse mich davon nicht ablenken, damit ich Regeln und Pläne herausschälen kann
	+/-	Kenne Techniken, die ich noch besser lernen werde
	+	Weiß, wo meine Grenzen sind und kann diese auch kommunizieren
	+	Bin nur bei der Arbeit Psychologin, nicht aber im Privatleben
	+	Befürchtungen vom 1.11.00 sind nicht eingetroffen
0	-	Habe in Gesprächsführung noch keinen Plan
	-	Mühe, ein Problem zu identifizieren und dieses aufzuschlüsseln →Problemanalyse
	-	Fragetechnik nicht ausgefeilt
	-	Kleines und nicht ausgereiftes Repertoire an spezifischen VT-Techniken
	-	Unsicher, wann der richtige Moment zum Ansprechen eines Problems ist („Anfängerinneneifer")
	-	Dem Pat. klar Grenzen zu setzen (was meine Person und meine Aufgaben betrifft) fällt noch schwer
	+	Kann mich gut auf die Person in ihrer Individualität einlassen
	+	Vermittle im Privatleben nicht den Eindruck, Psychologin zu sein (andere fühlen sich nicht analysiert)
-2	♦	Unstrukturierte Gespräche
	♦	Habe keine Ideen mehr, Gespräche laufen nach Schema X ab
	♦	Hinterfrage nicht mehr kritisch
	♦	Bin ausgelaugt, höre nicht mehr richtig zu

Tabelle 1: GAS (Goal Attainment Scale)[1]

In Tabelle 1 wird eine GAS gezeigt, die zu Beginn der Weiterbildung erstellt und nach einem Jahr neu beurteilt wurde. +/- auf Stufe 0 zeigen, welche positiven/negativen Eigenschaften sich die Teilnehmerin bezüglich ihrer Therapeutentätigkeit zuschreibt.

+/- auf Stufe 2 sollen zeigen, welche Ziele bereits erreicht wurden und wo noch gearbeitet werden muss. Die Ängste und Befürchtungen, die auf Stufe –2 notiert sind, konnte die Teilnehmerin im Laufe des ersten Weiterbildungsjahres ablegen.

---

[1] Erstellt am 1. November 2000 und eingeschätzt am 26. Oktober 2001

4.2 Evaluation der Kurse „Wissen und Können"

Jeder Kurs wird von den Teilnehmern evaluiert. Die Teilnehmer können auf einer 5-Punkte Skala 15 Items einschätzten, wobei 5 einer vollen Zustimmung, respektive einer vollen Zufriedenheit, und 1 einer totalen Ablehnung, respektive einer großen Unzufriedenheit, entspricht.

In den Grafiken sind nur 13 Items abgebildet, da die beiden Items „der Kurs hatte zuviel Theorie" und „der Kurs hatte zuviel Praxis" bei der Einschätzung und Interpretation teilweise problematisch waren und zudem auch im Item „Verhältnis Theorie und Praxis" enthalten sind. Im kommenden Jahr werden wir eine überarbeitete Form des Kursevaluationsbogens einsetzten.

Im Mittel waren die Teilnehmer mit den ersten zwei WB-Jahren zufrieden bis sehr zufrieden. Das Item „Verhältnis Theorie und Praxis" wurde am schlechtesten bewertet. Dass zum Teil sehr unterschiedliche Bedürfnisse an theoretischem oder praktischem Input bei den Teilnehmern vorhanden sind, zeigten auch unsere jährlichen Feedbackgespräche mit den Weiterbildungsteilnehmern. Diejenigen, die bereits viele Patientenkontakte hatten, waren meist besonders an praktisch anwendbarer Wissensvermittlung interessiert, diejenigen, die noch keine oder nur wenige Patienten behandelt hatten, fanden oft die theoretischen Hintergründe besonders spannend. Sicherlich ist aber ein geeignetes Verhältnis von Theorie und Praxis wünschenswert.

Ein Vergleich der Mittelwerte aller Kursbeurteilungen pro W-Jahr zeigt, dass zwischen der Beurteilung vom 1. und 2. WB- Jahr durch die Teilnehmer von WB-1 kein großer Unterschied besteht, vgl. Abbildung 3. Inhaltlich werden im 1. WB-Jahr die therapeutischen Basiskompetenzen, Therapieplanung und Diagnostik vermittelt. Im 2. WB-Jahr werden störungsspezifische Kurse angeboten.

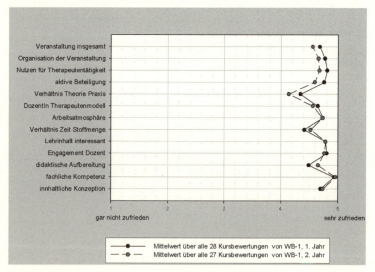

Abbildung 3: Vergleich der Mittelwerte aller Kurse von WB-1 / 1. Jahr und WB-1 / 2. Jahr

Vergleichen wir die Bewertungen von WB-1 und WB-2 bezüglich des 1. WB-Jahres, so zeigt sich, dass WB-2, abgesehen vom Item „fachliche Kompetenz", die Kurse etwas kritischer beurteilt, vgl. Abbildung 4.

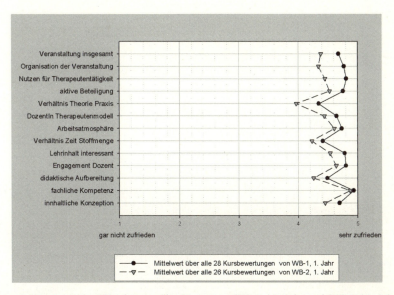

Abbildung 4: Vergleich der Mittelwerte aller Kurse von WB-1 / 1. Jahr und WB-2 / 1. Jahr

Anhand dieser Kursevaluationen können wir den Referenten ein gezieltes Feedback geben und besprechen, was in einem Workshop geändert und verbessert werden sollte.

Die einzelnen Kursbewertungen werden immer im Vergleich zum Kursmittel des entsprechenden WB-Jahres dargestellt. Im Folgenden wurde als Beispiel ein Kurs gewählt, der von den Teilnehmern als unbefriedigend erlebt wurde, vgl. Abbildung 5.

Der Kurs wurde zweimal als unbefriedigend eingestuft, im zweiten Jahr sogar noch schlechter als im ersten Jahr, was uns dazu veranlasste, den Referenten zu wechseln. Insbesondere erachteten wir als ungünstig, dass der Referent kein gutes Therapeutenmodell abgeben konnte. Die Teilnehmer kritisierten, dass sie in diesem Kurs nichts Praxisrelevantes vermittelt bekamen.

Wir erachten es als wichtig, dass ein bestimmter Weiterbildungsbaustein immer von allen Beteiligten evaluiert wird. Demzufolge entwickelten wir auch einen Fragebogen für die Referenten, damit sie die Weiterbildungsteilnehmer bezüglich ihres Wissensstandes, ihres therapeutischen Verständnisses, ihres Engagements, ihrer aktiven Beteiligung, ihrer Mitarbeit in Kleingruppen und ihrer Bereitschaft, eigene Fälle einzubringen, beurteilen können.

Den Fragebogen für die Referenten konnten wir jedoch erst im diesem laufenden Semester einsetzen, weshalb noch keine Auswertungen vorliegen.

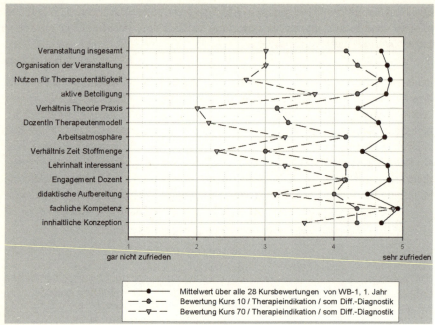

Abbildung 5: Als unbefriedigend eingeschätzte Kurse

4.3 Beurteilung der Supervision

Die Supervisanden nehmen an Supervisionsgruppen mit maximal 5 Teilnehmern teil. Die insgesamt 200 Supervisionsstunden müssen bei mindestens 3 verschiedenen Supervisoren absolviert werden. Durchschnittlich sind die Supervisanden ca. ein Jahr beim gleichen Supervisor und bekommen zwischen 40 bis 100 Stunden Supervision. Jede Supervisionsgruppe wird sowohl von den Supervisanden als auch vom Supervisor eingeschätzt. Die Zufriedenheit wird auf einer Skala von 0 – 100%er Zufriedenheit eingeschätzt.

100 = volle Zufriedenheit
 75 = gut
 50 = mittlere Zufriedenheit
 25 = mangelhaft
  0 = gar keine Zufriedenheit

Abbildung 6 zeigt die gemittelte Einschätzung von 5 Supervisanden, die 80 Stunden bei der gleichen Supervisorin absolvierten. Die Einschätzung der Supervisorin wird in Abbildung 7 dargestellt.

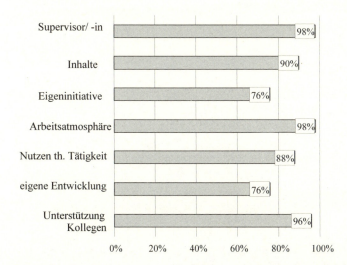

Abbildung 6: Durchschnittliche Zufriedenheit von 5 Supervisanden mit ihrer Supervision

Die beiden Auswertungen (Abb. 6 / Abb. 7) zeigen, dass sowohl die Supervisanden als auch die Supervisorin mit den 80 Stunden Supervision zufrieden bis sehr zufrieden sind. Betrachten wir die einzelnen Kategorien, so sind die Supervisanden am zufriedensten mit der Supervisorin, der Arbeitsatmosphäre und der Unterstützung durch die Kollegen. Bezüglich Eigeninitiative und eigener Entwicklung könnten sie sich gemäß Selbsteinschätzung noch etwas steigern.

Die Supervisorin dagegen ist mit den Supervisanden, den in die Supervision eingebrachten Inhalten und der Eigeninitiative der Supervisanden sehr zufrieden. Sie findet besonders bezüglich des Fallverständnisses könnten sich die Supervisanden noch verbessern. Dies ist verständlich, da es sich um Therapieanfänger handelt. Die Unterstützung durch die andern Gruppenmitglieder wird von der Supervisorin etwas tiefer eingeschätzt als von den Supervisanden selbst (82% vs. 96%).

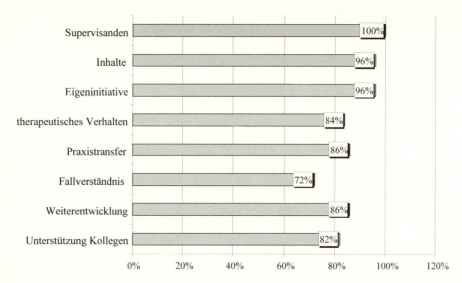

Abbildung 7: Zufriedenheit der Supervisorin

Ziel dieser Evaluation ist es, die Beurteilung der Supervisoren und Supervisanden zu erfassen und abgestützt auf diese Daten eine Verbesserung der Supervision zu ermöglichen. Die unterschiedlichen Bedürfnisse der Supervisanden auf dem Weg vom Anfängertherapeut zum fertig ausgebildeten Psychotherapeut sollen sichtbar gemacht werden. Dadurch können wiederum Hinweise für die Supervisoren abgeleitet werden, beispielsweise auf welcher Stufe der Weiterbildung welche Unterstützung hilfreich ist und wie diese den Lernerfolg optimal fördert.

4.4 Globale Einschätzung eines Weiterbildungsjahres

Am Ende jedes Weiterbildungsjahres füllen alle Teilnehmer ein globales Rating bezüglich ihrer Zufriedenheit mit den einzelnen Weiterbildungselementen aus (Kurse „Wissen und Können", eigene Kompetenzsteigerung, Supervision, Selbsterfahrung, Fallseminare, Organisation). Die Zufriedenheit wird wiederum auf einer Skala von 0 – 100%iger Zufriedenheit eingeschätzt.

100 = volle Zufriedenheit
 75 = gut
 50 = mittlere Zufriedenheit
 25 = mangelhaft
  0 = gar keine Zufriedenheit

In Abbildung 8 ist die durchschnittliche Zufriedenheit der 9 Teilnehmer aus dem zweiten Weiterbildungsjahrgang dargestellt. Grundsätzlich kann man sagen, dass die Teilnehmer mit der Weiterbildung zufrieden bis sehr zufrieden sind. Die Zufriedenheit bezüglich Selbsterfahrung ist mit 90% am höchsten. Am wenigsten zufrieden sind die Teilnehmer mit dem Zuwachs ihrer Kompetenzen (69%). Dies lässt sich so erklären, dass die meisten Weiterbildungsteilnehmer berufstätig sind und deshalb in den doch recht intensiven Weiterbildungskursen oft nicht soviel leisten können, wie sie gerne möchten. Ebenfalls ist es nicht immer möglich, die vielen Kursmaterialien tatsächlich durchzuarbeiten und umzusetzen. Bezüglich der Seminare, der Organisation und der Supervision besteht eine gute Zufriedenheit.

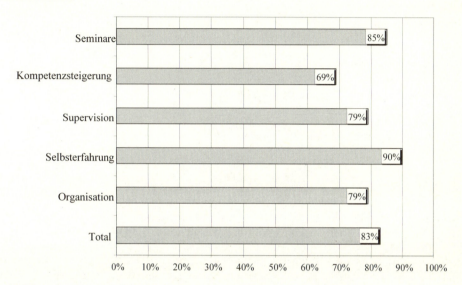

Abbildung 8: Globale Zufriedenheit mit dem vergangenen Weiterbildungsjahr

5. Therapien in der Verhaltensmedizinische Ambulanz (VMA)

In der Verhaltensmedizinischen Ambulanz arbeiten sowohl Mitarbeiter unserer Abteilung als auch Weiterbildungsteilnehmer. Von den insgesamt 13 Therapeutinnen und Therapeuten sind vier akkreditiert, einer im vierten, vier im dritten und vier im zweiten Weiterbildungsjahr. Die Ambulanz besteht seit knapp 3 Jahren und ist in kontinuierlichem Aufbau. Zur Qualitätssicherung der Therapien werden eine Standardmessbatterie, sowie zusätzlich störungsspezifische Tests eingesetzt. Wir führen zur Diagnostik eine Prämessung und zur Therapieevaluation eine Post-, sowie zwei Katamnesemessungen durch (nach 6 und 12 Monaten).

Bis jetzt wurden insgesamt 63 Patienten in der VMA behandelt. 9 Patienten kamen nur zu einem Erstgespräch und entschieden sich dann entweder keine Therapie oder die Therapie an einem andern Ort zu machen. Von den verbleibenden 54 Therapien wurden 19 durchgeführt und abgeschlossen, 10 angefangen und dann abgebrochen und 25 sind noch laufend, vgl. Abbildung 9. Ein häufiger Grund, weshalb Therapien nicht angefangen oder frühzeitig abgebrochen werden, ist die Tatsache, dass die Kosten nicht über die Grundversicherung der Krankenkassen abgerechnet werden können. So müssen die Patienten oft einen Großteil der Therapiekosten selbst übernehmen, was für viele nicht möglich ist.

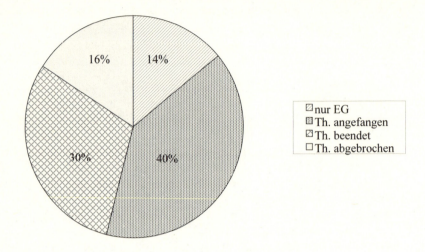

Abbildung 9: Therapiestatus der total 63 Patienten von April 01 – April 03

In Abbildung 10 ist die Patientenpopulation bezüglich ihrer Erstdiagnose dargestellt. Angststörungen, Somatisierungsstörungen und Affektive Störungen sind unsere größten Patientengruppen, was für eine Ambulanz mit verhaltensmedizinischem und verhaltenstherapeutischem Behandlungsangebot zu erwarten ist.

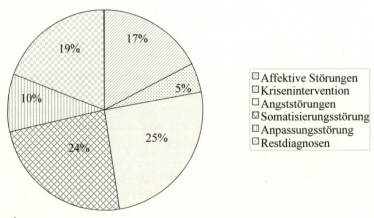

Total 54 Therapien

Abbildung 10: Hauptdiagnosen der in der VMA behandelten Patienten

Qualitätssicherung für die Postgraduale Weiterbildung in Psychotherapie 497

Von April 2001 bis April 2003 wurden in der VMA insgesamt 54 Therapien durchgeführt. Abbildung 11 zeigt, welchen Ausbildungsstand die behandelnden Therapeuten hatten.

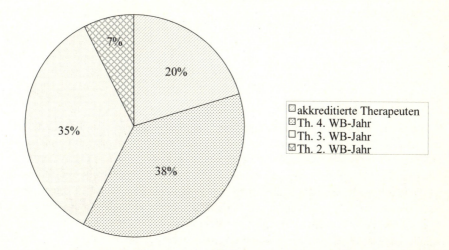

Abbildung 11: 54 Therapien in Abhängigkeit vom Ausbildungsstatus der Therapeuten

Da wir zurzeit erst über die Daten von 19 abgeschlossen Therapien verfügen, macht es im Moment nur Sinn, die Therapien individuell zu evaluieren. Die Resultate der Testergebnisse werden immer auch mit den Patienten besprochen. Dies gibt sowohl den Therapeuten als auch den Patienten wichtige Informationen über die Effektivität der Behandlungen. Die Weiterbildungskandidaten besprechen die Ergebnisse in der Supervision und versuchen, falls nötig, die Gründe für einen unbefriedigenden Therapieverlauf zu erkennen. Dies soll dazu beitragen, die Therapeutenfertigkeiten zu steigern und die Therapiequalität zu verbessern.

Wissensverwendung und Praxistransfer in der beruflichen Weiterbildung am Beispiel des Kurses „Psychologische Gesundheitsförderung für Pflegepersonal"

Wolfgang Fichten

1. Einleitung

Seit Jahren wird intensiv über die Qualität von Bildungsangeboten diskutiert. Alle Institutionen des Bildungs- und Sozialbereichs „müssen sich um *Qualität* bemühen, müssen *Qualität* dokumentieren, müssen sich hinsichtlich ihrer *Qualität* überprüfen lassen und müssen (...) ihre *Qualität* kontinuierlich verbessern" (Helmke/Hornstein/Terhart 2000, 9 f.). Dies gilt auch für die Weiterbildung von Pflegekräften bzw. von Fachkräften im Gesundheitswesen. Ein Indiz dafür, dass Qualitätsfragen nun auch hier im Mittelpunkt stehen, ist das von der Bundeskonferenz der Pflegeorganisationen (Arbeitsgemeinschaft Deutscher Schwesternverbände und Pflegeorganisationen e.V. [ADS] – Deutscher Berufsverband für Pflegeberufe e.V. [DBfK]) herausgegebene Positionspapier „Qualitätssicherung pflegerischer Weiterbildungsmaßnahmen" (Bundeskonferenz 2000). In diesem Dokument werden Qualitätsanforderungen u.a. mit Veränderungen des Aufgabenspektrums und des pflegerischen Selbstverständnisses sowie mit der Zunahme pflegewissenschaftlicher Erkenntnisse begründet, die bei Weiterbildungsangeboten zu berücksichtigen sind. Dies wird auch in der vom Deutschen Bildungsrat für Pflegeberufe verabschiedeten „Rahmenordnung" (Deutscher Bildungsrat, 1999) betont, die ein Mindestanforderungsprofil der Weiterbildungsangebote für Pflegekräfte ausweist. Eine qualitätvolle Weiterbildung zeichnet sich danach u.a. dadurch aus, dass sich die Inhalte auf genuin pflegerische Aufgaben und Anforderungen beziehen.

Den Qualitätskriterien der Bundeskonferenz liegt ein „multipler Qualitätsbegriff" (Bundeskonferenz 2000, 13; vgl. Holla 2002, 37) zugrunde, der inhaltliche, personelle, beziehungsorientierte und strukturelle Aspekte beinhaltet. Infolgedessen reicht das Spektrum der Bereiche, für die Qualitätskriterien formuliert werden, von inhaltlichen Anforderungen, Weiterbildungszielen und pädagogischen Standards über strukturelle und materielle Weiterbildungsgegebenheiten bis hin zu organisatorischen Rahmenbedingungen sowie Prüfungs- und Zertifizierungsfragen.

Diese Gesichtspunkte sind auch für den Weiterbildungskurs „Psychologische Gesundheitsförderung für Pflegepersonal" relevant, der im Folgenden vorgestellt wird (2). Daran schließen sich Überlegungen zum Qualitätsbegriff sowie eine Darstellung der in diesem Kurs durchgeführten qualitätssichernden Maßnahmen an (3). Abschließend wird auf die Transferproblematik und auf Transfer als Qualitätsmerkmal beruflicher Weiterbildung eingegangen (4).

2. Der Weiterbildungskurs „Psychologische Gesundheitsförderung für Pflegepersonal"

2.1 Kurskonzept

Die berufsbegleitende, wissenschaftliche Weiterbildung „Psychologische Gesundheitsförderung für Pflegepersonal" wurde vom Fernstudienzentrum der Carl-von-Ossietzky-Universität Oldenburg in Zusammenarbeit mit der universitären Arbeitseinheit „Psychologie im Gesundheitswesen" entwickelt. Sie wird seit 1986 durchgeführt. Bis 1999 haben mehr als 1.500 Pflegekräfte aus Deutschland und der Schweiz an dem ca. 200 Stunden umfassenden Weiterbildungskurs teilgenommen.

Der Kurs ist als eine Weiterbildung im Medienverbund, bestehend aus Lehrtexten und Präsenzveranstaltungen, konzipiert. Damit ergeben sich zwei Phasen des Lernprozesses mit unterschiedlichen Funktionen:

1. Die Pflegekräfte bearbeiten für sich und selbständig die *Lehrtexte* (Phase des Selbststudiums, jeweils ca. 3 bis 4 Wochen), eignen sich die Inhalte an und reflektieren sie u.a. hinsichtlich möglicher Anwendungsbezüge und Umsetzungsmodalitäten.

2. Aufgrund der während der Selbstlernphase geleisteten Auseinandersetzung mit den Lehrtextinhalten dienen die *Seminare* (soziale Lernphase) vornehmlich der gemeinsamen Reflexion, dem Erfahrungsaustausch untereinander, dem Abklären von Positionen und dem Einüben von Handlungsschritten.

Das Konzept zeichnet sich u.a. durch folgende Aspekte aus:
- Vernetzung der Inhalte
- Verankerung in berufs- bzw. pflegepraktischen Situationen (vgl. Bundeskonferenz 2000)
- Einbeziehung des Erfahrungswissens der Teilnehmer (vgl. Hof 1997; Plath 2002)
- Vermittlung der Inhalte in verschiedenen, sich abwechselnden Lernformen.[1]

Das Oldenburger Weiterbildungsangebot stieß bei Pflegekräften auf großes Interesse. Als Engpass erwiesen sich die Seminarveranstaltungen mit ihren begrenzten Teilnehmerplätzen. Die im Prinzip überall verfügbaren und einsetzbaren Lehrtexte ermöglichten eine Angebotsausweitung. Mit einem interuniversitären Kooperationsmodell gelang eine Erhöhung der Teilnahmekapazität. 1992 formierte sich ein Netzwerk aus acht deutschen und einer Schweizer Universitäten, die seitdem untereinander abgestimmte Weiterbildungsprogramme zur „Psychologischen Gesundheitsförderung" auf der Basis der Oldenburger Lehrtexte anbieten (Bernath 2000; vgl. Faulstich/Zeuner 2001). Diese Konstruktion machte weiter gehende Schritte der Standardisierung und Qualitätssicherung erforderlich, denn es galt sicherzustellen, dass alle Teilnehmer an den verschiedenen Standorten

---

[1] Zu nennen sind auch eine Reihe von Prinzipien, die dem Kurs als „generative Leitideen" zugrunde liegen und die die Gestaltung der Kurselemente durchgängig durchziehen. Hierzu gehören Teilnehmerorientierung, Praxisbezug, Theorie-Praxis-Verknüpfung, Problem-, Erfahrungs- und Handlungsorientierung (vgl. Bundeskonferenz 2000; Faulstich 1991; Nittel 1997).

des Netzwerks die gleichen Inhalte auf einem gleichbleibend hohen Niveau dargeboten bekommen.

2.2 Bezugspunkte

Die Entscheidung, einen Weiterbildungskurs für Pflegekräfte zu konzipieren, lässt sich wie folgt begründen: Die Verwissenschaftlichung der Pflege und ihre Entwicklung zu einem „autonomen Humandienstleistungsberuf" (Keuchel 2002, 59) haben zu völlig neuen Anforderungsprofilen geführt, was u.a. eine Reorganisation der Grundausbildung erforderlich macht (vgl. Robert-Bosch-Stiftung 1992; WHO 1991). Von einer Neugestaltung der Ausbildungscurricula können die bereits in Pflegeberufen Tätigen kaum profitieren, so dass für sie Weiterbildungsangebote entwickelt werden müssen.

Aber auch Pflegekräfte, die erst vor kurzem ihre Ausbildung absolviert haben, haben Weiterbildungsbedürfnisse: Sie erleben häufig eine Diskrepanz zwischen objektiven Anforderungen und faktischen Handlungsmöglichkeiten. Das professionelle Wissen reicht nicht (mehr) aus, um neue Aufgaben bewältigen zu können (Kompetenzdefizit) oder vorhandenes Wissen kann aus unterschiedlichen Gründen nicht umgesetzt werden (Ressourcendefizit) (Görres 2002).

Zum Aufgabenspektrum des Pflegepersonals gehören zunehmend präventive Maßnahmen wie gesundheitliche Aufklärung und Gesundheitsberatung. Gesundheitsförderung ist ein genuiner Bestandteil der Pflegetätigkeit (Weidner 1995), der in Pflegetheorien ausdrücklich thematisiert wird (z.B. Krohwinkel 1992; Peplau 1995). Für entsprechende Interventionen ist psychologisches Wissen erforderlich, weil sich herausgestellt hat, dass psychische Faktoren und Prozesse für Gesundheitshandeln bedeutsam sind (vgl. Fichten 1999).

2.3 Ziele

Dem Oldenburger Kurs liegen zwei gleichrangige Ziele zugrunde:
1. Die psychosoziale Handlungskompetenz der Pflegekräfte soll erweitert werden, wodurch eine Intensivierung und Verbesserung der Beziehungen zu Patienten und anderen Interaktionspartnern ermöglicht wird. Die Fähigkeit, mit schwierigen und konflikthaften Arbeitssituationen sowie mit als problematisch empfundenem Patientenverhalten angemessen umgehen zu können, erhöht die Berufszufriedenheit.
2. Durch die Integration psychologischer Erkenntnisse in Pflege und Beratung sollen Qualität und Effizienz der Dienstleistungen erhöht werden. Dies beinhaltet förderliche Umgangsweisen mit Hilfebedürftigen bzw. Ratsuchenden und die Kompetenz, Patienten/Klienten hinsichtlich der Förderung von Gesundheit beraten und unterstützen zu können.

Mit *psychosozialer Handlungskompetenz* ist die Fähigkeit gemeint, den verschiedenen psychischen und sozialen Aspekten einer Gesundheitsbeeinträchtigung im Pflegeprozess bzw. in der Beratung in geeigneter Weise gerecht zu werden (vgl. Muthny 1988). Sie ist Teil der umfassenderen Handlungskompetenz, die sich im Laufe der Berufsausbildung und -ausübung herausbildet (vgl. Bundeskonferenz 2000; Faulstich 1996, 1997; Keuchel

2002). Als einschränkend und begrenzend erweisen sich jedoch mit der Zeit entstehende berufliche Routinen, so dass bisherige Sichtweisen und berufliche Praktiken zu hinterfragen sind. Aufgrund der durch den Kurs erweiterten Wissensbasis (vgl. Staudt/Kriegesmann 2000) kommen alternative Handlungsmöglichkeiten und Problemlösungsansätze in den Blick. Berufliche Handlungskompetenz manifestiert sich als Fähigkeit, die Handlungsalternative zu aktivieren und auszuwählen, die im jeweiligen situativen Kontext angemessen und effektiv ist und zu einer befriedigenden Problemlösung führt.

2.4 Inhalte

Der Weiterbildungskurs enthält folgende Komponenten:
- Es wird eine salutogenetische Betrachtungsweise bzw. Orientierung vermittelt. Die Pflegekräfte sollen Patienten auch als teilweise gesunde Personen sehen, die in der Lage sind, einen Teil der Verantwortung für ihre Gesundheit selbst zu übernehmen (Kurseinheiten: „Grundlagen psychologischer Gesundheitsförderung" und „Verhältnis von Körper und Seele").
- Die psychosoziale Situation der Patienten soll transparent gemacht werden, um Verständnis für psychische Prozesse (z.B. Krankheitsverarbeitung und -bewältigung) und daraus eventuell resultierende problematische Verhaltensweisen zu schaffen (Kurseinheit: „Der Patient als aktiver Partner").
- Die sozialen Bezugssysteme (Familie, Freundeskreis, Arbeitskollegen usw.) werden in die Betrachtung einbezogen und ihre Bedeutung für den Patienten wird herausgearbeitet (Kurseinheit: „Krankheit und Gesundheit im sozialen Kontext").
- Praktische Handlungskompetenzen und Fertigkeiten, wie z.B. Techniken der Gesprächsführung, die für den Umgang mit Patienten, Angehörigen und Teammitgliedern bedeutsam sind, werden vermittelt (Kurseinheit: „Hilfreiche Gespräche").
- Auf die emotionale Involviertheit der Pflegekräfte in das Interaktionsgeschehen wird eingegangen. Eigene Bedürfnisse und die Auffassung der Berufsrolle sind zu überdenken (Kurseinheit: „Die Person in der Pflege").[2]

---

[2] Der Kursbaustein „Supervision" enthält Selbsterfahrungsanteile und soll Praktiken kollegialer Supervision/ Intervision vermitteln. Intendiert ist, dass die Pflegekräfte diese bei der Einrichtung kollegialer Supervisionsgruppen/ Arbeitsplatzgesprächsgruppen im Berufsfeld nutzen. – Beim Oldenburger Kurs handelt es sich um ein offenes Curriculum, das für weitere Inhalte anschlussfähig ist (z.B. „Umgang mit Tod und Sterben", „Arbeiten im Team" usw.). Das modularisierte Kurskonzept ermöglicht die Aufnahme neuer Bausteine. So sind in den letzten Jahren die Kurseinheiten „Arbeitsfeld Krankenhaus: Rollenanalyse und Konfliktmanagement" und „Interkulturelle Kommunikation und Interaktion im Krankenhaus" hinzu gekommen. Die derzeitige Entwicklungsarbeit konzentriert sich darauf, Voraussetzungen für eine interprofessionelle Weiterbildung aller im Gesundheitsbereich tätigen Berufsgruppen zu schaffen. Grundlage dafür ist das aus dem Oldenburger Kurs hervorgegangene und von der Robert-Bosch-Stiftung geförderte deutsch-amerikanische Gemeinschaftsprojekt „The Healing Partnership" (Waltos/Waltos 2002) (http://www.gesundheitspartnerschaft.de).

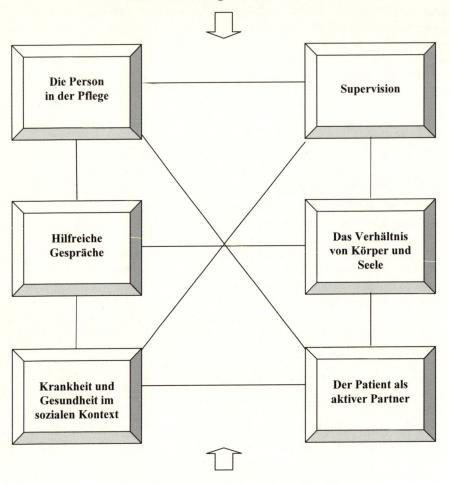

Abbildung 1: Kurscurriculum

Die Auswahl der Kursinhalte beruht auf Nützlichkeitserwägungen: Es sollen solche Inhalte vermittelt werden, die für das berufliche Handeln von Pflegekräften bedeutsam sind und die sich im Pflegealltag konkret anwenden und umsetzen lassen (Fichten 1994, 1998; Fichten/Grüter 1996; Marnitz 1999).

Dass das Weiterbildungscurriculum auch auf spezifische pflegerische Tätigkeitsbereiche bezogen werden kann, zeigte sich 1994, als das Kuratorium für Dialyse und Nierentransplantation e.V. (KfH) dem Netzwerk den Auftrag erteilte, für das in den Dialysezentren beschäftigte Pflegepersonal eine berufsbegleitende Weiterbildung als längerfristiges Projekt zu organisieren (im Folgenden: Dialyse-Projekt). Die Voraussetzung für die Durchführung dieser innerbetrieblichen Weiterbildungsmaßnahme wurde durch eine Analyse dialysespezifischer Weiterbildungserfordernisse (vgl. Muthny 1988, 1989), eine Berufsfelderkundung (Scheibler 2000) und die Umarbeitung der Lehrtexte (Aufnahme entsprechender Fallbeispiele und Berücksichtigung dialysespezifischer Gegebenheiten und Problemkonstellationen) geschaffen (Fichten 2000a).

3. Qualität in der Weiterbildung

3.1 Der Qualitätsbegriff

Das Fazit der jahrelangen Qualitätsdiskussion, insbesondere der Diskussion zur Qualität von Weiterbildungsangeboten, ist eher ernüchternd. Es sei – so der Tenor – reine Zeitverschwendung, Qualität definieren zu wollen, weil die Bestimmung dessen, was unter Qualität jeweils verstanden wird, interessen- und standpunktabhängig ist (Becker 2001a; Faulstich 1999; Schweer 1999). „Nach wie vor kann von Qualität nicht als einer klar bestimmten Größe gesprochen werden" (Stark 2000, 16). Die Hauptschwierigkeiten, in der Qualitätsdebatte zu einem Konsens zu kommen, liegen nach Ditton (2000) u.a. auch darin begründet, dass keine Einigkeit darüber besteht, mit welchen Verfahren anhand welcher Bewertungsmaßstäbe und Erwartungen reliable und valide Aussagen über Qualität getroffen werden können.

Eine heuristische Funktion hat vor diesem Hintergrund die Untersuchung von Harvey und Green (2000) zu im Bildungsbereich anzutreffenden Qualitätskonzepten. Von den bei ihnen angeführten Qualitätskonzepten sind folgende für den Oldenburger Kurs relevant:

1. *Qualität als Zweckmäßigkeit*: Qualität wird einer Dienstleistung in dem Maße zugeschrieben, in dem sie ihre Zwecksetzung erfüllt. Bewertungskriterien ergeben sich somit aus Zielsetzung und Funktionsbestimmung einer Weiterbildung (Stark 2000). Aufgrund der Frage, wessen Zweck erreicht werden soll und zugrunde zu legen ist, ergibt sich eine Differenzierung:
   (a) Zweckmäßigkeit I: Die Anforderungen der Kunden werden erfüllt. Qualität wird über den Erfüllungsgrad der Ansprüche und Erwartungen der Weiterbildungsteilnehmer definiert (Nuissl 1993; Stark 2000).
   (b) Zweckmäßigkeit II: Die Zielsetzungen und Standards, die sich der Weiterbildungsanbieter gesetzt hat, bilden den Qualitätsmaßstab.
   Anbieterstandards haben allerdings nur insoweit und so lange Bestand, als sie von Kunden akzeptiert werden. Das bedeutet, dass sie modifizierbar sein müssen. Die Kundenzufriedenheit fungiert als Korrektiv für seitens der Anbieter/Veranstalter vorgenommene Festlegungen und Normierungen. Faktisch wird so die Erfassung der Zufriedenheit der Weiterbildungsteilnehmer zum „Maß für Zweckmäßigkeit hinsichtlich des von der Institution definierten Auftrags" (Harvey/Green 2000, 28).

2. *Qualität als Transformation*: Qualitätskriterium ist bei dieser Variante die „Weiterentwicklung der Teilnehmer". Durch eine Weiterbildung sollen Wissen, Fähigkeiten und Fertigkeiten der Teilnehmenden gesteigert werden. Sie sollen beispielsweise zum Weiterlernen (Vertiefung des Gelernten, Weckung und Verfolgung von Weiterbildungsinteressen) motiviert werden (vgl. Keuchel 2002).

Eine berufsfeldspezifische Problemanalyse, eine Zielbestimmung und die Erkundung der Weiterbildungswünsche von Pflegekräften (s. oben) dienten dazu, den Oldenburger Weiterbildungskurs auf die Erwartungen und Bedürfnisse der Adressatengruppe auszurichten, um so ein hohes Maß an Teilnehmerzufriedenheit erreichen zu können (*Inputqualität*). Eine effektive, zielbezogene und inhaltlich adäquate Weiterbildung bedarf einer derartigen empirischen Basis, die im übrigen auch die Dozenten mit den nötigen Informationen über erwartbare Teilnehmerprofile versorgt (vgl. Schweer 1999).

Die *Durchführungsqualität* (vgl. Bötel/Merx 1995; Faulstich 1991; Gieseke 1997) wurde im Oldenburger Kurs wie folgt gesichert:
- Die Lernmaterialien wurden aufgrund von Veränderungen im Pflegebereich und des Wissenszuwachses auf medizinischem, psychologischem und pflegewissenschaftlichem Gebiet fortlaufend aktualisiert und modifiziert.
- Die schriftlichen Ausarbeitungen der Teilnehmer zu in den Lehrtexten enthaltenen Aufgabenstellungen und Reflexionsimpulsen sowie von ihnen geführte Lerntagebücher (Fichten 2000b) wurden hinsichtlich auftretender Aneignungsprobleme analysiert, um Lernblockaden beheben zu können.

Auswertungsrunden auf den jährlichen Netzwerkkonferenzen dienten dem Austausch von Erfahrungen mit Lehrtextadaptationen (Bernath/Fichten 1999) und Seminardurchführungen und fanden u.a. einen Niederschlag in einem Dozenten-Manual (didaktisch-methodische Hinweise, Beispiele für Übungen, Trainingseinheiten, Arbeitsblätter usw.).

3.2 Qualität und Evaluation

Qualität kann und darf nicht auf das, was messbar ist, reduziert werden (Faulstich 1999; Gieseke 1997; Harteis 1997). Andererseits ist die Auflistung von Qualitätskriterien bedeutungslos, wenn diese nicht empirisch überprüft werden können. Manche Qualitätsfacetten lassen sich allerdings nur schwer erfassen; dazu zählen vor allem die sog. „weichen Effekte" von Weiterbildung wie z.B. ein erhöhtes Problembewusstsein, eine verbesserte Motivation usw. (Arnold/Krämer-Stürzl 1995). Außerdem ist zu beachten, dass die Bewertungen der Teilnehmer keine „stabilen Größen", sondern situations- und kontextabhängig sind. Dieselbe Maßnahme wird nicht nur hinsichtlich ihrer Qualität von verschiedenen Teilnehmern, sondern auch von demselben Teilnehmer zu verschiedenen Zeitpunkten unterschiedlich bewertet. Eine „gute" Maßnahme wird möglicherweise im Nachhinein als „schlecht" beurteilt, wenn das erworbene Wissen nicht angewendet werden kann (Seusing 1995).

Trotz dieser Vorbehalte hat eine seminarorientierte Evaluation (Arnold/Krämer-Stürzl 1997) einen Stellenwert bei der Überprüfung und Feststellung von Durchführungs- und Outputqualität. Fester Bestandteil des Oldenburger Kurses sind von den Dozenten vorgenommene Seminarevaluationen, aufgrund derer sie Lehr-Lernkonzepte und Seminarabläufe optimieren können. Vom übergeordneten Standpunkt des Kursangebots als Gesamtheit reichen solche seminarinternen Teilnehmerrückmeldungen aber nicht aus. Zur Qualitätssicherung sind kontinuierlich durchgeführte, mehrere Kursdurchläufe umfassende Erhebungen nötig (vgl. Fichten 2000c; Rohlfing 1989). Die Qualität der Qualitätssicherung hängt außerdem von der Nutzung mehrerer Datenquellen ab. Qualitätssicherung und –management seitens der Kursleitung erfolgen daher auf einer möglichst breiten Informationsbasis, die sich aufgrund des Einbeziehens verschiedener Perspektiven (z.B. Seminarberichte der Dozenten und Befragung der Teilnehmer) und durch den Vergleich der über unterschiedliche Erhebungsverfahren (vgl. Becker 2001b; Götz 1998; Posse 1991; Reischmann 1993; Scherer 1996) ermittelten Befunde ergibt. Das in der methodologischen Diskussion betonte Triangulationsprinzip wird damit zur Grundfigur der Qualitätssicherung.

3.3 Evaluationsergebnisse

Exemplarisch werden hier einige Ergebnisse aus der Begleituntersuchung des Dialyse-Projekts angeführt (Fichten 2000c), mit der erfasst werden sollte, wie Lehrtexte und Seminare von den Pflegekräften bewertet werden, um daraus Rückschlüsse auf möglicherweise notwendige Verbesserungen und Modifikationen ziehen zu können.

(a) Die *Lehrtexte* werden insgesamt positiv und weitgehend übereinstimmend beurteilt. Verständlichkeit (M = 3,87 bei einer 5er-Skala, wobei Wert 1 den negativen und Wert 5 den positiven Pol darstellt), Informationsgehalt (M = 3,75) und Anregungspotenzial (M = 3,73) werden etwas höher eingeschätzt als der Praxisbezug (M = 3,65). Dies entspricht der Funktion von Lehrtexten, die vorrangig informierenden Charakter haben. Ein wesentliches Kriterium bei der Textabfassung bestand darin, dass die Lehrtexte wissenschaftlich fundiert und zugleich verständlich sein sollten. Dies ist aus Sicht der Teilnehmer gelungen. Die Texte vermitteln auch neue Inhalte; sie werden als informativ eingestuft. Außerdem sehen sich die Pflegekräfte dadurch angeregt, über ihre berufliche Tätigkeit nachzudenken und dafür neue Sichtweisen zu entwickeln (Anregungspotenzial). Das Lehrmaterial ist zwar praxisbezogen, aber es wird auch deutlich, dass den Präsenzveranstaltungen die Aufgabe zukommt, in Ergänzung zu den Texten Praxisbezüge herzustellen, zu erschließen und aufzuarbeiten sowie die Teilnehmer bei Transfer und Umsetzung anzuleiten und zu unterstützen.

(b) Die *Seminare* werden ebenfalls überaus positiv beurteilt (M = 4,26). Dabei spielt die günstig bewertete Arbeitsatmosphäre eine besondere Rolle. Sehr zufriedenstellend werden die inhaltliche (M = 4,35) und methodische Seminargestaltung (M = 4,51) bewertet. Eine genauere Analyse der diesen generellen Beurteilungen zugrunde liegenden Faktoren bestätigt lerntheoretische Prinzipien: Lernende schätzen es, wenn sie motiviert und aktiviert werden, wenn sie aktiv mitarbeiten können, innerlich beteiligt sind und mit den Inhalten etwas anfangen können. Dies gilt auch für die Erwachsenenbildung.

4. Wissensanwendung und Transfer in der Weiterbildung

4.1 Transfer als Qualitätskriterium

Von einer berufsbezogenen Weiterbildung sollen die Teilnehmer dauerhaft, vor allem bei ihrem beruflichen Handeln profitieren. Der Berufsalltag soll sich erkennbar verändern. Von Nachhaltigkeit einer Weiterbildung kann dann gesprochen werden, wenn im Lernfeld angeeignetes Wissen und erworbene Kompetenzen im Funktionsfeld angewendet werden (Wittwer 2002). Nachhaltigkeit wird als dauerhafter positiver Transfer operationalisiert (Schüßler 2002).

Unter Transfer versteht man, „wenn etwas, das in einem Zusammenhang gelernt wurde, auf einen anderen Zusammenhang übertragen wird" (Mandl/Prenzel/Gräsel 1992, 127). Mähler und Hasselhorn (2001) definieren Transfer als die „erfolgreiche Anwendung angeeigneten Wissens bzw. erworbener Fertigkeiten im Rahmen einer neuen, in der Situation der Wissens- bzw. Fertigkeitenaneignung noch nicht vorgekommenen Anforderung" (S. 721) (vgl. Lemke 1995, 7ff.). Aus der Transferdefinition ergibt sich eine zunächst trivial erscheinende, aber folgenreiche Feststellung: Wissenserwerb ist Voraussetzung für Transfer. „Dort, wo etwas nicht sehr solide gelernt und eingeübt worden ist, gibt es (...) nichts zu transferieren" (Steiner 2001, 196). Transfer wird damit zu einem Indikator für den Lernerfolg und unter der Prämisse, dass die Anwendung des Gelernten intendiert ist, zu einem Qualitätskriterium beruflicher Weiterbildung (vgl. Schroll-Decker 1999; Uschatz 1993). Die Beschränkung der Evaluation von Weiterbildungsangeboten auf die Erhebung der Teilnehmerzufriedenheit reicht daher nicht aus, und das auch deshalb nicht, weil ein Erfolg im Lernfeld (Lernerfolg) nicht unbedingt einen Erfolg im Funktionsfeld (Transfererfolg) verbürgt (Arnold/Krämer-Stürzl 1995).

Aufgrund der Fokussierung auf die Transferfrage zeichnen sich qualitative und didaktisch-methodische Veränderungen im Weiterbildungsbereich ab, in dem die Umsetzung und Anwendung vermittelten Wissens im Funktionsfeld bisher weitgehend als Angelegenheit der Teilnehmer verstanden und nicht mit dazu notwendigen Vorleistungen der Angebote in Verbindung gebracht wurde. Mit einem Umdenken rücken Maßnahmen der Transfersicherung und -unterstützung als integrale Bestandteile von Weiterbildungsangeboten stärker in den Mittelpunkt (Weiß 1997). Da sich Transfer nicht immer von selbst einstellt, müssen Anbahnung der Transferentscheidung (Rank/Wakenhut 1998, 27f.) und Einübung von Transferschritten in die Weiterbildung integriert werden (Becker 2001c). Die Lernprozesse im Lernfeld und die Anwendungs- und Umsetzungsprozesse im Funktionsfeld sind als eine Einheit zu betrachten. Bei Zugrundelegung dieser Sicht müsste eigentlich die „Qualitätssicherung einer Weiterbildung (...) bis in die Anwendungssituation hineinreichen" (Stark 2000, 31).

4.2 Transferanbahnende und -begünstigende Kurselemente

Möglichkeiten der Transferanbahnung im Lernfeld werden im Folgenden anhand des Oldenburger Weiterbildungskurses konkretisiert. Die Sequenzierung in eine individuelle Selbstlernphase und in eine soziale Lernphase erweist sich dabei als günstig, da die beiden aufeinander bezogenen Phasen hinsichtlich der Tansfervorbereitung jeweils spezifische Funktionen erfüllen.

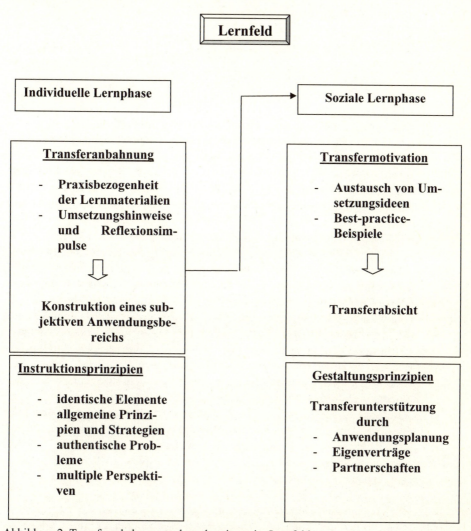

Abbildung 2: Transferanbahnung und -vorbereitung im Lernfeld

1. *Individuelle Lernphase* (Selbststudium): Praxisbezogenheit und -nähe der Lernmaterialien manifestieren sich darin, dass die Lehrtexte authentische Fallbeispiele, Strategiebeschreibungen und Umsetzungshinweise beinhalten. Da aber nicht alle Bereiche pflegerischer Tätigkeit durch Fälle repräsentiert werden können, müssen die Teilnehmer selbständig die den Beispielen zugrunde liegenden Strukturen und Prinzipien erkennen, also bei der Auseinandersetzung mit den Inhalten abstrahierend und dekontextualisierend vorgehen. In einem zweiten Schritt muss eine Re-Kontextualisierung vorgenommen werden, bei der die Prinzipien, Strategien usw. auf eigene Praxissituationen bezogen werden. Geeignet hierfür sind kognitive Ope-

rationen wie Analogiebildung, Vergleiche und Kontrastierungen. Die konstruktivistisch inspirierte Transfertheorie spricht hier von der „Konstruktion eines subjektiven Anwendungsbereichs" (Prenzel/Mandl 1993, 706).

Instruktionsprinzipien:
- Nach Thorndikes Theorie der „identischen Elemente" ist die Ähnlichkeit von Lernfeld und Funktionsfeld eine Bedingung für Transfer; je nachdem, wie ähnlich oder verschieden die Aufgaben in beiden Feldern sind, soll Transfer leichter oder schwerer gelingen (vgl. zu Transfertheorien: Euler 1995; Mähler/Hasselhorn 2001; Mandl/Prenzel/Gräsel 1992; Pawlowsky/Bäumer 1996). Diese Bedingung konnte im Dialyse-Projekt erfüllt werden. Berufliche Weiterbildung – so kann man schlussfolgern – ist dann besonders erfolgreich, wenn sie sich an eine homogene Adressatengruppe richtet und wenn sie auf ein spezifisches Berufsfeld zugeschnitten ist, weil dann die beruflichen Anforderungen in der Weiterbildung weitgehend abgebildet werden können, d.h. es können besonders viele „identische Elemente" konstruiert und aufgenommen werden.
- Im Gegensatz zu Thorndike vertritt Judd die Auffassung, dass vor allem im Lernfeld vermittelte allgemeine Prinzipien und Strategien transferiert werden. „Das Individuum (...) hat in der Lernphase Regeln oder Lösungsprinzipien kennengelernt, die (...) nicht nur für den Einzelfall, sondern für eine ganze Klasse von Fällen anwendbar sind. Damit erhalten die neu erworbenen inhaltlichen und verfahrensbezogenen Kenntnisse breite Anwendungsgebiete" (Mähler/Hasselhorn 2001, 724). Dies wird im Oldenburger Kurs beispielsweise mit der Vermittlung förderlicher Kommunikationsstrategien geleistet. Die Pflegekräfte lernen ein Raster zur Klassifikation von Gesprächsanlässen sowie Gesprächsbausteine kennen, die situations- und intentionsangemessen zu zielführenden Gesprächsstrategien kombiniert werden können.
- Durch das Lösen „authentischer Probleme wird Wissen nicht in abstrakter Form, sondern von Anfang an unter Anwendungsgesichtspunkten erworben" (Mandl/Gruber/Renkl 1994, 235). Zunehmend wurden von den Teilnehmern stammende Situationsbeschreibungen und Fallbeispiele in die Lehrtexte eingebaut und auch in den Seminaren wird fast ausschließlich mit von den Teilnehmern eingebrachten Fällen gearbeitet.

Das Bereitstellen einer Vielzahl konzeptioneller Modelle trägt zu einer Transfer begünstigenden Flexibilisierung des Wissens bei (Gage/Berliner 1996). Im Oldenburger Kurs lernen die Pflegekräfte verschiedene Theorien und Modelle kennen, die es ihnen erlauben sollen, Praxissituationen aus unterschiedlichen Perspektiven zu analysieren. Die berufliche Tätigkeit erhält durch eine bewusste, begründete Entscheidung für eine bestimmte Sicht- und Vorgehensweise die Qualität reflektierten, professionellen Handelns.

2. *Soziale Lernphase* (Seminare): Die Seminare sind der Ort, wo die Teilnehmer berufliche Erfahrungen austauschen und zuvor angestellte Anwendungsideen einbringen. Trainingselemente und Probehandeln (Rollenspiele, Simulationen) verstärken den Praxisbezug. Entscheidend ist, dass die Teilnehmer in dieser Lernumgebung als Ex-

perten (Benner 1994) gesehen werden. Durch die Beschreibung von Best-practice-Beispielen wird die Transfermotivation verstärkt. Neben den Erwerb von Faktenwissen (vermittelt über die Lehrtexte) und spezifischen Fertigkeiten (vermittelt über Trainingseinheiten auf den Seminaren) „tritt (...) der Erwerb von Denkmustern, Expertenkniffen, Überzeugungssystemen und ethischen Standards der entsprechenden Expertenkultur" (Mandl/Gruber/Renkl 1994, 235).

Gestaltungsprinzipien: Um die Transfermotivation zu unterstützen, muss Transfer thematisiert werden und als explizit ausgewiesenes Element im Seminarablauf einen Stellenwert bekommen (Mandl/Prenzel/Gräsel 1992). Durch geeignete Hilfen sind Transferbereitschaft bzw. Transferkompetenz zu verstärken (Severing 1995; Siebert 2002; Schönherr 1995; Rank/Wakenhut 1998). Beispielhaft geschieht dies z.B. im Rahmen der von der Frankfurter Dozentengruppe praktizierten transferorientierten Seminargestaltung (Preiser 2000). Bestandteile derselben sind in den Seminarablauf integrierte Phasen der Anwendungsplanung, persönliche Selbstverpflichtungen, in denen Anwendungsziele genannt und Umsetzungsabsichten konkretisiert werden (vgl. Mähler/Hasselhorn 2001; Rank/Thiemann 1998), sowie Lernpartnerschaften, die der gegenseitigen Unterstützung bei Umsetzungen im Funktionsfeld dienen.

4.3 Transferevaluation

Weiterbildungsqualität zeigt sich, wenn die Teilnehmer am Arbeitsplatz die erweiterten Qualifikationen einbringen und in realen Situationen umsetzen können (Bundeskonferenz 2000, 16). Die Überprüfung des Transfererfolgs wird somit zum eigentlichen Prüfstein der Weiterbildungsqualität. Eine Erfassung des Transfererfolgs müsste konsequenterweise im Berufsfeld erfolgen und auch Urteile von Kollegen und Vorgesetzten sowie von Fremdbeobachtern einbeziehen (Becker 2001c; Harney 1997). In der Regel beschränkt sich eine Transferevaluation (Mutzeck 1991) jedoch meist auf die Befragung ehemaliger Teilnehmer (Arnold/Krämer-Stürzl 1995, 1997).

Eine Transferevaluation hat im Oldenburger Kurs im Jahr 2001 mit der Befragung aller ehemaligen Teilnehmerinnen und Teilnehmer stattgefunden. Bis zum Stichtag trafen 192 ausgefüllte Fragebögen ein (Rücklaufquote ca. 21 %). Es lässt sich zwar nicht genau angeben, wie repräsentativ die Respondenten für die Grundgesamtheit (N = 920) sind.[3] Die Ergebnisse können aber über die Hinzuziehung vergleichbarer Untersuchungen validiert werden. Aufgrund der weitgehenden Übereinstimmung mit Befunden anderer Studien (z.B. Adolph/Görres 1997) kann den Befragungsergebnissen eine hohe Bedeutsamkeit und Aussagekraft zugeschrieben werden.

---

[3] Da Transferuntersuchungen für das Dialyse-Projekt vorliegen (Bräsen 2000; Fichten 2000d), wurden die Pflegekräfte aus den Dialysezentren in diese Untersuchung nicht einbezogen.

4.4 Ergebnisse der Transferevaluation

Im Folgenden werden einige Ergebnisse aus der Befragung der Absolventen des Oldenburger Weiterbildungskurses vorgestellt.

1. *Berufliches Umfeld*: Unter Transferaspekten sind Kenngrößen des beruflichen Umfeldes von Interesse, da sie sich transferbegünstigend bzw. -behindernd auswirken können (vgl. Rank/Wakenhut 1998). Die Institutionen, in denen die ehemaligen Teilnehmer beschäftigt sind, zeichnen sich in deren Wahrnehmung überwiegend durch Innovationsbereitschaft aus; nur 29,2 % attestieren ihrer Einrichtung wenig, 5,2 % überhaupt keine Aufgeschlossenheit gegenüber Neuerungen. Dem entspricht ein hohes Maß an Selbständigkeit bei der Tätigkeitsausübung: 45,8 % erleben eine weitgehende Handlungsautonomie, 12 % können völlig selbständig agieren. Dieses Resultat lässt sich auf den relativ hohen Anteil von Teilnehmern in Leitungsfunktionen zurückführen. Kritikfähigkeit wird hingegen weniger geschätzt: 40,6 % geben an, in ihrer Institution werde eigenständiges, kritisches Urteilen der Mitarbeiter wenig gefördert. Wenn man davon ausgeht, dass die im Kurs vermittelten neuen Sichtweisen u.a. Kritik an bestehenden Routinen implizieren (können), deutet sich hier ein „Stolperstein" für Transferbemühungen an.

2. *Anwendung der Inhalte*: 85,4 % geben an, die Kursinhalte im beruflichen Bereich umgesetzt zu haben, bei 78,6 % trifft dies auch für den privaten Bereich zu. Bei einer beruflichen Weiterbildung werden die Teilnehmer zwar als Arbeitnehmer angesprochen, aber als Personen gebildet. Die Aufspaltung in personale Identität und berufliche Rolle ist zwar analytisch, nicht aber praktisch möglich.

Interessant sind die Antworten zu der offenen Frage: „Wo nutzen Ihnen die im Kurs vermittelten Inhalte und Fertigkeiten besonders?" Hier werden genannt:
- der Kommunikationsbereich: Die vermittelten Fertigkeiten bezüglich einer hilfreichen Gesprächsführung werden bei Patientenkontakten, in der Angehörigenarbeit und bei Teamsitzungen eingesetzt;
- der Umgang mit Konflikten und belastenden Situationen: Der Kurs hat Strategien eines effektiven Konfliktmanagements vermittelt;
- die Beziehung zu Patienten: Das Verständnis für die psychosoziale Situation der Patienten hat zugenommen, so dass ein angemessenerer Umgang mit problematischem Patientenverhalten möglich ist. Die Patienten werden stärker als vor dem Kurs als aktive Partner gesehen, wodurch die Förderung von Gesundheit ein größeres Gewicht bekommt.

3. *Umsetzungsprobleme*: Die Weiterbildungsinhalte werden überwiegend in Situationen angewendet, die von den Teilnehmern beeinflusst und relativ autonom gestaltet werden können (vgl. Stehr 1989). Dazu gehören vor allem personale Kontakte, Kommunikationsprozesse und Interaktionsverläufe. Umsetzungsprobleme werden vor allem auf institutionelle Hemmnisse und Blockaden zurückgeführt. Probleme ergeben sich
    - durch institutionelle Faktoren und arbeitsplatzspezifische Gegebenheiten (z.B. Personal- und Zeitmangel, kurze Verweildauer von Patienten)

- aufgrund des Desinteresses von Kollegen und Vorgesetzten (z.B. geringe Aufgeschlossenheit gegenüber neuen Ideen)[4]
- durch ein Festhalten an praktizierten Routinen (z.B. unflexible Arbeitsabläufe).

Daraus lässt sich folgern, dass Rahmenbedingungen von Pflege verändert und institutionell-organisatorische Transferhindernisse abgebaut werden müssen (vgl. Adolph/Görres 1997), damit sich vermittelte und angeeignete Kompetenzen auch tatsächlich im Berufsalltag auswirken können.

Daneben haben nach Aussage der Befragten für den Praxistransfer noch folgende Gesichtspunkte eine Bedeutung:
- Die Weiterbildungsinhalte verblassen allmählich, zu einer Auffrischung fehlt aber meist die Zeit (vgl. Görres 2002).
- Erfolge stellen sich erst mittelfristig ein, so dass ein gewisses Maß an Beharrlichkeit erforderlich ist.
- Die alltägliche Routine setzt sich häufig wieder durch.
- Eine Umsetzung ohne Rückmeldung lässt sich auf Dauer schwer durchhalten.[5]

5. Ausblick

Die Qualität einer Weiterbildung besteht in der engen Verzahnung von Theorievermittlung und Praxisgestaltung (Bundeskonferenz 2000). Praxisbezug und Relevanz der Weiterbildungsinhalte für aktuelle und zukünftige Arbeitsanforderungen und -aufgaben sind ein zentrales Kriterium für die Qualität berufsbezogener Weiterbildungsangebote (Stark 2000). Über die Frage nach der Anwendbarkeit des Gelernten im Funktionsfeld ist die Qualitätsfrage an die Transferproblematik angeschlossen.

Eine Evaluation des Transfers deckt begünstigende und fördernde wie auch hemmende und behindernde Faktoren auf, die Ausmaß und Dauer des Transfers nachhaltig determinieren. Hierzu gehören nicht nur personenspezifische, sondern auch institutionell-organisatorische Einflussfaktoren, die zu einem „Bedingungsmodell des Praxistransfers"

---

[4] Diese Aussage steht im Widerspruch zu der den Institutionen attestierten generellen Innovationsbereitschaft. Eine noch genauer zu überprüfende Hypothese, mit der die widersprüchlichen Befunde erklärt werden können, geht von einer bei den Pflegekräften grundsätzlich bestehenden Loyalität gegenüber ihren Einrichtungen aus. Die Corporate-Identity-Mentalität wird aber auf der konkreten Handlungsebene suspendiert, wo zahlreiche Widerstände, Blockaden usw. erlebt werden. Es könnte sich darum handeln, dass Eigenanteile am geringen Zustandekommen von Transfer externalisiert und personalisiert, also vor allem den Kolleginnen und Vorgesetzten, zugeschoben werden. Demnach wäre eine Unterscheidung zwischen abstrakt-institutioneller Mitgliedschaftsebene und konkret-personaler Handlungsebene zu unterstellen.

[5] Damit wird deutlich, dass es nicht nur auf (punktuelle) Transfererfolge ankommt, sondern auch auf Maßnahmen der Transfersicherung (Weiß 1997), zu der ein kontinuierliches Feedback gehört. Realisieren lässt sich dies durch eine begleitende Anwendungsberatung, die heutzutage über die Nutzung neuer Medientechnologien vereinfacht und erleichtert wird. Voraussetzung ist allerdings, dass Weiterbildungskurse nicht als mit der Lernphase abgeschlossen angesehen werden, sondern dass Transferberatung und -begleitung explizit als Kursbestandteile verstanden werden.

(Rank/Wakenhut 1998, 15 f.) verdichtet werden können. Es hängt nicht allein vom Individuum ab, ob ein Transfer zustande kommt und darüber hinaus auch noch dauerhaft erfolgreich ist, sondern auch von institutionellen Transferbedingungen.

Wenn der Transfer in der Weiterbildung vermittelten Wissens und dort angeeigneter Fertigkeiten zum Qualitätskriterium wird, hat dies weitreichende Konsequenzen für Weiterbildungskonzepte. Neben kursinterner Transferanbahnung und -vorbereitung werden Transferunterstützung und -sicherung zu wesentlichen Bestandteilen einer Weiterbildung, woraus sich allerdings Probleme ergeben, da Weiterbildungsveranstalter in der Regel allenfalls begrenzt auf das Berufsfeld Einfluss nehmen können. „Die explizite Transferunterstützung im Anwendungsfeld ist der schwierigste und daher neuralgische Punkt im Qualitätskonzept" (Stark 2000, 192).

Die Transferproblematik entgrenzt Formen und Aufgaben der Weiterbildung, indem damit zwar durch eine Veranstaltung stimulierte, aber in ihr nicht notwendigerweise enthaltene Themen und Probleme in die Weiterbildungskommunikation eingeführt werden, wie z.B. die Bedingungen, unter denen Lernerfolge zu Transfererfolgen werden. Das eigentliche Transferproblem besteht darin, dass Lehr-Lernprozesse zwar gelingen können, dass der Lernerfolg aber im Berufsfeld nicht aufgenommen, „sondern wie das Element eines fremden Immunsystems wieder abgestoßen und dadurch vernichtet wird" (Harney 1997, 188). Deshalb kommt es auf die Schaffung transferbegünstigender Rahmenbedingungen im Funktionsfeld an (Euler/Kutt 1995). Dazu gehört auch die dort praktizierte „Führungskultur" (Weiß 1997), die maßgeblich daran beteiligt ist, inwieweit in den Institutionen eine Bereitschaft zur Aufnahme und Umsetzung von Innovationen besteht.

Die befragten Pflegekräfte des Oldenburger Weiterbildungskurses sehen u.a. im „Einzelkämpfertum" eine Umsetzungsbarriere („Als Allein-Anwender auf Dauer kein Erfolg"; „Als Einzelkämpferin steht man auf verlorenem Posten"). Damit wird die Schnittstelle von individuellen Anwendungsintentionen und sozial bzw. organisatorisch determinierten Anwendungsmöglichkeiten markiert. Ein Transfer scheint dann eher möglich, wenn die Umsetzung der Kursinhalte sozial gerahmt ist. Konsens und Kooperation begünstigen die Umsetzung des Gelernten. Zur Transferunterstützung und -sicherung haben sich Qualitätszirkel (Bahrs 2001; Mandl/Gruber/Renkl 1994), Unterstützungsgruppen (Rank/Thiemann, 1998) und Praxisgemeinschaften (Clases/Endres/Wehner 1996) bewährt. Für den Krankenhausbereich liegen Erfahrungen mit sog. „Setting-Konferenzen" (Siebolds/Weidner 1998) vor. Sie setzen sich aus Mitgliedern verschiedener Berufsgruppen zusammen und sind nachhaltig wirksam, da die Abläufe im Krankenhaus durch eine berufsgruppenübergreifende Zusammenarbeit geprägt sind und deshalb Innovationen von allen Personen mitgetragen und unterstützt werden müssen.

Berufliche Weiterbildung ist eine Maßnahme zur Personalentwicklung. Personalentwicklung und Organisationsentwicklung gehören zusammen (Euler 1995; Grossmann/Scala 2001; Offermann/Pohl 1997; Simon 2001). Qualitätsdiskussion und Transferproblematik haben zur Erweiterung der Aufgaben beruflicher Weiterbildung geführt. Zum erweiterten Anforderungs- und Aufgabenhorizont gehört auch die Abstimmung von Weiterbildungsangeboten und Organisationsentwicklungsprozessen. Als Konsequenzen zeichnen sich ab:

- Damit der durch einen Kurs „weiter entwickelte" Mitarbeiter (Qualität als transformativer Anspruch, s. oben) den Kompetenzzuwachs ausspielen und umsetzen kann, muss eine Abstimmung zwischen System und Individuum erfolgen. Die Weiterbildungsteilnahme darf nicht bloß eine individuelle Entscheidung, sondern muss ein aus der Organisationsentwicklung abgeleiteter Auftrag sein.
- Daraus ergibt sich, dass eine Weiterbildung auch die Vermittlung von Strategien zur aktiven Partizipation an und Mitgestaltung von Organisationsentwicklungsprozessen beinhalten sollte.

Es ist allerdings noch kaum bekannt und nicht hinreichend erforscht, welche Auswirkungen es hat, wenn durch Weiterbildung „aufgeklärte" Mitarbeiter bzw. „wohl-informierte Handelnde" (Vaitkus 1989) in den Institutionen agieren und dort ihr durch eine Weiterbildungsteilnahme angereichertes Wissen einbringen und ihre erweiterten Kompetenzen für systemische Veränderungen einsetzen.

Literatur

Adolph, H./Görres, St. (1997): Umsetzungsbarrieren im Wissenstransfer innovativer Pflegekonzepte. Ergebnisse einer Untersuchung. ZGerontolGeriat, 30 (2), S. 100–108.

Arnold, R./Krämer-Stürzl, A. (1995): Zugänge und Methoden zur Evaluierung von Weiterbildung. In: Feuchthofen, J.E./Severing, E. (Hrsg.), Qualitätsmanagement und Qualitätssicherung in der Weiterbildung, Neuwied, S. 3–21.

Arnold, R./Krämer-Stürzl, A. (1997): Erfolgskontrolle – Thema professioneller betrieblicher Weiterbildung? In: Arnold, R. (Hrsg.), Qualitätssicherung in der Erwachsenenbildung, Opladen, S. 133–150.

Bahrs, O. (2001): Qualitätszirkel als Instrument der Qualitätssicherung. In: BZgA (Hrsg.), Qualitätsmanagement in Gesundheitsförderung und Prävention (Forschung und Praxis der Gesundheitsförderung, Bd. 15), Köln, S. 151–162.

Becker, F.J. (2001a): Innovation und Qualität. Forum Lehrerfortbildung, 35, S. 44–55.

Becker, F.J. (2001b): Evaluationswerkzeuge. Forum Lehrerfortbildung, 35, S. 26–43.

Becker, F.J. (2001c): Evaluations- und Organisationsaspekte im Qualitätsentwicklungsprozess von Lehrerfortbildung. Forum Lehrerfortbildung, 35, S. 5–25.

Benner, P. (1994): Stufen zur Pflegekompetenz. Bern.

Bernath, U. (2000): Berufsbezogene wissenschaftliche Weiterbildung „Psychologische Gesundheitsförderung für Krankenpflegepersonal" – Mit einem Fernstudienelement in einem Universitätsverbund. In: Bernath, U. et al. (Hrsg.), Psychologische Gesundheitsförderung für Pflegekräfte in der Dialyse, Oldenburg, S. 7-10.

Bernath, U./Fichten, W. (1999): Adaptation in Distance Education – New Experiences from Networking Universities in Germany. Open Learning, 14 (1), p. 45–50.

Bötel, Ch./Merx, K. (1995): Kooperative Anbieterkontrolle als Weg zu mehr Qualität in der Weiterbildung – ESF-Bildungstest in Sachsen. In: Bardeleben, R. v. et al. (Hrsg.), Weiterbildungsqualität – Konzepte, Instrumente und Kriterien, Bielefeld, S. 191–204.

Bräsen, A. (2000): Gesundheitsförderung im Praxisfeld Dialyse – Eine qualitative Evaluationsstudie des Weiterbildungsprogramms für Pflegekräfte in der Dialyse. In: Bernath, U. et al. (Hrsg.), Psychologische Gesundheitsförderung für Pflegekräfte in der Dialyse, Oldenburg, S. 63–72.

Bundeskonferenz der Pflegeorganisationen (2000): Qualitätssicherung pflegerischer Weiterbildungsmaßnahmen. Göttingen/Eschborn.

Clases, Ch./Endres, E./Wehner, Th. (1996): Situiertes Lernen zwischen Praxisgemeinschaften. Analyse und Gestaltung betrieblicher Hospitationen. In: Geißler, H. (Hrsg.), Arbeit, Lernen und Organisation, Weinheim, S. 233–252.

Deutscher Bildungsrat für Pflegeberufe (1999): Konzeption arbeitsfeld-, pflege- und funktionsbezogene Weiterbildung und Rahmenordnung zu den arbeitsfeld-, pflege- und funktionsbezogenen Weiterbildungen in den Pflegeberufen. Göttingen.

Ditton, H. (2000): Qualitätskontrolle und Qualitätssicherung in Schule und Unterricht. Z.f.Päd., 41. Beiheft, S. 73–92.

Euler, D. (1995): Transfer von Modellversuchsergebnissen. Theoretische Fundierungen, empirische Hinweise und erste Konsequenzen. In: Benteler, P. et al. (Hrsg.), Modellversuchsforschung als Bildungsforschung, Köln, S. 225–268.

Euler, D./Kutt, K. (1995): Transfer von Modellversuchsergebnissen: Bedingungen und Hinweise für die Gestaltung des Transferprozesses. In: Benteler, P. et al. (Hrsg.), Modellversuchsforschung als Bildungsforschung, Köln, S. 269–294.

Faulstich, P. (1991): Qualitätskriterien für die Erwachsenenbildung als ein Fokus der Berufsbildungsforschung. Z. f. Berufs- u. Wirtschaftspädagogik, 87 (7), S. 572–581.

Faulstich, P. (1996): Qualifikationsbegriffe und Personalentwicklung. Z. f. Berufs- u. Wirtschaftspädagogik, 92 (4), S. 366–379.

Faulstich, P. (1997): Kompetenzentwicklung – Begriffs- und Erfassungsprobleme. GdWZ, 8 (5), S. 229–231.

Faulstich, P. (1999): Kompetenzentwicklung und Erfolgsqualität. Qualitätssicherung in der beruflichen Erwachsenenbildung. BuE, 52 (2), S. 157–172

Faulstich, P./Zeuner, Ch. (2001): Kompetenznetzwerke und Kooperationsverbünde in der Weiterbildung. GdWZ, 12 (3), S. 100–103.

Fichten, W. (1994): Psychologische Gesundheitsförderung. Eine berufsbegleitende Weiterbildung. PflegePädagogik, 3, S. 32–34.

Fichten, W. (1998): Gesundheitsförderung in der Krankenpflege. Pflege & Gesellschaft, 3, S. 15–21.

Fichten, W. (1999): Grundlagen psychologischer Gesundheitsförderung. In: Fichten, W./Rieforth, J. (Hrsg.), Gesundheitsförderliches Handeln in der Krankenpflege. Grundlagen und neue Handlungsfelder (Bd. 3), München, S. 11–67.

Fichten, W. (2000a): Psychologische Gesundheitsförderung für Pflegekräfte in der Dialyse – Konzeption und Inhalte des Weiterbildungskurses. In: Bernath, U. et al. (Hrsg.), Psychologische Gesundheitsförderung für Pflegekräfte in der Dialyse, Oldenburg, S. 11–20.

Fichten, W. (2000b): Das Lerntagebuch als Kurselement. In: Bernath, U. et al. (Hrsg.), Psychologische Gesundheitsförderung für Pflegekräfte in der Dialyse, Oldenburg, S. 39–48.

Fichten, W. (2000c): Ergebnisse der Teilnehmerbefragung. In: Bernath, U. et al. (Hrsg.), Psychologische Gesundheitsförderung für Pflegekräfte in der Dialyse, Oldenburg, S. 53–62.

Fichten, W. (2000d): Der Weiterbildungskurs aus der Sicht der Pilotgruppe. In: Bernath, U. et al. (Hrsg.), Psychologische Gesundheitsförderung für Pflegekräfte in der Dialyse, Oldenburg, S. 29–38.

Fichten, W./Grüter, E. (1996): Krankenpflege und Gesundheitsförderung. Die Schwester/ Der Pfleger, 35 (1), S. 18–21.
Gage, N./Berliner, D. C. (1996): Pädagogische Psychologie. 5. Aufl., Weinheim.
Gieseke, W. (1997): Die Qualitätsdiskussion aus erwachsenenpädagogischer Sicht. Was bedeutet Qualität in der Erwachsenenpädagogik? In: Arnold, R. (Hrsg.), Qualitätssicherung in der Erwachsenenbildung, Opladen, S. 29–48.
Görres, St. (2002): Auf dem Weg zu einer neuen Lernkultur – Wissenstransfer in der Pflege. In: Görres, St. et al. (Hrsg.), Auf dem Weg zu einer neuen Lernkultur. Wissenstransfer in der Pflege, Bern, S. 13–23.
Götz, K. (1998): Zur Evaluierung beruflicher Weiterbildung. Bd. 1: Theoretische Grundlagen. 2. Aufl., Weinheim.
Grossmann, R./Scala, K. (2001): Professionelle Organisationsentwicklung als Qualitätsdimension der Gesundheitsförderung. In: BZgA (Hrsg.), Qualitätsmanagement in Gesundheitsförderung und Prävention (Forschung und Praxis der Gesundheitsförderung, Bd. 15), Köln, S. 73–86.
Harney, K. (1997): Normung der Qualität in der betrieblichen Weiterbildung: Zwischen betrieblich-organisatorischer und professioneller Handlungslogik. In: Arnold, R (Hrsg.), Qualitätssicherung in der Erwachsenenbildung, Opladen, S. 185–208.
Harteis, Ch. (1997): Qualität in der Weiterbildung? GdWZ, 8 (5), S. 214–215.
Harvey, L./Green, D. (2000): Qualität definieren. Z.f.Päd., 41. Beiheft, S. 17–40.
Helmke, A./Hornstein, W./Terhart, E. (2000): Qualität und Qualitätssicherung im Bildungsbereich. Z.f.Päd., 41. Beiheft, S. 7–16.
Hof, Ch. (1997): Zum Stellenwert von Wissen in der Weiterbildung. GdWZ, 8 (6), S. 249–251.
Holla, B. (2002): Qualitätsentwicklung in der Weiterbildung durch praxisorientierte Evaluation. Frankfurt/M.
Keuchel, R. (2002): Lernen im Wandel – Neue Wege in der Pflegeausbildung. In: Görres, St. et al. (Hrsg.), Auf dem Weg zu einer neuen Lernkultur. Wissenstransfer in der Pflege, Bern, S. 56–70.
Krohwinkel, M. (Hrsg.) (1992): Der pflegerische Beitrag zur Gesundheit in Forschung und Praxis. (Schriftenreihe des Bundesministeriums für Gesundheit, Bd. 12). Baden-Baden.
Lemke, St. G. (1995): Transfermanagement. Göttingen.
Marnitz, H. (1999): Kontaktstudium „Psychologische Gesundheitsförderung": Krankenpflegekräfte können „etwas für sich tun". Pflegezeitschrift, 9, S. 643–646.
Mähler, C./Hasselhorn, M. (2001): Transfer. In: Rost, D. H. (Hrsg.), Handwörterbuch Pädagogische Psychologie (S. 721–730). 2. Aufl., Weinheim.
Mandl, H./Gruber, H./Renkl, A. (1994): Zum Problem der Wissensanwendung. Unterrichtswissenschaft, 22, S. 233–242
Mandl, H./Prenzel, M./Gräsel, C. (1992): Das Problem des Lerntransfers in der betrieblichen Weiterbildung. Unterrichtswissenschaft, 20 (2), S. 126–143.
Muthny, F. A. (1988): Gruppenarbeit im Umfeld von Dialyse und Transplantation – Zielgruppe „Patienten" oder „Personal"? In: Deter, H.-C./Schüffel, W. (Hrsg.), Gruppen mit körperlich Kranken, Berlin, S. 267–280.
Muthny, F. A. (1989): Job strains and job satisfaction of dialyses nurses. Psychother.Psychosom., 51, S. 150–155.

Mutzeck, W. (1991): Transferorientierte Evaluation. In: Greber, U. et al. (Hrsg.), Auf dem Weg zur „Guten Schule": Schulinterne Lehrerfortbildung Weinheim, S. 481–513.

Nittel, D. (1997): Teilnehmerorientierung – Kundenorientierung – Desorientierung ...? Votum zugunsten eines „einheimischen" Begriffs. In: Arnold, R. (Hrsg.), Qualitätssicherung in der Erwachsenenbildung, Opladen, S. 163-184.

Nuissl, E. (1993): „Qualität" – pädagogische Kategorie oder Etikett? Hess. Blätter f. Volksbildung, 43 (2), S. 103–108

Offermann, J./Pohl, K.-H. (1997): Qualitätsmanagement in der beruflichen Weiterbildung durch Maßnahmen der Organisationsentwicklung. GdWZ, 8 (5), S. 211–213.

Pawlowsky, P./Bäumer, J. (1996): Weiterbildung: Management von Qualifikation und Wissen. München.

Peplau, H. E. (1995): Interpersonale Beziehungen in der Pflege. Basel.

Plath, H.-E. (2002): Erfahrungswissen und Handlungskompetenz: Konsequenzen für die berufliche Weiterbildung. In: Kleinherz, G. (Hrsg.), IAB-Kompendium Arbeitsmarkt- und Berufsforschung. Beiträge zur Arbeitsmarkt- und Berufsforschung, BeitrAB 250, S. 517–529.

Posse, N. (1991): Konzepte zur formativen Evaluation schulinterner Lehrerfortbildung. In: Greber, U. et al. (Hrsg.), Auf dem Weg zur „Guten Schule": Schulinterne Lehrerfortbildung, Weinheim, S. 457-480.

Prenzel, M./Mandl, H. (1993): Lerntransfer aus einer konstruktivistischen Perspektive. In: Montada, L. (Hrsg.), Bericht über den 38. Kongreß der Deutschen Gesellschaft für Psychologie in Trier 1992, Göttingen, S. 701–709.

Preiser, S. (2000): Sicherung des Praxistransfers. In: Bernath, U. et al. (Hrsg.), Psychologische Gesundheitsförderung für Pflegekräfte in der Dialyse, Oldenburg, S. 73–84.

Rank, B./Thiemann, Th. (1998): Maßnahmen zur Sicherung des Praxistransfers. In: Rank, B./Wakenhut, R. (Hrsg.), Sicherung des Praxistransfers im Führungskräftetraining, München, S. 31–78.

Rank, B./Wakenhut, R. (1998): Ein Bedingungsmodell des Praxistransfers. In: dies. (Hrsg.), Sicherung des Praxistransfers im Führungskräftetraining, München, S. 11–30.

Reischmann, J. (1993): Erfassung von Weiterbildungs-Wirkungen: Probleme und Möglichkeiten. GdWZ, 4 (4), S. 199–206.

Robert-Bosch-Stiftung (1992): Pflege braucht Eliten. Denkschrift zur Hochschulausbildung für Lehr- und Leitungskräfte in der Pflege. Gerlingen.

Rohlfing, U. (1989): Begleitforschungsaspekte und -erfahrungen im Kursverlauf. In: Bernath, U. et al. (Hrsg.), Psychologische Gesundheitsförderung als Weiterbildungsmodell für das Krankenhauspflegepersonal, Oldenburg, S. 59–110.

Seusing, B. (1995): Informationsverhalten von Weiterbildungsnachfragerinnen und –nachfragern und Entscheidungshilfen. In: Bardeleben, R. v. et al. (Hrsg.), Weiterbildungsqualität – Konzepte, Instrumente und Kriterien, Bielefeld, S. 85–98.

Severing, E. (1995): Qualitätssicherung arbeitsplatznaher Weiterbildung. In: Feuchthofen, J. E./Severing, E. (Hrsg.), Qualitätsmanagement und Qualitätssicherung in der Weiterbildung, Neuwied, S. 74–87.

Siebert, H. (2002): Nachhaltigkeit des Lernens und neue Lernkulturen. GdWZ, 13 (2), S. 114–117.

Siebolds, M./Weidner, F. (1998). Interprofessionalität und Qualität. Probleme und Perspektiven der Kooperation zwischen Medizin und Pflege. Dr. med. Mabuse, 23 (115), S. 44–49.

Simon, W. (2001): Die Qual der Wahl – das richtige Qualitätsmanagement für die Gesundheitsförderung. In: BZgA (Hrsg.), Qualitätsmanagement in Gesundheitsförderung und Prävention (Forschung und Praxis der Gesundheitsförderung, Bd. 15), Köln, S. 113–128.

Scheibler, P. (2000): Krankenpflege in der Dialyse – Ergebnisse einer Berufsfelderkundung. In: Bernath, U. et al. (Hrsg.), Psychologische Gesundheitsförderung für Pflegekräfte in der Dialyse, Oldenburg, S. 21–28.

Scherer, D. (1996): Evaluation beruflicher Weiterbildung. Fankfurt/M.

Schönherr, K. W. (1995): Qualität im Fernunterricht. In: Feuchthofen J. E./Severing, E. (Hrsg.), Qualitätsmanagement und Qualitätssicherung in der Weiterbildung, Neuwied, S. 112–126.

Schroll-Decker, I. (1999): Die Bedeutsamkeit von Transfer, Innovation und Interdisziplinarität für die Teilnehmenden wissenschaftlicher Weiterbildung. Die Teilnehmenden: „unbekannte Wesen"? In: Graeßner, G./Bödel, R. (Hrsg.), Wissenschaftliche Weiterbildung im Netz der Wissenschaften. AUE-Beiträge 36, S. 27–37.

Schüßler, I. (2002): Nachhaltigkeit in der Weiterbildung. GdWZ, 13 (2), S. 108–111.

Schweer, M. K. (1999): Qualitätssicherung in der Weiterbildung. GdWZ, 10 (2), S. 79–81.

Stark, G. (2000): Qualitätssicherung in der beruflichen Weiterbildung durch Anwendungsorientierung und Partizipation. Bielefeld.

Staudt, E./Kriegesmann, B. (2000): Weiterbildung: ein Mythos zerbricht. GdWZ, 11 (4), S. 174–177.

Stehr, N. (1989): Wissenschaftliches Wissen und soziales Handeln. Überlegungen zum Problem des Wissenstransfers. In: Rebel, K. (Hrsg.), Wissenstransfer in der Weiterbildung, Weinheim, S. 48–71.

Steiner, G. (2001): Lernen und Wissenserwerb. In: Krapp, A./Weidenmann, B. (Hrsg.), Pädagogische Psychologie, 4.Aufl., Weinheim, S. 137–206.

Uschatz, Ph. (1993): Wie prüft man Aus- und Weiterbildung auf ihre Effektivität? Io Management Zeitschrift, 62 (1), S. 38–41.

Vaitkus, St. (1989): Aspekte einer phänomenologischen Konstruktion des Wissens in ihrer Bedeutung für den Wissenstransfer. In: Rebel, K. (Hrsg.), Wissenstransfer in der Weiterbildung, Weinheim, S. 72–87.

Waltos, D. L./Waltos, H. (2002): The Healing Parnership: A New Model for Healthcare. Oldenburg.

Weidner, F. (1995): Professionelle Pflegepraxis und Gesundheitsförderung. Frankfurt/M.

Weiß, R. (1997): Methoden und Faktoren der Erfolgsmessung in der betrieblichen Weiterbildung. GdWZ, 8 (3), S. 104–108.

WHO (1991): Reviewing and Reorienting the Basic Nursing Curriculum. Copenhagen.

Wittwer, W. (2002): Nachhaltigkeit der betrieblichen Weiterbildung und Betriebsentwicklung. GdWZ, 13 (2), S. 111–114.

Verzeichnis der Autorinnen und Autoren

Aichinger, Alice, Mag.
Universität Wien, Institut für Psychologie, Bereich Bildungspsychologie & Evaluation
Universitätsstraße 7, 1010 Wien, Österreich
alice.aichinger@wu-wien.ac.at

Bade-Becker, Ursula, Dipl.-Päd.
Universität Bielefeld, Kontaktstelle Wissenschaftliche Weiterbildung
Universitätsstraße 25, 33651 Bielefeld, Deutschland
ursula.bade-becker@uni-bielefeld.de

Erichsen, Hans-Uwe, Prof. Dr.
Universität Münster, Kommunalwissenschaftliches Institut
Universitätsstraße 14–16, 48143 Münster, Deutschland
erichsen@uni-muenster.de

Ertl, Sabina, Dipl.-Kff.
Donau-Universität Krems, Zentrum General Management & Corporate Programs
Dr.-Karl-Dorrek-Straße 30, 3500 Krems, Österreich
sabina.ertl@donau-uni.ac.at

Faradji, Saam, Mag.
Universität Wien, Institut für Psychologie, Bereich Bildungspsychologie & Evaluation
Universitätsstraße 7, 1010 Wien, Österreich
Saam.faradji@chello.at

Federkeil, Gero, Dipl.-Soz.
Centrum für Hochschulentwicklung (CHE)
Postfach 105, 33311 Gütersloh, Deutschland
gero.federkeil@che.de

Fichten, Wolfgang, PD Dr.
Carl v. Ossietzky Universität Oldenburg, c/o Zentrale Einrichtung Fernstudienzentrum
Postfach 2503, 26111 Oldenburg, Deutschland
forschungswerkstatt@uni-oldenburg.de

Frey, Hans-Rudolf, lic. phil.
Eidgenössische Technische Hochschule – ETH, Zentrum für Weiterbildung
Rämistraße 101, 8092 Zürich, Schweiz
hansruedi.frey@zfw.ethz.ch

Fröhlich, Werner, Prof. Dr.
Donau-Universität Krems
Dr.-Karl-Dorrek-Straße 30, 3500 Krems, Österreich
werner.froehlich@donau-uni.ac.at

Götz, Klaus, Prof. Dr.
Universität Koblenz-Landau, Zentrum für Human Resource Management
Bürgerstraße 23, 76829 Landau, Deutschland
goetz@uni-landau.de

Gradinger, Petra
Universität Wien, Institut für Psychologie, Bereich Bildungspsychologie & Evaluation
Universitätsstraße 7, 1010 Wien, Österreich
petra.gradinger@univie.ac.at

Hartz, Stefanie, Dr.
Deutsches Institut für Erwachsenenbildung
Friedrich-Ebert-Allee 38, 53113 Bonn, Deutschland
hartz@die-bonn.de

Jakab, Tamás, Dr.
Universität Pécs, Institut für Erwachsenenbildung und Human Ressource Management
Szántó K. J. str. 1/b, 7633 Pécs, Ungarn
jakabt@human.pte.hu

Jütte, Wolfgang, PD Dr.
Donau-Universität Krems, Plattform Weiterbildungsforschung
Dr.-Karl-Dorrek-Straße 30, 3500 Krems, Österreich
wolfgang.juette@donau-uni.ac.at

Jutzi, Katrin, Dr.
Universität Leipzig, Lehrstuhl für Erwachsenenpädagogik
Karl-Heine-Straße 22b, 04229 Leipzig, Deutschland
kjutzi@rz.uni-leipzig.de

Kaiser, Nora, Dr.
Universität Zürich, Klinische Psychologie und Psychotherapie
Zürichbergstraße 43, 8044 Zürich, Schweiz
kaiser@klipsy.unizh.ch

Kastler, Ulrike, Dr.
Donau-Universität Krems, Plattform Weiterbildungsforschung
Dr.-Karl-Dorrek-Straße 30, 3500 Krems, Österreich
ulrike.kastler@donau-uni.ac.at

Knoll, Jörg, Prof. Dr.
Universität Leipzig, Lehrstuhl für Erwachsenenpädagogik
Karl-Heine-Straße 22b, 04229 Leipzig, Deutschland
knoll@rz.uni-leipzig.de

Krug, Peter, Dr.
Ministerium für Wissenschaft, Weiterbildung, Forschung und Kultur, Rheinland-Pfalz
Mittlere Bleiche 61, 55116 Mainz, Deutschland
peter.krug@mwwfk.rlp.de

Laireiter, Anton-Rupert, Prof. Dr. phil. Ass.
Universität Salzburg, Institut für Psychologie, Beratungsstelle für Klinische Psychologie, Psychotherapie und Gesundheitspsychologie
Hellbrunnerstrasse 34, 5020 Salzburg, Österreich
anton.laireiter@sbg.ac.at

Lassnigg, Lorenz, Dr.
Institut für Höhere Studien Wien, Employment-Qualification-Innovation
Stumpergass 56, 1060 Wien, Österreich
lassnigg@ihs.ac.at

Lehmann, Günter, Prof. Dr.
Technische Universität Dresden, Europäisches Institut für postgraduale Bildung – EIPOS
Goetheallee 24, 01309 Dresden, Deutschland
g.lehmann@eipos.de

Leitner, Anton, Dr.
Donau-Universität Krems, Zentrum für Psychosoziale Medizin
Dr.-Karl-Dorrek-Straße 30, 3500 Krems, Österreich
anton.leitner@donau-uni.ac.at

Lenz, Werner, Prof. Dr.
Karl-Franzens-Universität Graz, Abteilung für Erwachsenenbildung
Merangasse 70/II, 8010 Graz, Österreich
werner.lenz@uni-graz.ac.at

Märtens, Michael, Prof. Dr.
Fachhochschule Frankfurt am Main, Fachbereich 4 – Masterstudiengang Beratung und Sozialrecht
Nibelungenplatz 1, 60318 Frankfurt am Main, Deutschland
maertens@fb4.fh-frankfurt.de

Montesinos, Patricio, MBA, MSc.
Universidad Politecnica de Valencia, Centro de Formacion de Postgrado
Camino de Vera s/n, 46022 Valencia, Spanien
pmontesi@cfp.upv.es

Németh, Balázs
Universität Pécs, Institut für Erwachsenenbildung und Human Ressource Management
Szántó K. J. str. 1/b, 7633 Pécs, Ungarn
nemethb@human.pte.hu

Ortner, Gerhard E., Prof. DDr.
FernUniversität in Hagen, Lehrstuhl für Betriebswirtschaftslehre, insb.
Personalwirtschaft und Unternehmenskommunikation
Postfach 940, 58084 Hagen, Deutschland
gerhard.ortner@fernuni-hagen.de

Pfleging, Bettina, Dr.
Universität zu Köln, Philosophische Fakultät
Albertus-Magnus-Platz, 50931 Köln, Deutschland
bettina.pfleging@uni-koeln.de

Reiner, Julia Marie
Universität Koblenz-Landau, Zentrum für Human Resource Management
Bürgerstraße 23, 76829 Landau, Deutschland
JuliaMarieReiner@t-online.de

Reimann, Ralph, Dipl.-Psych. Dr.
Universität Wien, Institut für Psychologie, Bereich Bildungspsychologie & Evaluation
Universitätsstraße 7, 1010 Wien, Österreich
ralph.riemann@univie.ac.at

Schade, Angelika, Dr.
Deutscher Akkreditierungsrat
Postfach 2240, 53012 Bonn, Deutschland
a.schade@kmk.org

Schigl, Brigitte, Dr.
Karl-Franzens-Universität Graz, Institut für Psychologie
Universitätsplatz 2, 8010 Graz, Österreich
brigitte.schigl@uni-graz.at

Schläfli, André, Dr.
Schweizerischer Verband für Weiterbildung
Postfach 270, 8057 Zürich, Schweiz
andre.schlaefli@alice.ch

Schober, Barbara, Dipl.-Psych. Dr.
Universität Wien, Institut für Psychologie, Bereich Bildungspsychologie & Evaluation
Universitätsstraße 7, 1010 Wien, Österreich
barbara.schober@univie.ac.at

Schuetze, Hans Georg, Prof. Dr.
University of British Columbia, Centre for Policy Studies in Education
2125 Main Mall, Vancouver, B.C. V6T1Z4, Canada
schuetze@unixg.ubc.ca

Smith, Kenneth, PhD., BA, MA
People Knowledge, Form. INSEAD
1 bis rue des Moulins, 77130 Dormelles, Frankreich
kenneth.smith@people-knowledge.com

Sohm, Kurt, Dr.
Fachhochschulrat
Liechtensteinstraße 22, 1090 Wien, Österreich
kurt.sohm@fhr.ac.at

Spiel, Christiane, Prof. DDr. Mag.
Universität Wien, Institut für Psychologie, Bereich Bildungspsychologie & Evaluation
Universitätsstraße 7, 1010 Wien, Österreich
christiane.spiel@univie.ac.at

Steffen Gerber, Therese, Dr.
Organ für Akkreditierung und Qualitätssicherung (OAQ)
Effingerstraße 58, 3008 Bern, Schweiz
therese.steffen@oaq.ch

Stepan, Adolf, Prof. Dipl.-Ing. Dr.
Donau-Universität Krems, Abteilung für Wirtschafts- und Managementwissenschaften
Dr.-Karl-Dorrek-Straße 30, 3500 Krems, Österreich
adolf.stepan@donau-uni.ac.at

Strohmeier, Dagmar, Mag.
Universität Wien, Institut für Psychologie, Bereich Bildungspsychologie & Evaluation
Universitätsstraße 7, 1010 Wien, Österreich
dagmar.strohmeier@univie.ac.at

Timmermann, Dieter, Prof. Dr.
Universität Bielefeld, Fakultät für Pädagogik
Postfach 100131, 33501 Bielefeld, Deutschland
dieter.timmermann@uni-bielefeld.de

Töpper, Alfred
Stiftung Warentest Berlin
Lützowplatz 11–13, 10785 Berlin, Deutschland
A.Toepper@Stiftung-Warentest.de

Wesseler, Matthias, Prof. Dr.
Universität Kassel, Institut für soziokulturelle Studien – Fachbereich 11
Steinstraße 9, 37213 Witzenhausen, Deutschland
wesseler@wiz.uni-kassel.de

Westerheijden, Don F., Dr.
University of Twente, CHEPS
P.O. Box 217, 7500 AE Enschede, Niederlande
d.f.westerheijden@utwente.nl

Wood, Van R., Ph.D.
Virginia Commonwealth University, Business School
1015 Floyd Avenue, Richmond, Virginia 23284 – 4000, USA
vrwood@vcu.edu

Zech, Rainer, Prof. Dr.
ArtSet Institut für kritische Sozialforschung und Bildungsarbeit
Ferdinand-Wallbrecht-Straße 17, 30163 Hannover, Deutschland
zech@artset.de

Zens, Birgit
Universität Wien, Institut für Psychologie
Universitätsstraße 7, 1010 Wien, Österreich
birgit.zens@univie.ac.at